普通高等教育机电类系列教材

机械制造技术基础

主　编　焦　锋　郑建新
副主编　童景琳　张昌娟　向道辉
参　编　赵明利　王晓博　马俊金
　　　　曲海军　郭　强

机械工业出版社

本书以机械加工工艺系统为研究对象，以机械加工工艺过程为主线，对机械制造工程基本原理与技术进行了系统介绍。本书共7章，内容涵盖金属切削原理与刀具、机械加工方法与金属切削机床、工件装夹原理与机床夹具设计、机械加工质量及其控制、工艺规程设计和几类典型的先进制造技术。每章末均附有习题与思考题，供读者自学或课后巩固所学知识使用。

本书可作为高等工科院校机械类专业主干技术基础课程的教材，也可供装备制造行业的工程技术人员参考。

图书在版编目（CIP）数据

机械制造技术基础/焦锋，郑建新主编．—北京：机械工业出版社，2024.3

普通高等教育机电类系列教材
ISBN 978-7-111-75396-4

Ⅰ.①机… Ⅱ.①焦… ②郑… Ⅲ.①机械制造工艺-高等学校-教材 Ⅳ.①TH16

中国国家版本馆 CIP 数据核字（2024）第 058072 号

机械工业出版社（北京市百万庄大街22号　邮政编码100037）
策划编辑：王勇哲　　　　　责任编辑：王勇哲　章承林
责任校对：王　延　李小宝　封面设计：王　旭
责任印制：任维东
河北京平诚乾印刷有限公司印刷
2025年6月第1版第1次印刷
184mm×260mm・14.75 印张・362 千字
标准书号：ISBN 978-7-111-75396-4
定价：49.80元

电话服务　　　　　　　　　网络服务
客服电话：010-88361066　　机　工　官　网：www.cmpbook.com
　　　　　010-88379833　　机　工　官　博：weibo.com/cmp1952
　　　　　010-68326294　　金　书　网：www.golden-book.com
封底无防伪标均为盗版　机工教育服务网：www.cmpedu.com

前言

"机械制造技术基础"是机械类专业开设的一门专业基础课,主要讲授机械制造工程基本原理与技术,可以为学习其他有关课程及以后从事技术工作打下必要的基础。当前,新工科与传统制造技术的结合日益紧密,先进制造技术和装备技术迅猛发展,传统的金属切削原理、工艺和装备等均得到较大发展,因此对机械制造技术基础课程的改革提出了新的要求。党的二十大报告指出,"推进新型工业化,加快建设制造强国、质量强国、航天强国、交通强国、网络强国、数字中国"。编者正是以党的二十大精神为指导,在总结了近10年来的课程教学改革的探索与实践经验的基础上编写了本书。

本书的编写贯彻"重视基础、精简学时、拓宽口径"的教材改革思路,突出"学生中心,产出导向"的理念,合理构建教材内容体系,不仅注重基础理论知识的介绍,强调运用基础理论知识解决生产实际中问题能力的培养,而且兼顾新技术、新工艺及其发展方向的介绍。

本书以机械加工工艺系统为研究对象,以机械加工工艺过程为主线,内容涵盖金属切削原理与刀具、机械加工方法与金属切削机床、工件装夹原理与机床夹具设计、机械加工质量及其控制、工艺规程设计和几类典型的先进制造技术。全书按64学时左右进行设计,使用时可根据实际学时进行删减。

本书由河南理工大学焦锋、郑建新担任主编,童景琳、张昌娟、向道辉担任副主编。编写分工如下:焦锋、郑建新编写第1章,焦锋、马俊金、向道辉编写第2章,童景琳、曲海军编写第3章,王晓博、赵明利编写第4章,张昌娟编写第5章,郑建新、童景琳编写第6章,郭强、马俊金编写第7章。

本书的编写参考了相关专业书籍和文献资料,在此特向各位作者致以谢意。

由于编者水平有限,书中难免存在错误或不足之处,恳请广大读者批评指正。

编 者

目录

前言
第1章 概述 ... 1
1.1 机械制造业在国民经济中的地位及其发展 ... 1
1.1.1 机械制造业在国民经济中的地位和作用 ... 1
1.1.2 机械制造业的发展 ... 1
1.1.3 我国机械制造业发展面临的挑战与机遇 ... 2
1.2 机械制造过程的基本概念 ... 3
1.2.1 机械产品的生产过程 ... 3
1.2.2 机械制造过程与工艺过程 ... 3
1.3 机械制造系统与机械加工工艺系统 ... 3
1.3.1 机械制造系统 ... 3
1.3.2 机械加工工艺系统 ... 4
1.4 本课程的主要内容、学习要求和学习方法 ... 4
习题与思考题 ... 5

第2章 金属切削原理与刀具 ... 6
2.1 金属切削的基本知识 ... 6
2.1.1 零件表面形成方法与表面成形运动 ... 6
2.1.2 切削层与切削要素 ... 10
2.1.3 刀具切削部分的组成与刀具角度 ... 12
2.1.4 刀具材料 ... 15
2.2 金属切削过程与规律 ... 18
2.2.1 切削过程及其物理现象 ... 18
2.2.2 切削力和切削功率 ... 26
2.2.3 切削热和切削温度 ... 32
2.2.4 刀具磨损和刀具寿命 ... 36
2.3 工件材料的切削加工性及切削条件的选择 ... 40
2.3.1 工件材料的切削加工性 ... 40
2.3.2 刀具几何参数的选择 ... 41
2.3.3 切削用量的合理选择 ... 43
2.3.4 切削液的选用 ... 45
2.4 金属切削刀具 ... 47
2.4.1 常用刀具的种类 ... 47
2.4.2 常用刀具简介 ... 48
2.4.3 智能切削刀具 ... 54
习题与思考题 ... 55

第3章 机械加工方法与金属切削机床 ... 57
3.1 机械加工方法 ... 57
3.1.1 零件成形原理 ... 57
3.1.2 常见的机械加工方法 ... 57
3.2 金属切削机床的基本知识 ... 61
3.2.1 金属切削机床的分类及型号编制 ... 61
3.2.2 机床的基本组成 ... 64
3.2.3 机床的运动与传动 ... 64
3.2.4 数控机床的工作原理与分类 ... 66
3.2.5 机床的基本要求与性能指标 ... 67
3.3 金属切削机床的结构 ... 68
3.3.1 主传动系统 ... 68
3.3.2 进给传动系统 ... 77
3.3.3 导轨与床身 ... 82
3.3.4 刀架与自动换刀装置 ... 82
3.3.5 数控系统 ... 83
3.4 典型金属切削机床 ... 85
3.4.1 车床 ... 85
3.4.2 铣床 ... 87
3.4.3 磨床 ... 88
3.4.4 钻床与镗床 ... 90
3.4.5 齿轮加工机床 ... 91
3.4.6 加工中心 ... 92
习题与思考题 ... 93

第4章 工件装夹原理与机床夹具设计 ……95
4.1 概述 ……95
4.1.1 工件的装夹 ……95
4.1.2 机床夹具的作用及分类 ……95
4.1.3 机床夹具的组成 ……97
4.2 工件在夹具中的定位 ……98
4.2.1 基准及其分类 ……98
4.2.2 定位基准的选择原则 ……99
4.2.3 定位原理及定位元件 ……100
4.2.4 定位误差的分析与计算 ……111
4.3 工件在夹具中的夹紧 ……115
4.3.1 夹紧装置的基本要求 ……115
4.3.2 夹紧力的确定 ……115
4.3.3 常用夹紧机构 ……116
4.4 典型机床夹具及其特点 ……119
4.4.1 车床夹具 ……119
4.4.2 铣床夹具 ……120
4.4.3 钻床夹具 ……121
4.4.4 组合夹具 ……124
4.4.5 数控机床夹具 ……124
4.5 机床夹具设计 ……125
4.5.1 机床夹具设计的基本要求 ……125
4.5.2 机床夹具设计的步骤 ……125
4.5.3 计算机辅助夹具设计 ……127
习题与思考题 ……129

第5章 机械加工质量及其控制 ……131
5.1 概述 ……131
5.1.1 机械加工精度 ……131
5.1.2 机械加工表面质量 ……133
5.2 机械加工精度的影响因素及其控制 ……136
5.2.1 工艺系统几何误差对加工精度的影响 ……136
5.2.2 工艺系统受力变形对加工精度的影响 ……139
5.2.3 工艺系统受热变形对加工精度的影响 ……144
5.2.4 保证和提高加工精度的途径 ……147
5.3 加工误差的综合分析 ……150
5.3.1 加工误差的性质 ……150
5.3.2 加工误差的统计分析 ……150
5.4 机械加工表面质量的影响因素及控制 ……157
5.4.1 表面粗糙度的影响因素 ……157
5.4.2 表面层物理力学性能的影响因素 ……159
5.4.3 保证和提高加工表面质量的途径 ……163
5.5 机械加工过程中的振动及控制 ……164
5.5.1 机械加工过程中的强迫振动 ……165
5.5.2 机械加工过程中的自激振动 ……166
习题与思考题 ……168

第6章 工艺规程设计 ……169
6.1 概述 ……169
6.1.1 工艺过程及其组成 ……169
6.1.2 机械加工工艺规程的作用 ……171
6.1.3 制订机械加工工艺规程的原则、原始资料及步骤 ……171
6.2 制订机械加工工艺规程中的几个主要问题 ……173
6.2.1 零件的结构工艺性分析 ……173
6.2.2 定位基准的选择 ……175
6.2.3 工艺路线的拟订 ……176
6.2.4 加工余量的确定 ……179
6.2.5 工序尺寸的确定 ……181
6.3 工艺尺寸链 ……182
6.3.1 工艺尺寸链的概念 ……182
6.3.2 工艺尺寸链的计算 ……184
6.3.3 工艺尺寸链在典型工艺过程中的应用 ……187
6.4 数控加工工艺与智能加工 ……189
6.4.1 数控加工零件的工艺性分析 ……189
6.4.2 数控加工工艺路线的设计 ……190
6.4.3 数控加工工序的设计 ……192
6.4.4 工艺参数的智能自适应调控 ……193
6.5 计算机辅助工艺过程设计及其智能化 ……194
6.5.1 概述 ……194
6.5.2 CAPP 系统结构 ……196
6.5.3 CAPP 专家系统 ……197
6.6 机器的装配工艺规程设计 ……198
6.6.1 概述 ……199
6.6.2 装配尺寸链 ……201
6.6.3 保证装配精度的方法 ……202
6.6.4 装配工艺规程的设计 ……206

  6.6.5 机器的智能装配工艺 …………… 207
 习题与思考题………………………………… 208

第7章 几类典型的先进制造技术 …… 210

 7.1 特种加工技术 ………………………… 210
  7.1.1 特种加工技术的产生与特点 …… 210
  7.1.2 热作用特种加工技术 …………… 211
  7.1.3 机械作用特种加工技术 ………… 214
  7.1.4 化学作用特种加工技术 ………… 217
  7.1.5 复合加工技术 …………………… 219
 7.2 极端制造技术 ………………………… 221
  7.2.1 极端制造的内涵与科学基础 …… 221
  7.2.2 极端制造的加工技术与理论 …… 222
  7.2.3 极端制造的测量与表征 ………… 223
 7.3 智能制造技术 ………………………… 223
  7.3.1 智能制造的概念和内涵 ………… 223
  7.3.2 智能制造的特征 ………………… 224
  7.3.3 智能制造的关键技术 …………… 224
  7.3.4 智能制造的典型应用 …………… 226
 习题与思考题………………………………… 227

参考文献 ………………………………………… 228

第1章

概述

1.1 机械制造业在国民经济中的地位及其发展

1.1.1 机械制造业在国民经济中的地位和作用

制造业为人们的生活提供各种各样的生活用品,为国民经济的生产部门、国防及科研机构提供技术装备,是国民经济的支柱产业。制造业是国民经济的主体,是立国之本、兴国之器、强国之基。18世纪中叶开启工业文明以来,世界强国的兴衰史和中华民族的奋斗史一再证明,没有强大的制造业,就没有国家和民族的强盛。打造具有国际竞争力的制造业,是我国提升综合国力、保障国家安全、建设世界强国的必由之路。

机械制造业是制造业最主要的组成部分,国民经济各部门所需要的各种机器设备和装备都要靠机械制造业供应,因此国民经济各部门的生产水平和经济效益在很大程度上取决于机械制造业所提供的装备的技术性能、质量和可靠性。同时,国民经济的发展速度,在很大程度上也取决于机械制造业技术水平的高低和发展速度。

纵观世界各国,任何一个经济强大的国家,都具有强大的机械制造业,许多国家的经济腾飞,机械制造业功不可没。机械制造业是为各行各业的用户创造和提供机械产品的行业,包括机械产品的开发、设计、制造、应用和售后服务全过程。机械制造业主要承担两大重要任务:一是直接为最终消费者提供各种生活、生产必需的消费品;二是担当国民经济的"装备部",为各行各业提供生产技术装备。机械制造业也是任何其他高新技术实现科学及工业价值的最佳集合点,如快速原型机、并联机床等,已远超出纯机械的范畴,是集机械、电子、控制、计算机、材料等众多技术于一体的现代机械设备。可见,机械制造业是国民经济持续发展的基础,任何行业的发展,必须依靠机械制造业的支持。

1.1.2 机械制造业的发展

人类文明的发展与制造业的进步密切相关。人类最早的制造活动可以追溯到新石器时代,当时人们制作石器作为劳动工具,制造处于一种萌芽阶段;到了青铜器和铁器时代,为了满足以农业为主的自然经济的需要,出现了冶炼和锻造等较为原始的制造活动。

现代机械制造业要从第一次工业革命算起。现代机械制造业的发展可以总结为四个大的发展阶段,也就是从工业1.0到工业4.0。按照目前的共识,工业1.0是蒸汽机时代,17世纪60年代,瓦特改进蒸汽机,标志着第一次工业革命兴起,工业革命的结果是机械生产代替了手工劳动,经济社会从以农业、手工业为基础转型到以工业、机械制造带动经济发展的新模式。工业2.0是电气化时代，19世纪后半期至20世纪初出现了采用电力驱动产品的大规模生产，因为有了电力，所以才进入了由电气自动化控制机械设备生产的年代。这次工业革命，开创了产品大规模流水线批量生产的新模式。工业3.0是信息化时代，二战后，随着计算机、微电子技术、信息技术及软科学的发展，工厂大量采用由PC、PLC/单片机等电子信息技术自动化控制的机械设备进行生产。工业4.0是智能化时代，是利用信息化技术促进产业变革的时代。进入21世纪，机械制造业向自动化、柔性化、集成化、智能化、精密化和清洁化的方向发展。现代机械制造技术发展的总趋势是机械制造技术与材料科学、电子科学、信息科学、生命科学、环保科学、管理科学等的交叉与融合。

1.1.3 我国机械制造业发展面临的挑战与机遇

中国是一个世界文明古国，机械制造具有悠久的历史。但是，近两个世纪帝国主义的侵略和腐朽的半殖民地半封建的社会制度，严重束缚了中国社会经济和科学技术的发展，使中国几千年的文明失去了光芒。至中华人民共和国成立前夕，中国的机械制造业几乎为零。

新中国成立后，经过70余年的发展，我国的制造业和制造技术得到了长足进步和发展，为国民经济各部门提供重大装备的能力不断提高，一个具有相当规模和水平的制造体系已经形成，使得中国成为世界瞩目的制造业第一大国。我国制造业取得的历史性成就，离不开全国人民的自力更生和努力奋斗，同时也源于很好地抓住了新科技革命和产业变革、全球化与全球价值链分工、生产方式变革等重大发展机遇。

但与西方工业发达国家、制造业强国相比，我国的制造业和制造技术还存在着很大的差距，而且差距缩小速度缓慢。我国制造业的发展对国外技术的依赖仍然很严重，许多核心技术和设备仍需进口。近年来美国对中兴等中国企业的制裁更让国人意识到加强基础研究、夯实工业发展基础的重要性。2020年科技日报列出了以光刻机为代表的制约我国工业发展的35项"卡脖子"技术，引起行业内的广泛关注与讨论，其中制造业更是我国"卡脖子"的重灾区。

我国工业基础的现状是中国制造业大而不强，原因有很多，主要是缺乏核心和关键共性技术。关键基础零部件（元器件）、关键基础材料、先进基础工艺及相应的产业技术基础，简称"四基"。"四基"已经成为制约我国工业由大变强的关键，也是制约我国提高技术创新能力和全球竞争力的瓶颈所在。我国制造业在自主创新能力、资源利用效率、产业结构水平、信息化程度、质量效益等方面差距明显，转型升级和跨越发展的任务紧迫而艰巨。

当前，世界迈入了知识经济时代，而知识经济的本质与核心就是创新。如何用高新技术改造传统的制造业，特别是机械制造业，不断进行概念创新、技术创新、产品创新和管理创新，以适应更快、更好、更便宜、更能满足特殊要求的市场需求，是摆在我国制造业，特别是机械制造业面前的一个十分艰巨的任务。

党的二十大报告指出："建设现代化产业体系。坚持把发展经济的着力点放在实体经济上，推进新型工业化，加快建设制造强国、质量强国、航天强国、交通强国、网络强国、数字中国"。加快建设制造强国，要坚持自主可控、安全高效，推进产业基础高级化、产业链现代化，保持制造业比重基本稳定，增强制造业竞争优势，推动制造业高质量发展；要加强顶层设计和前瞻部署，继续推动制造业高端化迈进、智能化升级、绿色化转型，不断提高制造业的发展活力、国际竞争力，努力实现"推动中国制造向中国创造转变、中国速度向中国质量转变、中国产品向中国品牌转变"的目标。

1.2 机械制造过程的基本概念

1.2.1 机械产品的生产过程

机械制造业的产品是机械产品，是用制造方法获得的各种具有机械功能的物体。这些产品可以是一台机器、一个部件，或是某一种零件。

在现代化制造工业中，机械产品的生产过程包含由原材料转化为最终产品的一系列相互关联的劳动过程的总和，是一个大的系统工程。

机械产品的生产过程根据内容不同可分为三个阶段：第一阶段是产品的决策阶段；第二阶段是产品的设计和研究阶段；第三阶段是产品的制造阶段。

1.2.2 机械制造过程与工艺过程

广义上，机械制造过程就是指机械产品的生产过程。狭义上，机械制造过程是指机械产品生产过程的第三阶段，又称为机械加工过程，是指利用各种机理、技术和设备工具对原材料、半成品进行加工或处理，最终使之成为机械产品的过程。这一过程包括原材料的运输和保管、生产准备、毛坯准备、机械加工、热处理、装配与调试、质量检验、包装与储运等工作。

在机械制造过程中，那些与由原材料转变为产品直接相关的，改变物料的尺寸、形状、性能（包括物理性能、化学性能、力学性能等）及相对位置关系，使其成为成品的过程称为工艺过程。那些为保证工艺过程正常进行所需要的原材料运输保管、刀具夹具制造，机床调整维修、产品包装检验等过程则属于辅助过程。

按照工艺过程中的任务、性质不同，工艺过程又分为铸造、锻造、焊接、机械加工、热处理、装配等。采用机械加工的方法（如切削加工、磨削加工等），直接改变毛坯的形状、尺寸和表面质量等，使其成为零件的过程称为机械加工工艺过程。

1.3 机械制造系统与机械加工工艺系统

1.3.1 机械制造系统

由为完成机械制造过程所涉及的硬件（原材料、辅料、设备、工具、能源等）、软件（制造理论、工艺、技术、信息和管理等）和人员（技术人员、操作工人、管理人员等）组成在一起，通过制造过程将制造资源（原材料、能源等）转变为产品（包括半成品）的有机整体的系统，称为机械制造系统。与机械制造过程一样，机械制造系统也有广义和狭义之分。

广义的机械制造系统即生产系统，是一个输入制造资源、输出产品的输入输出系统，其结构由硬件、软件和人员组成，并包括了市场分析、产品策划、开发设计、生产组织准备、原材料准备及贮存、毛坯制造、零件加工、机器装配、质量检验以及许多其他与之相关的各个环节的生产全过程。

狭义的机械制造系统就是指从原材料到产品整个机械加工过程中所包含的物料流、信息流、能量流。原材料、毛坯、加工中的半成品、零部件及产品整机形成了物料流；产品的装配图、零部件图、各种工艺文件、CAD 软件、CAM 软件、产品的订单、生产调度计划等形成了制造系统的信息流；电能、机械能、热能等形成了能量流。物料流是制造系统的本质，在物料流动的过程中，原材料变成了产品。能量流为物料流提供动力，电能驱动电动机，再驱动各种机械运动，实现加工和运输；热能用来加热金属进行铸造、锻造、热处理等。信息流则控制物料如何运动，控制能量如何做功。在整个制造过程中，人和设备是制造活动的支撑条件，所有的制造活动都受各种条件和环境的约束。

1.3.2 机械加工工艺系统

机械加工工艺系统指机械加工工艺过程中，由机床、刀具、夹具和工件组成的实现某种加工方法的整体系统。工件是被加工对象。机床是加工设备，可以是单台机床，如普通机床、数控机床和加工中心等，也可以是由多台机床组成的生产线。刀具是指车刀、铣刀、砂轮等。夹具是指机床夹具，包括通用夹具和专用夹具等。如果加工时是将工件直接装夹在机床工作台上，也可以不要专用夹具。对应于不同的加工方法有不同的机械加工工艺系统，如车削工艺系统、铣削工艺系统、磨削工艺系统等。

机械加工工艺系统是机械制造系统的子系统，要求从机床、刀具、夹具和工件四个要素的整体出发，综合分析、研究各种有关问题，实现系统的最佳化方案。

1.4 本课程的主要内容、学习要求和学习方法

机械制造技术就是以表面成形理论、金属切削理论和工艺系统的基本理论为基础，以各种加工方法、加工装备的特点及应用为主体，以机械加工工艺和装配工艺的设计为重点，以实现机械产品的优质、高效、低成本制造为目的的综合应用技术。机械制造技术是涉及力学、机械科学、系统科学、信息科学、材料科学和控制技术的一门综合学科。

机械制造技术基础是机械类专业的一门核心主干技术基础课程，涉及机械产品的生产过程及生产活动的组织、机械加工过程及其系统。本课程将基本理论、基础知识与工程应用有机结合，以机械加工工艺系统为研究对象，以机械制造工艺过程为主线，重点讲授金属切削过程及其物理现象、机械加工方法及装备、机床夹具设计、机械加工质量及其控制、工艺规程设计和先进制造技术等。

本课程注重基本理论知识的深入学习，强调培养学生运用基础理论知识解决生产实际中问题的能力，兼顾新技术、新工艺及其发展方向的介绍，从而培养"厚基础、宽口径、高素质、强能力"的人才。通过对本课程的学习，要求学生能对机械制造有一个总体的、全貌的了解与把握，能掌握金属切削过程的基本规律，掌握机械加工的基本知识，能正确选择加工方法与机床、刀具、夹具及加工参数，具备制订工艺规程的能力，掌握机械加工精度和表面质量分析的基本理论和基本知识，初步具备分析和解决现场工艺问题的能力，并了解当今先进制造技术的发展概况。

本课程涉及的金属切削理论、金属切削机床与夹具和机械制造工艺等知识，具有很强的实践性，与生产实际联系密切。因此在学习时必须重视实践教学环节，即通过课程实验、生

产实习及课程设计等来加深对课程内容的理解。只有采用理论与实践相结合的方法，才能掌握机械制造的理论与实践知识，提高分析和解决机械制造过程中实际问题的能力，为今后从事工程技术工作打下坚实的基础。

习题与思考题

1-1 什么是工艺过程？什么是机械加工工艺过程？

1-2 分别从广义和狭义上对机械制造系统进行解释。

1-3 机械加工工艺系统的四要素是什么？

第2章

金属切削原理与刀具

金属切削过程是刀具和工件之间通过不同形式的相对运动，由刀具从工件表面上切去多余材料，从而得到预期形状精度、尺寸精度、位置精度和表面粗糙度的机械零件的过程。伴随着切削过程，会产生切削变形与积屑瘤、切削力、切削热和刀具磨损等一系列现象。本章以车削为例，在介绍金属切削基本知识的基础上，逐步深入探讨上述各种现象的成因、变化规律和内在联系，同时对常用刀具的结构、几何参数和材料进行介绍。掌握和运用这些基本理论和基本规律并善于有效地控制切削过程，对保证加工质量、提高生产率和降低生产成本具有重要的意义。

2.1 金属切削的基本知识

2.1.1 零件表面形成方法与表面成形运动

零件的形状是由满足使用需要的各种表面组成的，故零件的切削加工归根到底是表面成形问题。

1. 零件表面形成方法

（1）零件的加工表面形状　图 2-1 所示为机器零件上常用的各种典型表面。可以看出，零件表面是由若干个不同表面元素组合而成的。这些元素主要包括平面、直线成形表面、圆柱面、圆锥面、球面、圆环面、螺旋面等。

零件表面可以看作一条线（称为母线）沿另一条线（称为导线）运动的轨迹。母线和导线统称为形成表面的发生线。常见的零件表面按形状可分为三类：

1）旋转表面。如图 2-2a 所示，圆柱表面由平行于轴线的直母线 A 沿圆导线 B 转动形成；图 2-2b 所示圆锥表面由不平行于轴线，但与轴线相交的直母线 A 沿圆导线 B 转动形成；图 2-2c 所示球面由圆母线 A 沿导线 B 转动形成。

2）纵向表面。如图 2-2d 所示，平面由直母线 A 沿直导线 B 移动形成；图 2-2e 所示曲面由直母线 A 沿曲线导线 B 移动形成；图 2-2f 所示曲面由曲线母线 A 沿直导线 B 移动形成。

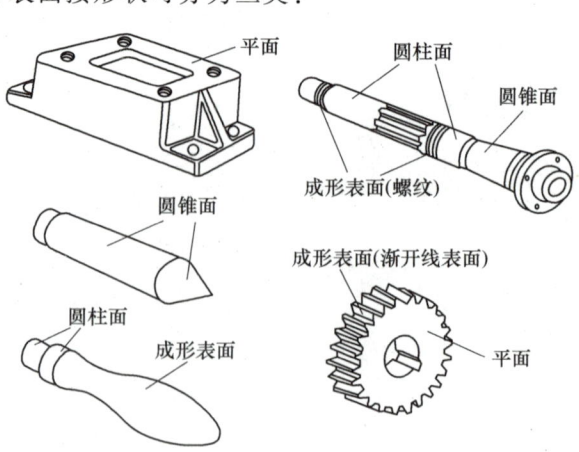

图 2-1　机器零件上常用的各种典型表面

3）特型表面。如图 2-2g 所示，螺旋面由直母线 A 沿螺旋导线 B 运动（边做旋转运动 v'，边做旋转运动 v''）形成。

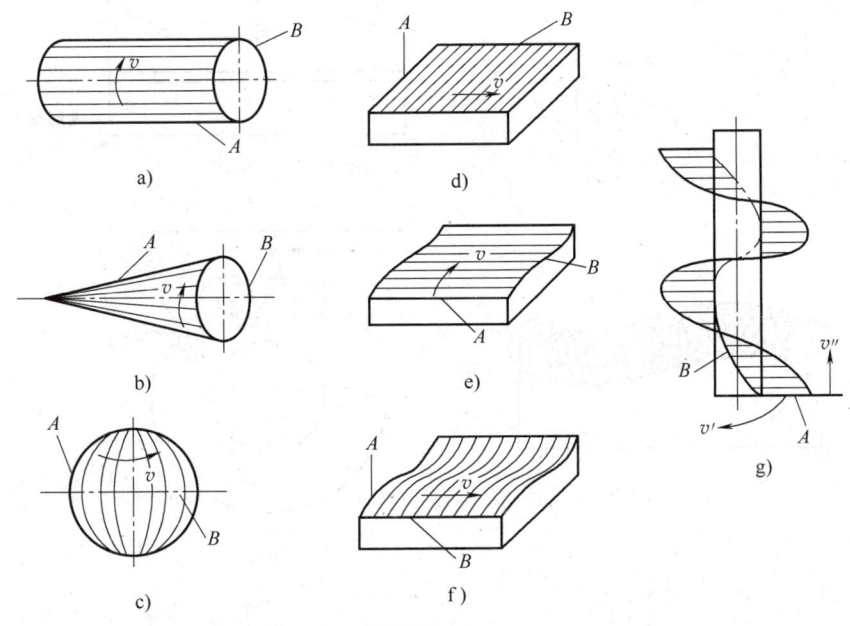

图 2-2　组成工件轮廓的几种几何表面

（2）零件表面的形成方法　要研究零件表面的形成方法，首先应研究表面发生线的形成方法。在零件加工过程中，发生线是由刀具的切削刃与工件间的相对运动得到的。由于使用刀具的切削刃形状和采取的加工方式不同，形成表面发生线的方法可归纳为以下四种：

1）轨迹法。如图 2-3a 所示，刀具切削点 1 按一定的规律做轨迹运动 3，形成所需的发生线 2。采用轨迹法形成发生线，刀具需要有一个独立的成形运动。

2）成形法。如图 2-3b 所示，切削刃为一条切削线 1，它的形状及尺寸与需要成形的发生线 2 完全一致，因此刀具不需要专门的成形运动。

3）相切法。如图 2-3c 所示，当采用铣刀等旋转刀具加工时，刀具中心按一定规律做轨迹运动。切削刃可看作一个切削点 1，切削点的运动轨迹与工件相切就形成了发生线 2，所以用相切法形成发生线，刀具需要有两个独立的成形运动，即刀具的旋转和刀具中心按一定规律运动。

4）展成法。如图 2-3d 所示，当用齿条插刀加工直齿圆柱齿轮时，刀具切削刃的形状为一条切削线 1，切削线 1 与发生线 2 做纯滚动运动（展成运动），切削线与发生线逐点相切，发生线是切削线的包络线。因此，用展成法形成发生线，刀具和工件需要有一个独立的复合成形运动 3（展成运动）。

2. 表面成形运动

为获得所需要的工件表面形状，必须使得刀具和工件按照上述四种方法之一完成一定的运动，这种运动称为表面成形运动。

（1）表面成形运动分析　表面成形运动（简称成形运动）是保证获得工件要求的表面形状的运动。例如，图 2-4 所示为用车刀车削外圆柱表面时，形成母线和导线的方法，它们

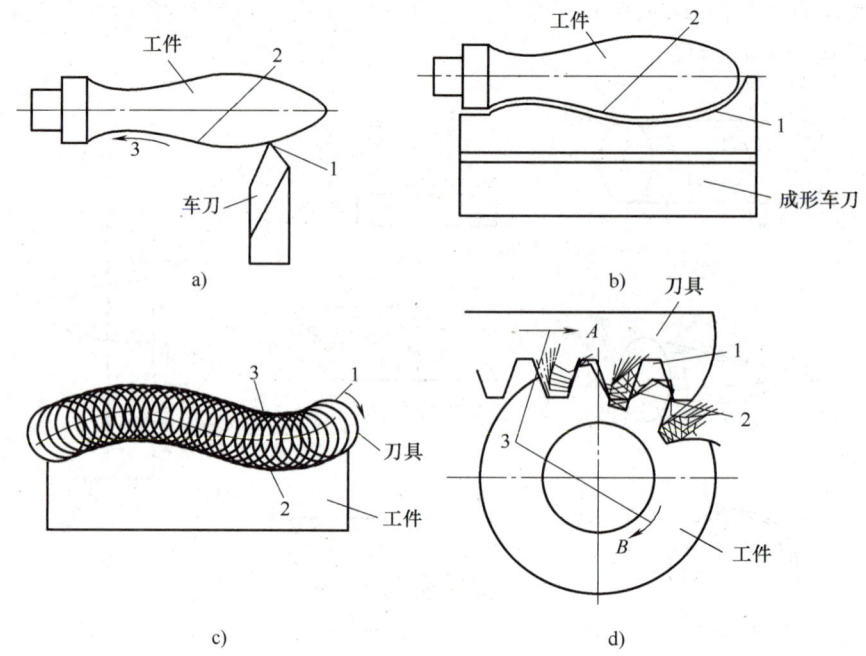

图 2-3 形成表面发生线的方法

都属于轨迹法。工件的旋转运动 B_1 产生母线（圆）；刀具的纵向直线运动 A_2 产生导线（直线）。运动 B_1 和 A_2 就是两个表面成形运动。

以上所说的成形运动都是旋转运动或直线运动。这两种运动最简单，也最容易得到，因而都称为简单成形运动。在机床上，简单成形运动以主轴的旋转、刀架或工作台的直线运动的形式出现，一般用符号 A 表示直线运动，用符号 B 表示旋转运动。

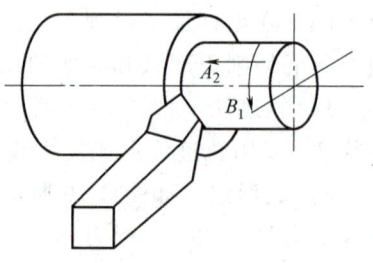

图 2-4 车刀车削外圆柱表面时的成形运动

有些成形运动是由简单成形运动复合形成的。图 2-5a 所示为用螺纹车刀车削螺纹。螺纹车刀是成形刀具，其形状相当于螺纹沟槽的轴剖面形状。因此，形成螺旋面只需要一个运动：车刀相对于工件做螺旋运动。在机床上，最容易得到并且最容易保证精度的是旋转运动（如主轴的旋转）和直线运动（如刀架的移动）。因此，把这个旋转运动分解成等速旋转运动和等速直线运动，在图 2-5b 中，以 B_{11} 和 A_{12} 为例，这样的运动称为复合的表面成形运动（简称复合成形运动）。为了得到一定导程的螺旋线，运动的两个部分 B_{11} 和 A_{12} 必须严格保持相对关系，即工件每转一转，刀具的移动量应为一个导程。

有些零件的表面形状很复杂，例如螺旋桨的表面，为了加工它，需要十分复杂的表面成形运动。这种成形运动要分解为更多个部分，这只能在多轴联动的数控机床上实

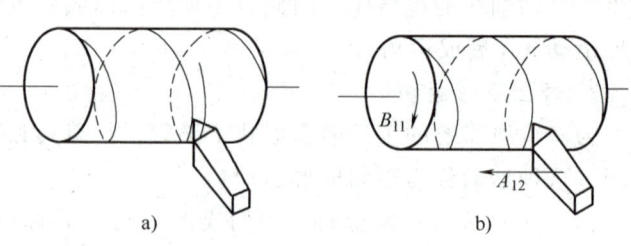

图 2-5 螺纹车刀车削加工螺纹时的运动

现。运动的每个部分，就是数控机床上的一个坐标轴。

由复合成形运动分解的各个部分，虽然都是直线或旋转运动，与简单运动相像，但本质是不同的。由复合成形运动分解的各个部分必须保持严格的相对运动关系，是相互依存的，而不是独立的。简单运动之间是相互独立的，没有严格的相对运动关系。

（2）切削运动　在切削加工过程中，刀具与工件的相对运动称为切削运动，即表面成形运动。各种切削加工中的表面成形运动，按照它们在切削过程中所起的作用不同，可以分为主运动和进给运动两种，而这两种运动的向量和称为合成切削运动。所有切削运动的速度和方向都是按刀具相对于工件定义的。

1）主运动。主运动是切削时最主要的、消耗动力最多的一种相对运动。它使刀具的切削部分切入工件，工件上的被切削层转变为切屑，从而在工件上形成新表面。机床通常只有一个主运动，其形式可以是旋转运动或直线运动。例如，车、镗削工件的主运动是机床主轴的旋转运动，平面刨削时刀具的直线往复运动是主运动。

2）进给运动。进给运动使待切除的金属层不断投入切削，以保持切削过程的连续性。通常情况下，进给运动速度较低、消耗功率较少。进给运动可以是连续的，也可以是间歇的。例如，在车床上车削外圆时，刀架带动车刀做纵向连续进给运动；在牛头刨床上加工平面时，刨刀每往复一次，工作台带工件做横向间歇移动一次。进给运动的形式可以是直线运动，也可以是旋转运动或者两者的组合。上述两个例子的进给运动都是直线进给运动，外圆磨削时的进给运动则是工件的旋转及其轴向往复直线移动的组合。

总之，任何切削加工方法都必须有且只有一个主运动，而进给运动可以有一个或几个，也可以没有进给运动，如拉削加工。主运动和进给运动可由刀具和工件分别完成，也可由刀具同时完成（如钻床上钻孔）。主运动和进给运动可以是旋转运动，也可以是直线运动。

3）合成切削运动。主运动和进给运动合成的运动称为合成切削运动，如图 2-6 中的 v_e 所示。

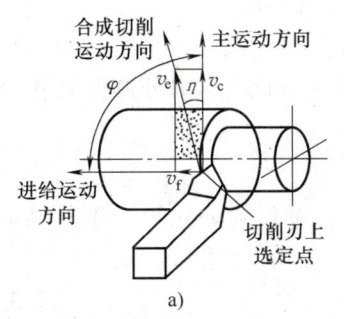
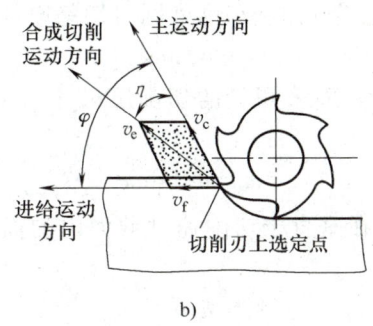
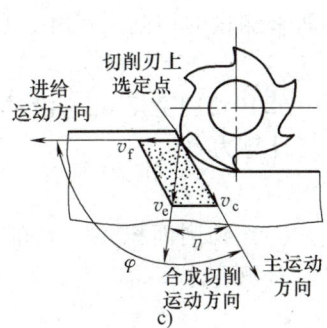

图 2-6　切削运动和切削速度

4）切削运动方向及速度的确定。如图 2-6 所示，主运动方向为切削刃上选定点相对于工件的瞬时主运动的方向。主运动的瞬时速度称为切削速度 v_c。进给运动方向为切削刃上选定点相对于工件的瞬时进给运动的方向，与主运动方向的夹角为 φ。进给运动的瞬时速度称为进给速度 v_f。合成切削运动方向为切削刃上选定点相对于工件的瞬时合成切削运动的方向。合成切削运动的瞬时速度称为合成切削速度 v_e，主运动方向和合成切削运动方向之间的夹角称为合成切削速度角 η。

2.1.2 切削层与切削要素

1. 加工表面

车削加工是一种最典型的切削加工方法。如图 2-7 所示,普通外圆车削加工在主运动和进给运动的共同作用下,工件表面的一层金属连续地被车刀切下来并转变为切屑,从而加工出所需要的工件新表面。在新表面的形成过程中,工件上有以下三个不断变化的表面。

1) 待加工表面:加工时即将被切除的表面。
2) 已加工表面:已被切去多余金属而形成符合要求的工件新表面。
3) 过渡表面:加工时由主切削刃正在切削的表面,它是待加工表面和已加工表面之间的表面。

2. 切削层

切削层是指在切削过程中,刀具的切削刃一次走刀所切除的工件材料层。切削层的形状和尺寸直接影响着切削过程的变形、刀具承受的负荷以及刀具的磨损。如图 2-7 所示,工件旋转一周,车刀沿轴线移动一定长度 f,切下截面为 $BCDF$ 的材料层。切削层的截面尺寸参数称为切削层参数。切削层形状和参数通常在与主运动方向相垂直的平面内观察和度量。

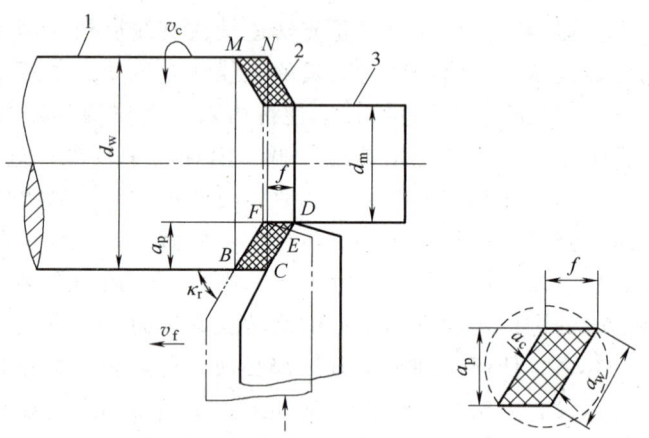

图 2-7 外圆车削加工表面及切削层参数
1—待加工表面 2—过渡表面 3—已加工表面

(1) 切削厚度 a_c 垂直于过渡表面来测量的切削层尺寸,单位为 mm。车削外圆时切削厚度可计算为

$$a_c = f\sin\kappa_r \tag{2-1}$$

(2) 切削宽度 a_w 沿过渡表面来测量的切削层尺寸,单位为 mm。车削外圆时切削宽度可计算为

$$a_w = a_p/\sin\kappa_r \tag{2-2}$$

(3) 切削面积 A_c 切削层在垂直于切削速度截面内的面积,单位为 mm^2。车削外圆时切削面积可计算为

$$A_c = a_c a_w = fa_p \tag{2-3}$$

3. 切削用量和材料去除率

切削用量是用来表示切削成形运动的参数,主要包括切削速度 v_c、进给量 f 和切削深度 a_p,通常称它们为切削用量三要素。这三个要素是切削过程中重要的运动参数和几何参数,每一个切削过程都需要针对工件、刀具和其他加工条件及加工要求来合理选择各参数的大小。

(1) 切削速度 v_c 切削刃上选定点相对于工件主运动的瞬时线速度称为切削速度,单位为 m/s 或 m/min。若主运动为旋转运动,切削刃上各点的切削速度可能是不同的,一般将切削刃上的最大切削速度看作是该切削过程的切削速度。如车削外圆时,切削速度为工件或

刀具圆周运动的线速度，其计算公式为

$$v_c = \frac{\pi d_w n}{1000} \tag{2-4}$$

式中，v_c 为切削速度（m/s 或 m/min）；d_w 为完成主运动的工件或者刀具的最大直径（mm）；n 为主运动的转速（r/min 或 r/s）。

若主运动为往复直线运动，如刨削、插削，则以其平均速度为切削速度，其计算公式为

$$v_c = \frac{2ln_r}{1000} \tag{2-5}$$

式中，l 为工件或刀具做往复直线运动的行程长度（mm）；n_r 为工件或刀具每分或每秒往复的次数 [str/min（str/s）]。

（2）进给量 f 或进给速度 v_f　在单位时间内，刀具和工件之间沿进给方向所移动的距离称为进给速度 v_f，单位为 mm/s；在主运动的一个循环内，刀具和工件之间沿进给运动方向上的相对位移量称为进给量 f。如车削时，进给量 f 为工件每转过一转时车刀沿进给方向移动的距离，单位为 mm/r；刨削时为刨刀（或工件）每往复一次，工件（或刨刀）沿进给方向移动的距离，单位为 mm/双行程。

对于齿数为 z 的多齿刀具（如钻头、铣刀等），每转或每行程中每齿相对于工件在进给运动方向上的位移量称为每齿进给量，记为 f_z，单位为 mm/z。显然，f_z 计算式为

$$f_z = \frac{f}{z} \tag{2-6}$$

用多齿刀具加工时，也可用进给运动的瞬时速度即进给速度来描述。切削刃上选定点相对工件的进给运动的速度称为进给速度，记为 v_f，单位为 mm/s 或 mm/min。对于连续进给的切削加工，v_f 可计算为（n 为转速）

$$v_f = nf = nzf_z \tag{2-7}$$

对于主运动为往复直线运动的切削加工（如刨削、插削），一般不规定进给速度，但规定每行程进给量 f，单位为 mm/str。

（3）切削深度（背吃刀量）a_p　切削深度指工件上待加工表面和已加工表面之间的垂直距离，单位为 mm，如图 2-7 所示。

若车削圆柱、内孔等回转表面时，切削深度可计算为

$$a_p = \frac{|d_w - d_m|}{2} \tag{2-8}$$

对于钻削，切削深度可计算为

$$a_p = \frac{d_m}{2} \tag{2-9}$$

式中，d_w 为工件待加工表面直径（mm）；d_m 为工件已加工表面直径（mm）。

（4）切削时间 t_m　切削时间 t_m 指切削时直接改变工件尺寸、形状等工艺过程所需的时间，单位为 min。它是反映切削效率的一个指标。如图 2-8 所示，车削外圆时切削时间可计算为

$$t_m = \frac{lA}{v_f a_p} \tag{2-10}$$

式中，l 为刀具行程长度（mm）；A 为半径方向加工余量（mm）。

将式（2-4）、式（2-7）代入式（2-10）中，可得

$$t_m = \frac{\pi d_w l A}{1000 v_c a_p f} \quad (2\text{-}11)$$

由式（2-11）可知，提高切削用量中的任一要素均可降低切削时间。

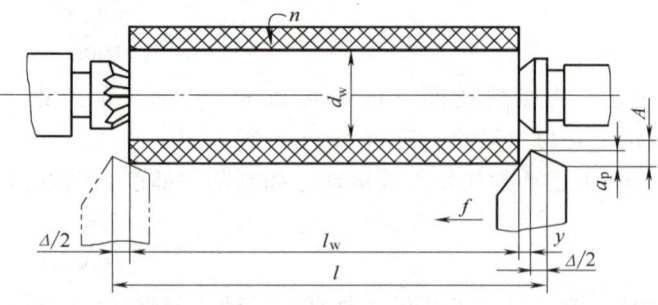

图 2-8 车外圆时车削时间的计算

（5）材料去除率 Q 材料去除率 Q 是指在切削过程中，单位时间内切除材料的体积，单位为 mm^3/s。可计算为

$$Q = 1000 a_p f v_c \quad (2\text{-}12)$$

材料去除率是衡量切削效率的重要指标，切削用量的大小对其有直接影响。

2.1.3 刀具切削部分的组成与刀具角度

切削刀具的种类很多（图 2-9），形状也各不相同，但其切削部分都有共同的特征，其中最典型的是车刀，其他各种刀具切削部分的几何形状和参数，都可视为以外圆车刀为基本形态而按各自的特点演变而成的。因此掌握外圆车刀的相关概念之后，就可以通过类比推广到其他不同形状的刀具。

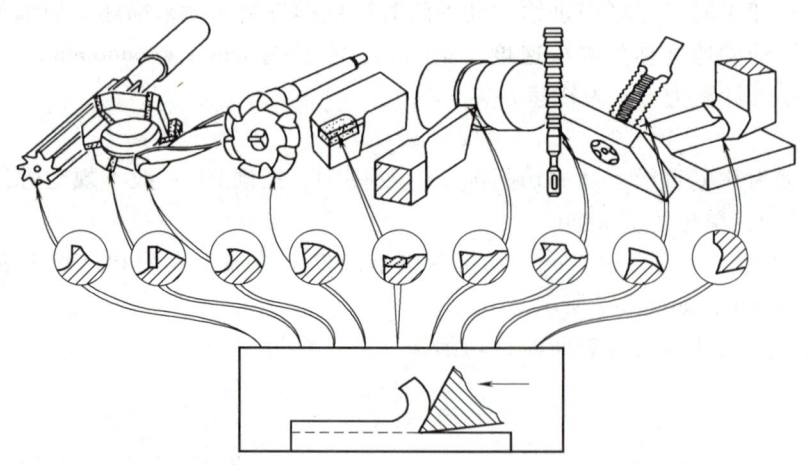

图 2-9 各种刀具切削部分形状

1. 刀具切削部分的组成

在确定刀具切削部分几何形状的一般术语时，常以车刀切削部分为基础。刀具切削部分的组成如图 2-10 所示，可用"三面、两刃、一尖"来概括。

（1）前刀面 A_γ 前刀面 A_γ 是刀具上切屑流出经过的表面。它直接作用于被切削的金属层，并控制切屑沿其排出。

（2）主后刀面 A_α 主后刀面 A_α 是刀具上同前刀面相交形成主切削刃的后刀面。它对着过渡表面。

(3) 副后刀面 A'_α 副后刀面 A'_α 是刀具上同前刀面相交形成副切削刃的后刀面。它对着已加工表面。

(4) 主切削刃 S 主切削刃 S 是起始于切削刃上主偏角为零的点,并至少有一段切削刃拟用来在工件上切出过渡表面的那个整段切削刃,起着主要切削作用。

(5) 副切削刃 S' 副切削刃 S' 是切削刃上除主切削刃以外的刃,也起始于切削刃上主偏角为零的点,但它向背离主切削刃的方向延伸,起着辅助切削的作用。

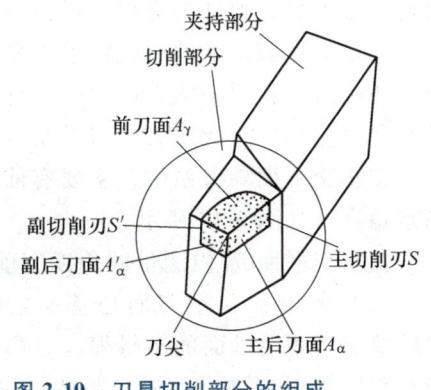

图 2-10 刀具切削部分的组成

(6) 刀尖 刀尖是指主切削刃和副切削刃的交点。为了增强刀尖的强度和耐磨性,常将刀尖磨成圆角或直角,形成过渡刃。

2. 刀具标注角度的参考系

刀具要从工件上切下金属,必须具有一定的切削角度。切削角度决定了刀具切削部分各表面的空间位置。为了设计和测量刀具角度,建立假想的参考平面坐标系,称为刀具标注角度的参考系。常用的刀具标注角度的参考系为正交平面参考系,如图 2-11 所示。该参考系由基面、切削平面和正交平面等三个相互垂直的参考平面组成。

(1) 基面 p_r 基面 p_r 是通过切削刃上选定点,并垂直于主运动方向的平面的平面,如图 2-11 所示。例如,普通车刀、刨刀的基面 p_r 平行于刀具底面;钻头和铣刀等旋转类刀具,其切削刃上各点的主运动(即回转运动)方向都垂直于通过该点并包含刀具旋转轴线的平面,故其基面 p_r 就是刀具的轴向平面。

(2) 切削平面 p_s 切削平面 p_s 是通过切削刃上选定点与切削刃相切,并垂直于基面的平面。也就是主切削刃 s 与切削速度方向构成的平面,如图 2-11 所示。

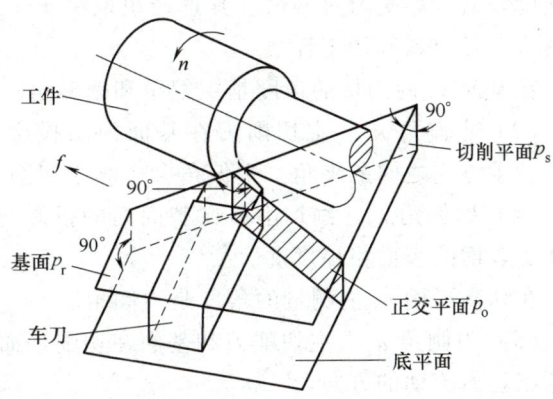

图 2-11 刀具标注角度的参考系

(3) 正交平面 p_o 正交平面 p_o 是通过切削刃上选定点,且与该点的基面 p_r 和切削平面 p_s 同时垂直的平面,如图 2-11 所示。

正交平面参考系是刀具设计时标注、刃磨和测量角度最常用的刀具标注角度的参考系。除此之外,用于刀具角度标注的参考系还有法平面参考系、背平面参考系和假定工作平面参考系等。

3. 刀具的标注角度

GB/T 12204—2010《金属切削 基本术语》中推荐了刀具角度在刀具工作图中的标注方式。下边简要介绍外圆车刀的标注方法。

车刀的标注角度是绘制刀具图样和车刀刃磨必须要掌握的角度,它是如下假定条件下的刀具角度:假定的运动条件——车刀的进给速度为零;假定的安装条件——车刀刀尖和工件回转中心等高，刀杆中心线和进给运动方向垂直。

满足上述假定条件的坐标参考系称为车刀标注角度参考系。在刀具标注角度参考系中确定的切削刃与各刀面的方位角度，称为刀具标注角度。由于刀具角度的参考系沿切削刃各点可能是变化的，故所定义的刀具角度均应指明是切削刃选定点的角度。

在正交平面参考系中，主要有前角 γ_o、后角 α_o、主偏角 κ_r、副偏角 κ_r' 和刃倾角 λ_s 五个基本角度，如图 2-12 所示。

在正交平面 p_o 内测量的角度有前角和后角。

（1）前角 γ_o 前刀面与基面之间的夹角。前角反映前刀面对基面的倾斜程度，影响主切削刃的锋利程度和刃口强度。前角越大，切削刃越锋利，切削时就越省力。但前角过大，会使切削刃强度降低，影响刀具寿命。其选择取决于工件材料、刀具材料和加工性质。

（2）后角 α_o 主后刀面与切削平面之间的夹角。后角反映主切削刃所在后刀面对切削平面的倾斜程度，影响主后刀面与加工表面之间的摩擦程度。后角越大，摩擦越小。但后角过大，会使切削刃强度降低，影响刀具寿命。其选择也取决于工件材料、刀具材料和加工性质。

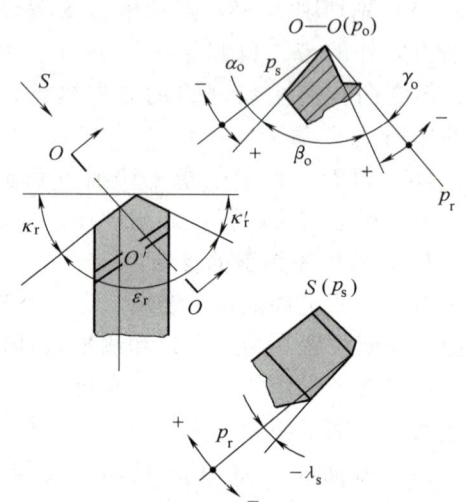

图 2-12 车刀的主要标注角度

在基面 p_r 内测量的角度是主偏角和副偏角。

（3）主偏角 κ_r 主切削刃在基面内的投影与进给运动方向之间的夹角。主偏角会影响主切削刃和刀头的受力情况及散热条件。

（4）副偏角 κ_r' 副切削刃在基面内的投影与进给反方向之间的夹角。副偏角主要影响已加工表面的表面粗糙度。

在切削平面 p_s 内测量的角度是刃倾角。

（5）刃倾角 λ_s 主切削刃和基面在切削平面内的投影之间的夹角。它会影响刀尖强度，并控制切屑流动的方向。

刀具角度标注符号下标的英语小写字母，与测量该角度用的参考系平面符号下标一致，如前角 γ_o 和后角 α_o，都是在正交平面 p_o 内测量的角度，其下标都为 o，主偏角 κ_r 和副偏角 κ_r' 都是在基面 p_r 内测量的角度，其下标都为 r，依此类推。

此外，为了比较切削刃、刀尖的强度，还定义了另外两个角度，它们属于派生角度，分别为楔角和刀尖角。

（6）楔角 β_o 正交平面与前、后刀面的交线之间的夹角。有

$$\beta_o = 90° - (\gamma_o + \alpha_o) \tag{2-13}$$

（7）刀尖角 ε_r 主、副切削刃在基面投影中形成的夹角。有

$$\varepsilon_r = 180° - (\kappa_r + \kappa_r') \tag{2-14}$$

各角度的正负规定：前刀面与基面平行时前角为零。前刀面与切削平面间夹角小于 90°时，前角为正；大于 90°时，前角为负。后刀面与基面间夹角小于 90°时，后角为正；大于 90°时，后角为负。刃倾角正负的判断方法与前角类似，切削刃与基面平行

时,刃倾角为零;刀尖相对于车刀底平面处于切削刃最高点时,刃倾角为正,处于最低点时,刃倾角为负。

4. 刀具的工作角度

刀具标注角度是在假定运动条件和假定安装条件下得到的,如果考虑实际切削过程中的合成切削运动和安装条件,则刀具角度的参考系将发生变化,因而刀具角度也将产生变化,即刀具的实际工作角度不等于标注角度。按照切削加工的实际工况条件,在刀具工件角度参考系中所确定的角度,称为刀具的工作角度。在切削过程中,当进给速度远小于主运动速度时,在一般安装条件下,刀具的实际工作角度近似与标注角度相等,如车削、铣削、镗削等。当且仅当进给运动引起刀具角度值变化较大时(如车螺纹或丝杠和钻孔时)才计算工作角度。

5. 切削方式

(1) 自由切削与非自由切削　只有一个主切削刃参加切削称为自由切削,主、副切削刃同时参加切削称为非自由切削。自由切削时切削过程比较简单,是试验研究金属切削的常用方法。生产实际中的切削都是非自由切削,如图2-13a所示,就是非自由切削。

(2) 直角切削与斜角切削　切削刃与合成切削速度方向垂直的切削称为直角切削,又称为正交切削。切削刃与合成切削速度方向不垂直的切削称为斜角切削,又称为非正交切削。因此,刃倾角不等于零的刀具均属于斜角切削。斜角切削具有刃口锋利,排屑轻快等特点。图2-13b、c所示分别为直角切削和斜角切削。

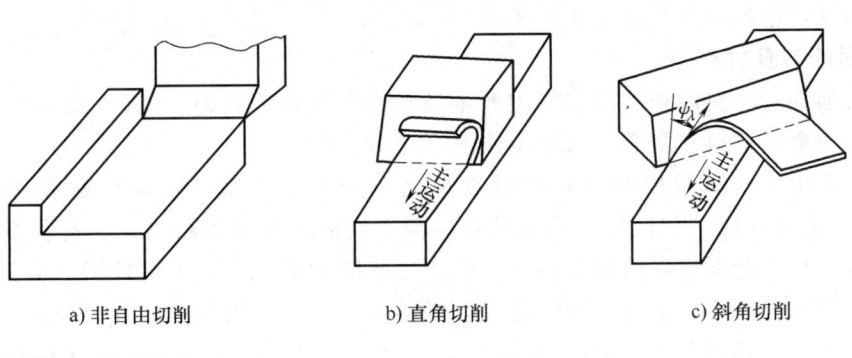

图2-13　切削方式

2.1.4　刀具材料

刀具在切削过程中,直接担负切削工作的是刀具的切削部分。刀具切削性能的好坏,取决于构成刀具切削部分的材料、几何参数及刀具结构的选择和设计是否合理。刀具材料对刀具寿命、刀具寿命、切削加工生产率、零件加工精度和表面质量、加工成本等都有很大的影响,因此必须合理选择。

刀具材料一般是指刀具切削部分的材料,其发展受工件材料发展的促进和影响。

1. 刀具材料应具备的基本性能

切削过程中,刀具切削部分直接承受刀具所在的高温、高压、剧烈摩擦、冲击和振动等恶劣环境,因此,刀具材料应具备以下性能:

(1) 高的硬度和耐磨性　硬度是刀具材料应具备的基本性能。刀具要从工件上切下切屑，其硬度必须高于工件材料的硬度，通常硬度在60HRC以上。耐磨性是材料抵抗磨损的能力。一般来说，刀具材料的硬度越高，耐磨性就越好。

（2）足够的强度和韧性　切削时刀具要承受很大的切削力，有时刀具承受的力还具有冲击与振动的特性，故刀具材料必须具备承受这种负荷的能力。只有具备足够的强度和韧性，才能承受切削力和切削时产生的振动，以防刀具脆性断裂和崩刃。

（3）高的耐热性与化学稳定性　刀具材料必须在高温下仍能保持高的硬度、耐磨性和足够的韧性，即刀具材料具有高的耐热性。刀具材料的耐热性又称为红硬性或热硬性。耐热性越好，允许的切削速度就越高，它是衡量刀具材料性能的主要标志。化学稳定性是指刀具材料在高温下不易和工件材料及周围介质发生化学反应的能力，化学稳定性越好，刀具寿命就越长。

（4）良好的热物理性能　刀具材料应具备良好的导热性、小的热膨胀系数以及优良的热冲击性能。刀具的优良抗热冲击能力（可用耐热冲击系数来衡量），可提高刀具抗热疲劳破坏的能力，从而延长刀具的使用寿命；若热膨胀系数小，可减小刀具的热变形和对加工精度的影响。

（5）良好的工艺性　为了便于制造，刀具切削部分的材料应具有良好的工艺性能，如可锻性、焊接性、热处理性能、磨削加工及高温塑性等。

实际上，刀具要满足上述所有性能要求是很难做到的，而且有些性能之间是相互矛盾的。如硬度、耐磨性好，往往冲击韧度低；强度高，往往工艺性差。因此，在选择刀具材料时，应根据具体情况抓住其中的主要矛盾。

2. 常用的刀具材料

刀具切削部分材料的种类很多，主要金属材料有碳素工具钢、合金工具钢、高速钢和硬质合金等，非金属材料有陶瓷、人造金刚石、立方氮化硼。

目前，在生产中最常用的刀具材料有高速钢和硬质合金。陶瓷材料和超硬刀具材料（金刚石和立方氮化硼）仅应用于有限场合，但它们的显微硬度很高，具有优良的抗磨损能力，刀具寿命长，能保证高的加工精度，应予以足够的重视。碳素工具钢、合金工具钢因耐热性差，仅用于一些手工工具及切削速度较低的刀具，如手用丝锥、铰刀等。

（1）高速钢　高速钢是一种含有钨（W）、铬（Cr）、钼（Mo）、钒（V）等合金元素的高合金工具钢，它允许的切削速度比碳素工具钢和合金工具钢高1~3倍，所以称为高速钢。这些合金元素在组织中主要形成高硬度的碳化物，提高了钢的耐磨性和淬透性。高速钢热处理后常温硬度可达到62~65HRC，耐热温度可达到550~630℃。切削中碳钢时，切削速度可达30m/min左右。与合金工具钢相比，它的高温硬度和热稳定性要好得多；与硬质合金相比，它的强度高（抗弯强度一般为硬质合金的2~3倍），韧性和工艺性好。高速钢的最大优点是强度、韧性和工艺性好，刃磨时容易获得锋利的切削刃，且价格便宜，因此广泛用于制造复杂刀具和小型刀具的钻头、拉刀、铣刀、齿轮加工刀具等。

高速钢按切削性能可分为普通高速钢和高性能高速钢；按制造工艺方法可分为熔炼高速钢和粉末冶金高速钢。

1）普通高速钢。普通高速钢的特点是工艺性好，具有较高的硬度、强度、耐磨性和韧性，可用于制造各种刃形复杂的刀具。按化学成分不同，普通型高速钢可分为钨系和钨钼系两类。

2）高性能高速钢。高性能高速钢是在普通高速钢的基础上增加碳含量、钒含量并添加钴（Co）、铝（Al）等合金元素熔炼而成，其耐热性好，在 630～650℃ 时仍能保持接近 60HRC 的硬度，适用于加工耐热钢、钛合金、奥氏体型不锈钢、高强度钢等难加工的材料，生产率比普通高速钢高，寿命也比普通高速钢长。这种高速钢的种类很多，主要包括钴高速钢、铝高速钢及高钒高速钢等。

3）粉末冶金高速钢。粉末冶金高速钢是利用高压惰性气体（氩气、氢气或氮气）将熔融状态的高速钢进行雾化，形成细小颗粒的高速钢粉末后，经过热压锻轧成材的一种刀具材料，然后制成各种刀具。粉末冶金高速钢主要应用于制造各种精密刀具和形状复杂的刀具（如精密螺纹车刀、拉刀和切齿刀具等）、断续切削刀具，还适用于制造加工高硬度钢、镍基高温合金和钛合金等难加工材料用的刨刀、钻头和铣刀等刀具。

（2）硬质合金　硬质合金是将高硬度、难熔的金属碳化物（WC、TiC、TaC、NbC 等）和金属黏结剂（Co、Ni、Mo 等）在高温条件下烧结而成的粉末冶金刀具材料。由于合金碳化物是硬质合金的主要成分，具有高硬度、高熔点和化学稳定性好等特点，故硬质合金的强度、韧性、导热性、工艺性能都比高速钢低很多，其刃口也无法磨削至高速钢那么锋利。但硬质合金的硬度、耐磨性和耐热性都比高速钢高。另外，硬质合金的常温硬度达 89～94HRA，760℃ 时其硬度为 77～85HRA，切削温度在 800～1000℃ 时硬质合金还能进行切削，刀具寿命比高速钢刀具长几倍到几十倍，可加工包括淬硬钢在内的多种材料。在刀具寿命相同的情况下，硬质合金刀具能达到的切削速度比高速钢高 4～10 倍。切削中碳钢时，切削速度可达 100～200m/min。

硬质合金因其切削性能好而被广泛用作刀具材料。在我国，绝大多数的车刀、铣刀、深孔钻等均已采用硬质合金，但形状复杂的刀具（如拉刀、齿轮刀具等）仍以高速钢为主。

根据 GB/T 18376.1—2008《硬质合金牌号　第 1 部分：切削工具用硬质合金牌号》，切削工具用硬质合金按使用领域的不同，分为 K、P、M、N、S、H 六类。下面简要介绍最常用的 K、P、M 类硬质合金。

1）K 类（YG 类）硬质合金由 WC 和 Co 组成，也称为钨钴类硬质合金。这类合金主要用来加工铸铁、有色金属及其合金。常用牌号有 YG6、YG8，随着钴的质量分数的增大，硬质合金的硬度和耐磨性下降，抗弯强度和韧性增高。

2）P 类（YT 类）硬质合金由 WC、TiC 和 Co 组成，也称为钨钛钴类硬质合金。这类合金主要适用于加工长切屑的黑色金属（钢料）。常用牌号有 YT5、YT15，随着 TiC 的质量分数的增多，钴的质量分数相应减小，硬质合金的硬度和耐磨性增高，抗弯强度下降。此类硬质合金不宜加工不锈钢和钛合金。

3）M 类（YW 类）硬质合金是在 WC、TiC、Co 的基础上再加入 TaC（或 NbC）而成。加入 TaC（或 NbC）后，改善了硬质合金的综合性能。这类硬质合金既可以加工铸铁和有色金属，又可以加工钢料，还可以加工高温合金和不锈钢等难加工材料，有通用硬质合金之称。

以上三类硬质合金都是以 WC 为主要基体，称为碳化钨基硬质合金。

（3）新型刀具材料

1）陶瓷。陶瓷是在氧化铝（Al_2O_3）基体中加入高温碳化物（如 TiC、WC）和金属添加剂（如镍、铁、钨、钼等）并在高温下烧结而成的。陶瓷材料的优点：有很高的硬度和耐磨性；有很好的耐热性，在 1200℃ 的高温下仍能进行切削；有很好的化学稳定性和较低的摩擦系数，抗扩散和抗黏结能力强。但抗弯强度和冲击韧度低，容易崩刃。加入合金元素后，抗弯强度有所提高。陶瓷刀具主要用于高硬度、高强度钢及冷硬铸铁等材料的半精加工和精加工。

2）金刚石。金刚石刀具具有极高的硬度和耐磨性、低摩擦系数、高弹性模量、高热导率、低热膨胀系数，以及与非铁金属亲和力小等优点，可以用于非金属硬脆材料如石墨、高耐磨材料、复合材料、高硅铝合金及其他韧性有色金属材料的精密加工。金刚石刀具类型繁多，性能差异显著，不同类型金刚石刀具的结构、制备方法和应用领域有较大区别。

天然金刚石刀具的刃口可以极为锋利，能够切下极薄的材料，主要用于紫铜及铜合金和金、银、铑等贵重有色金属，以及特殊零件的超精密镜面加工。但其结晶各向异性，刀具价格昂贵。聚晶金刚石（PCD）属于人造金刚石，其性能取决于金刚石晶粒及钴的含量，刀具寿命为硬质合金（WC 基体）刀具的 10～500 倍，主要用于车削加工各种有色金属如铝、铜、镁及其合金、硬质合金和耐磨性极强的纤维增塑材料、金属基复合材料、木材等非金属材料。金刚石涂层刀具可以应用于高速加工，原因是除了金刚石涂层刀具具有优良的力学性能，金刚石涂层工艺能够制备任意复杂形状的铣刀，用于高速加工如铝钛合金航空材料和难加工的非金属材料，如石墨电极等。

3）立方氮化硼。立方氮化硼（CBN）是六方氮化硼在高温高压环境下，由催化剂作用转变为立方晶体结构的人造刀具材料。CBN 具有仅次于金刚石的极高硬度（7000HV）和耐磨性，耐热温度高达 1400～1500℃，与铁系金属在 1200～1300℃时还不易发生化学反应，抗黏结能力强，与钢的摩擦系数小，是极有前途的刀具材料。它在高温下与水易发生化学反应，故一般用于钢和铸铁的干切削。CBN 不宜用于含钛钢的切削。

4）涂层刀具。涂层刀具是在韧性和强度较高的硬质合金或高速钢的基础上，采用化学气相沉积（CVD）、物理化学气相沉积（PVD）、真空溅射等方法，涂敷一薄层（5～12μm）颗粒极细的耐磨、难熔、耐氧化的硬化物（TiC、TiN、TiC-Al$_2$O$_3$）后获得的新型刀片。常用的涂层材料有 TiC、TiN、Al$_2$O$_3$、金刚石等。由于涂层材料有极高的抗磨损能力和较低的摩擦系数，基体具有合适的硬度与韧性，涂层刀具表现出较高的综合加工性，能够适应多种材料的加工。涂层刀具的主要缺点是用钝以后不能重磨。随着涂层技术的发展，涂层刀具的应用也会越来越广泛。

2.2　金属切削过程与规律

金属切削过程是指利用刀具通过切削加工将工件上多余的金属切除而成为切屑，从而得到所需要的零件几何形状的过程。在这一过程中，始终存在着刀具切削工件和工件材料抵抗切削的矛盾，从而产生了一系列如切削变形、切削力、切削热与切削温度以及刀具磨损等现象和问题。对这些现象进行研究，揭示其内在的机理，探索和掌握金属切削过程的基本规律，从而主动地加以有效控制，对保证加工精度和表面质量、提高切削效率、降低生产成本和劳动强度都具有十分重要的意义。

2.2.1　切削过程及其物理现象

1. 切屑的形成过程及变形区的划分

切削过程中的各种物理现象都是以切屑形成过程为基础的。了解切屑形成过程，对理解切削规律及其本质是非常重要的。现以塑性金属材料的切削为例,说明切屑的形成及切削过程中的变形情况。

大量的试验和理论分析证明,塑性金属切削过程中切屑的形成过程就是切削层金属的变形过程。图 2-14 所示为低速直角自由切削工件侧面时,直接用显微镜观察到的切削层金属变形情况,根据该图可以绘制出图 2-15 所示的金属切削过程中的滑移线和流线示意图。流线表示被切削金属的某一点在切削过程中流动的轨迹。

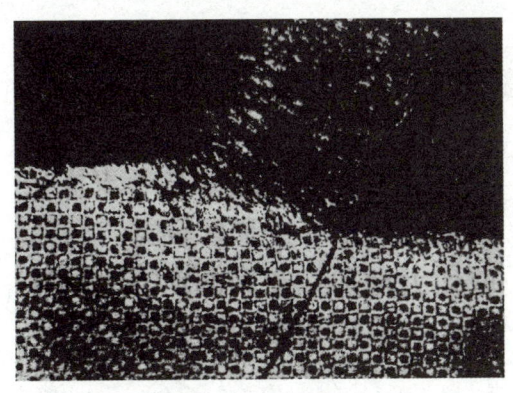

图 2-14 切削层金属变形图像

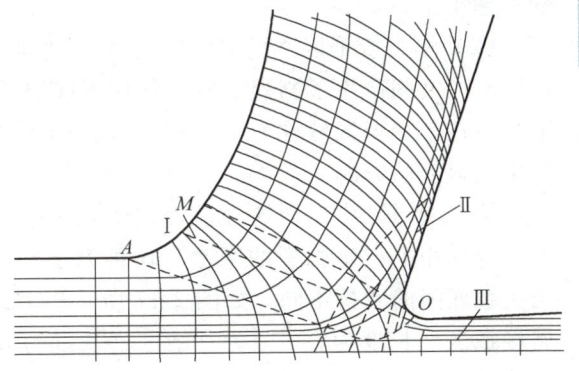

图 2-15 金属切削过程中的滑移线和流线示意图

由图 2-15 可知,切削过程中切削层金属的变形可大致划分为三个变形区。

(1) 第一变形区 在刀具前刀面的推挤下,切削层金属发生塑性变形。切削层金属所发生的塑性变形是从 OA 线开始,直到 OM 线结束。在这个区域内,被刀具前刀面推挤的工件,其切削层金属完成了剪切滑移的塑性变形过程,金属的晶粒被显著地拉长。离开 OM 线之后,切削层金属已经变成了切屑,并沿着刀具前刀面流动。可见,OA 与 OM 所形成的塑性变形区是切屑形成的主要区域,即图 2-15 所示的 I 区,称为第一变形区。

第一变形区的主要特征为沿滑移线的剪切变形和随之产生的加工硬化现象。如图 2-16 所示,在刀具切入工件后,由于切削刃和前刀面的推挤,工件材料内部的每一点都要产生一定的内应力,离刀具越近的地方内应力越大。当切削层中的某点 P 逼近到达点 1 位置时,其切应力达到材料的屈服强度,则点 P 在继续向前移动的同时,还要沿 OA 方向滑移变形,其合成运动将使点 P 由点 1 的位置移动到点 2 的位置,点 2 与点 2′ 之间的距离即为此时的滑移量。随着滑移的产生,切应力将逐渐增大,即点 P 继续沿点 2、点 3……各点移动,并沿 OB、OC 方向滑移,滑移量不断增大,切应力也随之增大。当点 P 到达点 4 后,其运动方向已与刀具前刀面平行,滑移终止。与此同时,切应力也由点 4 的最大值 τ_{max} 迅速下降,所以 OM

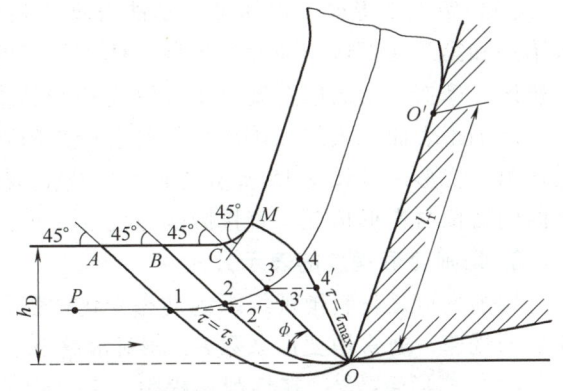

图 2-16 第一变形区金属的滑移

面称为终剪切面，OA 面称为始剪切面。在 OA 之前的材料只发生弹性变形，在 OM 之后的材料已成为切屑，并沿刀具前刀面流出。由此可见，金属切削过程，就其本质来说，是切削层金属在刀具切削刃和前刀面作用下，因受挤压而产生剪切滑移变形的过程。OA 到 OM 之间的区域即为第一变形区，在一般切削速度范围内，其宽度仅为 0.02~0.2mm，故可用一个面表示，称为剪切面。假设用 OC 面表示剪切面，剪切面和切削速度方向之间的夹角 ϕ 称为剪切角，如图 2-16 所示。剪切角 ϕ 的大小反映了切削变形程度的大小，剪切角 ϕ 越大，切削变形越小。

（2）第二变形区　切屑沿前刀面流动时，进一步受到前刀面的挤压，在刀具前刀面与切屑底层之间产生了剧烈摩擦，使切屑底层的金属晶粒纤维化，其方向基本上和刀具前刀面平行。这个变形区域称为第二变形区，如图 2-15 所示的 Ⅱ 区。第二变形区对切削过程也会产生较显著的影响。

第二变形区中，切屑在流经前刀面时，在高温高压的作用下产生剧烈的摩擦。这种摩擦与一般金属接触面间的摩擦不同。如图 2-17 所示，刀具与切屑接触区（长度为 l_f）分为黏结区（长度为 l_{f1}）和滑动区（长度为 l_{f2}）两部分。黏结区内的摩擦为金属间的内摩擦，是金属内部的剪切滑移；滑动区内的摩擦称为外摩擦。内摩擦的规律与外摩擦不同，内摩擦力与材料的流动应力特性以及黏结面积大小有关，这部分的切应力 τ_γ 等于被切材料的剪切屈服点 τ_s。滑动区的摩擦即外摩擦，是滑动摩擦，摩擦

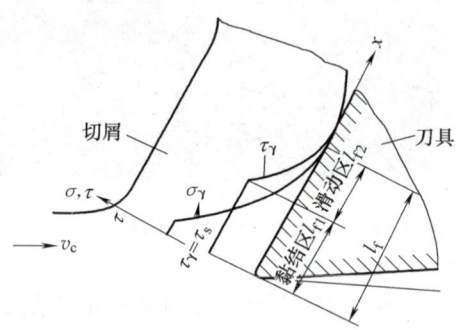

图 2-17　前刀面上的摩擦特点

力的大小与摩擦系数和法向正压力有关，而与接触面积大小无关，这部分的切应力 τ_γ 随着远离切削刃由 τ_s 逐渐减小至零。而刀-屑接触面上正应力 σ_γ 的分布规律是刃口处最大，远离刃口处逐渐减小至零。

加工一般钢材或其他塑性材料时，在切削速度不高而又能形成连续性切屑的情况下，由于摩擦和挤压作用形成内摩擦区，并产生高温和高压，使刀-屑接触面 l_{f1} 内形成黏结，也称冷焊。其结果使得在前刀面处形成一个楔块，楔块的硬度很高，处于稳定状态时能够代替切削刃进行切削。这块冷焊在前刀面上的金属就称为积屑瘤。

（3）第三变形区　切削层金属被刀具切削刃和前刀面从工件基体材料上剥离下来，进入第一和第二变形区，同时，工件基体上留下的材料表层经过刀具钝圆切削刃和刀具后刀面的挤压、摩擦，使表层金属产生纤维化和非晶质化，使其显微硬度提高。在刀具后刀面离开后，已加工表面的表层和深层金属都会产生回弹，从而产生表面残余应力，这些变形过程都是在第三变形区（图 2-15 所示的 Ⅲ 区）内完成的，也是已加工表面形成的过程。第三变形区内的摩擦与变形情况，直接影响着已加工表面的质量。

2. 切削变形程度的表示方法

切削变形是材料微观组织的动态变化过程，因此，变形量的计算很复杂。为了研究切削变形的规律，通常用变形系数 ξ、相对滑移 ε 和剪切角 ϕ 的大小来衡量切削变形程度。

（1）变形系数 ξ　在切削过程中，刀具切下的切屑厚度 h_{ch} 通常都大于工件切削层厚度 h_D，而切屑长度 l_{ch} 却小于切削层长度 l_D，如图 2-18 所示。根据这一事实来衡量切削变形程

度，就得到了切削变形系数的概念。切屑厚度 h_{ch} 与切削层厚度 h_D 之比称为厚度变形系数 ξ_h；切削层长度 l_D 与切屑长度 l_{ch} 之比称为长度变形系数 ξ_l。

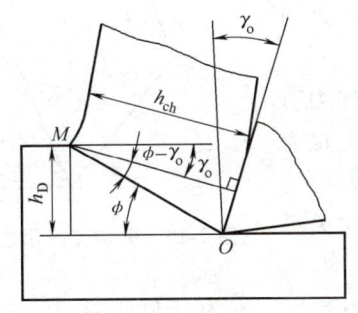

a) 厚度变形系数的计算　　　　b) 长度变形系数的计算

图 2-18　切削变形系数的计算

由图 2-18a 可知

$$厚度变形系数\ \xi_h=\frac{h_{ch}}{h_D}=\frac{\overline{OM}\cos(\phi-\gamma_o)}{\overline{OM}\sin\phi}=\frac{\cos(\phi-\gamma_o)}{\sin\phi} \tag{2-15}$$

$$长度变形系数\quad \xi_l=\frac{l_D}{l_{ch}} \tag{2-16}$$

由于切削层变成切屑后宽度变化很小，根据体积不变原理，可求得

$$\xi_h=\xi_l=\xi>1 \tag{2-17}$$

变形系数 ξ 的值是大于 1 的数，它直观地反映了切屑的变形程度，变形系数 ξ 越大，变形越大。由式（2-15）可知，变形系数 ξ 与剪切角 ϕ 有关。剪切角 ϕ 增大，变形系数 ξ 减小，切屑变形减小。

利用变形系数 ξ 来表示切削变形程度有一定的局限性，因为它是根据纯剪切理论提出的，忽略了摩擦、挤压和温度等的作用。但用变形系数 ξ 表示切屑及切削层的尺寸变化及相互关系比较直观，并且容易测定和计算。

（2）相对滑移（剪应变）ε　切削过程中金属变形的主要形式是剪切滑移，那么就可以用相对滑移（剪应变）来衡量切削过程的变形程度。如图 2-19 所示，平行四边形 $OHNM$ 发生剪切变形后为平行四边形 $OGPM$，相对滑移（剪应变）可表示为

$$\varepsilon=\frac{\Delta s}{\Delta y}=\frac{\overline{NP}}{\overline{MK}}=\frac{\overline{NK}+\overline{KP}}{\overline{MK}}=\frac{\overline{NK}}{\overline{MK}}+\frac{\overline{KP}}{\overline{MK}}$$

$$=\cot\phi+\tan(\phi-\gamma_o) \tag{2-18}$$

或

$$\varepsilon=\frac{\cos\gamma_o}{\sin\phi\cos(\phi-\gamma_o)} \tag{2-19}$$

(3) 剪切角 ϕ 由式（2-15）可知，剪切角 ϕ 与切削变形有密切关系，剪切角 ϕ 减小，切屑变厚、变短，变形系数 ξ 便增大。因此也可以用剪切角 ϕ 来衡量切削变形的程度。

如图 2-20 所示，切削过程中作用在切屑上的力有前刀面上的法向力 $F_{\gamma N}$ 和摩擦力 F_γ；在剪切面上也有一个法向力 F_{shN} 和剪切力 F_{sh}，这两对力的合力应该平衡。把所有的力都画在切削刃的前方，各力的关系如图 2-21 所示。

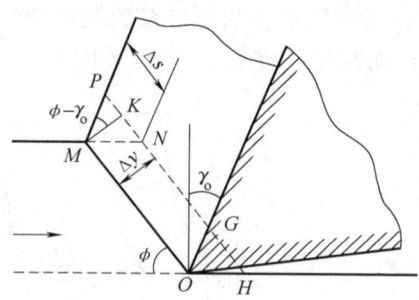

图 2-19 剪切变形示意图

在图 2-20 和图 2-21 中，F 是 $F_{\gamma N}$ 和 F_γ 的合力，成为切屑形成力；ϕ 是剪切角；β 是 $F_{\gamma N}$ 和 F 的夹角，又称为摩擦角（$\tan\beta = \mu$，μ 是切屑与前刀面之间的摩擦系数）；F_c 是切削运动方向上的切削分力；F_t 是垂直于切削运动方向上的切削分力。

根据在直角自由切削状态下的作用力分析，切削合力 F 的方向就是主应力的方向，在剪切面上金属产生了滑移变形，F_{sh} 的方向就是最大剪应力的方向。根据材料力学平面应力状态理论，主应力方向与最大剪应力方向的夹角应为 45°，故有

$$\phi + \beta - \gamma_o = \frac{\pi}{4} \tag{2-20}$$

则

$$\phi = \frac{\pi}{4} - (\beta - \gamma_o) \tag{2-21}$$

式（2-21）称为李和谢弗（Lee and Shaffer）公式。

分析式（2-21）可知：

1）前角 γ_o 增大时，剪切角 ϕ 随之增大，变形减小。这表明增大刀具前角可减少切削变形，对改善切削过程有利。

2）摩擦角 β 增大时，剪切角 ϕ 随之减小，变形增大。因此，提高刀具刃磨质量、采用润滑性能好的切削液可以减小前刀面和切屑之间的摩擦系数，有利于改善切削过程。

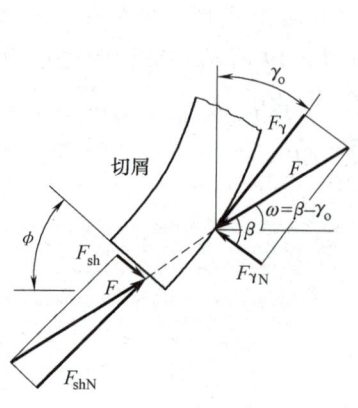

图 2-20 作用在切屑上的力

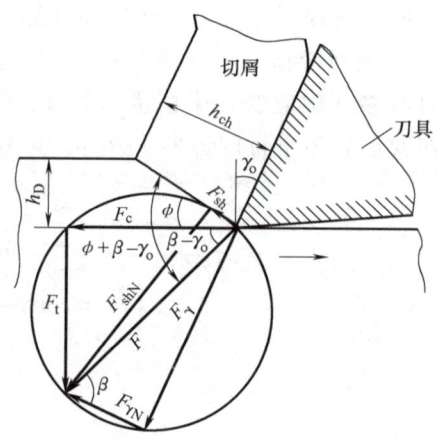

图 2-21 切削时力与角度的关系

3. 影响切削变形的主要因素

在分析了切削过程中第一变形区、第二变形区的变形和摩擦之后，对影响切削变形的主要因素进行归纳，以便利用这些规律优化切削过程。

（1）工件材料对切削变形的影响 如图 2-22 所示，工件材料强度越高，切削变形越小。这是因为工件材料强度越高，摩擦系数 μ 越小。摩擦系数 μ 减小时，剪切角 ϕ 将增大，于是变形系数 ξ 将减小。工件材料的塑性也是影响切削变形的主要因素。在相同的切削条件下，工件材料的塑性越大，切削变形就越大。这是因为工件的塑性越大，抗拉强度和屈服强度越低，在较小的应力条件下就开始产生塑性变形。

（2）刀具前角对切削变形的影响 刀具前角越大，切削变形越小。这是因为当前角 γ_o 增加时，根据式（2-21），剪切角 ϕ 增大，因而变形系数 ξ 减小。另一方面，前角 γ_o 增大使摩擦角 β 增加，导致剪切角 ϕ 减小，但其影响比前角 γ_o 增加的影响小，导致 $\omega = \beta - \gamma_o$ 减小，从而使剪切角 ϕ 增加，变形系数 ξ 变小。

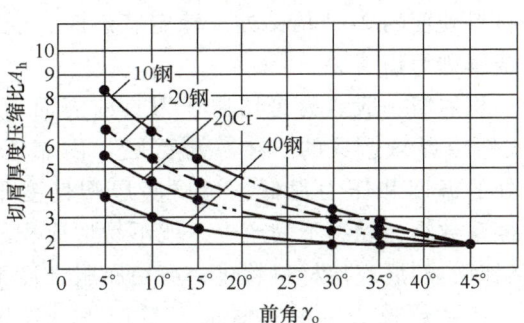

图 2-22 不同工件材料对切削变形的影响

（3）切削速度对切削变形的影响 切削速度是通过切削温度和积屑瘤影响切削变形的。如图 2-23a 所示，由于低速时，切削温度较低，刀与切屑间不易黏结，摩擦系数 μ 小，切削变形小；随着切削速度的提高，温度增高，黏结逐渐严重，摩擦系数 μ 增大，切削变形增大；当切削速度进一步提高时，切削温度使加工材料的剪切屈服强度降低，切应力减小，摩擦系数 μ 减小，因此切削变形减小。

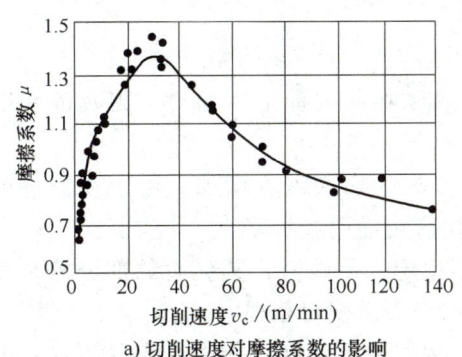
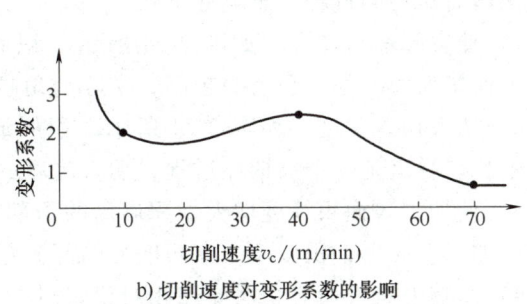

a）切削速度对摩擦系数的影响　　　　b）切削速度对变形系数的影响

图 2-23 切削速度对切削变形的影响

在有积屑瘤的切削速度范围内，如图 2-23b 所示，随着切削速度的提高，刀具实际工作前角增大，变形系数 ξ 减小；切削速度为 20m/min 左右时，积屑瘤高度达到最大值，则变形系数 ξ 达到局部最小值；当切削速度超过 40m/min 并继续提高时，由于温度升高，摩擦系数 μ 减小，使变形系数 ξ 减小；在高速时，切削层来不及变形已被切掉，所以变形系数 ξ 很小。

切削铸铁等脆性材料时，一般不形成积屑瘤。当切削速度逐渐增大时，变形系数 ξ 会相应减小。

(4) 切削厚度对切削变形的影响 切削厚度增加时，摩擦系数 μ 减小，剪切角 ϕ 增大，变形减小。可见，在无积屑瘤的情况下，进给量 f 越大，切削厚度增加，则变形系数 ξ 越小。

另一方面，切屑中的底层变形最大，离前刀面越远的切削层变形越小。因此，进给量 f 越大，切削厚度越大，切屑中平均变形则越小；反之，切削厚度越薄，变形越大。

4. 积屑瘤及其对切削过程的影响

在切削速度不高而又能形成连续性切屑的情况下，加工钢材等塑性材料时，常在前刀面近切削刃处堆积出一块剖面呈三角状的硬楔块，如图 2-24 所示。它的硬度很高，通常是工件材料硬度的 2~3 倍，处于稳定状态时，能够代替切削刃进行切削。这块冷焊在前刀面上的金属称为积屑瘤。

积屑瘤一般认为是切屑在刀具前刀面上黏结（或称冷焊）造成的。在"滞留层"内靠近切削刃处的温度和压力很低，切屑底层塑性变形小，摩擦系数小，黏结不易产生，就不易形成积屑瘤；高温时，切屑底层材料软化，剪切屈服强度下降，使摩擦系数减小，积屑瘤也不易产生；当压力、温度达到一定程度时，切屑底层材料中的剪应力超过了材料的剪切屈服强度，使"滞留层"中流速为零的切削层被剪切断裂黏结在前刀面上，黏结金属层经剧烈塑性变形后硬度提高，可替代切削刃继续剪切较软的金属层，依次层层堆积，高

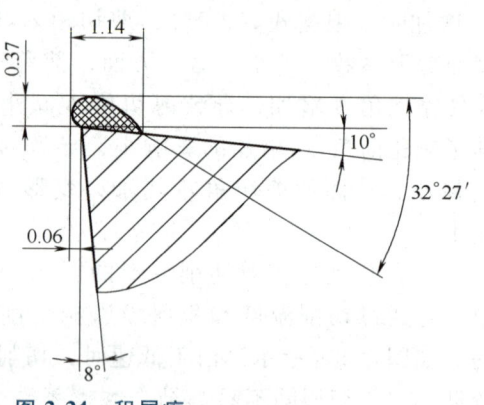

图 2-24 积屑瘤

度逐渐增大而形成了积屑瘤。长高的积屑瘤在外力或振动作用下可能会脱落或局部断裂，继而又重复产生与脱落。

积屑瘤对切削过程的影响如下：

1）使实际前角增大。如图 2-24 所示，积屑瘤黏结在前刀面上，加大了刀具的实际前角，可使切削力减小。积屑瘤越高，实际前角越大。

2）增大切入深度。如图 2-24 所示，积屑瘤使刀具的切入深度增加。由于积屑瘤的产生、生长与脱落是一个周期性过程，切入深度的变化有可能引起振动。

3）使加工表面粗糙度增大。积屑瘤的顶部很不稳定，易破裂，其破裂的部分碎片可能留在已加工表面上；积屑瘤凸出切削刃的部分会使加工表面变得粗糙。

4）影响刀具寿命。积屑瘤在相对稳定时，可代替切削刃切削，能提高刀具寿命；但在不稳定时，积屑瘤的破裂有可能导致硬质合金刀具的剥落磨损。

积屑瘤有利有弊。粗加工时，对加工精度和表面粗糙度要求不高，如果积屑瘤能稳定生长，则可以代替刀具进行切削，既可保护刀具，又可减小切削变形程度。精加工时，则绝对不希望积屑瘤出现。生产中常采取以下措施来抑制或消除积屑瘤：

1）采用低速或高速切削。切削速度是通过切削温度影响积屑瘤的，如图 2-25 所示。以切削 45 钢为例，在低速 $v_c < 3\text{m/min}$ 和较高速度 $v_c > 60\text{m/min}$ 范围内，摩擦系数都较小，故不易产生积屑瘤。在切削速度 $v_c \approx 20\text{m/min}$ 时，切削温度约为 300℃，产生积屑瘤的高度达到最大值。

2）减小进给量、增大刀具前角、提高刀具刃磨质量和合理选用切削液，使摩擦和黏结减少，可达到抑制积屑瘤的作用。

3）合理调整各切削参数值，以防止形成中温区域。

5. 切屑的类型与控制

（1）切屑的类型　由于工件材料不同，变形情况也不同，因而产生的切屑种类也就多种多样。但主要有以下四种类型，如图2-26所示。

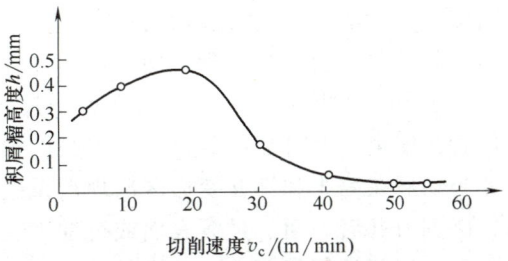

图2-25　切削速度对积屑瘤的影响

1）带状切屑。如图2-26a所示，带状切屑连续不断呈带状，内表面光滑，外表面呈毛茸状。加工塑性金属材料，当切削厚度较小、切削速度较高、刀具前角较大时，往往得到此类切屑。形成带状切屑的过程较平稳，切削力波动较小，已加工表面的表面粗糙度较小。

2）挤裂切屑，又称节状切屑。如图2-26b所示，节状切屑外表面呈锯齿形，内表面有时有裂纹。这种切屑大都在切削速度较低、切削厚度较大、刀具前角较小时产生。

3）单元切屑，又称粒状切屑。如图2-26c所示，如果在节状切屑的剪切面上，裂纹扩展到整个面上，则切屑被分割成梯形状的粒状切屑。

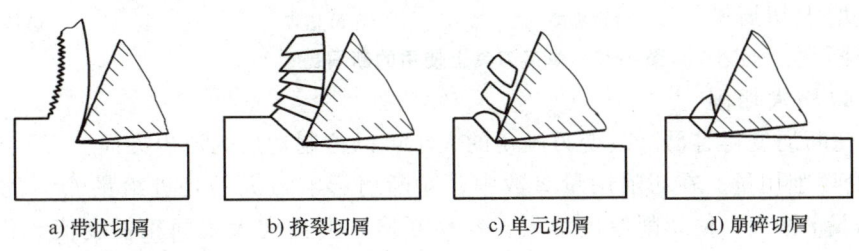

a) 带状切屑　　b) 挤裂切屑　　c) 单元切屑　　d) 崩碎切屑

图2-26　切屑类型

以上三种切屑为切削塑性材料时的切屑。其中，带状切屑的切削过程最为平稳，粒状切屑在切削时的切削力波动最大。生产中最常见的是带状切屑，有时会得到节状切屑。若改变切削条件，如减小前角、降低切削速度、加大切削厚度，就可以变成粒状切屑；反之，则可以得到带状切屑。这说明切屑的形态是可以随切削条件而转化的。掌握其变化规律，就可以控制切屑的变形、形态和尺寸，以实现断屑。

4）崩碎切屑。如图2-26d所示，崩碎切屑的形状不规则，加工表面是凸凹不平的。切屑在破裂前的变形很小，它的脆断主要是材料所受应力超过了它的抗拉极限。崩碎切屑发生在加工脆性材料时，特别是切削厚度较大时。形成崩碎切屑时的切削力波动大，已加工表面较为粗糙，且切削力集中在切削刃附近，切削刃容易损坏，故应力求避免。提高切削速度、减小切削厚度、适当增大前角，可使切屑成针状或片状。

以上是四种典型的切屑，但从加工现场获得的切屑，其形状是多种多样的。在现代切削加工中，切削速度与金属切除率达到了很高的水平，但切削条件很恶劣，常常产生大量的恶性切屑。这些恶性切屑或拉伤工件的已加工表面，使表面粗糙度恶化；或划伤机床，卡在机床运动副之间；或造成刀具早期破损，有时甚至会影响操作者的安全。特别对于数控机床、生产自动线及柔性制造系统，如果不能有效地进行切屑控制，轻则限制了机床能力的发挥，重则使生产无法正常进行。切屑控制（或称断屑）是指在切削加工中采取适当的措施来控制切屑的卷曲、流出与折断，使之成为良性切屑。

（2）切屑的控制　在实际切削加工过程中，若不能有效地控制切屑，就可能严重影响操作者的安全，并可能导致机床、刀具的损坏，降低加工表面质量。

当切屑在第Ⅰ和第Ⅱ变形区出现严重变形时，其硬度升高而塑性下降。在切屑流出过程中，碰到刀具后刀面、过渡表面或待加工表面等障碍后，如果部分切屑的应变超过切屑断裂应变值，切屑就会折断。

研究表明，材料的脆性越大、切屑的厚度越大、切屑卷曲半径越小，切屑就越容易折断。在生产实践中可采用以下措施来控制切屑：

1）采用断屑器。断屑器是指在刀具前刀面上做出槽、台阶或固定一个附加挡块，如图2-27所示。它用来控制高速切削形成的带状切屑。断屑器使切屑卷曲并产生很大的应力，从而使切屑折断以便于切屑流出。

2）正确选用刀具角度。主偏角是影响断屑的主要因素。增大主偏角就可以增大切屑厚度，有利于断屑。减小刀具前角可以增大切削变形，从而使断屑变得容易。改变刃倾角的大小可以控制切屑的流出方向。

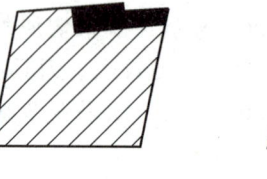 

a）台阶式　　　b）槽式　　　c）挡块式

图 2-27　单刃刀具上使用的断屑器

3）改变切削用量。在切削用量参数中，对断屑影响最大的是进给量 f，其次是背吃刀量 a_p。进给量 f 增大，使切削厚度增大，容易断屑，但会增大表面粗糙度值。背吃刀量 a_p 增大，并同时增大进给量时，才能有效断屑。切削速度对断屑的影响较小，适当降低切削速度使切削变形增大，也有利于断屑，但会降低材料去除率。

2.2.2　切削力和切削功率

金属切削过程中，刀具作用于工件使工件材料发生变形，并使多余材料变为切屑所需的力称为切削力。切削力是金属切削过程中的基本物理现象之一，直接影响切削热、刀具磨损与寿命，也是影响加工工件质量、工艺系统强度和刚度的重要因素。研究和计算切削力是计算切削功率，设计和使用刀具、机床、夹具，制订合理的切削用量，以及优化刀具几何参数的重要依据，同时对分析切削过程并进一步研究切削机理、指导生产实际都具有重要的意义。

1. 切削力的来源

刀具切下金属材料的过程中，必须使被切金属产生弹性变形、塑性变形，并要克服刀具材料对刀具的摩擦，因此，切削力的来源有以下三个方面（图2-28）：

1）切削层金属、切屑和工件表面金属的弹性变形所产生的抗力。

2）切削层金属、切屑和工件表面金属的塑性变形所产生的抗力。

3）刀具与切屑、工件表面间的摩擦阻力。

2. 切削合力及分解

如图2-29所示，切削时作用在刀具上的力，有变形抗力分别作用在前、后刀面，有摩擦力分别作用在前、后刀面。对于锐利的刀具,作用在前刀面上的力是主要的,作用在后刀面上的力很小,分析时可以忽略不计。上述各力的总和形成作用在刀具上的合力 F,即为作用在刀具上的总切削力。切削时,合力 F 作用在近切削刃空间某方向,其大小与方向都不易确定,因此,为便于测量、计算和实际应用,常将合力 F 分解成三个互相垂直的分力。

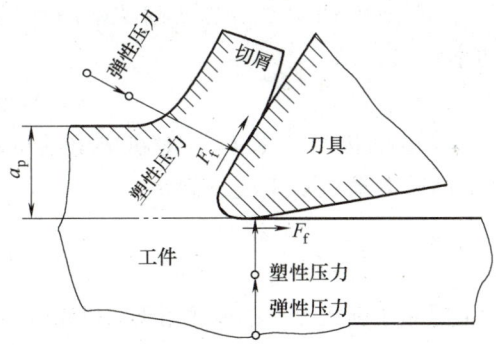

图 2-28 切削力的来源

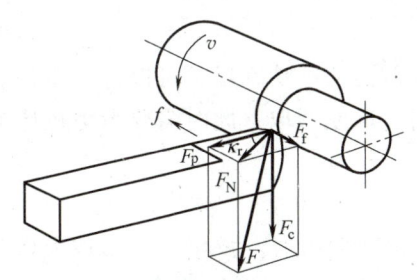

图 2-29 切削合力与分力

图 2-29 所示为车削外圆时的切削合力与分力,三个互相垂直的分力分别为主切削力 F_c、背向力 F_p 以及进给力 F_f,F_N 为 F_p 与 F_f 的合力。

F_c——主切削力或切向力。它与过渡表面相切,与基面垂直,并与切削速度 v 的方向一致。F_c 是确定机床的电动机功率、计算车刀强度、设计主轴直径大小、选择齿轮模数、轴承型号等机床零件所必需的参数。生产中的切削力一般都是指主切削力,该力将刀头向下压。F_c 过大时,可能会使刀具崩刃或折断。

F_p——切深抗力或背向力、径向力。它处于基面内并与进给方向垂直,是加工表面法线方向上的分力。F_p 将刀具推离工件表面,是造成刀具在切削中"让刀"的主要原因,会引起工件的弯曲,尤其是在切削加工细长工件时更加明显。切深抗力虽然不做功,但能使工件变形或振动,对加工精度和已加工表面质量的影响较大。

F_f——进给力或轴向力。它处于基面内并与进给方向平行。F_f 是检验进给机构强度,计算车刀进给功率所必需的参数。该力将工件压向主轴,因此在加工时工件和刀具均需夹紧,以免产生轴线方向上的窜动。

如图 2-29 所示,切削合力与各分力之间的关系为

$$F = \sqrt{F_c^2 + F_N^2} = \sqrt{F_c^2 + F_p^2 + F_f^2} = \sqrt{F_z^2 + F_y^2 + F_x^2} \quad (2-22)$$

$$F_p = F_y = F_N \cos\kappa_r \quad (2-23)$$

$$F_f = F_x = F_N \sin\kappa_r \quad (2-24)$$

由于刀具几何角度、切削用量、刀具材料及工件材料等因素的影响,这三个分力之间的比例可在较大的范围内变动,其中 $F_p \approx (0.15 \sim 0.7)F_c$,$F_f \approx (0.1 \sim 0.6)F_c$。切削合力 F 的大小主要取决于主切削力 F_c,F_c 是三个分力中最大的力。

3. 切削功率

消耗在切削过程中的功率称为切削功率,用 P_c 来表示,单位为 kW。切削加工中,因为背向力 F_p 方向没有位移,不消耗功率,所以切削功率为主切削力 F_c 和进给力 F_f 所消耗功率之和,于是有

$$P_c = \left(F_c v_c + \frac{F_f n_w f}{1000}\right) \times 10^{-3} \tag{2-25}$$

式中，F_c 为主切削力（N）；F_f 为进给力（N）；v_c 为切削速度（m/min）；n_w 为工件转速（r/s）；f 为进给量（mm/r）。

切削时 F_c 所消耗功率占总切削功率的 95% 左右，F_f 所消耗功率占总切削功率的 5% 左右。因此实际计算切削功率时，往往将 F_f 所消耗功率略去，则

$$P_c = F_c v_c \times 10^{-3} \tag{2-26}$$

计算出切削功率后，可以进一步计算出机床主运动电动机的功率 P_E，对机床电动机功率进行校验或选取，此时需要考虑机床的传动效率。机床电动机功率应该满足

$$P_E \geq \frac{P_c}{\eta} \tag{2-27}$$

式中，η 为机床的传动效率，一般取为 0.75~0.85，大值适用于新机床，小值适用于旧机床。

4. 切削力的测量与计算

（1）切削力的测量 实际生产中，切削力的大小一般使用由试验结果建立起来的经验公式来计算。但是在需要较为准确地得到某种切削条件下的切削力时，需要进行试验测量。随着测量水平的不断提高，切削力的测量方法有了很大的发展，在很多场合已经能精确地测量切削力。目前使用的测力仪是直接测量切削力的有效手段。

（2）切削力的计算 目前计算切削力多采用经验公式，它是通过大量的试验，用切削力测量仪器测得切削力后，应用图解法、线性回归法等处理手段对所得数据进行处理后得到的。

生产中计算切削力的经验公式可分为两类：一类是指数公式；另一类是按单位切削力进行计算的公式。

1）指数公式。常用的切削力指数公式为

$$\begin{cases} F_c = C_{F_c} a_p^{x_{F_c}} f^{y_{F_c}} v_c^{n_{F_c}} K_{F_c} \\ F_p = C_{F_p} a_p^{x_{F_p}} f^{y_{F_p}} v_c^{n_{F_p}} K_{F_p} \\ F_f = C_{F_f} a_p^{x_{F_f}} f^{y_{F_f}} v_c^{n_{F_f}} K_{F_f} \end{cases} \tag{2-28}$$

式中，F_c、F_p、F_f 为各切削分力（N）；C_{F_c}、C_{F_p}、C_{F_f} 为系数，根据加工条件由试验确定；x_{F_c}、y_{F_c}、n_{F_c}、x_{F_p}、y_{F_p}、n_{F_p}、x_{F_f}、y_{F_f}、n_{F_f} 为各因素对切削力的影响程度指数；K_{F_c}、K_{F_p}、K_{F_f} 为不同加工条件对各切削分力的影响修正系数。

《金属切削手册》中给出了在某种特定条件下对应的各系数、指数的值。具体使用时，若实际加工条件与所求得的经验公式的条件不符，各种因素应用修正系数进行修正。修正系数的值也可查阅《金属切削手册》。车削时切削力指数公式中的系数和指数见表 2-1。

2）单位切削力计算主切削力。利用单位切削力 k_c 来计算主切削力 F_c 和切削功率 P_c，这是较为实用和简便的方法。

单位切削力是切削单位切削层面积所产生的作用力，单位为 N/mm^2，一般情况下，切削速度对切削力的影响极小，$n_{F_c} \approx 0$，背吃刀量对切削力的影响呈线性，$x_{F_c} = 1$，因此单位切削力可表示为

$$k_c = \frac{F_c}{A_D} = \frac{C_{F_c} a_p^{x_{F_c}} f^{y_{F_c}}}{a_p f} = \frac{C_{F_c}}{f^{1-y_{F_c}}} \quad (2\text{-}29)$$

表 2-1 车削时切削力指数公式中的系数和指数

加工材料	刀具材料	加工形式	主切削力 F_c				背向力 F_p				进给力 F_f			
			C_{F_c}	x_{F_c}	y_{F_c}	n_{F_c}	C_{F_p}	x_{F_p}	y_{F_p}	n_{F_p}	C_{F_f}	x_{F_f}	y_{F_f}	n_{F_f}
结构钢及铸钢	硬质合金	外圆纵车、横车及镗孔	1433	1.0	0.75	-0.15	572	0.9	0.6	-0.3	561	1.0	0.5	-0.1
		切槽及切断	3600	0.72	0.8	0	1393	0.73	0.67	0	—	—	—	—
		车螺纹	23879	—	1.7	0.71								
	高速钢	外圆纵车、横车及镗孔	1766	1.0	0.75	0	922	0.9	0.75	0	530	1.2	0.65	0
		切槽及切断	2178	1.0	1.0	0								
		成形车削	1874	1.0	0.75	0								
不锈钢	硬质合金	外圆纵车、横车及镗孔	2001	1.0	0.75	0	—	—	—	—	—	—	—	—
灰铸铁	硬质合金	外圆纵车、横车及镗孔	903	1.0	0.75	0	530	0.9	0.75	0	451	1.0	0.4	0
		车螺纹	29013		1.8	0.82								
	高速钢	外圆纵车、横车及镗孔	1118	1.0	0.75	0	1167	0.9	0.75	0	500	1.2	0.65	0
		切槽及切断	1550	1.0	1.0	0								
可锻铸铁	硬质合金	外圆纵车、横车及镗孔	795	1.0	0.75	0	422	0.9	0.75	0	373	1.0	0.1	0
	高速钢	外圆纵车、横车及镗孔	981	1.0	0.75	0	863	0.9	0.75	0	392	1.2	0.65	0
		切槽及切断	1364	1.0	1.0	0	—	—	—	—				
中等硬度不均匀度铜合金	高速钢	外圆纵车、横车及镗孔	540	1.0	0.66	0								
		切槽及切断	736	1.0	0.75	0					—	—	—	—
铝及铝硅合金	高速钢	外圆纵车、横车及镗孔	392	1.0	0.75	0								
		切槽及切断	191	1.0	1.0	0								

可见在不同切削条件下影响单位切削力的因素是进给量 f。增大进给量时，由于切削变形减小，因此单位切削力也会减小。

若已知单位切削力 k_c、背吃刀量 a_p 和进给量 f，则主切削力 F_c 为

$$F_c = k_c A_c = k_c a_p f \quad (2\text{-}30)$$

常用材料的单位切削力可以通过查阅《金属切削手册》获得。用单位切削力计算主切

削力是一种更简便的方式。在相同切削条件下，用单位切削力计算出的切削力与用指数公式计算出的切削力基本相同。

5. 影响切削力的因素

影响切削过程变形和摩擦的因素都会影响切削力。影响切削力的因素有很多，其中主要包括工件材料、刀具几何参数、切削用量等。此外刀具材料、刀具磨损、切削液等对切削力也有一定的影响。工件材料对切削力的影响反映在系数中。

（1）工件材料的影响　工件材料的物理力学性能、加工硬化程度、化学成分、热处理状态以及切削前的加工状态都会对切削力的大小产生影响。

工件材料的强度、硬度越高，其剪切强度就越高，切削力越大。强度、硬度相近的材料，若其塑性、韧性越大，切削变形越大，切削力也越大。工件材料对切削力的影响反映在 C_{F_c} 中。

（2）刀具几何参数的影响

1）前角 γ_o。在刀具几何参数中，前角 γ_o 对切削力的影响最大。加工塑性材料时，前角 γ_o 增大，切削刃变得锋利，切屑的变形系数 ξ 减小，有利于切屑顺利流出，前刀面与切屑之间的摩擦力和正应力有所下降，切削轻快，切削力降低。工件材料的韧性、加工时的延伸率越高，前角对切削力的影响就越显著，切削力降低较多。因此，在保证切削刃强度和刀头散热等前提下，选用较大的前角，能够省力省功，如图2-30所示，随着前角增大，三个切削分力均有所下降。加工脆性材料（如铸铁、青铜）时，由于切屑变形很小，所以前角对切削力的影响不显著。

2）主偏角 κ_r。主偏角 κ_r 在30°~60°范围内逐渐增大时，因切屑变形减小，切削力 F_c 随主偏角增大而减小，在60°~70°之间时，切削力 F_c 最小，如图2-31所示。当主偏角继续增大时，因切削层形状变化而使刀尖圆弧所占的切削宽度增大，切屑流出时挤压加剧，造成切削力逐渐增大。主偏角 κ_r 对切削力 F_c 的影响较小，影响程度不超过10%，然而，主偏角 κ_r 对背向力 F_p 和进给力 F_f 的分配比例影响较大。

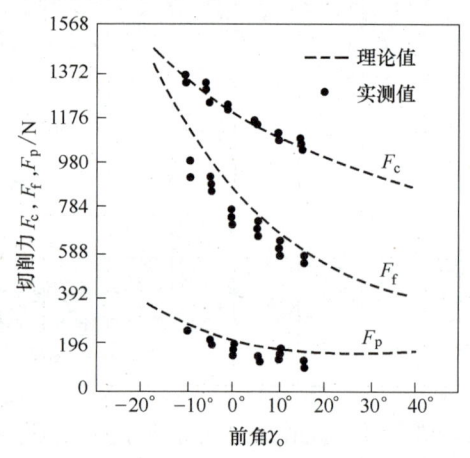

图 2-30　前角对切削力的影响

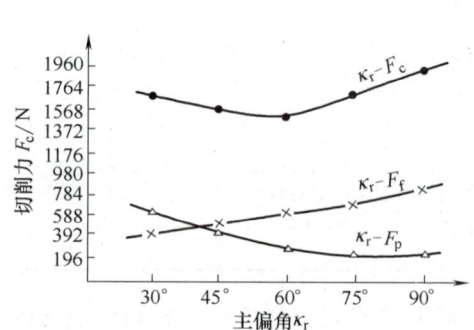

图 2-31　主偏角对切削力的影响

由图2-29可知

$$F_p = F_N \cos\kappa_r, \quad F_f = F_N \sin\kappa_r \tag{2-31}$$

式中，F_N（或 F_{xy}）为切削合力 F 在基面内的分力（N）。

可见，F_p 随 κ_r 的增大而减小，F_f 则随 κ_r 的增大而增大。由于主偏角 κ_r 在 60°~70°之间时，能减小切削力 F_c 和 F_p，因此，生产中主偏角 $\kappa_r=75°$ 的车刀在车削轴类零件中被广泛使用。车削轴类零件，尤其是细长轴时，为了减小径向力 F_p 的作用，往往采用较大主偏角的车刀切削。

3）刀尖圆弧半径 r_ε。刀尖圆弧半径增大，则参与切削的圆弧长度增加，切削宽度增大，但切削厚度减小，各点的主偏角 κ_r 减小，所以，r_ε 增大相当于 κ_r 减小时对切削力的影响。切削时不宜采用刀尖圆弧半径太大的刀具。通常，刀尖圆弧半径大小对 F_p 和 F_f 的影响较大，对 F_c 的影响较小。试验表明，当 r_ε 由 0.25mm 增大到 1mm 时，F_p 增加约 20%。

4）刃倾角 λ_s。实践证明，刃倾角 λ_s 在很大范围（-40°~+40°）内变化时对切削力 F_c 没有太大影响，但对 F_p 和 F_f 的影响较大。随着 λ_s 的增大，F_p 减小，而 F_f 增大。刃倾角负值增大时，F_p 增大，在车削轴类零件时容易被顶弯并引起振动。一般 $-\lambda_s$ 增大 1°，F_p 增加 2%~3%。

5）负倒棱。负倒棱可以提高切削刃的强度和散热能力，增加刀具的寿命。但负倒棱的存在使金属变形增大，切削力有所增加。在进给量不变时，负倒棱宽度越大，切削力也越大。

在前刀面上磨出的负倒棱的宽度对切削力有一定的影响。负倒棱的宽度与进给量之比增大，切削力也随之增大。但当切削钢或灰铸铁时，切削力趋于稳定，接近于负前角刀具的切削状态。

(3) 切削用量的影响

1）背吃刀量 a_p 与进给量 f 的影响。背吃刀量 a_p 和进给量 f 增大，都会使切削力 F_c 增大，但二者的影响程度不同。由于切削力是随着切削面积的增大而增大的，在多数加工情况下，当背吃刀量 a_p 增大一倍时，F_c 也增大一倍；而当进给量 f 增大一倍时，F_c 只增大 68% 左右。这是因为当 a_p 增大一倍时，切削宽度也增大一倍，所以切削力成正比增大；而 f 增大一倍时，虽然切削厚度也增加一倍，但平均变形有所减小，使切削力增大不到一倍。因此在切削加工中，若从切削力和切削功率的角度来考虑，加大进给量比加大背吃刀量有利。实际生产中，可在保证金属切削量不变的条件下，减小背吃刀量 a_p 而相应增大进给量 f，达到减小切削力的目的。

2）切削速度的影响。切削速度对切削力的影响分为有积屑瘤阶段和无积屑瘤阶段两种，同时又因工件材料不同而对切削力的影响不同。

加工塑性金属时，切削速度对切削力的影响规律是受积屑瘤和摩擦作用制约的。图 2-32 所示为用 YT15 硬质合金车刀加工 45 钢时，切削速度对切削力的影响规律。当切削速度 v_c 在 5~20m/min 的范围内时，随着速度的增加，会产生积屑瘤并且积屑瘤的高度逐渐增加，这时刀具的实际前角会加大，故切削力逐渐减小；当 $v_c=20$m/min 时，积屑瘤最大，切削力最小；当切削速度 v_c 超过 20m/min 时，由于积屑瘤减小，刀具的实际前角也在减小，切削力逐步增大；当 $v_c>30$m/min 时，积屑瘤消失，随着切削速度增大，摩擦系数减小，变形系数减小，又使切削力逐步减小，而且随着切削速度增大，切削温度也会升高，使被加工金属的强度和硬度降低，也会导致切削力的降低。由此可见，加工塑性金属时，受积屑瘤的影响，切削速度对切削力的影响呈波浪形。

切削铸铁等脆性金属材料时会形成崩碎切屑，因金属的塑性变形很小，切屑与前刀面的摩擦也很小，所以此时切削速度对切削力没有显著影响。

（4）刀具磨损　加工过程中，随着刀具的切削刃以及后刀面磨损形成后角为零且有一定宽度的棱面，后刀面与加工表面的接触面积增大，从而使切削时的摩擦和挤压加剧，切削力增大。

（5）切削液　切削液的使用可以明显降低切削力的大小，特别是润滑作用强的切削液，其润滑作用可以减小切屑与刀具前刀面、工件表面与后刀面之间的摩擦与粘结，从而减小切削力。

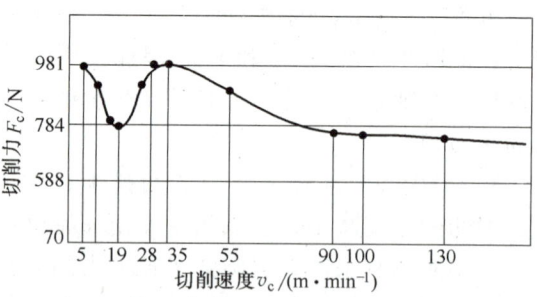

图 2-32　切削速度对切削力的影响规律

由以上分析可知，切削力大小的变化是由很多因素综合影响的结果。因此，要减小切削力，需要在分析各影响因素的基础上，找出主要因素，兼顾次要因素，合理调整加工条件，以减小切削力。

2.2.3　切削热和切削温度

切削过程中所产生的另一个重要的物理现象是切削热以及在切削区所产生的温升。由于切削热而引起的温升使工件和机床产生热变形，降低了零件的加工精度和表面质量，影响刀具的磨损和寿命，限制切削速度的提高。研究切削热和切削温度的产生及其变化规律是研究切削过程的一个重要方面。

1. 切削热的产生与传导

切削热由切削功转化而来，切削时所消耗能量的 98%~99% 会转换为切削热。一方面，切削层金属在刀具的作用下发生弹性变形、塑性变形而耗功；另一方面，切屑与前刀面、工件及后刀面之间的摩擦也要耗功，这两个方面都会产生大量的热。切削时共有三个发热区域，如图 2-33 所示，这三个发热区与三个变形区相对应，即剪切区的变形功转变的热 Q_p，切屑与前刀面接触区的摩擦功转变的热 Q_{YF}，已加工表面与后刀面接触区的摩擦功转变的热 Q_{af}。故产生的总热量为

$$Q = Q_p + Q_{YF} + Q_{af} \quad (2\text{-}32)$$

一般情况下，切削塑性金属时，切削热主要来自剪切区的变形热和前刀面的摩擦热；切削脆性金属时，切削热主要来自后刀面的摩擦热。

若忽略进给运动所消耗的功，并假定主运动所消耗的功全部转化为热能，则单位时间内产生的切削热可计算为

$$Q = F_c v_c \quad (2\text{-}33)$$

式中，Q 为单位时间内产生的切削热（J/s）；F_c 为主切削力（N）；v_c 为切削速度（m/s）。

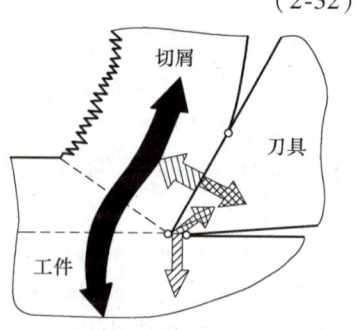

图 2-33　切削热的来源和传导

切削区的热量由切屑、工件、刀具及周围的介质传出。大部分的切削热被切屑传导出去，其次被工件和刀具传导出去。

工件、刀具材料的导热系数高，则由切屑、工件和刀具传导出去的热量就较多，从而降

低了切削区的温度，提高了刀具寿命；工件、刀具材料的导热系数低，则切削热不易从切屑、工件和刀具传导出去，从而切削区温度升高，刀具磨损加剧，寿命降低。如钛合金材料的导热系数只有碳素钢的 1/4～1/3，切削时产生的热量不易传导出去，切削区温度升高，刀具易磨损，所以钛合金为难加工材料。

在不同的加工方式中，切屑与刀具接触的时间长短不同。由于切屑中含有大量的热，若不能及时脱离切削区，则不能迅速把热量带走，将带来不利影响。如外圆车削时，切屑形成后迅速脱离车刀，切屑与刀具的接触时间短，切屑的热传导给刀具的不多。切削速度越高或切削厚度越大，则切屑带走的热量就越多。而对于钻削或其他半封闭的容屑式加工，切屑形成后仍与刀具接触，切屑与刀具的接触时间长，切屑的热传导给刀具的多。因此，钻削与车削相比，由切屑带走的热量相对减少了很多，而刀具、工件传导出去的热量所占比例较大，会对加工带来不利影响。

若不使用切削液，由周围介质传导出去的热量很少，所占比例在 1% 以下；若采用冷却性能好的切削液并采用合理的冷却方法，就能吸收大量的热，从而降低切削区的温度。

2. 切削温度的测量

切削温度一般指的是前刀面与切屑接触区的平均温度。在生产中，切削热对切削过程的影响是通过切削温度起作用的。测量切削温度时，既可测量切削区的平均温度，也可测量出切屑、刀具和工件中的温度分布。

切削温度的测量方法有很多，目前常用的测量方法是热电偶法。热电偶法的工作原理：当两种不同材质组成的材料副（如切削加工中的刀具-工件）接近并受热时，会因表层电子溢出而产生溢出电动势，并在材料副的接触区形成电位差（即热电势）。由于特定材料副在一定温升条件下形成的热电势是一定的，因此可根据热电势的大小来测定材料副（即热电偶）的受热状态及温度变化情况。采用热电偶法的测温装置结构简单、测量方便，是目前较成熟也较常用的切削温度测量方法，其中应用较广且简单可靠的方法是自然热电偶法和人工热电偶法。

自然热电偶法主要用于测量切削区的平均温度。自然热电偶法是利用刀具和工件分别作为热电偶的两极，连接测量仪表，组成测量电路测量切削温度，如图 2-34a 所示。测温时，刀具与工件引出端应处于室温下，且刀具与工件应分别与机床绝缘。切削加工时，刀具与工件接触区因切削热而产生高温，从而形成热电偶的热端，与刀具、工件各自引出端的室温（冷端）形成温差电动势，利用电位差计或电压表测出电动势。切削温度越高，该电势值就越大，切削温度与热电动势之间的曲线关系应事先标定得到。根据切削试验测出的热电动势，可在标定曲线上查出对应的温度值。采用自然热电偶法测量切削温度简便可靠，可方便地研究切削条件（如切削速度、进给量等）对切削温度的影响。值得注意的是，用自然热电偶法只能测量切削区的平均温度，无法测量切削区指定点的温度，而且，当刀具材料或工件材料变换后，切削温度-热电动势曲线也必须重新标定。

人工热电偶法（也称为热电偶插入法）可用于测量刀具、切屑和工件上指定点的温度，并可测得温度分布场和最高温度的位置。如图 2-34b 所示，人工热电偶法的测温方法是在刀具或工件被测点处钻一个小孔（孔径越小越好），孔中插入一对标准热电偶并保证其与孔壁之间绝缘。切削时，热电偶接点感受出被测点温度，并通过串接在回路中的电压表测出电势值，然后参照热电偶标定曲线得出被测点的温度。人工热电偶法的优点：对于特定的人工热

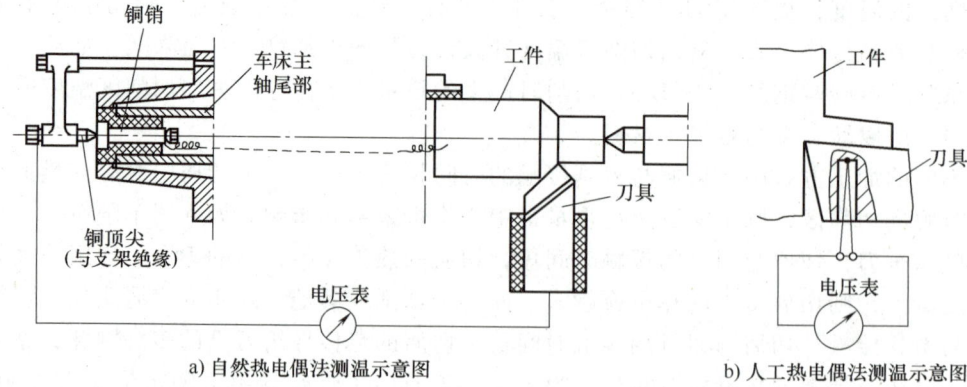

a) 自然热电偶法测温示意图　　　b) 人工热电偶法测温示意图

图 2-34　用热电偶测量切削温度

电偶材料只需标定一次；热电偶材料可灵活选择，以改善热电偶的热电敏感性和动态响应速度，提高热电偶传感质量。但由于将人工热电偶埋入超硬刀具材料（如陶瓷、PCBN、PCD 等）内比较困难，因此限制了该方法的推广使用。此外，还有半人工热电偶法（将自然热电偶法和人工热电偶法结合起来即组成半人工热电偶法）及等效热电偶法等，都有较广泛的应用。

除上述切削温度的测量方法外，常见的测温方法还有辐射温度计法、热敏颜料法、金属组织观察法等。各种测量切削温度的方法都有其优缺点和不同的适用范围。因此，为了在生产现场对切削温度进行更精确、方便、及时的测量，应根据具体情况选用最适当的切削温度测量方法。

3. 影响切削温度的主要因素

切削温度的高低取决于产生热量的多少和传散热量的快慢。如果产生热量少、传散热量快，则切削温度低，或者二者之一占主导作用，也会降低切削温度。

在切削加工时影响产生热量和传散热量的主要因素有切削用量、工件材料、刀具几何参数以及切削液等。

（1）切削用量　切削速度、进给量和背吃刀量对切削温度的影响程度可通过切削温度试验获得的试验公式或利用温度场理论计算求得。基本规律是切削用量增加都可使切削温度提高，但其中切削速度的影响最大，其次是进给量，背吃刀量的影响最小。

1）切削速度 v_c 的影响。随着切削速度 v_c 的提高，切削温度将显著上升。这是因为切屑沿前刀面流出时，切屑底层与前刀面发生强烈摩擦从而产生大量的切削热。由于切削速度很高，在很短的时间内切屑底层的切削热来不及向切屑内部传导，而大量积聚在切屑底层，从而使切屑温度显著升高。另外，随着切削速度的提高，单位时间内的金属切除量成正比例增加，消耗的功增大，切削热也会增大，故使切削温度上升。

2）进给量 f 的影响。随着进给量 f 的增大，单位时间内的金属切除量增多，切削热增多，使切削温度上升，但切削温度随进给量 f 的增大而升高的幅度不如切削速度 v_c 那么显著。这是因为单位切削力和单位切削功率随进给量 f 的增大而减小，切除单位体积金属产生的热量减少了，同时进给量增大后切屑变厚，切屑的热容量增大，由切屑带走的热量增多，故切削区的温度上升不是很显著。

3）背吃刀量 a_p 的影响。背吃刀量 a_p 对切削温度的影响很小，这是因为背吃刀量 a_p 增大以后，切削区产生的热量虽然增加了，但切削刃参加工作的长度增加，散热条件得到改善，故切削温度的升高并不明显。

三者影响切削温度的大致规律为：切削速度 v_c 增加 1 倍，切削温度大约升高 32%；进给量 f 增加 1 倍，切削温度升高约 18%；背吃刀量 a_p 增加 1 倍，切削温度升高约 7%。

切削用量对切削温度的影响规律在切削加工中具有重要意义。例如，在普通切削加工中分别提高切削速度 v_c、进给量 f 和背吃刀量 a_p 均可使切削效率按比例提高，但为了减少刀具磨损，保持较长的刀具寿命，减少对工件加工精度的影响，首先应增大背吃刀量，其次增大进给量。目前在高效数控机床或先进的自动机上选用高性能的刀具进行切削加工，由于提高切削速度能较显著地提高生产率和工件的表面质量，因此提高切削速度已经成为首选。

（2）工件材料　工件材料主要是通过它的硬度、强度和导热系数不同而影响切削温度的。工件材料的硬度和强度越高，切削时所消耗的功越多，产生的切削热越多，切削温度就越高；工件材料的导热系数的大小，直接影响切削热的导出，如不锈钢 06Cr18Ni11Ti 和高温合金 GH131，不仅导热系数小，且在高温下仍有较高的强度和硬度，故切削温度比加工 45 钢高。高碳钢的强度、硬度高，导热系数低，故产生的切削温度高。灰铸铁等脆性材料，切削时金属的变形小，切屑呈崩碎状，与前刀面的摩擦小，产生的切削热少，故切削时产生的切削温度较 45 钢低。

（3）刀具几何参数　在刀具几何参数中，影响切削温度最为明显的因素是前角 γ_o 和主偏角 κ_r，其次是刀尖圆弧半径 r_ε。

1）前角 γ_o。前角的大小直接影响切削过程中的变形和摩擦，对切削温度有明显影响。如图 2-35a 所示，前角大则切削温度低，前角小则切削温度高。当前角达 18°～20° 后，虽然切屑变形小，对切削温度的影响减小，但由于楔角变小使散热体积减小的缘故，散热条件恶化，切削温度不但不降低，反而有可能升高。

2）主偏角 κ_r。图 2-35b 给出了主偏角的变化对切削温度的影响。主偏角 κ_r 加大后，切削刃的工作长度缩短，切削热相对集中，同时刀尖角减小，使散热条件变差，切削温度将升高。若减小主偏角，则刀尖角和切削刃的工作长度加大，散热条件改善，从而使切削温度降低。

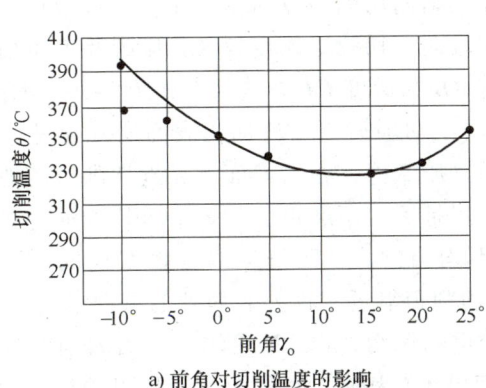
a) 前角对切削温度的影响

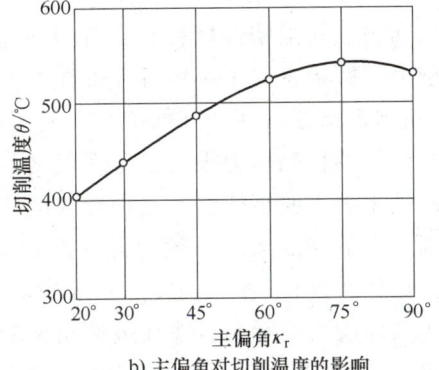
b) 主偏角对切削温度的影响

图 2-35　前角和主偏角对切削温度的影响

3）刀尖圆弧半径 r_ε。增大刀尖圆弧半径 r_ε，选用负的刃倾角 λ_s 和磨制负倒棱均能增大散热面积，从而降低切削温度。

（4）刀具磨损与切削液　刀具磨损后切削刃变钝，金属变形增大，同时刀具后刀面与工件的摩擦加剧，所以刀具磨损后切削温度会上升。后刀面上的磨损量越大，切削温度的上升越迅速。浇注切削液对降低切削温度有明显的效果，因此使用切削液是降低切削温度的重要措施。

2.2.4　刀具磨损和刀具寿命

刀具在切削金属的过程中与切屑、工件之间产生剧烈的摩擦和挤压，切削刃由锋利逐渐变钝甚至有时会突然损坏。刀具损坏的形式主要有磨损和破损两类。刀具磨损属于正常的连续逐渐磨损，而刀具破损则是刀具在切削过程中突然或过早产生的损坏现象，属于非正常磨损。刀具磨损后，导致切削力加大，切削温度升高，切屑颜色改变，甚至产生振动，使工件加工精度降低，表面粗糙度值增大，不能继续正常切削。刀具磨损直接影响加工效率、质量和成本，刀具磨损程度超过允许值后，必须及时进行重磨或更换新刀。

1. 刀具磨损的形态与原因

（1）刀具磨损的形态　刀具正常磨损时，按发生的部位不同，可分为前刀面磨损、后刀面磨损及边界磨损三种形式，如图 2-36 所示。

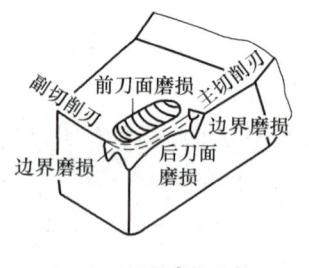
a) 刀具磨损形态

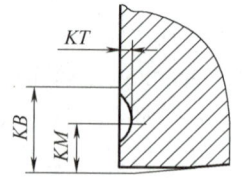
b) 后刀面磨损与磨钝标准　　c) 前刀面磨损与磨钝标准

图 2-36　刀具磨损的形态

1）前刀面磨损。前刀面磨损是指切屑沿前刀面流出时，在刀具前刀面上经常会磨出一个月牙形洼，如图 2-36a 所示。月牙形洼发生在刀具前刀面上切削温度最高的地方。在磨损过程中，月牙形洼的宽度、深度不断增大，并逐渐向切削刃方向发展，当接近刃口时，会使刃口突然崩去。切削塑性材料时，若切削速度较高，切削层厚度较大，则容易产生前刀面的磨损。前刀面磨损量的大小用月牙形洼的宽度 KB 和深度 KT 来表示，如图 2-36c 所示。

2）后刀面磨损。在切削加工中，后刀面沿主切削刃与工件加工表面实际上是小面积接触，它们之间的接触压力很大，存在着强烈的挤压摩擦，在后刀面上靠近切削刃的地方很快被磨损出后角为零的小棱面，这种形式的磨损就是后刀面磨损。如图 2-36b 所示，在切削刃参加切削工作的各点上，一般后刀面磨损是不均匀的。C 区刀尖部分强度较低，散热条件差，磨损比较严重，其最大值以 VC 表示。主切削刃靠近工件外表面处的 N 区由于加工硬化层或毛坯表面硬层等影响，往往被磨出比较严重的深沟，以 VN 表示。在后刀面磨损带中间部位的 B 区上磨损比较均匀，平均磨损带宽度以 VB 表示，而最大磨损带以 VB_{max} 表示。在切削加工硬脆材料时，由于形成崩碎切屑，一般出现后刀面磨损；在切削加工塑性材料时，当切削速度较低、切削厚度较薄时容易产生后刀面磨损，而采用中等切削速度及中等切削厚度时，会经常出现前、后刀面同时磨损的情况。这种磨损发生时，月牙形洼与切削刃之间的棱边和楔角逐渐减小，切削刃强度下降，因此多数情况下伴随着崩刃的发生。

3）边界磨损。切削时，在切削刃附近的前、后刀面上应力与温度都较高，但在工件外表面处切削刃上应力的突然下降和较低的温度，造成了较高的应力梯度和温度梯度，因此常在主切削刃靠近工件外表面处以及副切削刃靠近刀尖处的副后刀面上磨出较深的沟纹，这两处分别是在主、副切削刃与工件待加工或已加工表面接触的地方，如图 2-36b 所示。

另外，在加工铸件、锻件等外表面粗糙的工件时，也容易发生边界磨损。由于在大多数情况下，后刀面都有磨损，而且磨损量 VB 的大小对加工精度和表面质量的影响较大，测量也比较方便，故常用后刀面磨损带的平均宽度 VB 来衡量刀具的磨损程度。

(2) 刀具磨损的原因　刀具磨损的原因很复杂，主要有以下几个方面。

1）磨料磨损。磨料磨损是指工件材料中的硬质点或积屑瘤碎片对刀具表面的机械划伤使刀具产生磨损。各种刀具都会产生硬质点磨损，但对于硬度较低的刀具材料或低速刀具，如高速钢刀具及手工刀具等，磨料磨损是刀具的主要磨损形式。

2）粘连磨损。粘连磨损是指刀具与工件（或切屑）的接触面在足够的压力和温度作用下，达到原子间距离而产生粘连现象，因为相对运动，粘连点的晶粒或晶粒群受剪或受拉并被对方带走而造成的磨损。粘连点的分离面通常在硬度较低的一方，即工件上。但也会造成刀具材料组织不均匀，产生内应力以及疲劳微裂纹等缺陷。

3）扩散磨损。扩散磨损是指刀具表面与被切出的工件新鲜表面接触，在高温下，两摩擦面的化学元素获得足够的能量，相互扩散，改变了接触面双方的化学成分，降低了刀具材料的性能，从而造成刀具磨损。如硬质合金车刀加工钢料时，在 800~1000℃高温时，硬质合金中的 Co、WC 和 C 等元素迅速扩散到切屑、工件中去，而工件中的 Fe 元素则向硬质合金表层扩散，使硬质合金形成新的低硬度、高脆性的复合化合物层，从而加剧刀具磨损。刀具扩散磨损与化学成分有关，并随着温度的升高而加剧。

4）化学磨损。化学磨损又称为氧化磨损，是指刀具材料与周围介质（如空气中的氧，切削液中的极压添加剂），在一定的温度下发生化学反应，在刀具表面形成硬度低、耐磨性差的化合物，加速刀具的磨损。化学磨损的强弱取决于刀具材料中元素的化学稳定性以及温度的高低。

2. 刀具磨损过程及磨钝标准

(1) 刀具磨损过程　随着切削时间的延长，刀具磨损增加。在多数切削情况下均可能出现后刀面的均匀磨损，且均匀磨损量 VB 值较易测量和控制，因此，VB 值常作为磨损多少的依据。以时间 t_m 和后刀面磨损量 VB 两个参数分别为横、纵坐标，则磨损过程可以用图 2-37 所示的一条曲线来表示。由图可知，磨损过程可分为三个阶段。

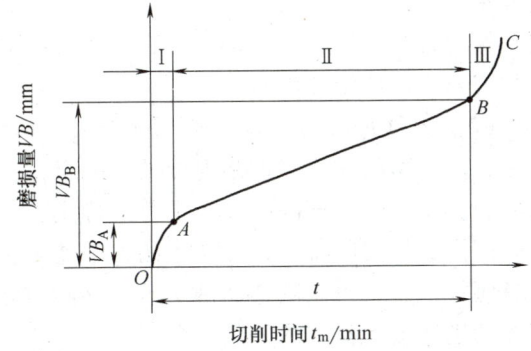

图 2-37　刀具磨损曲线

1）初期磨损阶段 I。本阶段的特点是在极短的时间内 VB 值上升很快。新刃磨后的刀具表面的微观不平度很快被磨去，所以初期磨损量的大小与刀具刃磨质量有很大关系，经过刃磨的刀具，初期磨损量小，而且耐用得多。

2) 正常磨损阶段Ⅱ。本阶段的特点是在很长的时间内刀具磨损量 VB 值缓慢地逐渐增大，且 VB 与 t_m 基本呈线性关系。经过初期磨损，后刀面上的微观不平度很快被磨掉，后刀面与工件的接触面积增大，压强减小，且分布均匀，所以磨损量缓慢、均匀地增加。此阶段也是刀具的有效工作阶段。曲线的斜率代表了刀具正常工作时的磨损强度，磨损强度是衡量刀具切削性能的重要指标之一。

3) 急剧磨损阶段Ⅲ。刀具经过正常磨损阶段后，切削刃变钝，切削力增大，温度升高，在相对很短的时间内 VB 值猛增，若再继续切削将引起切削刃损坏。这一阶段磨损强度很大，不但不能保证加工质量，反而消耗刀具材料。因此，在刀具进入急剧磨损阶段前必须换刀或重新刃磨。

(2) 刀具磨钝标准　刀具磨损到一定限度就不能继续使用，这个磨损限度称为磨钝标准。国际标准化组织（ISO）规定的磨钝标准是：正常磨损状态下，后刀面 B 区内的磨损带宽度 $VB = 0.3$ mm；对于非正常磨损，取磨损带最大宽度 $VB_{max} = 0.6$ mm。

在生产实践中，刀具的磨钝标准常根据具体条件来确定。自动化生产中用的精加工刀具常以沿工件径向的刀具磨损尺寸作为衡量刀具的磨钝标准，称为刀具径向磨损量，以 NB 表示（图 2-38）。

对于粗加工和半精加工，规定的磨钝标准是考虑充分利用正常磨损阶段的磨损量，进而充分利用刀具材料，减少换刀次数。此外，可根据加工精度和表面质量要求来确定磨钝标准，此时 VB 值应取较小值，称为工艺磨钝标准。

3. 刀具寿命及其经验公式

(1) 刀具寿命的定义　刃磨后的刀具自开始切削直到磨损量达到磨钝标准为止的净切削时间称为刀具寿命，以 T 表示，单位为 min。刀具寿命是指一把新刀具从开始使用到报废为止的总切削时间，它是刀具寿命与刀具刃磨次数的乘积。

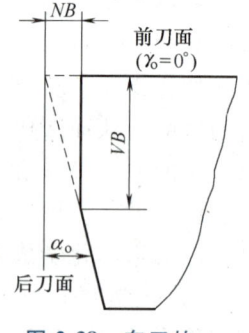

图 2-38　车刀的磨损量

刀具寿命是一个重要参数。在相同切削条件下切削某种工件材料时，可以用寿命来比较不同刀具材料的切削性能。用同一刀具材料切削各种工件材料时，可以用寿命来比较材料的切削加工性，还可以用寿命来判断刀具几何参数是否合理。对于某一切削加工，当工件、刀具材料和刀具几何结构选定之后，切削用量是影响刀具寿命的主要因素。

(2) 刀具寿命的经验公式　对于某一切削加工，当工件、刀具材料和刀具几何结构选定后，由于切削速度对切削温度的影响最大，因而对刀具寿命的影响最大，因此切削速度是影响刀具寿命的主要因素。为了合理确定刀具寿命，必须首先求出刀具寿命与切削速度的关系。固定其他切削条件，在常用的切削速度范围内，取不同的切削速度 v_{c1}，v_{c2}，v_{c3}…进行刀具磨损试验，得到图 2-39 所示的一组刀具磨损曲线，选定后刀面刀具磨钝标准，可以求出各切削速度下对应的刀具寿命 T_1，T_2，T_3…。经处理可得

$$v_c T^m = C \qquad (2\text{-}34)$$

式中，v_c 为切削速度（m/min）；T 为刀具寿命（min）；m 为指数，表示 T-v_c 之间的影响程度；C 为系数，与刀具、工件材料和切削条件有关。

式 (2-34) 为重要的刀具寿命方程式。如果将 T-v_c 画在双对数坐标上，则在一定的切

削速度范围内,可以发现这些点基本在一条直线上,指数 m 则是该直线的斜率。T-v_c 关系式反映了切削速度与刀具寿命之间的关系。耐热性越低的刀具材料,T-v_c 曲线斜率 m 越小,表示切削速度对刀具寿命的影响越大。即切削速度稍改变一点,则刀具寿命的变化就很大。图 2-40 所示为不同刀具材料在双对数坐标系中的 T-v_c 曲线,其中陶瓷刀具的寿命曲线的斜率比硬质合金和高速钢的都大,这是因为陶瓷刀具的耐热性很高,所以在非常高的切削速度下陶瓷刀具仍然有较高的刀具寿命。

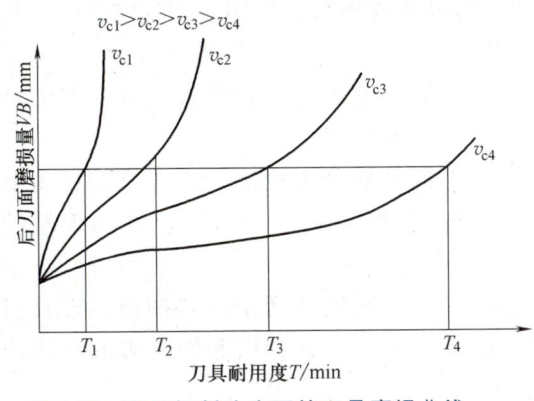

图 2-39　不同切削速度下的刀具磨损曲线

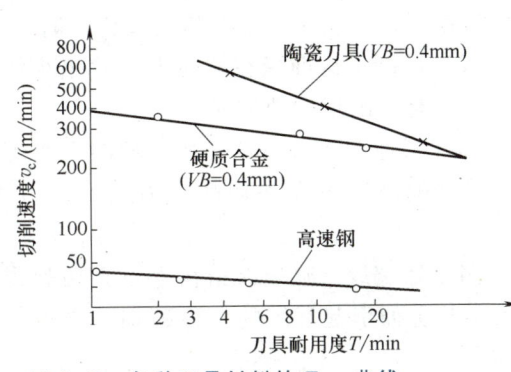

图 2-40　各种刀具材料的 T-v_c 曲线

同样按照 T-v_c 关系式的获得方法,固定其他切削条件,分别改变进给量和背吃刀量,可以求得 T-f 和 T-a_p 关系式。研究结果表明,切削速度 v_c 对刀具寿命的影响最大,进给量 f 次之,背吃刀量 a_p 最小,这与三者对切削温度的影响顺序完全一致,这也反映出切削温度对刀具磨损和刀具寿命有着重要的影响。在生产实践中,在保证一定刀具寿命的条件下,为提高生产率,应首选大的背吃刀量,然后选取较大的进给量,最后选取合理的切削速度。

4. 刀具寿命的选择

在生产中使用刀具时,确定合理的刀具寿命需要从生产率和加工成本两个角度来考虑,因此,可分别从满足最高生产率与最低加工成本这两个不同的原则来制订刀具寿命的合理值。

从生产率的角度看,若刀具寿命选得过高,则在其他加工条件不变时,切削用量势必被限制在很低的水平,使切削工时增加,虽然此时刀具的消耗及其费用较少,但过低的加工效率也会使经济效果很差。若刀具寿命选得过低,虽然可提高切削用量,降低切削工时,但由于刀具磨损加快而使装刀、卸刀、刃磨的工时及调整机床的时间和费用显著增加,同样达不到高效率、低成本的要求,生产率反而会下降。因此,在生产实际中存在着最高生产率所对应的寿命 T_p。

从加工成本的角度看,若刀具寿命选得过高,切削用量被限制在很低的水平,使用机床的费用及工时费用增大,因而加工成本提高;若刀具寿命选得过低,提高切削用量,可以降低切削工时,但由于刀具磨损加快而使刀具消耗以及与刀具刃磨有关的成本增加,机床因换刀停车的时间增加,加工成本相应增高。因此,在生产实际中存在着最低加工成本所对应的寿命 T_c。

在上述 T_p 与 T_c 之间的刀具寿命是较合理的刀具寿命范围。由于最低加工成本刀具寿命 T_c 高于最高生产率刀具寿命 T_p,所以目前生产中在普通机床上加工,多数采用最低加工成

本刀具寿命 T_c，只有当特殊生产需要时才采用最高生产率寿命 T_p。

5. 刀具的破损

刀具的破损又称为非正常磨损，也是刀具的主要失效形式之一。特别是用陶瓷、超硬刀具材料制成的刀具进行断续切削，或者加工高硬度材料时，刀具的脆性破损就更加严重。刀具破损主要有以下五种形式：

（1）崩刃　崩刃指切削刃上出现微粒脱落形成不规则的细小缺口。由于刀片硬度高、脆性大，切削刃锋利而强度差，断续切削或切屑碰撞容易造成崩刃。用陶瓷刀具切削时，最常发生崩刃；用硬质合金刀具断续切削时，也常出现崩刃。

（2）碎断　碎断指在切削刃上发生小块碎裂或大块断裂的现象。硬质合金和陶瓷刀具断续切削时常出现这种破损。

（3）塑性变形　刀具切削区域因严重塑性变形，刀面和切削刃周围会产生塌陷，主要原因是切削温度过高和切削压力过大，刀头强度和硬度降低。高速钢刀具容易出现塑性变形。

（4）热裂纹　热裂纹指在垂直于切削刃方向上因较长时间连续切削或热冲击，刀具材料发生疲劳而引起裂纹的一种破损。当这些裂纹不断扩展合并，就会引起切削刃的碎裂或断裂。

（5）剥落　剥落是指在前、后刀面上几乎平行于切削刃而剥下一层碎片，经常连切削刃一起剥落，有时也在离切削刃一小段距离处剥落。用陶瓷刀具端铣时常见到这种破损。

为了防止或减少刀具破损，可以调整刀具几何角度，增加切削刃和刀尖的强度；在遇到冲击切削、重型切削和难加工材料的切削时，要注意合理选择刀具材料，必须采用具有较高的冲击韧度、疲劳强度和热疲劳抗力的刀具材料；可以选择合适的切削用量，一方面避免切削速度过低时导致切削力过大而崩刃，另一方面也要防止切削速度过高时可能产生热裂纹；要尽可能地保证工艺系统有较好的刚性，以减小切削时的振动。

2.3　工件材料的切削加工性及切削条件的选择

2.3.1　工件材料的切削加工性

切削加工性是指在一定的加工条件下工件材料切削加工时的难易程度。切削有些工件材料时，刀具磨损较慢，工件的精度与表面粗糙度要求也容易保证，则认为这种工件材料的切削加工性好；反之，若刀具磨损较快，工件的精度与表面粗糙度要求不易保证，则认为其切削加工性不好。工件材料的切削加工性不仅取决于切除多余材料时的难易程度，而且还取决于零件的工艺要求。工艺要求不同，材料的切削加工性也有所不同，因此，工件材料的切削加工性是一个相对的概念。随着各种高性能材料的出现和日益普遍使用，许多材料的切削加工变得更加困难，研究材料的切削加工性的目的就是找出各种材料便于切削加工的途径。

1. 衡量工件材料切削加工性的指标

根据不同的要求，可以用不同的指标来衡量材料的切削加工性。

（1）刀具寿命　通常以刀具寿命 T 或一定寿命下的切削速度 V_T 衡量加工性。在相同切削条件下加工不同材料时，显然，在一定切削速度下刀具寿命 T 较长或一定寿命下所允许

的切削速度 v_T 较高的材料,其切削加工性较好。例如,切削普通金属材料时,刀具寿命 T 定为 60min,则对应允许的切削速度 v_T 写作 v_{60},而对于难加工材料可定为 v_{30}、v_{20} 等,在相同的加工条件下,v_{60}、v_{30} 或 v_{20} 的值越高,则材料的切削加工性越好,反之则越差。

(2) 相对加工性 一般以切削正火状态 45 钢,刀具寿命 $T=60min$ 时允许的切削速度 v_{60} 为基准,写作 $(v_{60})_j$,在相同加工条件下,把其他各种材料的 v_{60} 与它相比,其比值记为 $K_r = v_{60}/(v_{60})_j$,称为相对加工性。K_r 大于 1 的材料,其加工性比 45 钢好;K_r 小于 1 的材料,其加工性比 45 钢差。常用工件材料的相对加工性可分为八级,见表 2-2。

表 2-2 材料的相对加工性等级

相对加工性等级	名称及种类		相对加工性 K_r	代表性材料
1	很容易切削材料	一般有色金属	>3.0	5-5-5 铜铅合金,9-4 铝铜合金,铝镁合金
2	容易切削材料	易切削钢	2.5~3.0	退火 15Cr,$R_m = 0.373 \sim 0.441$GPa 自动机钢 $R_m = 0.393 \sim 0.491$GPa
3		较易切削钢	1.6~2.5	正火 30 钢 $R_m = 0.441 \sim 0.549$GPa
4	普通材料	一般钢及铸铁	1.0~1.6	45 钢,灰铸铁
5		稍难切削材料	0.56~1.0	20Cr13 调质 $R_m = 0.834$GPa 85 钢 $R_m = 0.83$GPa
6	难切削材料	较难切削材料	0.5~0.65	45Cr 调质 $R_m = 1.03$GPa 65Mn 调质 $R_m = 0.932 \sim 0.981$GPa
7		难切削材料	0.15~0.5	50Cr 调质,06Cr18Ni11Ti,某些钛合金
8		很难切削材料	<0.15	某些钛合金,铸造镍基高温合金

此外,根据不同的要求,还可以利用切削力和切削温度、加工表面质量、切屑控制或断屑的难易程度等指标来衡量切削加工性。

2. 改善材料切削加工性的措施

材料的切削加工性对生产率和表面质量的影响很大,因此在满足零件使用要求的前提下,应尽量通过各种途径来改善材料的切削加工性。生产中常采用的措施主要有以下两方面。

(1) 采用热处理改善材料的切削加工性 化学成分相同的材料,当其金相组织不同时,力学性能就不一样,其切削加工性也不同。因此,可通过对不同材料进行不同的热处理来改善其切削加工性。例如,对高碳钢进行球化退火可降低硬度;对低碳钢进行正火可降低塑性;白口铸铁可在 910~950℃ 经过 10~20h 的退火或正火使其变为可锻铸铁,从而改善切削性能。

(2) 调整材料的化学成分 因为材料的化学成分直接影响其力学性能,如碳钢中,随着碳含量的增加,其强度和硬度一般都会提高,塑性和韧性降低,故高碳钢的强度和硬度较高,切削加工性较差;低碳钢的塑性和韧性较高,切削加工性较差;中碳钢的强度、硬度、塑性和韧性都居于高碳钢和低碳钢之间,故切削加工性较好。

在钢中加入适量的硫、铅等元素,可有效地改善其切削加工性,这样的钢称为易切削钢,但只有在满足零件对材料性能要求的前提下才能这样做。

2.3.2 刀具几何参数的选择

刀具几何参数包括刀具角度、切削刃形状、前刀面和后刀面的形式等。刀具几何参数的选择是否合理对刀具材料的切削性能能否得到充分的发挥起着重要作用。合理的刀具几何参数是在保证加工质量的前提下，能够满足刀具使用寿命长、生产率高、加工成本低的几何参数。

1. 前角的选择

增大前角可以减小切削变形和摩擦，从而减小切削力和切削功率，使切削时产生的热量减少，刀具寿命得以延长，还可以抑制积屑瘤的产生，改善已加工表面的质量。但是，增大前角一方面会使楔角 β_o 减小，切削刃的强度降低，容易造成崩刃；另一方面降低了散热效应，使切削温度升高。因此，前角过大，刀具寿命也会缩短。

在一定的加工条件下，存在一个使刀具寿命为最大的前角 γ_{opt}，称为刀具的合理前角。合理前角主要取决于工件材料和刀具材料的性质与种类以及加工要求等。

选择合理前角值应主要考虑以下几点：

1）加工塑性材料时，为减小切削变形、降低切削力和切削温度，刀具合理前角值要大些；加工脆性材料时，由于产生崩碎切屑，切削力集中在切削刃附近，前角对切削变形的影响不大，为了防止崩刃，应选择较小的前角。当工件材料的强度、硬度大时，为保证刀尖的强度，前角应选择小些。

2）刀具材料的抗弯强度和抗冲击韧度越大时，应选用较大的前角，如高速钢刀具比硬质合金刀具允许选用更大的前角。

3）粗加工时切削力大，特别是断续切削有较大的冲击力，为保证切削刀具有足够的强度，应适当减小前角；精加工时切削力小，要求刃口锋利，合理前角应大些。

4）工艺系统刚性差和机床功率不足时，应选取较大的前角。自动机床或自动线用刀具，应主要考虑刀具的寿命及稳定性而选用较小的前角。

2. 后角的选择

增大后角可减小刀具后刀面与过渡表面之间的摩擦，减小刀具磨损，使寿命延长，故后角不能取负值。增大后角，还可使切削刃更锋利，提高工件表面质量。

后角过大，则刀具的楔角会显著减小，切削刃的强度降低，散热条件差，刀具磨损加快，反而会使刀具寿命降低。因此，在一定的条件下也存在一个使刀具寿命较高的合理后角。

选择合理后角值应主要考虑以下几点：

1）当切削厚度（或进给量）很小时，宜取较大后角，可减小后刀面磨损并使切削刃锋利；反之，当切削厚度很大时，为增强切削刃及改善散热条件，宜取较小后角。

2）工件强度或硬度较高时，为提高切削刃强度，宜取较小后角；工件塑性、韧性较大时，可取较大的后角以减轻刀具后刀面的摩擦。

3）工艺系统刚性差，容易出现振动时，应适当减小后角。

4）对于尺寸精度要求高的刀具，宜取较小后角，以保证重磨后尺寸基本不变，从而增加刀具的重磨次数。

5）车刀、刨刀及端铣刀的副后角 α_o' 通常等于后角 α_o；切断刀、切槽刀、锯片铣刀，受其结构条件限制，角度只能取得很小，一般 $\alpha_o' = 0.5° \sim 2°$。

3. 主、副偏角的选择

主偏角和副偏角会影响已加工表面的残留面积高度，减小主偏角和副偏角，可减小已加工表面残留面积的高度,减小表面粗糙度值。特别是副偏角对已加工表面粗糙度的影响更大。

主偏角会影响切削刃的工作长度和单位长度切削刃上的切削负荷。在背吃刀量和进给量一定的情况下,主偏角减小使切削厚度减小,切削宽度增加,切削刃单位长度上的负荷下降。主、副偏角减小时,可提高刀尖强度,改善散热条件,延长刀具寿命。主偏角的取值会影响各切削分力的大小和分配比例,如车外圆时,增大主偏角可减小背向力 F_p,增大进给力 F_f。

主、副偏角的选择原则如下。

1)工件材料强度、硬度较高时,为减小切削刃的单位负荷,改善切削刃区的散热条件,延长刀具寿命,宜取较小的主偏角。

2)工艺系统的刚性较好时,主偏角应选小值,反之,宜取较大的主偏角。

3)粗加工时,其切削力大、振动大,对于抗冲击性差的刀具材料,应选择大的主偏角,以减小振动。

4)精加工时,宜取较小的副偏角,以减小表面粗糙度值;当工件强度、硬度较高或刀具做断续切削时,宜取较小的副偏角,以增加刀尖强度;系统不宜振动的前提下,一般尽量取较小的副偏角。参考取值:粗加工时,$\kappa_r' = 10° \sim 15°$;精加工时,$\kappa_r' = 5° \sim 10°$;工艺系统刚性差或从工件中间切入时,可取 $\kappa_r' = 40° \sim 45°$。

4. 刃倾角的功用及选择

刃倾角的大小会影响刀尖强度和散热条件,当 $\lambda_s > 0°$ 时,刀尖先接触工件,在断续切削及较大冲击时,刀尖易崩裂。当 $\lambda_s < 0°$ 时,远离刀尖的切削刃先接触工件,刀尖可免受冲击。刃倾角会影响切屑的流出方向,当 $\lambda_s = 0°$ 时,切屑近似沿主切削刃的法线方向流出;当 $\lambda_s < 0°$ 时,切屑流向已加工表面;当 $\lambda_s > 0°$ 时,切屑流向待加工表面,如图 2-41a~c 所示。刃倾角还会影响切削刃的锋利程度,当正的刃倾角值增大时,可使刀具的实际前角增大,刃口实际钝圆半径减小,增大切削刃的锋利性。刃倾角也会影响切削刃的工作长度,当背吃刀量 a_p 不变时,刃倾角的绝对值越大,切削刃工作长度越长,单位切削长度上的负荷越小,刀具寿命越长。

1)加工一般钢料和灰铸铁,粗车时,$\lambda_s = -5° \sim 0°$;精车时,$\lambda_s = 0° \sim 5°$;有冲击载荷时,$\lambda_s = -15° \sim -5°$。

2)加工高强度钢、淬硬钢或强力切削时,为提高刀头强度,取 $\lambda_s = -30° \sim -10°$。

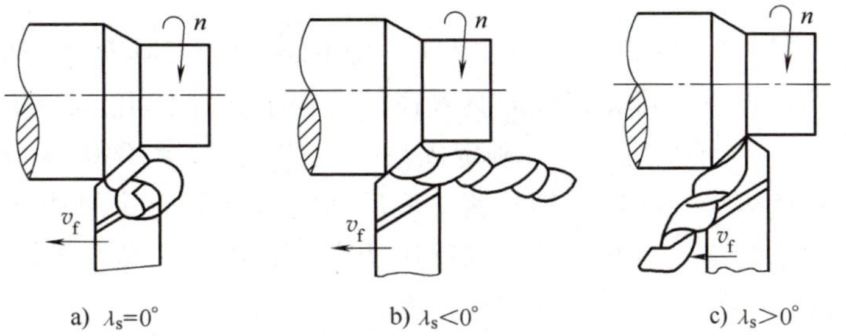

3)工艺系统刚性不足时,尽量不用负刃倾角,以避免径向力的增加。

图 2-41 刃倾角对切屑流出方向的影响
a) $\lambda_s = 0°$ b) $\lambda_s < 0°$ c) $\lambda_s > 0°$

4)微量切削时,为增加切削刃的锋利程度和切薄能力,可采用大刃倾角刀具,λ_s 取 $45° \sim 75°$。

2.3.3 切削用量的合理选择

正确地选择切削用量,对提高切削效率、降低加工成本、保证加工质量和必要的刀具寿命都有重要意义。合理的切削用量是指在充分利用刀具的切削性能和机床性能，并保证工件质量的前提下，获得高生产率和低加工成本的切削用量。

1. 切削用量的选择原则

对于粗加工，要尽可能保证较高的金属切削率和必要的刀具使用寿命。提高切削速度、增大进给量和背吃刀量，都能提高金属切削率。但这三个因素中，对刀具使用寿命影响最大的是切削速度，其次是进给量，影响最小的是背吃刀量，所以在选择粗加工切削用量时，应优先考虑采用大的背吃刀量，其次考虑采用大的进给量，最后才能根据刀具使用寿命的要求，选择合理的切削速度。

半精加工、精加工时首先要保证加工精度和表面质量，同时应兼顾必要的刀具使用寿命和生产率，此时的背吃刀量应根据粗加工后留下的余量确定。为了减小工艺系统的弹性变形，减小积屑瘤和鳞刺的产生，用硬质合金刀具进行精加工时一般多采用较高的切削速度，高速钢刀具则一般多采用较低的切削速度。

2. 切削用量的选择方法

粗加工时切削用量的选择，一般以提高生产率为主，也应考虑经济性和加工成本。半精加工和精加工时切削用量的选择，应以保证加工质量为前提，并兼顾切削效率、经济性和加工成本。

（1）粗加工时切削用量的选择

1）背吃刀量 a_p。背吃刀量应根据加工余量和工艺系统的刚性确定。粗加工时，一般在保留本精加工和精加工余量的前提下，其余的余量应尽可能一次走刀切除，以使走刀次数最少。当粗车余量 A 太大或加工的工艺系统刚性较差时，加工余量可分两次或数次走刀切除。通常，第一次走刀的背吃刀量 $a_{p1} = (2/3 \sim 3/4)A$，第二次走刀的背吃刀量 $a_p = (1/4 \sim 1/3)A$。

2）进给量 f。粗加工时，对加工表面粗糙度的要求不高，进给量主要根据工艺系统的刚性和强度来确定。实际生产中常根据工件材料、车刀刀杆的尺寸、工件直径及已确定的背吃刀量采用查表法来确定合理的进给量。机床工艺系统刚性好可选用较大的进给量，反之则适当减小进给量。

3）切削速度 v_c。粗加工时，切削速度受刀具寿命和机床功率限制。当背吃刀量和进给量确定以后，可在保证刀具寿命的前提下，计算出允许的切削速度，也可以用查表法选用切削速度。当切削速度 v_c 确定以后，应按公式 $n = 1000v_c/(\pi d)$ 换算成转速 n，并根据机床主轴转速表确定实际主轴转速，最后确定出实际的切削速度 v_{ce}。切削用量确定之后，还应校核切削功率是否小于机床的许用功率。若切削功率大于机床的许用功率，则应首先降低切削速度。

（2）半精加工、精加工时切削用量的选择

1）背吃刀量 a_p。半精加工的余量很小，一般在 $1 \sim 2$ mm，而精加工的余量更小，此时背吃刀量的选择原则上按余量值一次切除而定，一般取 $a_p = 0.1 \sim 0.4$ mm。当使用硬质合金刀具时，由于刀尖圆弧半径与刃口圆弧半径的挤压和摩擦作用，背吃刀量不宜过小，一般应大于 0.5 mm。

2）进给量 f。半精加工、精加工的背吃刀量较小，产生的切削力不大，因此增大进给量对加工工艺系统的强度和刚度的影响较小，进给量主要受表面粗糙度的限制。在已知工件材料、刀尖圆弧半径及预估切削速度的条件下，一般根据要求的表面粗糙度通过查表来选用进给量。

3) 切削速度 v_c。半精加工、精加工时的背吃刀量和进给量均较小，切削力对工艺系统刚度和强度的影响很小，消耗的功率较少，因此切削速度主要受刀具寿命的限制。当背吃刀量和进给量确定以后，同样在保证刀具寿命的前提下，计算出允许的切削速度，也可查表求得。同样切削速度应换算成转速 n，并根据机床主轴转速表确定实际主轴转速，最后确定出实际的切削速度 v_{ce}。

精加工时的切削速度应尽量避开产生积屑瘤和鳞刺的速度区域，一般硬质合金刀具采用高速切削，其切削速度一般在 80~100m/min 以上；高速钢刀具一般采用低速加工，其切削速度一般在 30~80m/min 之间。

2.3.4 切削液的选用

使用切削液的主要目的是在切削加工中减小摩擦和降低切削温度。切削液选用得当，不仅能有效减小切削力、降低切削温度，而且可以防锈和润滑，对提高切削速度、刀具寿命以及零件加工质量有重要作用。

1. 切削液的作用

（1）冷却　切削液的冷却作用可分为两个方面，一是减少切屑与工件、刀具间的摩擦，减少切削热的产生，二是及时将切削区产生的切削热吸收并带走，从这两方面起到降温冷却的作用，从而使刀具寿命和加工质量得到提高。切削液被浇注在切削区内，使刀具的前、后刀面上的温度降低。其冷却效果主要取决于切削液的冷却性能、浇注量和冷却方法。切削液的冷却性能与液体的导热系数、比热容、汽化热等性能有关，因此，水的冷却效果最好，乳化油其次，油类最差。此外，冷却性能还与传热方式有关，如车削加工与内孔加工时，传热方式有所不同。精密切削加工中，采用喷雾冷却，使雾状冷却液带走切削区产生的大量切削热，可获得高效的冷却效果。

（2）润滑　切削液只能靠渗透到切屑、工件表面与刀具间形成的油膜而起到润滑的作用，且形成流体润滑摩擦时，才能得到较好的效果，如图 2-42 所示。在金属切削过程中，由于润滑剂的渗透性和吸附性极强，只在部分接触面间存在着流体润滑吸附膜，起到减小摩擦系数的作用，这种状态下的摩擦称为边界摩擦。由于切削过程一般是在高温、高压下进行，难以保持流体薄膜的稳定性而形成流体摩擦，因此实际上刀具是处于边界摩擦状态，对应边界摩擦状态下的润滑称为边界润滑。金属切削中的润滑大多属于边界润滑。

（3）清洗　在金属切削过程中，为了减少切屑或磨料微粒对已加工表面质量、刀具寿命和机床精度的影响，要求切削液具有良好的冲刷、清洗作用，清洗性能的好坏与切削液的渗透性、流动性和使用的压力有关。切削液的清洗作用对于磨削精密加工和自动线加工十分重要，而深孔加工

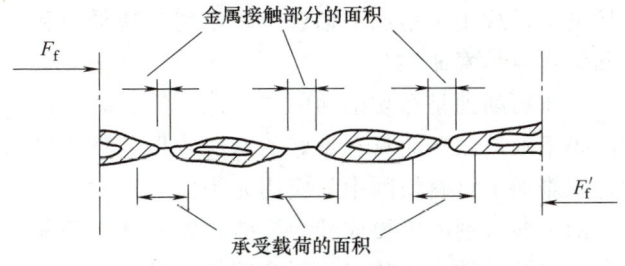

图 2-42　金属间边界润滑摩擦（F_f—摩擦力）

时，要利用高压切削液来进行排屑。为了增强切削液的渗透性、流动性，一般加入剂量较大的表面活性剂（如油脂酸）和少量矿物油，并用大的稀释比（水占 95%~98%）制成乳化

液或水溶液，可提高清洗效果。

（4）防锈　切削液应具有一定的防锈作用，以减少工件、机床、刀具的腐蚀。防锈作用的好坏，取决于切削液本身的性能和加入的防锈添加剂的性质。

除了上述作用，切削液还应当价廉、配制方便、稳定性好、不污染环境和不影响人体健康。要求一种切削液同时具有上述四种性能并达到效果良好的程度是难以实现的，因此，只能根据具体切削条件与技术要求，解决主要矛盾并兼顾其他。

2. 切削液的分类

（1）水溶性切削液　水溶性切削液的主要成分是水，即水基切削液，它的冷却性能最好，主要包括水溶液、乳化液和离子型切削液等。

水溶液是在天然水中加入了适量的添加剂，如防锈添加剂和油性添加剂，使其既有良好的防锈性能，又有一定的润滑性能，但以冷却性能为主。一般在水中加入 0.2%~0.25% 的亚硝酸钠和 0.25%~0.5% 的无水碳酸钠，配制成防锈水溶液。配制时要注意水质情况，若是硬水必须进行软化处理后方能使用。

乳化液是将矿物油、乳化剂、防锈剂、防霉剂、稳定剂和抗泡沫剂等，以 95%~98% 的水稀释而成的乳白色或半透明状的液体。乳化液仍然以冷却作用为主。为了提高其润滑与防锈性能，需要再加入一定量的油性、极压添加剂和防锈剂等，配制成极压乳化液或防锈乳化液，使它兼具冷却与润滑两种性能。

离子型切削液是水溶液中的一种新型切削液，其母液由阴离子型、非离子型表面活性剂和无机盐配制而成。母液加水稀释后能离解成各种强度的离子，通过切削液的离子反应，可迅速消除在切削或磨削中由于强烈摩擦所产生的静电荷，使刀具和工件不产生高热，从而起到良好的冷却效果，并使刀具寿命提高 1 倍以上。这类离子型切削液已广泛用作高速磨削和强力磨削的切削液。

（2）非水溶性切削液　非水溶性切削液，即油基切削液，以润滑作用为主，主要包括切削油、极压切削油及其固体润滑剂等。

切削油有各种矿物油（如机械油、轻柴油、煤油等）、动植物油（如豆油、猪油等）和复合油（矿物油与动植物油的混合油）。其中矿物油具有资源丰富、热稳定性好、价格便宜等特点，使用较普遍，但润滑性能较差，主要用于切削速度较低的精加工、非铁材料加工和易切钢加工。动植物油的润滑性能在切削油中为最好，但容易变质而使用较少。矿物油中润滑性能较好的是机械油，故在普通精车、螺纹精加工中使用甚广。煤油的渗透作用和清洗作用较突出，故用于精加工铝合金、精刨铸铁平面和高速钢铰刀铰孔，能减小加工表面粗糙度值和延长刀具寿命。

极压切削油是在切削油中加入硫、氯、磷等极压添加剂配制而成的。在高温高压下其润滑油膜不致被破坏而具有良好的润滑效果。极压切削油比动植物油有更好的稳定性和极压性能，在难加工材料切削中的应用尤为广泛。

固体润滑剂的主要成分为二硫化钼、硬脂酸和石蜡。由二硫化钼形成的润滑油膜具有熔点高和摩擦系数小的特点，因此即便高温也不易改变它的润滑性能，且具有很高的抗压性能和牢固的附着力，故常做成蜡棒，涂在刀具上，也可添加在切削油中。切削时能减小摩擦，起润滑作用，可用于车、铣、钻、拉和攻螺纹等加工，能防止和抑制积屑瘤的产生，减小切削力，显著延长刀具寿命和减小表面粗糙度值。

3. 切削液的选用条件

切削液的选用除了要考虑切削液的性能，还需要结合刀具材料、加工要求、工件材料以及加工方法等因素综合考虑，合理选用。

（1）根据刀具材料、加工要求选用　高速钢刀具的耐热性差，粗加工时，切削用量大、产生切削热多，容易导致刀具磨损，这时的主要目的是降低切削温度，宜选用以冷却为主的水溶液或乳化液；精加工时，采用切削液的主要目的是改善加工表面质量和提高刀具寿命，稳定尺寸精度，宜选用润滑性能好的极压切削油或高浓度极压乳化液。硬质合金刀具的耐热性好，一般不用切削液，必要时可选用低浓度乳化液或水溶液，但必须连续地大流量浇注，不宜间断浇注，以免硬质合金刀片受热不均产生内应力而导致出现裂纹或破碎。

（2）根据工件材料选用　切削高强度钢、高温合金钢等难加工材料时需用切削液；加工铸铁等脆性材料时一般不用；加工铜、铝及铝合金等材料时，因处于极压润滑摩擦状态，宜选用极压切削液或极压乳化液，但切削铜材料时不宜选用含硫切削液，以免腐蚀铜。

（3）根据加工方法选用　钻孔、攻螺纹、铰孔、拉削等加工，因刀具的导向部分与已加工表面的摩擦较为严重，螺纹和成形车刀要求保持形状，应尽可能减少磨损，以保持刀具的尺寸精度和形状精度，而这类刀具材料多为高速钢，切削速度一般比较低，因此精加工时宜选用润滑性能较好的切削油或浓度高的极压乳化液。

切削液的常见使用方法是浇注法和喷雾法。浇注法由于切削液流速慢、压力低，比较难直接渗透到高温度区，影响其冷却润滑效果。喷雾法是以 0.3~0.6MPa 的压缩空气，通过喷雾装置使切削液雾化，由喷嘴高速喷射到切削区，高速气流带着雾化成微小液滴的切削液，渗透到切削区，在高温下迅速汽化，吸收大量的热，从而获得良好的冷却效果。

目前，有一种比较有前途的切削液——液氮，是传统切削液的替代品。氮气是大气中含量最多的成分，液氮作为制氧工业的副产品，资源十分丰富。液氮使用后直接挥发成气体返回大气中，不会产生任何污染物，从环保角度看，是一种极有前途的切削液替代品。

2.4　金属切削刀具

金属切削刀具是机械制造中用于切削加工的工具，其按使用范围可分为通用刀具和专用刀具两大类。通用刀具具有一定范围的通用性，而专用刀具是为某一零件专门设计的。为了完成切削，除了要求刀具具有合理的角度和适当的结构，刀具的材料是保证刀具完成切削功能的重要基础。本节将着重讲述几类常用的切削刀具。

2.4.1　常用刀具的种类

生产中所使用的刀具种类有很多，可按照不同的方式进行分类。

1）按加工方式和具体用途，可分为车刀、孔加工刀具、铣刀、拉刀、螺纹刀具、齿轮刀具、自动线及数控机床刀具和磨具等。

2）按所用材料性质，可分为高速钢刀具、硬质合金刀具、陶瓷刀具、立方氮化硼（CBN）刀具和金刚石刀具等。

3）按结构形式，可分为整体刀具、镶片刀具、机夹刀具和复合刀具等。

4）按是否标准化，可分为标准刀具和非标准刀具。

刀具的种类及其划分方式将随着科学技术的发展而不断变化。

2.4.2 常用刀具简介

1. 车刀

车刀在切削过程中对保证零件质量、提高生产率是至关重要的，它是应用最广的一种刀具。车刀多用于各种类型的车床上加工端面、内孔、外圆、切槽及切断、车螺纹等。

按切削部分的材料不同，车刀可分为高速钢车刀、硬质合金车刀、陶瓷车刀等。

按用途不同，车刀可分为端面车刀、外圆车刀、内孔车刀、切断车刀、螺纹车刀等。端面车刀用来车削端面和短台阶。外圆车刀用于加工外圆柱和外圆锥表面，它分为直头和弯头两种。弯头车刀可以车削外圆、端面和倒角。切断车刀用来切断工件或车沟槽。螺纹车刀用于车削螺纹。

按切削刃的复杂程度不同，车刀可分为普通车刀和成形车刀。

按结构不同，车刀可分为整体式车刀、焊接式车刀、焊接装配式车刀和机械夹固刀片式车刀。机械夹固刀片式车刀又分为机夹重磨车刀和机夹可转位车刀。

（1）整体式车刀　整体式车刀主要是高速钢车刀，截面为正方形或矩形，俗称"白钢刀""锋钢刀"。使用时可根据不同用途进行修磨，适合小型车床或加工有色金属时使用，如图 2-43a 所示。

（2）焊接式车刀　焊接式车刀是在普通碳钢刀杆上按刀片几何形状开出槽，将硬质合金刀片焊接在普通碳钢刀杆上，经过刃磨而成，如图 2-43b 所示。其优点是结构简单、紧凑、制造方便，特别是可以根据需要进行刃磨，硬质合金的利用也较充分。缺点是焊接产生的应力会降低硬质合金刀片的使用性能，严重时会导致硬质合金出现裂纹；其切削性能主要取决于工人刃磨的技术水平，与现代化高效生产相互不适应；同时刀杆不能重复使用，当刀片用完以后，刀杆也随之报废。焊接式车刀适用于各类车刀，特别是小型刀具。

（3）机械夹固刀片式车刀　机械夹固刀片式车刀可分为机夹重磨车刀和机夹可转位车刀。

1）机夹重磨车刀。机夹重磨车刀是采用机械夹固的方法将硬质合金刀片安装在刀杆上的车刀，如图 2-43c 所示。机夹车刀只有一个主切削刃，用钝后必须修磨，而且可多次修磨。其优点是：①刀杆可以重复使用，刀具管理方便；②刀杆可进行热处理，提高硬质合金刀片支承面的硬度和强度，相当于提高了刀片的强度，减少了打刀的危险性，可延长刀具的使用寿命；③由于刀片不经高温焊接，避免了焊接产生的应力、裂纹等缺陷；④刀片可集中刃磨而获得所需参数，使用灵活方便。机夹重磨车刀适用于外圆、端面、切断、螺纹车刀等。

2）机夹可转位车刀。机夹可转位车刀是采用机械夹固的方法将可转位刀片固定在刀体上，如图 2-43d 所示。机夹可转位车刀与普通机夹车刀的不同点是：刀片为多边形，每一边都可作为切削刃，用钝后只需将刀片转位，避免了焊接刀片的缺点；刀片可迅速转位，刀片上所有切削刃都用钝后，才需要更换刀片；车刀的几何参数完全由刀片和刀槽保证，不受工人技术水平的影响。机夹可转位车刀适用于大中型车床加工外圆、端面、镗孔，特别是适用于自动线和数控机床。目前生产中机夹可转位车刀的应用已非常广泛。

2. 孔加工刀具

在金属切削加工中，孔加工刀具是应用十分广泛的刀具之一。孔加工刀具一般可分为两类：一类是在实体材料上加工孔，如麻花钻、中心钻及深孔钻等；另一类是对工件上已有的孔进行再加工，如扩孔钻、铰刀和镗刀等。

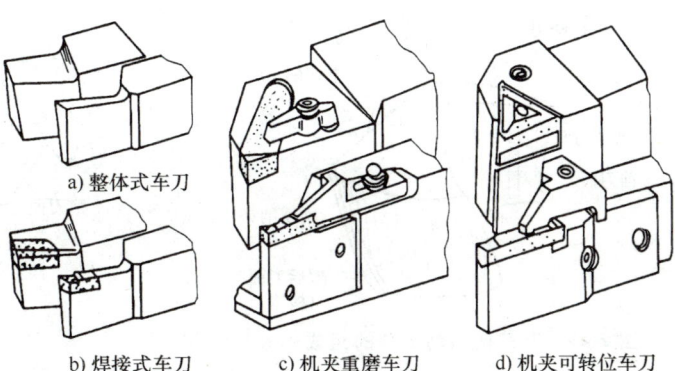

图 2-43 车刀按结构不同分类
a) 整体式车刀　b) 焊接式车刀　c) 机夹重磨车刀　d) 机夹可转位车刀

(1) 麻花钻　麻花钻是应用最广泛的孔加工刀具，特别适合于 $\phi 30 mm$ 以下的孔的粗加工，有时也可用于扩孔。麻花钻直径规格为 $0.1\sim 80 mm$。用高速钢麻花钻加工的孔精度可达 IT11~IT13，表面粗糙度 Ra 值可达 $6.3\sim 25\mu m$；用硬质合金钻头加工时孔精度可达 IT10~IT11，表面粗糙度 Ra 值可达 $3.2\sim 12.5\mu m$。标准麻花钻由工作部分、颈部和柄部三部分组成，如图 2-44 所示。

工作部分是钻头的主要部分，它又分为导向部分和切削部分，分别担任导向与切削工作。钻头的工作部分有两条对称的螺旋槽，用于容屑和排屑。

颈部是柄部与工作部分的过渡部分，磨削柄部时用作砂轮退刀或打印标记的部位。为制造方便，小直径直柄钻头没有颈部。

柄部是钻头的夹持部分，既用于连接又传递动力。钻头直径大于 12mm 时做成圆锥柄，小直径钻头则做成圆柱柄。

麻花钻有两条主切削刃、两条副切削刃和一条横刃，其切削部分的组成如图 2-45 所示。两条螺旋槽的螺旋面形成两个前刀面（用于排屑和导入切削液），与孔底面（即过渡表面）相对的端面形

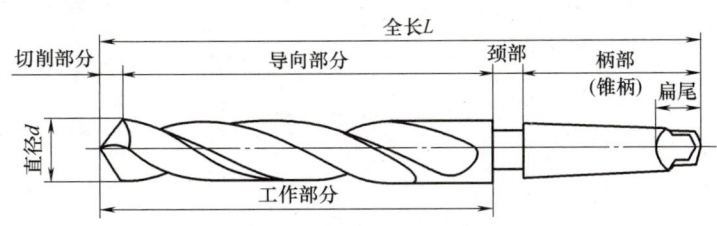

图 2-44 麻花钻的结构

成两个主后刀面，钻头外缘上与孔壁（即已加工表面）相对的两小段窄棱边形成的刃带是副后刀面，在钻孔时刃带起导向作用，为减小与孔壁的摩擦，刃带向柄部方向有较小的倒锥量，从而形成副偏角 κ_r'。为了使钻头具有足够的强度，麻花钻的中心有一定的厚度，这就是钻心，钻心直径向钻柄处递增。螺旋槽与主后刀面的两条交线为主切削刃，两个主切削刃由通过钻心处的横刃相连。

由于标准麻花钻在结构上存在着许多问题，如前角变化太大，从外缘处的 30°到钻芯处减至 -30°，横刃前角约为 -60°；副后角为零，加剧了钻头与孔壁间的摩擦；主切削刃长，切屑较宽，排屑困难；横刃长，定心困难，轴向力大，切削条件很差等。因此在使用时经常要进行修磨，以改变标准麻花钻切削部分的几何形状，提高钻头的切削性能。主要修磨方法有：将横刃磨短并增大横刃前角；将钻头磨成双重顶角；将两条主切削刃磨成圆弧刃或增开分屑槽；将标准麻花钻按特定方式刃磨成"群钻"等。

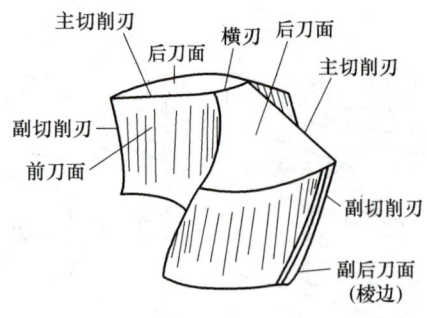

图 2-45　麻花钻切削部分的组成

（2）镗刀　镗刀是一种常见的扩孔用刀具，镗孔精度可达 IT6～IT8，加工表面粗糙度 Ra 值可达 $0.8～6.3\mu m$，常用于较大直径孔的粗加工、半精加工和精加工，特别是对于大直径孔，镗刀几乎是唯一的加工刀具。镗刀一般分为单刃镗刀与多刃镗刀两大类。单刃镗刀结构简单，制造容易，通用性好，故使用较多。单刃镗刀一般均有尺寸调节装置，如图 2-46 所示。在精镗机床上常采用微调镗刀以提高调整精度，如图 2-47 所示。

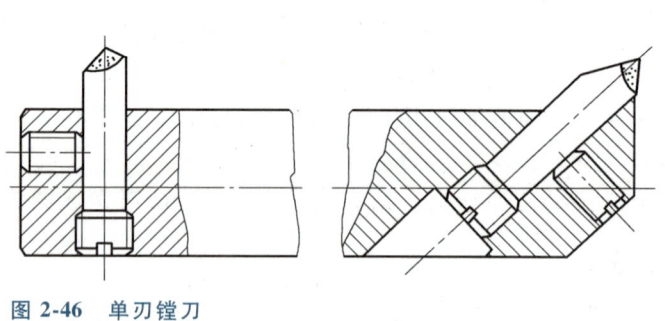

图 2-46　单刃镗刀

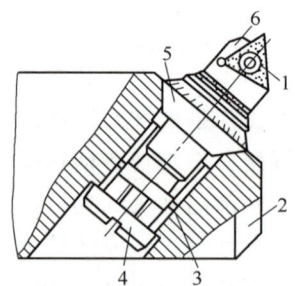

图 2-47　微调镗刀

1—镗刀片　2—镗刀座　3—导向槽　4—调整螺栓　5—刻度盘　6—可调镗刀杆

双刃镗刀两边都有切削刃，如图 2-48 所示。工作时可以消除径向力对镗杆的影响，工件的孔径与精度由镗刀径向尺寸保证。镗刀上的两个刀片径向可以调整，因此，可以加工一定尺寸范围的孔。双刃镗刀多采用浮动连接结构，镗刀片插在镗杆的槽中，依靠作用在两个切削刃上的径向力自动平衡其位置，可消除因镗刀安装误差或镗杆偏摆引起的加工误差。

3. 铣刀

铣刀是一种应用广泛的多齿回转切削刀具。铣刀种类很多，以满足不同的加工需

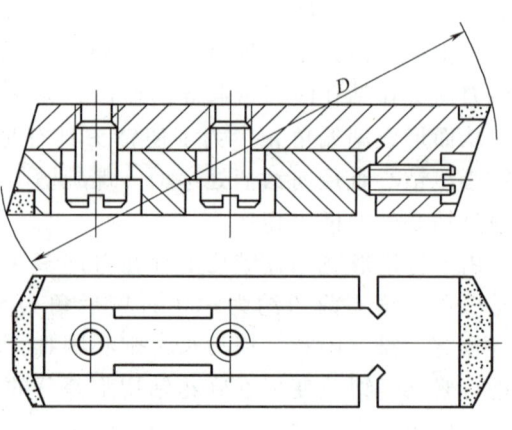

图 2-48　双刃镗刀

求。事实上铣床的通用性在很大程度上是由各式各样的铣刀赋予的。按用途可分为加工平面用铣刀（如圆柱铣刀、面铣刀）、加工沟槽用铣刀（如立铣刀、盘铣刀、键槽铣刀等）和加工成形面用铣刀（如成形铣刀、指状铣刀等）。

（1）圆柱铣刀　圆柱铣刀如图 2-49 所示，一般都是用高速钢制成的，许多切削刃分布在其圆柱表面上，每一个刀齿都相当于一把单刃刀具。圆柱铣刀有直切削刃或螺旋形切削刃之分，分别产生正切削或斜切削的效果。螺旋形切削刃的切削负荷小，从而使切削过程较平稳，切削力和振动减小，因而其性能比直切削刃优越。

图 2-49　圆柱铣刀

圆柱铣刀有粗齿、细齿之分。粗齿铣刀的刀齿数少，容屑槽大，因此适用于粗加工。细齿铣刀通常做成直刃，刀齿数多，因而适用于精加工。铣刀外径较大时，常制成镶齿套式的。

（2）面铣刀　面铣刀如图 2-50 所示，主要用于加工较大平面。面铣刀的圆周和端面都分布有切削刃，其中圆周上的是主切削刃，端面上的是副切削刃。铣刀的轴线垂直于被加工表面。大多数面铣刀都做成镶齿套式的。刀头材料不是高速钢就是硬质合金。面铣刀具有高的材料去除率，主要用在立式铣床或卧式铣床上。

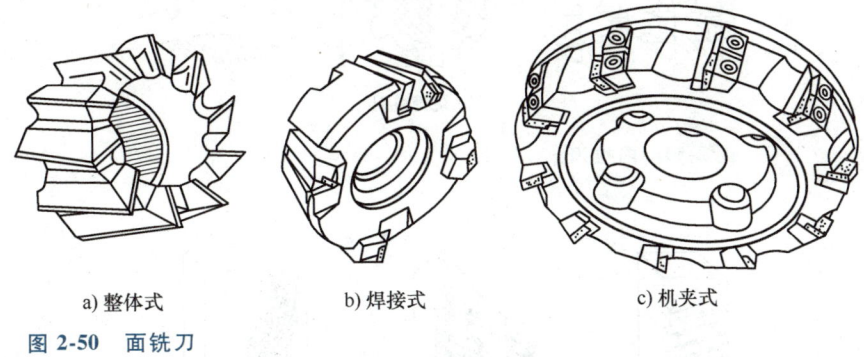

a) 整体式　　　　b) 焊接式　　　　c) 机夹式

图 2-50　面铣刀

（3）立铣刀　如图 2-51 所示，一般由 3~4 个齿组成，圆柱面上的切削刃是主切削刃，端面上分布着副切削刃，立铣刀端面有中心孔，工作时不宜沿铣刀轴线方向做进给运动。立铣刀主要用于加工平面、凹槽和台阶面等。球头铣刀是一种特殊的立铣刀，切削刃类似球头，可用于铣削各种曲面、圆弧沟槽，如图 2-52 所示。

（4）键槽铣刀　键槽铣刀如图 2-53 所示，外形与立铣刀相似，在圆周上有两个螺旋刀齿，其断面刀齿的切削刃延伸至中心，因此键槽铣刀可以轴向进给切入实体材料，然后沿键槽方向运动铣出键槽。

（5）其他铣刀　除了前面介绍的几种铣刀，还有其他类型的铣刀，如三面刃铣刀、成形铣刀、T形槽铣刀、燕尾槽铣刀、锯片铣刀、角度铣刀等。

4. 拉刀

拉刀是一种加工精度和效率都比较高的多齿刀具，广泛应用于大批量生产中，可加工各种内外表面。由于拉削加工方法应用广泛，拉刀的种类很多，因此，按加工工件表面的不同，分为内拉刀和外拉刀两类。

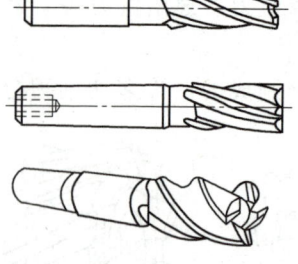

图 2-51　立铣刀

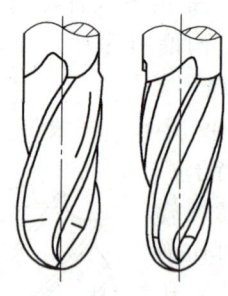

图 2-52　球头铣刀

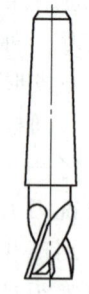

图 2-53　键槽铣刀

内拉刀用于加工工件内表面，常见的有圆孔拉刀、键槽拉刀及花键拉刀等，如图 2-54 所示。加工工件外表面的拉刀称为外拉刀，如图 2-55 所示。

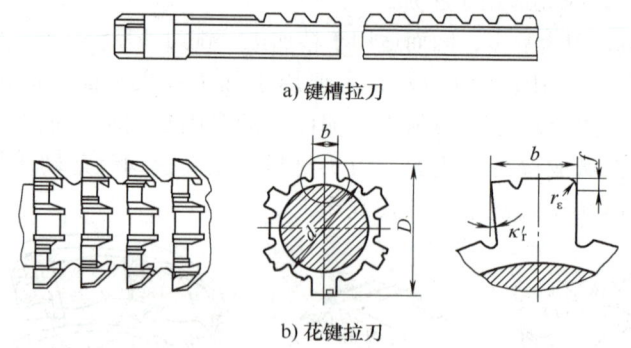

a) 键槽拉刀

b) 花键拉刀

图 2-54　内拉刀

a) 平面拉刀　b) 成形表面拉刀　c) 齿轮拉刀

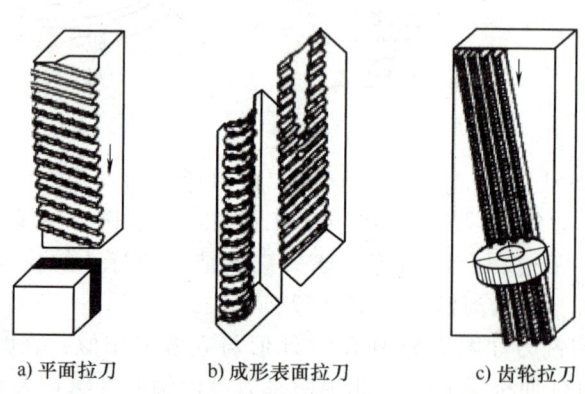

图 2-55　外拉刀

5. 齿轮加工刀具

齿轮加工刀具是指用于加工齿轮齿形的刀具。由于齿轮的种类很多，相应的齿轮加工刀具种类也很多。按被切齿轮的类型，可分为渐开线圆柱齿轮刀具、蜗轮刀具、锥齿轮刀具、非渐开线齿轮刀具四大类。按齿轮齿形的形成原理可分为成形法齿轮刀具和展成法齿轮刀具两大类。

（1）成形法齿轮刀具　成形法齿轮刀具的切削刃形状与被切齿轮齿槽形状和尺寸相同或近似相同。常用的成形法齿轮刀具有盘形齿轮铣刀、指形齿轮铣刀等，如图 2-56 所示。

盘形齿轮铣刀是一种铲齿成形铣刀，通常用它在卧式铣床上利用分度头加工直齿或斜齿齿轮。其加工精度和生产率较低，仅适合于单件生产或修配工作中加工精度要求不高的齿轮。

指形齿轮铣刀实质上是一种成形立铣刀，可做成铲齿或尖齿结构，加工齿轮时和盘形齿轮铣刀一样，刀具旋转，工件沿齿槽做进给运动，每铣完一个齿，再通过分度头分度，主要用于加工大模数直齿、斜齿以及人字齿齿轮等。指形齿轮铣刀工作时相当于一个悬臂梁，几乎整个刃长都参加切削，切削力大，刀齿负荷重，宜采用小进给量切削。

（2）展成法齿轮刀具　展成法齿轮刀具是根据齿轮啮合原理设计出的切齿刀具。切齿时，刀具与工件相当于一对齿轮（或齿条与齿轮）的无间隙的啮合运动。因此，除刀具的主运动外，刀具与工件还有相对的啮合运动，称为展成运动。工件齿形就是由刀具齿形在展成运动中若干位置包络形成的。展成法齿轮刀具的切削刃廓形不同于被切齿轮的槽形。

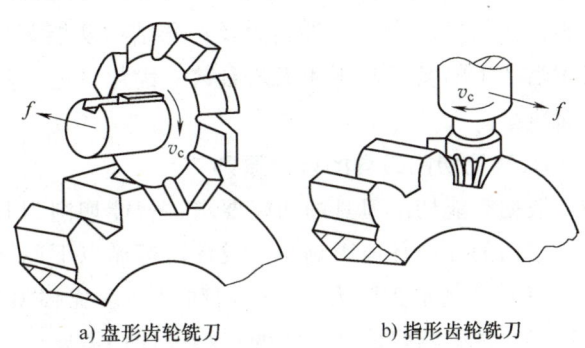

a) 盘形齿轮铣刀　　b) 指形齿轮铣刀

图 2-56　成形法齿轮刀具

用展成法切齿时，一把齿轮刀具可以加工模数、压力角相同而齿数不同的齿轮，由齿轮加工机床保证的展成运动实现了连续分度，其加工精度和生产率都较高，是齿轮加工的主要方法，在大量生产中被广泛采用。

展成法齿轮刀具有插齿刀、齿轮滚刀、剃齿刀等，分别如图 2-57～图 2-59 所示。

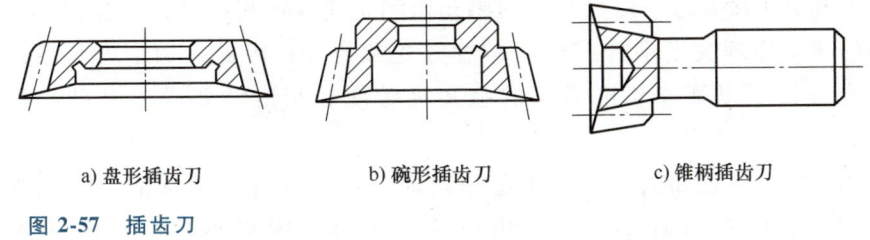

a) 盘形插齿刀　　b) 碗形插齿刀　　c) 锥柄插齿刀

图 2-57　插齿刀

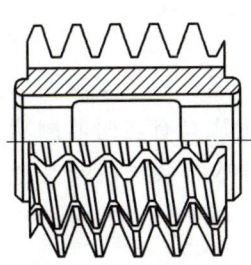

图 2-58　齿轮滚刀

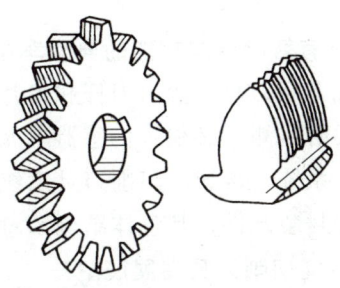

图 2-59　剃齿刀

2.4.3 智能切削刀具

随着现代传感器技术、信号处理技术、制造技术以及计算机技术的发展，智能切削刀具有较大的发展空间，其具有在线监测功能，是先进制造技术的重要组成部分。在精密机械加工过程中，切削状态实时监测对于控制切削过程、调整切削参数、检测刀具磨损具有重要作用，能够有效提高加工精度和保障设备安全。常用的切削状态监测技术主要包括切削力测量、切削温度测量、切削振动测量等。智能切削刀具在线监测系统的任务就是对刀具从入库到报废全程监测，包括入库准备期、使用准备期、使用期到报废期的全生命周期管理等多个状态的监测，其主要功能包括刀具系统自身的切削加工能力、切削过程实时监测能力、加工功能特性的集成化（零件表面及特殊结构功能等）。通过对智能切削刀具系统的功能集成实现切削加工的实时监测和工艺参数的优化，进一步延长刀具寿命和加工效率，并获得稳定的表面质量。

1. 智能切削刀具的设计原则

根据智能切削刀具的功能要求，智能切削刀具系统作为一个系统化装置，并且受到力、热、振动的外部环境影响，其设计需遵循以下原则：

（1）切削加工能力　智能切削刀具系统必须具有基本的切削加工能力，并且各个功能的集成，传感器集成和结构的构型设计均需要建立在不破坏和削弱传统刀具的切削加工功能的基础上。

（2）感知监测能力　智能切削刀具系统通过各种传感器的融合，具有切削过程状态实时感知能力，合理化集成为一个完整的智能切削刀具系统。

（3）功能化集成　智能切削刀具的功能是根据加工的需要而进行相应的结构设计，除了设计必须达到相应功能，功能集成不能破坏机床的动态特性，并且刀具与功能装置集成设计为一个整体。

（4）精度和灵敏度要求　刀具状态的感知监测是建立在相应的传感器感知原理的基础上，传感器的感知原理决定了传感器的布置方式和位置。因此，切削刀具系统和传感器的合理化融合设计是以智能切削刀具的感知灵敏度和精度的要求为基础，并考虑干扰问题。

（5）实用性设计　感知测试参量满足相互耦合小，具有抗干扰能力，尤其是具有抵抗切削热和振动的不良影响的能力；集成化程度高，体积小，具有良好快速装夹的能力。

2. 具有智能感知功能的典型车削刀具的结构组成

传统车削刀具一般由刀杆和刀片通过焊接、机械压紧等方式连接在一起。为了实现切削过程的实时监测，必须将传感器单元与刀片或者刀杆有效结合在一起，构成具有实时监测功能的刀具系统。该智能车削刀具系统主要包括切削刀具、刀杆、力/热传感器系统以及其他辅助保护封装部件，其整体结构示意图如图2-60所示。

3. 智能切削刀具发展展望

随着工业机器人、智能刀具等智能设备的广泛应用，智能制造成为加工领域的研究热

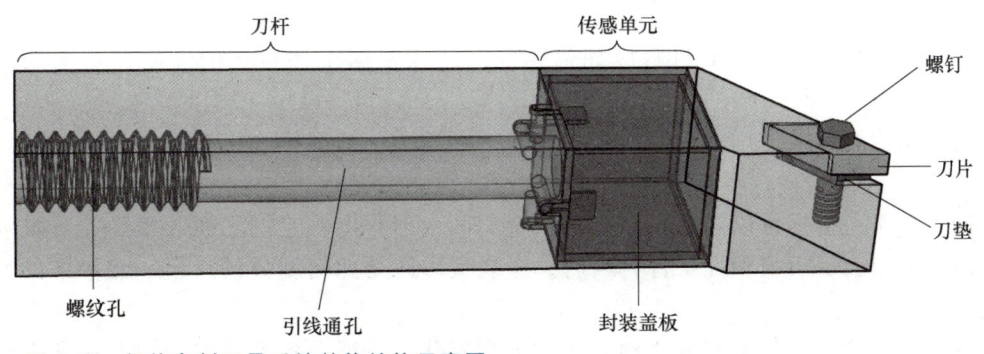

图 2-60 智能车削刀具系统整体结构示意图

点。研发智能切削刀具，涉及诸多学科基础理论，需要建立在大量制造经验和试验验证的基础之上。将具有传感和执行功能的智能切削刀具与数控机床合理配合，构建具有自动控制和自动学习功能的数控装备是未来加工智能化的发展方向。同时，智能切削刀具的科技含量较高，涉及硬件、软件的许多方面，必将会得到大量的工业应用，这是智能切削刀具技术向系统化和模块化发展的趋势之一。

习题与思考题

2-1 试分析外圆车削、端面车削、刨削、铣削的切削运动。

2-2 用母线、导线的概念，试描述与车削端平面相对应的平面成形原理和相应的机床加工方法。

2-3 举例说明复合成形运动与简单成形运动有什么区别。

2-4 什么是切削用量三要素？各参数是如何计算的？

2-5 切削层参数指的是什么？与被吃刀量和进给量有什么关系？

2-6 车刀切削部分由哪些面和刃组成？

2-7 叙述基面、切削平面、正交平面、法平面、进给平面和背平面的定义。

2-8 叙述前角、后角、主偏角、副偏角、副后角、刃倾角的定义。

2-9 确定一把单刃刀具切削部分的几何形状，至少需要哪几个基本角度？

2-10 在正交平面参考系中，请标出外圆车刀的各个角度：
$\kappa_r = 75°$；$\kappa_r' = 15°$；$\gamma_o = 15°$；$\alpha_o = 5°$；$\lambda_s = 15°$

2-11 外圆车削时，车刀的 $\kappa_r = 60°$，$\lambda_s = 0°$，毛坯直径为 100mm，加工后直径为 92mm，主轴转速为 300r/min，进给量为 0.2mm/min。请计算切削速度、切削层公称厚度、切削层公称宽度、切削层公称面积。

2-12 试以横车（切断）为例说明刀具标注角度和工作角度的关系，为什么车床切断工件时最后工件是被挤断的？

2-13 端面车削时，当刀尖高（或低）于工件中心时，车刀的前角、后角有什么变化？

2-14 刀具切削部分的材料应具备哪些基本性能？为什么？

2-15 说明涂层硬质合金、涂层高速钢刀具的品种、特点及应用范围。

2-16 从化学成分、物理力学性能和应用范围，说明金属陶瓷、立方氮化硼和金刚石刀具材料的特点。

2-17 刀具材料与被加工材料应如何匹配？怎样根据工件材料的性质和切削条件选择刀具？

2-18 金刚石刀具适用于切削哪种材料？是否适合于切削钢？CBN 刀具适用于切削哪种材料？

2-19 有哪些指标可以用来衡量切削层金属的变形程度？它们之间的相互关系如何？

2-20 画图表示切削塑性工件材料时，金属变形区是如何划分的？第一变形区的变形特点如何？

2-21 常见的切屑形态有哪几种？各种类型有什么特征？各种类型的切屑在什么情况下形成？

2-22 剪切角的概念是什么？剪切角的公式可以定性说明哪些问题？

2-23 试描述积屑瘤现象及成因。积屑瘤对切削过程有哪些影响？如何抑制积屑瘤？

2-24 切削力是怎样产生的？切削合力为什么要分解为三个分力？说明各切削分力的作用及对切削过程的影响。

2-25 切削热有哪些来源？切削热如何传出？

2-26 刀具磨损机理有哪些？刀具磨损过程分为哪几个阶段？

2-27 什么是刀具的磨钝标准和刀具寿命？两者有什么关系？

2-28 常用的车刀有哪几类？各有什么特点？

2-29 说明麻花钻的刀具角度特点。

2-30 铣刀有哪些类型？各有什么用途？

第3章

机械加工方法与金属切削机床

在现代机械制造工业中，机器零件特别是精密零件的最终形状、尺寸及表面粗糙度，主要借助金属切削机床（简称机床）加工来获得，因此机床是加工机器零件的主要设备。金属切削机床是指用切削方法加工金属零件的机器。它是制造机器的机器，故又称为"工作母机"或"工具机"。金属切削机床担负的工作量占机器总制造工作量的 40%~60%，它的先进程度直接影响到机器制造工业的产品质量和劳动生产率。本章将着重介绍机械加工方法、金属切削机床的基本知识和金属切削机床结构。此外，对生产实践中的一些典型金属切削机床作简要介绍。

3.1 机械加工方法

3.1.1 零件成形原理

机器或设备中的零件要完成一定的功能，首先必须具备一定的形状。这些形状可以基于不同的成形原理来实现。

按照零件由原材料或毛坯制造成为零件过程中质量 m 的变化，可分为 $\Delta m<0$、$\Delta m=0$、$\Delta m>0$ 三种原理，不同原理采用不同的成形工艺方法。

$\Delta m<0$，材料去除原理，即减材制造技术。它主要是利用机械能通过刀具和工件之间的相对运动及相互力的作用实现材料去除的。对于超硬、易碎等常规机械加工方法难以加工的场合，可采用特种加工技术来去除材料，它主要利用电能、光能或化学能等完成材料的去除。

$\Delta m=0$，材料基本不变原理，即等材制造技术。它主要属于材料成形课程的研究范畴，是指铸造、锻造及模具成形（注塑、冲压等）工艺，在成形前后，材料主要发生形状变化，而质量基本不变。

$\Delta m>0$，材料累加成形原理，即增材制造技术。它是将零件以微元叠加方式逐渐累积生长出来的。如 20 世纪 80 年代出现的快速原形（Rapid Prototyping，RP）技术，在成形过程中通过材料累积获得所需形状。近年来人们将这种增材制造技术称为3D打印技术。

3.1.2 常见的机械加工方法

采用机械加工方法获得零件的形状，是通过机床利用刀具将毛坯上多余的材料切除来获得的。根据机床运动的不同、刀具的不同，可分为不同的加工方法，主要有车削、铣削、刨削、磨削、钻削、镗削等。

1. 车削

车削加工是在车床上利用车刀对工件的旋转表面进行切削加工的方法。工件旋转为主运动,刀具移动为进给运动。它主要用来加工各种轴类、套筒类及盘类零件上的旋转表面和螺旋面,其中包括内外圆柱面、内外圆锥面、内外螺纹、成型回转面、端面、沟槽以及滚花等,如图 3-1 所示。此外,还可以钻孔、扩孔、铰孔、攻螺纹等。

车削加工精度一般为 IT9~IT11,表面粗糙度 Ra 值为 $0.8 \sim 6.3 \mu m$;精车时,加工精度可达 IT5~IT7,表面粗糙度 Ra 值可达 $0.025 \sim 0.4 \mu m$。

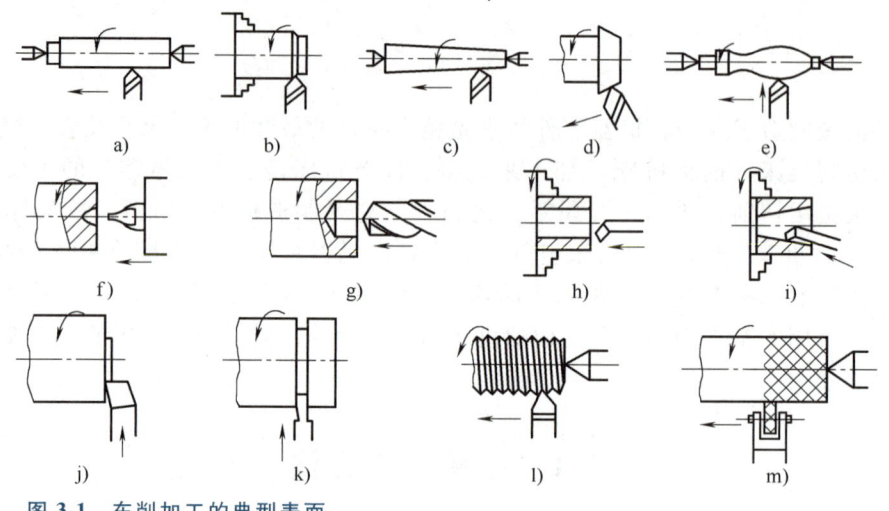

图 3-1 车削加工的典型表面

车削加工的特点:加工范围广,适应性强,不但可以加工钢、铸铁及其合金,还可以加工铜、铝等有色金属和某些非金属材料,不但可以加工单一轴线的零件,也可以加工曲轴、偏心轮或盘形凸轮等多轴线的零件,生产率高,刀具简单,其制造、刃磨和安装都比较方便。车削加工无论是在单件、小批生产,还是在大批大量生产中以及在机械的维护修理方面,都占有重要的地位。

2. 铣削

铣削加工是以旋转的铣刀做主运动,工件或铣刀做进给运动,对工件表面进行切削加工的方法。这种方法的使用范围很广,可以加工各种平面、台阶面、沟槽、各种成型面(如花键、螺纹和齿轮等)和特殊型面,图 3-2 所示为铣削加工的典型表面。铣削一般是在铣床上进行的,铣刀一般为多刃刀具,结构较复杂。

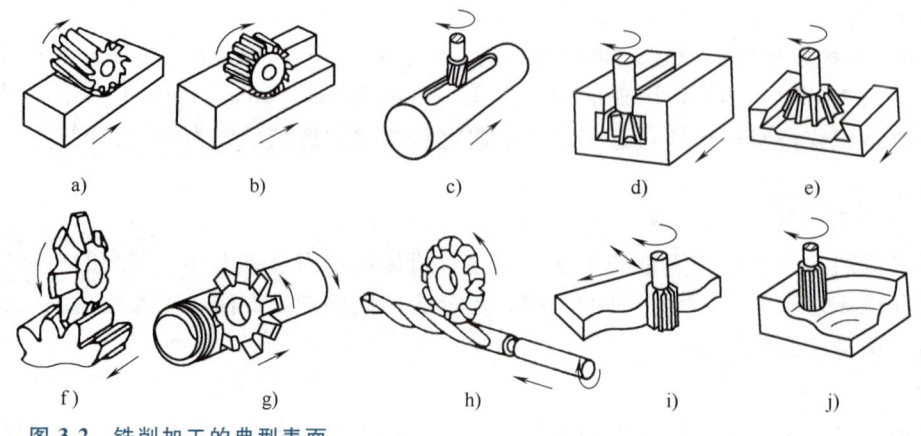

图 3-2 铣削加工的典型表面

铣削一般分为周铣和端铣两种方式。周铣用刀体圆周上的齿铣削工件成形表面，其周边切削刃起切削作用，如图 3-3a 所示。端铣主要是用端面上的齿铣削工件成形表面，周边切削刃与端面切削刃同时起切削作用，铣刀的轴线与工件的成形表面垂直，如图 3-3b 所示。

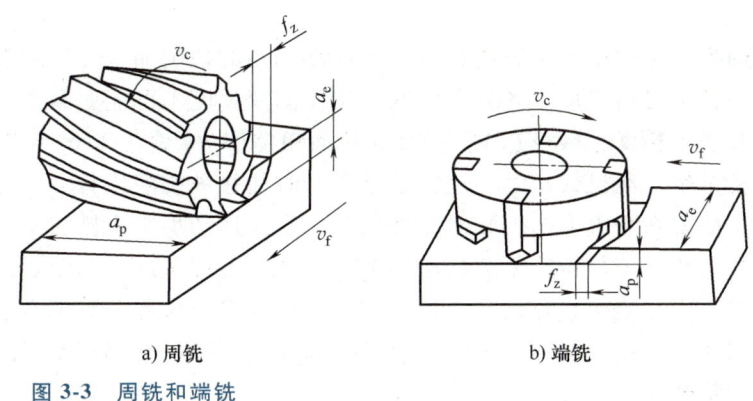

a) 周铣　　　　　　　　　b) 端铣

图 3-3　周铣和端铣

根据铣刀的旋转方向和工件进给方向之间的关系，可以将周铣分为顺铣和逆铣，如图 3-4 所示。

1) 顺铣。当铣刀的旋转方向和工件进给方向相同时称为顺铣。顺铣时，每个刀齿的切削层厚度都是由最大减小到零。顺铣时，铣削力的水平分力与工件的进给方向相同，而工作台进给丝杠与固定螺母之间一般又有间隙存在，因此切削力容易引起工件和工作台一起向前窜动，使进给量突然增大，容易引起打刀。逆铣则可以避免这一现象，因此，生产中多采用逆铣。在顺铣铸件或锻件等表面有硬皮的工件时，铣刀齿首先接触工件的硬皮，加剧了铣刀的磨损，逆铣则无这一缺点。但顺铣时，铣削力将工件压向工作台，减少了工件振动的可能性，尤其铣削薄而长的工件时，更为有利。

2) 逆铣。当铣刀的旋转方向和工件进给方向相反时称为逆铣。每个刀齿的切削层厚度都是由零开始逐渐增大，因此，切削刃接触工件的初期不能切入工件，经历了一段在切削硬化的已加工表面上挤压、滑行的阶段，刀齿与工件之间的摩擦加大，也会加速刀具的磨损，同时，逆铣时，铣削力具有将工件上抬的趋势，也易引起振动，这是逆铣的不利之处。

提高铣刀的转速可以获得较高的切削速度，因此生产率较高。但由于铣刀刀齿的切入、切出会形成冲击，切削过程容易产生振动，因而限制了表面质量的提高。这种冲击，也加剧了刀具的磨损和破损，往往会导致硬质合金刀片的碎裂。铣削时，铣刀在切离工件的一段时间内，可以得到一定冷却，因此散热条件较好。

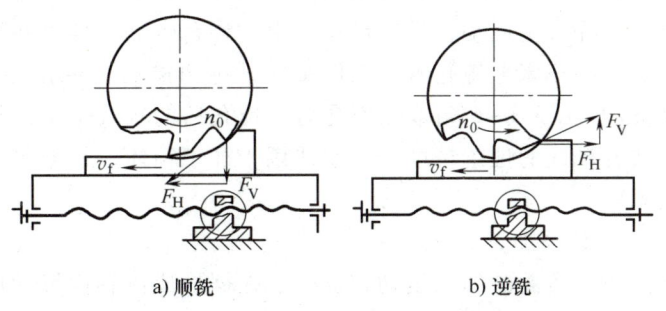

a) 顺铣　　　　　　　　b) 逆铣

图 3-4　顺铣和逆铣

铣削的加工精度一般可达 IT6~IT8，表面粗糙度 Ra 值为 $0.8\sim6.3\mu m$。普通铣削一般能加工平面或槽面等，用成形铣刀也可以加工出特定的曲面，如铣削齿轮等。数控铣床可通过数控系统控制几个轴按一定关系联动，可加工复杂曲面，这时刀具一般采用球头铣刀。数控铣床在加工模具的模芯和型腔、叶轮机械的叶片等形状复杂的工件时，应用非常广泛，相应的多轴联动数控铣床发展也很快。

3. 刨削和插削

刨削是利用刨刀与工件做水平方向相对直线往复运动的切削加工方法。刀具的往复直线运动为切削主运动，主要用于加工各种平面和沟槽。刨削速度不可能太高，生产率较低。刨削比铣削平稳，其加工精度一般可达 IT7~IT9，表面粗糙度 Ra 值为 $1.6 \sim 6.3 \mu m$。刨削加工主要用于单件小批量生产和机修车间，在大批量生产时往往被铣削代替。

插削是指利用插刀在竖直方向上相对工件做往复直线运动加工沟槽和型孔的机械加工方法。插削加工以插刀相对工件做往复直线运动为主运动，工件做进给运动。插削适用于在单件或小批生产中加工内孔键槽或花键孔，也能加工方孔和多边形孔。对于不通孔或有碍台肩的内孔键槽，插削几乎是唯一的加工方法。由于插削的效率和精度都不高，故在批量生产中常用铣削或拉削代替插削。

4. 钻削和镗削

钻削和镗削都是加工孔的方法。

在钻床上，用旋转的钻头在实体工件上钻孔，是孔加工最常用的方法，钻头的旋转运动为主切削运动，刀具轴向移动是进给运动。钻削的加工精度较低，一般只能达到 IT11~IT13，表面粗糙度 Ra 值一般为 $12.5 \sim 50 \mu m$。在单件、小批生产中，中小型工件上较大的孔（直径 $D<50mm$），常用立式钻床加工；大中型工件上的孔，用摇臂钻床加工。精度高、表面质量要求高的小孔，在钻削后常常采用扩孔和铰孔来进行半精加工和精加工。扩孔采用扩孔钻头，铰孔采用铰刀进行加工。铰削加工精度一般为 IT7~IT9，表面粗糙度 Ra 值为 $0.8 \sim 3.2 \mu m$。扩孔、铰孔时，扩孔钻和铰刀均在原底孔的基础上进行加工，因此无法提高孔轴线的位置精度以及直线度。

镗削是利用镗刀对工件上的预制孔进行后续加工的一种切削加工方法。镗削加工在镗床、车床上进行。镗孔分为一般镗孔和深孔镗孔，一般镗孔在普通车床上就可以，把镗刀固定在车床尾座或者固定在小刀架上都可以。深孔镗孔需要专用的深孔钻镗床，镗刀要加上镗杆，还要加上液压泵站利用切削液把铁屑排除。在镗床或镗铣床上镗孔时，镗杆随主轴一起旋转，完成主运动；进给运动可由工作台带动工件纵向移动，也可由主轴带动镗杆轴向移动完成。在车床上镗孔时，工件旋转、镗刀进给。镗孔加工精度一般为 IT6~IT11，表面粗糙度 Ra 值为 $0.1 \sim 6.3 \mu m$。镗孔时，镗孔后的轴线是由镗杆的回转轴线决定的，因此可以校正原底孔轴线的位置精度。镗削适用于加工箱体、机架等结构复杂和尺寸较大的工件上的孔及孔系。

5. 齿面加工

齿轮齿面的加工运动较复杂，根据形成齿轮齿形的原理不同，可分为两大类：成形法和展成法。用成形法加工齿轮时，刀具的齿形与被加工齿轮的齿槽形状相同，采用的刀具为盘状模数铣刀和指状模数铣刀，在铣床上借助分度头进行加工。用成形法加工齿轮需要两个简单的成形运动，不需要专门的机床，但生产率低，加工精度也低，这种方法一般适用于单件小批、精度要求低的齿轮。用展成法加工齿轮时，齿轮齿面的渐开线由展成法形成，具有较高的生产率和加工精度，因此在工业生产中广泛采用展成法加工。常用机床有滚齿机（如

Y3150E 型滚齿机）、插齿机等。

6. 磨削

磨削是以砂轮或其他磨具以较高的线速度旋转，对工件表面进行加工的方法，其主运动是砂轮的旋转运动。砂轮上的每个磨粒都可以看成一个微小刀齿，砂轮的磨削过程，实际上是磨粒对工件表面的切削、刻削和滑擦三种作用的综合效应。磨削中，磨粒本身也会由尖锐逐渐磨钝，使切削能力变差，切削力变大，当切削力超过黏结剂强度时，磨钝的磨粒会脱落，露出一层新的磨粒，这就是砂轮的"自锐性"。但切屑和碎磨粒仍会阻塞砂轮，因而，磨削一定时间后，需用金刚石刀具等对砂轮进行修整。

磨削时，由于切削刃很多，所以加工过程平稳、精度高、表面粗糙度小。磨床是精加工机床，磨削精度可达 IT5～IT7，表面粗糙度 Ra 值可达 0.1～$0.8\mu m$，甚至可达 0.006～$0.1\mu m$。磨削的另一特点是可以对淬硬的工件进行加工，因此，磨削往往作为最终加工工序。但磨削时产生的热量大，需要有充分的切削液进行冷却，否则会产生磨削烧伤，降低表面质量。强力磨削技术可以在单位时间内达到很大的切除量，因而可以一次完成粗、精加工。

7. 曲面类零件的数控联动加工

曲面类零件的加工主要采用数控铣削的方法。曲面类零件是指加工面为空间曲面的零件，如模具、叶片、螺旋桨等。这类零件的加工面不能展成平面，一般使用球头铣刀切削，加工面与铣刀始终为点接触。若采用其他刀具加工，易于产生干涉而铣伤邻近表面。加工曲面类零件采用三坐标、四坐标或五坐标数控铣床。曲面加工数控程序的编制，一般情况下利用 CAD/CAM 软件，首先将描述轮廓的平面图转化为三维图形，即进行模型造型，然后利用 CAM 软件设定加工方法，定义各种加工参数，生成刀具轨迹，最终转化成适应于不同系统的数控加工代码的过程。特殊情况下，需要二次开发。复杂曲面多采用加工中心加工，优点是加工中心上有刀库，配备多把刀具，针对曲面的粗、精加工及凹曲面的不同曲率半径的要求，都可选到合适的刀具。同时，通过一次装夹，可完成各主要表面及辅助表面如孔、螺纹、槽等的加工，有利于保证各加工表面的相对位置精度。

3.2 金属切削机床的基本知识

3.2.1 金属切削机床的分类及型号编制

1. 金属切削机床的分类

机床按工作原理分为车床、钻床、镗床、磨床、齿轮加工机床、螺纹加工机床、铣床、刨插床、拉床、锯床及其他机床等共 11 类。在每一类机床中，按工艺特点、布局形式、结构性能等不同分为若干组，每一组又细分为若干系。

2. 机床的型号编制

机床的型号是机床产品的代号，表示机床的类型、性能参数、结构特性等。根据 GB/T 15375—2008《金属切削机床 型号编制方法》规定，机床型号用汉语拼音字母和阿拉伯数字组合而成。

（1）机床型号的表示方法 机床型号由基本部分和辅助部分组成，中间用"/"隔开，读作"之",前面统一管理,后者纳入型号与否由企业自定。通用机床型号表示方法如图 3-5 所示。

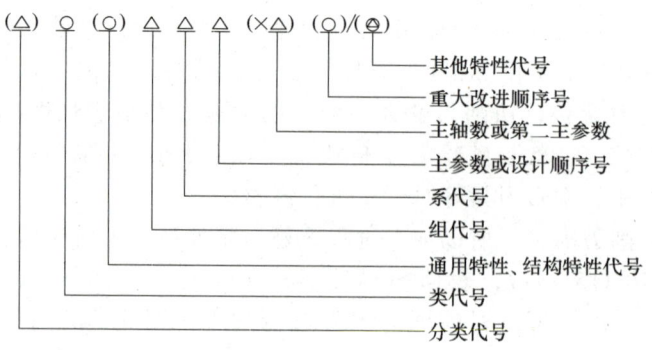

图 3-5 通用机床型号表示方法

注:①有"( )"的代号或数字,当无内容时则不表示,若有内容则不带括号;②有"○"符号的,为大写的汉语拼音字母;③有"△"符号的,为阿拉伯数字;④有"⊚"符号者,为大写的汉语拼音字母或为阿拉伯数字,或者两者兼有。

(2)机床的类别代号 机床的类别代号用大写的汉语拼音字母表示。例如,"C"表示"车床",读作"车"。有的机床由若干分类组成,分类代号用阿拉伯数字表示,置于类别代号之前,作为型号首位,但第 1 分类不予表示。例如,磨床类机床分为 M、2M、3M 三类。机床的类别代号及其读音见表 3-1。

表 3-1 机床的类别代号及其读音

类别	车床	钻床	镗床	磨床			齿轮加工机床	螺纹加工机床	铣床	刨插床	拉床	特种加工机床	锯床	其他机床
代号	C	Z	T	M	2M	3M	Y	S	X	B	L	D	G	Q
读音	车	钻	镗	磨	二磨	三磨	牙	丝	铣	刨	拉	电	割	其

对于具有两类特性的机床编制时,主要特性应放在后面,次要特性应放在前面。例如,铣镗床是以镗为主,以铣为辅。

(3)机床的特性代号 机床的特性代号表示机床的特定性能,包括通用特性代号和结构特性代号。机床的特性代号用大写汉语拼音字母表示,位于类别代号之后。

1)通用特性代号。当某类型机床除了有普通型式外,还有某种通用特性时,则应在类别代号之后加上通用特性予以区别。例如,"CK"表示数控车床,CM6132 型号中的"M"表示精密之意,是精密普通车床。如果某类型机床仅有某种通用特性,而无普通型式,则通用特性不予表示。例如,C1312 型单轴转塔自动车床,由于这类自动车床没有"非自动"的普通型式,所以不必用"Z"表示其通用特性。当在同一型号中需要同时使用两至三个通用特性时,一般按重要程度排列顺序。例如,"MBG"表示半自动高精度磨床。通用特性代号有统一的固定含义,它在各类机床的型号中,表示的含义相同。机床的通用特性代号及其读音见表 3-2。

表 3-2　机床的通用特性代号及其读音

通用特性	高精度	精密	自动	半自动	数控	加工中心（自动换刀）	仿形	轻型	加重型	简式或经济型	柔性加工单元	万能	数显	高速
代号	G	M	Z	B	K	H	F	Q	C	J	R	W	X	S
读音	高	密	自	半	控	换	仿	轻	重	简	柔	万	显	速

2）结构特性代号。对于主参数相同而结构、性能不同的机床，在型号中加上结构特性代号予以区别。如 CA6140 和 C6140 是结构有区别而主参数相同的卧式车床。当机床有通用特性代号时，结构特性代号应排在通用特性代号之后。结构特性代号用大写汉语拼音字母（通用特性代号已用的字母及字母"I""O"不能用）表示。当单个字母不够用时，可将两个字母结合起来使用，如 AD、AE 等，或 DA、DE 等。例如，CA6140 型卧式车床型号中的"A"为特性代号，可理解为这种型号车床在结构上有别于 C6140 型车床。

（4）机床的组、系代号　组代号用一位阿拉伯数字表示，位于类代号或通用特性、结构特性代号之后。系代号用一位阿拉伯数字表示，位于组代号之后。每类机床按其用途及结构性能分为 10 个组，用数字 0~9 表示。每组又分为 10 个系。系的划分原则：主参数相同、主要结构及布局形式相同的机床，即为同一系。

（5）机床的主参数或设计顺序号、主轴数或第二主参数　机床的主参数是表示机床规格、加工能力的参数，用折算值（主参数乘以折算系数）表示，位于组、系代号之后。例如，CA6140 型卧式车床中主参数的折算值为 40（折算系数是 1/10）。各类机床的主参数名称及折算系数见表 3-3。当某些通用机床无法用一个主参数表示时，则在型号中用设计顺序号表示。第二主参数（多轴机床的主轴数除外）一般是指主轴数、最大工件长度、最大跨距、工作台的工作面长度等。第二主参数也用折算值表示。

表 3-3　各类机床的主参数名称及折算系数

机床名称	主参数名称	折算系数
卧式车床	床身上最大回转直径	1/10
立式车床	最大车削直径	1/100
摇臂钻床	最大钻孔直径	1/1
卧式镗床	镗轴直径	1/10
坐标镗床	工作台面宽度	1/10
内圆磨床	最大磨削直径	1/10
外圆磨床	最大磨削直径	1/10
矩台平面磨床	工作台面宽度	1/10
立式升降台铣床	工作台面宽度	1/10
卧式升降台铣床	工作台面宽度	1/10
龙门铣床	工作台面宽度	1/100
龙门刨床	最大刨削宽度	1/100
齿轮加工机床	最大工件直径	1/10
插床及牛头刨床	最大刨削长度	1/10
拉床	额定拉力(tf)	1/1

（6）机床的重大改进顺序号　当机床的结构及性能有重大改进，并需按新产品重新设计、试制和鉴定时，应在原机床型号基本部分的尾部加上重大改进顺序号，以区别原机床型号。序号用字母 A、B、C 等（但"I""O"两个字母不得选用）表示是第几次改进的序号，如 Y7132A 和 Z3040A 都表明是第一次重大改进。

（7）同一型号机床的变型代号　某些机床，根据不同的加工需要，在基本型号机床的基础上，仅改变机床的部分结构时，则在原机床型号后加上 1、2、3 等变型代号，并用"/"分开（读作"之"），以示区别。

3.2.2　机床的基本组成

各类机床通常都由下列基本部分组成。

（1）动力源　动力源为机床提供动力（功率）和运动的驱动部分，如各种交流电动机、直流电动机和液压传动系统的液压泵、液压马达等。

（2）传动系统　传动系统包括主传动系统、进给传动系统和其他运动的传动系统，如变速箱、进给箱等部件，有些机床主轴组件与变速箱组合在一起成为主轴箱。

（3）支承件　支承件用于安装和支承其他固定的或运动的部件，承受其重力和切削力，如床身、底座、立柱等。支承件是机床的基础构件，也称机床大件或基础件。

（4）工作部件　工作部件包括：①与最终实现切削加工的主运动和进给运动有关的执行部件，如主轴及主轴箱、工作台及其溜板或滑座、刀架及其溜板以及滑枕等安装工件或刀具的部件；②工件和刀具安装及与调整有关的部件或装置，如自动上下料装置、自动换刀装置、砂轮修整器等；③与上述部件或装置有关的分度、转位、定位机构和操纵机构等。不同种类的机床，由于其用途、表面形成运动和结构布局的不同，这些工作部件的构成和结构差异很大，但就运动形式来说，主要是旋转运动和直线运动，所以工作部件结构中大多含有轴承和导轨。

（5）控制系统　控制系统用于控制各工作部件的正常工作，主要是电气控制系统，有些机床局部采用液压或气动控制系统。数控机床则是数控系统，它包括数控装置、主轴和进给的伺服控制系统（伺服单元）、可编程控制器和输入输出装置等。

（6）冷却系统　冷却系统用于对加工工件、刀具及机床的某些发热部位进行冷却。

（7）润滑系统　润滑系统用于对机床的运动副（如轴承、导轨等）进行润滑，以减小摩擦、磨损和发热。

（8）其他装置　如排屑装置、自动测量装置等属于其他装置。

3.2.3　机床的运动与传动

1. 机床的运动

机床的切削加工是由加工工具（包括刀具、砂轮等）与工件之间的相对运动来实现的。机床的运动分为表面成形运动和辅助运动。表面成形运动在第 2 章已做介绍，它有简单成形运动和复合成形运动两种形式。辅助运动是指机床在加工过程中加工工具与工件除工作运动以外的其他运动。辅助运动用以实现机床的各种辅助动作，主要包括以下几种。

（1）切入运动　切入运动用于保证工件被加工表面获得所需要的尺寸，使工具切入工件表面一定深度。有些机床的切入运动属于间歇运动形式的进给（吃刀）。数控机床的切入运动可通过控制相应轴的进给来实现,如数控车床的 X 轴进给。

(2) 空行程运动　空行程运动主要是指进给前后的快速运动,例如:趋近——进给前加工工具与工件相互快速接近的过程;退刀——进给结束后加工工具与工件相互快速离开的过程;返回——退刀后加工工具或工件回到加工前位置的过程。

(3) 其他辅助运动　其他辅助运动包括分度运动、操纵和控制运动等,例如,刀架或工作台的分度转位运动,刀库和机械手的自动换刀、变速、换向,部件与工件的夹紧与松开,自动测量、自动补偿等。

2. 机床的传动

(1) 机床的传动链　为了在机床上得到需要的运动,通常用一系列的传动件把执行件和动力源(如主轴和电动机),或者把执行件和执行件(如主轴和刀架)连接起来,以构成传动联系。构成一个传动联系的一系列传动件,称为传动链。按性质不同可以分为外联系传动链和内联系传动链。

1) 外联系传动链是机床动力源与执行件之间的传动联系。外联系传动链的作用是使执行件得到预定速度的运动,并传递一定的动力。此外,外联系传动链还包括变速机构和换向(改变运动方向)机构等。外联系传动链传动比的变化,只影响生产率或表面粗糙度,不影响加工表面的形状和精度,因此外联系传动链不要求动力源与执行件之间有严格的传动比关系。

2) 内联系传动链是执行件与执行件之间的传动联系。内联系传动链的作用是将两个或两个以上的单独运动组成复合的成形运动,它决定着复合运动的轨迹。因此内联系传动链所联系执行件之间的相对速度或相对位移保持严格的比例关系,不应有摩擦传动和瞬时传动比变化的传动件,如链传动。在卧式车床上车螺纹时,连接主轴和刀具之间的传动链,是一条传动比有严格要求的内联系传动链,它能保证并得到螺纹所需的螺距。

(2) 传动原理图　为了便于研究机床的传动联系,常用一些简明的标准符号把传动原理和传动路线表示出来,这就是传动原理图。图 3-6 所示为传动原理图常用符号。为了把运动分析的理论推广到数控机床,图中引入了画数控机床传动原理图时所要用到的一些符号,如电的联系、脉冲发生器等。其中,表示执行件的符号还没有统一的规定,一般采用较直观的图形表示。

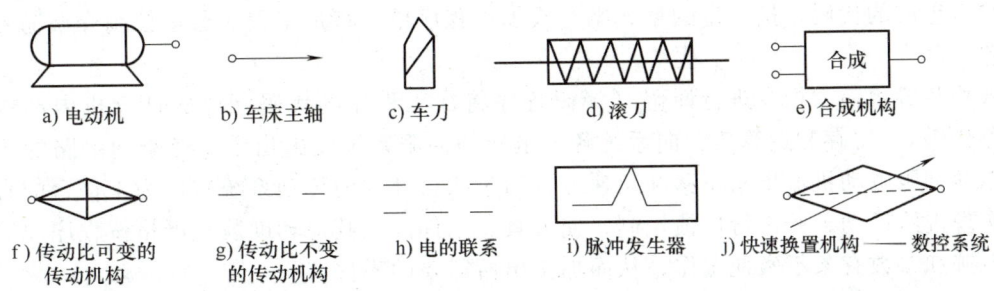

图 3-6　传动原理图常用符号

卧式车床传动原理图如图 3-7 所示。图中虚线代表所有的定比传动机构,菱形块代表所有的换置机构(如交换齿轮和进给箱中的滑移齿轮变速机构等)。在卧式车床上车螺纹时,形成螺旋表面需要一个刀具与工件间相对的螺旋运动。这个运动是复合运动,它可分解为两部分：工件旋转 B 和车刀纵向移动 A。因此，车床应有两条传动链：①联系复合运动两部分 B 和 A 的内联系传动链"主轴-4-5-u_x-6-7-丝杠"；② 内联系传动链本身并不能提供运动，需要外联系传动链"1-2-u_v-3-4"将运动源的运动传到内联系传动链上来，故外联系传动链联系动力源和主轴，为"电动机-1-2-u_v-3-4-主轴"。

在卧式车床上车外圆时，主轴的旋转和刀具的移动是两个独立的简单运动。这时车床应有两条外联系传动链，其中一条为"电动机-1-2-u_v-3-4-主轴"，另一条为"电动机-1-2-u_v-3-4-5-u_s-6-7-刀架"。可以看出其中"电动机-1-2-u_v-3-4"是公共段。u_s 为刀架移动速度换置机构，它实际上与车螺纹的 u_x 是同一变换机构。这样，虽然车螺纹和车外圆时运动的数量和性质不同，但可共用一个传动原理图。其差别在于当车螺纹时，u_x 必须计算和调整精确；车外圆时，u_s 不需要准确。此外，车外圆的两条传动链虽然也使刀具和工件的运动保持联系，但与车螺纹时传动链不同，前者是外联系传动链，后者是内联系传动链。

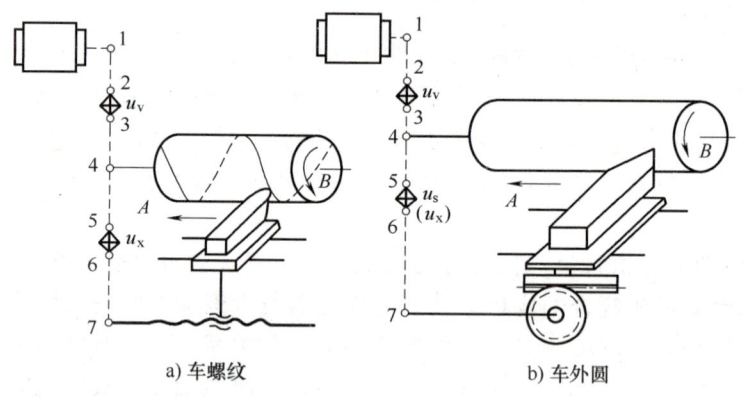

图 3-7 卧式车床传动原理图

3.2.4 数控机床的工作原理与分类

1. 数控机床的工作原理

数控机床是用数字化的信息来实现自动控制的，将与加工零件有关的信息（工件与刀具相对运动轨迹的尺寸参数，切削用量以及各种辅助操作等加工信息）用规定的文字、数字和符号组成的代码，按一定的格式编写成加工程序单，将加工程序通过控制介质输入到数控装置。

数控装置将输入指令进行译码（译码程序将加工程序的代码翻译成计算机内部能识别的机器代码）、寄存和运算后，向系统各个坐标的伺服系统发出指令，经驱动电路的放大处理，驱动伺服电动机输出角位移和角速度，通过执行部件的传动系统转换为工作台的直线位移，实现进给运动，并进行反馈控制，使刀具、工件以及其他辅助装置严格按程序规定的顺序、轨迹和参数有条不紊地工作，从而加工出所需要的零件。

同时，数控装置通过强电控制装置——可编程逻辑控制器（PLC）实现系统其他必要的辅助运动。如自动变速、切削液的开停、工件的自动夹紧及刀具的自动换刀等，配合进给系统完成零件的加工。

2. 数控机床的分类

数控机床的种类很多，据不完全统计已有 400 多个品种规格。根据数控机床的功能和组成不同，可以从不同角度对其进行分类。

（1）按运动轨迹分类

1）点位控制数控机床。点位控制数控机床只控制机床的移动部件从一点移动到另一点的准确定位，对于点与点之间的运动轨迹不需要严格控制，在移动过程中不进行切削。这类机床主要有数控钻床、数控镗床和数控压力机、数控电焊机等。

2）轮廓控制数控机床。轮廓控制数控机床也称为连续控制数控机床，其特点是能够对两个或两个以上的坐标轴同时进行联动控制，不仅能控制机床移动部件的起点和终点坐标，而且能控制整个加工轮廓每一点的速度和位移，使平面或空间的运动轨迹能满足零件轮廓的要求。这类机床主要有数控车床、数控铣床、数控线切割机床和加工中心等。

（2）按控制方式分类

1）开环控制。开环控制指没有检测反馈装置的控制方式，一般它的驱动电动机为步进电动机。这种控制方式的最大特点是控制方便、结构简单、价格便宜、运行平稳、使用维修方便，广泛应用于精度要求不高的数控系统中。

2）半闭环控制。半闭环控制指在伺服电动机的轴或丝杠上装有角位移检测装置（如光电编码器等），通过测量角位移间接地检测移动部件的直线位移，然后反馈到数控装置中，用差值控制运动部件。目前，大部分数控机床采用半闭环控制方式。

3）全闭环控制。全闭环控制指在机床传动链末端件——执行件上安装位移检测装置，将直接测量的位移反馈到数控装置中，与输入的指令位移值进行比较，用差值控制运动部件，使运动部件按实际需要的位移量运动。这种全闭环控制方式主要用于精度要求很高的数控坐标镗床和数控精密磨床等。

（3）按加工工艺及机床用途分类

1）金属切削类数控机床。这类机床包括数控车床、数控铣床、数控磨床、数控镗床及加工中心等。这些机床均适用于单间小批量和多品种生产场合的零件加工，具有很好的加工尺寸一致性，很高的生产率和自动化程度，以及很高的设备柔性。

2）金属成形类数控机床。这类机床主要包括数控压力机、数控折弯机、数控弯管机、数控旋压机等。

3）特种加工类数控机床。特种加工类数控机床主要有数控电火花加工机床、数控线切割机床、数控火焰切割机、数控激光加工机床等。

3.2.5 机床的基本要求与性能指标

1. 机床的基本要求

机床作为一种生产工具，其基本使命是经济地完成一定的机械加工工艺，因此，首先它必须具备一定的功能，同时还需满足经济性、人机关系和环境保护等方面的要求。

2. 机床的性能指标

机床的性能指标是根据使用要求提出和设计的，通常包括下列内容。

（1）机床的工艺范围　机床的工艺范围是指在机床上加工的工件类型和尺寸，能够加工完成的工序种类等。不同的机床，有不同的工艺范围。通用机床具有较宽的工艺范围，在同一台机床上可以满足较多的加工需要，适用于单件小批量生产。专用机床是为特定零件的特定工序而设计的，自动化程度和生产率都较高，但它的工艺范围很窄。数控机床则既有较宽的工艺范围，又能满足零件较高精度的要求，并可实现自动化加工。

（2）机床的技术参数　机床的主要技术参数包括尺寸参数、运动参数与动力参数。

尺寸参数——具体反映机床的加工范围，包括主参数、第二主参数和与加工零件有关的其他尺寸参数。

运动参数——机床执行件的运动速度，如主轴的最高转速与最低转速、刀架的最大进给量与最小进给量（或进给速度）。

动力参数——机床电动机的功率，有些机床还给出主轴允许承受的最大转矩等其他内容。

（3）机床精度与刚度

1）机床精度。在加工中保证被加工工件达到要求的精度和表面粗糙度，并能在机床长期使用中保持这些要求，机床本身必须具备的精度称为机床精度。它包括几何精度和运动精度。

① 机床几何精度指机床在未受外载荷和静止（或运动速度很低）时的原始精度，包括机床各主要零部件的制造精度及其相互之间的位置精度和运动轨迹精度，如工作台面的平面度、导轨的直线度、主轴锥孔轴线的径向圆跳动、溜板运动对主轴轴线的平行度或垂直度等。

② 机床运动精度指机床空载并以工作速度运动时，主要零部件的几何位置精度，如高速回转主轴的回转精度、机床传动精度、刀具相对于工件的运动精度等。对于高速精密机床，运动精度是评价机床质量的一个重要指标，它与结构设计及制造等因素有关。

2）机床刚度。机床刚度指机床系统抵抗变形的能力，包括静刚度和动刚度两个方面。

① 机床静刚度指机床在静载荷作用下抵抗变形的能力，其数值等于机床所受静载荷与在静载荷作用下所产生的综合位移的比值。

② 机床动刚度指机床在受到一定频率的交变载荷（激振力）作用时所表现的刚度，其数值等于机床产生单位振幅所需的动态力的幅值。机床动刚度是衡量机床抗振性的主要指标。

3.3　金属切削机床的结构

3.3.1　主传动系统

1. 普通金属切削机床的主传动系统

机床的传动原理图所表达的传动关系要通过传动系统图来体现。传动系统图是将各种传动元件用简单的符号，并按运动传递顺序依次排列，以展开图形式画在机床外形轮廓上的一张传动示意图。无法直观表现的联系可以通过折线、大括号或虚线表示。传动系统图只表示传动关系，不代表各传动元件的实际尺寸和空间位置。本节以 CA6140 型卧式车床为例，介绍普通金属切削机床的主传动系统。

图 3-8 所示为 CA6140 型卧式车床的传动系统图。图中各种传动元件均采用 GB/T 4460—2013《机械制图　机构运动简图用图形符号》中规定的符号，各齿轮所标数字表示齿轮齿数。传动系统图包括主传动系统和进给传动系统两部分。

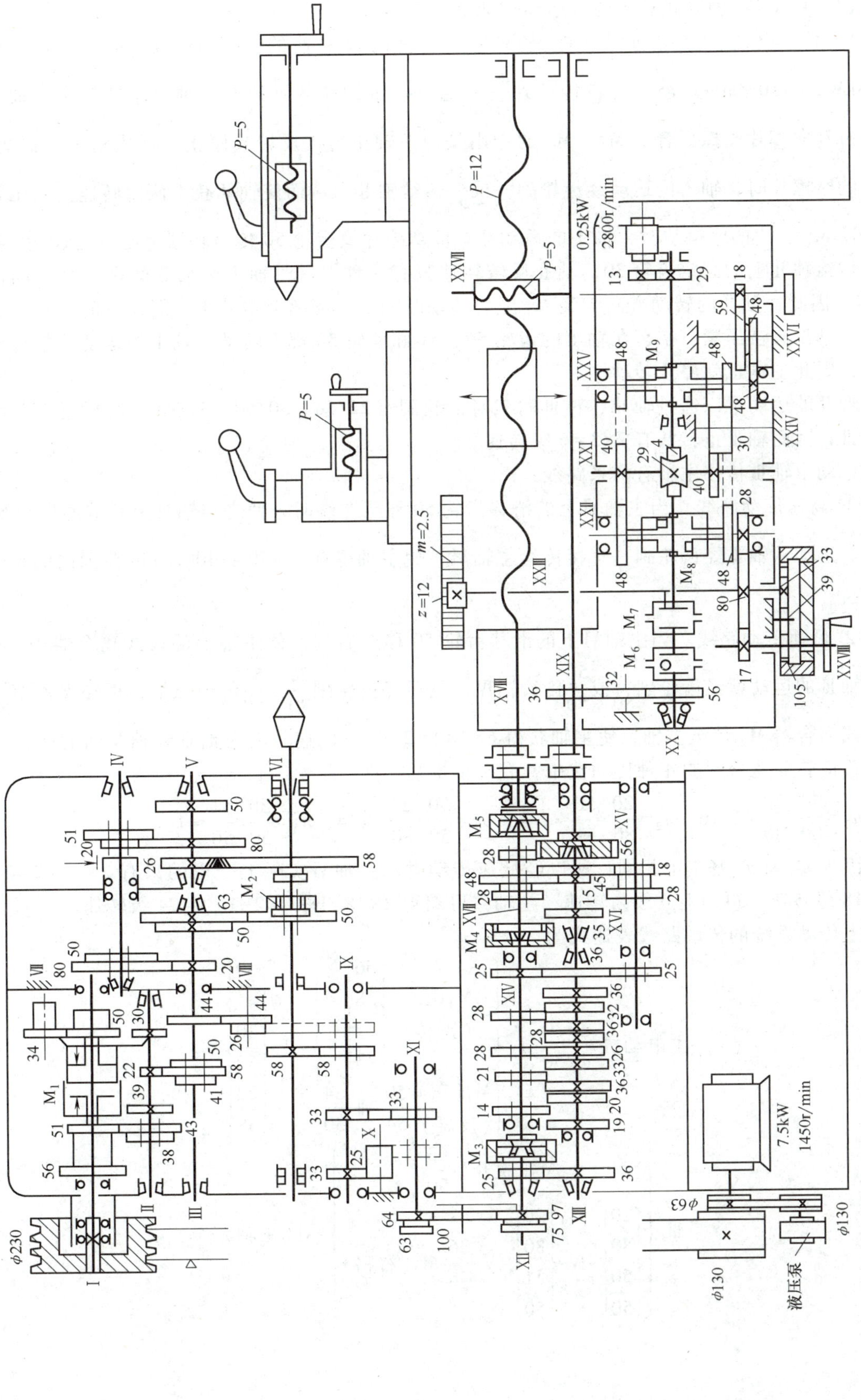

第3章 机械加工方法与金属切削机床

图 3-8 CA6140 型卧式车床的传动系统图

（1）CA6140 型卧式车床的主运动传动链

1）传动路线。主运动传动链是联系主电动机和主轴的传动链。运动由主电动机（7.5kW，1450r/min）经 V 带轮传动副 $\frac{\phi 130}{\phi 230}$ 通过一个卸荷装置传至主轴箱中的轴 I。轴 I 上装有双向多片摩擦离合器 M_1，M_1 的作用是使主轴正转、反转或停止。当压紧离合器 M_1 左边的摩擦片时，轴 I 的运动经齿轮副 $\frac{56}{38}$ 或 $\frac{51}{43}$ 传给轴 II，从而使轴 II 获得两级转速。当压紧离合器 M_1 右边的摩擦片时，轴 I 的运动经右部摩擦片及齿轮 50 传至轴 VII 上的空套齿轮 34，然后传给轴 II 上的固定齿轮 30，轴 II 反转转速只有一种。这时轴 I 至轴 II 间多一个中间齿轮 34，因此，轴 II 的转动方向与经 M_1 左边传动时相反。当离合器处于中间位置时，左、右摩擦片都没有被压紧。空套在轴 I 的齿轮 56、51 和齿轮 50 都不转动，轴 I 的运动不能传至轴 II，因此主轴也就停止转动。

轴 II 的运动可以通过轴 II、轴 III 间三对齿轮副（22/58、30/50、39/41）的任意一对传至轴 III，因而轴 III 正转共有 2×3 = 6 级转速。

运动由轴 III 传往主轴有两条路线：

① 高速传动路线。当主轴 VI 上的滑移齿轮 50 移至左端时，使之与轴 III 上右端的齿轮 63 啮合。运动从轴 III 经齿轮副 $\frac{63}{50}$ 直接传给主轴 VI，使主轴得到在 450~1400r/min 范围内的 6 级高转速。

② 低速传动路线。当主轴 VI 上的滑移齿轮 50 移至右端，使主轴上的齿式离合器 M_2 啮合。轴 III 的运动就经齿轮副 $\frac{20}{80}$ 或 $\frac{50}{50}$ 传给轴 IV，然后经齿轮副 $\frac{20}{80}$ 或 $\frac{51}{50}$ 传给轴 V、再经齿轮副 $\frac{26}{58}$ 和齿式离合器 M_2 传至主轴，使主轴获得 6×2×2 = 24 级低转速。因为轴 III 到轴 V 间的两个双联滑移齿轮变速得到的 4 种传动比中，有 2 种重复，即

$$u_1 = \frac{20}{80} \times \frac{20}{80} = 1/16; \quad u_2 = \frac{20}{80} \times \frac{50}{51} \approx 1/4; \quad u_3 = \frac{50}{50} \times \frac{20}{80} = 1/4; \quad u_4 = \frac{50}{50} \times \frac{51}{50} \approx 1$$

因为 u_2 和 u_3 基本上相同，所以经低速传动时，主轴 VI 实际上获得的只有 2×3×(2×2-1) = 18 级转速。再加上 6 级高转速，主轴共可获得 2×3×[1+(2×2-1)] = 24 级转速。

主传动系统的传动路线表达式为

$$\text{主电动机} - \frac{\phi 130}{\phi 230} - \text{I} - \begin{Bmatrix} M_1(\text{左}) \\ (\text{正转}) \end{Bmatrix} \begin{Bmatrix} \frac{56}{38} \\ \frac{51}{43} \end{Bmatrix} \\ M_1(\text{右}) - \frac{50}{34} - \text{VII} - \frac{34}{30} \end{Bmatrix} - \text{II} - \begin{Bmatrix} \frac{39}{41} \\ \frac{30}{50} \\ \frac{22}{58} \end{Bmatrix} -$$

$$\text{III} - \begin{Bmatrix} M_2(\text{脱开}) - \frac{63}{50} \\ \begin{Bmatrix} \frac{20}{80} \\ \frac{50}{50} \end{Bmatrix} - \text{IV} - \begin{Bmatrix} \frac{20}{80} \\ \frac{51}{50} \end{Bmatrix} - \text{V} - \frac{26}{58} - M_2(\text{右移}) \end{Bmatrix} - \text{VI(主轴)}$$

2）主轴转速级数和转速。由传动系统图和传动路线表达式可以看出，主轴正转时，可得 6 级高转速和 18 级低转速，共计 24 级转速，其转速范围是 10～1400r/min。同理，当主轴反转时，可以获得 12 级转速，其转速范围是 14～1580r/min。主轴反转通常不是用于切削，而是用于车削螺纹时的退刀运动，为了节省辅助时间，因此主轴转速较高。

主轴的各级转速可根据各滑移齿轮的啮合状态，计算主轴转速的运动平衡式为

$$n_{主} = n_{电} \times \frac{130}{230} \times (1-\varepsilon) u_{\text{I-II}} u_{\text{II-III}} u_{\text{III-IV}} u_{\text{IV-V}} u_{\text{V-VI}} \tag{3-1}$$

式中，ε 为 V 带轮的滑动系数，可取 $\varepsilon = 0.02$；$u_{\text{I-II}}$ 为轴 I 和轴 II 间的可变传动比，其余类推。

在图示啮合位置时，主轴的转速为

$$n_{主} = 1450 \times \frac{130}{230} \times 0.98 \times \frac{51}{43} \times \frac{22}{58} \times \frac{63}{50} \text{r/min} \approx 450 \text{r/min}$$

3）主传动系统转速图。主轴的转速和级数可以通过转速图直观地表示出来。转速图可以表达主轴的每一级转速是通过哪些传动副得到的，这些传动副之间关系如何，以及各传动轴的转速等。

图 3-9 所示为 CA6140 型卧式车床主传动系统的转速图。转速图由以下三个部分组成：

① 距离相等的一组竖线代表各轴。轴号写在上面，竖线间的距离不代表中心距。

② 距离相等的一组水平线代表各级转速，与各竖线的交点代表各轴的转速。由于分级变速机构的转速一般是按照等比数列排列的，故转速采用了对数坐标。相邻两水平线之间的间隔为 $\lg \Phi$（其中 Φ 为相邻两级转速之比）。为了简单起见，转速图中省略了对数符号。

③ 各轴之间的连线的倾斜方式代表了传动副的传动比，升速时向上倾斜，降速时向下倾斜。斜线向上倾斜 x 格表示传动副的实际传动比为 $Z_{主}/Z_{从} = \Phi^x$；斜线向下倾斜 x 格表示传动副的实际传动比为 $Z_{主}/Z_{从} = \Phi^{-x}$。

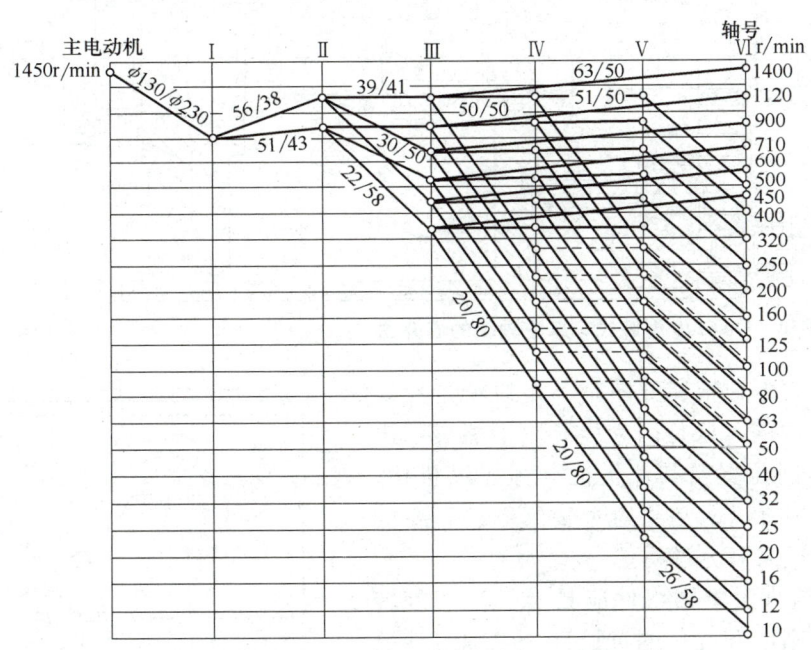

图 3-9 CA6140 型卧式车床主传动系统的转速图

例如，CA6140 型卧式车床的公比 $\Phi = 1.26$，在轴 Ⅱ、轴 Ⅲ 之间传动比 $30/50 \approx 1/\Phi^2$，基本下降 2 格；$22/58 \approx 1/\Phi^4$，基本下降 4 格。

（2）CA6140 型卧式车床主轴箱简介　主轴箱是一个比较复杂的部件，用于支承主轴和传动机构，并使其实现旋转、启动、停止、变速和换向等功用。把来自动力源的驱动运动传给主轴，同时也把进给运动传给进给装置。图 3-10 所示为 CA6140 型卧式车床主轴箱的展开图。展开图就是按照传动轴传递运动的先后顺序，沿其轴线剖开，并将其展开在一个平面上而形成的一种结构图。图 3-10 中的展开图，就是沿轴线 Ⅳ-Ⅰ-Ⅱ-Ⅲ-Ⅳ-Ⅴ-Ⅵ-Ⅸ-Ⅹ-Ⅺ 的剖切图 A—A（图 3-11）展开后的结构形式。通过展开图可以得到各传动件（轴、齿轮、带传动和离合器等）的传动关系。

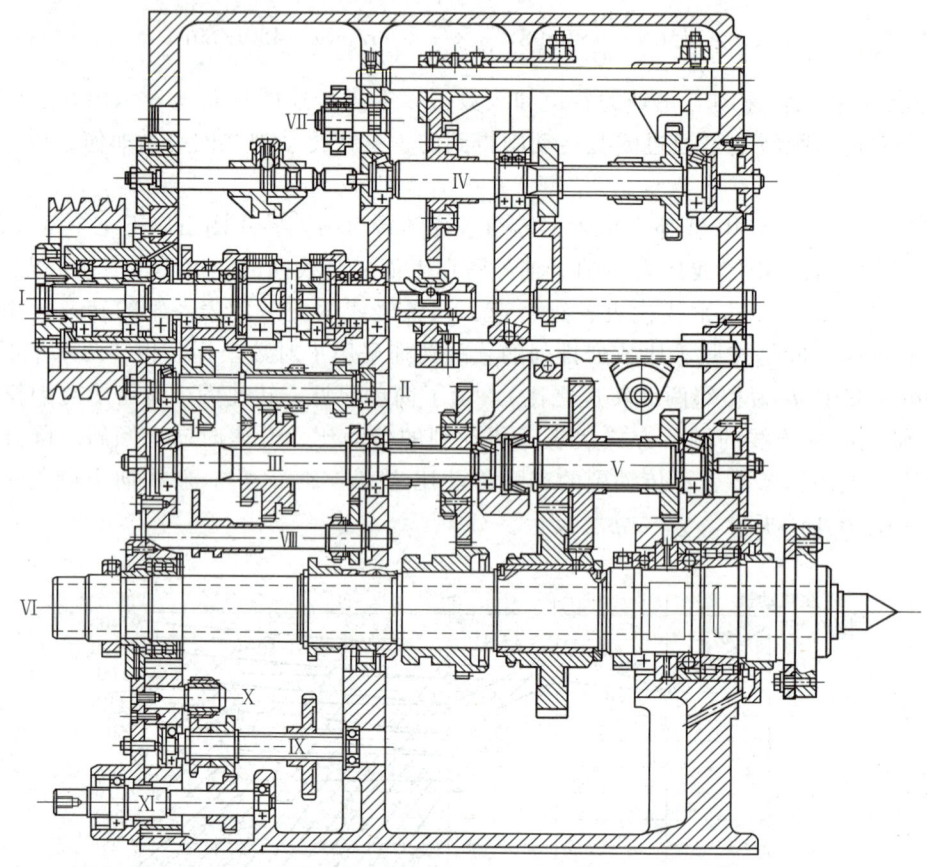

图 3-10　CA6140 型卧式车床主轴箱的展开图

当然，仅用主轴箱展开图是不足以清楚反映主轴箱部件结构的，这是因为展开图不能表示出各传动件的空间位置及其他机构（如操纵机构、润滑装置等）。所以，必须通过装配图、必要的向视图及剖面图来补充说明。

1）主轴组件。主轴组件应具有较高的旋转精度、足够的刚度和优良的抗振性。主轴组件的结构如图 3-12 所示。主轴安装在三个支承上，前

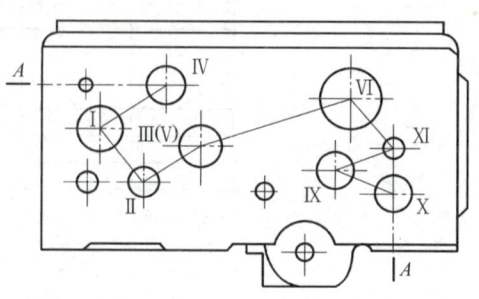

图 3-11　CA6140 型卧式车床主轴箱轴示意图

支承中有三个 D 级精度滚动轴承，前面是双列短圆柱滚子轴承，用于承受径向力，前支承中还有两个推力球轴承，用于承受正反两方向的轴向力，因此，此主轴采用的是前端定位形式。前端定位形式使主轴受热后向后端伸长，所以对加工精度的影响较小。后支承孔采用一个 E 级精度双列短圆柱滚子轴承，主轴的中间支承是一个 E 级精度单列向心短圆柱滚子轴承。主轴的轴向载荷靠前支承中的两个推力球轴承传至主轴箱体。

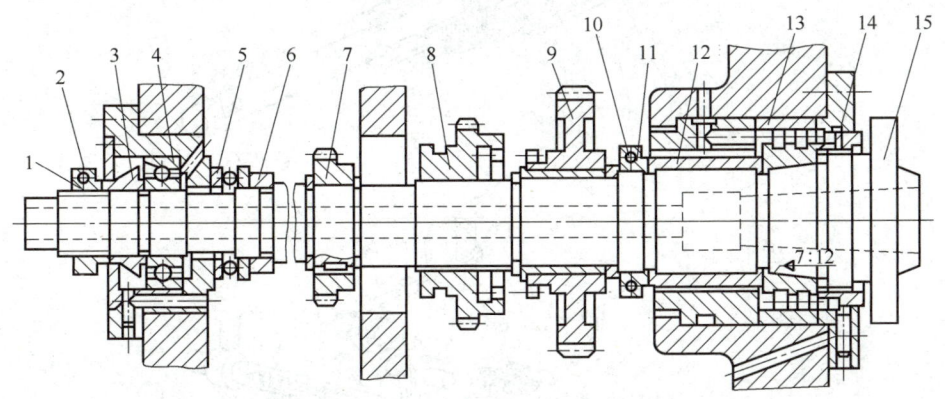

图 3-12　CA6140 型卧式车床的主轴组件
1、11、14—螺母　2、10—锁紧螺母　3、6、12—轴套　4、5、13—轴承　7、8、9—齿轮　15—主轴

CA6140 型卧式车床的主轴是一个空心的阶梯轴，其内孔是为了穿过长棒料及通过气动、电动及液压等夹紧装置。主轴前端的锥孔为莫氏 6 号锥度，用于安装顶尖及心轴。主轴前端采用短法兰式结构，它的作用是安装卡盘或拨盘。

2）双向多片式摩擦离合器、制动器及其操纵机构。双向多片式摩擦离合器装在图 3-10 所示的轴 I 上，其结构如图 3-13a 所示。双向多片式摩擦离合器由内摩擦片 3、外摩擦片 2、止推片 10 及 11、压块 8 及空套双联齿轮 1 等组成。离合器左、右两部分结构是相同的。左离合器传动主轴正转，正转用于切削，传递的转矩较大。右离合器传动主轴反转，主要用于退刀。图 3-13 中剖开的部分是左离合器。内摩擦片 3 装在轴 I 的花键上，与轴 I 一起旋转，外摩擦片 2 外圆上相当于键的四个凸起装在齿轮的缺口槽中，外摩擦片空套在轴 I 上。当用操纵机构使杆 7 向左推动时，通过圆销 5 向左推动压块 8 左移，将左离合器内、外摩擦片紧压止推片 10 及 11 上，依靠内、外摩擦片间的摩擦力使轴 I 与空套双联齿轮相连，于是轴 I 转动时带动空套双联齿轮 1 一起转动，并经多级齿轮副带动主轴 Ⅵ 正向转动。同理，当压块 8 向右移时，可使右离合器的内外摩擦片压紧，使主轴反转。当压块 8 处于中间位置时，左、右离合器处于脱开状态，这时，轴 I 虽然转动，但离合器不传递运动，主轴处于停止状态。摩擦片间的压紧力可通过装在压块 8 上的螺母来调整。摩擦离合器除传递运动和动力外，还能起到过载保险装置的作用。

当机床超载时，摩擦片打滑，于是主轴就停止转动，避免损坏机床。制动器安装在轴 Ⅳ 上，其功用是在摩擦离合器脱开的时刻制动主轴，使主轴迅速地停止转动，以缩短辅助时间。图 3-13b 所示是离合器和制动器操纵机构，当主轴正转和反转时，齿条 22 上的凹槽处于杠杆 14 的下端接触，使杠杆 14 逆时针转动，拉紧闸带，制动器工作，使主轴立即停下来。

3）变速操纵机构。由传动系统的分析可知，主轴的 24 级转速是由 4 个滑移齿轮变速组和离合器 M_2 组合实现的。在主轴箱中，有两套操纵机构来操纵这些滑移齿轮，其中，

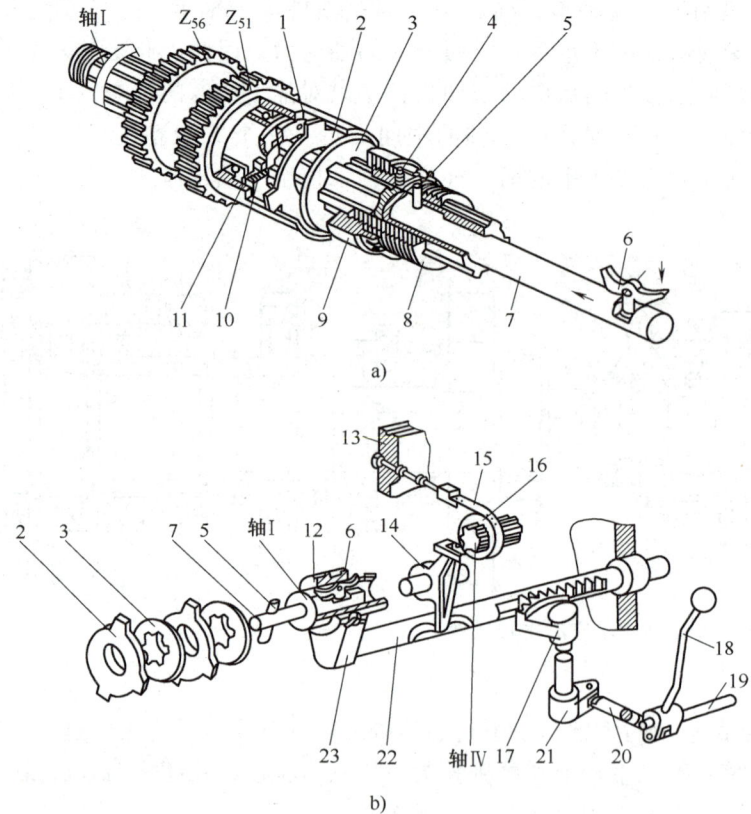

图 3-13 双向多片式摩擦离合器、制动器及其操纵机构
1—空套双联齿轮　2—外摩擦片　3—内摩擦片　4—弹簧销　5—圆销　6—元宝销
7、20—杆　8—压块　9—螺母　10、11—止推片　12—滑套　13—调节螺钉
14—杠杆　15—制动带　16—制动轮　17—扇形齿轮　18—手柄　19—轴
21—曲柄　22—齿条　23—拨叉

图 3-14 所示为轴Ⅱ和轴Ⅲ上滑移齿轮的操纵机构。

变速手柄装在主轴箱的前壁上，通过链条传动轴 4。轴 4 上装有凸轮 3 和曲柄 2。凸轮 3 上有一条封闭的曲线槽，由两段不同半径的圆弧和直线组成，凸轮上有 1～6 个变速手柄位置。如图 3-14 所示，位置 1、2、3 使杠杆 5 上端的滚子处于凸轮槽曲线的大半径圆弧处。杠杆经拨叉 6 将轴Ⅱ上的双联滑移齿轮移向左端位置。位置 4、5、6 则将双联滑移齿轮移向右端位置。曲柄 2 随轴 4 转动，带动拨叉 1，拨动轴Ⅲ上的三联滑移齿轮，使它位于左、中、右三个位置。顺次转动手柄，就可使两个滑移齿轮的位置实现六种组合，使轴Ⅲ得到 6 级转速。

2. 数控机床的主传动系统

数控机床是机电一体化设备，其传动系统机械结构比较简单，传动链短。由于数控机床的功能如主轴变速、刀具（或工作台）的进给运动等多由数控系统控制下的电气部件实现，所以数控机床的主传动系统要比普通机床的传动系统简单得多。数控机床的主传动方式主要有齿轮传动、带传动、电动机直接驱动主轴传动等。

（1）齿轮传动　齿轮传动的特点是结构简单、紧凑，能传递较大的转矩、变载荷工作，应用最广。它的缺点是线速度不能过高，通常小于 15m/s，不如带传动平稳。数控机床在交流或直流电动机无级变速的基础上配以齿轮变速，可实现分段无级变速。

（2）带传动 主要应用在转速较高、变速范围不大的机床。电动机本身的调速就能够满足要求，不用齿轮变速，可以避免齿轮传动引起的振动与噪声，适用于高速、低转矩特性要求的主轴。

由于各种新材料及新型传动带的出现，带传动的应用日益广泛，常用的传动带有平带、V带、多楔带和同步带等。带传动的特点是靠摩擦力传动（同步带除外），结构简单、制造容易、成本低，特别适用于中心距较大的两轴间传动。传动带有弹性、可吸振、结构平稳、噪声小，适宜高速、低转矩传动，带传动在过载中会打滑，

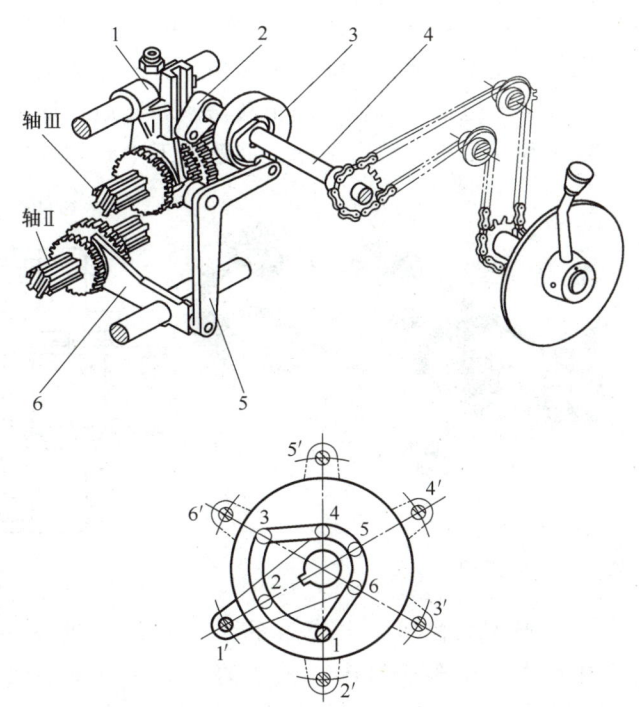

图 3-14 变速操纵机构
1、6—拨叉 2—曲柄 3—凸轮 4—轴 5—杠杆

能起到过载保护作用，缺点是有滑动，不能用在速比要求准确的场合。

同步带是通过带上的齿形与带轮上的轮齿相啮合传递运动和动力，如图 3-15 所示。同步带的齿形有梯形齿和圆弧齿两种，圆弧齿同步带受力合理，较梯形齿同步带能够传递更大的转矩。同步带无相对滑动，传动比准确，传动精度高，但制造工艺较复杂，安装条件要求高。

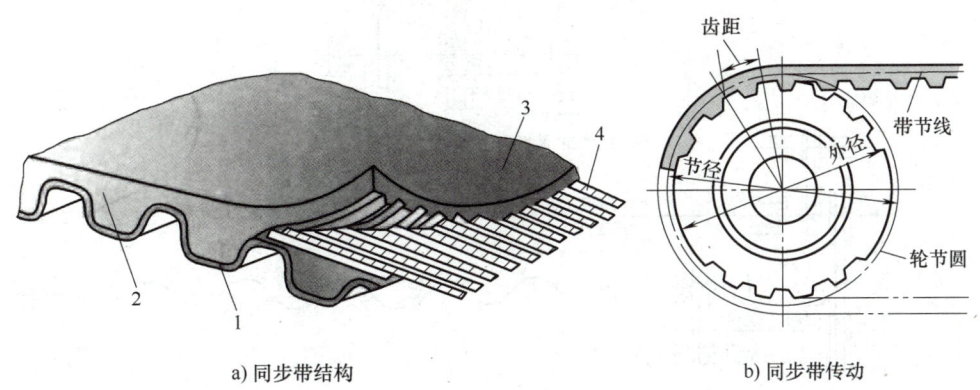

a) 同步带结构　　　　　　　　b) 同步带传动

图 3-15 同步带的结构和传动
1—包布层 2—带齿 3—带背 4—承载绳

（3）电动机直接驱动主轴传动 如果主轴转速不高，采用普通异步电动机直接带动主轴，如平面磨床的砂轮主轴。如果转速很高，可将主轴与电动机制成一体，成为"主轴单

元"，又称为"电主轴"，如图 3-16 所示。电动机转子就是主轴，电动机座就是机床主轴单元的壳体。主轴单元大大简化了结构，有效地提高了主轴部件的刚度，降低了噪声和振动；有较宽的调速范围；有较大的驱动功率和转矩；加工效率和加工精度高，便于组织专业化生产。电主轴广泛用于精密机床、高速加工中心和数控车床中。

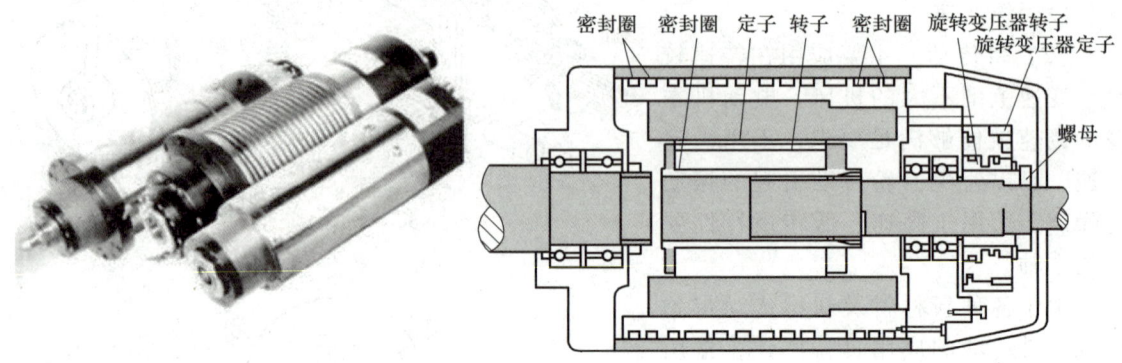

图 3-16 电主轴

（4）典型数控车床主传动系统　图 3-17 所示为 MJ-50 数控车床传动系统。MJ-50 数控车床是由济南第一机床厂生产的，主要由主轴箱、床鞍、尾座、刀架、对刀仪、液压系统、润滑系统、气动系统以及数控装置等构成。该机床传动系统有主运动、两个方向的伺服进给运动。各种运动均由无级调速的电动机驱动，经过简单的机械传动装置驱动执行件。

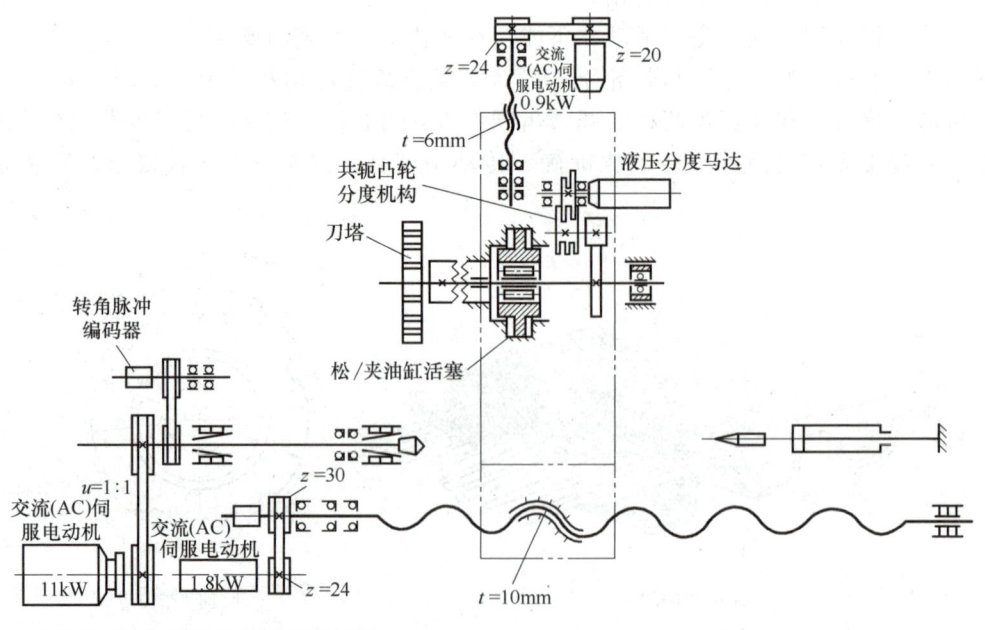

图 3-17 MJ-50 数控车床传动系统

数控机床主传动系统包括主电机、传动系统、主轴组件，与普通机床相比结构较简单，因其变速功能全部或部分由主电机的无级调速来实现，齿轮变速机构少或没有，有的也仅是为进一步扩大变速范围。

主传动系统由功率为 11kW 的交流（AC）伺服电动机驱动，经一级 1∶1 的带传动带动主轴旋转，使主轴在 35～3500r/min 的转速范围内实现无级调速。主轴前后装有双列向心短圆柱滚子轴承，轴承内环为 1∶12 的标准锥度，与主轴的锥形轴颈相配合，轴向移动内环，可以把内环胀大，以消除间隙和预紧，所以承载能力和刚度都较高。

主轴传递的功率或转矩与转速之间的关系依据交流（AC）伺服电动机的功率转矩特性得到，如图 3-18 所示。当机床处在连续运转状态下时，主轴的转速在 437～3500r/min 范围内，主轴应能传递电动机的全部功率 11kW，此范围称为主轴的恒功率区段Ⅱ（实线），在这个区段内，主轴的最大输出转矩应随着主轴转速的增高由 437r/min 时的 245N·m 逐渐变小；主轴转速在 35～437r/min 范围内的各级转速时最大输出转矩不变，此范围称为恒转矩区段Ⅰ（实线），在这个区段内，主轴所能传递的功率随着主轴转速的降低而变小。图中虚线所示为电动机超载（允许超载 30min）时的恒功率区段和恒转矩区段，超载功率为 15kW，超载的最大输出转矩为 334N·m。

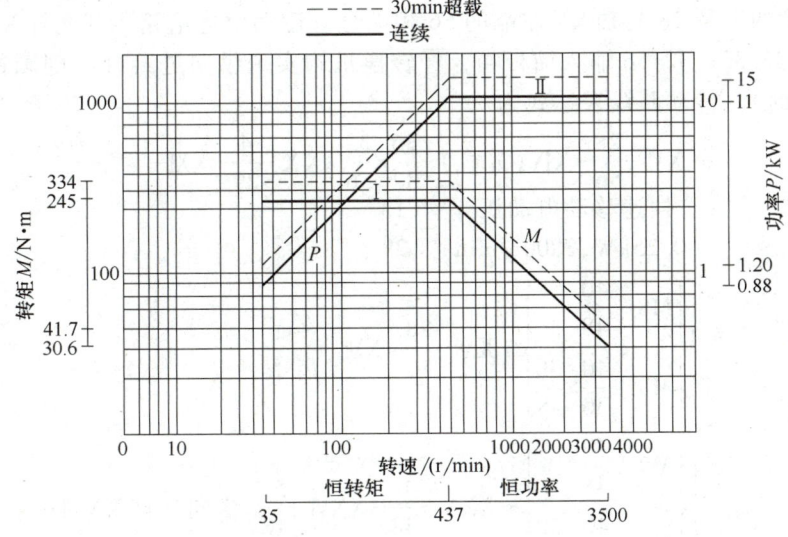

图 3-18 主轴功率转矩特性

主轴的运动经同步带带动脉冲编码器，使其与主轴同速运转，利用主轴脉冲编码器检测主轴的转角位置和转速信号，一方面可实现主轴调速的数字反馈，另一方面可用于进给运动的控制，如车螺纹时使进给运动保持与主轴转角位置的联动关系。

3.3.2 进给传动系统

不同类型的机床实现进给运动的传动类型不同。根据加工对象、成形运动、进给精度、运动平稳性及生产率等因素的要求，主要有机械进给传动、液压进给传动、电气伺服进给传动等。机械进给传动虽然结构较复杂，制造及装配工作量较大，但由于工作可靠，便于检查和维修，仍有很多机床采用。如普通车床中进给传动系统采用机械进给传动，而在数控机床中则采用电气伺服进给传动。

1. CA6140 型卧式车床的进给传动链

进给传动链是实现刀具纵向或横向运动的传动链。CA6140 型卧式车床在切削螺纹时，进给传动链是内联系传动链。主轴每转 1 转,刀架的移动量等于螺纹的导程。在车削外圆柱面和端面时,进给传动链是外联系传动链,进给量也以工件每转刀架的移动量来计算。因此,在分析进给传动链时,都是把主轴和刀架当作传动链的两端。

如图 3-8 所示,运动从主轴Ⅵ开始,经轴Ⅸ传到轴Ⅹ,可经一对齿轮直接传递,也可经轴Ⅺ上的惰轮 Z_{25} 传递,这是进给换向机构。然后,经交换齿轮架至进给箱。从进给箱传出的运动,一条路线经丝杠ⅩⅨ带动溜板箱,使刀架做纵向运动,这是车削螺纹传动链;另一条路线经光杠ⅩⅩ和溜板箱带动刀架做纵向或横向的机动进给运动,这是机动进给的传动链。

1) 车削螺纹传动链。CA6140 型卧式车床车削螺纹时,可以车削米制、英制、模数制和径节制四种标准的常用螺纹;此外,还可以车削大导程、非标准和较精密的螺纹。既可以车削右螺纹,又可以车削左螺纹。进给传动链的作用是提供符合要求的进给量,达到车削上述四种标准螺纹的目的。

2) 车削圆柱面和端面。为了避免丝杠磨损过快及便于人工操纵(将刀架运动的操纵机构放在溜板箱上),机动进给运动是由光杠经溜板箱传动的。这时,将进给箱中的离合器 M_5 脱开,使轴ⅩⅧ的齿轮 28 与轴ⅩⅩ左端的 56 相啮合。运动由进给箱传到光杠ⅩⅩ,再经溜板箱中的齿轮副 36/32、32/56 输入溜板箱,经转换机构实现纵向进给(车削圆往面)或横向进给(车削端面)。传动路线表达式为

$$\cdots \text{Ⅹ Ⅶ} - \frac{28}{56} - \text{Ⅹ Ⅸ}(\text{光杠}) - \frac{36}{32} \times \frac{32}{56} - \text{Ⅹ Ⅹ} - \frac{4}{29} - \text{Ⅹ Ⅺ} -$$

快速移动电动机 $-\dfrac{13}{29}$
(0.25kW,2800r/min)

$$-\begin{Bmatrix} \begin{Bmatrix} M8 \uparrow \dfrac{40}{48} \\ M8 \downarrow \dfrac{40}{30} \times \dfrac{30}{48} \end{Bmatrix} - \text{Ⅹ Ⅻ} - \dfrac{28}{80} - \text{Ⅹ Ⅷ} - \dfrac{Z_{12}}{\text{齿条}} \\ \begin{Bmatrix} M9 \uparrow \dfrac{40}{48} \\ M9 \downarrow \dfrac{40}{30} \times \dfrac{30}{48} \end{Bmatrix} - \text{Ⅹ Ⅴ} - \dfrac{48}{48} - \text{Ⅹ Ⅵ} - \dfrac{59}{18} - \text{横向丝杠 Ⅹ Ⅶ} \cdots \end{Bmatrix}$$

3) 刀架快速机动移动。为了减轻工人劳动强度和缩短辅助时间,提高生产率,CA6140 型卧式车床的刀架可实现纵向和横向机动快速移动。按下快速移动按钮,运动由快速电动机 (0.25kW,2800r/min) 经齿轮副 13/29 使轴ⅩⅫ高速转动,再经蜗杆副 4/29 传到溜板箱内的转换机构,使刀架实现纵向或横向的快速移动,快移方向仍由溜板箱中双向离合器 M_6 和 M_7 控制。

为了缩短辅助时间和简化操作,在刀架快速移动时不必脱开进给传动链。这时,为了避免仍在转动的光杠和快速电动机同时传动轴ⅩⅫ,在齿轮 56 与轴ⅩⅫ之间装有超越离合器 M_8。

2. 数控机床的进给系统

电气伺服系统是数控装置和机床之间的联系环节,是以机械位置或角度作为控制对象的自动控制系统,其作用是接收来自数控装置发出的进给脉冲,经变换和放大后驱动工作台按规定的速度和距离移动。

(1) 电气伺服进给传动系统的控制类型 电气伺服进给传动系统按有无检测装置分为开环、闭环和半闭环伺服进给传动系统。

1) 开环伺服进给传动系统。典型的开环伺服进给传动系统采用步进电动机,如图 3-19

所示，它对工作台实际位移量没有检测和反馈装置。数控装置发来的每一个进给脉冲由步进电动机直接变换成一个转角（步距角），再通过齿轮（或同步带、滚珠丝杠螺母）带动工作台移动。

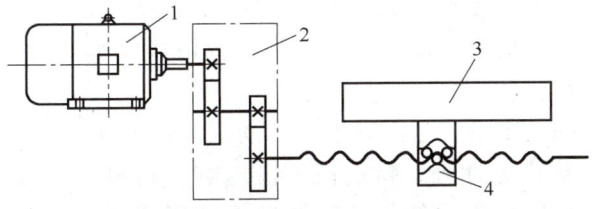

图 3-19　开环伺服进给传动系统
1—伺服电动机　2—定比传动机构　3—执行元件
4—滚珠丝杠副

开环伺服进给传动系统的精度取决于步进电动机的步距角精度、步进电动机至执行部件间传动系的传动精度。这类系统的定位精度较低，一般在±(0.01~0.02) mm，但系统简单、调试方便、成本低，适用于精度要求不高的数控机床。

2）闭环伺服进给传动系统。在闭环系统中，使用位移测量元件测量机床执行部件的移（转）动量，将执行部件的实际移（转）动量和控制量进行比较，比较后的差值用信号反馈给控制系统，对执行部件的移（转）动进行补偿，直至差值为零。如图 3-20 所示的闭环伺服进给传动系统中，检测元件 6 安装在工作台 5 上，直接测量工作台的位移量，将测得的位移量反馈到数控装置 1，与要求的进给位移量进行比较，根据比较结果增加或减少发出的进给脉冲数，由伺服电动机 2 校正工作台的位移误差。

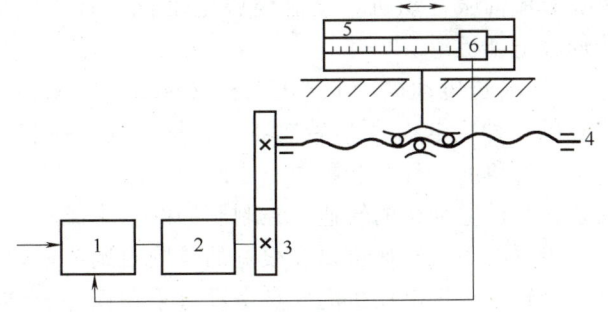

图 3-20　闭环伺服进给传动系统
1—数控装置　2—伺服电动机　3—齿轮　4—丝杠
5—工作台　6—检测元件

为提高系统的稳定性，闭环伺服进给传动系统除了检测执行部件的位移量，还检测其速度。检测反馈装置有两类：一类是用旋转变压器作为位置反馈，测速发电机作为速度反馈；另一类是用脉冲编码器作为位置和速度反馈，后者用得较多。

闭环伺服进给传动系统可以消除整个系统的误差、间隙和失动，其定位精度取决于检测装置的精度，其控制精度、动态性能等较开环伺服进给传动系统好，但系统比较复杂，安装、调整和测试比较麻烦，成本高，多用于精密型数控机床上。

3）半闭环伺服进给传动系统。如果检测元件不是直接安装在执行部件上，而是安装在进给传动系统中间部位的旋转部件上，称为半闭环伺服进给传动系统，如图 3-21 所示。图 3-21a 所示为将检测元件安装在伺服电动机的端部；图 3-21b 所示为将检测元件安装到丝杠的端部，用测量丝杠的转动间接测量工作台的移动；图 3-21c 所示为将检测元件和伺服电动机一起安装在丝杠的端部。半闭环伺服进给传动系统只能补偿环路内部传动链的误差，不能纠正环路之外的误差。图 3-21a 所示的传动齿轮的齿形误差，间隙、丝杠螺母的导程误差和间隙、丝杠轴承的轴向跳动等误差均在环路之外，无法补偿；图 3-21b、c 所示系统除了将齿轮移动到环路内可以进行补偿，其余仍然不能补偿。因此，半闭环伺服进给传动系统的精度比闭环伺服进给传动系统差。由于惯性较大的工作台在闭环之外，系统稳定性较好。与闭环伺服进给传动系统相比,半闭环伺服进给传动系统结构简单,调整容易、价格低,所以应用较多。

综上所述,对伺服进给传动系统的基本要求是稳定性好,精度高,快速响应性好。影响机床伺服进给传动系统性能的因素有:进给传动件的间隙、扭转、挠曲;机床运动部件的振动、摩擦;机床的刚度和抗振性;系统的质量和惯量;低速下的运动平稳性,有无爬行现象等。

(2) 电气伺服进给传动系统驱动部件
电气伺服进给传动系统由伺服驱动部件和机械传动部件组成。伺服驱动部件有步进电动机、直流伺服电动机、交流伺服电动机、直线伺服电动机等。

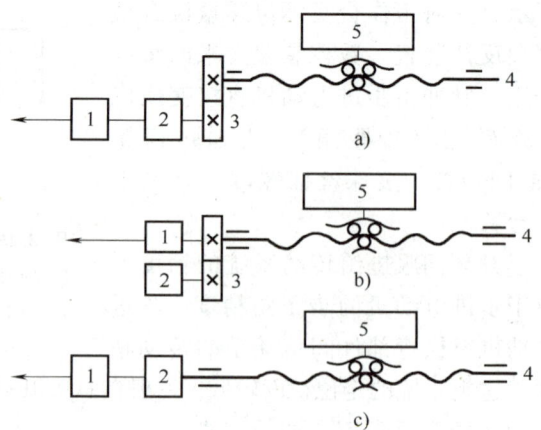

图 3-21 半闭环伺服进给传动系统
1—反馈装置 2—伺服电动机 3—齿轮 4—丝杠螺母传动 5—工作台

1) 步进电动机。步进电动机又称脉冲电动机,是将电脉冲信号变换成角位移(或线位移)的一种机电式数-模转换器。它每接收数控装置输出的一个电脉冲信号,电动机轴就转过一定的角度,称为步距角。步距角一般为 0.5°~3°,角位移与输入脉冲个数呈严格的比例关系,步进电动机的转速与控制脉冲的频率成正比。

步进电动机转速可以在很宽的范围内调节。改变绕组通电的顺序,可以控制电动机的正转或反转。步进电动机的优点是没有累积误差,结构简单,使用、维修方便,制造成本低,步进电动机带动惯量负载的能力强,适用于中、小型机床和速度、精度要求不高的地方;缺点是效率较低,发热大,有时会"失步"。

2) 直流伺服电动机。机床上常用的直流伺服电动机主要有小惯量直流电动机和大惯量直流电动机。

小惯量直流电动机的优点是转子直径较小、轴向尺寸大,长径比约为 5,故转动惯量小,仅为普通直流电动机的 1/10 左右,因此响应时间快;缺点是额定转矩较小,一般必须与齿轮降速装置相匹配,故常用于高速轻载的小型数控机床中。

大惯量直流电动机又称宽调速直流电动机,有电励磁和永久磁两种类型。电励磁直流电动机的特点是励磁便于调整,成本低。永久磁直流电动机能在较大过载转矩下长期工作,并能直接与丝杠相连而不需要中间传动装置,还可以在低速下平稳地运转,输出转矩大。宽调速直流电动机可以内装测速发电机,还可以根据用户需要,在电动机内部加装旋转变压器和制动器,为速度环提供较高的增益,能获得优良低速刚度和动态性能。该电动机频率高、定位精度好、调整简单、工作平稳;缺点是转子温度高、转动惯量大、时间响应较慢。

3) 交流伺服电动机。采用新型的磁场矢量变换控制技术,对交流电动机作磁场的矢量控制;将电动机定子的电压矢量或电流矢量作为操作量,控制其幅值和相位。它没有电刷和换向器,因此可靠性好、结构简单、体积小、质量轻、动态响应好。在同样的体积下,交流伺服电动机的输出功率可比直流伺服电动机提高 10%~70%。交流伺服电动机与同容量的直流伺服电动机相比，质量约轻一半，价格仅为直流伺服电动机的三分之一，效率高、调速范围广、响应频率高；缺点是本身虽有较大的转矩-惯量比，但它带动惯性负载的能力差，一般需用齿轮减速装置，多用于中、小型数控机床。

4）直线伺服电动机。直线伺服电动机是一种能直接将电能转化为直线运动机械能的电力驱动装置，是适应超高速加工技术发展的需要而出现的一种新型电动机。直线伺服电动机驱动系统替换了传统的由回转型伺服电动机加滚珠丝杠的伺服进给传动系统，从电动机到工作台之间的一切中间传动都没有了，可直接驱动工作台进行直线运动，使工作台的加/减速提高到传统机床的10~20倍，速度提高3~4倍。

采用直线伺服电动机驱动方式，省去减速器（齿轮、同步带等）和滚珠丝杠副等中间环节，不仅简化了机床结构，而且避免了因中间环节的弹性变形、磨损、间隙、发热等因素带来的传动误差；无接触地直接驱动，使其结构简单，维护简便，可靠性高，体积小，传动刚度高，响应快，可得到瞬时较高的加/减速度。

（3）电气伺服进给传动系统中的机械传动部件　机械传动部件主要指齿轮（或同步带）和丝杠螺母传动副。电气伺服进给传动系统中，运动部件的移动是靠脉冲信号来控制的，要求运动部件动作灵敏、低惯量、定位精度好，具有适宜的阻尼比及传动机构不能有反向间隙。

滚珠丝杠是将旋转运动转换成执行件的直线运动的运动转换机构，如图3-22所示，由螺母、丝杠、滚珠、回珠器、密封环等组成。滚珠丝杠的摩擦系数小，传动效率高。

滚珠丝杠主要承受轴向载荷，因此对丝杠轴承的轴向精度和刚度要求较高，常采用角接触球轴承或双向推力圆柱滚子轴承与滚针轴承的组合轴承方式，如图3-23和图3-24所示。

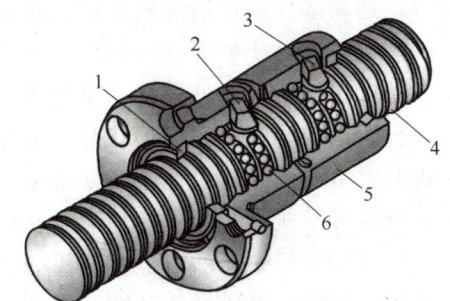

图 3-22　滚珠丝杠螺母副的结构
1—密封环　2、3—回珠器　4—丝杠
5—螺母　6—滚珠

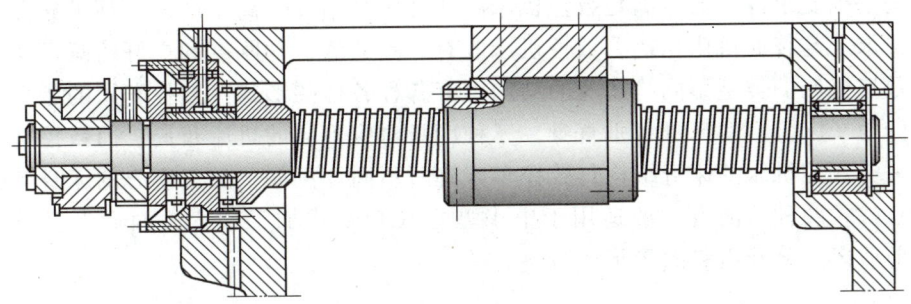

图 3-23　采用双向推力圆柱滚子轴承的支承方式

（4）典型数控机床的进给传动系统　如图3-17所示，MJ-50数控车床的进给传动系统包括横向（X向）和纵向（Z向）两个方向。由功率为1.8kW的交流（AC）伺服电动机通过24齿∶30齿的同步带传动 $t=10$mm 的滚珠丝杠带动刀架纵向滑板实现纵向进给运动控制。由功率为0.9kW的交流（AC）伺服电动机通过20齿∶24齿的同步带传动 $t=6$mm 的滚珠丝杠带动刀架横向滑板实现横向进给运动控制。

根据工件形面，通过编程控制两交流（AC）伺服电动机纵向和横向联动运动，形成要

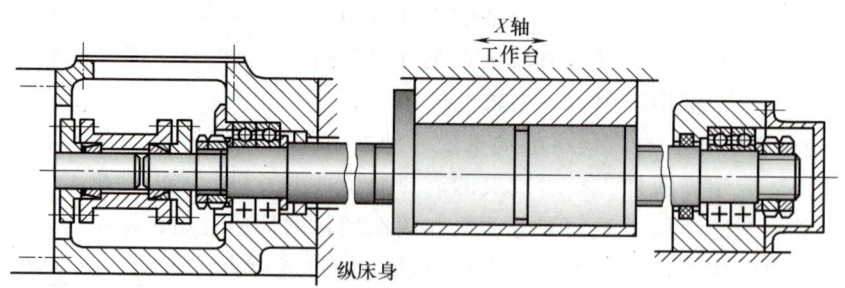

图 3-24 采用角接触球轴承的支承方式

求的刀位运动轨迹,实现数控车削。

3.3.3 导轨与床身

1. 机床导轨

机床导轨的功用是承受载荷和导向,它承受安装在导轨上的运动部件及工件的质量和切削力,运动部件可以沿导轨运动。运动的导轨称为动导轨,不动的导轨称为静导轨或支承导轨。动导轨相对于静导轨可以做直线运动或者回转运动。导轨应满足导向精度高、承载能力大、精度保持性好和低速运动平稳等特性。

直线运动导轨按截面形状分,有矩形、三角形、燕尾形和圆柱形等形式。机床直线运动导轨通常由两条导轨组合而成,根据不同的要求,机床导轨主要有如下组合:双三角形导轨、双矩形导轨、矩形和三角形导轨的组合、矩形和燕尾形导轨的组合。

导轨副按导轨面的摩擦性质可分为滑动导轨副和滚动导轨副。在滑动导轨副中又可分为普通滑动导轨、静压导轨和卸荷导轨等。

2. 机床床身

床身是机床的基本部件,机床床身上安装、承载着几乎所有的机床部件,所以它是一个非常重要的基础支承件。为了满足数控机床高速度、高精度、高生产率、高可靠性和高自动化程度的要求,与普通机床相比,数控机床应有更高的静、动刚度和更好的减振性。

由于数控机床的类型不同,床身的结构也有各种各样的形式。数控车床的床身按结构形状不同可分为平床身、斜床身和垂直身,三种床身对应不同的机床布局。而数控铣床、加工中心等这一类数控机床的床身结构与数控车床有所不同。例如,加工中心的床身有固定立柱式和移动立柱式两种,前者一般适用于中小型立式和卧式加工中心,而后者又分为整体 T 形床身和前后床身分开组装的 T 形床身。

3.3.4 刀架与自动换刀装置

机床上的刀架是安放刀具的重要部件,许多刀架还直接参与切削工作,如卧式车床上的四方刀架、转塔车床上的转塔刀架、自动车床上的转塔刀架等。这些刀架既能安放刀具,而且还可以直接参与切削,承受极大的切削力,所以它往往成为工艺系统中的较薄弱环节。

随着自动化技术的发展,机床的刀架也有了许多变化,特别是数控车床上采用电(液)换位的自动刀架,有的还使用两个回转刀盘。加工中心则进一步采用了刀库和换刀机械手,实现了大容量存储刀具和自动交换刀具的功能,这种刀库安放刀具的数量从几十把到上百把,自动交换刀具的时间从十几秒减少到几秒甚至零点几秒。这种刀库和换刀机械手组成的自动换刀装置,成为加工中心的主要特征。

3.3.5 数控系统

1. 数控系统的基本概念

数控技术,简称数控(Numerical Control,NC),是利用数字化信息对机械运动机器加工过程进行控制的一种方法。由于现代数控都采用了计算机进行控制,因此,也可以称为计算机数控(Computer Numerical Control,CNC)。采用计算机数控技术进行控制的机床称为计算机数控机床(CNC 机床),简称数控机床它是一种综合应用计算机技术、自动控制技术、精密测量技术和机床设计等先进技术的典型机电一体化产品,是现代制造技术的基础。

为了对机械运动及加工过程进行数字化信息控制,数控机床必须具备相应的硬件和软件。用来实现数字化信息的硬件和软件的整体称为数控系统,数控系统的核心是数控装置。由于数控系统、数控装置的英文缩写都是 CNC,因此,在实际使用中,在不同场合 CNC 具有三种不同含义:既可以在广义上代表一种控制技术,又可以在狭义上代表一种控制系统的实体,还可以代表一种具体的控制装置——数控装置。

2. 数控系统的组成

数控系统主要由硬件和软件两大部分组成,其核心是 CNC 装置。它通过系统软件配合系统硬件,合理地管理数控系统的输入、数据处理、插补和输出信息,控制执行部件,使数控机床按照操作者的要求进行自动加工。数控系统采用了计算机作为控制部件,通常由常驻在其内部的数控系统软件实现部分或全部数控功能,从而对机床运动进行实时控制。只要改变数控系统的控制软件就能实现一种全新的控制方式。

各种数控机床的数控系统一般由以下几个部分组成:输入输出设备、计算机数字控制装置、可编程控制器(PLC)、主轴驱动装置、进给驱动装置和测量装置。其中计算机控制装置是数控系统的核心。图 3-25 所示为数控系统的一般结构框图。

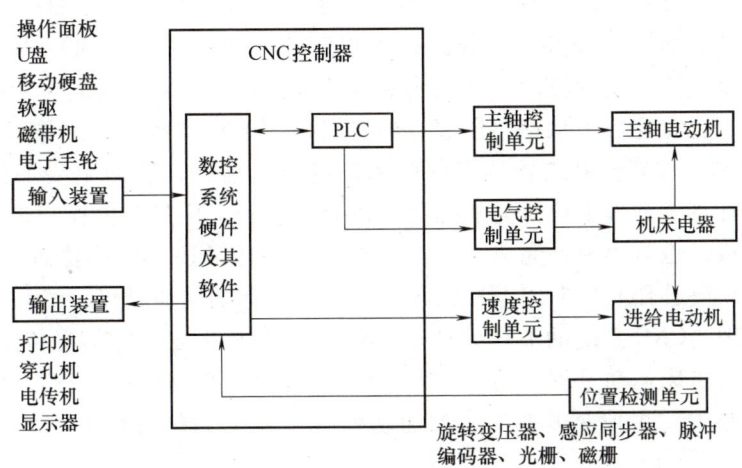

图 3-25 数控系统的一般结构框图

在图 3-35 所示的整个 CNC 系统的结构框图中，数控系统主要是指 CNC 控制器。CNC 控制器是由数控系统硬件、软件构成的专用计算机与 PLC 组成的。前者主要处理轨迹运动的数字控制，后者主要处理开关量的逻辑控制。

3. 数控系统的工作过程

（1）输入　输入 CNC 控制器的通常有零件加工程序、机床参数和刀具补偿参数。机床参数一般在机床出厂时或在用户安装调试时已经设定好，所以输入 CNC 控制器的主要是零件加工程序和刀具补偿参数。输入方式有纸带输入、键盘输入、磁盘输入、上级计算机 DNC 通信输入等。CNC 数控输入工作方式有存储方式和数控方式。存储方式是将整个零件程序一次全部输入到 CNC 数控内部存储器中，加工时再从存储器中把一个一个程序调出，该方式应用较多。数控方式是 CNC 数控一边输入、一边加工的方式，即在前一程序段加工时，输入后一个程序段的内容。

（2）译码　译码以零件程序的一个程序段为单位进行处理，把其中零件的轮廓信息（起点、终点、直线或圆弧等），F、S、T、M 等信息按一定的语法规则解释（编译）成计算机能够识别的数据形式，并以一定的数据格式存放在指定的内存专用区域。编译过程中还要进行语法检查，若发现错误便立即报警。

（3）刀具补偿　刀具补偿包括刀具半径补偿和刀具长度补偿。为了方便编程人员编制零件加工程序，编程时零件程序是以零件轮廓轨迹来编程的，与刀具尺寸无关。程序输入和刀具参数输入分别进行。刀具补偿的作用是把零件轮廓轨迹按系统存储的刀具尺寸数据自动转换成刀具中心（刀位点）相对于工件的移动轨迹。

（4）进给速度处理　数控加工程序给定的刀具相对于工件的移动速度是在各个坐标合成运动方向上的速度，即 F 代码的指令值。速度处理首先要进行的工作是将各坐标合成运动方向上的速度分解成各进给运动坐标方向的分速度，为插补时计算各进给运动坐标的行程量做准备；另外对于机床允许的最低和最高速度限制也在这里处理。有的数控机床的自动加速和减速也在这里处理。

（5）插补　零件加工程序段中的指令行程信息是有限的。例如，对于加工直线的程序段仅给定起点、终点坐标；对于加工圆弧的程序段除了给定其起点、终点坐标，还给定其圆心坐标或圆弧半径。要进行轨迹加工，必须从一条已知起点和终点的曲线上自动进行"数据点密化"的工作，这就是插补。插补在每个规定的周期（插补周期）内进行一次，即每个周期内，按指令进给速度计算出一个微小的直线数据段，通常经过若干个插补周期后，加工完一个程序段，也就完成了从程序段起点到终点的"数据点密化"工作。

（6）位置控制　位置控制装置位于伺服系统的位置环上，它的主要工作是在每个采样周期内，将插补计算出的理论位置与实际反馈位置相比较，用其差值控制进给电动机。位置控制可由软件完成，也可由硬件完成。在位置控制中，通常还要完成位置回路的增益调整、坐标方向的螺距误差补偿和反向间隙补偿等，以提高机床的定位精度。

（7）I/O 处理　CNC 系统的 I/O 处理是 CNC 系统与机床之间的信息传递和变换的通道。其作用一方面是将机床运动过程中的有关参数输入到 CNC 系统中；另一方面是将 CNC 系统的输出命令（如换刀、主轴变速换挡、加切削液等）转变为执行机构的控制信号，实现对机床的控制。

（8）显示　CNC 系统的显示主要是为操作者提供方便，显示装置有 LED 显示器、CRT

显示器和 LCD 显示器,一般位于机床的控制面板上。通常有零件程序显示、参数显示、刀具位置显示、机床状态显示、报警信息显示等。有的 CNC 装置中还有刀具加工轨迹的静态和动态模拟加工图形显示。

上述 CNC 系统的工作流程如图 3-26 所示。

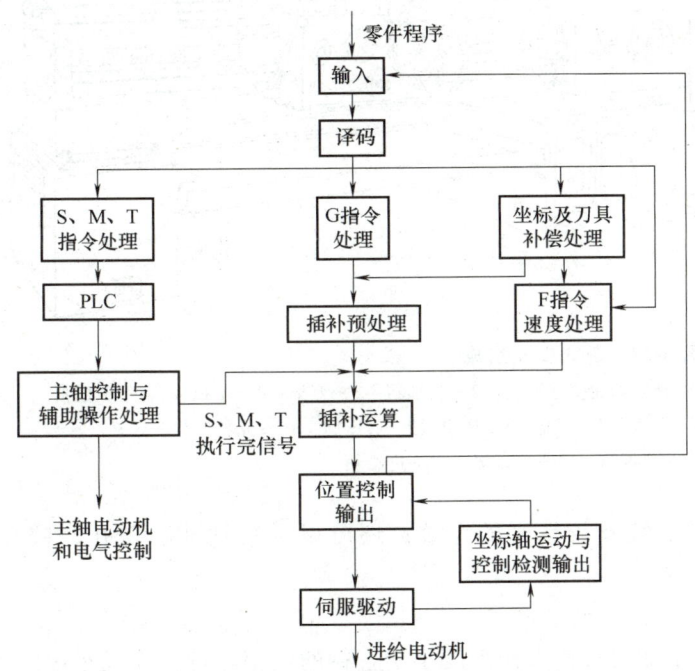

图 3-26 CNC 系统的工作流程

3.4 典型金属切削机床

3.4.1 车床

在一般机器制造厂中,车床的应用极为广泛,在金属切削机床中所占的比重最大,占金属切削机床总台数的 20%～35%,主要用于内外圆柱面、圆锥面、端面、成型回转表面以及内外螺纹等。

车床类机床的运动特征是主运动为主轴做回转运动,进给运动通常由刀具完成。

车床加工所使用的刀具主要是各种车刀,还可用钻头、扩孔钻、铰刀等各种孔加工刀具。

车床的种类很多,按其结构和用途的不同,主要有卧式车床、立式车床、转塔车床、自动和半自动车床以及各种专门化车床,其中卧式车床是应用最广泛的一种。

1. CA6140 型卧式车床

CA6140 型卧式车床,其结构具有典型的卧式车床布局,它的通用性较高,加工范围较广,其组成如图 3-27 所示,适合于中小型的各类轴类和盘套类零件的加工。它能车削内外圆柱面、圆锥面、各种环槽、成形面及端面;能车削常用的标准螺纹,也可以车削

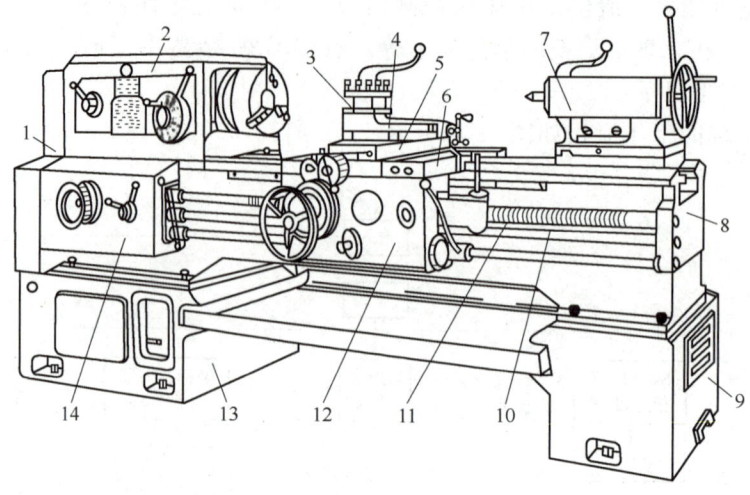

图 3-27 卧式车床组成
1—交换齿轮变速机构 2—主轴箱 3—刀架 4—小拖板 5—中拖板
6—床鞍 7—尾座 8—床身 9—右床腿 10—光杠 11—丝杠
12—溜板箱 13—左床腿 14—进给箱

大螺距螺纹、非标螺纹及较精密的螺纹;还可以进行钻孔、扩孔、铰孔、镗孔、滚花等工作。

2. 立式车床

立式车床适合于加工直径大而高度小于直径的大型零件。立式车床的主要参数用最大车削直径的 1/100 表示。例如,C5112A 型单柱立式车床的最大车削直径为 1200mm,其主要参数用 12 表示。立式车床按结构特点分为单柱立式车床和双柱立式车床两种,单柱立式车床只用于加工直径不太大的工件。

由于立式车床的工作台处于水平位置,因此对笨重工件的装卸和找正都比较方便,工件和工作台的质量比较均匀地分布在导轨面和推力轴承上,有利于保持机床的工作精度和提高生产率。

3. 数控车床

数控车床是将编好的加工程序输入到数控系统中,由数控系统通过控制车床 X、Z 坐标轴的伺服电动机去控制车床运动部件的动作顺序、移动量和进给速度,再配以主轴的转速和转向,便能加工出各种不同形状的轴类和盘类回转体零件,具有高精度、高效率等特点。图 3-28 所示为数控车床的外观图。

数控车床由数控系统和机床本体组成,数控系统由控制电源、伺

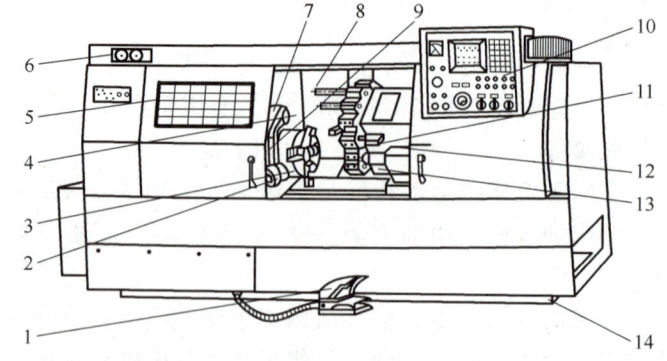

图 3-28 数控车床的外观图
1—脚踏开关 2—对刀仪 3—主轴卡盘 4—主轴箱
5—机床防护门 6—压力表 7—对刀仪防护罩
8—导轨防护罩 9—对刀仪转臂 10—操作面板
11—回转刀架 12—尾座 13—滑板 14—床身

服控制器、主机、主轴编码器、显示器等组成。机床由床身、电动机、主轴箱、电动回转刀架、进给传动系统、冷却系统、润滑系统、安全保护系统等组成。数控车床按照结构可分为立式数控车床和卧式数控车床,按照功能又可分为经济型数控车床、普通型数控车床和车削加工中心。

3.4.2 铣床

铣床是用铣刀进行切削加工的机床。通常铣床的主运动是铣刀的旋转运动;工件或铣刀的移动为进给运动,这有利于采用高速切削,其生产率比刨床高。铣床的加工范围很广,可以加工各种平面、沟槽、台阶、螺旋面等。

铣床的类型主要有升降台铣床、龙门铣床和数控铣床等。

1. 升降台铣床

按主轴在铣床上布置方式的不同,铣床可分为卧式铣床和立式铣床两种类型。

卧式升降台铣床又称卧铣,是一种主轴水平布置的升降台铣床,如图 3-29 所示。在卧式升降台铣床上还可安装由主轴驱动的立铣头附件。立式升降台铣床又称立铣,是一种主轴垂直布置的升降台铣床,如图 3-30 所示。若在卧式升降台铣床的工作台与床鞍之间加装一层转盘,转盘相对于床鞍可在水平面内旋转一定的角度(±45°范围),以便加工螺旋槽等表面,则称为万能升降台铣床。

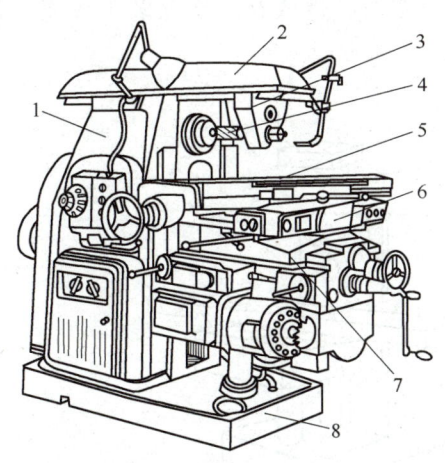

图 3-29 卧式升降台铣床

1—床身 2—悬梁 3—刀杆支架 4—铣刀轴
5—工作台 6—床鞍 7—升降台 8—底座

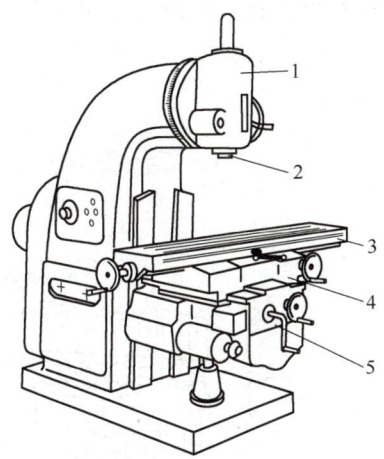

图 3-30 立式升降台铣床

1—立铣头 2—主轴 3—工作台
4—床鞍 5—升降台

2. 龙门铣床

龙门铣床是一种大型、高效、通用机床,主要用于加工各类大型工件上的平面、沟槽,借助于附件并可完成斜面、孔等的加工。机床主体结构呈龙门式框架,如图 3-31 所示。龙门铣床刚度高,可多刀同时加工多个工件或多个平面,生产率高,适用于成批大量生产。

3. 数控铣床

数控铣床是一种加工功能很强的数控机床,加工范围十分广泛,不仅可以加工各种平面、沟槽、螺旋面、成型面和孔,而且还能加工各种平面曲线和空间曲线等复杂型面,适合于各种模具、凸轮、板类及箱体类零件的加工。目前迅速发展起来的加工中心、柔性加工单元等都是在数控铣床的基础上产生和发展起来的。

按主轴的布置形式，数控铣床可分为立式数控铣床、卧式数控铣床和立卧两用式数控铣床。

1）立式数控铣床，如图 3-32a 所示。立式数控铣床的主轴和工作台垂直，主要用于加工水平面内的型面，多为三坐标联动机床，即可以同时控制三个坐标轴运动，也有一些立式数控铣床只能同时控制三个坐标中的两个坐标轴运动，第三个坐标轴只能沿一个方向做等距离的周期移动，这种立式数控铣床称为两轴半控制铣床。此外，还有机床主轴可以绕 X、Y、Z 坐标轴中的其中一个或两个轴做数控摆角运动的四坐标和五坐标立式数控铣床。立式数控铣床在布局上也可以附加数控转盘。

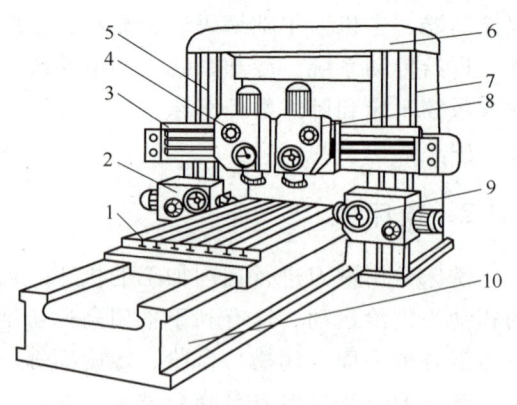

图 3-31 龙门式铣床

1—工作台 2、9—水平铣头 3—横梁
4、8—垂直铣头 5、7—立柱 6—顶梁 10—床身

2）卧式数控铣床，如图 3-32b 所示。卧式数控铣床的主轴轴线平行于水平面，为了扩大加工范围、扩充功能，常采用增加数控转盘或万能数控转盘来实现四、五坐标加工，可以省去很多专用夹具或专用角度成形铣刀，适合加工箱体类零件或在一次安装中改变工位的零件。

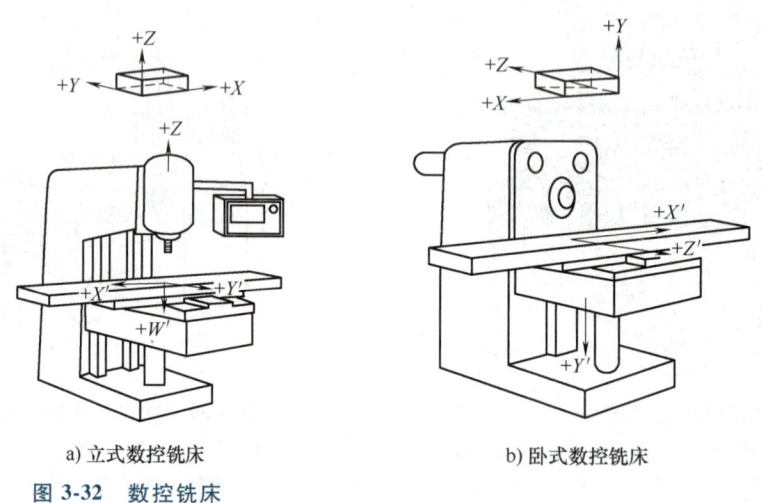

a）立式数控铣床　　　　　b）卧式数控铣床

图 3-32 数控铣床

3.4.3 磨床

磨床是用磨料磨具（如砂轮、砂带、磨石、研磨剂）为工具进行切削加工的机床。它们是由于精加工和硬表面加工的需要而发展起来的，目前也有少数应用于粗加工的高效磨床。

为了适应磨削各种加工表面、工件形状及生产批量的要求，磨床的种类很多，其中主要类型有外圆磨床、内圆磨床、平面磨床、工具磨床、刀具刃具磨床、各种专门化磨床（如曲轴磨床、凸轮轴磨床、花键轴磨床、齿轮磨床、螺纹磨床、球轴承套圈沟磨床等)、精磨机床和其他磨床(如珩磨机、抛光机、超精加工机床、砂轮机等)。

1. M1432A 型万能外圆磨床

如图 3-33 所示，M1432A 型万能外圆磨床是一种典型的外圆磨床，主要用于磨削圆形或圆锥形的外圆和内孔，也能磨削阶梯轴的轴肩和端平面，其主参数以工件最大磨削直径的 1/10 表示。这种磨床属于普通精度级，通用性较大，而且自动化程度不高，磨削效率较低，所以适用于工具车间、机修车间和单件、小批量生产的车间。

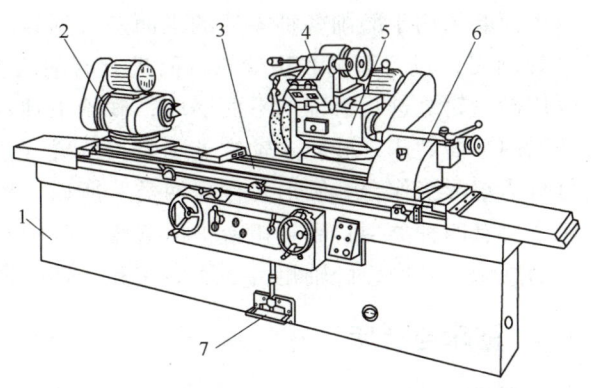

图 3-33　M1432A 型万能外圆磨床
1—床身　2—头架　3—工作台　4—内圆磨具
5—砂轮架　6—尾座　7—脚踏操纵板

2. 无心外圆磨床

无心磨床通常指无心外圆磨床。无心外圆磨床如图 3-34 所示，工件 2 不用顶尖支承或卡盘夹持，置于磨削砂轮 1 和导轮 3 之间，并用托板 4 支承定位，工件中心略高于两轮中心的连线，并在导轮摩擦力作用下带动旋转。导轮为刚玉砂轮，它以树脂或橡胶为结合剂，与工件间有较大的摩擦系数，线速度在 10～50m/min 内，工件的线速度基本上等于导轮的线速度。磨削砂轮 1 采用一般的外圆磨砂轮，通常不变速，线速度很高，一般为 35m/s 左右。为了避免磨削出棱圆形工件，工件中心高于磨削砂轮和导轮的连心线。这样，就可使工件在多次转动中逐步被磨圆。无心外圆磨床适用于大批量生产中磨削细长轴以及不带中心孔的轴、套、销等零件，它的主参数以最大磨削直径的 1/10 表示。

3. 内圆磨床

内圆磨床有普通内圆磨床、无心内圆磨床和行星内圆磨床等多种类型，用于磨削各种圆柱孔和圆锥孔。按自动化程度分为普通、半自动和全自动内圆磨床三类，普通内圆磨床比较常用。普通内圆磨床的主参数以最大磨削孔径的 1/10 表示。

图 3-35 所示为常见的普通内圆磨床。头架安装在工作台上，可随工作台沿床身导轨做

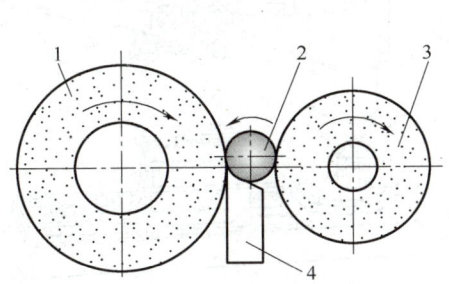

图 3-34　无心外圆磨床
1—磨削砂轮　2—工件　3—导轮
4—托板

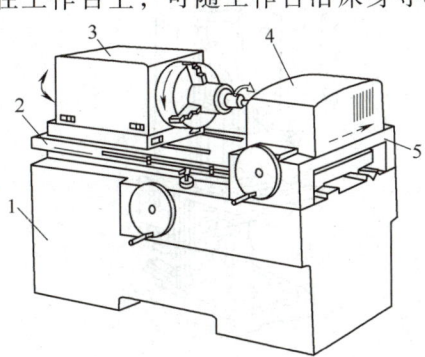

图 3-35　普通内圆磨床
1—床身　2—工作台　3—工件头架
4—砂轮架　5—滑座

纵向往复运动，还可在水平面内调整角度位置以磨削圆锥孔。工件装夹在头架上，由主轴带动做圆周进给运动。内圆磨削砂轮由砂轮架主轴带动做旋转运动，砂轮架可由手动或液压传动沿床鞍做横向进给，工作台每往复一次，砂轮架做横向进给一次。

4. 平面磨床

平面磨床用于磨削各种零件的平面。根据砂轮的工作面不同，平面磨床可分为用砂轮轮缘（即圆周）进行磨削和用砂轮端面进行磨削两类。

用砂轮轮缘进行磨削的平面磨床，砂轮主轴常处于水平位置（卧式）；而用砂轮端面进行磨削的平面磨床，砂轮主轴常处于竖直位置（立式）。根据工作台的形状不同，平面磨床又可分为矩形工作台和圆形工作台两类。所以，根据砂轮工作面和工作台形状的不同，平面磨床主要有四种类型：卧轴矩台平面磨床、卧轴圆台平面磨床、立轴矩台平面磨床和立轴圆台平面磨床。其中，卧轴矩台平面磨床和立轴圆台平面磨床最为常见。

3.4.4 钻床与镗床

1. 钻床

钻床是一种孔加工机床。加工时，工件固定在工作台上不动，刀具在做旋转主运动时，还沿其轴线移动，完成进给运动。在钻床上，可以进行钻孔、扩孔、铰孔、锪孔、攻螺纹和锪端面等。钻床的加工精度不高，只适合于加工一些精度要求不太高的零件。

钻床的主参数是最大钻孔直径。根据用途和结构不同，钻床可分为立式钻床、台式钻床、摇臂钻床和深孔钻床以及中心孔钻床等。

（1）立式钻床 图 3-36 所示为立式钻床。加工时工件直接或通过夹具安装在工作台上，主轴的旋转运动由电动机经变速箱传动，主轴既做旋转的主运动，又做轴向的进给运动。工作台和进给箱可沿立柱上的导轨调整其上下位置，以适应在不同高度的工件上进行钻削加工。但立式钻床不适用于加工大型件，生产率也不高，常用于单件、小批生产加工中小型工件。

（2）摇臂钻床 图 3-37 所示为摇臂钻床。摇臂钻床是一种摇臂可绕立柱回转和升降，

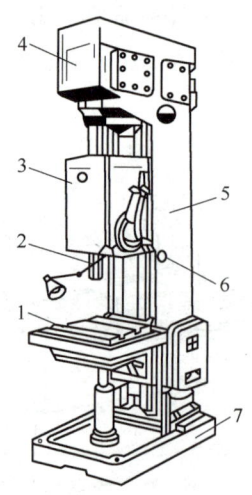

图 3-36 立式钻床

1—工作台 2—主轴 3—进给箱
4—变速箱 5—立柱 6—手柄 7—底座

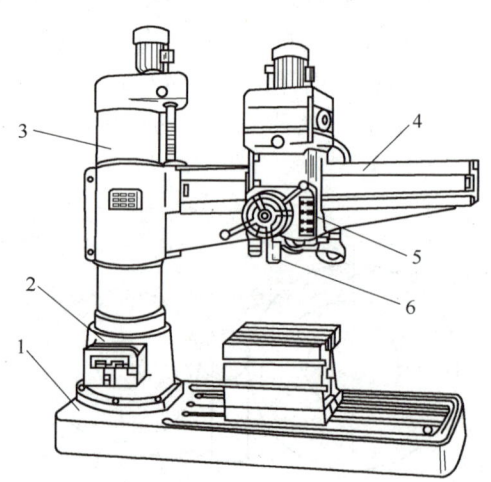

图 3-37 摇臂钻床

1—底座 2—内立柱 3—外立柱
4—摇臂 5—主轴箱 6—主轴

主轴箱又可在摇臂上做水平移动的钻床。加工时,主轴做旋转主运动,并随主轴套筒一起做垂直方向的进给运动。由于能方便地调整刀具的位置,以对准所需加工孔的中心,因此,在摇臂钻床上加工不易移动的大中型零件比较方便。

2. 镗床

在一些箱体类零件上,需加工数个尺寸不同的孔,这些孔的尺寸较大,精度要求较高,孔的轴线之间有严格的同轴度、垂直度、平行度及孔间距精度等要求。这样的零件一般应在镗床上进行加工。镗床主要是用镗刀进行镗孔,它的主要类型有卧式镗床、坐标镗床、金刚镗床等。

卧式镗床因主轴呈水平卧式布置而得名,如图 3-38 所示,主轴箱可上下移动。加工时,刀具随主轴做旋转主运动,并可沿主轴轴线随主轴做轴向进给运动。当主轴及刀杆悬伸较长时,可用装在后立柱垂直导轨上的支承架来支承悬伸的刀杆,以增加其刚性。

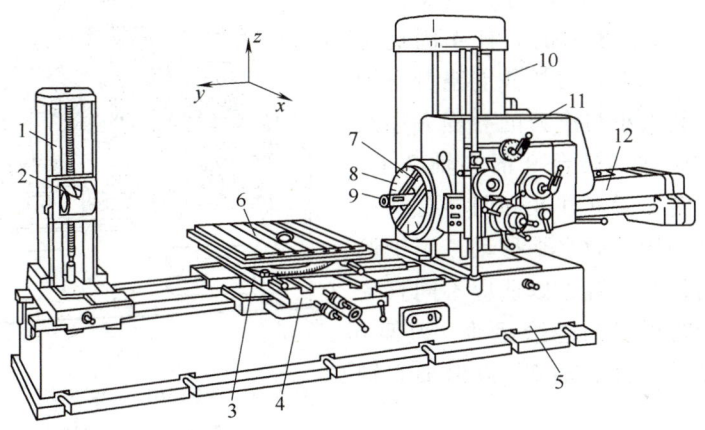

图 3-38 卧式镗床

1—后立柱 2—支承架 3—上滑座 4—下滑座 5—床身 6—工作台
7—溜板 8—平旋板 9—镗轴 10—前立柱 11—主轴箱 12—后尾筒

3.4.5 齿轮加工机床

齿轮是最常用的一类传动元件,它在各种机械设备上得到广泛应用。在金属切削机床中,用来加工齿轮轮齿表面的机床,称为齿轮加工机床。按被加工齿轮的种类,齿轮加工机床可分为圆柱齿轮加工机床和圆锥齿轮加工机床。圆柱齿轮加工机床主要有滚齿机、插齿机等;圆锥齿轮加工机床主要有加工直齿锥齿轮的刨齿机、加工弧齿锥齿轮的铣齿机等。此外,还有其他类型的齿轮加工机床,如车齿机、拉齿机、研齿机、剃齿机、磨齿机、珩齿机、人字齿轮铣床、锥齿轮磨床等。

滚齿机是最常用的齿轮加工机床。滚齿机加工齿轮是用展成法形成齿轮轮齿的,其原理相当于一对相啮合的斜齿轮传动过程,如图 3-39a 所示。将其中一个齿轮的齿数减少到一个或几个,齿轮的螺旋角增大,就成了蜗杆,如图 3-39b 所示。再将蜗杆开槽、铲背,就形成了齿轮滚刀,如图 3-39c 所示。当机床的滚刀和工件按某一确定的传动关系做啮合运动时,切削刃相对工件运动轨迹的包络线,就形成了齿轮轮廓曲线。

图 3-40 所示为 Y3150E 型滚齿机,主要用来加工直齿轮和斜齿轮,还可以加工蜗轮、花

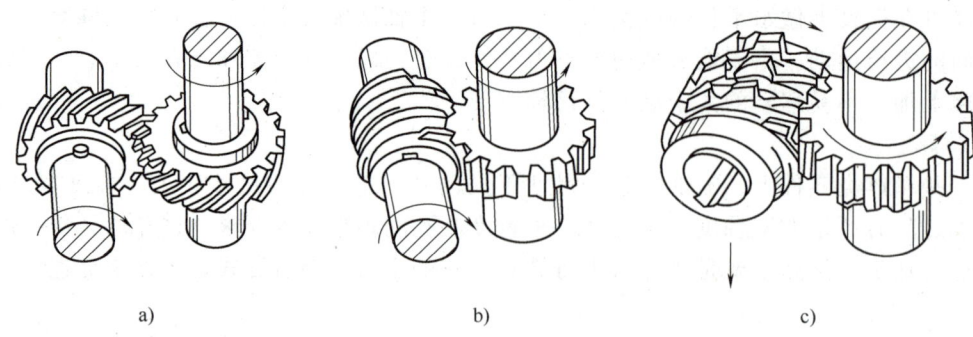

图 3-39 滚齿原理

键轴键槽等。立柱 2 固定在床身 1 上，溜板 3 可沿立柱 2 上的导轨做垂直方向的直线移动（轴向进给运动）。安装滚刀的刀杆 4 固定在刀架体 5 中的刀具主轴上。刀架体能绕自身轴线倾斜一个角度，其大小与滚刀的导程大小及旋向有关。工件安装在回转台 9 的心轴 7 上，并随回转台一起旋转。后立柱 8 和回转台 9 连成一体，可沿床身的导轨做水平移动，用于调整工件与滚刀间的径向位置，以适应不同直径的工件或加工蜗轮时做径向进给运动。刀架 6 可用轴套或顶尖支承工件心轴 7，以增加心轴的刚性。

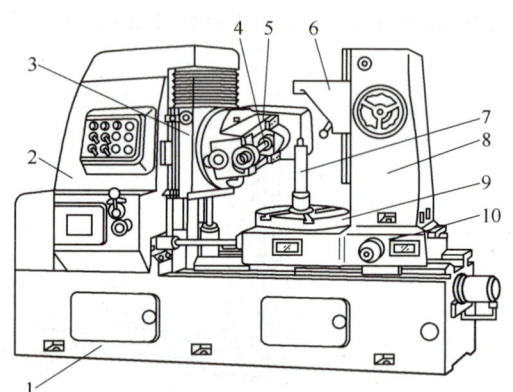

图 3-40 Y3150E 型滚齿机

1—床身 2—立柱 3—溜板 4—刀杆 5—刀架体 6—刀架 7—心轴 8—后立柱 9—回转台 10—床鞍

3.4.6 加工中心

具有自动换刀装置的数控机床通常称为加工中心，其主要特征是带有一个容量较大的刀库（一般有 10~120 把刀具）和自动换刀机械手。工件在一次装夹后，数控系统能控制机床按不同要求自动选择和更换刀具，自动连续完成铣（车）、钻、镗、铰、锪、攻螺纹等多工种、多工序的加工，适用于箱体、支架、盖板、壳体、模具、凸轮、叶片等复杂零件的多品种、小批量加工。

加工中心通常以主轴在加工时的空间位置分为卧式、立式和万能加工中心。图 3-41 所示为 JCS-018A 型立式加工中心。床身 10 上有滑座 9，做前后运动（Y 轴）；工作台 8 在滑座 9 上做左右运动（X 轴）；主轴箱 5 在立柱导轨上做上下运动（Z 轴）。立柱左前部有盘式刀库 4（16 把刀具）和换刀机械手 2，左后部是数控柜 3，内有数控系统。立柱右侧有驱动电源柜 7，其中有电源变压器、强电系统和伺服装置。操作面板 6 悬伸在机床右前方，以便操作。

继镗铣加工中心之后，还有车削加工中心、钻削加工中心和复合加工中心等。车削加工中心用来加工轴类零件，是数控车床在扩大工艺范围方面的发展。除了车削工艺，它还集中了铣键槽、铣扁、铣六角、铣螺旋槽、钻横向孔、端面分度钻孔、攻螺纹等工艺功能。钻削加工中心主要进行钻孔、扩孔、铰孔、攻螺纹等，也可进行小面积的端面铣削。复合加工中心的主轴头可绕45°轴自动回转，主轴可转成水平，也可转成竖直。若主轴转为水平，配合转位工作台，可进行四个侧面和侧面上孔的加工；若主轴转为竖直，可加工顶面和顶面上的孔，故也称为"五面加工复合加工中心"。

现代加工中心配备越来越多的附件，以进一步增加加工中心的功能。例如，新型的加工中心可供选择的附件有工件自动测量装置、尺寸调整装置、镗刀检验装置以及刀具磨损监测装置等。

为改善加工中心的功能，出现了自动更换工作台、自动更换主轴头、自动更换主轴箱和自动更换刀库的加工中心等。自动更换工作台的加工中心一般有两个工作台，一个工作台上的工件在进行加工时，在另一个工作台上可进行工件的装卸、调整等工作。自动更换主轴头的加工中心可以进行卧铣、立铣、磨削和转位铣削等加工，机床除了刀库，还有主轴头库，由工业机器人或机械手进行更换。自动更换主轴箱的加工中心一般有粗加工和精加工主轴箱，以便提高加工精度和加工范围。自动更换刀库的加工中心，刀库容量大，便于进行多工序复杂箱体类零件的加工。

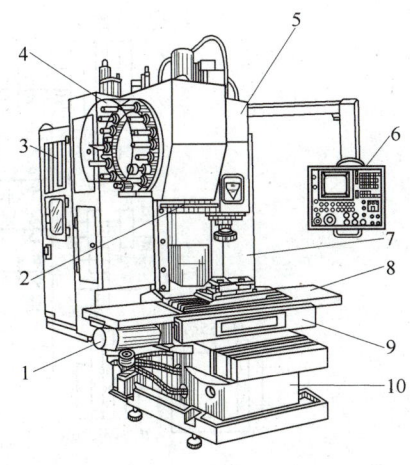

图 3-41　JCS-018A 型立式加工中心
1—直流伺服电动机　2—换刀机械手
3—数控柜　4—盘式刀库　5—主轴箱
6—操作面板　7—驱动电源柜
8—工作台　9—滑座　10—床身

习题与思考题

3-1　简述零件成形原理。

3-2　车削、铣削加工都能成形哪些表面？

3-3　镗削与车削有哪些不同？

3-4　分析各种孔加工方法的应用特点。

3-5　什么是顺铣？什么是逆铣？试分析逆铣和顺铣的工艺特征。

3-6　解释下列机床型号的含义：X6132，CG6125B，Z3040，MG1432，Y3150E，T6112。

3-7　各类机床中能加工外圆、孔及平面的机床有哪些？它们的适用范围有什么区别？

3-8　机床的主要技术参数有哪些？

3-9　什么是内联系传动链？什么是外联系传动链？其本质区别是什么？试举例说明。

3-10　试述 CA6140 型车床主传动链的传动路线。

3-11　列出 CA6140 型卧式车床最高和最低转速的传动路线表达式。

3-12　分析图 3-42 所示机床的传动系统。

1）写出主运动传动路线的表达式。

2）计算主轴的转速级数。

3）计算主轴的最高转速 n_{max} 和最低转速 n_{min}。

3-13　CA6140 型车床是怎样通过双向多片式摩擦离合器实现主轴正转、反转和制动的？

3-14　CA6140 型车床中，主轴在主轴箱中是如何支承的？自定心卡盘如何装到主轴上？

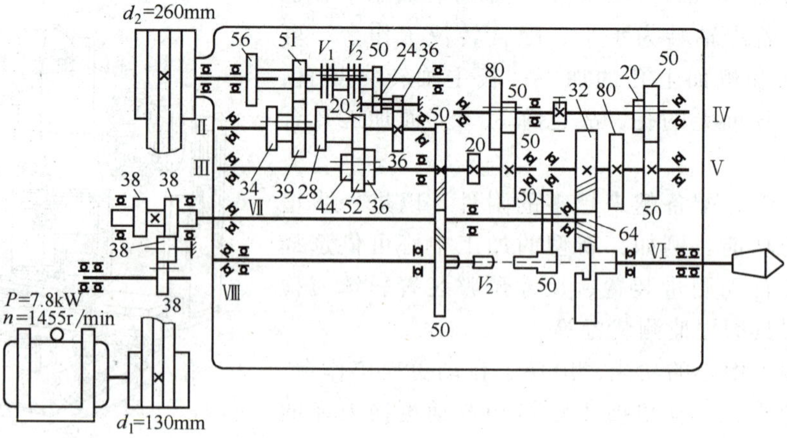

图 3-42 习题 3-12 图

3-15 简述数控机床的特点、分类及组成。
3-16 说明开环、闭环和半闭环伺服进给传动系统的区别及适用场合。
3-17 简述数控系统的工作过程。
3-18 列举生产中常见的典型机床。

第4章

工件装夹原理与机床夹具设计

为保证工件某工序的加工要求,必须在加工前使工件在机床上相对刀具的切削或成形运动处于准确的相对位置并保持该位置不变,即需对工件进行合理的装夹。在成批加工时,工件的装夹一般都通过夹具来进行。机床夹具是机械加工工艺系统的一个重要组成部分。本章主要介绍工件的装夹原理与夹具设计基本步骤。

4.1 概 述

4.1.1 工件的装夹

在机床上加工工件时,必须使工件在机床上相对于刀具有正确的位置,这个过程称为定位;为了使工件已经获得的正确位置在切削过程中不因切削力、惯性力、重力等外力作用而被破坏,必须对工件施加夹紧力,这个过程称为夹紧。定位和夹紧的全过程,称为工件的装夹。在金属切削机床上使用的装夹工件的装置统称为机床夹具。

在现代生产中,机床夹具是机械加工工艺系统的重要组成部分,也是机械加工工艺装备的重要组成部分。它直接影响加工的精度、劳动生产率和产品的制造成本等,故机床夹具设计在企业的产品设计、制造以及生产技术准备中占有极其重要的地位。

4.1.2 机床夹具的作用及分类

1. 夹具的作用

图 4-1 所示为套筒零件上 $\phi6H7$ 孔的钻床夹具。工件以内孔和端面在定位销 3 上定位,插入开口垫圈 5 后旋紧螺母 4 把工件夹紧。钻模板 2 的快换钻套 1 用来导引刀具(钻头、铰刀)对工件进行钻孔和铰孔。

夹具的主要作用如下:

1) 保证工件加工精度,稳定产品质量。图 4-1 中,工件在夹具中的正确位置是通过工件上的定位表面(内孔和端面)与夹具上定位元件的定位表面(定位销外圆和端面)相接触(配合)来保证的,不需找正便可直接夹紧工件。工件上孔 $\phi6H7$ 的位置精度由钻模板保证,只要机床与刀具调整好,工件的加工精度可稳定保证。

2) 提高生产率,降低生产成本。采用夹具,工件无须画线找正,安装方便迅速,可以采用多件装夹、机动夹紧,还可以加快夹紧速度,缩短辅助时间,也可以加大切削用量、缩短机动时间,从而提高生产率,降低加工成本。

3) 扩大机床工艺范围,改变机床的用途。在当前多品种、小批量生产的条件下,设计

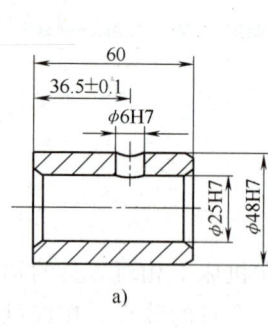
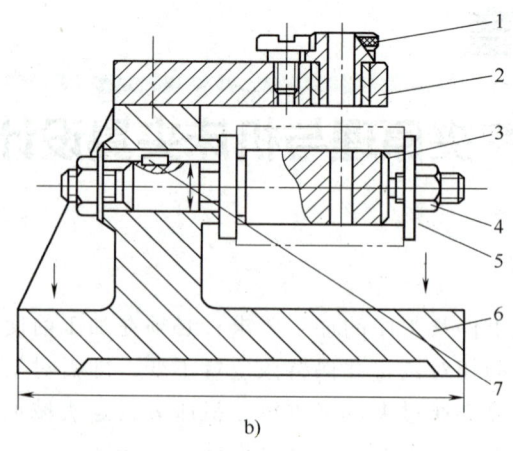

图 4-1 钻床夹具
1—快换钻套 2—钻模板 3—定位销 4—螺母 5—开口垫圈 6—夹具体 7—键

制造专用夹具,使机床"一机多用"能解决机床的数量、品种与工件的种类、规格不相符合的矛盾。例如,在车床托板上设计并装上镗模,就可以对箱体进行镗孔加工,代替镗床的部分工作;利用分度头可以在万能铣床上加工齿轮和花键,代替齿轮加工机床进行加工。

4)减轻工人劳动强度,保证安全生产。夹具一般采用杠杆、螺旋、凸轮、气动、液动和电气等机构,装卸方便、省力,夹紧安全可靠,降低了对工人的技术要求,并减轻了工人的劳动强度。

在不同的生产规模和生产条件下,夹具的作用和结构有很大的差异。例如,在单件小批量生产条件下,宜使用通用可调夹具;为了扩大机床的工艺范围和改变机床的用途,采用专用夹具,其结构应该力求简单;在大批量生产条件下,夹具的主要作用是在保证加工精度的前提下提高生产率,因此夹具的结构应完善,自动化程度可以相对提高,虽然夹具的制造费用高一些,但是由于生产率的提高、产品质量的稳定,技术经济效果还是较好的。

2. 夹具的分类

在制造工厂中,从原料入厂到最后产品出厂的各个部门中,都广泛使用着各种各样的夹具,如在热处理、焊接、机械加工、表面涂覆、检验、装配等各工序中,都使用着既适合于本工序要求,又方便快捷的夹具。夹具大致可分为机床夹具、检测夹具、装配夹具、焊接夹具等几大类。本章主要研究机床夹具。

(1)按夹具的使用特点分类

1)通用夹具。通用夹具一般作为通用机床的附件提供,是指已经标准化的、在加工不同的工件时无须调整或稍加调整(不必特殊调整)就可以使用的夹具,如车床上的自定心卡盘、单动卡盘、顶尖等,铣床上的机用虎钳、分度头、回转工作台等。通用夹具一般由专业厂家制造,具有通用性强、加工精度不高、生产率低等特点,适用于单件、小批量生产。

2)专用夹具。专用夹具是指根据某一工件的某一工序的加工要求而专门设计的夹具。专用夹具可以按照工件的加工要求设计得结构紧凑、操作迅速、方便、省力,以提高生产率。但专用夹具的设计制造周期长、成本较高,当产品变更时无法继续使用,所以适用于产品固定的大批量生产流水线。

3)可调夹具。可调夹具是指在加工形状相似、尺寸相近的多种工件时,只需更换或调整夹具上的个别元件或部件,就可以使用的夹具。可调夹具分为通用可调夹具和成组可调夹具,其中通用可调夹具的适用范围广一些,但加工对象不明确,其可更换或可调整部分的设计应有较大的适应性,而成组可调夹具是专门为成组工艺中的某一组(族)零件加工而设计的,其加工对象和使用范围都很明确。

采用可调夹具可以显著减少专用夹具数量,缩短生产周期,降低生产成本,因此在多品种、小批量生产中得到广泛应用。

4)随行夹具。随行夹具是自动线夹具的一种。自动线夹具基本上可分为两类:一类是固定式夹具,它与一般专用夹具相似;另一类是随行夹具,该夹具既要起到装夹工件的作用,又要与工件成为一体沿着自动线从一个工位移到下一个工位,进行不同工序的加工。

5)组合夹具。组合夹具是由一套事先制造好的标准元件和部件组装而成的夹具。组合夹具元件、部件之间相互配合部分的尺寸精度高、硬度高、耐磨性好,且具有完全互换性,故可以随时拆卸和组装,特别适用于新产品的试制和单件小批量生产。

(2)按使用的机床分类 按使用夹具机床的不同可分为车床夹具、铣床夹具、钻床夹具、镗床夹具、磨床夹具、齿轮加工机床夹具和其他机床夹具等。

(3)按夹紧动力源分类 按动力来源的不同可分为手动夹具、气动夹具、液压夹具、电动和磁力夹具、气-液增力夹具、真空夹具等。

4.1.3 机床夹具的组成

机床夹具的种类和结构虽然很多,但一般由下列部分组成。

1. 定位元件(装置)

定位元件是确定一批工件在夹具中占有正确位置的元件或装置。图 4-1 中的定位销 3 就是定位元件,通过它可以使该批套筒工件在夹具中处于正确的位置。

2. 夹紧元件(装置)

夹紧元件的作用是将工件压紧夹牢,保证工件在加工过程中受到自重或受到切削力、振动等外力作用时不离开已确定的正确位置。图 4-1 中采用螺母 4、开口垫圈 5、定位销 3 等组成的螺旋夹紧机构对工件进行夹紧。

3. 对刀与导向元件(装置)

对刀与导向元件的作用是确定刀具相对于夹具的正确位置和引导刀具进行加工。对于铣刀、刨刀等用对刀装置,对于钻头、扩孔钻、绞刀、镗刀等孔加工刀具用导向元件,如图 4-1 中的快换钻套 1、铣床夹具的对刀块等。

4. 连接元件

连接元件用来保证夹具和机床工作台之间的相对位置。铣床夹具用定位键与铣床工作台上的 T 形槽相配定位,再用螺钉夹紧。

5. 夹具体

夹具体是用来连接夹具上各元件及装置,使其成为一个整体的基础件,并通过它与机床有关部位连接,以确定夹具相对于机床的位置,如图 4-1 中的夹具体 6。

6. 其他元件(装置)

根据加工需要,有些夹具还需要使用一些满足夹具特殊功能的其他元件或装置。例如,使工件在一次安装中多次转位加工不同位置上的表面所设置的分度装置;工件被夹紧后起自锁作用的锁紧装置；用于气压、液压夹具中的汽缸、油缸的动力装置等。

并不是每一个夹具都要包括上述各部分，一般而言无论哪种夹具都必须有定位元件和夹紧装置。

4.2 工件在夹具中的定位

对一批工件来说，加工时每一个工件都应占据预先规定的位置。要做到这一点，需要采取两方面的措施：一是将夹具安装在机床上，经过调整后使夹具、刀具及机床之间获得正确的相对位置，即夹具在机床上的对定；二是使工件在夹具中处于一个正确的位置，即工件在夹具中的定位。本节将主要针对工件在夹具中定位时所涉及的定位原理、定位方式及各种典型定位元件所能限制的自由度等问题展开讨论。

4.2.1 基准及其分类

分析工件的定位问题，必须首先了解定位所涉及的基准问题。基准是用来确定生产对象上几何要素间的几何关系所依据的点、线、面。基准根据其功用的不同可分为设计基准和工艺基准。

1. 设计基准

设计基准是设计图样上所采用的基准，是标注设计尺寸或位置公差的起点。如图 4-2 所示的钻套零件，其中心线 OO 是各外圆表面和内孔的设计基准，端面 A 是端面 B、C 的设计基准，内孔 ϕD 的中心线是外圆 $\phi 40h6$ 的径向圆跳动和端面 B 的轴向圆跳动的设计基准。

2. 工艺基准

工艺基准是在工艺过程中所采用的基准。工艺基准按它的用途不同又可分为测量基准、装配基准、工序基准和定位基准。

（1）测量基准　测量基准为测量时所采用的基准。如图 4-2 所示，当将孔 ϕD 套在测量心轴上测量 $\phi 40h6$ 的径向圆跳动和端面 B 的端面圆跳动时，内孔 ϕD 即是零件的测量基准。

（2）装配基准　装配基准是装配时确定零件或部件在产品中的相对位置所采用的基准。如图 4-3 所示，以内孔和左端面确定其安装在轴上的位置，内孔和左端面就是齿轮的装配基准。

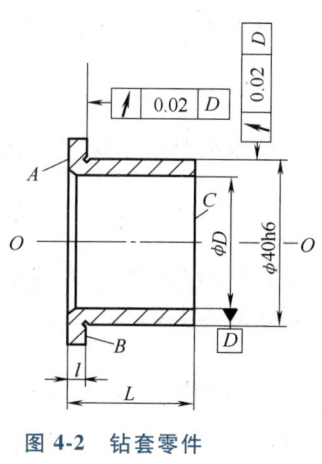

图 4-2　钻套零件

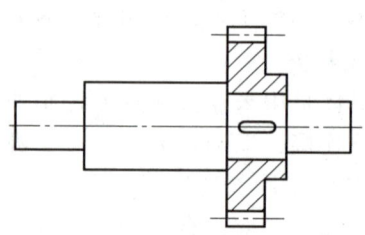

图 4-3　齿轮的装配基准

(3) 工序基准 工序基准是在工序图上用来确定该工序加工表面加工后的尺寸、形状、位置的基准。它是某工序所要达到的加工尺寸（即工序尺寸）的起点。图 4-4 所示为一工件钻孔工序简图，加工表面上的孔 ϕD，要求其中心线与 A 面垂直，并与 C 面和 B 面保持距离 L_1 和 L_2，因此 A、B、C 面均为本工序的工序基准。

(4) 定位基准 当工件以回转表面（圆柱面、圆锥面、球面等）与夹具的定位元件接触（或配合）时，其轴线称为定位基准，工件上的回转面（体现定位基准作用的表面）称为定位基面，如图 4-5a 所示；与此对应，定位心轴的圆柱面称为限位基面，心轴的轴线称为限位基准。如工件以平面与定位元件接触时，工件上实际存在的面是定位基面，如果工件的定位基面是精加工过的，形状误差很小，可认为定位基面就是定位基准，如图 4-5b 所示。同样，定位元件以平面限位时，若形状误差很小，也可以认为限位基面就是限位基准。从理论上说，定位基准应与限位基准重合，定位基面与限位基面应接触。限制自由度最多的定位基面称为主要定位基面。

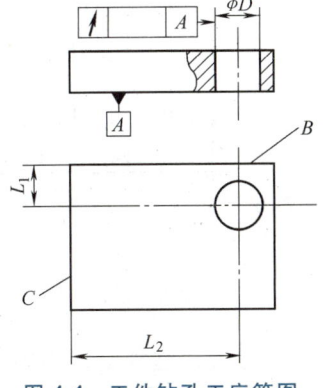

图 4-4 工件钻孔工序简图

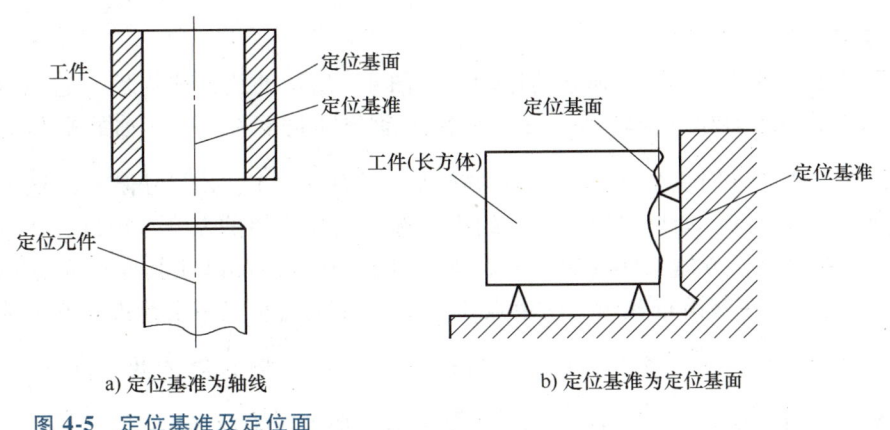

a) 定位基准为轴线   b) 定位基准为定位基面

图 4-5 定位基准及定位面

4.2.2 定位基准的选择原则

1) 尽量用精加工过的表面作为定位基面，并尽可能使定位基准与工序基准重合，以保证有足够的定位精度。

2) 应使工件装夹方便、稳定、便于操作，且变形小。

3) 遵守基准统一的原则，以减少夹具的种类，提高各被加工表面的位置精度。

因为定位基准的选择是一个比较复杂的问题，所以在实际应用中，还要根据具体的生产条件做具体分析。

定位基准的选择是定位设计的一个关键问题。工件的定位基准一旦确定，则其定位方案也基本确定。通常定位基准是在制订工艺规程时确定的，如图 4-6a 所示，平面 A 和 B 靠在支承元件上得到定位，以保证工序尺寸 H、h。图 4-6b 所示为工件以素线 C、F 为定位基准。定位基准除了工件上的实际表面（轮廓要素面、点或线），也可以是中心要素如几何中心、对称中心线或对称中心平面，如图 4-6c 所示，定位基准是两个与 V 形块接触的点 D、E 的

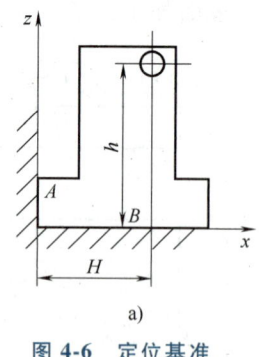 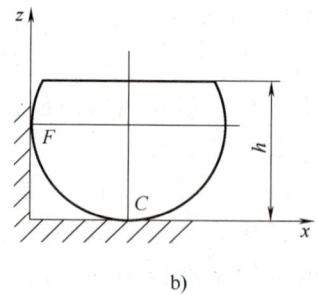 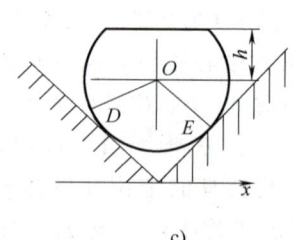

图 4-6　定位基准

几何中心 O，这种定位称为中心定位。

设计夹具时，从减小加工误差考虑，应尽可能选用工序基准为定位基准，即遵循基准重合原则。当用多个表面定位时，应选择其中一个较大的表面为主要定位基准。工件的定位基准是多种多样的，故不同形状工件的定位支承点分布将会有所不同。

4.2.3　定位原理及定位元件

1. 六点定位原理

一个物体在空间可以有六个独立的运动。以图 4-7 所示的长方体为例，它在直角坐标系 $Oxyz$ 中有三个平移运动和三个转动。三个平移运动分别是沿 x、y、z 轴的平移运动，记为 $\vec{X}$、$\vec{Y}$、$\vec{Z}$；三个转动分别是绕 x、y、z 轴的转动，记为 $\hat{X}$、$\hat{Y}$、$\hat{Z}$。习惯上，把上述六个独立运动称为六个自由度。如果采取一定的约束措施，消除物体的六个自由度，则物体被完全定位。例如，在讨论长方体工件的定位时，如图 4-8a 所示，可以在其底面布置三个不共线的约束点 1、2、3，在侧面布置两个约束点 4、5，并在端面布置一个约束点 6，则约束点 1、2、3 可以限制 $\vec{Z}$、$\hat{X}$ 和 $\hat{Y}$ 三个自由度；约束点 4、5 可以限制 $\vec{Y}$ 和 $\hat{Z}$ 两个自由度；约束点 6 可以限制 $\vec{X}$ 一个自由度。通过这种方式可以完全限制长方体工件的六个自由度。

在实际应用中，常把接触面积很小的支承钉视为约束点，即按上述位置布置六个支承钉，可限制长方体工件的六个自由度，如图 4-8b 所示。

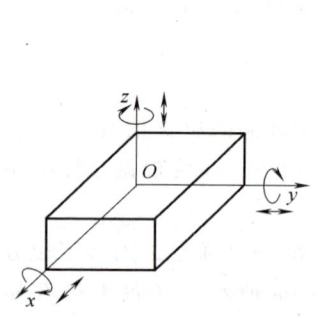

图 4-7　自由度示意图

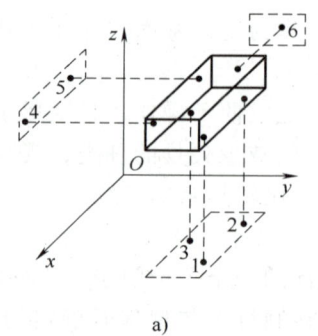 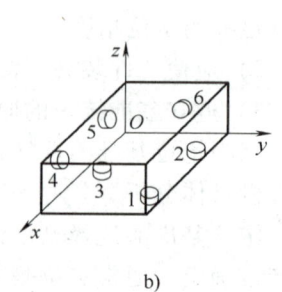

图 4-8　长方体工件的定位分析

综上，工件在夹具中有六个自由度，要限制这六个自由度，就需要在夹具上按一定要求合理布置六个支承点或相当于支承点的定位元件与工件紧密接触或配合，其中每一个支承点相应地消除一个自由度，从而使工件在夹具中处于一个完全确定的位置，这就是通常所说的"六点定位原理"。

需要指出的是，六点定位原理中的"点"应理解成"自由度"。实际上，夹具是用各种形式的定位元件来限制工件自由度的。如支承板、定位套、圆柱销、V形块等，它们各起几点定位作用，必须由它实际限制的自由度数来确定。表4-1列出了工件典型定位方式、定位元件及所限制的自由度，供分析研究工件定位时参考。

表 4-1　工件典型定位方式、定位元件及所限制的自由度

工件的定位面	夹具的定位元件				
平面	支承钉	定位情况	一个支承钉	两个支承钉	三个支承钉
		图示	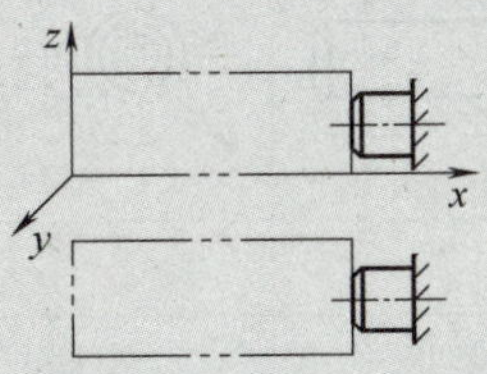	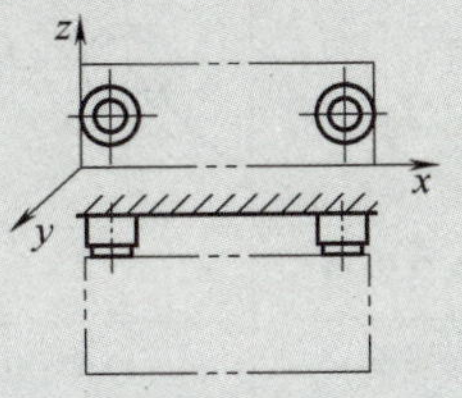	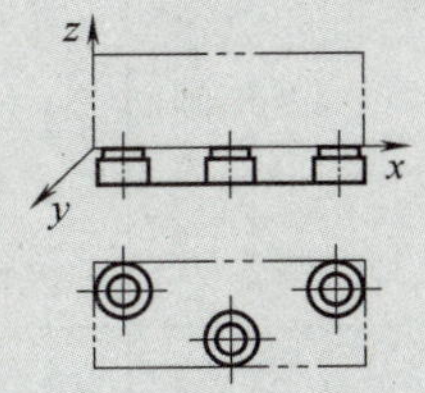
		限制的自由度	$\vec{X}$	$\vec{Y}、\vec{Z}$	$\vec{Z}、\widehat{Y}、\widehat{Z}$
	支承板	定位情况	一块条形支承板	两块条形支承板	一块矩形支承板
		图示	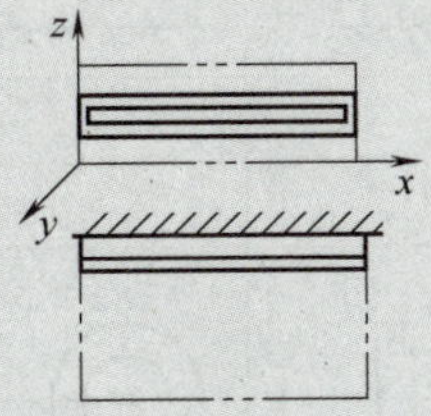	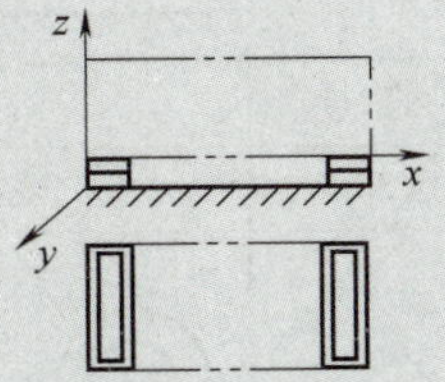	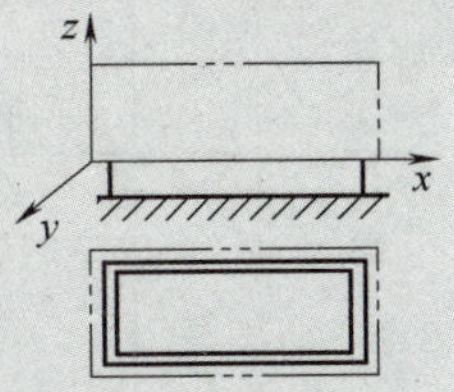
		限制的自由度	$\vec{Y}、\vec{Z}$	$\vec{Z}、\widehat{X}、\widehat{Y}$	$\vec{Z}、\widehat{X}、\widehat{Y}$
圆孔	圆柱销	定位情况	短圆柱销	长圆柱销	两端短圆柱销
		图示	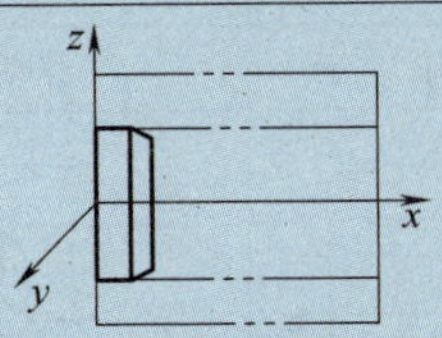	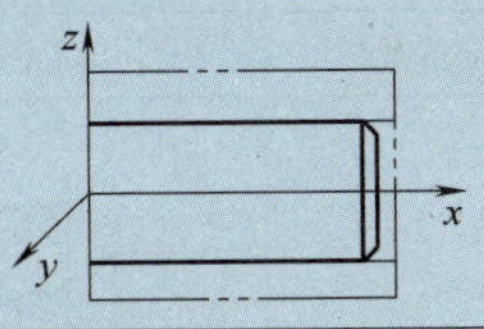	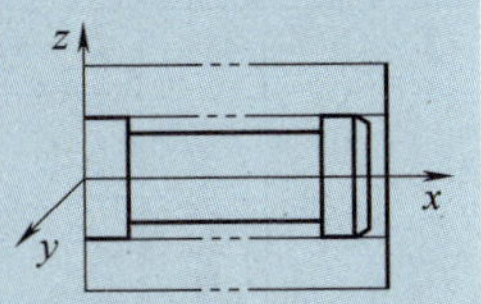
		限制的自由度	$\vec{Y}、\vec{Z}$	$\vec{Y}、\vec{Z}、\widehat{Y}、\widehat{Z}$	$\vec{Y}、\vec{Z}、\widehat{Y}、\widehat{Z}$
		定位情况	菱形销	长销小平面组合	短销大平面组合
		图示	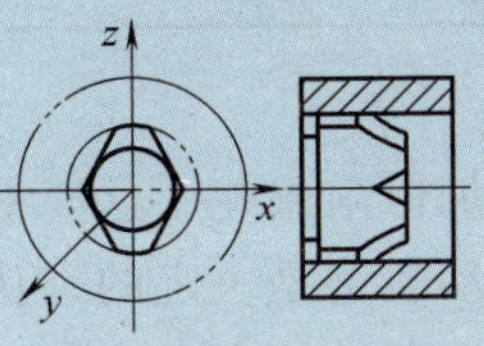	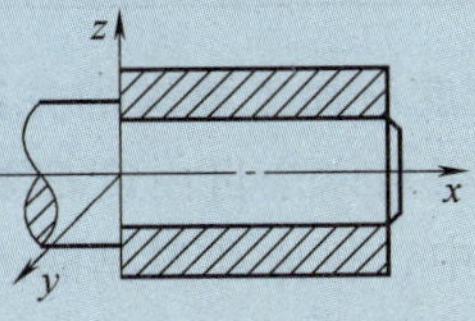	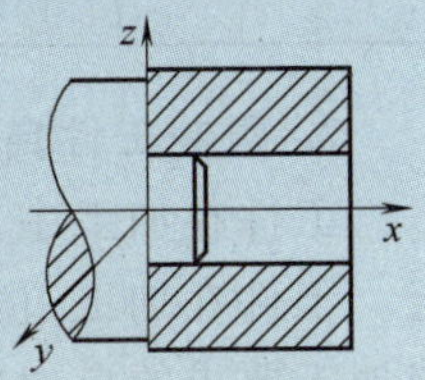
		限制的自由度	$\vec{Z}$	$\vec{X}、\vec{Y}、\vec{Z}、\widehat{Y}、\widehat{Z}$	$\vec{X}、\vec{Y}、\vec{Z}、\widehat{Y}、\widehat{Z}$

(续)

工件的定位面	夹具的定位元件				
圆孔	圆锥销	定位情况	固定锥销	浮动锥销	固定/浮动锥销组合
		图示			
		限制的自由度	$\vec{X}、\vec{Y}、\vec{Z}$	$\vec{Y}、\vec{Z}$	$\vec{X}、\vec{Y}、\vec{Z}、\hat{Y}、\hat{Z}$
	心轴	定位情况	长圆柱芯轴	短圆柱芯轴	小锥度芯轴
		图示			
		限制的自由度	$\vec{X}、\vec{Z}、\hat{X}、\hat{Y}$	$\vec{X}、\vec{Z}$	$\vec{X}、\vec{Z}$
外圆柱面	V形块	定位情况	一块短V形块	两块短V形块	一块长V形块
		图示			
		限制的自由度	$\vec{X}、\vec{Z}$	$\vec{X}、\vec{Z}、\hat{X}、\hat{Z}$	$\vec{X}、\vec{Z}、\hat{X}、\hat{Z}$
	定位套	定位情况	一个短定位套	两个短定位套	一个长定位套
		图示			
		限制的自由度	$\vec{X}、\vec{Z}$	$\vec{X}、\vec{Z}、\hat{X}、\hat{Z}$	$\vec{X}、\vec{Z}、\hat{X}、\hat{Z}$
圆锥孔	顶尖和锥度芯轴	定位情况	固定顶尖	浮动顶尖	锥度芯轴
		图示			
		限制的自由度	$\vec{X}、\vec{Y}、\vec{Z}$	$\vec{Y}、\vec{Z}$	$\vec{X}、\vec{Y}、\vec{Z}、\hat{Y}、\hat{Z}$

2. 限制工件自由度与加工要求的关系

工件在加工中是否对六个自由度都要加以限制呢？这要根据被加工工件的加工要求来确定。工件在加工过程中，机床和刀具的运动轨迹是一定的，从保证加工精度的要求来看，影响加工要求的自由度必须限制，不影响加工要求的自由度，根据实际情况而定。

（1）完全定位和不完全定位　根据工件加工要求，有时需要限制六个自由度，有时仅需要限制一个或几个（少于六个）自由度。前者称为完全定位，后者称为不完全定位。完全定位和不完全定位在实际中都有应用。

在图 4-9 中列举了 6 种情况。其中，图 4-9a 要求在球体上铣平面，由于是球体，所以三个转动自由度不必限制，此外该平面在 x 方向和 y 方向均无位置尺寸要求，因此这两个方向的移动自由度也不必限制。因为 z 方向有位置尺寸要求，所以必须限制 z 方向的移动自由度（$\vec{Z}$），即球体铣平面（通铣）只需限制一个自由度。仿照同样的分析，图 4-9b 要求在球体上钻通孔，只需要限制两个自由度（$\vec{X}$ 和 $\vec{Y}$）；图 4-9c 要求在长方体上通铣上平面，只需限制三个自由度（$\vec{Z}$、$\hat{X}$ 和 $\hat{Y}$）；图 4-9d 要求在圆轴上通铣键槽，只需限制四个自由度（除 $\vec{X}$ 和 $\hat{X}$ 外）；图 4-9e 要求在长方体上通铣槽，只需限制五个自由度（除 $\vec{X}$ 外）；图 4-9f 要求在长方体上铣不通槽，则需限制六个自由度。

这里必须强调，有时为了使定位元件帮助承受切削力、夹紧力或为了保证一批工件的进给长度一致，常常对无位置尺寸要求的自由度也加以限制。例如，在图 4-9a 中，虽然从定位分析上看，球体上通铣平面只需限制一个自由度，但是在决定定位方案的时候，往往会考虑要限制两个自由度或限制三个自由度，分别如图 4-10 和图 4-11 所示。

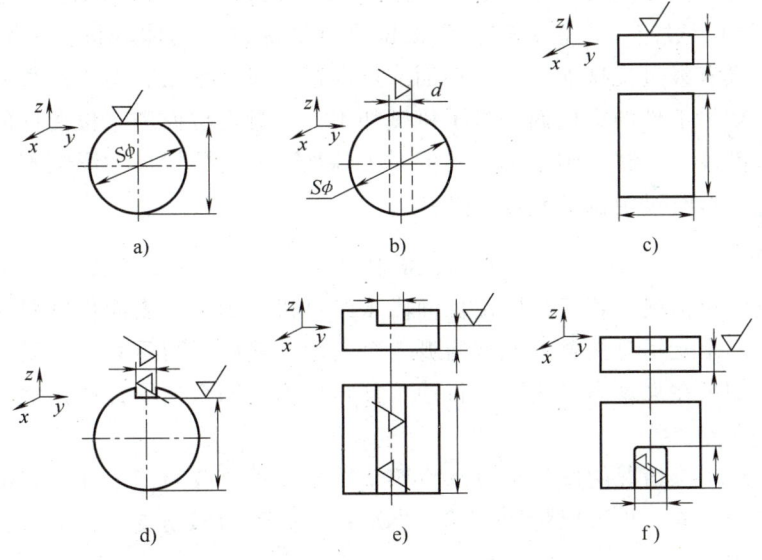

图 4-9 完全定位和不完全定位举例

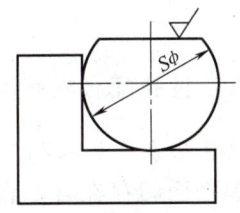

图 4-10 球体上通铣平面限制两个自由度

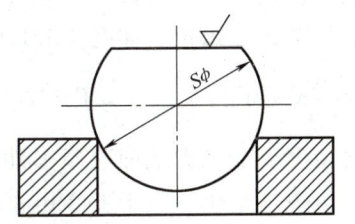

图 4-11 球体上通铣平面限制三个自由度

（2）欠定位和过定位　根据工件加工要求必须限制的自由度没有得到全部限制，约束点不足，这样的定位称为欠定位。欠定位是不允许的。图 4-12 所示为在铣床上加工长方体工件台阶面的两种定位方案。台阶高度尺寸为 A，宽度尺寸为 B，根据加工面的位置尺寸要求，在图示坐标系中，应限制的自由度为 $\vec{Y}$、$\vec{Z}$、$\widehat{X}$、$\widehat{Y}$ 和 $\widehat{Z}$。在图 4-12a 中，只限制了 $\vec{Z}$、$\widehat{X}$、$\widehat{Y}$ 三个自由度，属欠定位，难以保证位置尺寸 B 的要求。在图 4-12b 中，在工件侧面布置一块支承板后，进一步限制了 $\vec{Y}$ 和 $\widehat{Z}$ 两个自由度，才使位置尺寸 A 和 B 都得到了保证。

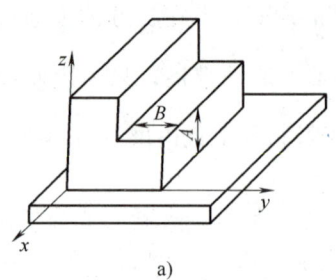 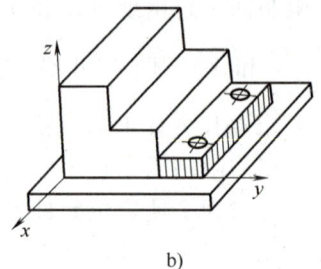

图 4-12　欠定位及其改进举例

工件在定位时，同一个自由度被两个或两个以上约束点约束，这样的定位称为过定位（或称为重复定位）。过定位是否允许，应根据具体情况进行具体分析。一般情况下，如果工件的定位面为没有经过机械加工的毛坯面或虽经过了机械加工，但仍然很粗糙，这时过定位是不允许的。如果工件的定位面经过了机械加工，并且定位面和定位元件的尺寸、形状和位置都做得比较准确、光整，则过定位不但对工件加工面的位置尺寸影响不大，反而可以增加加工时的刚性，这时过定位是允许的。

在图 4-13a 中，应该采用三个支承钉，限制 $\vec{Z}$、$\widehat{X}$、$\widehat{Y}$ 三个自由度，但却采用了四个支承钉，出现了过定位情况。若工件的定位面尚未经过机械加工，表面仍然粗糙，则该定位面实际上只可能与三个支承钉接触，究竟与哪三个支承钉接触，与重力、夹紧力和切削力都有关，定位不稳。如果在夹紧力作用下强行使工件定位面与四个支承钉都接触，就只能使工件变形，产生加工误差。

为了避免上述定位情况的发生，可以将四个平头支承钉改为三个球头支承钉，重新布置三个球头支承钉的位置，也可以将四个球头支承钉之一改为辅助支承，辅助支承只起支承作用而不起定位作用。

如果工件的定位面已经过机械加工，并且很平整，四个平头支承钉顶面又准确地位于同一个平面内，则上述过定位不仅允许而且能增强支承刚度，减小工件的受力变形，这时还可以将支承钉改为支承板，如图 4-13b 所示。

图 4-14a 所示为某工件以孔与端面联合定位情况，长销与工件孔配合限制了 $\vec{X}$、$\vec{Y}$、$\widehat{Z}$、$\widehat{Y}$ 四个自由度。支承大端面限制工件 $\vec{Z}$、$\widehat{X}$、$\widehat{Y}$ 三个自由度。可见 $\widehat{X}$、$\widehat{Y}$ 被两个定位元件重复限制，出现过定位。由于工件孔和端面间、长销轴线等支承平面间存在着垂直度误差，因此工件定位时，将出现支承平面与工件端面之间产生不完全接触。若用夹紧力迫使其接触，则会造成定位销或工件变形，其结果都将破坏工件的定位要求，从而严重影响工件的定位精度。

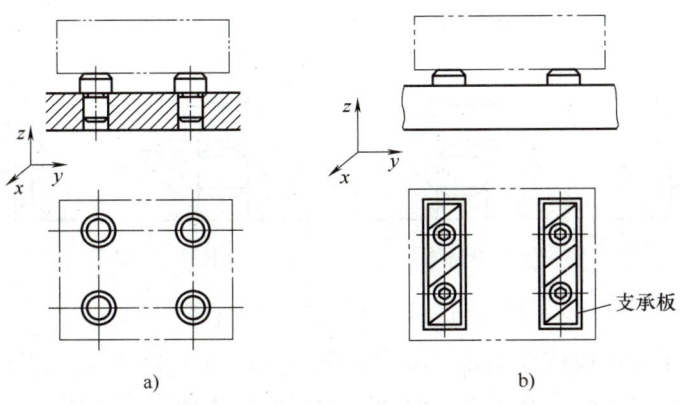

图 4-13 过定位及其改进举例

消除过定位一般有两个途径。一是改变定位元件的结构,以消除被重复限制的自由度,如图 4-14b 中将大端面改为小端面;二是提高工件定位基面之间及夹具定位元件表面之间的位置精度,以减少或消除过定位引起的误差,如图 4-14c 中在工件与大端面间加球形垫圈。

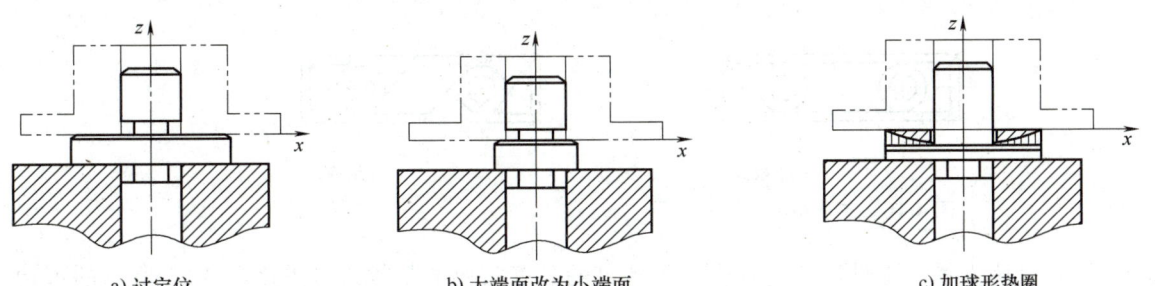

图 4-14 工件过定位情况及改善措施

3. 常用定位方式和定位元件

工件在夹具中定位时,一般并不是把工件的定位基面直接与夹具体接触,通常是放在定位元件上,通过工件上的定位基面和定位元件的定位表面相接触或配合来实现的。工件上被选为定位基面的常有平面、圆柱面、圆锥面、成形表面(如导轨面、齿形面等)及它们的组合,所采用的定位方法和定位元件的具体结构应与工件表面的形式相适应。

(1) 工件以平面定位　在机械加工中,工件以平面为定位基准是常见的定位方式。例如,一般箱体、机座、支架、圆盘、板状类工件等,在其主要加工工序中都要用平面作为定位基准进行定位。平面定位的主要形式是支承定位,即将定位基准平面支承在定位元件上,以与定位元件接触的实际表面或其上的点和线为定位基准。平面定位常用的定位元件包括固定支承、可调支承和自位支承等。

1) 固定支承。固定支承有支承钉和支承板两种形式,分别如图 4-15 和图 4-16 所示。在使用过程中,它们都是固定不动的。在定位过程中,支承钉一般只限制工件的一个自由度,而支承板相当于两个支承钉。图 4-15a 所示为平顶支承钉,适用于已经过粗加工或精加工表面的定位;图 4-15b 所示为圆顶支承钉,适用于毛坯面的定位;图 4-15c 所示的花纹顶面支承钉用于工件的侧面定位,它能增大摩擦系数,防止工件滑动;图 4-15d 所示为带衬套的支承钉,用于批量大、磨损快、需要经常修理的场合,因为它便于拆卸和更换。

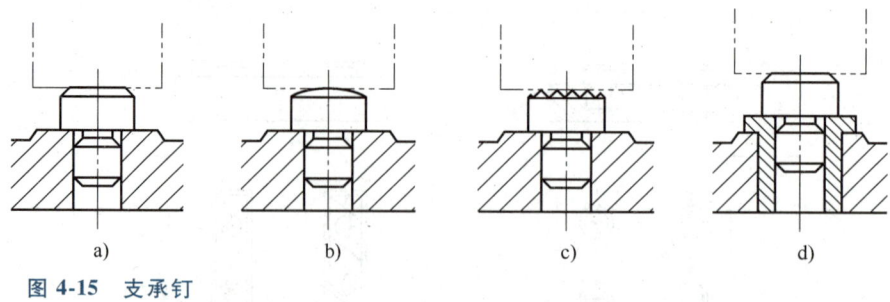

图 4-15 支承钉

支承板一般用于基准面较大的定位元件。图 4-16a 所示为平板式支承板,它结构简单,制造方便,但孔边切屑不易清除干净,故适用于侧面和顶面定位;图 4-16b 所示为斜槽式支承板,便于清除切屑,适用于底面定位。支承钉和支承板均已标准化,设计时可查有关国家标准,也可根据需要进行非标设计。

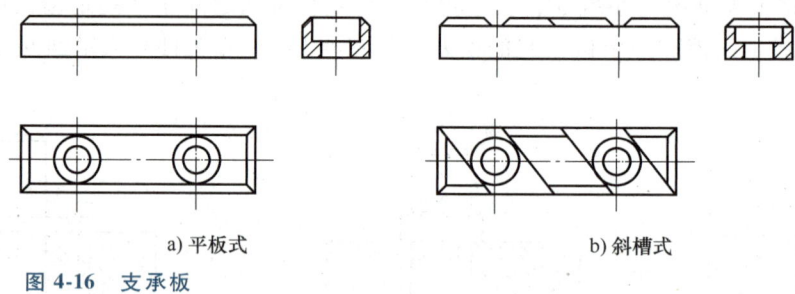

a) 平板式   b) 斜槽式

图 4-16 支承板

2)可调支承。工件定位过程中,支承钉的高度需要调整时,可采用图 4-17 所示的可调支承结构。安装一批工件前,可根据毛坯的情况调整可调支承螺钉 1 的高度,调整后用螺母 2 锁紧,以防止松动而使高度发生变化。

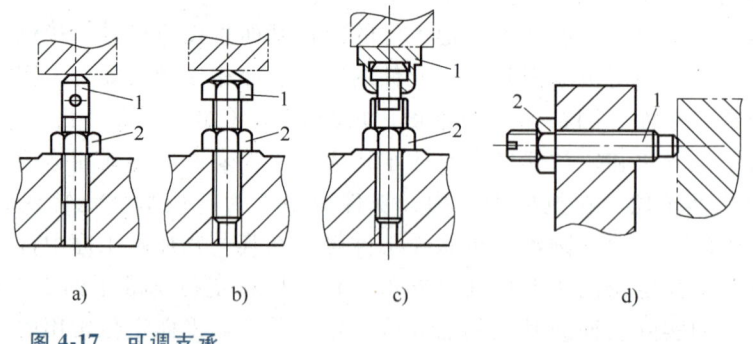

图 4-17 可调支承
1—可调支承螺钉 2—螺母

3)自位支承。自位支承又称浮动支承,其特点是其支承点的位置能随工件定位基准面位置的变化而自动与之适应。在结构上做成浮动或联动,可与工件有两点或三点接触,但其作用仍只相当于一个定位支承点,限制工件的一个自由度。由于增加了接触点数,可提高工件安装的刚性和稳定性,但结构稍复杂。自位支承常用于毛坯表面、断续表面、阶梯表面的定位以及有角度误差的平面定位,如图 4-18 所示为几种常见的自位支承。

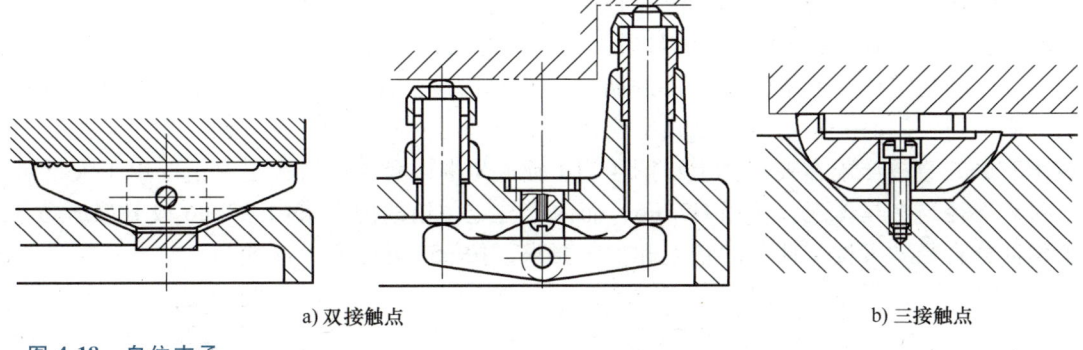

a) 双接触点　　　　　　　　　　　　　　b) 三接触点

图 4-18　自位支承

4) 辅助支承。在生产中，为提高工件的安装刚性和定位稳定性，常需增设辅助支承，如图 4-19 所示，加工一梯形零件，当用平面 1 定位铣平面 2 时，在工件右侧增加辅助支承 3，则可提高安装刚度和稳定性。辅助支承有多种结构形式，无论采用哪种结构，辅助支承只在定位支承对工件定位后才参与支承，辅助支承不起限制工件自由度的作用，不能转化为定位支承点。

（2）工件以圆柱孔定位　在生产中，套筒、法兰盘、齿轮、杠杆等工件常以孔中心线作为定位基准，因为这类工件的工序基准常选用孔中心线。与之相对应，夹具上所用的定位元件有心轴和定位销。

1) 心轴。工件在心轴上的定位通常限制了工件除绕自身轴线转动和沿自身轴线移动之外的四个自由度。心轴的结构形式有很多种，图 4-20 所示为几种常见的刚性心轴。图 4-20a 所示为圆柱心轴，图 4-20b 所示为花键心轴，这两种心轴与孔的配合常采用 H7/h6 或 H7/g6。图 4-20c 所示为小锥度心轴，其锥度一般为 1:2000～1:1500，使用时将工件轻轻压入，依靠锥面使工件对中和胀紧，这种心轴用于磨削或精车。除了刚性心

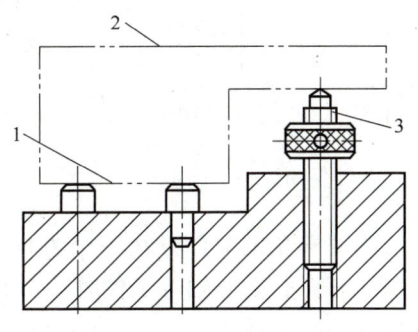

图 4-19　辅助支承的应用

1—平面　2—铣平面　3—辅助支承

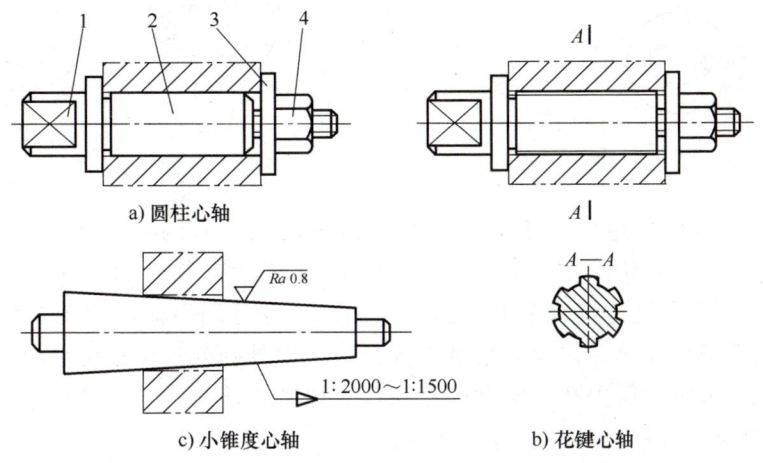

a) 圆柱心轴

c) 小锥度心轴　　　　　b) 花键心轴

图 4-20　刚性心轴

1—传动部分　2—定位部分　3—开口垫圈　4—螺母

轴，生产中还经常使用弹性心轴、液塑心轴、自动定心心轴等。

2）定位销。对于既用平面又用与平面相垂直的圆柱孔定位的工件，通常用定位销作为定位元件。圆柱定位销通常限制工件的两个移动自由度。图 4-21 所示为几种常用的圆柱定位销，其中图 4-21a～c 所示为固定式定位销，定位销与夹具体的连接一般采用过盈配合 H7/r6 或 H7/n6，直接压配在夹具体上；图 4-21d 所示为带衬套的可换式定位销，用于大批量生产。衬套外径与夹具体配合采用 H7/n6，而内径与定位销的配合采用 H7/h6 或 H7/g6。定位销工作部分直径 d 可按工件孔的精度和加工要求，按 g5、g6、f6、f7 制造。

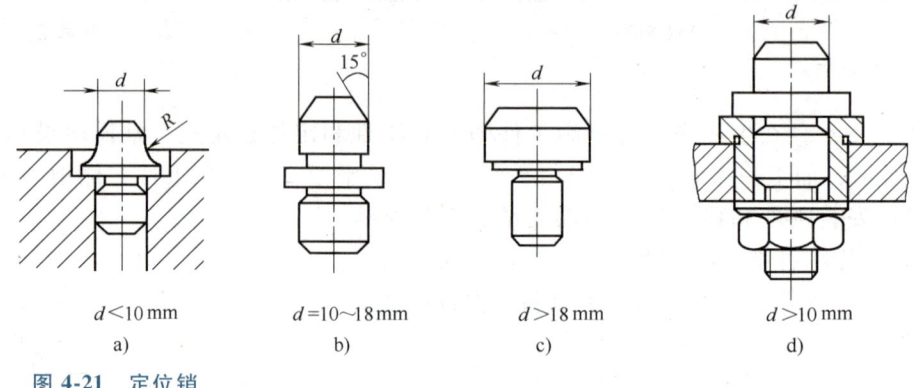

图 4-21 定位销

当要求孔销配合只在一个方向上限制工件自由度时，可采用菱形销，如图 4-22 所示。在加工套筒、空心轴等工件时，经常用到圆锥销定位，如图 4-23 所示。圆锥销定位限制了工件的三个移动自由度。图 4-23a 用于粗基准，图 4-23b 用于精基准。

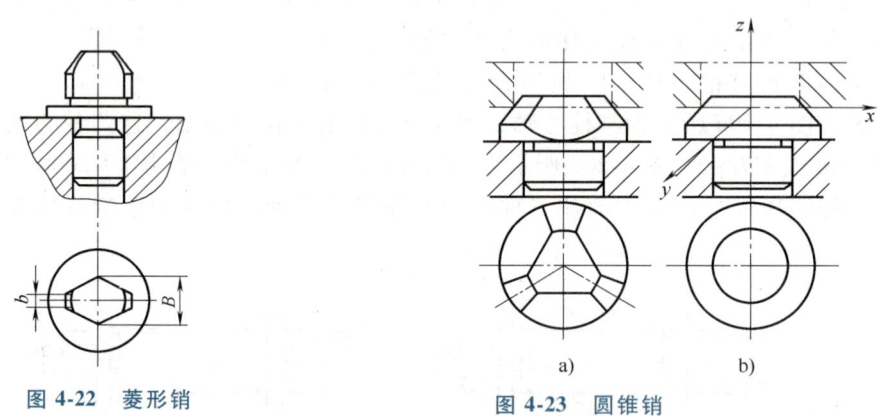

图 4-22 菱形销　　　　图 4-23 圆锥销

（3）工件以外圆柱面定位　　工件以外圆柱面定位主要有两种形式：一种是定心定位，一种是支承定位。定心定位的定位元件主要是套筒（包括锥套）和卡盘。定位套筒的结构形式如图 4-24 所示。定位套筒装在夹具体上，用以支承外圆表面，起定位作用。这种定位方法中，定位元件结构简单，但定心精度不高，当工件外圆与定位孔配合较松时，还易使工件偏斜，因而，常采用套筒内孔与端面一起定位，以减少偏斜。若工件端面较大，为避免过定位，定位孔应做短一些。

工件以外圆柱面支承定位时常用的定位元件是 V 形块，V 形块是由两个互成 α 角的平面组成的定位元件。V 形块夹角 α 有 60°、90°、120°三种，其中 90°用得最多。用 V 形块定

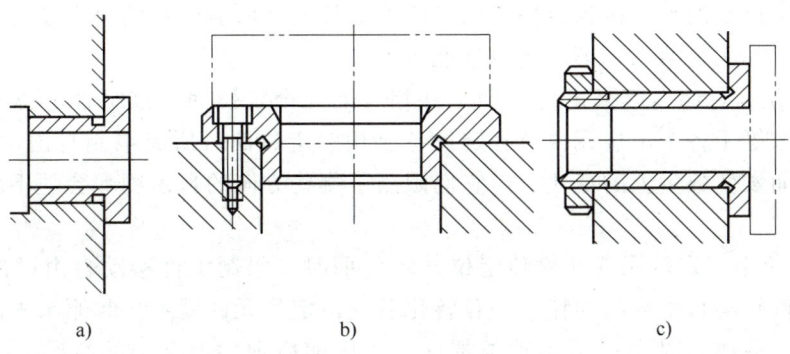

图 4-24 定位套筒的结构形式

位,对中性好,装卸工件方便,且可用于非完整外圆柱面的定位。

图 4-25 所示为常用的 V 形块结构形式。图 4-25a 用于较短的精基准定位,一般限制工件的两个自由度;图 4-25b 用于较长的未加工过的定位基准,一般限制工件的四个自由度;图 4-25c 用于两段精基准面相距较远的场合。如果定位元件直径与长度较大,则 V 形块可不用整体钢件,而采用铸铁底座镶淬火钢片,如图 4-25d 所示。

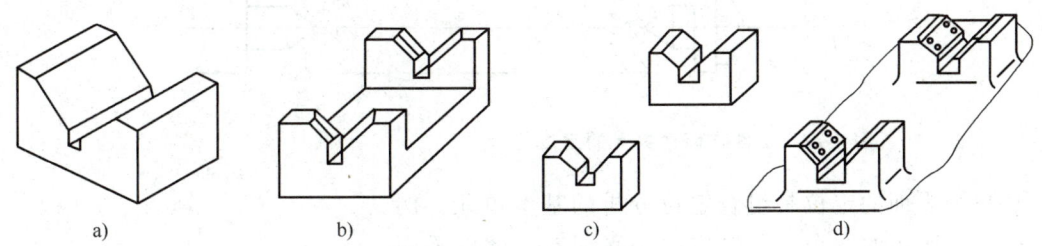

图 4-25 常用的 V 形块结构形式

V 形块的尺寸关系如图 4-26 所示,尺寸 C 和 h 是 V 形块的特征尺寸。而最后检验和调整其位置时,则是利用一个直径等于基准面基本尺寸 D 的量规放在 V 形块上,测量其高度 H。由图 4-26 可以求出

$$H = h + \frac{1}{2}\left(\frac{D}{\sin\frac{\alpha}{2}} - \frac{C}{\tan\frac{\alpha}{2}}\right) \quad (4-1)$$

当 $\alpha = 90°$ 时,有

$$H = h + 0.707D - 0.5C \quad (4-2)$$

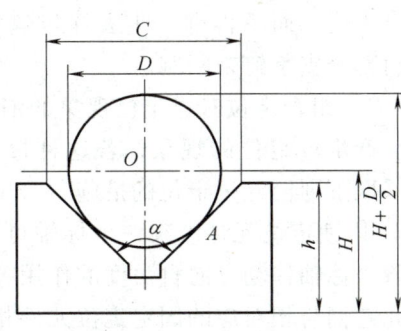

图 4-26 V 形块的尺寸关系

(4) 工件以组合表面定位 在实际生产中,由于工件的形状千变万化、各不相同,往往不能采用单一表面定位,而是常常以工件的两个或两个以上表面作为定位基准而形成组合定位。常见的组合定位方式有平面与平面的组合、平面与圆孔的组合、平面与外圆表面的组合、平面与其他表面的组合、锥面与锥面的组合等。

采用组合定位时,需进行组合定位分析并采取合理措施消除过定位现象。

1) 组合定位分析要点如下。

① 组合定位中,通常把限制自由度最多的定位表面称为第一定位基准,然后再依次划

定第二、第三定位基准。分析各定位表面对应的定位元件所能限制的自由度时，应首先考虑第一定位基准，其次是第二、第三定位基准。

② 几个定位元件组合起来定位一个工件相应的几个定位面，该组合定位元件能限制工件的自由度总数等于各个定位元件单独定位各自相应定位面时所能限制自由度的数目之和，不会因组合后而发生数量上的变化，但它们限制了哪些方向的自由度却会随不同组合情况而改变。

③ 组合定位中，定位元件在单独定位某定位面时，限制工件移动自由度的动作可能会转化成限制工件转动自由度的动作。一旦转化后，该定位元件就不再起原来限制工件移动自由度的作用了。例如，图 4-27 所示轴类零件在机床前后顶尖上定位的情况，应首先确定前顶尖所限制的自由度，它们分别是 $\vec{X}$、$\vec{Y}$、$\vec{Z}$，然后再分析后顶尖所限制的自由度。孤立地看，由于后顶尖在 z 方向可移动，因而限制 $\vec{X}$、$\vec{Y}$ 两个自由度。但若与前顶尖一起考虑，则后顶尖实际限制的自由度转化为 $\widehat{X}$ 和 $\widehat{Y}$。要注意的是，转化后后顶尖就不再限制 $\vec{X}$、$\vec{Y}$ 两个自由度了。

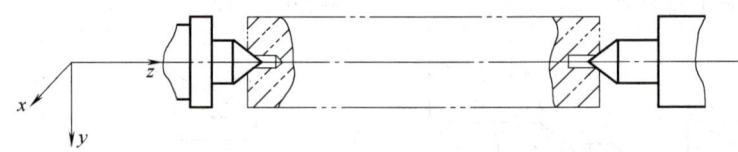

图 4-27　工件在两顶尖上的定位

④ 单个表面的定位是组合定位分析的基本单元。例如，图 4-28 所示的三个支承钉定位一平面时，就以平面定位作为定位分析的基本单元，限制 $\vec{Z}$、$\widehat{X}$、$\widehat{Y}$ 三个方向的自由度，而不再进一步去探讨这三个方向的自由度分别由哪个支承钉来限制。

2) 组合定位时过定位现象的消除方法。组合定位时常会产生过定位的现象，若这种过定位是不允许的，则可采取下列消除过定位的措施。

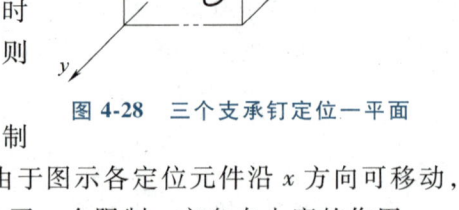

图 4-28　三个支承钉定位一平面

① 使定位元件沿某一坐标轴可移动，来消除其限制沿该坐标轴移动方向自由度的作用，如图 4-29 所示。由于图示各定位元件沿 x 方向可移动，因此它们与相对应的固定定位元件相比，都相应地减少了一个限制 x 方向自由度的作用。

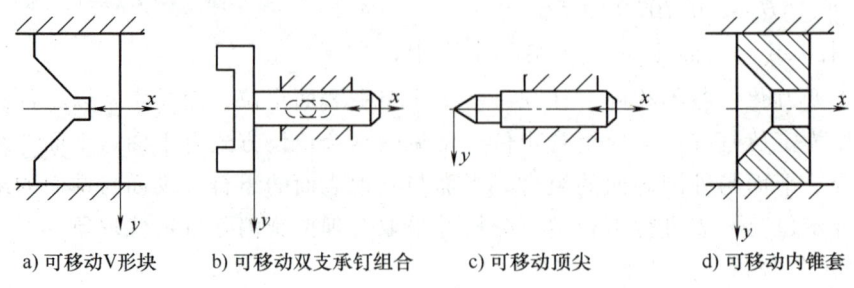

a) 可移动V形块　　b) 可移动双支承钉组合　　c) 可移动顶尖　　d) 可移动内锥套

图 4-29　可移动定位元件

② 采用浮动支承结构，消除定位元件限制绕某一个（或两个）坐标轴转动方向自由度的作用，如图 4-18 所示。

③ 改变定位元件的结构形式，如把短圆柱销改为菱形销是最典型的例子。在加工箱体零件时，常采用一面两孔（一个大平面及与该平面垂直的两个圆孔）组合定位，夹具上相应的定位元件是一面两销，如图 4-30a 所示。支承平面限制了 $\vec{Z}$、$\widehat{X}$、$\widehat{Y}$ 三个自由度，短圆柱销 I 限制了 $\vec{X}$ 和 $\vec{Y}$ 两个自由度，短圆柱销 II 限制了 $\vec{X}$ 和 $\vec{Z}$ 两个自由度，由于两个短圆柱销同时限制了 $\vec{X}$ 自由度，出现了过定位现象。因工件上两定位孔的中心距和夹具上两定位销的中心距都在一定公差范围内变化，当工件上两个孔装入夹具上两定位销中时，有时会出现工件根本无法装入的严重情况。为了防止工件定位孔无法装入夹具上定位销的情况，可以采取以菱形销（图 4-22）来代替一个圆柱销的办法解决，如图 4-30b 所示。在两定位孔与两定位销中心距公称尺寸相等的情况下，两定位孔中心距误差和定位销中心距误差可由菱形销的削边部分（削边部分必须在两销连线方向上）补偿。

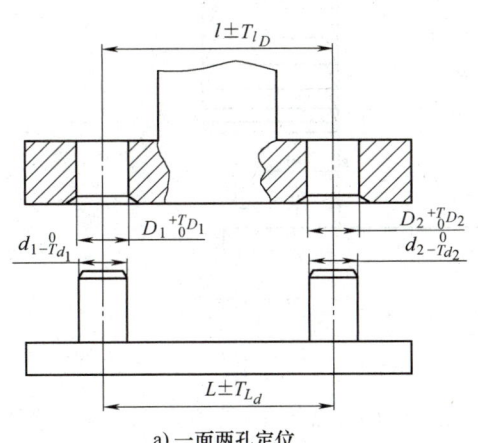
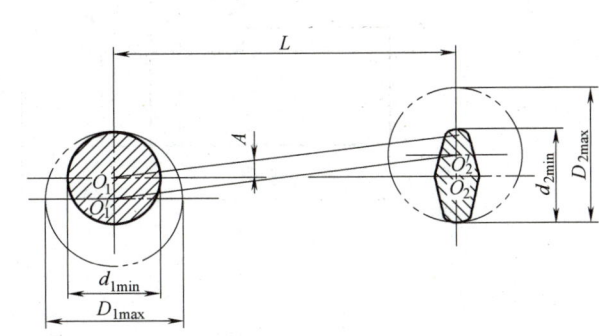

a) 一面两孔定位　　　　　　　　　　　b) 定位中工作轴线的偏差

图 4-30　一面两孔组合定位

4.2.4　定位误差的分析与计算

使用夹具加工工件时，影响被加工零件位置精度的因素很多，其中来自夹具的因素有定位误差、夹紧误差、对刀或导向误差以及夹具的制造与安装误差等；来自加工过程的因素有工艺系统（除夹具外）的几何误差、受力变形、受热变形、磨损以及各种随机因素所造成的加工误差。上述各项因素所造成的误差总和应该不超过工件允许的工序公差，才能使工件加工合格。可以用下列加工误差不等式表示它们之间的关系，有

$$\Delta_{dw} + \Delta_{za} + \Delta_{gc} \leqslant T \tag{4-3}$$

式中，Δ_{dw} 为与定位有关的误差，简称定位误差；Δ_{za} 为与夹具有关的其他误差，简称夹具制造安装误差；Δ_{gc} 为加工过程误差；T 为工件的工序公差。

在设计夹具时，应尽量减小与夹具有关的误差，以满足加工精度的要求。在做初步估算时，可粗略地先按三项误差平均分配，各不超过相应工序公差的三分之一，下面仅对其中的

定位误差 Δ_{dw} 进行分析和计算。

1. 定位误差及其产生的原因

定位误差是指一批工件在夹具中定位时，工件的工序基准在工序尺寸方向或加工要求方向上的最大变化量。引起定位误差的原因有两个：一个是基准不重合误差，另一个是基准位移误差。

（1）基准不重合误差　在定位方案中，工件的工序基准与定位基准不重合而造成的加工误差，称为基准不重合误差，用 Δ_{bc} 表示。

如图4-31所示，在工件上铣缺口，加工尺寸为 A 和 B。图4-31a 所示为工序简图，图4-31b 所示为加工示意图。工件以底面和 E 面定位，尺寸 C 是确定夹具与刀具相互位置的对刀尺寸。在一批工件的加工过程中，尺寸 C 的大小是不变的。对尺寸 A 而言，工序基准是 F 面、定位基准是 E 面，两者不重合。当一批工件逐个在夹具上定位时，受尺寸 $S\pm\delta_S/2$ 的影响，工序基准 F 面的位置是变动的，而 F 面的变动影响了尺寸 A 的大小，给尺寸 A 造成误差，这就是基准不重合误差。

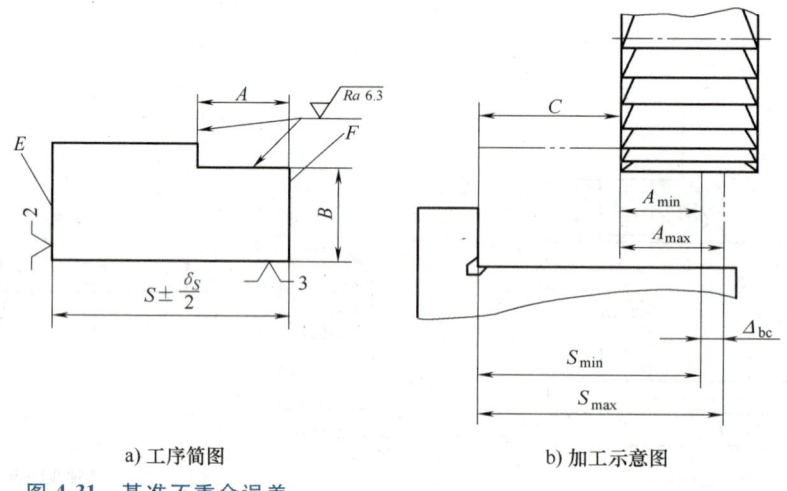

a) 工序简图　　　　　　b) 加工示意图

图4-31　基准不重合误差

基准不重合误差的大小等于因定位基准与工序基准不重合而造成的加工尺寸的变动范围，即

$$\Delta_{bc}=A_{max}-A_{min}=S_{max}-S_{min}=\delta_S \tag{4-4}$$

式中，S 是定位基准 E 与工序基准 F 间的距离尺寸，称为定位尺寸。

当工序基准的变化方向与加工尺寸的方向相同时，基准不重合误差等于定位尺寸的公差，即

$$\Delta_{bc}=\delta_S \tag{4-5}$$

注意，当工序基准的变化方向与加工尺寸的方向成夹角时，基准不重合误差等于定位尺寸的公差在加工尺寸方向上的投影。

（2）基准位移误差　工件在夹具中定位时，由于工件的定位表面或夹具上的定位元件的制造误差，造成的工件定位基准相对夹具元件支承面发生位移而产生的工件加工尺寸误差称为基准位移误差，常用 Δ_{jw} 表示。如图4-32所示，以V形块定位在轴上铣键槽，当工件基准外圆直径为最大值时，外圆中心在 O_2；当直径为最小值时，工件显然要下移才能与V

形块接触，即外圆中心下移到 O_1，因此基准位移误差为

$$\Delta_{jw} = \overline{O_1 O_2} = \frac{T_d}{2\sin(\alpha/2)} \qquad (4\text{-}6)$$

式中，T_d 为工件直径的公差；α 为 V 形块夹角。

由于工序基准为外圆几何中心，此时工序基准与定位基准重合，即 $\Delta_{bc}=0$，因此，工序尺寸 H 的定位误差 Δ_{dw} 等于基准位移误差 Δ_{jw}。

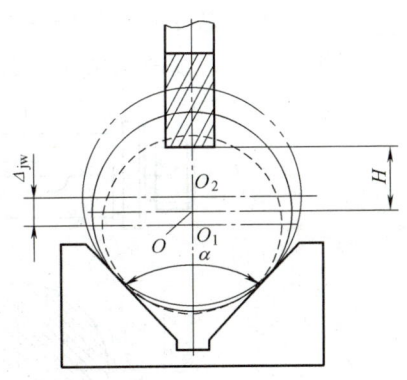

图 4-32 基准位移误差

2. 定位误差的计算

定位误差是基准不重合误差与基准位移误差的矢量合，因此常用合成法计算定位误差。计算时，可先算出 Δ_{bc} 和 Δ_{jw}，然后将两者矢量合成得到 Δ_{dw}。即

$$\Delta_{dw} = \Delta_{bc} \pm \Delta_{jw} \qquad (4\text{-}7)$$

矢量合成时，需对"＋""－"号进行判定。如果工序基准不在定位基面上，取"＋"号。如果工序基准在定位基面上，"＋""－"号可按如下方法进行判定：首先分析定位基面直径由小变大（或由大变小）时，定位基准的变化方向；再分析当定位基面直径做同样变化时（设定位基准的位置不变化），分析工序基准的变动方向，最后判断两者的变化方向，相同时取"＋"号，相反时取"－"号。

（1）用支承或平面作定位元件

1）用平面定位平面，如图 4-33 所示，以下底面定位加工一个缺口，由于定位基准是平面，若忽略平面度误差，则基准位移误差 $\Delta_{jw}=0$。如果要求的尺寸为 A_1，则定位误差 $\Delta_{dw} = \Delta_{bc} = \delta_{A_2}$；如果要求的尺寸为 A_3，定位基准与工序基准重合，基准不重合误差为零，其定位误差为零。

2）用支承定位平面，如图 4-34 所示，加工一个缺口，纵向用一个支承定位。如果要求的尺寸为 A_3，这种情况下基准是重合的，定位误差是由于工件定位面不准确所造成的。工件的两个定位面不垂直，有角度误差 $\pm\Delta\alpha$，因此产生基准位移误差。这个误差的大小不仅和 $\Delta\alpha$ 的角度值有关，同时和支承在高度上的位置有关，则定位误差 $\Delta_{dw} = \Delta_{jw} = 2(H-h)\tan\Delta\alpha$（$\alpha=90°$）。

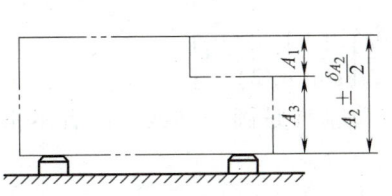

图 4-33 平面定位的基准不重合误差

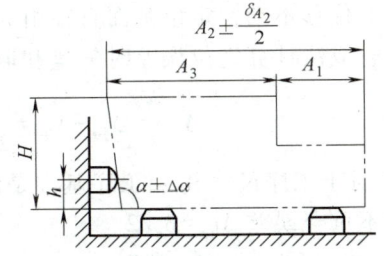

图 4-34 支承定位时的基准位移误差

对于尺寸 A_1，则不仅有基准不重合误差 $\Delta_{bc}=\delta_{A_2}$，同时还有由于定位不准确所造成的基准位移误差 $\Delta_{jw}=2(H-h)\tan\Delta\alpha$，由于工序基准不在定位基面上，合成时取"＋"号，其定位误差 $\Delta_{dw} = \Delta_{jw} + \Delta_{bc} = \delta_{A_2} + 2(H-h)\tan\Delta\alpha$。

(2) 用 V 形块定位　如图 4-35 所示，铣工件上的键槽，工件以外圆柱面 $d_{-\delta_d}^{0}$ 在 $\alpha = 90°$ 的 V 形块上定位，求加工尺寸分别为 A_1、A_2、A_3 时的定位误差。

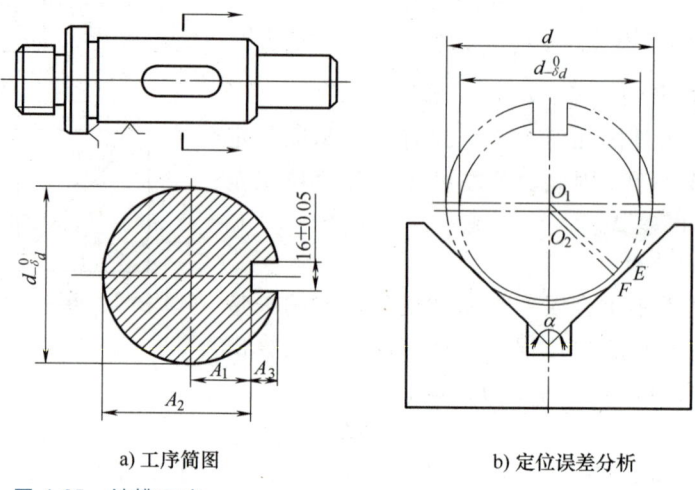

a) 工序简图　　　　　　　　　b) 定位误差分析

图 4-35　铣槽工序

① 对于工序尺寸 A_1：工序基准是圆柱轴线，定位基准也是圆柱轴线，两者重合，因此基准不重合误差 $\Delta_{bc} = 0$。由图 4-35b 可知，由于工件外圆柱面直径有制造误差，由此产生的基准位移误差为

$$\Delta_{jw} = \overline{O_1 O_2} = \frac{d}{2\sin(\alpha/2)} - \frac{d-\delta_d}{2\sin(\alpha/2)} = \frac{\delta_d}{2\sin(\alpha/2)} \tag{4-8}$$

由此可确定工序尺寸 A_1 的定位误差为

$$\Delta_{DA_1} = \Delta_{jw} = \frac{\delta_d}{2\sin(\alpha/2)} \tag{4-9}$$

② 对于工序尺寸 A_2：工序基准是圆柱下母线，定位基准是圆柱轴线，两者不重合，因此基准不重合误差 $\Delta_{bc} = \delta_d/2$。

同前所述，基准位移误差 $\Delta_{jw} = \dfrac{\delta_d}{2\sin(\alpha/2)}$。

由于工序基准在定位基面上，当定位基面直径由大变小时，定位基准位置向下变动；当定位基准位移不动，定位基面直径由大变小时，工序基准朝上变动。两者的变动方向相反，因此用合成法计算定位误差时矢量和取 "-" 号，故

$$\Delta_{DA_2} = \Delta_{jw} - \Delta_{bc} = \frac{\delta_d}{2\sin(\alpha/2)} - \frac{\delta_d}{2} = \frac{\delta_d}{2}\left[\frac{1}{\sin(\alpha/2)} - 1\right] \tag{4-10}$$

③ 对于工序尺寸 A_3：工序基准是圆柱上母线，定位基准是圆柱轴线，两者不重合，因此基准不重合误差 $\Delta_{bc} = \delta_d/2$。

同样，基准位移误差为 $\Delta_{jw} = \dfrac{\delta_d}{2\sin(\alpha/2)}$。

基于上述方法用合成法计算定位误差时，可以判断矢量和取 "+"，故

$$\Delta_{DA_3} = \Delta_{jw} + \Delta_{bc} = \frac{\delta_d}{2\sin(\alpha/2)} + \frac{\delta_d}{2} = \frac{\delta_d}{2}\left[\frac{1}{\sin(\alpha/2)} + 1\right] \tag{4-11}$$

通过以上计算可知：定位误差随工件误差 δ_d 的增大而增大；随 V 形块夹角 α 的增大而减小，但稳定性变差。在 δ_d 与 α 不变的情况下，定位误差与工序尺寸标注方式有关：以下母线为工序基准时，定位误差最小；而以上母线为工序基准时，定位误差最大。故控制轴类零件键槽深度的尺寸，一般多以下母线作为工序基准，或以轴线作为工序基准。

4.3 工件在夹具中的夹紧

4.2 节主要研究了工件在夹具中的定位问题，目的在于解决工件的定位方法和保证必要的定位精度。但是，即使将工件的定位问题解决得再好，那也只是完成了工件装夹的一半，只有在夹具上设置夹紧装置对工件实施夹紧，这样才完成了工件在夹具中装夹的全部任务。本节重点介绍有关夹紧装置的设计和计算方面的基本问题。

4.3.1 夹紧装置的基本要求

夹紧装置是夹具的重要组成部分。在设计夹紧装置时，应满足以下要求：
1) 夹紧力应有助于定位，而不应破坏定位。
2) 夹紧力的大小应可靠和适当。加工过程中，既能保证工件不发生位置变动和振动，又不允许工件产生过大的夹紧变形和表面损伤。
3) 应有足够的夹紧行程。
4) 手动夹紧机构要有自锁性能。
5) 结构简单紧凑、动作灵活、操作方便、安全省力，并有足够的强度和刚度。

要满足上述要求，其核心问题是正确地确定夹紧力。

4.3.2 夹紧力的确定

夹紧力包括大小、方向和作用点三个要素，下面分别予以讨论。

1. 夹紧力方向的选择

夹紧力方向的选择一般应遵循以下原则。
1) 夹紧力的作用方向应有利于工件的准确定位，而不能破坏定位，为此一般要求主要夹紧力应垂直指向主要定位面。
2) 夹紧力的方向应尽量与工件刚度最大的方向一致，以减小工件变形。
3) 夹紧力的方向应尽可能与切削力、工件重力方向一致，以减小夹紧力。

2. 夹紧力作用点的选择

夹紧力的作用点是指夹紧元件与工件相接触的位置。选择夹紧力作用点的位置和数目时需注意以下几点。
1) 保证工件定位稳定，不致引起工件产生位移或偏转。
2) 夹紧力作用点应处于工件刚度最好的部位，以减小工件夹紧变形。设计夹具时，为尽量减少工件的夹紧变形，可采用增大工件受力面积和合理布置夹紧力作用点位置等措施。
3) 夹紧力作用点应尽量靠近加工面，以减小切削力对工件造成的翻转力矩，必要时应在工件刚度差的部位增加辅助支承并施加夹紧力，以减小切削过程中的振动和变形。

3. 夹紧力大小的估算

夹紧力的大小直接影响夹具使用的安全可靠性。若夹紧力过小，工件在夹具中的定位可能在加工过程中被破坏，这样不仅影响工件的加工质量，甚至可能造成事故。若夹紧力过大，会使工件和夹具产生过大的夹紧变形，影响加工精度。

在手动夹紧时，可凭人力控制夹紧力的大小，一般可用类比方法参考同类的夹紧机构予以确定。当设计机动夹紧装置时，则需要用分析的方法估算夹紧力的大小，以便确定动力部件的有关参数。在实际应用中，动力部件尺寸通常参考经过考验的同类型动力部件，在相似条件下进行类比设计和选用。

为简化起见，通常将夹具和工件视为一个刚性系统来计算夹紧力。首先找出在加工过程中对夹紧最不利的瞬时状态，然后根据该状态下工件受切削力、夹紧力（大工件还应考虑重力，高速运动的工件还应考虑惯性力等），按静力平衡原理计算出理论夹紧力 W_0，再乘以安全系数 K，作为实际所需的夹紧力 W，即

$$W = KW_0 \tag{4-12}$$

根据生产经验，一般取 $K = 1.5 \sim 3$，粗加工取 $K = 2.5 \sim 3$，精加工取 $K = 1.5 \sim 2$。

夹紧工件所需夹紧力的大小，除与切削力的大小有关外，还与切削力对定位支承的作用方向有关。以上对于夹紧力的计算是一种估算。如果是一些关键性的重要夹具，还需通过试验的方法来确定所需的夹紧力。

4.3.3 常用夹紧机构

从夹紧装置的组成可以看出，无论采用哪种动力源（手动或机动），外加的原始作用力要转化为夹紧力，都必须通过夹紧机构。

夹紧机构的设计和选择是夹紧装置设计的主要内容。根据已设计好的定位方案和工件的结构形状以及夹具的总体布局情况，就可以着手确定夹紧机构的形式。常用的夹紧机构有斜楔夹紧机构、螺旋夹紧机构、偏心夹紧机构、铰链杠杆夹紧机构、对中定心夹紧机构和联动夹紧机构等。

1. 斜楔夹紧机构

斜楔夹紧是夹紧机构中最基本的形式，是利用斜面楔紧的原理来夹紧工件的。螺旋夹紧、偏心夹紧、对中定心夹紧等均是斜楔夹紧机构的变形。

图 4-36 所示为利用楔块来夹紧工件的示意图，其工作原理是靠原始力 Q 使斜楔移动，从而产生夹紧力 W，推动工件向上并将工件夹紧。

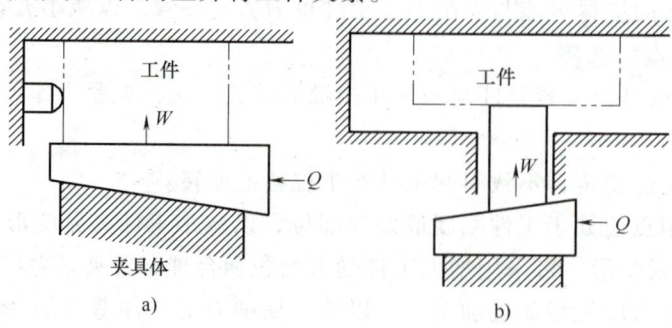

图 4-36　斜楔夹紧示意图

2. 螺旋夹紧机构

螺旋夹紧机构实质上是绕在圆柱体上的楔块，原理与楔块相同。图 4-37 所示为典型的螺旋夹紧机构。图 4-37a 所示为最简单的螺旋夹紧机构，螺钉头部直接作用在工件表面上，其缺点是旋紧时要用扳手，且夹紧过程中容易损坏工件表面。为了克服图 4-37a 中的不足，生产中常用图 4-37b 所示的结构，在螺钉与工件之间加上了带浮动的压块。压块的作用主要是增大接触面积，防止夹伤工件，减少工件变形。

由于螺旋夹紧机构具有结构简单、制造容易、夹紧可靠、扩力比大和夹紧行程不受限制等特点，所以在手动夹紧装置中应用广泛，其缺点是夹紧动作慢、效率低。

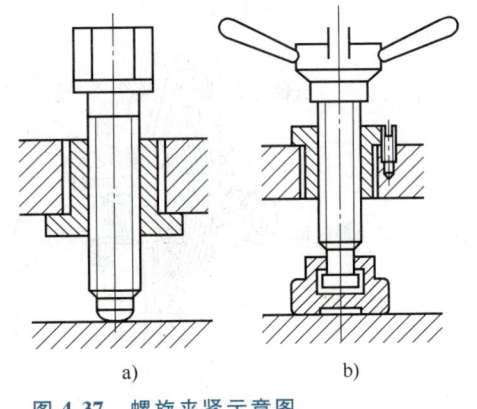

图 4-37 螺旋夹紧示意图

3. 偏心夹紧机构

偏心夹紧机构也是楔块夹紧机构的一种转化形式。常见的偏心夹紧机构有两种：圆偏心和曲线偏心。圆偏心是利用回转中心与几何中心偏心的偏心轮或偏心轴作为夹紧元件，这些偏心轮的结构已经标准化，设计时可参阅有关资料。曲线偏心是采用阿基米德螺旋线或对数螺旋线作为轮廓曲线，这种凸轮的特点是偏心升角变化均匀，夹紧性能稳定，但制造困难，故很少使用。

图 4-38 所示为一种常见的偏心轮-压板夹紧机构。当顺时针转动手柄 2 使偏心轮 3 绕轴 4 转动时，偏心轮的圆柱面紧压在垫板 1 上，由于垫板的反作用力，偏心轮上移，同时抬起压板 5 右端，而左端下压夹紧工件。

由于圆偏心夹紧时的夹紧力大小，自锁性能不是很好，且夹紧行程小，故多用于切削力小、无振动、工件尺寸公差不大的场合，但是圆偏心夹紧机构是一种快速夹紧机构。

4. 对中定心夹紧机构

定心夹紧机构是一种同时实现对工件定心定位和夹紧的夹紧机构，即在夹紧过程中，能使工件相对于某一轴线或某一对称面保持对称性。

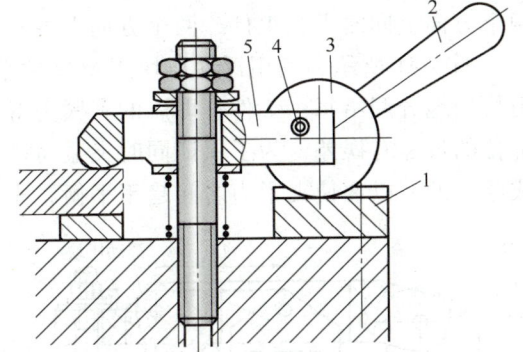

图 4-38 偏心轮-压板夹紧机构
1—垫板 2—手柄 3—偏心轮 4—轴 5—压板

对中定心夹紧机构是使工件同时完成定位和夹紧的一种特殊的夹紧机构，该夹具上与工件定位面相接触的元件，既是定位元件又是夹紧元件。此夹紧机构适用于加工表面有同轴度或对称性要求的工件，使定位基准和工序基准重合，保证工序的加工精度。

如图 4-39 所示的自定心卡盘为典型的定心夹紧机构，主要由大锥齿轮、小锥齿轮和卡爪组成，三个卡爪为定心夹紧元件。当转动小锥齿轮时，可使其相啮合的大锥齿轮随之转动，大锥齿轮背面的平面螺纹使三个卡爪等速趋近或离开卡盘中心，使其工作面对中总保持相等的距离，如图 4-39a 所示。由于自定心卡盘的三个卡爪可以同时移动并能自行对中，因此自定心卡盘适用于夹持截面为圆形、正三边形和正六边形的工件。自定心卡盘一般配有正爪和反爪，正爪适用于装夹直径较小的工件，如图 4-39b 所示，反爪适用于装夹直径较大的盘形工件，如图 4-39c 所示。

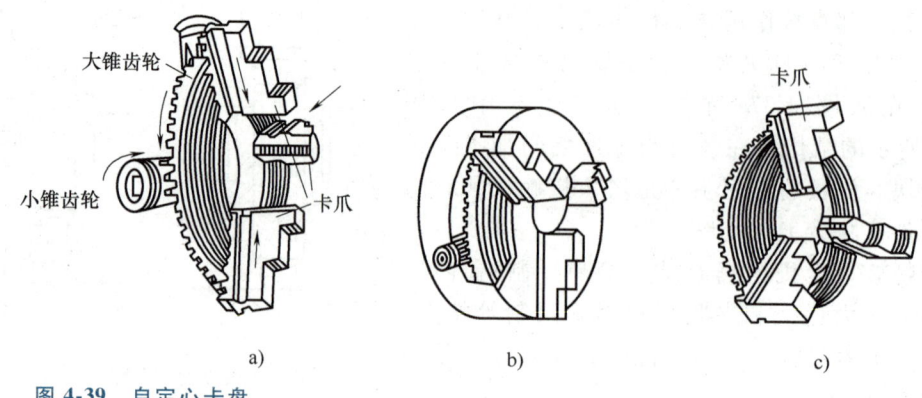

图 4-39　自定心卡盘

5. 联动夹紧机构

为了提高生产率，减少工件装夹的辅助时间，常采用高效率的联动夹紧机构。该夹紧机构分为多点、多向联动夹紧机构和多件夹紧的联动夹紧机构。多点、多向联动夹紧机构，是利用一个原始作用力，通过一定的机构，将力分散到数个不同方向的作用点上对工件进行夹紧。而多件夹紧机构则是利用一个原始力，通过一定的机构，对数个相同形状或不同形状的工件进行夹紧的联动夹紧机构。

图 4-40 所示的联动夹紧机构是四点双向浮动夹紧机构，是通过浮动压块在相互垂直的两个方向上同时夹紧工件，两个方向上的夹紧力通过杠杆 L_1、L_2 的长度比来调整。

图 4-41 所示为利用浮动压块进行多件平行夹紧联动机构，多件平行夹紧是指将总夹紧力均匀地分配给每个工件，即总的夹紧力等于每个工件上夹紧力的总和。由于工件本身夹紧部位的尺寸有误差，为了保证同时夹紧每一个工件，所以这种机构中的夹紧元件之间必须做成浮动的，以便使夹紧力之间趋于平衡，来补偿工件的尺寸误差。

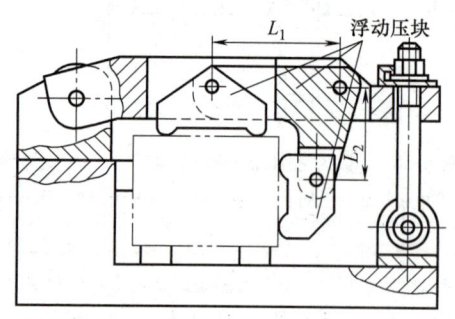

图 4-40　联动夹紧机构

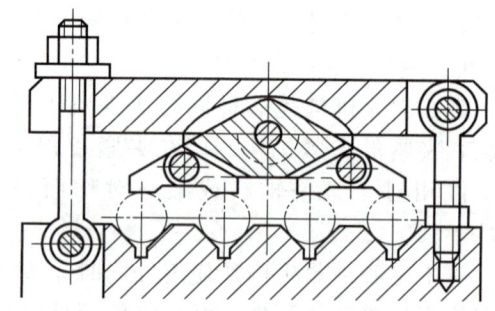

图 4-41　多件平行夹紧联动机构

通过以上分析可知，联动夹紧机构必须具有浮动环节，否则不能使所有夹紧点具有良好的接触。

6. 动力夹紧机构

随着加工过程自动化的日益增多，采用机动夹紧方式的夹具也越来越多。常见的动力夹紧机构的组成系统有气动夹紧装置、液压夹紧装置、气-液增压夹紧装置、电力夹紧装置、真空夹紧装置等。

4.4 典型机床夹具及其特点

各类机床夹具都由定位装置、夹紧装置、夹具体和其他装置或元件组成。但因各种机床的加工工艺特点和夹具与机床的连接方式不同，各类机床夹具都各有一些特征性结构和技术要求。比较典型的机床夹具有车床夹具、铣床夹具、钻床夹具和组合夹具等。

4.4.1 车床夹具

车床夹具一般都装在车床主轴上并带动工件回转。车床除使用顶尖、自定心卡盘、单动卡盘、花盘等通用夹具外，常按工件的加工需要，设计一些专用夹具。

图 4-42 所示为花盘角铁式车床夹具，工件 6 以两孔在圆柱定位销 2 和削边销 1 上定位，底面直接在夹具体 4 的角铁平面上定位，两螺钉压块 5 分别在两定位销孔旁把工件夹紧。导向套 7 用来引导加工轴孔的刀具，平衡块 8 用以消除回转时的不平衡。夹具上还设置有轴向定程基面 3，它与圆柱定位销保持确定的轴向距离，以控制刀具的轴向行程。

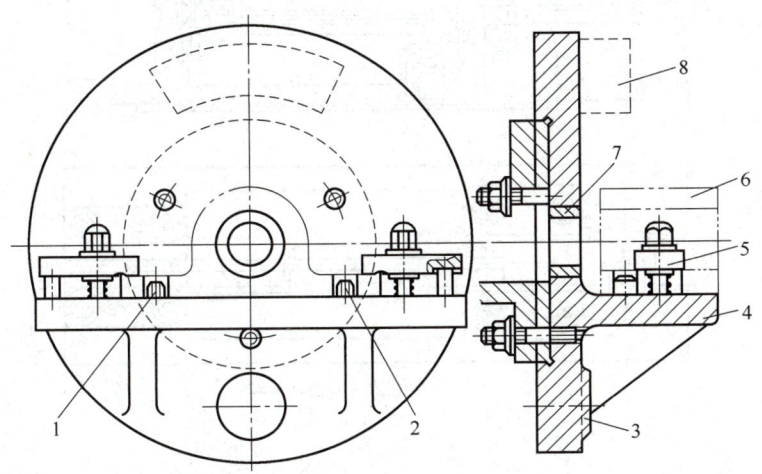

图 4-42　花盘角铁式车床夹具
1—削边销　2—圆柱定位销　3—轴向定程基面　4—夹具体　5—螺钉压块
6—工件　7—导向套　8—平衡块

车床夹具的设计特点是：
1) 整个车床夹具随机床主轴一起回转，所以要求它结构紧凑，轮廓尺寸尽可能小，质量小，而且重心应尽可能靠近回转轴线，以减小惯性力和回转力矩。
2) 应有平衡措施消除回转中的不平衡现象，以减少振动等不利影响。平衡块的位置应可以根据需要调整。
3) 与主轴端联结部分是夹具的定位基准，所以应有较准确的圆柱孔（或锥孔），其结构形式和尺寸依具体使用的机床主轴端部结构而定。

4)高速回转的夹具,应特别注意使用安全,如尽可能避免带有尖角或凸出部分;夹紧力要足够大,且自锁可靠等。必要时回转部分外面可加罩壳,以保证操作安全。

4.4.2 铣床夹具

铣床夹具的种类很多,按工件的进给方式,可以分为以下三类。

(1)直线进给式铣床夹具 直线进给式铣床夹具安装在做直线进给运动的铣床工作台上。如图4-43所示的料仓式铣床夹具,工件先装在料仓5里,由圆柱销12和削边销10对工件 $\phi22mm$ 和 $\phi10mm$ 的两孔和端面定位。然后将料仓装在夹具上,利用圆柱销12的两圆柱端11和13,及削边销10的两圆柱端分别对准夹具体上对应的缺口槽8、9。最后拧紧螺母1,经钩形压板2推动压块3前进,并使压块孔4套住料仓上的圆柱端11,继续向右移动压块,直至将工件全部夹紧。

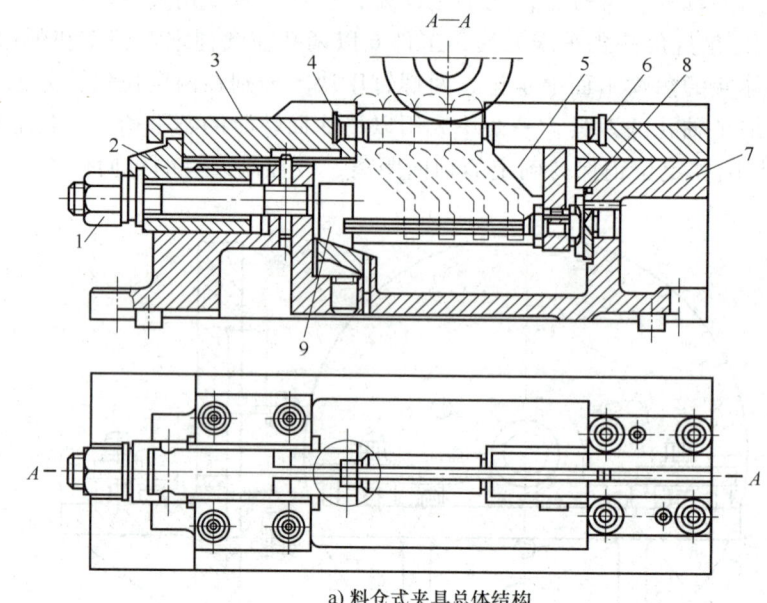

a)料仓式夹具总体结构

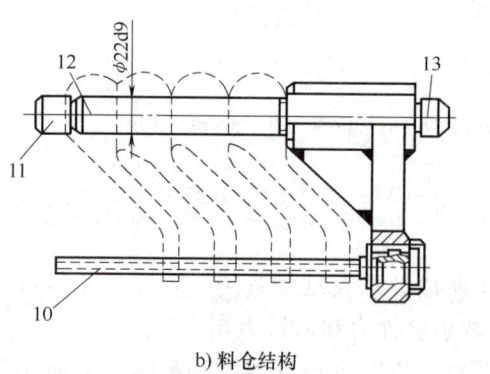

b)料仓结构

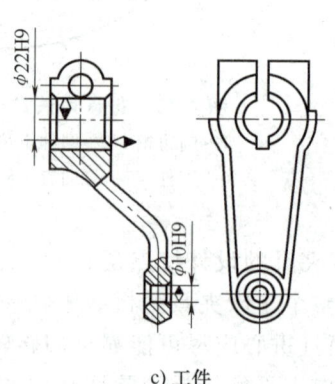

c)工件

图4-43 料仓式铣床夹具

1—螺母 2—钩形压板 3—压块 4、6—压块孔 5—料仓 7—夹具体 8、9—缺口槽
10—削边销 11、13—圆柱端 12—圆柱销

（2）圆周进给式铣床夹具　圆周进给式铣床夹具一般用于立式圆工作台铣床或鼓轮式铣床等。加工时，机床工作台做回转运动。这类夹具大多是多工位或多件夹具。

（3）靠模铣床夹具　靠模铣床夹具是指在铣床上用靠模铣削工件的夹具，可用来在一般万能铣床上加工出所需要的成形曲面，扩大了机床的工艺用途。

无论是上述哪类铣床夹具，它们都具有如下设计特点：

1）铣床加工中切削力较大，振动也较大，故需要较大的夹紧力，夹具刚性也要好。

2）借助对刀装置确定刀具相对夹具定位元件的位置，此装置一般固定在夹具体上。

图 4-44 所示为标准对刀块结构，图 4-44a 所示为圆形对刀块，在加工水平面内的单一平面时对刀用；图 4-44b 所示为方形对刀块，在调整铣刀两相互垂直凹面位置时对刀用；图 4-44c 所示为直角对刀块，在调整铣刀两相互垂直凸面位置时对刀用；图 4-44d 所示为侧装对刀块，安装在侧面，在加工两相互垂直面或铣槽时对刀用。

a) 圆形对刀块　b) 方形对刀块　c) 直角对刀块　d) 侧装对刀块

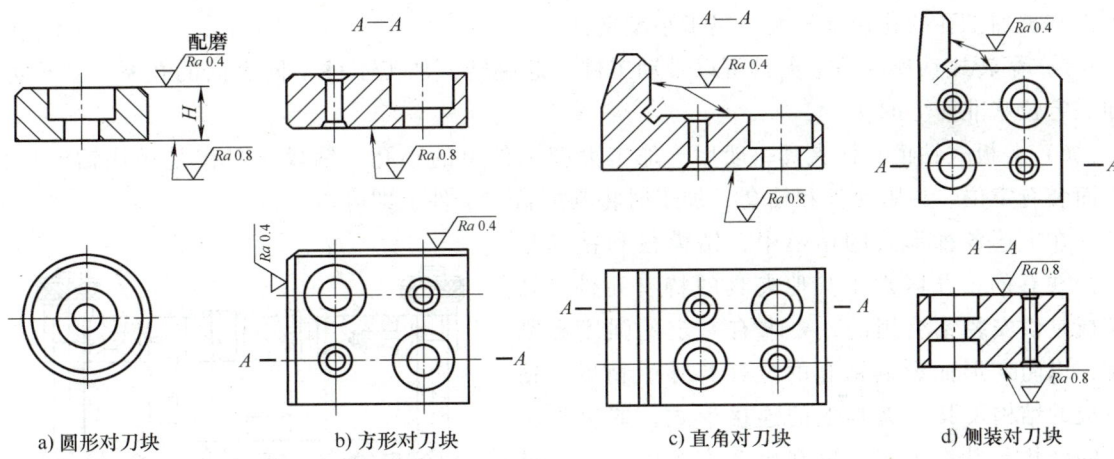

图 4-44　标准对刀块结构

3）借助定位键确定夹具在工作台上的位置。图 4-45a 所示为标准定位键结构。图 4-45b 所示定位键上部的宽度与夹具体底面的槽采用 H7/h6 或 H8/h8 配合；下部宽度依据铣床工作台 T 形槽规格决定，也采用 H7/h6 或 H8/h8 配合。

4）由于铣削加工中切削时间一般较短，因而单件加工时辅助时间相对较长，故在铣床夹具设计中，需特别注意缩短辅助时间。

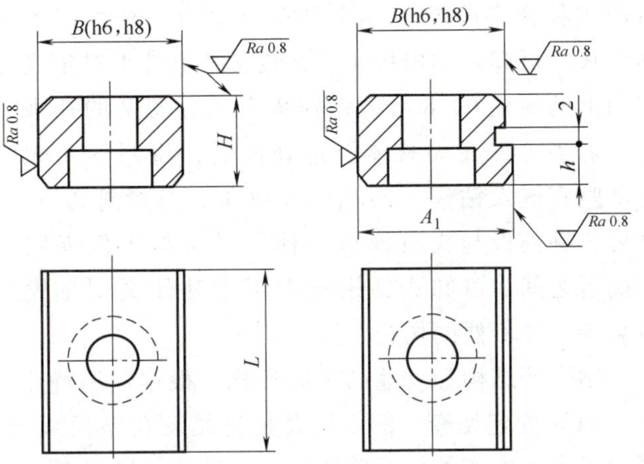

a)　b)

图 4-45　标准定位键结构

4.4.3　钻床夹具

钻床夹具简称“钻模”，它是用在钻床上，借助钻模导套保证钻头与工件之间正确位置的夹具。这种夹具在结构上一般都有与定位元件有一定尺寸要求的钻套和一个安装钻套的钻模板，通过钻套引导刀具进行精确加工。根据被加工孔的分布情况和钻模板的特点，有以下几种形式的钻模。

1) 固定式钻模。该夹具在使用过程中，钻模的位置固定不动。用于摇臂钻床时，可加工平行孔系；用于立式钻床时，一般只能加工一个孔，或在机床主轴上加装多轴传动头，实现孔系加工。

2) 滑动式钻模。该夹具的钻模板固定在可以上下滑动的滑柱上，并通过滑柱与夹具体相连接。这是一种标准的可调夹具，其基本组成部分，如夹具体、滑柱等已标准化。

3) 回转式钻模。该夹具的钻模体可按一定的分度要求绕某一固定轴转动，常用于加工同一圆周上的平行孔系，或分布在圆周上的径向孔。按固定轴的放置形式不同，有立轴、卧轴和斜轴三种基本回转形式。

4) 移动式钻模。该夹具用于单轴立式钻床，先后钻削工件同一表面上的多个孔。一般工件和被加工孔的孔径都不大，属于小型夹具。

5) 翻转式钻模。整个夹具可以带动工件一起翻转，加工工件不同表面的孔系，甚至可加工定位基准面上的孔。

6) 盖板式钻模。该夹具一般用于加工大型工件上的小孔。钻模本身仅是一块钻模板，上面装有定位、夹紧元件和钻套，加工时将其覆盖在工件上即可。

在上述各种形式的钻模中，钻模板和钻套是它们共有的，并区别于其他夹具的特有元件。钻模板是供安装钻套用的，要求有一定的强度和刚度，以防变形而影响钻套的位置与导引精度。钻模板的结构及其在夹具上的连接形式，取决于工件的结构形状、加工精度和生产率等因素。常见的钻模板按其可动与否，可分为固定式、铰链式、可卸式和悬挂式四种。图4-46所示为一种可卸式钻模板，可卸式钻模板4依靠装在夹具体1对角线方向上的导柱6、8套入钻模板上的导套7的孔来定位。当工件在夹具体上定好位后，将两活节螺栓2竖直嵌入钻模板两端的耳槽中，拧紧螺母3，既可将钻模板与夹具连成一体，又可将工件夹紧在两者之间。可卸式钻模板常用于其他类型钻模板装卸工件不便的场合。

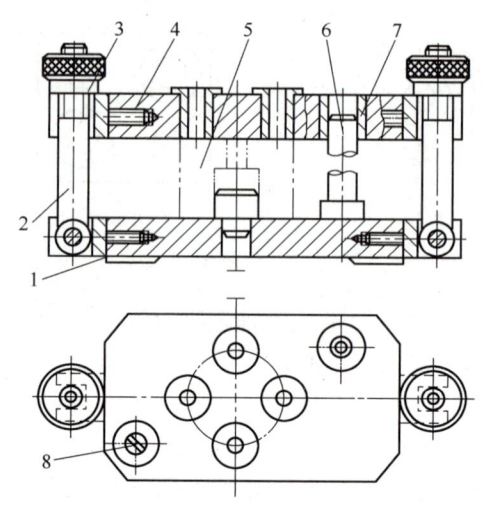

图 4-46　可卸式钻模板

1—夹具体　2—活节螺栓　3—螺母　4—可卸式钻模板　5—工件　6、8—导柱　7—导套

钻套的结构和尺寸已经标准化。根据使用特点，钻套有下列三种形式。

(1) 固定钻套　固定钻套是直接装在钻模板上的相应孔中，磨损后不能更换，因此主要用于小批生产条件下单纯用钻头钻孔。图4-47所示为两种结构形式的固定钻套，图4-47a为无肩的固定钻套，图4-47b为带肩的固定钻套。带肩的固定钻套主要用于钻模板较薄时，以保持钻套必需的导引长度。

(2) 可换钻套　可换钻套可以克服固定钻套不可更换的缺点，主要用于生产批量较大时，但也仅供钻孔工序。图4-48所示为标准可换钻套的结构及其在钻模板上的装配。可换

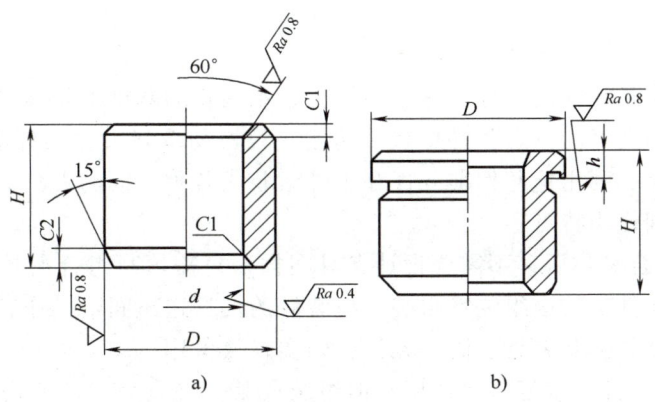

图 4-47 两种结构形式的固定钻套

钻套 1 的凸缘上铣有台肩，钻套螺钉 2 的台阶形头部压紧在此台肩上，以防止钻套转动，拧去螺钉便可取出钻套。为避免更换钻套时损坏钻模板，钻套处配装有衬套 3。

（3）特殊钻套 特殊钻套是在特殊情况下加工孔用的，这类钻套只能结合具体情况自行设计。图 4-49 所示为几种特殊钻套，图 4-49a 是供钻斜面上的孔（或钻斜孔）用的，图 4-49b 是供钻凹坑中的孔用的。这两种特殊钻套，都是为了保证钻头有良好的起钻条件和必要的导引长度。图 4-49c 是因两孔孔距太小，无法采用各自的快换钻套而采用的一种特殊钻套。

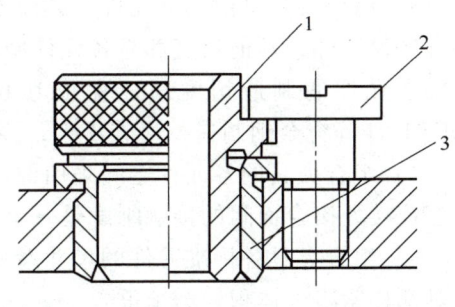

图 4-48 标准可换钻套的结构及其在钻模板上的装配

1—可换钻套 2—钻套螺钉 3—钻套用衬套

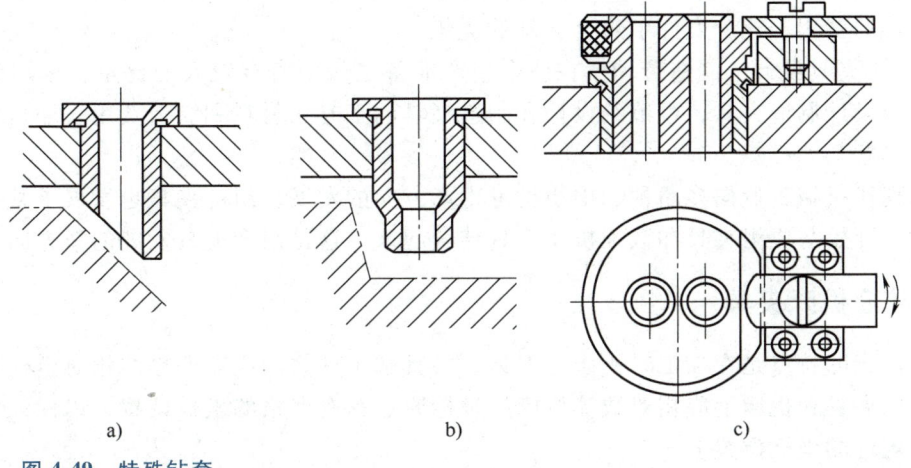

图 4-49 特殊钻套

使用钻模板和钻套的显著优点是可以提高刀具系统的刚度，防止钻头切入后的引偏，有利于提高被加工孔的尺寸、形状、位置精度，减小表面粗糙度值，并且由于无须划线和找正，工序时间缩短，因而可显著提高生产率。

4.4.4 组合夹具

组合夹具是在夹具元件高度标准化、通用化、系列化的基础上发展起来的一种夹具。组合夹具由一套预先制造好的具有各种形状、功能、规格和系列尺寸的标准元件和组件组成。根据工件的加工要求，利用这些标准元件和组件组装成各种不同的夹具。

组合夹具有下列使用特点：

1）确定采用组合夹具后，不需要设计夹具图样，只需填写组合夹具任务单，连同产品图样、工艺规程和坯件实物送组装室组装，组装后的夹具送车间给操作者使用。使用完毕交还后，由组装室清点并拆开夹具，清洗元件，归类存放备用。

2）组合夹具的元件要重复多次使用，但组装成某一夹具后，一般仍为某工件的某道工序使用。所以组合后的结构具有专用性，只能一次使用。

3）组合夹具是由标准元件组装而成，元件还需要多次重复使用。除一些尺寸可采用调节方法保证外，其他精度都靠各元件精度组合来直接保证，不允许进行修配或补充加工，因此要求元件的制造精度高以保证其互换性，而且还需要耐磨，需要元件都采用 40Cr、20CrMnTi 等合金钢制造，渗碳淬火，并经精密磨削加工，制造费用高。

4）组合夹具的各元件之间采用键定位和螺栓紧固的连接，其刚性不如整体结构好，尤其是连接处接合面间的接触刚度是一个薄弱环节。组装时应注意提高夹具的刚度。

5）组合夹具各标准元件的尺寸系列的级差是有限的，使组装成的夹具尺寸不能像专用夹具那样紧凑，体积较为笨重。

但是组合夹具有以下优点：

1）对于多品种、中小批量生产，使用专用夹具是不经济的。但对一些加工要求高的关键零件，不采用夹具又难以保证加工质量，采用组合夹具可解决这个矛盾，特别是对于新产品试制和产品对象经常变换的生产特点，采用组合夹具不会因试制后产品改型或加工对象变换造成原来使用的夹具报废。采用组合夹具既能保证产品的加工质量，提高生产率，又能节约使用夹具的费用，充分发挥了组合夹具的优势。

2）由于夹具设计、制造劳动量在整个生产准备工作中占有较大的比重，采用组合夹具后不需专门设计制造夹具，可节约设计和制造夹具的工时、材料和制造费用，缩短生产准备周期。

随着现代机械工业向多品种、中小批量生产方向的发展，组合夹具也发展了某些新的元件和组件，开始与成组夹具和数控机床夹具结合起来，这是组合夹具发展的新方向。

4.4.5 数控机床夹具

数控机床的特点是在加工时机床、刀具、夹具和工件之间应有严格的相对坐标位置，所以数控机床夹具在机床上应相对数控机床的坐标原点具有严格的坐标位置，以保证所装夹的工件处于规定的坐标位置上。

数控机床夹具实质上是通用可调夹具和组合夹具的结合与发展，它的固定基础板部分与可换部分的组合是可调夹具组成原理的应用，而它的元件和组件高度标准化与组合化，又是组合夹具标准元件的演变与发展。

数控机床夹具的夹紧装置要求结构简单紧凑、体积小、采用机动夹紧方式，以满足数控加工的要求。近来国外常采用高压（10~25MPa）小流量液压夹紧系统，由于压力较高，可省去中间增力机构，工作液压缸采用小直径（$\phi 10\sim \phi 50mm$）单作用液压缸，结构紧凑，而零部件设计成单元式结构，在夹具底座上变换安装位置十分容易。这类液压夹紧装置目前还在一般机床夹具中推广应用。

4.5 机床夹具设计

各类不同机床使用的夹具既有共性，如定位原理、夹紧准则、设计方法等，又因其功能、结构、与机床的联结方式等不同，而又有各自不同的特点。本节着重介绍具有共性的机床夹具设计方法、步骤及技术要求的制订。

4.5.1 机床夹具设计的基本要求

1. 保证工件的加工质量要求

保证加工质量是首先必须满足的要求，其关键在于正确选定定位基准、定位方法和定位元件，必要时需进行定位误差的分析计算，也要注意夹具中其他影响加工质量的部件的结构。

2. 提高生产率，降低成本

应尽量采用各种快速高效的结构，缩短辅助时间，提高生产率。同时尽可能采用标准元件与标准结构，力求结构简单、制造容易，以降低夹具制造成本。在大批量生产中，为提高生产率，应采用先进的结构和机械传动装置；在小批量生产中，则应尽量使夹具结构简单，以降低制造成本。

3. 操作方便、安全

在客观条件允许且经济的前提下，尽可能采用气动、液压和气-液等机械化夹紧装置，以减轻操作者的劳动强度。操作位置应正确，符合操作工人的操作习惯，并注意操作安全。

4. 便于排屑

排屑问题是夹具设计中的一个重要问题。因为切屑积聚在夹具中，会破坏工件正确可靠的定位，切屑带来的大量热量会引起热变形，影响加工质量，而清扫切屑又要花费一部分辅助时间。切屑积聚严重时，还会损坏刀具或造成工伤事故。

5. 要有良好的工艺性

所设计的夹具应便于制造、检验、装配、调整、维修等。初学者由于缺乏实际经验，往往容易忽视这些问题，必须引起注意。

4.5.2 机床夹具设计的步骤

夹具设计的步骤可以划分为六个阶段：设计准备；方案设计；审核；绘制夹具总装配图；绘制夹具零件图；夹具的装配、调试和验证。

1. 设计准备

设计准备阶段的工作是收集原始资料、明确设计任务。夹具设计的原始依据是工艺装备设计任务书，因此，在开始设计时，就必须认真研究设计任务书，明确设计任务并收集有关资料，包括以下几个方面：

1）分析产品零件图及装配图，分析零件的作用、形状、结构特点、材料及本工序的加工要求。

2）分析零件的加工工艺规程，特别是本工序半成品的形状、尺寸、加工余量、切削用量和所使用的工艺基准。

3）分析工艺装备设计任务书，对任务书所提出的要求进行可行性研究，以便发现问题，及时与工艺人员进行磋商。工艺装备设计任务书规定了加工工序、使用机床、装夹件数、定位基准、工艺公差和加工部位等。任务书对工艺要求也作了具体说明，并用简图表示工件的装夹部位和形式。

4）了解所使用机床的主要技术参数，尤其要了解与安装夹具有关的连接部分的结构和尺寸。

5）了解刀具的主要结构尺寸及制造精度等。

6）收集有关夹具标准、典型结构图册和设计手册。

7）了解本厂制造、使用夹具的情况，如设计制造能力和水平、现有夹具的使用情况以及生产组织等有关问题。

8）收集有关设计资料，其中包括国家标准、部颁标准及典型夹具资料。

2. 方案设计

方案设计是夹具设计的重要阶段。在分析各种原始资料的基础上，确定夹具的结构方案时主要应解决下列问题：

1）根据所要求限制的自由度，合理设置定位元件，分析计算定位误差，定位误差控制在相应工序公差的 1/3 以内。

2）根据加工表面的具体情况，合理选择与确定刀具的对刀或引导方式，选择合适的对刀元件或导向元件。

3）确定工件的夹紧方案，设计相应的夹紧装置。使夹紧力与切削力静力平衡，并注意缩短辅助时间，夹紧装置的设计可采用经验法或类比法，必要时应进行夹紧力计算。

4）确定夹具的其他部分的结构，如分度装置、靠模装置等。

5）确定夹具与机床的连接方式。

6）确定夹具的形式和夹具的总体结构，并处理好定位元件在夹具体上的位置。

3. 审核

经主管部门、有关技术人员与操作者审核，对夹具结构在使用上提出特殊要求并讨论需要解决的某些技术问题。

方案设计审核包括下列内容：

1）夹具的标志是否完整。

2）夹具的搬运是否方便。

3）夹具与机床的连接是否牢固和正确。

4）定位元件是否可靠和精确。

5）夹紧装置是否安全和可靠。

6）工件的装卸是否方便。

7）夹具与有关刀具、辅具、量具之间的协调关系是否良好。

8）加工过程中切屑的排除是否良好。

9）操作的安全性是否可靠。

10）加工精度能否符合工件图样所规定的要求。

11）生产率能否达到工艺要求。

12）夹具是否具有良好的结构工艺性和经济性。

13）夹具的标准化审核。

4. 绘制夹具总装配图

夹具总装配图的绘制应符合有关国家标准的规定，按照定位元件-对刀或导向元件-夹紧机构-其他装置-夹具体的顺序依次绘出各部分的具体结构。图形比例尽量采用 1∶1，使之具有良好的直观性。主视图应选取操作者实际工作时的位置，各视图的选取与配置应能清楚地表达夹具的工作原理和结构以及各种装置与元件间的相互位置关系。

绘制夹具总装配图时，先用双点画线或红色细实线绘出工件的轮廓外形和主要表面（定位表面、夹紧表面和被加工表面等），用网纹线或粗实线标出本工序的加工余量。注意：工件在总装配图中视为假想透明体，不影响夹具结构的可视性和投影。

总装配图上应标注夹具的轮廓尺寸、各主要元件间的位置尺寸和有关的装配、检验尺寸和要求等。

5. 绘制夹具零件图

所有非标准零件都必须根据总装配图的相关要求绘制零件图，其视图应尽可能与装配图上的位置一致。

6. 夹具的装配、调试和验证

完成设计图样后，设计工作尚未全部完成。只有待完成装配、调试和验证并使用夹具加工出合格的工件才算完成夹具设计的全过程。

4.5.3 计算机辅助夹具设计

1. 计算机辅助夹具设计系统的工作原理

计算机辅助夹具设计（Computer Aided Fixture Design，CAFD）是指在人的设计思想指导下，利用计算机系统协助人来完成部分或大部分夹具设计工作。

计算机协助人来完成的夹具设计工作主要是设计中属于事务性的那一部分工作，如设计计算、查阅手册、绘制图形等，而夹具设计中创造性的劳动还需要人来完成。

目前，实际应用的计算机辅助夹具设计系统主要有两种工作方式，即变异式夹具 CAD 系统和交互式夹具 CAD 系统，如图 4-50 所示。

变异式夹具 CAD 系统与变异式 CAPP 系统的工作原理类似，也是以成组技术为基础，通过对零件、工序、夹具编码，查找与要设计的夹具类似的夹具，并在此基础上进行修改，生成所需的夹具。

交互式夹具 CAD 系统与人工设计夹具过程类似，设计人员利用计算机软、硬件资源，进行夹具方案构思、计算、绘图，完成夹具设计工作。

计算机辅助夹具设计不仅可以大大提高夹具设计工作的效率，缩短夹具设计周期，而且可以提高设计质量，使传统的主要靠经验类比和估算的夹具设计方法逐渐向科学的、精确的计算和模拟方法转变。此外，采用计算机辅助夹具设计还可为夹具的计算机辅助制造提供必要的信息，并有利于实现设计和制造的集成。

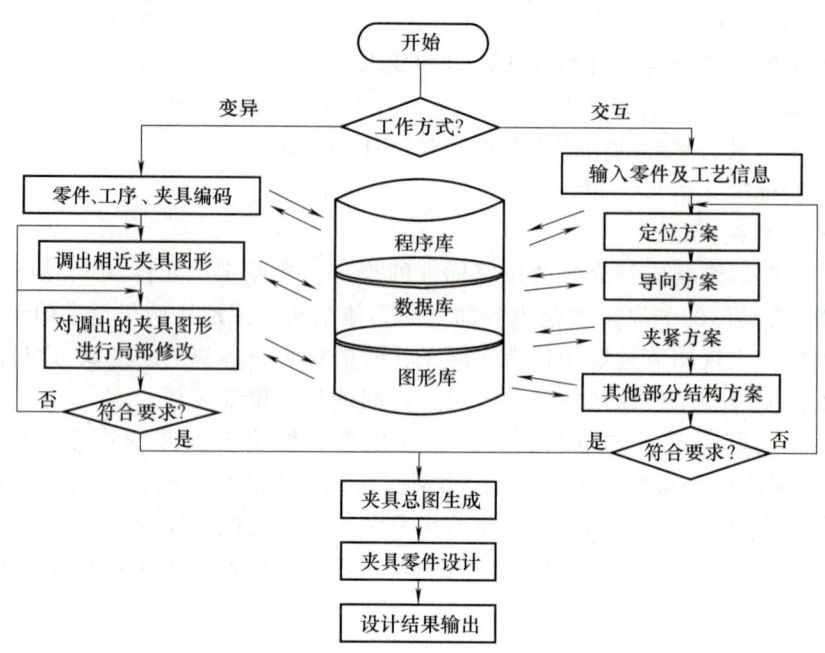

图 4-50 计算机辅助夹具设计系统框图

2. 计算机辅助夹具设计系统的应用软件设计

夹具 CAD 系统软件有三种类型，即系统软件、支撑软件和应用软件。

（1）系统软件 包括操作系统、窗口系统、语言编译系统等。

（2）支撑软件 包括绘图软件、几何造型软件、数值计算软件、工程分析软件、数据库管理系统等。

以上两类软件是夹具 CAD 系统运行的环境和基础，又称为工作平台。

（3）应用软件 计算机辅助夹具设计系统应用软件是其独有的，也是其核心。它是在系统软件和支撑软件的基础上，结合夹具设计特点而开发的、服务于夹具设计的专用软件。应用软件通常以程序、数据或图形的方式存储在计算机辅助夹具设计系统的程序库、数据库或图形库中，并通过夹具设计流程程序加以调用。

3. 计算机辅助夹具设计技术的发展方向

近年来，计算机辅助夹具设计技术有了很大的发展，并已在实际生产中获得应用。但由于夹具设计的复杂性，目前已有的夹具 CAD 系统无论在功能上、自动化程度上，还是在应用范围上都有很大的局限性。为使其获得更广泛的应用，并发挥更大的效能，还需进行大量的研究工作。以下选择几个主要方法简述。

（1）夹具 CAD 编码系统研究 目前夹具 CAD 编码系统大多是针对具体单位的具体情况而编制的，缺少普遍性。如何将零件、工序、夹具的有关信息加以综合考虑，使编码系统有广泛的适应性，是发展商用夹具 CAD 系统急需解决的问题。

（2）基于三维 CAD 软件的夹具 CAD 系统的改进与完善 如前所述，三维 CAD 软件为机床夹具计算机辅助设计提供了极大的方便，基于三维 CAD 软件的夹具 CAD 系统已得到实际应用。但仍有许多问题需要深入研究，如复杂三维装配体细部结构的表达，复杂三维图形向二维机械图的转换等。

（3）与 CAD、CAPP 系统的集成 夹具 CAD 系统要想发挥更大的功效，需要实现与 CAD 和 CAPP 系统的集成。这不仅是因为夹具 CAD 系统要从 CAD 和 CAPP 系统获得零件和工艺方面的信息，而且夹具 CAD 系统也是实现并行设计和计算机集成制造的重要组成部分，CAD 系统和 CAPP 系统同样要利用夹具 CAD 系统反馈信息验证和改进自身的设计与规划。

（4）发展夹具 CAD 专家系统 夹具设计中存在经验偏多和理论不够成熟的现象，是制约夹具 CAD 技术发展的主要障碍。如何将夹具设计经验概括和总结，用以指导夹具设计，研制夹具设计专家系统是一种可取的方法。例如，夹具规划、夹具结构设计、夹具零部件的选择以及夹具性能评价等问题，有望通过专家系统得到解决。

习题与思考题

4-1　机床夹具由哪几部分组成？各部分起什么作用？

4-2　工件在机床上的装夹方法有哪些？其原理是什么？

4-3　什么是基准？图 4-51 所示为小轴零件图及在车床顶尖间加工小端外圆及台肩面 2 的工序图，试分析台肩面 2 的设计基准、定位基准及测量基准。

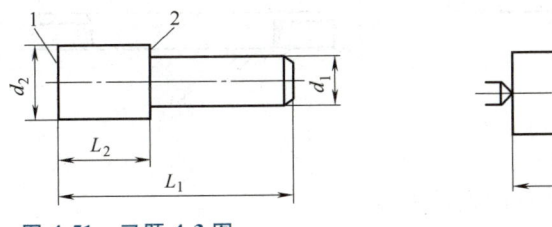

图 4-51　习题 4-3 图

4-4　什么是"六点定位原理"？

4-5　什么是完全定位、不完全定位、过定位以及欠定位？

4-6　组合定位分析的要点是什么？

4-7　根据六点定位原理，分析图 4-52 所示的各定位方案中，各定位元件所限制的自由度。

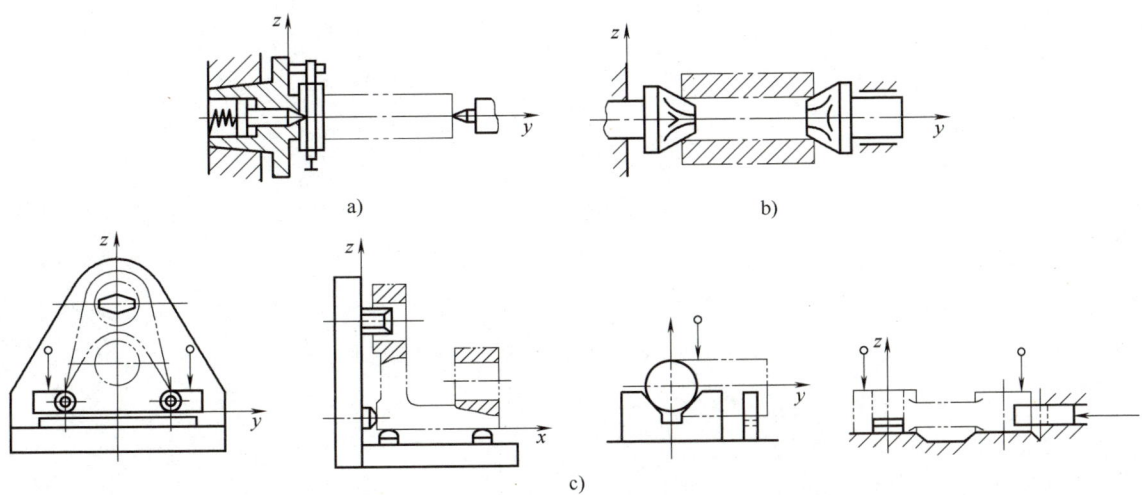

图 4-52　习题 4-7 图

4-8 定位误差产生的原因有哪些？其实质是什么？

4-9 如图 4-53 所示圆柱零件，在其上面加工一键槽，要求保证尺寸为 $30_{-0.2}^{0}$ mm，采用工作角度 90°的 V 形块定位，试计算该尺寸的定位误差。

4-10 有一批如图 4-54a 所示的工件，除 A、B 处台阶面外，其余各表面均已加工合格。今用图 4-54b 所示的定位方案铣削 A、B 台阶面，保证 30±0.01mm 和 60±0.06mm 两个尺寸。试分析计算定位误差。

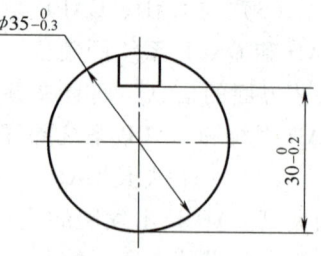

图 4-53 习题 4-9 图

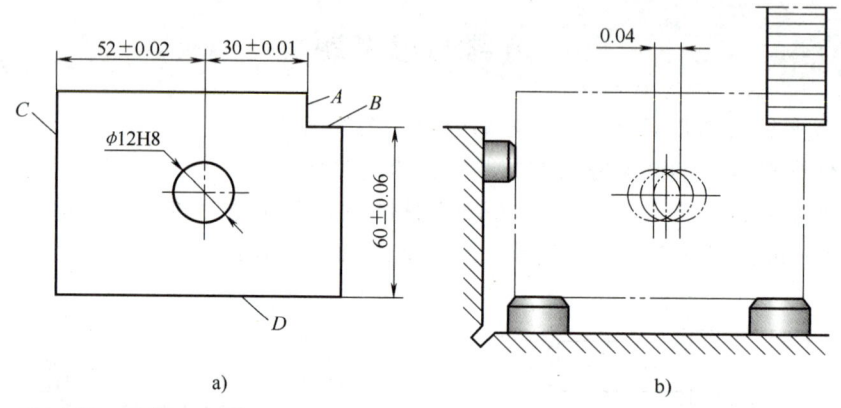

图 4-54 习题 4-10 图

4-11 分别简述车、铣、钻床夹具的设计特点。

4-12 钻床的种类有哪些？分别用于什么场合？

第5章

机械加工质量及其控制

机械加工质量是机械制造技术基础课程研究的重要问题之一。零件的机械加工质量主要包括加工精度和加工表面质量两个方面。机械产品加工的首要任务，就是保证零件的机械加工质量要求。本章在介绍机械加工质量内涵的基础上，重点讨论影响机械加工精度和加工表面质量的因素及其控制方法。

5.1 概　　述

机械加工质量包括几何参数方面的质量和表面物理机械参数方面的质量。其中几何参数方面的尺寸精度、宏观几何精度和位置精度属于机械加工精度范畴，而表面物理机械参数方面的质量和微观几何形状精度属于机械加工表面质量范畴。

5.1.1 机械加工精度

1. 机械加工精度的含义

机械加工精度是指零件加工后的实际几何参数（尺寸、形状和相互位置）与理想几何参数相符合的程度。加工过程中有很多因素会影响加工精度，实际加工不可能把零件做得与理想零件完全一致，总会产生大小不同的偏差。加工误差是指零件加工后的实际几何参数（尺寸、形状和相互位置）对理想几何参数的偏离程度。加工误差的大小反映了加工精度的高低。加工误差越小则加工精度越高；反之，加工误差越大则加工精度越低。因此，加工精度和加工误差是从正、反两个角度来评定零件的几何参数。由于生产实际中加工精度的高低是用加工误差的大小来表示的，因此保证和提高加工精度的问题，实际上就是控制和减少加工误差的问题。

加工精度包括如下三个方面。

1) 尺寸精度：加工后零件的实际尺寸与零件尺寸公差带中心的相符合程度。
2) 形状精度：加工后零件的实际几何形状与理想几何形状的相符合程度。
3) 位置精度：加工后零件有关表面之间的实际位置与理想位置的相符合程度。

2. 获得加工精度的方法

（1）获得尺寸精度的方法

1) 试切法。试切法是指操作工人在每一工步或走刀前进行对刀，然后切出一小段，测量其尺寸是否合适，如果不合适，将刀具的位置进行调整，再试切一小段，直至达到尺寸要求后才加工这一尺寸的全部表面，即试切-测量-再试切-直至测量结果达到图纸给定要求的方法。试切法的加工效率低、劳动强度大，且要求操作者有较高的技术水平，否则质量不易保证，主要适用于单件小批量生产。

2) 定尺寸刀具法。定尺寸刀具法是指用一定形状和尺寸的刀具（或组合刀具）来保证工件的加工形状和尺寸精度，如钻孔、铰孔、拉孔、攻螺纹、镗孔及用组合铣刀铣工件两侧面和槽面等。定尺寸刀具法的加工精度主要取决于刀具的制造、刃磨质量和切削用量等。其优点是生产率较高，但刀具制造较复杂，常用于孔、螺纹和成形表面的加工。另外，由于刀具有磨损，磨损后尺寸就不能保证，因此成本较高，多用于大批量生产中。

3) 调整法。调整法是指预先按规定尺寸调整好机床、刀具、夹具和工件的相对位置及进给行程，并在一批零件的加工过程中保持不变，从而保证在加工时自动获得被加工零件尺寸的加工方法。调整法广泛采用行程挡块、行程开关、靠模、凸轮或夹具等来保证加工精度。这种方法在加工时不再进行试切，加工效率大大提高，加工精度稳定可靠，无须操作工人有很高的技术水平，且劳动强度较小，广泛应用于成批、大量和自动化生产中。

4) 自动控制法。在加工过程中，通过由尺寸测量装置、动力进给装置和控制机构等组成的自动控制系统，自动完成工件尺寸的测量、刀具的补偿调整和切削加工等一系列动作。当工件达到要求的尺寸时，发出指令停止进给和此次加工，从而自动获得所要求尺寸精度的一种加工方法。如数控机床就是通过数控装置、测量装置及伺服驱动机构来控制刀具或工作台按设定的规律运动，从而保证零件加工的尺寸等精度。这种方法加工精度高，质量稳定，生产率较高，由于要用一定型号规格的装置，故多用于大批量生产中。同时，对前一工序的加工精度有一定的要求。

(2) 获得形状精度的方法

1) 轨迹法。依靠刀具与工件的相对运动轨迹来获得加工表面形状的加工方法。如车削加工时，工件做旋转运动，刀具沿工件旋转轴线方向做直线运动，则刀尖在工件加工表面上形成的螺旋线轨迹就是外圆或内孔。用轨迹法加工所获得的形状精度主要取决于刀具与工件的相对运动（成形运动）精度。

2) 成形法。利用成形刀具对工件进行加工来获得加工表面形状的方法。如用曲面成形车刀加工回转曲面，用模数铣刀铣削齿轮，用花键拉刀拉削花键槽等。用成形法加工所获得的形状精度主要取决于切削刃的形状精度和成形运动精度。

3) 展成法。利用工件和刀具做展成切削运动来获得加工表面形状的加工方法。如在滚齿机或插齿机上加工齿轮。用展成法获得成形表面时，切削刃必须是被加工表面发生线（曲线）的共轭曲线，而作为成形运动的展成运动必须保持刀具与工件确定的速比关系。

(3) 获得位置精度的方法

1) 一次装夹获得法。一次装夹获得法是指零件有关表面间的位置精度是在工件的同一次装夹中，由各有关刀具相对工件的成形运动之间的位置关系保证的加工方法。如轴类零件车削时外圆与端面的垂直度，箱体孔系加工中各孔之间的同轴度、平行度和垂直度等，均可采用一次装夹获得法来保证。此时影响工件加工表面间位置精度的主要因素是所使用机床（及夹具）的几何精度，而与工件的定位精度无关。

2) 多次装夹获得法。零件有关表面间的位置精度是由刀具相对工件的成形运动与工件定位基面（是工件在前几次装夹时的加工面）之间的位置关系保证的加工方法。如轴类零件上键槽对外圆表面的对称度，箱体平面与平面之间的平行度、垂直度，箱体孔与平面之间的平行度和垂直度等，均可采用多次装夹获得法来加以保证。

根据工件装夹方式的不同,多次装夹获得法又可划分为直接装夹法、找正装夹法和夹具装夹法。

① 直接装夹法是在机床上直接装夹工件来保证加工表面与定位基准面之间位置精度的加工方法。例如,在车床上加工一个要求保证与外圆同轴的内孔表面时,可采用自定心卡盘直接夹持工件的外圆面。显然,此时影响加工表面与定位基准面之间位置精度的主要因素是机床的几何精度。

② 找正装夹法是通过找正工件相对刀具切削刃成形运动之间准确位置,来保证加工表面与定位基准面之间位置精度的加工方法。例如,在车床上加工一个与外圆同轴度精度要求很高的内孔时,可采用单动卡盘夹持工件的外圆,并利用千分表找正工件的位置,使其外圆表面与车床主轴回转轴线同轴后再进行加工。此时,零件各有关表面之间的位置精度已不再与机床的几何精度有关,而主要取决于工件装夹时的找正精度。

③ 夹具装夹法是通过夹具来确定工件与刀具切削刃成形运动之间的准确位置,从而保证加工表面与定位基准面之间位置精度的加工方法。由于装夹工件时使用了夹具,故此时影响零件加工表面与定位基准面之间位置精度的主要因素,除了机床的几何精度,还有夹具的制造和安装精度。

3. 误差敏感方向

机械加工过程中,各种原始误差会使刀具和工件间的正确几何关系遭到破坏,从而引起加工误差。各种原始误差的大小和方向通常是各不相同的,而加工误差则必须在工序尺寸方向度量原始误差对加工精度的影响,因此当原始误差的方向与工序尺寸方向一致时,其对加工精度的影响最大。误差敏感方向指对加工精度影响最大的方向,如图 5-1 所示,外圆柱面车削过程中,其直径方向即为加工误差敏感方向。

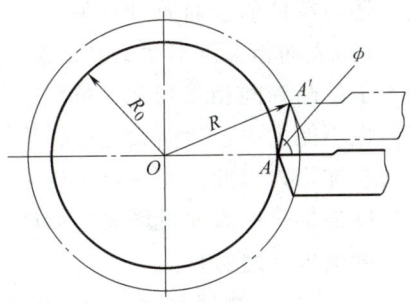

图 5-1 误差敏感方向

5.1.2 机械加工表面质量

1. 机械加工表面质量的含义

机械加工表面质量是指零件经过机械加工后,在零件已加工表面上几微米至几百微米表面层所产生的物理力学性能的变化以及表面层微观几何形状误差。机械加工表面质量又称为表面完整性,其含义包括表面层几何形状特征和表面层物理力学性能。

(1) 表面层几何形状特征

1) 表面粗糙度。表面粗糙度指加工表面上较小间距和峰谷所组成的微观几何形状特征,即加工表面的微观几何形状误差,它是切削运动后,切削刃在被加工表面上形成的峰谷不平的痕迹。

2) 表面波度。表面波度是介于加工精度(宏观几何形状误差)与表面粗糙度之间的周期性几何形状误差。它主要是由机械加工过程中工艺系统的低频振动引起的,作为工艺缺陷应设法消除。

(2) 表面层物理力学性能

1) 表面层的冷作硬化。工件在机械加工过程中,表面层金属产生强烈的塑性变形,使晶格扭曲、畸变，晶粒间产生剪切滑移，晶粒被拉长，从而致使表面层金属的硬度提高，塑性减小，这种现象称为表面层冷作硬化。

2）表面层的残余应力。在机械加工过程中，由于切削变形和切削热等因素的影响，加工表面层会产生残余应力。在铸、锻、焊、热处理等加工过程中产生的内应力与这里介绍的表面残余应力的区别在于前者是在整个工件上平衡的应力，它的重新分布会引起工件的变形；后者则是在加工表面层材料中平衡的应力，它的重新分布不会引起工件变形，但它对零件表面质量及零件使用性能有很大影响。

3）表面层的金相组织变化。在机械加工过程中，工件表面可能会产生很大的温度变化。当温度升高到超过工件材料金相组织变化的临界点时，就会发生金相组织变化，这种变化包括晶粒大小和形状、析出物和再结晶等的变化。例如，磨削淬火零件时，由于磨削烧伤引起的表面层金相组织由马氏体转变为屈氏体、索氏体，表面层硬度降低，影响零件的使用性能。

4）表面层内的其他物理力学性能的变化，这种变化包括极限强度、疲劳强度、导热性和磁性等的变化。

2. 机械加工表面质量对零件使用性能的影响

（1）对耐磨性的影响　零件的耐磨性不仅与摩擦副的材料、热处理情况和润滑条件有关，还与零件的表面质量有关。

1）表面粗糙度对耐磨性的影响。表面粗糙度值较大时，接触表面的实际压强增大，粗糙不平的凸峰间相互咬合、挤裂，使磨损加剧，表面粗糙度值越大则越不耐磨；但表面粗糙度值也不能太小，表面太光滑，因不易储存润滑油而使接触面间容易发生分子粘接，也会导致磨损加剧。因此，在一定条件下，摩擦副表面有一最佳表面粗糙度值，过大或过小的表面粗糙度值都会使磨损量增大。如图 5-2 所示，载荷加大时，磨损曲线向上向右移，最佳表面粗糙度值也随之右移。

2）表面层物理力学性能对耐磨性的影响。机械加工后的表面，由于冷作硬化使表面层金属的显微硬度提高，可降低磨损。加工表面的冷作硬化，一般能提高耐磨性；但是过度的冷作硬化将使加工表面金属组织变得疏松，严重时甚至出现疲劳裂纹和产生剥落现象，反而降低耐磨性，从而使磨损加剧，如图 5-3 所示。表面有残余应力时，一般来说压应力使得组织更紧密，耐磨性提高。

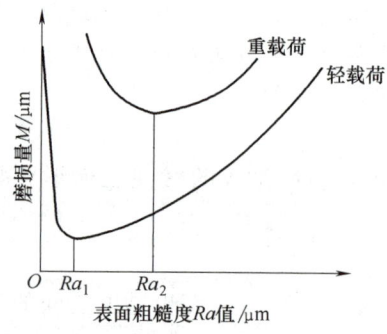

图 5-2　表面粗糙度对耐磨性的影响

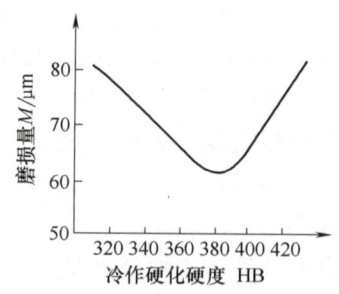

图 5-3　表面冷作硬化对耐磨性的影响

3）表面纹理对耐磨性的影响。在轻载运动副中，两相对运动零件表面的刀纹方向均与运动方向相同时，耐磨性好；两者的刀纹方向均与运动方向垂直时，耐磨性差，这是因为两个摩擦面在相互运动中，切去了妨碍运动的加工痕迹，如图 5-4 所示。但在重载时，两相对运动零件表面的刀纹方向均与运动方向一致时容易发生咬合，磨损量反而大；两相对运动零件表面的刀纹方向相互垂直，且运动方向平行于表面的刀纹方向，磨损量较小。

(2) 对耐疲劳性的影响　在交变载荷作用下，零件上的应力集中区最容易产生并发展成疲劳裂纹，导致疲劳损坏。

1) 零件上容易产生应力集中的沟槽、圆角等处的表面粗糙度对疲劳强度的影响很大。减小零件的表面粗糙度值，可以提高零件的疲劳强度。图 5-5 所示为表面粗糙度对疲劳强度的影响，可以看出，当 Ra 从 $0.63\mu m$ 减小到 $0.04\mu m$ 时，其相对疲劳强度提高约 25%。另外，刀纹方向与受力方向一致时耐疲劳性较好。

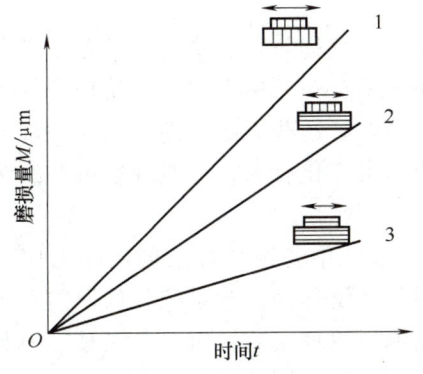

图 5-4　轻载运动副表面纹理对耐磨性的影响
1—两刀纹方向均与运动方向垂直　2—两刀纹方向相互垂直　3—两刀纹方向均与运动方向一致

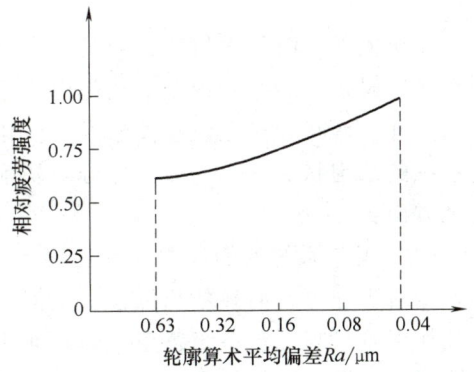

图 5-5　表面粗糙度对疲劳强度的影响

2) 零件表面适当的冷作硬化可以阻碍表面疲劳裂纹的产生，缓和已有裂纹的扩展，因此能提高零件的疲劳强度。钢材中的碳含量越高，冷作硬化提高疲劳强度的程度也越大，而钢比铸铁、铜、铝等材料提高疲劳强度的程度更大。但冷作硬化程度过高时将产生较大的脆性裂纹，反而会降低零件的疲劳强度。

3) 零件表面的残余应力对疲劳强度的影响极大。疲劳损坏是由拉应力产生的疲劳裂纹引起，并且是由表面开始的。加工表面如具有残余压应力，将抵消一部分交变载荷引起的拉应力，从而可以提高零件的疲劳强度。反之，表面残余拉应力将导致疲劳强度下降。

(3) 对耐蚀性的影响　大气中所含的气体和液体与零件接触时会凝聚在零件表面上，使表面发生化学腐蚀或电化学腐蚀。

1) 零件表面粗糙度值越大，粗糙表面的凹谷处越容易积聚腐蚀性介质而发生化学腐蚀，或在粗糙表面的凸峰间越容易产生电化学作用而引起电化学腐蚀。因此，减小表面粗糙度值可以提高零件的耐蚀性。

2) 零件在应力状态下工作时，会产生应力腐蚀，加速了腐蚀作用。如表面存在裂纹，则增加了应力腐蚀的敏感性，因此表面残余应力一般都会降低零件的耐蚀性。表面冷作硬化或金相组织变化时，往往都会引起表面残余应力，因而会降低零件的耐蚀性。

(4) 对配合质量的影响　对于间隙配合，零件表面越粗糙，磨损越大，使配合间隙增大，降低配合精度（降低动配合稳定性，增加对中性误差，引起间隙密封部分的泄漏等）；

对于过盈配合，两零件粗糙表面相配时凸峰被挤平，使有效过盈量减小，将降低过盈配合的连接强度。

（5）对零件其他性能的影响　机械加工表面质量对零件的使用性能还有一些其他影响。如对间隙密封的液压缸、滑阀来说，减小表面粗糙度值可以减少泄漏、提高密封性能；较小的表面粗糙度值可使零件具有较高的接触刚度；对于滑动零件，减小表面粗糙度值可使摩擦系数降低、运动灵活性提高，减少发热和功率损失；表面层的残余应力会使零件在使用过程中继续变形，失去原有的精度，机器工作性能恶化等。

5.2　机械加工精度的影响因素及其控制

在机械加工时，由机床、刀具、夹具和工件构成的系统称为工艺系统。工艺系统各环节中存在的误差称为原始误差。正是由于工艺系统各环节中存在原始误差，才使得工件加工表面的尺寸、形状和相互位置关系发生变化，造成加工误差。这些原始误差，其中一部分与工艺系统的结构状况有关，另一部分与切削过程的物理因素变化有关，按其性质可归纳为以下几个方面：

（1）工艺系统的静误差（几何误差）　由于工艺系统中各组成环节的实际几何参数和位置相对于理想几何参数和位置发生偏离而引起的误差，统称为工艺系统几何误差。工艺系统几何误差只与工艺系统各环节的几何要素有关，它包括原理误差，机床、夹具、刀具的制造误差和磨损，工件、夹具、刀具的安装误差以及工艺系统的调整误差。

（2）工艺系统的动误差（加工过程误差）　工艺系统的动误差主要包括工艺系统受力变形引起的误差、工艺系统受热变形引起的误差以及工件内应力引起的加工误差。

5.2.1　工艺系统几何误差对加工精度的影响

工艺系统的几何误差包括加工方法的原理误差，机床、刀具、夹具的制造误差和磨损，工艺系统的调整及装夹误差等。这些原始误差将不同程度地反映到被加工工件上，形成零件的加工误差。

1. 加工原理误差

加工原理误差是指由于采用了近似的加工运动或者近似的刀具廓形进行加工而产生的误差。例如，滚齿加工常常存在两种加工原理误差：一种是为了避免加工刀具制造刃磨的困难，常采用阿基米德基本蜗杆或法向直廓基本蜗杆的滚刀来代替渐开线基本蜗杆的滚刀而产生的刀具廓形误差；另一种是由于齿轮滚刀刀齿数有限，齿轮的齿形实际上是一条折线，而不是一条光滑的渐开线，与理论上的渐开线相比存在着齿形误差。

在生产实际中采用近似加工方法的实例有很多，采用此方法虽然会带来加工原理误差，但可以简化机床的结构和刀具的形状，降低成本，提高生产率，但由此带来的加工原理误差必须控制在允许的范围内。

2. 机床的几何误差

加工中刀具相对于工件的成形运动一般都是通过机床完成的，因此，工件的加工精度在很大程度上取决于机床的精度。机床的几何误差主要包括主轴回转误差、导轨误差和传动链误差等几方面，机床的几何精度标准规定了机床出厂时这些误差的允许值。在使用过程中，由于磨损和间隙的加大，这些误差也会有所增加，并将引起一定的加工误差。

（1）主轴回转误差　机床主轴是工件或刀具的位置基准和运动基准，主轴回转误差将直接影响被加工工件的精度。主轴回转误差不仅对加工表面的形状和位置精度影响较大，还对加工表面的表面粗糙度和波纹度有较大影响。在精密加工中，主轴回转误差是决定工件圆度的主要因素。

为了保证加工精度，机床主轴回转时，其回转轴线的空间位置应是稳定不变的，但实际上由于受主轴部件结构、制造、装配和使用等种种因素的影响，主轴在每一瞬时回转轴线的空间位置都是变动的，即存在着回转误差。如图 5-6 所示，它可分为三种基本形式：纯轴向窜动、纯径向跳动和纯角度摆动。

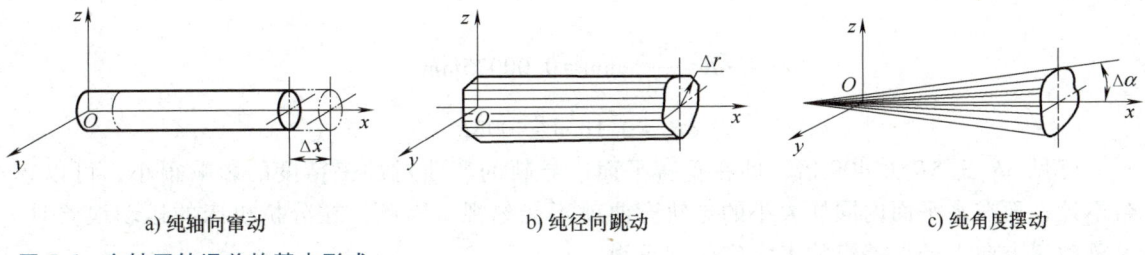

a) 纯轴向窜动　　　　　b) 纯径向跳动　　　　　c) 纯角度摆动

图 5-6　主轴回转误差的基本形式

不同形式的主轴回转误差对加工精度的影响不同，同一形式的回转误差在不同的加工方式（例如车削和镗削）中对加工精度的影响也不一样。

（2）导轨误差　导轨是机床中确定主要部件相对位置的基准，也是运动的基准，它的各项误差直接影响零件的加工精度。车床床身导轨在水平面内的弯曲，致使在纵向切削过程中刀尖的运动轨迹与工件轴线不能保持平行，当导轨分别向前和向后弯曲时，工件上分别产生鞍形和鼓形加工误差。

如图 5-7a 所示，导轨在垂直平面内的弯曲将使刀具在垂直面内产生位移 δz，从而引起工件产生半径误差 δR，有

$$(R+\delta R)^2 = R^2 + (\delta z)^2$$

忽略 δR^2 项，得

$$\delta R \approx \frac{(\delta z)^2}{2R^2}$$

即工件上的直径误差为

$$\delta D \approx \frac{(\delta z)^2}{R}$$

可以看出，δR 值很小，对加工精度的影响可以忽略不计。但是对于龙门刨床、龙门铣床加工薄长件时，由于工件的刚性不足，如果机床导轨为中凹，则工件会中凸。

图 5-7b 所示为导轨在水平面内的弯曲使刀具在水平面内产生位移 δy，从而引起工件在半径上的误差 $\delta R'$。由于 $\delta R' = \delta y$，在工件直径上的加工误差将为 $\delta D = 2\delta y$。因此导轨误差将 1∶1 反映为工件表面的圆柱度误差（鞍形或鼓形）。

现假设 $\delta y = \delta z = 0.1\text{mm}$，$D = 40\text{mm}$，则

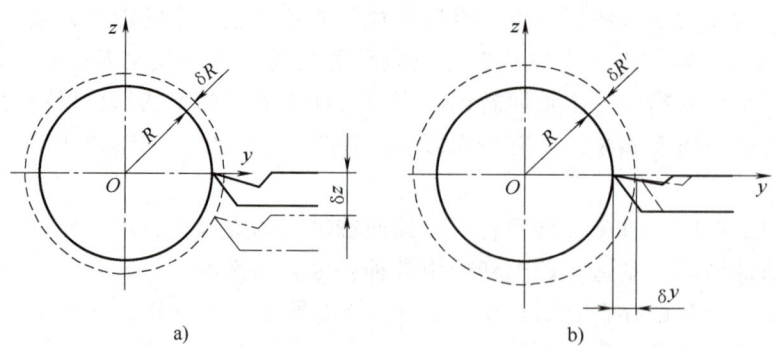

图 5-7 车床导轨在竖直面及水平面内直线度引起的误差

$$\delta R = \frac{0.1^2}{40}\text{mm} = 0.00025\text{mm}$$

$$\delta R' = 0.1\text{mm} = 400\delta R$$

可见 $\delta R'$ 比 δR 大 400 倍，即在垂直平面内导轨的弯曲对加工精度的影响很小，可以忽略不计；而在水平面内同样大小的导轨弯曲就不能忽视。因此，在分析机床的运动误差时，误差敏感方向上的误差影响因素应受到重视。

（3）传动链误差　传动链误差是指传动链始末两端传动元件间相对运动的误差。对于某些表面的加工，如车螺纹、滚齿和插齿等，为了保证工件的精度，要求工件和刀具间的运动必须有准确的速比关系。当传动链中的各传动元件（如齿轮、蜗轮、蜗杆等）存在制造误差、装配误差和磨损，会破坏正确运动关系，影响刀具与工件间相对运动的正确性，使工件产生误差。传动链误差一般可用传动链末端元件的转角误差来衡量。由于传动链常由数个传动副组成，传动链误差是各传动副传动误差累积的结果，而各传动元件在传动链中的位置不同，其转角误差对加工精度影响的程度不同。在一对齿轮的啮合过程中，假设主动轮 z_1 存在 Δ_1 的转角误差，则被动轮 z_2 的转角误差为 $\Delta_2 = \Delta_1 z_1 / z_2$。由此可见，如果传动链为升速传动，则传动元件的转角误差被扩大；反之，转角误差被缩小。另外，为保证传动链的传动精度，应注意保证传动机构尤其是末端传动件的制造和装配精度，尽量减少传动件，缩短传动路线或必要时采用附加的校正机构。

3. 工艺系统的其他几何误差

（1）刀具误差　刀具误差主要为刀具的制造和磨损误差，其对加工精度的影响，根据刀具种类不同而异。一般刀具（如车刀、铣刀、镗刀等）的制造精度对加工尺寸没有直接影响，主要靠刀具位置的调整（即对刀）来保证，但这些刀具的尺寸磨损将对加工精度产生影响；定尺寸刀具（如钻头、扩孔钻、铰刀、镗刀块和圆孔拉刀等）的制造精度将直接影响加工工件的尺寸精度，这些刀具磨损后加工尺寸就会发生变化，而且其中某些刀具难以修复或补偿，使用一段时间后便只能改为较小尺寸的刀具。另外，刀具在安装使用中不当也将影响加工精度，而成形刀具（如成形车刀）的制造和安装误差及磨损对被加工工件表面的形状误差会产生主要影响。

（2）夹具误差　对于 IT5 ~ IT7 级精度的零件，夹具精度一般是零件精度的 1/3 ~ 1/2。对于 IT8 级精度以下的零件，夹具精度可为零件精度的 1/10 ~ 1/5。

夹具的作用是使工件相对于刀具和机床具有正确的位置，因此夹具的误差对工件的位置精度和尺寸精度的影响很大。夹具误差一般指定位元件、导向元件及其夹具体等零件的加工和装配误差。夹具磨损将使夹具误差增大,从而使工件的加工误差也相应增大。为了保证工件的加工精度,除了严格保证夹具的制造精度,还须提高夹具易磨损件的耐磨性,当磨损到一定限度后须及时予以更换。

(3) 调整误差 在零件加工的每一道工序中,总要进行一些调整工作,使刀具和工具保持正确的相对位置,从而保证各工序的加工精度及其稳定性。为了获得被加工表面的形状、尺寸和位置精度,调整工作可分为静态初调和试切精调两步,前者主要是把机床各部件及夹具(已安装工件)、刀具和辅助工具等调整到所要求的位置;后者主要调整定程装置,即根据试切结果将定程装置调整到正确位置。调整结果不可能绝对准确,因而产生调整误差,调整方式不同,其误差来源也不相同。

试切法调整误差的主要来源如下:

1) 测量误差。工件在加工过程中,要使用各种量具进行检验。由于量具本身的制造误差、测量时的接触力、温度、目测正确程度等都直接影响加工误差,因此要正确地选择和使用量具,以保证测量精度。

2) 微进给机构的位移误差。在试切最后一刀时,总是要微量调整刀具(如车刀、砂轮)的进给量,以便最后达到零件的尺寸要求。但在低速微量进给中,进给机构常会出现"爬行"现象,使刀具的实际进给量比手轮转动的刻度数偏小或偏大,从而造成加工误差。

3) 切削层太薄所引起的误差。切削加工中,切削刃所能切除的最小厚度是有一定限度的。精加工时试切的最后一次所切金属层往往很薄,切削刃将切不下金属而仅起挤压作用。此时若认为试切尺寸已合格而进行正式切削,则因新切削段的切深比试切时大,切削刃不打滑,因而要多切掉一点,使正式切得的工件尺寸比试切时的尺寸小些,因此产生了尺寸误差。

5.2.2 工艺系统受力变形对加工精度的影响

在切削力、传动力、惯性力、夹紧力以及重力等的作用下,工艺系统中的机床、刀具、夹具及工件等将产生相应的变形和振动。这种变形和振动,会破坏刀具和工件之间的成型运动、位置关系和速度关系,还会影响切削运动的稳定性,从而造成各种加工误差。

例如,车削刚性较差的工件,工件在切削力的作用下会发生变形,加工后的工件出现两头细、中间粗的腰鼓形;若工件刚性很好而机床刚性很差,由机床变形引起的"让刀"现象使加工后的工件呈两头大、中间小的鞍形。由此可见,工艺系统受力变形是加工中一项很重要的误差来源,它严重地影响工件的加工精度。工艺系统的受力变形通常是弹性变形,一般说来,工艺系统抵抗弹性变形的能力越强,加工精度越高。

1. 工艺系统刚度分析

在切削加工中,工艺系统在力的作用下,其各部分将在各个方向上产生相应的变形,因此工艺系统的刚度也可分解到相应的三个方向上。但是,对工艺系统而言,在切削加工中,对加工精度影响最大的是切削刃沿加工表面的法线方向的分力,即误差敏感方向上的分力,因此计算工艺系统刚度 K_{xt} 时,通常只考虑法向切削分力 F_p 与该力方向上的变形位移量 y_{xt},即

$$K_{xt} = \frac{F_p}{y_{xt}} \tag{5-1}$$

工艺系统由机床、夹具、刀具及工件组成，因此工艺系统受力变形总位移 y_{xt} 是由各组成部分变形位移的叠加，即

$$y_{xt} = y_{jc} + y_{jj} + y_{dj} + y_{gj} \tag{5-2}$$

式中，y_{jc}、y_{jj}、y_{dj}、y_{gj} 分别为机床、夹具、刀具、工件的受力变形。

根据刚度定义，工艺系统中机床刚度 K_{jc}、夹具刚度 K_{jj}、刀具刚度 K_{dj} 及工件刚度 K_{gj} 分别为

$$K_{jc} = \frac{F_p}{y_{jc}}, \quad K_{jj} = \frac{F_p}{y_{jj}}, \quad K_{dj} = \frac{F_p}{y_{dj}}, \quad K_{gj} = \frac{F_p}{y_{gj}} \tag{5-3}$$

代入式（5-2），得

$$K_{xt} = \frac{F_p}{y_{xt}} = \frac{1}{\frac{1}{K_{jc}} + \frac{1}{K_{jj}} + \frac{1}{K_{dj}} + \frac{1}{K_{gj}}} \tag{5-4}$$

式（5-4）表明，工艺系统刚度的倒数等于工艺系统各组成环节刚度的倒数之和。显然，工艺系统的刚度主要取决于薄弱环节的刚度。

2. 工艺系统刚度对加工精度的影响

（1）切削力作用点位置变化引起的工件形状误差　以图 5-8 所示的顶尖装夹车削光轴为例来说明切削力作用点位置变化引起的工件形状误差。

工件两支点的距离为 l，背向力 F_p 随刀具纵向切削而改变位置。当刀具作用点在距离床头前顶尖 x 处时，通过工件作用床头箱（含前顶尖）部件和尾座（含后顶尖）部件的力分别为 F_A 和 F_B，刀架受力为 F_y，从而使床头箱位置由 $A \to A'$、尾座位置由 $B \to B'$、刀架位置也由 $C \to C'$，其值分别为 y_{ct}、y_{wz} 和 y_{dj}。相应地使工件中心由 $AB \to A'B'$，在 x 处移动量为 y_x。

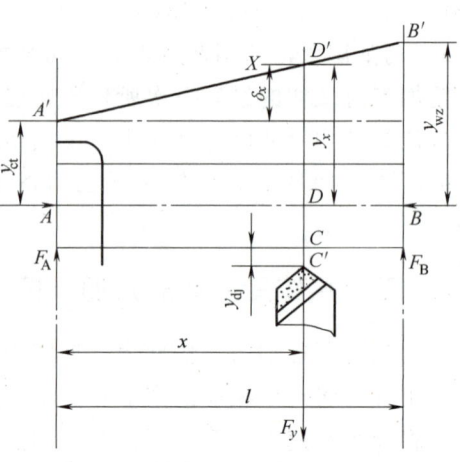

图 5-8　工艺系统变形随切削力位置变化而变化

床头箱和尾座的刚度分别为 K_{ct} 和 K_{wz}，则床头箱和尾座的变形位移量可表示为

$$y_{ct} = \frac{F_A}{K_{ct}} = \frac{(l-x)F_y}{lK_{ct}}$$

$$y_{wz} = \frac{F_B}{K_{wz}} = \frac{xF_y}{lK_{wz}} \tag{5-5}$$

由图中的几何关系可得

$$\frac{x}{y_x - y_{ct}} = \frac{l}{y_{wz} - y_{ct}} \tag{5-6}$$

将 y_{ct} 和 y_{wz} 代入式（5-6）得

$$y_x = \left(\frac{l-x}{l}\right)^2 \frac{F_y}{K_{ct}} + \left(\frac{x}{l}\right)^2 \frac{F_y}{K_{wz}} \tag{5-7}$$

式中，y_x 为车刀在 x 处时机床的变形位移量。

如果再考虑刀架的变形 y_{dj}，则系统的变形位移量为

$$y_{xt} = y_x + y_{dj} = F_y\left[\frac{1}{K_{dj}} + \left(\frac{l-x}{l}\right)^2 \frac{1}{K_{ct}} + \left(\frac{x}{l}\right)^2 \frac{1}{K_{wz}}\right] \tag{5-8}$$

如果工件刚度较差，还应该考虑工件的变形，由如下公式按简支梁可计算出工件在切削点的变形位移量 y_{gj}，即

$$y_{gj} = \frac{F_y(l-x)^2 x^2}{3EIl}$$

式中，E 为工件材料弹性模量；I 为工件截面的惯性矩。

同时考虑机床、刀架、工件的变形时，工艺系统的总变形位移量为

$$y_{xt} = F_y\left[\frac{1}{K_{dj}} + \left(\frac{l-x}{l}\right)^2 \frac{1}{K_{ct}} + \left(\frac{x}{l}\right)^2 \frac{1}{K_{wz}} + \frac{(l-x)^2 x^2}{3EIL}\right] \tag{5-9}$$

由此可知，随着切削力作用点位置的变化，刀具在误差敏感方向上相对于工件的变形位移量是不同的，所以加工后工件各个横截面上的直径尺寸也不相同，造成了加工后工件的直径误差 δ_d，且有 $\delta_d = 2y_x$。

由于受力点位置的不同，引起工件的形状误差（圆柱度、直线度）δ_x，可运用求极值的方法求出极大值，再求 $x=0$ 或者 $x=l$ 时的最小值，两者之差即为工件形状误差 δ_x。

（2）切削力大小变化引起的加工误差 在切削过程中，往往由于毛坯加工余量和工件材料硬度的变化而引起切削力大小和工艺系统受力变形的变化，从而造成工件的尺寸误差和形状误差。

图 5-9 所示为车削一个有圆度误差的毛坯。车削时，将车刀调整到双点画线所示位置。工件在每一转的过程中，切削深度不断发生变化，a_{p_1}、a_{p_2} 分别为 1、2 位置时的切削深度，$a_{p_1} > a_{p_2}$。假设毛坯材料的硬度是均匀的，则切削深度大时，切削力大，刀具相对工件的位移也大；切削深度小时，切削力小，刀具相对工件的位移也小，使得 $y_1 > y_2$。其结果是毛坯的圆度误差在加工后仍以一定的比例反映在工件的已加工表面上，这种现象称为误差复映现象。

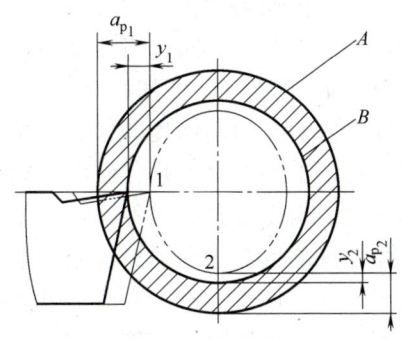

图 5-9 误差复映现象

A—毛坯表面 B—工件表面

误差复映的程度通常以误差复映系数 ε 表示，定义为加工后的工件误差与加工前的毛坯误差之间的比值。

由图 5-9 可知：

车削前的圆度误差（半径上）为

$$\Delta m = a_{p_1} - a_{p_2}$$

如果工艺系统的刚度为 K_s，一次走刀后的圆度误差（半径上）为

$$\Delta w = y_1 - y_2 = \frac{F_{p_1} - F_{p_2}}{K_s} = \frac{C_{F_p} f^{Y_{F_p}}}{K_s}[(a_{p_1} - y_1) - (a_{p_2} - y_2)]$$

式中，y_1、y_2 分别为切削 1、2 位置时的弹性变形；C_{F_p} 为径向切削力系数；f 为进给量；Y_{F_p} 为进给量对切削力的影响指数。

则误差复映系数 ε 为

$$\varepsilon = \frac{\Delta w}{\Delta m} = \frac{y_1 - y_2}{a_{p_1} - a_{p_2}} = \frac{C_{F_p} f^{Y_{F_p}}}{K_s + C_{F_p} f^{Y_{F_p}}}$$

在一般情况下，因 K_s 远大于 $C_{F_p} f^{Y_{F_p}}$，故可以在简化计算时取

$$\varepsilon = \frac{\Delta w}{\Delta m} = \frac{C_{F_p} f^{Y_{F_p}}}{K_s} \tag{5-10}$$

式（5-10）表示了加工误差与毛坯误差之间的比例关系，说明了"误差复映"的规律。ε 定量反映了毛坯误差经加工所减小的程度。可以看出，为减少误差复映，主要的措施是提高工艺系统的刚度，有时也可通过改变进给量及刀具材料或切削角度来达到目的。一般来说，误差复映系数是一个小于 1 的数，表明该工序有一定的误差修正能力。在加工精度要求较高的情况下，工件毛坯的误差可以通过多道工序或多次走刀加工逐步减小到零件公差所允许的范围之内。

（3）工艺系统中其他作用力变化引起的加工误差 在车床或磨床类机床上加工轴类零件时，常用单爪拨盘带动工件旋转，如图 5-10 所示。拨盘上的传动销装在工件左端的夹头，使工件回转的力称为传动力。传动力在拨盘转动的过程中不断改变方向，当传动力 F 与切削分力 F_y 的方向相同时，把工件拉离刀具，使实际切削深度减小；两者方向相反时把工件推向刀具，使实际切削深度增加，进而引起工件的加工误差。

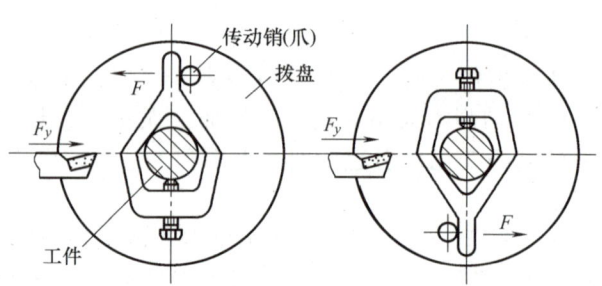

图 5-10 单爪拨盘传动引起的加工误差

对于刚度较差的工件，若夹紧时施力不当，使工件在变形状态下加工，加工完松夹后由于弹性恢复也会出现加工误差。最常见的是用自定心卡盘夹持薄壁套筒镗孔，夹紧后套筒成为棱圆状（图 5-11a），虽然镗出的孔呈正圆形（图 5-11b），但松夹后，套筒的弹性恢复使孔产生了三角棱圆形（图 5-11c）。因此在生产中采用开口过渡环（图 5-11d）或圆弧面卡爪（图 5-11e），使夹紧力均匀地分布在薄壁套筒上，从而减少了变形。

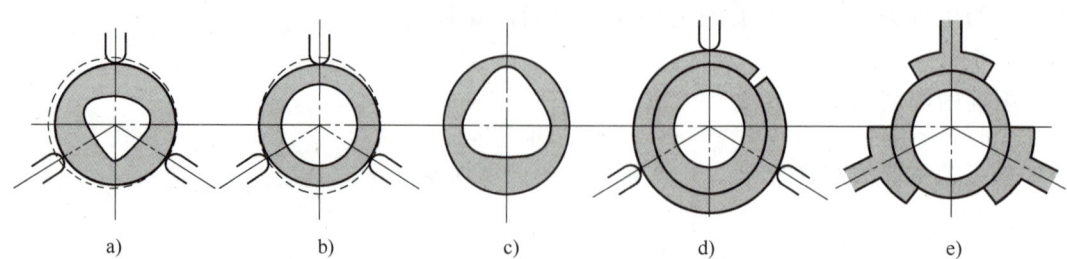

图 5-11 薄壁套筒零件由于夹紧力引起的加工误差

在加工中，机床部件或工件产生移动时，其重力作用点的变化会使相应零件产生弹性变形。如大型立式车床、龙门铣床、龙门刨床等，其主轴箱或刀架在横梁上移动时，主轴箱的重力使横梁的变形在不同位置是不同的，因而造成加工误差，此时工件表面将呈中凹形（图 5-12）。为了减少这种影响，有时将横梁导轨面做成中凸形。当然，提高横梁本身的刚度是根本措施。

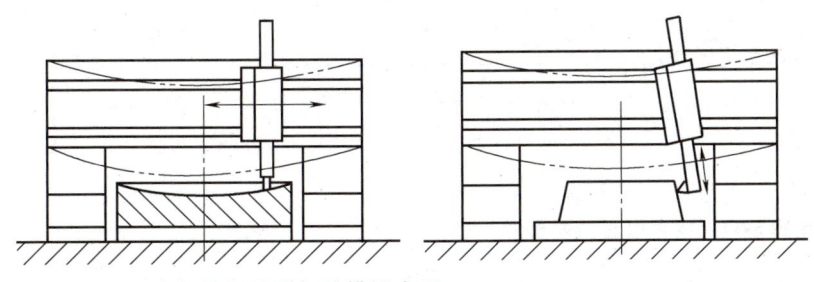

图 5-12　机床部件自重引起的横梁变形

3. 内应力对加工精度的影响

具有内应力的零件处于一种不稳定的状态，其内部的组织有强烈的倾向要恢复到一个稳定的没有内应力的状态，即使在常温下零件也不断地进行着这种变化，直到内应力消失为止。在这种过程中，零件的形态逐渐变化，所有的加工精度逐渐丧失。若把具有内应力的重要零件装配成机器，它在机器的使用期间产生了变形，就可能破坏整台机器的质量，带来严重的后果。

如图 5-13 所示，丝杠一类的细长轴经过车削以后，棒料在轧制中产生的内应力要重新分布，产生弯曲，如图 5-13a 所示。冷校直就是在原有变形的相反方向加外力 P，使工件向反方向弯曲，产生塑性变形，以达到校直的目的。在外力 P 的作用下，工件内部的应力分布如图 5-13b 所示，即在轴线以上的部分产生了压应力（用"－"表示），在轴线以下的部分产生了拉应力（用"+"表示）。在轴线和上下两条虚线之间是弹性变形区，应力分布成直线；在虚线以外是塑性变形区，应力分布成曲线。当外力 P 去除以后，弹性变形部分本来可以完全消失，但因塑性变形部分恢复不了，内外层金属就起了互相牵制的作用，产生了新的内应力平衡状态，如图 5-13c 所示。因此，冷校直后的工件虽然减少了弯曲，但是依然处于不稳定状态，再加工一次后，又会产生新的弯曲变形。对要求较高的零件，就需要在高温时效后，进行低温时效的后续工序来克服这个不稳定的缺点。为了从根本上消除冷校直带来的不稳定的缺点，对于高精度的丝杠（6 级以上），根本不允许像普通精度丝杠那样采用冷校直工序，而是采用加粗的棒料经过多次车削和时效处理来消除内应力。也可以采用热校直来代替冷校直，这样不但提高了丝杠的质量，而且提高了生产率。这种热校直工艺是结合工件正火处理进行的，即工件在正火温度下（对 45 钢是 860~900℃）放到平台上用手动压力机进行校直。在生产批量比较大时，丝杠用三辊式校直机进行校直。

总之，工艺系统受力变形产生误差（影响加工精度）的问题是十分复杂的。各误差因素在不同的具体情况下，其影响程度不同，因此，在分析生产中存在的具体加工精度问题时，要分清主次，抓住主要矛盾。

4. 减小工艺系统受力变形对加工精度影响的措施

（1）提高工艺系统的刚度　提高工艺系统的刚度是减少受力变形最直接和有效的措施。

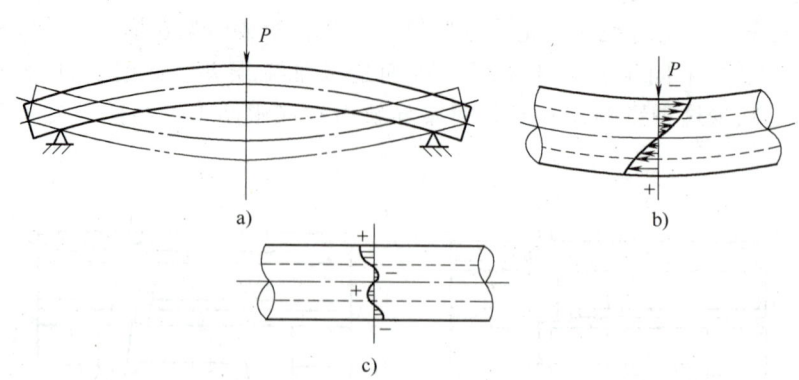

图 5-13 校直引起的内应力

1) 提高接触刚度。一般部件的刚度都是接触刚度低于实体零件的刚度,因此提高接触刚度是提高工艺系统刚度的关键。通过提高导轨等接合面的刮研质量、形状精度并减小表面粗糙度值,都能增加接触面积,有效地提高接触刚度。提高锥孔与锥体、顶尖孔与顶尖之间的接触质量,也能使实际接触面积增加。在接触面预加载荷,能消除接触面之间的间隙,增加接触面积,减小受力后的变形量,增大接触刚度。

2) 提高工件刚度。在设计工艺装备时,应尽量减少连接面数目,并注意刚度的匹配,防止有局部低刚度环节出现。在设计基础件、支承件时,应合理选择零件结构和截面形状。通常情况下,截面面积相等时,空心截形比实心截形的刚度高,封闭截形比开口截形好,在适当部位添加加强肋也有良好的效果。

3) 采用辅助支承。在车床加工细长轴时,工件的刚度差,常用中心架来提高工件的刚度。在转塔车床上加工较短的轴类零件时,为增加刀架刚度,常采用导套、导杆等辅助支承来加强刀架的刚度。

(2) 合理装夹工件,减少夹紧变形 当工件自身刚性差时,夹紧时应特别注意选择适当的夹紧方法,尤其是在加工薄壁零件时,为了减少加工误差,应使夹紧力均匀分布。

(3) 控制受力大小和方向 选择切削用量时,应根据工艺系统的刚度条件限制切削深度和进给量的大小;同时,增大刀具的主偏角可减小对变形敏感的背向力 F_p。对不平衡的转动件,必要时需设置平衡块,以消除或减小离心力的作用。

此外,合理设置夹具的夹紧力,将毛坯分组(使一次调整中加工的毛坯余量比较均匀),也能减小工件变形和切削力,从而减少加工误差。

5.2.3 工艺系统受热变形对加工精度的影响

加工过程中,工艺系统的热源主要有两大类:内部热源和外部热源。

内部热源来自于切削过程,主要包括:切削过程中产生的切削热,它以不同比例传给工件、刀具、切屑、加工设备及周围介质;另一种是摩擦热,它来自机床中的各种传动副和动力源,如高速运动导轨副、齿轮副、丝杠副、蜗杆副、摩擦离合器、电动机等。

外部热源主要来自外部环境,主要包括环境热和辐射热,如环境温度、阳光、取暖设备、灯光、人体等。

由于组成工艺系统的各个环节结构、尺寸、材质及受热程度不同,各个环节的温升不同,产生的变形也不同。这样,使工艺系统各环节的相对位置发生改变,从而产生加工误差。在精密加工中热变形引起的加工误差占总加工误差的 40%～70%;在大型零件的加工和自动化生产中,热变形对加工精度的影响也十分显著。

1. 机床热变形

各类机床(包括夹具)的结构和工作条件相差很大,故引起机床热变形的热源和变形特性也多种多样。除切削热有一小部分传入机床外,传动系统、导轨等运动零件产生的摩擦热为机床的主要热源。另外,液压系统、冷却润滑液等也是机床的热源。

不同类型的机床因其结构与工作条件的差异而使热源和变形形式各不相同。车、铣、钻、镗等机床的主要热源则是主轴箱,主轴箱中的齿轮、轴承摩擦发热及润滑油发热导致主轴箱及与之相连接部分的温度升高而产生较大变形。磨床的热变形对加工精度影响较大,磨床的主要热源是高速回转砂轮主轴的摩擦热及液压系统的发热。龙门刨床、导轨磨床等大型机床的床身较长,当导轨面与底面间存在温差时,则会产生较大的弯曲变形,从而影响加工精度。一台长 12m、高 0.8m 的导轨磨床床身,导轨面与床身底面温差为 1℃时,其弯曲变形量可达 0.22mm。

2. 刀具热变形

切削加工中传给刀具的切削热所占比例并不大,但是由于刀体小、热容量小,刀具温升可能非常高,其热变形对加工精度的影响有时是不可忽视的。例如,用高速钢车刀切削时,切削刃部分温升可达 700~800℃,刀具伸长量可达 0.03~0.05mm。

在车削长轴或在立车上加工大端面时,刀具连续长时间工作,车刀热伸长曲线如图 5-14 所示,其中曲线 A 是车刀连续切削时的热伸长曲线。切削开始时,刀具的温升和热伸长较快,随后趋于缓和并逐渐达到热平衡(热平衡时间为 t_b)。曲线 B 为切削停止后,刀具温度下降、伸长量减小的曲线。

由于刀具从常温到热平衡的连续工作过程中逐渐伸长,加工出的大端面出现平面度误差,加工出的长轴出现圆柱度误差。

在采用调整法加工一批工件时,刀具的受热与冷却是间歇进行的。如图 5-14 中的曲线 C,在工件的切削时间 t_m 内,刀具伸长到 a,在装卸工件时间 t_s 内,刀具冷却收缩至 b,在加工过程中逐渐趋于热平衡。

3. 工件热变形

工件热变形的热源主要是切削热。热变形对加工精度的影响表现为两方面:当工件受热均匀时,会引起工件尺寸大小的变化;当工件受热不均匀时,会引起工件形状的变化。这两方面影响的主次随加工情况不同而异。

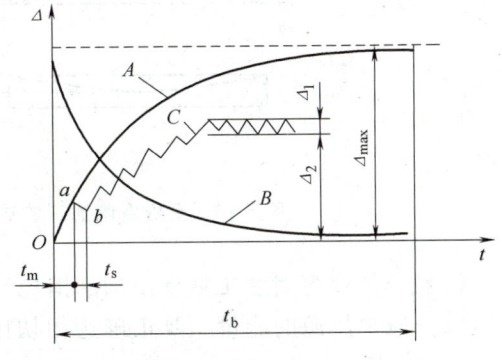

图 5-14 车刀热伸长曲线

对于一些形状较简单的轴类、套类、盘类零件的内、外圆加工,切削热比较均匀地传入工件,若忽略工件温升后的散热,其温度沿工件轴向及径向的分布都比较均匀,热变形也较均匀,其变形量可按热膨胀原理进行估算,长度热伸长量 ΔL 为

$$\Delta L = \alpha \Delta t L \tag{5-11}$$

直径热胀量 ΔD 为

$$\Delta D = \alpha \Delta t D \tag{5-12}$$

式中，α 为工件材料的线膨胀系数；Δt 为工件温升；L、D 分别为室温下的工件长度和直径。

磨削加工中工件热变形对加工精度的影响很大。例如，磨削长度为 3000mm 的丝杠，每磨一次温度升高 3℃，经计算丝杠热伸长量为 0.1mm。对于 6 级精度丝杠，其螺距累积误差在全长上不允许超过 0.02mm，由此可见 3℃ 的温升足以使此项误差超差。

当工件受热不均匀时，如对工件的平面进行铣、刨、磨等加工时，工件单侧受热，上下表面温升不等，从而使工件向上凸起，凸起部分被切掉，冷却后，被加工表面呈凹形，其形状误差 y' 如图 5-15a 所示。在图 5-15 中，磨削长度 L、厚度 H 的薄板工件，上下层温度差为 $\Delta\theta = \theta_2 - \theta_1$，令其形状误差为 y。由于 φ 角很小，中性层的弦长可近似为原长 L，故 $y = \dfrac{L}{2}\sin\dfrac{\varphi}{4} = \dfrac{L\varphi}{8}$，令 $\overline{AE}\,//\,\overline{OC}$，则 $\overline{BE}$ 为热应力变形，其值为 $\alpha L \Delta\theta$，则 $\varphi = \dfrac{\overline{BE}}{\overline{BA}} = \dfrac{\alpha L \Delta\theta}{H}$，因此

$$y = \frac{\alpha L^2 \Delta\theta}{8H}$$

对于大型平板类零件，如高 600mm、长 2000mm 的机床床身的磨削加工，工件顶面与底面的温差为 2.4℃，热变形可达 20μm，因此要采用充足的切削液或提高工件的进给速度以减少传给工件的热量。

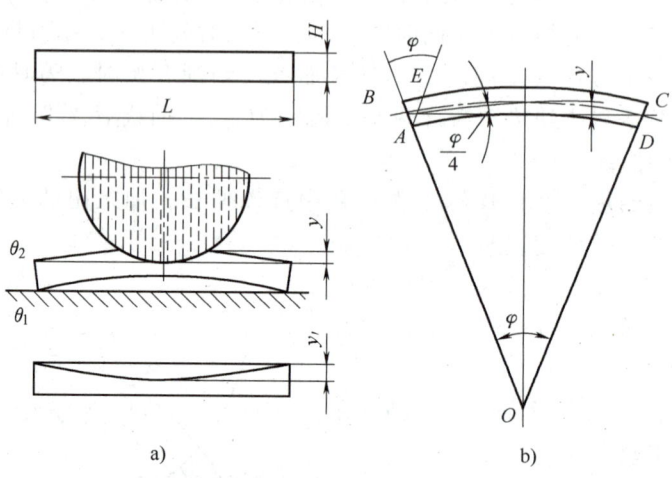

图 5-15 平板磨削加工的热变形

4. 减小热变形对加工精度影响的措施

（1）减少热源的能量　要正确选用切削和磨削用量、刀具和砂轮，还要及时地刃磨刀具和修整砂轮，以免产生过多的切削热。从机床的结构和润滑方式的角度看，要注意减少运动部件之间的摩擦，减少液压传动系统的发热，隔离电动机、齿轮变速箱、油池、冷却箱等热源，或在发热部件与机床大件间使用绝热材料，使系统的发热及其对加工精度的影响得以控制。

对于发热量大的热源，若既不能从机床内移出，又不便隔热，则可采用增加散热面积或

使用强制式的风冷、水冷等措施,加速系统中热量的散出,从而有效控制系统的热变形。

(2) 均衡温度场 采用热补偿方法使机床的温度场比较均衡,从而使机床仅产生不影响加工精度的均匀变形。例如,平面磨床的磨削热使床身温度升高,则床身形成上热下冷而使导轨产生中凸的热变形;在床身底部配置液压系统的油池,则油使床身下部温度升高而产生中凹的热变形,以补偿由于磨削热而产生的中凸热变形。

(3) 改善机床机构 设计机床时,从结构上要有利于热的传导,可采用热对称结构。图 5-16a 所示为传统的牛头刨床滑枕截面结构,由于导轨面的高速滑动,滑枕上冷下热,从而产生较大的弯曲变形。将导轨布置在截面中间,则滑枕截面上下对称(图 5-16b),就可大大减小其弯曲变形,从而提高机床的精度。

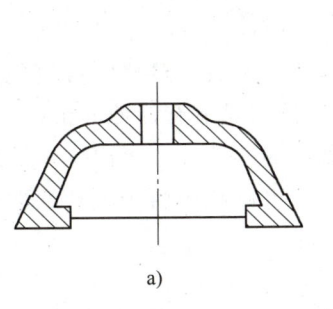
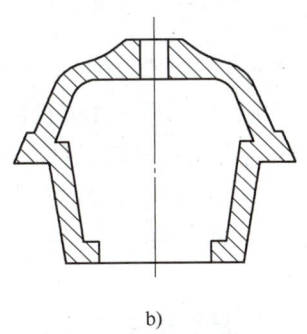

图 5-16 热对称结构

(4) 保持工艺系统的热平衡 当工艺系统达到热平衡时,热变形趋于稳定,有利于加工精度的保证,因此精加工一般都要求在热平衡下进行。在精加工前可使机床高速空转一段时间,也可在机床适当部位增设附加热源,在预热期内人为向机床供热,等达到热平衡时再开始加工。同时,精密加工过程中应尽量避免中途停车。

(5) 控制环境温度 精密机床应安装在恒温车间中使用,其恒温精度一般控制在±1℃以内,精密级为±0.5℃。恒温的平均温度一般为 20℃,冬季可取 17℃,夏季可取 23℃。同时,对精加工机床的布置应注意避免日光直射,布置采暖设备也应避免机床受热不均匀。

5.2.4 保证和提高加工精度的途径

为了保证和提高零件加工精度,从毛坯制造到产品装配过程中,都应找出产生加工误差的主要因素并采取相应的工艺措施,以减少或控制这些因素的影响。下面结合实例就减小加工误差、保证加工精度的方法予以讨论。

1. 直接减小误差法

直接减小误差法是生产中应用较广的一种方法,首先查明产生加工误差的原始误差,然后设法对其进行消除或减小。

例如,车削细长轴时,为了增加工件的刚度,采用跟刀架,但有时仍难车出高精度的细长轴。究其原因,采用跟刀架虽可减小背向力 F_p,解决使工件"顶弯"的问题,但没有解决工件在轴向进给力 F_f 作用下的"压弯"问题,如图 5-17a 所示。压弯后的工件在高速回转中,由于离心力的作用,不但变形加剧,而且产生振动。此外,装夹工件的卡盘和尾座顶尖之间的距离是固定的,切削热引起的工件热伸长受到阻碍,这又增加了工件的弯曲变形。实践证明,采用以下措施可以大大改善鼓形误差。

1) 采用反向进给的切削方式,如图 5-17b 所示,进给方向由卡盘一端指向尾座,轴向进给力 F_f 对工件是拉伸作用,解决了"压弯"问题。

2) 反向进给切削时采用大进给量和较大的主偏角车刀(如 90°偏刀),以增大进给力

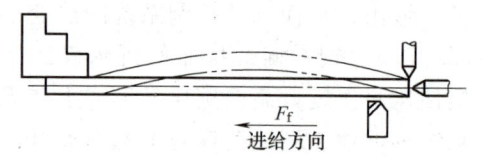 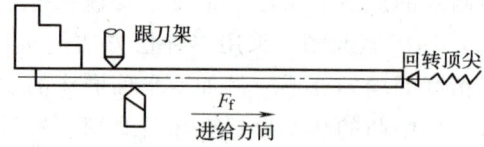

a) 在进给力作用下零件被压弯　　　　b) 采用反向进给的切削方式

图 5-17　车削细长轴的误差原因及采取的措施

F_f，使工件受强力拉伸作用，而不被压弯，同时可消除振动，使切削过程平稳。

3）改用具有伸缩性的弹性后顶尖。这样既可避免工件从切削点到尾座顶尖一段由于受压力而弯曲，又使工件在热伸长情况下有伸缩的余地。

4）正向走刀时，在卡盘一端的工件上车出一个缩颈，缩颈直径 $d \approx D/2$（D 为工件坯料直径）。缩颈使工件具有柔性，可以减小由于坯料弯曲而在卡盘强制夹持下产生轴线歪斜的影响。

2. 误差补偿法

误差补偿法是人为地制造出一种新的误差，去抵消原来工艺系统中固有的原始误差。当原始误差是负值时，人为的误差取正值，反之取负值，尽量使两者大小相等方向相反。或者利用一种原始误差去抵消另一种原始误差，从而达到减少加工误差、保证加工精度的目的。

例如，用预加载荷法精加工磨床床身导轨，借以补偿装配后受机床有关部件自重的影响而产生的受力变形。磨床床身是一种窄长结构，刚度比较差，虽然在加工时床身导轨的各项精度都能达到，但在装上进给机构、操纵机构、工作台、夹具及工件等以后，往往发现床身导轨精度会有所降低。这是因为这些部件的自重会引起床身的变形。为此，某些磨床厂在加工床身导轨时采取用"配重"代替部件质量，或者先将该部件装好再磨削的办法，使加工、装配和使用条件一致，这样可使导轨长期保持较高的精度。

再例如，用校正机构提高丝杠车床传动链的精度。在精密螺纹加工中，机床传动链误差将直接反映到被加工工件的螺距上，使精密丝杠的加工精度受到一定的限制。为了满足精密丝杠的加工要求，除了提高传动链中各元件的加工精度，在生产实践中应用较广泛的是通过误差补偿原理来消除传动链误差的方法。即螺母丝杠螺距有了误差，它就会使刀具进给行程产生或大或小的变化，这时通过一个校正尺使螺母丝杠上的螺母产生一个正的或反的附加转动，就可以将误差补偿，以保证被加工丝杠的螺距精度。

3. 误差分组法

误差分组法是当坯件精度较低、引起的定位误差或复映误差太大时，将坯件按其误差大小均分成 n 组，每组坯件的误差就缩小为原来的 $1/n$，然后按组调整刀具和工件的相对位置以减小坯件误差对加工精度的影响。例如，某厂采用心轴装夹工件剃齿，齿轮内孔公称尺寸为 $\phi25\text{mm}$，上极限偏差为 $+0.013\text{mm}$，下极限偏差为 0mm，心轴实际尺寸为 $\phi25.002\text{mm}$。由于配合间隙过大，剃齿后工件齿圈径向跳动超差。为减小配合间隙且不再提高加工精度，采用误差分组法，按工件内孔尺寸大小分成 3 组，与相应的心轴配合，见表 5-1，使每组配合间隙在 0.005mm 之内，保证了剃齿加工的精度要求。

误差分组法的实质就是通过有密切联系的工件或刀具表面的相互比较、相互检查，从中找出它们之间的差异，然后再进行相互修正加工或互为基准的加工，使被加工表面原有的误差不断缩小和平均化。对配偶件的表面,如伺服阀的阀套和阀芯、精密丝杠与螺母采用配研的方法,实质上就是把两者的原始误差不断缩小的互为基准加工,最终使原始误差平均化到两个配偶件上。生产中,许多精密基准件的加工(如平板、直尺、角规、分度盘的各个分度槽等)都采用误差分组的方法。

表 5-1　尺寸分组　　　　　　　　　　　　　　　　　　　　(单位:mm)

组号	工件内孔尺寸	心轴尺寸	配合精度
1	$\phi25^{+0.004}_{0}$	$\phi25.002$	±0.002
2	$\phi25^{+0.008}_{+0.004}$	$\phi25.006$	±0.002
3	$\phi25^{+0.013}_{+0.008}$	$\phi25.011$	$^{+0.002}_{-0.003}$

4. 误差转移法

误差转移法就是把原始误差从误差敏感方向转移到误差的非敏感方向。例如,转塔车床的转位刀架,其分度转位误差将直接影响工件有关表面的加工精度。如果改变刀具的安装位置,使分度转位误差处于加工表面的切向,即可大大减小分度转位误差对加工精度的影响。如图 5-18 所示,调整转塔车床的刀具时,采用"立刀"安装法,把切削刃的切削基面放在垂直平面内。刀架的分度转位误差转移到了工件内孔加工表面的切线方向,由此产生的加工误差非常小,从而提高了加工精度。

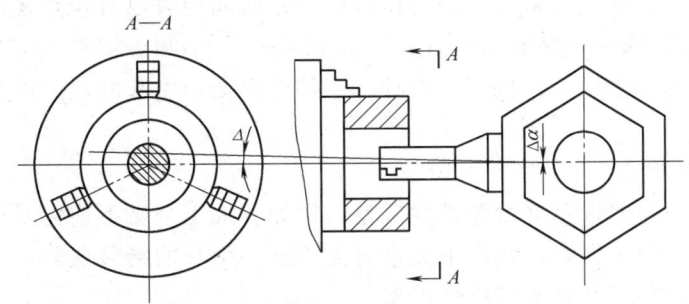

图 5-18　转塔车床的"立刀"安装法

5. "就地加工"法

"就地加工"法是全部零件按经济精度加工并装配成部件或产品,各零部件之间具有工作时要求的相对位置,最后以一个表面为基准加工另一个有位置精度要求的表面,从而实现最终精加工。"就地加工"法主要是为了消除机器或部件装配后的累积误差。

"就地加工"法的应用很多,如转塔车床的制造中,为保证转塔上六个安装刀架的孔的中心与机床主轴回转轴线的重合度及孔的端面与主轴回转轴线的垂直度,在转塔装配到车床床身后,再在主轴上装镗杆和径向进给小刀架、对转塔上的孔和端面进行最终加工。此外,普通车床上对花盘平面或软爪夹持面的修正、龙门刨床上对工作台面的修正等都属于"就地加工"。

6. 主动测量与闭环控制

主动测量指加工过程中实时地测量出工件的实际尺寸(形状、位置精度),并根据测量结果控制刀具与工件的相对位置，使工件尺寸的变动始终在自动控制之中。

在数控机床上，一般都带有对各个坐标移动量的检测装置（如光栅尺、感应同步器）。检测信号作为反馈信号输入控制装置，实现闭环控制，以确保运动的准确性，从而提高加工精度。

5.3 加工误差的综合分析

前面对影响加工精度的各种主要因素进行了分析，但分析方法侧重于单因素分析法。在生产实际中，影响加工精度的因素往往错综复杂，有时仅用单因素很难分析计算某一工序的加工误差，还必须运用数理统计的方法对加工误差进行综合分析，从中发现误差规律和解决问题的途径。

5.3.1 加工误差的性质

从加工一批工件时所出现的误差规律来看，加工误差可以分为系统性误差和随机性误差两大类。

1. 系统性误差

具有确定性规律的误差称为系统性误差。系统性误差又可以分为常值系统性误差和变值系统性误差两种。

（1）常值系统性误差　常值系统性误差的数值是不变的。例如，原理误差和机床、刀具、夹具的制造误差，一次调整误差以及工艺系统因受力点位置变化引起的误差等都属于常值系统性误差。机床、夹具、量具等的磨损值在一定时间内可以看作是常值系统性误差。

（2）变值系统性误差　变值系统性误差是误差的大小和方向按一定规律变化。例如，由于刀具磨损引起的加工误差，机床、刀具、工件受热变形引起的加工误差等都属于变值系统性误差。

2. 随机性误差

具有统计分布规律的误差称为随机性误差。例如，加工余量不均匀或材料硬度不均匀引起的毛坯误差复映、定位误差以及由于夹紧力大小不一引起的夹紧误差、多次调整误差、残余应力引起的变形误差等都属于随机性误差。

误差性质不同，其解决的途径也不一样。对于常值系统性误差，在查明其大小和方向后，采取相应的调整或检修工艺装备，以及用一种常值系统性误差去补偿原来的常值系统性误差，即可消除或控制误差在公差范围之内。对于变值系统性误差，在查明其大小和方向随时间变化的规律后，可采用自动连续补偿或自动周期补偿的方法消除。对随机性误差，从表面上看似乎没有规律，但是应用数理统计的方法可以找出一批工件加工误差的总体规律，查出产生误差的根源，在工艺上采取措施来加以控制。在生产中，误差性质的判别应根据工件的实际加工情况决定。在不同的生产场合，误差的表现性质会有所不同，原属于常值系统性的误差有时会变成随机性误差。例如，对经过一次调整加工出来的工件来说，调整误差是常值误差，但在大量生产中一批工件需要经多次调整，则每次调整时的误差就是随机误差了。

5.3.2 加工误差的统计分析

本节主要介绍常用的两种统计分析方法：分布曲线法和点图法。

1. 分布曲线法

（1）实际分布曲线　用调整法加工出的一批工件，尺寸总是在一定范围内变化，这种现象称为尺寸分散，尺寸分散范围就是这批工件最大和最小尺寸之差。根据实际测量的尺寸，并按一定的尺寸间隔分组，然后以各个组的尺寸间隔（组距）为横坐标，以各组的频数（该组尺寸范围的工件数）或频率（频数与该批零件总数之比）为纵坐标，便可得到该批工件的尺寸分布直方图。若将每个区间的顶部中点（中心值）连成折线，则可得到分布折线图。当所测零件数量增多，尺寸间隔很小时，此折线便非常接近一条曲线，即实际分布曲线。

图 5-19 所示为一批 $\phi 28_{-0.015}^{0}$ mm 的活塞销孔镗孔后孔径尺寸的直方图和分布折线图，它是根据表 5-2 中的数据绘制的。取在一次调整下加工出来的工件 100 个，经测量得到最大孔径为 $\phi 28.004$ mm，最小孔径为 $\phi 27.992$ mm，取 0.002mm 作为尺寸间隔进行分组，统计每组的工件数，将所得的结果列于表 5-2。

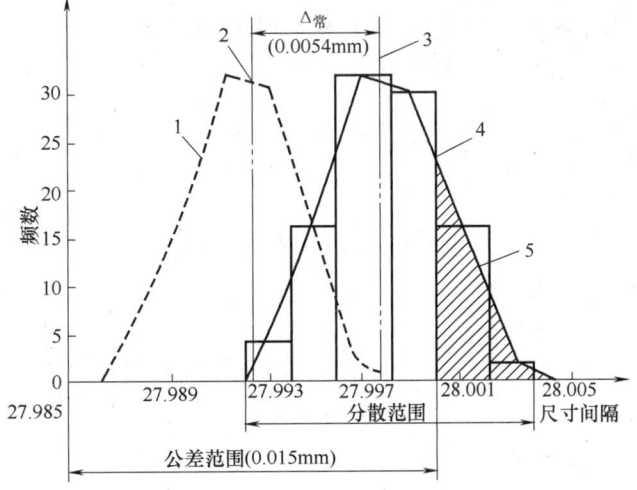

图 5-19　活塞销孔直径尺寸分布图
1—理论分布曲线　2—公差带中心（27.9925mm）　3—尺寸分散中心（27.9979mm）　4—实际分布位置　5—废品区

表 5-2　活塞销孔直径测量结果及分组

组别	尺寸范围/mm	组中心值/mm	频数	频率
1	27.992~27.994	27.993	4	4/100
2	27.994~27.996	27.995	16	16/100
3	27.996~27.998	27.997	32	32/100
4	27.998~28.000	27.999	30	30/100
5	28.000~28.002	28.001	16	16/100
6	28.002~28.004	28.003	2	2/100

由图 5-19 可以看出：

1）尺寸分散范围（28.004-27.992=0.012mm）小于公差带宽度（T = 0.015mm），表明本工序能满足加工精度要求。

2）部分工件超出公差范围（阴影部分）成为废品，究其原因是尺寸分散中心（27.9979mm）与公差带中心（27.9925mm）不重合，存在较大的常值系统性误差（$\Delta_\text{常}$ = 0.0054mm）。如果设法消除系统误差使尺寸分散中心与公差带中心重合，这批工件就全部合格，即镗孔时，将镗刀伸出量调短些，消除本工序常值系统性误差，使全部尺寸都落在公差带内。

（2）正态分布曲线　大量统计和理论分析表明，如果工艺系统不存在系统误差，只存在随机误差，则被加工零件的尺寸分布曲线将接近正态分布曲线，如图 5-20 所示。若工艺系统存在常值系统性误差，则工件尺寸的分布曲线不变，只是其位置沿工件尺寸坐标轴（x 轴）发生平移，当工艺系统存在变值系统性误差，工件尺寸的分布曲线不再是正态分布，但有时可认为是若干个正态分布曲线的叠加,因此可以通过分析工件尺寸的正态分布曲线来研究加工误差的性质。正态分布曲线的数学关系式为

$$\phi(x) = \frac{1}{\sigma\sqrt{2\pi}} e^{\frac{-(x-\bar{x})^2}{2\sigma^2}} \quad (5\text{-}13)$$

式中,$\phi(x)$ 为零件尺寸为 x 时的概率密度;x 为工件尺寸;$\bar{x}$ 为工件尺寸的算数平均值,$\bar{x} = \sum_{i=1}^{n} x_i/n$;$\sigma$ 为均方根偏差,$\sigma = \sqrt{\sum_{i=1}^{n}(x_i - \bar{x})^2/n}$;$n$ 为工件样本总数。

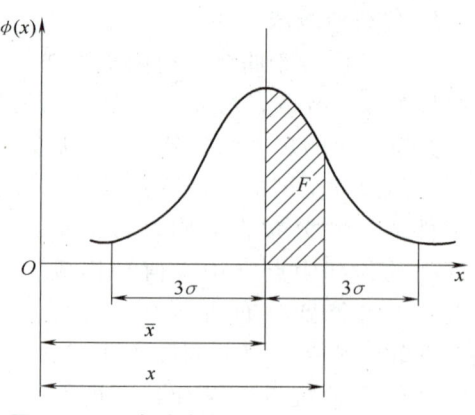

图 5-20　正态分布曲线

正态分布下的曲线面积代表了全部工件,即从 $\bar{x}$ 到任一点 x 间曲线下的面积为工件尺寸从 $\bar{x}$ 到 x 间出现的频率 F 为

$$F = \frac{1}{\sigma\sqrt{2\pi}} \int_{\bar{x}}^{x} e^{\frac{-(x-\bar{x})^2}{2\sigma^2}} dx \quad (5\text{-}14)$$

令 $\frac{x-\bar{x}}{\sigma} = Z$,则

$$F = \phi(Z) = \frac{1}{\sigma\sqrt{2\pi}} \int e^{-\frac{z^2}{2}} dz \quad (5\text{-}15)$$

各种不同 Z 值时的函数 $\phi(Z)$ 值见表 5-3。

表 5-3　各种不同 Z 值时的函数 $\phi(Z)$ 值

Z	$\phi(Z)$	Z	$\phi(Z)$	Z	$\phi(Z)$	Z	$\phi(Z)$	Z	$\phi(Z)$	Z	$\phi(Z)$
0.01	0.0040	0.17	0.0675	0.33	0.1293	0.49	0.1879	0.80	0.2881	1.30	0.4032	2.20	0.4861
0.02	0.0080	0.18	0.0714	0.34	0.1331	0.50	0.1915	0.82	0.2939	1.35	0.4115	2.30	0.4893
0.03	0.0120	0.19	0.0753	0.35	0.1368	0.52	0.1985	0.84	0.2995	1.40	0.4192	2.40	0.4918
0.04	0.0100	0.20	0.0793	0.36	0.1406	0.54	0.2054	0.86	0.3051	1.45	0.4265	2.50	0.4938
0.05	0.0199	0.21	0.0832	0.37	0.1443	0.56	0.2123	0.88	0.3106	1.50	0.4332	2.60	0.4953
0.06	0.0239	0.22	0.0871	0.38	0.1480	0.58	0.2190	0.90	0.3159	1.55	0.4394	2.70	0.4965
0.07	0.0279	0.23	0.0910	0.39	0.1517	0.60	0.2257	0.92	0.3212	1.60	0.4452	2.80	0.4974
0.08	0.0319	0.24	0.0948	0.40	0.1554	0.62	0.2324	0.94	0.3264	1.65	0.4505	2.90	0.4981
0.09	0.0359	0.25	0.0987	0.41	0.1591	0.64	0.2389	0.96	0.3315	1.70	0.4554	3.00	0.49865
0.10	0.0398	0.26	0.1023	0.42	0.1628	0.66	0.2454	0.98	0.3365	1.75	0.4599	3.20	0.49931
0.11	0.0438	0.27	0.1064	0.43	0.1664	0.68	0.2517	1.00	0.3413	1.80	0.4641	3.40	0.49966
0.12	0.0478	0.28	0.1103	0.44	0.1700	0.70	0.2580	1.05	0.3531	1.85	0.4678	3.60	0.499841
0.13	0.0517	0.29	0.1141	0.45	0.1772	0.72	0.2642	1.10	0.3643	1.90	0.4713	3.80	0.499928
0.14	0.0557	0.30	0.1179	0.46	0.1776	0.74	0.2703	1.15	0.3749	1.95	0.4744	4.00	0.499968
0.15	0.0596	0.31	0.1217	0.47	0.1808	0.76	0.2764	1.20	0.3849	2.00	0.4772	4.50	0.499997
0.16	0.0636	0.32	0.1255	0.48	0.1844	0.78	0.2823	1.25	0.3944	2.10	0.4821	5.00	0.49999997

1) 正态分布曲线的特征。

① 曲线呈钟形,中间高,两边低,曲线以 $x = \bar{x}$ 直线左右对称。靠近分散中心的工件尺寸出现的概率大,占大多数,远离分散中心的工件尺寸出现的概率较小;尺寸大于 $\bar{x}$ 和小于 $\bar{x}$ 的概率相等,各占 50%。

② σ 是表示正态分布曲线形状的参数,如图 5-21 所示。σ 越大,则工件尺寸越分散,

加工精度越低；σ 越小，则工件尺寸越集中，加工精度越高。

③ 分布曲线与横坐标所围成的面积包括全部零件数（100%），故其面积是1。在对称轴的 $\pm 3\sigma$ 范围内的面积为 99.73%，即 99.73% 的工件尺寸落在 $\pm 3\sigma$ 的范围内，落在 $\pm 3\sigma$ 范围外的工件可以忽略不计。由此，一般都取正态分布曲线范围为 $\pm 3\sigma$（或 6σ），它代表了某一加工条件下所能达到的加工精度。

④ 曲线分布中心 $\bar{x}$ 改变时，整个曲线将沿 x 轴平移，但曲线的形状保持不变，如图 5-22 所示，这就是常值系统性误差影响的结果。

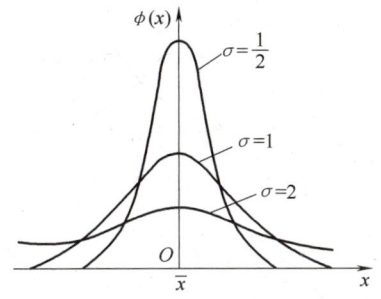

图 5-21　正态分布曲线的性质

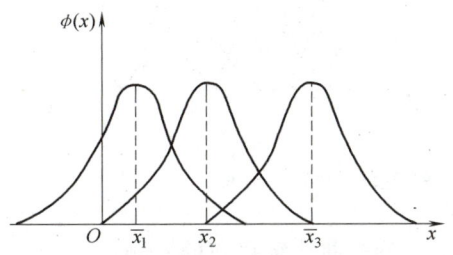

图 5-22　σ 不变时 $\bar{x}$ 使分布曲线移动

2）正态分布曲线的应用。

① 计算合格率和废品率。正态分布曲线与横坐标之间所包含的面积代表一批零件的总数 100%，如果尺寸分散范围大于零件的公差 T 时，则有废品产生。

② 判断加工误差的性质。如果加工过程中没有变值系统性误差的影响，那么其尺寸分布应符合正态分布，这是判别加工误差性质的基本方法。如果尺寸分散中心与公差带中心重合，则说明不存在常值系统性误差，如果不重合则两中心之间的距离即为常值系统性误差。如果实际尺寸与正态分布有较大出入，说明存在变值系统性误差。

③ 判断工序的工艺能力能否满足加工精度的要求。工艺能力是指工序处于稳定状态时，加工误差正常波动的幅度。可以用工序的尺寸分散范围来表示其工艺能力，大多数加工工艺的分布都接近正态分布，而正态分布的尺寸分散范围是 6σ，故一般工艺能力取 6σ，因此工艺能力能否满足加工精度要求，可以用式（5-16）进行判断，有

$$C_p = \frac{T}{6\sigma} \tag{5-16}$$

式中，T 为工件公差；C_p 为工艺能力系数。根据工艺能力系数，可将工艺能力划分为 5 个等级，见表 5-4。

表 5-4　工艺能力等级

工艺能力系数 C_p	工艺等级	特点
$C_p > 1.67$	特级	工艺能力过高，可以作相应考虑，加工不经济
$1.33 < C_p \leq 1.67$	一级	工艺能力足够，可以允许一定的外来波动
$1.00 < C_p \leq 1.33$	二级	工艺能力勉强，必须密切注意
$0.67 < C_p \leq 1.00$	三级	工艺能力不足，可能出现少量不合格品
$C_p \leq 0.67$	四级	工艺能力极差，必须加以改进才能生产

④ 非正态分布。工件实际分布的情况，有时并不近似于正态分布，而是呈现非正态分布。例如，加工中刀具或砂轮的尺寸磨损较快而无自动补偿，工件尺寸的实际分布会呈现平顶分布，如图5-23a所示；将在两台机床上加工出的工件混在一起测量，尽管每台机床加工的零件都是按正态分布的，但由于两台机床的工件平均尺寸及工件数可能不同，分布曲线呈现出如图5-23b所示的双峰曲线；用试切法加工时，由于操作者主观上存在宁可返修也不要报废的思想，也往往会出现尺寸不对称分布，如图5-23c所示。

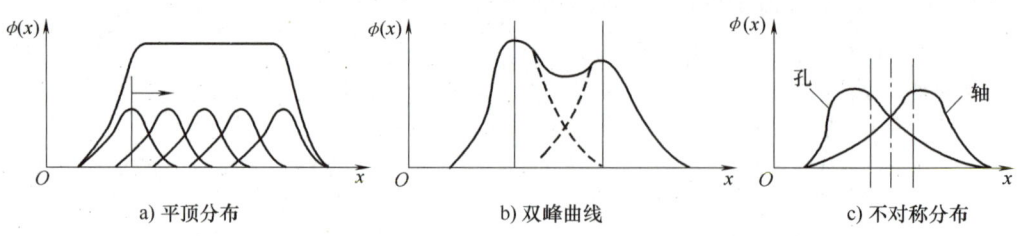

a) 平顶分布　　b) 双峰曲线　　c) 不对称分布

图 5-23　非正态分布

3) 分布曲线法存在的问题。

① 采用分布曲线法属于事后分析，不能反映误差的发展趋势和变化规律。由于没有考虑工件加工的先后顺序，很难把随机误差与变值系统性误差区分开，从而不能主动控制精度。同时，分布曲线主要用于表示各工艺因素对精度的综合影响，因此不易分辨各因素的具体作用。

② 对于大批量生产，将一直加工下去，因此母体的分布曲线很难得到，只能采用抽样检查的方法，用样本来估算母体，需要注意的是母体的算数平均值和均方差与样本的算数平均值和均方差是不相等的。

③ 必须等一批工件加工完毕后才能得出分布情况，即使发现了问题（如出现了废品），对本批零件依然无法采取措施，只能对下一批零件起作用。因此，不能在加工过程中提供控制工艺过程的资料。

【例 5-1】

在两台相同自动车床上加工1000件圆柱销轴，要求直径为$\phi(11\pm0.02)$mm，第一台车床加工500件，尺寸符合正态分布，$\overline{x_1}=11.005$mm，$\sigma_1=0.04$mm；第二台车床加工500件，尺寸也符合正态分布，$\overline{x_2}=11.015$mm，$\sigma_2=0.0025$mm，试在同一图上画出两台车床加工的两批工件的尺寸分布图，指出哪台车床的加工精度高，并比较两台车床的废品率。

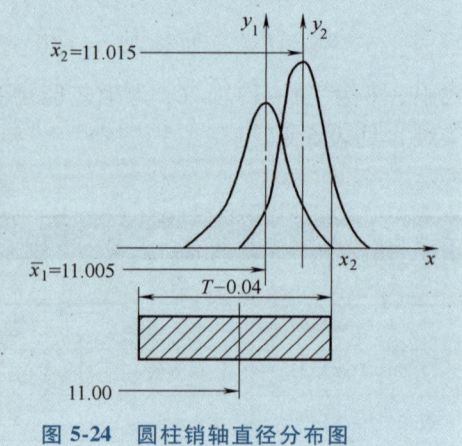

图 5-24　圆柱销轴直径分布图

解：

1) 依题意画图，如图5-24所示。

2) 比较两台车床的精度。因为 $6\sigma_1 = 6 \times 0.04$mm $= 0.24$mm $> 6\sigma_2 = 6 \times 0.0025$mm $= 0.015$mm，故第二台车床的加工精度高。

3）求第一台车床的废品率。第一台车床加工的圆柱销轴，其直径全部落在公差带范围内，故无废品。

4）求第二台车床的废品率。第二台车床加工的圆柱销轴，有一部分落在公差带范围外，成为可修复的废品。

$$\frac{x_2 - \bar{x}_2}{\sigma_2} = \frac{11.02\text{mm} - 11.015\text{mm}}{0.0025\text{mm}} = 2$$

查表 5-3 可得，$\phi(2) = 0.4772$。因此，废品率 $= (0.5 - 0.4772)\% = 2.28\%$。

从图 5-24 可以看出，第二台车床产生废品的主要原因是刀具调整不当，使得一批工件尺寸分布中心偏大于公差带中心，从而产生可修复的废品。改进办法是可以对第二台车床的车刀重新调整，使之再进刀 $(11.015 - 11)\text{mm}/2 = 0.0075\text{mm}$ 即可。

【例 5-2】

车削一批轴的外圆，其直径要求为 $\phi 20_{-0.1}^{0}\text{mm}$，若此工序尺寸符合正态分布，其 $\sigma = 0.025\text{mm}$，公差带中心小于分布曲线中心，其偏移量为 0.03mm。1）试画出工件的分布曲线，并分析该批工件的常值系统性误差和随机误差；2）计算合格率及废品率；3）计算工艺能力系数 C_p。

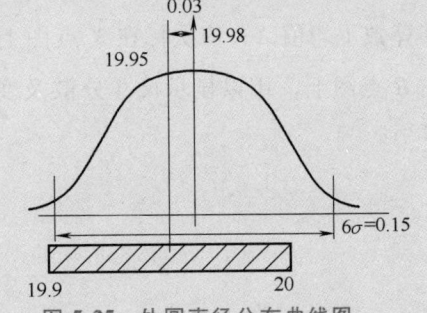

图 5-25 外圆直径分布曲线图

解：

1）依题意画图，如图 5-25 所示。

$6\sigma = 6 \times 0.025\text{mm} = 0.15\text{mm}$，即其常值系统性误差为 0.03mm，随机误差为 0.15mm。

2）计算合格率及废品率。曲线左半部分全部落在公差范围内，故 $F_{左} = 50\%$；由

$$Z_{右} = \frac{20\text{mm} - 19.98\text{mm}}{0.025\text{mm}} = 0.8$$，查表 5-3 得 $\phi(0.8) = 0.2881$，故 $F_{右} = 0.2881\%$。

合格率 $= F_{左} + F_{右} = (0.5 + 0.2881)\% = 78.81\%$

废品率 $= 1 - 78.81\% = 21.19\%$

3）计算工艺能力系数 C_p。

$$C_p = \frac{T}{6\sigma} = \frac{0.1\text{mm}}{6 \times 0.025\text{mm}} = 0.67$$

工艺能力很差，必须加以改进。

2. 点图法

(1) 点图的形式

1）个值点图。按照加工的先后顺序逐个测量一批工件尺寸，以横坐标代表工件的加工顺序，以纵坐标代表工件的尺寸（或误差），得到的曲线图即为个值点图，如图 5-26 所示。

假设把点图的上下极限点包络在两根平滑曲线内，并作出其平均值的曲线，如图 5-27 所示，就能得到加工过程中各种误差的性质及其变化趋势。其中，平均值曲线 OO' 表示每一

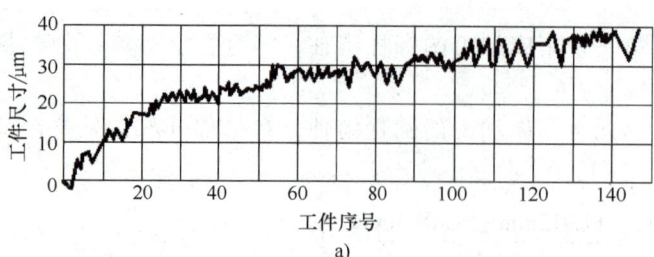
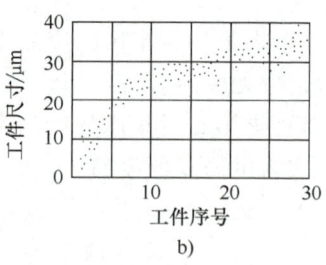

图 5-26 个值点图

瞬时分散中心的变化情况，反映了变值系统性误差的变化规律，起始点 O 可看作是常值系统性误差的影响，上下极限曲线 AA' 和 BB' 间的宽度表示尺寸分散范围，即反映了随机误差的大小。

2) $\overline{X}$-R 点图。为了能直接反映出变值系统性误差和随机误差随时间变化的趋势，实际生产中常采用样组点图代替个值点图，最常用的是 $\overline{X}$-R 点图（平均值-极差点图）。它是每隔一段时间抽检 m 件工件（一般 $m = 2 \sim 10$）作为一组，将这 m 件工件进行尺寸检测后计算其算数平均值 $\overline{X}$，依次标在 $\overline{X}$ 点图上，同时把每一组的极差值（最大值与最小值之差）标在 R 点图上，用以显示尺寸分散及变化情况，这样画出的点图，称为 $\overline{X}$-R 点图，如图 5-28 所示。

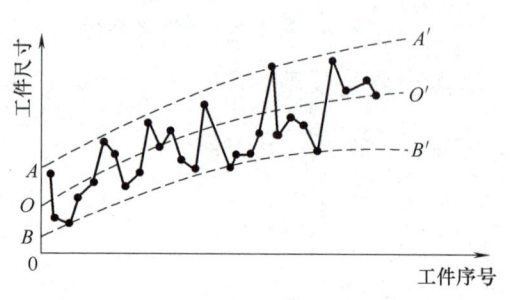

图 5-27 个值点图上反映的误差变化趋势

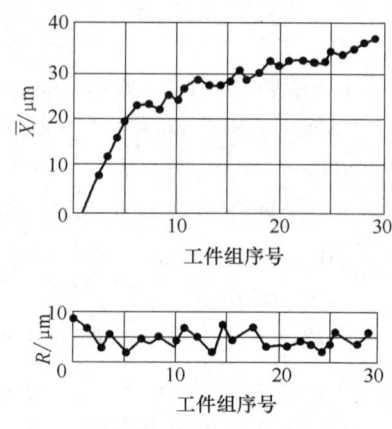

图 5-28 $\overline{X}$-R 点图

由于 $\overline{X}$ 点图在一定程度上代表了瞬时的分散中心，故 $\overline{X}$ 点图可以反映系统误差的变化趋势，R 点图在一定程度上代表了瞬时的尺寸分散范围，R 点图可反映出随机误差及其变化趋势，但单独的 $\overline{X}$ 和 R 点图均不能全面反映加工误差情况，必须结合起来应用。

任何一批零件的加工尺寸都有波动性，这样平均值 $\overline{X}$、极差值 R 也具有波动性。如果加工误差主要是随机误差且系统误差的影响很小，那么这种波动属于正常波动，加工工艺是稳定的。如果加工中存在着影响较大的变值系统性误差或随机误差的大小有明显的变化，则说明加工工艺是不稳定的。为了判断工艺过程是否稳定，需要在 $\overline{X}$-R 点图上加上中心线及上下控制线（按 $\overline{X}$ 和 R 的统计分布规律确定），用以判断加工工艺是否稳定。若尺寸在控制线内，则加工工艺稳定；若尺寸超出控制线，但仍在公差带内，则说明零件合格，但工艺系统有不稳定因素；若尺寸超出公差带，则已经出现废品，加工工艺不可行。

$\overline{X}$ 点图的中心线为

$$\overline{\overline{X}} = \frac{1}{k}\sum_{i=1}^{k}\overline{x_i} \tag{5-17}$$

$\overline{X}$ 点图的上控制线为

$$\overline{Xs} = \overline{\overline{X}} - A\overline{R} \tag{5-18}$$

$\overline{X}$ 点图的下控制线为

$$\overline{Xx} = \overline{\overline{X}} - A\overline{R} \tag{5-19}$$

R 点图的中心线为

$$\overline{R} = \frac{1}{k}\sum_{i=1}^{k}\overline{R_i} \tag{5-20}$$

R 点图的上控制线为

$$Rs = D\overline{R} \tag{5-21}$$

R 点图的下控制线为零线。

式（5-18）、式（5-19）、式（5-21）中系数 A、D 的数值见表 5-5。

表 5-5 系数 A、D 的数值

系数	每组个数			
	3	4	5	6
A	1.023	0.729	0.577	0.483
D	2.574	2.282	2.115	2.004

（2）点图法的应用 点图法是全面质量管理中用以控制产品加工质量的主要方法之一，在实际生产中应用广泛。点图法反映了加工顺序、系统误差和随机误差的大小及其变化规律，可以更好地区分各种加工误差的性质。

5.4 机械加工表面质量的影响因素及控制

机械加工表面质量是判定零件质量的主要依据之一，机械零件的破坏大多是从表面开始的，而任何机械加工都不能获得理想表面，总会存在一定程度的表面层微观几何形状误差和表面层物理力学性能的变化，这将直接影响到零件的工作性能、可靠性及使用寿命。因此，探讨和研究机械加工表面质量对保证产品质量具有重要的意义。

5.4.1 表面粗糙度的影响因素

表面粗糙度产生的主要原因是加工过程中切削刃在已加工表面上留下的切削层残留面积，切削过程中产生的塑性变形以及工艺系统的振动等。

1. 切削加工后的表面粗糙度

切削加工时影响表面粗糙度的因素主要有两个：几何因素和物理因素。

(1) 几何因素　刀具相对于工件做进给运动时，在加工表面留下了切削层残留面积，从而产生表面粗糙度。切削层残留面积越大，表面粗糙度就越大。残留面积的形状是切削刃几何形状的复映，如图 5-29 所示，残留面积的高度 H 受刀具的几何角度和切削用量大小的影响。

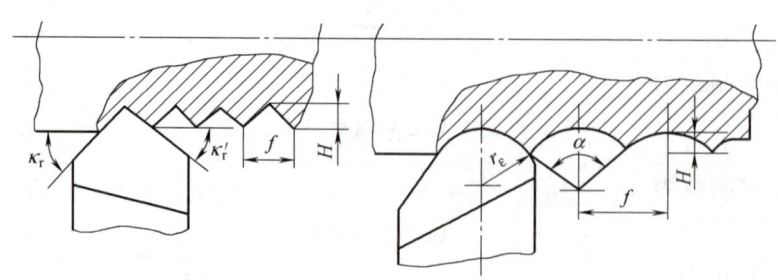

a) 不考虑切削刃圆弧半径的影响　　　b) 考虑切削刃圆弧半径的影响

图 5-29　切削层残留面积

对于刀尖圆弧半径 $r_\varepsilon = 0$ 的刀具，工件表面残留面积的高度 H 为

$$H = \frac{f}{\cot\kappa_r + \cot\kappa_r'} \tag{5-22}$$

若切削深度较小时，工件表面粗糙度主要是由切削刃的圆弧部分形成的，此时工件表面残留面积的高度 H 为

$$H \approx \frac{f^2}{8r_\varepsilon} \tag{5-23}$$

式中，H 为残留面积高度；f 为进给量；κ_r、κ_r' 分别为刀具的主偏角和副偏角；r_ε 为刀尖圆弧半径。

因此，减小进给量 f、主偏角 κ_r、副偏角 κ_r' 以及增大刀尖圆弧半径 r_ε，均可减小残留面积的高度，减小工件的表面粗糙度。

(2) 物理因素　切削加工表面粗糙度的实际轮廓形状，一般都与纯几何因素形成的理论轮廓有较大的差别，这是由于存在与被加工材料的性质及切削机理有关的物理因素。

在切削过程中，刀具的刃口圆角及后刀面的挤压与摩擦使金属材料发生塑性变形而使理想残留面积挤歪或沟纹加深，因而增大了表面粗糙度值。如图 5-30 所示，图中的表面实际轮廓形状由几何因素和物理因素综合而成，而理想轮廓由纯几何因素形成，可以看出两者有较大的区别。

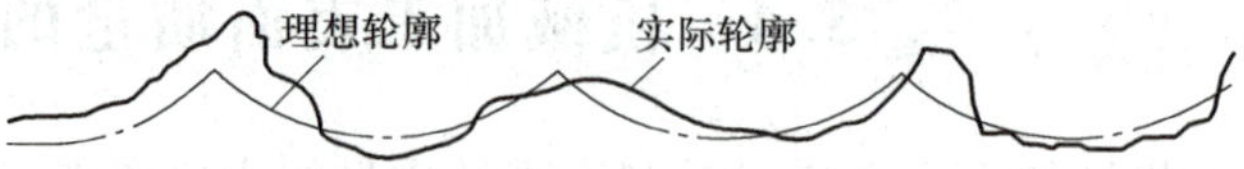

图 5-30　加工后表面的实际轮廓与理想轮廓

在较低切削速度下加工塑性材料（如低碳钢、铬钢、不锈钢、高温合金、铝合金等）时，常容易出现积屑瘤和鳞刺，使加工表面粗糙度严重恶化。

鳞刺是已加工表面上出现的鳞片状毛刺般的缺陷，是由于切屑在前刀面上的摩擦和冷焊作用造成周期性地停留，代替刀具推挤切削层，从而造成切削层和工件之间出现的撕裂现象。在较低的切削速度下，用高速钢、硬质合金或陶瓷刀具切削一些常用的塑性金属，如低碳钢、中碳钢、不锈钢、铝合金、紫铜等，在车、刨、插、钻、拉、滚齿、螺纹车削、板牙铰螺纹等工序中，都可能出现鳞刺。

从物理因素的角度来看，要减小表面粗糙度，应采取措施减小加工时的塑性变形，避免产生积屑瘤和鳞刺。对此影响最大的是切削速度，被加工材料的性质，刀具的几何形状、材料和刃磨质量等。

2. 磨削加工后的表面粗糙度

磨削加工与切削加工有许多不同之处。砂轮上的磨削刃形状和分布是不均匀且不规则的，且随着砂轮的修整、磨粒的磨耗状态的变化而不断改变。但与切削加工时表面粗糙度的形成过程一样，磨削加工表面粗糙度的形成也是由几何因素和表面金属的塑性变形来决定的。

从几何因素的角度来看，磨削加工表面是由砂轮上大量的磨粒刻划出的无数极细的沟槽形成的。单位面积上的刻痕越多、刻痕的等高性越好，表面粗糙度值就越小。

从塑性变形的角度来看，磨削过程中由于磨粒大多具有很大的负前角，所以会产生很大的塑性变形。另外，磨削加工时温度很高，大多数磨粒在工件表面只有划擦、耕犁作用，使得金属沿着磨粒的两侧流动，形成沟槽两侧的隆起，从而使工件表面粗糙度值增大。

影响磨削表面粗糙度的因素主要有以下几个方面。

（1）砂轮的粒度　砂轮粒度越细，单位面积上的磨粒数越多，在工件表面上磨削的刻痕就越密而细，加工表面粗糙度值就越小。但砂轮粒度过细，砂轮容易堵塞，使磨粒失去切削能力，增加摩擦热，反而造成工件表面塑性变形增大，从而增大了工件表面粗糙度值。

（2）砂轮的硬度　砂轮太软，磨粒容易脱落，磨料不能充分发挥切削作用，工件表面粗糙度值增大；砂轮太硬，磨钝的磨粒不易脱落，加剧了摩擦和挤压，塑性变形加大，也增大了表面粗糙度值。

（3）砂轮的修整　砂轮的修整质量越高，磨粒微刃就越细越多，磨削刃的等高性也越好，加工出的工件表面粗糙度值也就越小。

（4）磨削用量　合理选择磨削用量，可以提高工件单位面积上的磨削磨粒数量，增加刻痕数，减小塑性变形程度，从而减小表面粗糙度值。

增加砂轮速度、减小工件圆周进给速度和轴向进给量，则单位切削面积上通过的磨粒数就越多，砂轮上每个磨粒的平均磨削厚度小，塑性变形小，工件的表面粗糙度值减小；磨削深度越小，工件塑性变形越小，表面粗糙度值也越小。因此，通常在磨削过程中，开始采用较大磨削深度，以提高生产率，而后采用小磨削深度或无进给磨削（光磨），以减小表面粗糙度值，光磨次数越多，则实际磨削深度就越来越小，可以获得极小的表面粗糙度值。

（5）工件材料　一般说来，太硬、太软、韧性大的材料都不易磨光。太硬的材料使磨粒易钝，磨削时的塑性变形和摩擦加剧，从而使表面粗糙度值增大，且表面易烧伤甚至产生裂纹而使零件报废。铝、铜合金等较软的材料，由于塑性大，在磨削时磨屑易堵塞砂轮，使表面粗糙度值增大，韧性大、导热性差的耐热合金易使砂粒崩落，使砂轮表面不平，导致磨削表面粗糙度值增大。

（6）磨削液　磨削液的加入可及时冲走碎落的磨粒，降低磨削区的温度，减小塑性变形，降低表面粗糙度值，并能防止磨削烧伤。

5.4.2　表面层物理力学性能的影响因素

在切削加工中，工件由于受到切削力和切削热的作用，致使表面层金属的物理力学性能产生变化,最主要的变化是表面层金属显微硬度的变化、金相组织的变化和残余应力的产生。

已加工表面的显微硬度是加工时塑性变形引起的冷作硬化和切削热产生的金相组织变化引起的硬度变化综合作用的结果。表面层的残余应力也是塑性变形引起的残余应力、切削热产生的热塑性变形和金相组织变化引起的残余应力的综合。由于磨削加工时所产生的塑性变形和切削热比切削加工时更加严重,因此磨削加工后加工表面层上述三项物理力学性能的变化会很大。

1. 工件表面层的冷作硬化

(1)冷作硬化产生的原因 冷作硬化也称强化。冷作硬化会使金属塑性变形抗力加大,塑性降低。

冷作硬化的程度取决于塑性变形的程度。被冷作硬化的金属处于高能位的不稳定状态,只要一有可能,金属的不稳定状态就要向比较稳定的状态转化,这种现象称为弱化。弱化作用的大小取决于温度的高低、热作用时间的长短和表面层金属的强化程度。

由于在加工过程中表面层金属同时受到变形和热的作用,加工后表面层金属的最后性质取决于强化和弱化综合作用的结果。

如图 5-31 所示,评定冷作硬化的指标主要有:

① 表面层金属的显微硬度 H。
② 冷硬层深度 h。
③ 硬化程度 N。其计算公式为

$$N = \frac{H - H_0}{H_0} \quad (5-24)$$

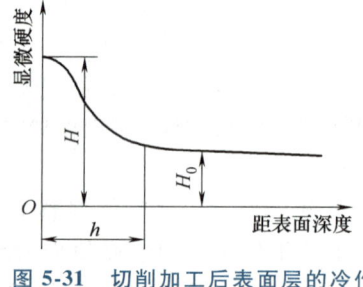

图 5-31 切削加工后表面层的冷作硬化

式中,H_0 为原材料的硬度。

(2)影响冷作硬化的主要因素

1)刀具。刀具的前角、切削刃钝圆半径和后刀面的磨损量对冷作硬化程度均有很大的影响。切削刃钝圆半径越大,已加工表面在形成过程中受挤压程度越大,加工硬化也越大;当刀具后刀面的磨损量增大时,后刀面与已加工表面的摩擦随之增大,冷作硬化的程度也会增加;减小刀具的前角,加工表面层的塑性变形增加,切削力增大,冷作硬化程度和深度都将增加。

2)切削用量。切削速度增大时,刀具对工件的作用时间缩短,塑性变形不充分,且随着切削速度的增大和切削温度的升高,冷作硬化程度将会减小;切削深度和进给量增大,切削力增大,塑性变形加剧,冷作硬化加强。但在进给量较小时,由于刀具的刃口圆角在加工表面单位长度上的挤压次数增多,冷作硬化的程度也会增加,如图 5-32 所示。

3)被加工材料。被加工工件材料的硬度越低、塑性越大,冷作硬化现象越严重。有色金属的再结晶温度低,容易弱化,因此,切削有色合金工件时的冷硬倾向程度要比切削钢件时小。

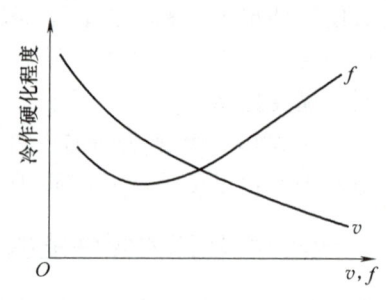

图 5-32 切削用量对冷作硬化的影响

2. 工件表面层的金相组织变化与磨削烧伤

机械加工中，在加工区以及加工区附近，切削温度急剧升高，当加工表面温度超过相变温度时，会导致表面层金相组织发生变化。切削加工时，切削热大部分被切屑带走，因此影响较小，多数情况下，表层金属的金相组织没有质的变化。而对于磨削加工，其单位切削面积切削力比其他加工方法大数十倍，且切削速度也特别高，所以单位切削面积的功率消耗远远超过其他加工方法，如此大的功率消耗大部分转化为热，若冷却不好，这些热量仅有一小部分（约10%）被切屑带走，大部分传入工件，因此，磨削加工易出现加工表面层金相组织的变化，使得强度和硬度下降，产生残余应力，甚至裂纹，这种现象称为磨削烧伤。

（1）磨削烧伤的类型　磨削表面层的金相组织变化程度与工件材料、磨削温度、受热时间等因素有关。以淬火钢为例，磨削烧伤可能产生以下三种类型：

1）回火烧伤。如果磨削区的温度未超过淬火钢的相变临界温度（碳钢约为720℃），但已超过马氏体的转变温度（中碳钢为250~300℃），则工件表层金属原来的马氏体组织将转变成硬度较低的回火组织（索氏体或托氏体），这种烧伤称为回火烧伤。

2）淬火烧伤。如果磨削区的温度超过相变温度，又由于切削液的急冷作用，表层金属发生二次淬火，致使表层金属出现二次淬火马氏体组织，其硬度比原来的回火马氏体高。而在它的下层，由于冷却较慢，将出现硬度比原先的回火马氏体低的回火组织，二次淬火层很薄，表层硬度总的来说是下降的，这种烧伤称为淬火烧伤。

3）退火烧伤。如果磨削区温度超过了相变温度，而磨削区又无法加注切削液，表层金属将产生退火组织，表面硬度将急剧下降，这种烧伤称为退火烧伤。

三种烧伤中，退火烧伤最严重。

磨削烧伤严重时，工件表面将出现黄、褐、紫、青等磨削烧伤色，这是由磨削热引起的磨削表面上的一种可见的颜色变化，是工件表面在瞬时高温下产生的氧化膜颜色。不同的磨削烧伤色，显示表面层发生金相组织变化的程度不同，也表明工件表面受到的烧伤程度不同。但表面没有烧伤色并不等于表面层未受热损伤。

（2）改善磨削烧伤的途径　磨削烧伤使零件的使用寿命明显缩短、性能大大降低，有些零件甚至因此而报废，所以磨削时应尽量避免烧伤，必须采取措施加以控制。控制磨削烧伤有两个途径：一是尽可能减少磨削热的产生；二是改善冷却条件，尽量减少传入工件的热量。

1）合理选择砂轮。磨削导热性差的材料（如耐热钢、轴承钢及不锈钢等），容易产生烧伤现象，应特别注意合理选择砂轮的硬度、结合剂和组织。砂轮硬度太高，砂轮钝化之后不易脱落，自锐性不好，磨削温度就高，容易产生烧伤。选择具有一定弹性的结合剂（如橡胶结合剂、树脂结合剂），当磨粒受到过大磨削力时会自动退让，减小磨削深度，有助于避免烧伤现象的产生。此外，为了减少砂轮与工件之间的摩擦热，在砂轮的孔隙内浸入石蜡之类的润滑物质，对降低磨削区的温度、防止工件烧伤也有一定效果。

2）合理选择磨削用量。减小磨削深度、提高工件速度和进给量都能减轻磨削烧伤，但提高工件速度和进给量会使表面粗糙度值增大，因此可以在增大工件速度的同时适当提高砂轮速度。提高砂轮速度后磨削区温度虽然升高，但它对烧伤的不利影响比提高工件速度带来的有利影响小，因此提高工件速度与砂轮速度的比值是防止烧伤的有效措施。

3）改善冷却条件。磨削过程中磨削液若能直接进入磨削区，对磨削区进行充分冷却，就能有效地防止烧伤现象的产生。但目前常用的一般的冷却方法效果较差,如图 5-33 所示,由于砂轮的线速度很高,实际上没有多少切削液能进入磨削区。因此,须采取切实可行的措施,改善冷却条件,防止磨削烧伤现象产生。

① 采用内冷却装置。内冷却是一种较为有效的冷却方法,如图 5-34 所示,经过严格过滤的切削液通过中空主轴法兰套引入砂轮中心腔 3 内,在离心力的作用下,这些切削液就会通过砂轮内部的孔隙向砂轮四周的边缘洒出,从而使切削液可以直接注入磨削区,起到有效的冷却作用。使用内冷却装置时,磨床附近有大量水雾,操作工人劳动条件差,机床应加防护罩。另外,切削液必须经过仔细过滤,防止堵塞砂轮空隙。同时在精磨加工时无法通过观察火花来判断试切时的吃刀量。

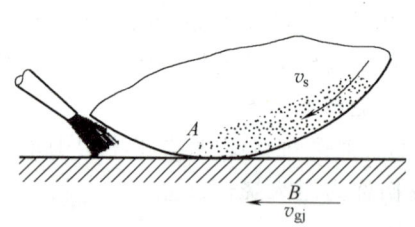

图 5-33 一般的冷却方法

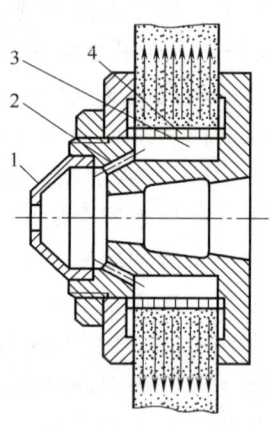

图 5-34 内冷却装置
1—锥形盖 2—通道孔 3—砂轮中心腔
4—有径向小孔的薄壁套

② 采用高压大流量冷却。这可增强冷却效果,并能有效地冲洗掉磨屑,防止砂轮堵塞。一般要求冷却泵扬程在 5m 以上,每毫米砂轮宽度上流量不少于 1L/min。

③ 加装空气挡板。如图 5-35 所示,为减轻高速旋转的砂轮表面的高压附着气流的作用,可以在切削液喷嘴上加装空气挡板,以使切削液易于进入磨削区,这对于高速磨削更为重要。

④ 采用开槽砂轮。如图 5-36 所示,采用开槽砂轮,能将切削液直接带入磨削区,可有效改善冷却条件;在砂轮上开槽,使砂轮间断磨削,工件受热时间短,金相组织来不及转变;在砂轮上开槽还能起扇风作用,可改善散热条件。因此,开槽砂轮可有效地防止磨削烧伤现象产生。

3. 工件表面层的残余应力

在切削和磨削过程中,当加工表面层的材料组织相对基体组织发生形状、体积变化或金相组织变化时,在加工后的工件表面层及其与基体材料的交界处就会产生相互平衡的弹性应力,称为表面层的残余应力。

(1) 表面层残余应力的产生原因 表面层残余应力有压应力和拉应力之分,引起表面层残余应力的原因有以下三个方面。

1) 冷塑性变形。切削过程中加工表面受到切削刃钝圆部分与后刀面的挤压与摩擦,使表面层金属受拉应力,产生伸长塑性变形,表层材料比容增大,体积膨胀。但里层处于弹性

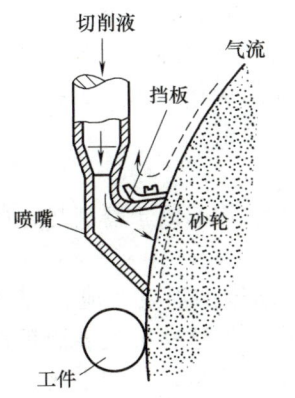

图 5-35 在切削液喷嘴上加装空气挡板

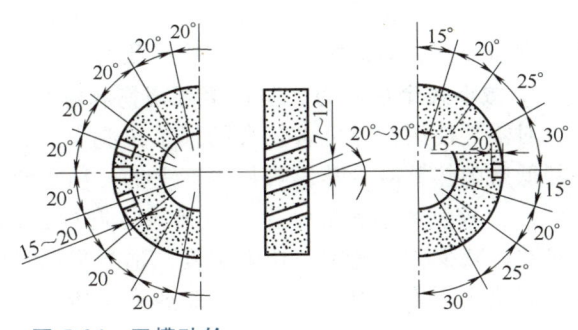

图 5-36 开槽砂轮

变形状态,当切削力去除后,里层要复原,但受到已产生塑性变形的表层金属的牵制而不得复原,在表面金属层产生残余压应力,而在里层金属中产生残余拉应力与之相平衡。

2)热塑性变形。切削加工中,切削区产生的大量切削热使表层温度高于里层,因此表层热膨胀受到里层的限制而产生热压应力,当表层应力超过材料的弹性变形范围时,就产生了热塑性变形。切削加工结束后,表面温度下降,但表层的收缩受到温度较低的基体的限制而产生了残余拉应力,里层产生了残余压应力。当残余拉应力超过材料的强度极限时,表层出现微裂纹。

3)金相组织的变化。切削时的高温引起表面层金属的相变,金属组织不同,其密度也不同,结果造成了体积的变化。表面层体积膨胀,产生了压应力;反之,体积缩小,则产生拉应力。如磨削淬火钢时,表层产生了回火烧伤,马氏体转变为接近珠光体的屈氏体或索氏体,表层金属体积缩小,于是产生了残余拉应力。

如上所述,加工后表面层的实际残余应力是以上三方面原因综合的结果。在切削过程中,当切削热不高时,表面层中没有热塑变形,而是以冷塑变形为主,此时表面层产生的是残余压应力。磨削时因磨削热较高,常以相变和热塑性变形产生的拉应力为主,故表面层常带有残余拉应力,这也是磨削裂纹产生的原因。

(2)磨削裂纹的防止 当残余拉应力超过材料的强度极限时,零件表面就会产生裂纹,裂纹的产生常与磨削烧伤同时出现,裂纹的方向常与磨削方向垂直或呈网状。磨削裂纹的产生也与材料及热处理工序有很大关系。磨削硬质合金时,由于其脆性大、抗拉强度低以及导热性差,特别容易产生裂纹。磨削碳含量高的淬火钢时,由于其晶界脆弱,也容易产生磨削裂纹。工件在淬火后如果存在残余应力,则即使在正常的磨削条件下也可能会出现裂纹。渗碳、渗氮时如果工艺不当就会在表面层的晶界面上析出脆性碳化物、氮化物,在磨削的热应力作用下就容易沿着这些组织发生脆性破坏,出现网状裂纹。因此降低磨削热与改善其散热条件可以避免产生裂纹,在磨削前进行去除应力处理也能有效地防止磨削裂纹。

5.4.3 保证和提高加工表面质量的途径

在加工过程中影响表面质量的因素是非常复杂的,为了获得要求的表面质量,就必须对加工方法、切削参数等进行适当的控制。控制表面质量常会增加加工成本,影响加工效率。

但对于一些直接影响产品性能、寿命和安全工作的重要零件的重要表面就必须控制其表面质量。例如，对承受较高应力交变载荷的零件就需要控制工件表面不产生裂纹与残余拉应力；为了提高轴承沟道的接触疲劳强度就必须控制工件表面不产生磨削烧伤和微观裂纹；对测量块规则需控制其表面粗糙度及影响形状稳定性的表面残余应力等因素。

1. 减小残余拉应力、防止磨削烧伤和磨削裂纹

对零件使用性能危害较大的残余拉应力、磨削烧伤和磨削裂纹均起因于磨削热，所以如何降低磨削热并减少其影响是生产上的一项重要问题。

（1）控制磨削参数　为了直接减少磨削热的发生，降低磨削区的温度，应合理选择磨削参数，减少砂轮速度和切削深度，适当提高进给量和工件速度，但这些会使表面粗糙度值增大而造成矛盾。因此，只凭经验或靠手册常不能全面地保证加工质量，生产中比较可行的办法是通过试验来确定磨削参数。先按初步选定的磨削参数磨削工件，然后检查工件的金相组织变化和测定表面层的微观硬度变化，从而可知其表面热损伤情况，据此调整磨削参数直至最后确定下来。

（2）控制磨削温度　如前所述，选择适当的磨削液和有效的冷却方法是控制磨削温度的有效措施。除此以外，还可以通过在磨削过程中实时监测磨削温度值来控制磨削用量从而提高工件表面质量，利用在砂轮间的铜或铝箔作为热电偶的一极，在磨削过程中连续测量磨削区的温度，然后控制磨削用量。

2. 采用表面强化工艺

对于承受高应力、交变载荷的零件，可以采用喷丸、辗光、挤压等表面强化工艺使表面层金属产生冷塑性变形，以提高表面层硬度，并在表面层形成残余压应力，提高表面层的抗疲劳性能及耐蚀性，同时将微观不平的顶峰压平，减小表面粗糙度值，从而大大提高加工精度。采用表面强化工艺也可用次等材料代替优质材料，从而节约贵重材料。但必须避免采用表面强化工艺时的过度硬化，其结果将使表面层的塑性完全消失，甚至造成表面层显微裂纹和材料剥落，从而带来不良的后果。因此，采用表面强化工艺时必须很好地控制工艺参数以获得要求的强化表面。

3. 采用超精加工、珩磨等光整加工方法作为终加工工序

超精加工、珩磨等都是利用磨条以一定的压力作用在工件的被加工表面上，并做相对运动以减小工件表面粗糙度值和提高加工精度的工艺方法，一般用于表面粗糙度 Ra 值小于 $0.1\mu m$ 的表面加工。由于切削速度低、磨削压强小，因此加工过程中产生较少的热量，不会造成热损伤，同时形成残余压应力。如果加工余量合适，还可去除磨削加工变质层。

采用超精加工、珩磨等工艺虽然比直接采用精磨达到要求的表面粗糙度要多增加一道工序，但由于这些加工工艺均是靠加工表面自身定位进行加工的，因此机床结构简单、精度要求不高，且大多设计成多工位机床，并能进行多机床操作，从而使得生产率较高，加工成本较低。基于以上优点，这些加工工艺在大批量生产中应用较为广泛。例如，在轴承制造过程中为了提高轴承的接触疲劳强度和延长轴承的寿命，普遍采用超精加工来加工套圈和滚子的滚动表面。

5.5　机械加工过程中的振动及控制

一般说来，机械加工过程中的振动是一种破坏正常切削过程的现象，它对于加工质量和生产率都有很大影响。在切削过程中，当振动发生时，加工表面质量将恶化，产生较明显的表面振纹，严重时甚至会使切削不能继续进行，主要表现在以下几个方面：

1）刀具相对于工件振动会使加工表面产生波纹，这将严重影响零件的使用性能。

2）刀具相对于工件振动，切削截面、切削角度等将随之发生周期性变化，工艺系统将承受动态载荷的作用，刀具易磨损（有时甚至崩刃），机床的连接特性会受到破坏，严重时甚至使切削加工无法进行。

3）为了避免发生振动或减小振动，有时不得不降低切削用量，致使机床、刀具的工作性能得不到充分发挥，限制了生产率的提高。

机械振动对机械加工有不利的一面，也有可利用的一面。例如，在振动切削、振动磨削、振动研抛、超声波加工中，合理利用机械振动可减小切削过程中的切削力和切削热，从而提高加工精度，减小表面粗糙度值，延长刀具寿命。

机械加工过程中的振动有自由振动、强迫振动和自激振动三种类型。其中，自由振动是当系统所受的外界干扰力去除后系统本身的衰减振动。由于工艺系统受一些偶然因素（如外界传来的冲击力、机床传动系统中产生的非周期性冲击力、加工材料的局部硬点等引起的冲击力等）的影响，系统的平衡被破坏，只靠其弹性恢复力来维持的振动属于自由振动。振动的频率就是系统的固有频率。由于工艺系统的阻尼作用，这类振动会很快衰减，且没有持续性的危害，对加工的影响较小，通常可忽略。

5.5.1 机械加工过程中的强迫振动

机械加工过程中的强迫振动是在外界周期性干扰力的持续作用下，振动系统受迫产生的不衰减振动。

1. 强迫振动产生的原因

机械加工过程中产生的强迫振动，其原因可从机床、刀具和工件三方面去分析。

（1）机床方面　若机床中某些传动零件的制造精度不高，机床会产生不均匀运动而引起振动。例如，齿轮的周节误差和周节累积误差，会使齿轮传动的运动不均匀，从而使整个部件产生振动。主轴与轴承之间的间隙过大，主轴轴颈的椭圆度、轴承制造精度不够，都会引起主轴箱以及整个机床的振动。同时，皮带接头太粗而使带传动的转速不均匀，也会产生振动。另外，高速回转零件质量的不平衡和往复运动部件的换向冲击等则会使机床产生更加明显的振动。机床往复机构中的转向和冲击也会引起振动；某些零件的缺陷将使机床产生更加明显的振动。

（2）刀具方面　多刃、多齿刀具如铣刀、拉刀和滚刀等，切削时由于刃口高度的误差或因断续切削引起的冲击，致使切削过程中容易产生振动。

（3）工件方面　被切削的工件表面上有断续表面或表面余量不均、硬度不一致等，都会在加工中产生振动，如车削或磨削有键槽的外圆表面就会产生强迫振动。

工艺系统外部也有许多原因造成切削加工中的振动，例如，一台精密磨床和一台重型机床相邻，这台磨床就有可能受重型机床工作的影响而产生振动，影响其加工表面粗糙度。

2. 强迫振动的特征

1）机械加工过程中的强迫振动的稳态过程是谐振动，只要干扰力存在，就不会被衰减。

2）强迫振动的频率等于干扰力的频率，与系统的固有频率无关。

3）强迫振动振幅的大小与干扰力、系统刚度及阻尼系数有关，干扰力越大，系统刚度及阻尼系数越小，则振幅越大。

4）当干扰力的频率与系统的固有频率相近或相等时，振幅达最大值，即出现"共振"现象。在共振区，较小的频率变化会引起较大的振幅和相位角的变化。

由强迫振动的特征可知，强迫振动的频率总是与干扰力的频率相等或是它的倍数，可以根据强迫振动的这个规律去查找强迫振动的振源，以便去除振源或减小振源对加工过程的影响。

3. 消除强迫振动的途径

（1）消振与隔振　消除强迫振动最有效的办法是找出外界的干扰力并去除。若不能去除，可使振源产生的部分振动被隔振装置所隔离或吸收。隔振方法有两种，一种是主动隔振，如采用厚橡皮或木材等将机床与地基隔离，阻止机内振源通过地基外传；另一种是被动隔振，阻止机外干扰力通过地基传给机床。常用的隔振材料有橡皮、金属弹簧、空气弹簧、矿渣棉、木屑等。

（2）消除回转零件的不平衡　机床和其他机械的振动，大多数是由于回转零件的不平衡所引起的，因此对于高速回转的零件，要注意其平衡问题，在可能的条件下，必须进行动平衡。提高传动件的制造精度可以提高其与传动装置的装配质量，以提高传动的平衡性，避免或减小强迫振动。

（3）提高工艺系统刚度，增加阻尼　提高机床、工件、刀具和夹具的刚度都会增加系统的抗振性，尤其是提高工艺系统薄弱环节的刚度和各接合面的接触刚度，可以有效地提高工艺系统的稳定性。同时，增加工艺系统中的阻尼是一种减小振动的有效办法，可通过多种方法实现。例如，采用附加高阻尼板材、增加运动件的相对摩擦、在床身和立柱的封闭内腔中充填型砂、在主振方向安装阻振器等均可获得减小振动的效果。

5.5.2　机械加工过程中的自激振动

加工过程中，在没有周期性外力作用的情况下，有时刀具与工件之间也会产生强烈的相对振动，并在工件的表面上留下明显的振纹。这种由加工系统本身产生的交变切削力反过来加强和维持系统自身振动的现象称为自激振动，又称为颤振，它是频率较高的强烈振动，常常是影响加工表面质量和限制机床生产率提高的主要障碍。磨削过程中，砂轮磨钝以后产生的振动通常是自激振动。

1. 自激振动的原理

实际切削过程中，工艺系统受到干扰力作用产生振动后，必然要引起刀具和工件相对位置的变化。这一变化如果又引起切削力的波动，则会使工艺系统产生振动。因此，通常将自激振动看成是由振动系统（工艺系统）和调节系统（切削过程）两个环节组成的一个闭环系统。图 5-37 所示为金属切削过程的自激振动现象，自激振动系统是一个闭环反馈自控系统，振动系统的振动控制着切削过程产生激振力，而切削过程产生的交变切削力又控制着振动系统的振动，两者相互作用，相互制约。

2. 自激振动的特征

1）机械加工中的自激振动是一种不衰减的振动，但维持振动所需的交变力是由振动过程本身产生的，在切削过程中，停止切削运动（即使机床仍在继续空运转），交变力就会随之消失，自激振动也就会停止。外部的干扰可能在最初触发振动时起作用，但它不是产生这种振动的直接原因。

2）自激振动的频率等于或接近于系统的固有频率，即取决于振动系统的固有特性，由振动系统本身的参数所决定。这一点与强迫振动不同，强迫振动的频率取决于外界干扰力的频率。

3）自激振动能否产生以及振幅的大小，取决于每一振动周期内系统所获得能量与所消耗的能量的对比情况。自激振动系统维持稳定振动的条件是：在一个振动周期内，从能源输入系统的能量（E_R）等于系统阻尼所消耗的能量（E_Z）。如果吸收能量大于消耗能量，则振动会不断加强；如果吸收能量小于消耗能量，则振动将不断衰减而被抑制。如果任何时候吸收能量均小于消耗能量，则自激振动根本就不可能产生。如图5-38所示，在一个振动周期内，若振动系统获得的能量 E_R 等于系统消耗的能量 E_Z，则自激振动是以 OB 为振幅的稳定的等幅振动。当振幅为 OA 时，振动系统的每一振动周期从电动机获得的能量 E_R 大于振动所消耗的能量 E_Z，则振幅将不断增大，直至增大到振幅 OB 时为止；反之，当振幅为 OC 时，振动系统的每一振动周期从电动机获得的能量 E_R 小于振动所消耗的能量 E_Z，则振幅会不断减小，直至减小到振幅为 OB 时为止。

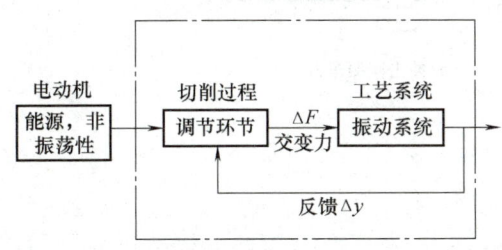

图 5-37 自激振动闭环系统

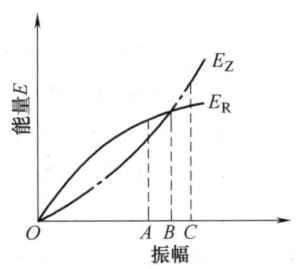

图 5-38 自激振动系统的能量关系

3. 消除自激振动的途径

自激振动与切削过程本身有关，与工艺系统的结构性能也有关，因此控制自激振动的主要途径是控制工艺过程及改进工艺系统结构。

（1）合理选择与切削过程有关的参数

1）合理选择切削用量。切削速度主要影响自激振动，可以选择高速或低速切削以避免或减小自激振动。采用大的切削深度时由于切削力较大，从而容易引起振动，而较大的进给量却使自激振动不易发生，因此可以在表面粗糙度要求许可的前提下选取较大的进给量以避免自激振动。

2）合理选择刀具几何参数。适当地增大前角、主偏角均能减小切削力而减小振动，后角应尽量取小，这样可以由于后刀面的摩擦产生阻尼而起到明显减振的效果。但精加工中由于背吃刀量较小，切削刃不容易切入工件，而且后角过小时，刀具后刀面与加工表面间的摩擦可能过大，这样反而容易引起自激振动。另外，大的刀尖圆弧半径使切削力增大，在加工过程中容易产生振动，因此一般不要取得太大。

（2）提高工艺系统的抗振性

1）提高机床的抗振性。机床的抗振性往往占主导地位，可以从改善机床的刚性、合理安排各部件的固有频率、增大阻尼以及提高加工和装配的质量等方面来提高其抗振性。

2）提高刀具的抗振性。改变刀杆等的惯性矩、弹性模量和阻尼系数，使刀具具有高的弯曲与扭转刚度、高的阻尼系数，如硬质合金虽有高弹性模量，但阻尼性能较差，因此可以和钢组合使用,以发挥钢和硬质合金两者之优点。

3) 提高工件安装时的刚性。提高工件安装时的刚性主要是提高工件的弯曲刚度,如细长轴的车削中,可以使用中心架、跟刀架;当用拨盘传动销拨动夹头传动时,要保持切削中传动销和夹头不发生脱离等。

(3) 使用消振装置 图 5-39 所示为冲击减振镗刀和车刀应用实例。当刀具发生强烈振动时,冲击块 1 做往复运动,产生冲击并吸收能量,冲击块空腔间隙可以通过螺塞 2 进行调节。这些消振装置经生产使用证明,都具有相当好的抑振效果,并且可以在一定范围内调整,所以使用上也较为方便。

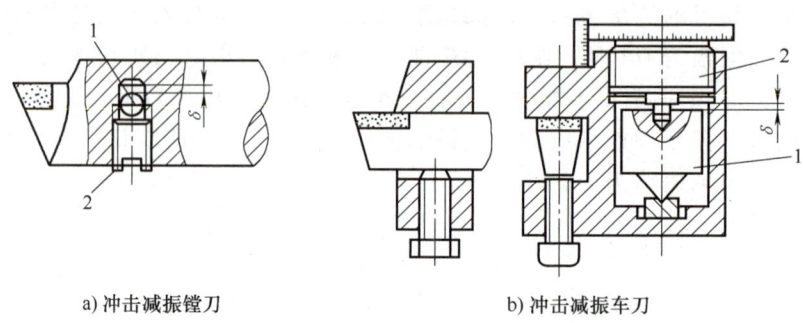

a) 冲击减振镗刀　　　b) 冲击减振车刀

图 5-39 冲击减振镗刀和车刀应用实例

1—冲击块　2—螺塞

习题与思考题

5-1 说明加工精度、加工误差之间的关系和区别。

5-2 什么是误差敏感方向?试举例说明它对加工精度的影响。

5-3 机床主轴回转运动误差有几种?举例说明它们对加工精度的影响。

5-4 机床导轨误差有几种?举例说明它们对加工精度的影响。

5-5 机床工艺系统刚度由哪几部分组成?提高工艺系统总刚度应从哪里开始入手?

5-6 用自定心卡盘夹持车阶梯轴的一段外圆和阶梯端面,经检测发现圆柱面有圆柱度误差,端面对圆柱轴线有垂直度误差。试从机床几何精度方面分析上述误差可能的成因。

5-7 减少工艺系统热变形的主要途径有哪些?

5-8 车削一批轴的外圆,其尺寸要求为 $\phi 20_{-0.1}^{0}$ mm,若此工序的工件尺寸按正态分布,标准差 $\sigma = 0.025$ mm,公差带中心小于分布曲线中心,其偏移量 $\Delta = 0.03$ mm,试指出该批工件的常值系统性误差和随机性误差为多少,并计算该批工件的合格率和废品率。

5-9 加工一批零件的内孔,要求孔径 D 为 $\phi 25_{0}^{+0.03}$ mm,抽样测得样本算术平均值等于 25.02mm,呈正态分布,标准差 $\sigma = 0.008$ mm。

1) 计算工艺能力系数。

2) 计算该批工件不可修复的废品率。

5-10 机械加工表面质量对零件的使用性能有什么影响?试举例说明。

5-11 什么是磨削烧伤?如何预防磨削烧伤?

5-12 如何判别强迫振动和自激振动?减小或消除强迫振动的途径有哪些?

第6章

工艺规程设计

工艺规程是规定产品或零部件制造工艺过程、操作方法等的工艺文件。工艺规程包括零件的机械加工工艺规程和机器的装配工艺规程。制订零件的机械加工工艺规程时,要考虑在现有的生产条件下如何采用经济有效的加工方法,并将若干加工方法用合理路径安排以获得符合产品要求的零件,这是机械加工工艺人员需要解决的核心和关键问题。而研究装配工艺、选择合适的装配方法、制订合理的装配工艺规程,不仅是保证机器装配质量的手段,也是提高产品生产率、降低制造成本的有力措施。

6.1 概　　述

6.1.1 工艺过程及其组成

将原材料转变为成品的全过程称为生产过程。对机械制造而言,产品的生产过程是指从原材料或半成品到成品制造出来的各有关劳动过程的总和。

在生产过程中,直接改变生产对象的尺寸、形状、性能(包括物理性能、化学性能、力学性能等)以及相对位置关系的过程,统称为工艺过程。其他过程如运输、保管、动力供应、设备维修等则称为辅助过程。

工艺过程又可分为铸造、锻造、冲压、焊接、机械加工和装配等。本章只讨论机械加工工艺过程和装配工艺过程。用机械加工的方法直接改变毛坯形状、尺寸和力学性能等,使之变为合格零件的过程,称为机械加工工艺过程,又称为工艺路线或工艺流程。

机械加工工艺过程往往是比较复杂的。在机械加工工艺过程中,需要根据被加工零件的结构特点和技术要求,在不同的生产条件下,采用不同的加工方法及加工设备,并通过一系列加工过程使毛坯成为零件。如图6-1所示的小批生产螺栓零件,其机械加工工艺过程可按表6-1来安排,工件的毛坯为圆棒料。

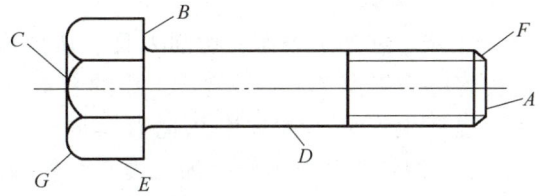

图 6-1　螺栓零件

A、B、C—车端面　D—车螺纹外径　E—车外圆　F、G—倒角

零件的机械加工工艺过程由若干个按一定顺序排列的工序组成。一个工序可能有几个安装,一个安装可能有几个工位,一个工位可能有几个工步。毛坯依次通过这些工序即成为成品。为了便于深入细致地分析工艺过程,必须研究其组成并进行科学的定义。

(1) 工序　一个或一组工人,在一个工作地对同一个或同时对几个工件所连续完成的那一部分工艺过程,称为工序。区分工序的主要依据是工人和工作地点固定,工作对象不变，工作连续。只要其中任意一个因素发生变动，就应视为不同的工序。因此，同一个零件、同样的加工内容可以有不同的工序安排。工序安排和工序数目的确定与零件的技术要求、生产规模以及现有工艺条件等有关。

表 6-1 小批生产螺栓零件的机械加工工艺过程

工序	安装	工位	工步	走刀
Ⅰ 车	1	（自定心卡盘）	1. 车端面 A	1
			2. 车外圆 E	1
			3. 车螺纹外径 D	3
			4. 车端面 B	1
			5. 倒角 F	1
			6. 车螺纹	6
			7. 切断	1
Ⅱ 车	1	（自定心卡盘）	1. 车端面 C	1
			2. 倒角 G	1
Ⅲ 铣	1	（旋转夹具）	1. 铣六方（复合工步） 3	3

工序是组成工艺过程的基本单元，也是制订生产计划、进行经济核算的基本单元。工序可细分为安装、工位、工步、走刀（工作行程）等组成部分。

（2）安装 将工件在机床或夹具中定位、夹紧的过程称为装夹，装夹包括定位和夹紧两个过程。工件经一次装夹后所完成的那一部分工序称为安装。在同一工序中，安装次数应尽量少，一方面可以提高生产率，另一方面可以减少由于多次安装带来的加工误差。

（3）工位 工位是指在一次装夹中，工件在机床上所占的每个位置上完成那一部分工艺内容。采用多工位加工，可提高生产率和保证被加工表面的相互位置精度。如图 6-2 所示，立轴式回转工作台有四个工位，在一次装夹中同时进行钻孔、扩孔和铰孔的加工。可以看出，如果一个工序只有一个安装，并且该安装中只有一个工位，则工序内容就是安装内容，也是工位内容。

（4）工步 在加工表面、切削刀具、切削速度和进给量都不变的情况下所完成的那部分工艺内容称为工步。工步是构成工序的基本单元。

为了提高生产率，常常用几把刀具同时加工几个表面，这样的工步称为复合工步。图 6-3 所示为用钻头和车刀同时加工内孔和外圆的复合工步。

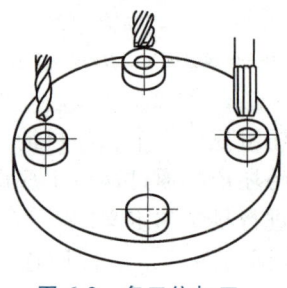

图 6-2 多工位加工

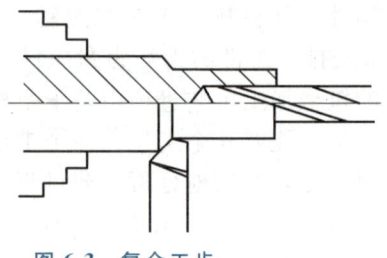

图 6-3 复合工步

（5）走刀　切削刀具在加工表面上切削一次所完成的工步内容称为走刀。每个工步可包括一次走刀或几次走刀，如需要切除的金属层很厚，不能在一次走刀下切完，则需要分几次走刀。

机械产品制造工艺过程取决于企业的生产类型，而企业的生产类型又由企业的生产纲领决定。生产纲领是指企业在计划期内应当生产的产品产量和进度计划。计划期常定为一年，因此生产纲领有时也称为年产量。

生产类型对工厂的生产过程和生产组织起决定性的作用。生产类型是指企业（或车间、班组、工作地）生产专业化程度的分类，一般分为大量生产、成批生产和单件生产三种类型。

同一产品的生产，由于生产类型的不同，其工艺方法完全不同。生产同一产品，若其生产类型为大量生产，则一般具有生产率高、成本低、质量可靠、性能稳定等优点，因此应大力推广产品结构的标准化、系列化，以便于组织专业化的大批量生产来提高经济效益。当前机械制造工艺的一个重要发展方向就是推行成组技术，采用数控机床、柔性制造系统（FMS）和现代集成制造系统（CIMS）等现代化的生产手段和方法，实现机械产品多品种、小批量的自动化生产。

6.1.2　机械加工工艺规程的作用

机械加工工艺规程是规定产品或零部件机械加工工艺过程和操作方法的工艺文件。它是根据加工对象的具体情况和实际的生产条件，采用合理的加工方法和过程，按规定的形式制订的，包括机械加工工艺过程卡、工序卡、检验工序卡和机床调整卡等。

一般来说，单件小批生产由于分工较粗，因此其机械加工工艺规程可以相对简单，通常只说明零件的加工工艺路线，填写工艺过程卡。而大批量生产要求有细致规范的组织工作，因此需要有详细的机械加工工艺规程。此时，除了工艺过程卡，还应有相应的加工工序卡。中小批量生产常采用机械加工工艺卡，其详细程度介于工艺过程卡和加工工序卡之间。不管哪种生产类型，都必须有章可循，即都必须有机械加工工艺规程，它是每个机械制造厂或加工车间必不可少的技术文件。

机械加工工艺规程是在总结实践经验的基础上，依据科学的理论和必要的工艺试验后制订的，反映了加工中的客观规律。因此，机械加工工艺规程是指导工人操作和用于生产、工艺管理工作的主要技术文件，又是新产品投产前进行生产准备和技术准备的依据，也是新建、扩建车间或工厂的原始资料。

机械加工工艺规程是经过认真讨论和严格逐级审批的，因而也是工厂生产中的工艺纪律，有关人员必须严格执行。但机械加工工艺规程也不是一成不变的，所有的机械加工工艺规程几乎都必须经过不断的修改与补充，及时吸取合理化建议、技术革新成果、新技术和新工艺，才能得以完善。

6.1.3　制订机械加工工艺规程的原则、原始资料及步骤

1. 制订原则

为了使产品优质、高产、低消耗地进行生产，编制工艺规程时应遵循以下原则：

1）技术上的先进性。编制工艺规程时，要充分利用工艺方面的最新科学技术成就，广

泛采用国内外先进经验。若受本企业生产条件和资金等方面的限制暂时不能采用先进工艺和技术的，应有明确规划，并在现有条件下保持工艺规程尽可能高的技术先进性。

2）技术上的可行性。编制工艺规程要从本厂实际条件出发，充分利用现有设备，根据企业活力消除生产中的薄弱环节。由于工艺的灵活性较大，所以一定要照顾到工序间生产能力的平衡。

3）经济上的合理性。在一定生产条件下，要对多种工艺方案进行对比，尤其是产品的关键件、复杂件的工艺方案，在通过核算和方案评比的基础上，选择能保证质量且经济上最合理的工艺方案。

4）劳动条件的良好性。为使工人从繁重的体力劳动中解放出来，应尽量采用程控、数控、数显等先进技术。在配备工装时应尽可能采用电、液、气动夹具。

2. 原始资料

制订工艺规程时，一般应具备以下资料：

1）被加工零件的零件图，包括必要的部件图和总装配图。
2）零件的验收质量标准。
3）零件的生产纲领和投产批量。
4）毛坯材料和毛坯生产条件。
5）现有的生产条件和资料，包括设备的规格、数量、性能、精度等级以及工人的技术水平、专用设备和工装的设计制造能力等。
6）国内外同类产品的有关工艺资料。
7）各种有关手册、标准及指导性文件。

3. 制订步骤

根据以上资料，并遵循工艺规程制订基本原则，按以下步骤制订机械加工工艺规程。

1）研究产品的装配图和零件图，进行工艺分析。了解产品的用途、性能和工作条件，熟悉零件在产品中的地位和作用；审查图样上的尺寸、视图和技术要求是否完整、正确；找出主要技术要求，分析关键技术问题；审查零件的结构工艺性。

零件结构工艺性是指所设计的产品在能满足使用要求的前提下，制造的可行性和经济性。结构工艺性不好会使加工困难，浪费工时，有时甚至无法加工。如果发现零件的加工工艺性较差或生产成本较高，应与有关设计人员共同研究，进行必要的修改。

2）确定生产类型。制订工艺规程时，首先必须根据零件的生产纲领确定其生产类型，使制订的工艺规程与生产类型相适应，以取得良好的经济效益。

3）熟悉或确定毛坯。毛坯的形状和尺寸越接近成品零件即毛坯精度越高，则零件的机械加工劳动量越少，材料消耗越少，可以有效提高机械加工生产率，降低生产成本。但毛坯精度越高，毛坯的制造费用也越高，可能会提高零件的总制造成本。应根据零件的材料及力学性能、零件的结构形状及外形尺寸、生产纲领和生产条件等多方面因素综合考虑毛坯种类及其制造方法。

4）拟订工艺路线。拟订工艺路线即制订出从粗到精的全部加工工序，其主要内容包括选择定位基准、定位夹紧方法及各表面的加工方法、安排加工顺序等。拟订工艺路线是关键性的一步，一般需要提出几个方案进行分析比较。

5）确定各工序的加工余量，计算工序尺寸及其公差。

6）选择各工序使用的机床设备及工艺装备。

选择机床设备的原则：机床主要规格尺寸应与被加工零件的外形轮廓尺寸相适应，机床精度应与工序要求的加工精度相适应，机床生产率应与被加工零件的生产类型相适应，机床的选择应适应工厂现有的设备条件。如果需要改装或设计专用机床，则应提出设计任务书，阐明与加工工序内容有关的参数、生产率要求、保证零件质量的条件以及机床总体布置形式等。

选择工艺装备，即确定各工序所用的刀具、夹具、量具和辅助工具等。

夹具的选择：单件小批生产，应尽量选用通用工具，如各种卡盘、虎钳和回转台等，为提高生产率可积极推广和使用成组夹具或组合夹具；大批量生产可采用高效的液压、气动等专用工具。夹具的精度应与工件的加工精度要求相适应。

刀具的选择：一般采用通用刀具或标准刀具，必要时也可采用高效复合刀具及其他专用刀具。刀具的类型、规格和精度应符合零件的加工要求。

量具的选择：单件小批量生产应采用通用量具，大批量生产中采用各种专用量规和一些高效的检验工具。选用的量具精度应与零件的加工精度相适应。

如果需要采用专用的工艺装备，则应提出设计任务书。

7）确定切削用量及时间定额。应当从保证工件加工表面的质量、生产率、刀具寿命以及机床功率等因素来考虑选择切削用量。时间定额目前主要按经过生产实践验证积累起来的统计资料来确定。

8）填写工艺文件。

6.2 制订机械加工工艺规程中的几个主要问题

6.2.1 零件的结构工艺性分析

零件的结构工艺性反映了零件制造或加工的难易程度。考虑结构工艺性时，应从使用性能（即方便用户使用）和工艺要求（即方便厂家制造）两方面着手，同时还必须考虑具体生产条件。使用性能完全相同的零件，因结构稍有不同，其制造成本就有很大的差别。常见零件机械加工结构工艺性对比实例见表 6-2。

表 6-2 常见零件机械加工结构工艺性对比实例

结构工艺性差	结构工艺性好	说明
		一个零件上的两相邻表面间应留有退刀槽、越程槽和让刀孔，以便在加工中进刀和退刀

(续)

结构工艺性差	结构工艺性好	说明
		钻、镗孔时,应使刀具顺利地接近待加工表面
		钻孔表面应与孔的轴线垂直,否则会引起两边切削力不等,致使钻孔轴线倾斜或打断钻头,设计时应尽量避免钻孔表面是斜面或圆弧面
		零件外表面比内表面更易加工,应尽量将加工表面放在零件外部。如果不能把内表面加工转化为外表面加工,应简化内表面形状
		配合面的数目要尽量少,这样可降低零件精度,使制造容易、装配方便
		减少零件的加工表面面积,可降低刀具消耗,减少装配时的修配工作量,并能保证配合表面接触良好

归纳起来,可从以下几个方面来分析机械加工时零件的结构工艺性:

1)零件应由一些简单或者有规律的表面,如平面、回转面、螺旋面、渐开线面等组成,避免奇异无规律的表面,否则将给加工带来困难。

2)零件表面的有关尺寸应标准化和规格化。例如,孔、螺纹、轴径等的尺寸标准化、规格化,可采用标准刀具加工,也便于与标准件配合和便于加工、装配及用户的使用。

3)零件有关表面形状应与加工刀具形状相适应,否则将增加加工难度。

4)尽量减小加工面积。这样既能减少加工工作量,又便于保证接触良好。

5)零件的结构应保证加工时刀具的顺利引进和退出。

6) 零件的结构应能尽量减少加工时的装夹以及换刀次数。

7) 不需要加工的毛坯表面不要设计成加工面，要求不高的表面不要设计成精度高、表面粗糙度值小的表面。

8) 应能定位准确、夹紧可靠，以便于加工和测量。

6.2.2 定位基准的选择

定位基准是指在加工中用于定位的基准，有粗基准和精基准之分。工件加工的第一道工序中只能选择未加工的毛坯表面作为定位基准，这种定位基准称为粗基准；用加工过的表面作为定位基准时，这种定位基准称为精基准。

在制订机械加工工艺规程时，正确选择定位基准对保证零件的加工精度、合理安排加工顺序、分配加工余量以及选择工艺装备等都有着至关重要的影响。选择的定位基准不同，工艺过程也随之不同。

选择定位基准时，总是先考虑选择精基准，把各个主要表面加工出来，然后再考虑选择粗基准，把作为精基准的表面加工出来，即先考虑精基准的选择，后考虑粗基准的选择。

1. 精基准的选择

选择精基准主要考虑如何保证工件的尺寸精度和位置精度，以及如何使得工件装夹方便可靠。选择精基准，应遵循以下原则。

（1）基准重合原则　以设计基准为定位基准，可以避免基准不重合误差。如果加工的是最终工序，所选择的定位基准应与设计基准重合；如果是中间工序，应尽可能采用工序基准作为定位基准。在对加工表面位置尺寸和位置关系有决定性影响的工序中，特别是当位置公差要求很严时，应尽量遵循这一原则，否则将由于存在基准不重合误差而增大加工难度。

（2）基准统一原则　如果被加工表面的设计基准不宜作为它的定位基准，那么被加工表面和作为它的设计基准的表面需要选择同一个定位基准进行加工，这样便于保证各加工表面间的相互位置精度，避免基准变换所产生的误差，并简化夹具的设计和制造。

（3）互为基准原则　当两个表面的相互位置精度以及它们自身的尺寸与形状精度要求都很高时，可以采取互为基准的原则，反复多次进行精加工。例如，车床主轴的轴颈和前端锥孔的同轴度要求很高，常采用互为基准反复加工的方法。

（4）自为基准原则　有些精加工或光整加工工序要求余量小而均匀，在加工时就应尽量选择加工表面本身作为精基准，即遵循自为基准的原则，而该表面与其他表面之间的位置精度则由先行的工序保证。

还应注意，所选择的精基准，尤其是主要定位面，应有足够大的面积和精度，以保证定位准确可靠，同时还应使夹紧机构简单，操作方便。

2. 粗基准的选择

选择粗基准主要考虑如何保证不加工表面与加工表面间的相互位置精度，以及如何保证各重要加工表面都有足够的加工余量。因此，选择粗基准的基本原则如下。

（1）优先保证加工余量原则　如果工件必须首先保证某重要表面的加工余量均匀，应选择该表面为粗基准。例如，床身导轨面的加工，由于导轨面是床身的主要表面，加工精度和耐磨性要求均较高。在铸造床身毛坯时，导轨面需向下放置，以使其表面层的金属组织细致均匀，没有气孔、夹砂等缺陷；加工时要求加工余量均匀，以便容易达到较高的精度，还要求切去的金属层应尽可能薄一些，以留下组织紧密、耐磨的金属表层。可采用图 6-4 所示的定位方法来加工，即先以导轨面作为粗基准加工床脚平面，再以床脚平面作为精基准加工导轨面，则可保证导轨面的加工余量比较均匀。此时床脚平面上的加工余量可能不均匀，但它不影响床身的加工质量。反之，则会造成导轨面加工余量不均匀。

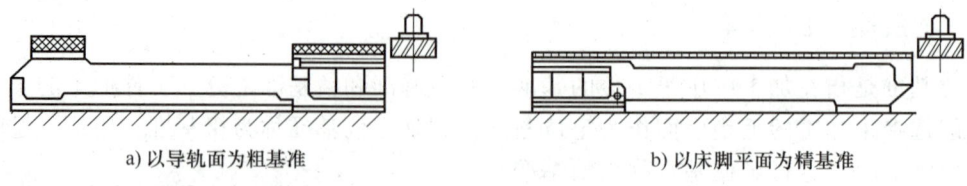

a) 以导轨面为粗基准　　　　　　　　b) 以床脚平面为精基准

图 6-4　床身导轨面加工的定位方法

在没有要求保证重要表面加工余量均匀的情况下，若零件上的每个表面都要加工，则应该以加工余量最小的表面作为粗基准，以避免该表面在加工时因余量不足而留下部分毛坯面，造成工件成为废品。

（2）优先保证表面间相互位置要求的原则　若零件上有些表面无须加工，但与加工表面的位置精度要求较高，则应以不加工表面为粗基准。当零件上有多个不加工表面时，应选择其中与加工表面有较高位置精度要求的不加工表面为粗基准。如图 6-5 所示的零件，一般为了保证镗内孔后零件壁厚均匀，应选不加工外圆表面作为粗基准。

（3）可靠定位原则　选用粗基准的表面应尽量平整光洁，不应有飞边、浇口、冒口及其他缺陷，这样可减小定位误差，并能保证零件夹紧可靠。

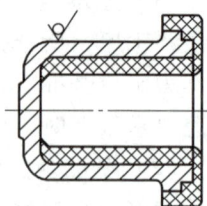

图 6-5　套筒法兰加工粗基准选择

（4）一般不重复使用原则　有了精基准应尽量使用精基准，粗基准在同一尺寸方向上一般不应被重复使用。这是因为毛坯的定位面一般质量都很差，如果在两次装夹中重复使用同一粗基准，就会造成相当大的定位误差。但是当毛坯是精密铸件或精密锻件时，毛坯的质量很高，如果工件的精度要求不高，则可以重复使用某一粗基准。

上述精、粗基准的选择原则，是在保证工件加工质量的前提下从不同角度提出的工艺要求和保证的措施，有时这些要求和措施会出现相互矛盾的情况。在制订工艺规程时必须结合具体情况进行全面系统分析，综合考虑，灵活掌握。

6.2.3　工艺路线的拟订

工艺路线的拟订是制订工艺规程中关键的一步。工艺路线合理与否不但影响到零件的加工质量和效率，而且影响工人的劳动强度、设备投资、车间面积、生产成本等问题，因此必须严谨从事。工艺路线的拟订，目前还没有一套精确的计算方法，主要根据生产实践中总结出的一些原则，结合工厂具体情况灵活应用。设计者一般提出几种方案，通过分析比较，从中选择最佳工艺路线。工艺路线的拟订除了上面介绍的定位基准的选择，主要包括加工方法的选择、加工阶段的划分、加工顺序的安排、工序的组合以及设备与工艺装备的选择等。

1. 加工方法的选择

任何复杂的表面都是由若干个简单的几何表面组合而成的。零件的加工，实质上就是这些简单几何表面加工的组合。因此，在拟订零件的加工工艺路线时，首先要确定构成零件各个表面的加工方法。要达到同样加工质量要求的表面，其加工过程和最终加工方法可能有多个方案。不同的加工方法所达到的经济加工精度和生产率也是不同的。因此，选择表面加工方法时，在保证加工质量的前提下应同时满足生产率和经济性的要求。

经济加工精度是指在正常的加工条件下（使用符合质量标准的设备、工艺装备和标准技术等级的工人、合理的工时定额）所能达到的加工精度和表面粗糙度。

选择表面加工方法时，一般先根据表面的精度和粗糙度要求选定最终加工方法，然后再确定精加工前其他工序的加工方法，从而确定加工方案。由于获得同一精度和表面粗糙度的加工方法往往有多种，选择时还要考虑生产率要求和经济效益、零件的结构形状、尺寸大小、材料和热处理要求以及工厂的生产条件等。具体选择时，应综合考虑以下问题。

1）零件的结构形状和精度要求。例如，对于 IT7 级精度的孔，可采用拉削、铰削、镗削和磨削等加工方法。但是箱体上的孔一般不用拉削或磨削，常采用铰孔和镗孔；直径大于 60mm 的孔不宜采用钻削、扩削和铰削，而应采用镗削。

2）零件材料的性质及热处理要求。例如，有色金属零件的精加工应采用金刚车或金刚镗等加工方法，而不应采用磨削；钢件和铸铁可采用磨削，一般淬硬钢零件的精加工只能采用磨削。

3）生产率和经济性要求。大批量生产时，应采用高效率的先进工艺。例如，采用拉削工艺加工孔与平面；采用组合铣削或磨削方法同时加工几个表面等。单件小批量生产时，则不应盲目地采用高效率的加工方法及专用设备，一般多采用通用加工设备和工艺装备。

4）本厂现有技术水平及生产条件等。应充分利用现有设备和工艺手段，不断引进新技术，对老设备进行技术改造，挖掘企业潜力，提高工艺水平。

此外，选择加工方法还应考虑一些其他因素，如工件的质量以及加工方法所能达到的表面物理力学性能等。

2. 加工阶段的划分

零件的加工，总是先粗加工后精加工，要求较高时还需光整加工。划分加工阶段就是把整个工艺过程划分为粗加工阶段、半精加工阶段、精加工阶段和光整加工阶段等，做到粗、精加工分开进行。

粗加工阶段的主要任务是切除各加工表面上的大部分加工余量，其关键问题是提高生产率。半精加工阶段的主要任务是为主要表面的精加工做好准备（控制精度和适当余量），并完成一些次要表面的加工（如钻孔、攻螺纹、铣键槽等）。精加工阶段的主要任务是保证各主要表面达到图样规定要求，主要问题是如何保证加工质量。光整加工阶段的主要任务是提高表面本身的精度（表面粗糙度和尺寸精度），不纠正几何形状和相互位置误差，其常用加工方法有金刚镗、研磨、珩磨、镜面磨和抛光等。

划分加工阶段有如下好处。

1）有利于保证加工质量。粗加工时切削余量大，切削力、切削热、夹紧力也大，毛坯本身具有内应力，加工后内应力将重新分布，工件会产生较大变形。划分加工阶段后，粗加工产生的误差和变形通过半精加工和精加工予以纠正，并逐步提高零件的精度和表面质量。精加工安排在最后，可防止或减少已加工表面的损伤。

2）便于及时发现毛坯的缺陷。粗加工时去除了加工表面的大部分余量，当发现有缺陷时可及时报废或修补，避免精加工工时的损失。

3)有利于合理使用设备。粗加工可采用精度一般、功率大、效率高的设备；精加工则采用精度高的精密机床。这样可充分发挥各类机床的效能，延长机床的使用寿命。

4)便于安排热处理工序。为了在机械加工工艺中插入必要的热处理工序，并能充分发挥热处理的效用，使冷热加工工序更好地配合，也要求将工艺过程划分成不同的阶段。例如，对一些精度高的零件，可在粗加工阶段安排去除残余应力和降低表面硬度的热处理，以便减少残余应力所引起的变形对加工精度的影响及有利于切削加工。为改善和提高工件材料的力学性能，可在半精加工后安排淬火等热处理，热处理引起的变形和表面氧化，可在精加工中得到消除。

上述划分加工阶段仅是一般原则，并非所有工件都须如此。加工阶段的划分取决于零件的实际加工情况。加工阶段的划分必然会带来工序数目和安装次数的增加，进而提高制造成本。对于加工精度和表面质量不高、工件刚性足够的工件，可不划分加工阶段。尤其是一些刚性好的重型工件，由于装夹及运输费时，往往也不划分加工阶段，常在一次装夹下完成全部加工。

3. 工序划分与安排

（1）工序的集中和分散　在制订工艺过程中，为便于组织生产、安排计划和均衡机床的负荷，常将工艺过程划分为若干个工序。划分工序时有两个不同的原则，即工序的集中和工序的分散。

按工序集中原则组织工艺过程，就是使每个工序所包括的加工内容尽量多些，将许多工序组成一个集中工序。最大限度的工序集中，就是在一个工序内完成工件所有表面的加工。按工序分散原则组织工艺过程，就是使每个工序所包括的加工内容尽量少些。最大限度的工序分散，就是每个工序只包括一个简单工步。随着制造技术的发展，目前的发展趋势是倾向于工序集中。

（2）切削加工、热处理和辅助工序安排原则　零件经过切削加工成形，中间可能穿插热处理和辅助工序，在拟订工艺路线时必须将三者统筹考虑，合理安排顺序。

切削加工工序顺序的安排应遵循以下原则。

1)基准先行原则。用作精基准的表面应优先加工，然后再用精基准定位加工其他表面。因为用作定位基准的表面越精确，装夹误差就越小，所以任何零件的加工过程，总是首先对定位基准面进行粗加工和半精加工，必要时还要进行精加工。

2)先面后孔原则。先加工平面后加工孔，这是基准先行原则的特例。对于箱体、支架和连杆等工件，由于平面轮廓平整、面积大，应先加工平面再以平面定位加工孔，这样既能保证加工孔时定位稳定可靠，又有利于保证孔与平面间的位置精度要求。

3)先粗后精原则。在安排加工顺序时，应先集中安排各表面的粗加工，中间根据需要依次安排半精加工，最后安排精加工和光整加工。对于精度要求较高的工件，为了减小因粗加工引起的变形对精加工的影响，通常粗、精加工不应连续进行，而应分阶段、间隔适当时间进行。

4)先主后次原则。零件的主要表面如装配基面、工作表面等一般都是加工精度或表面质量要求比较高的表面，它们的加工质量好坏对整个零件的质量影响很大，其加工工序往往也比较多，因此应先安排进行加工。次要表面如键槽、紧固用的光孔和螺纹孔等的加工适当穿插在主要表面加工中间或其后进行。

热处理分为预先热处理和最终热处理两大类。预先热处理旨在改善毛坯或半成品件的组织性能，或为最终热处理及其他终加工处理做好组织准备。预先热处理常用的工艺方法有退火、正火、时效和调质。最终热处理是为了提高材料性能，主要有淬火、渗碳淬火和渗氮淬火等。热处理工序在工艺路线中的安排，主要取决于零件的材料和热处理的目的，其安排原则如下。

1) 为改善金属组织和加工性能的热处理工序，如退火、正火和调质等，一般安排在粗加工前后。安排在粗加工前，可改善材料的切削加工性能；安排在粗加工后，有利于消除残余内应力。

2) 为提高金属材料的力学性能，如提高零件的硬度和耐磨性等的热处理工序，如淬火、渗碳淬火等，一般安排在半精加工之后，精加工、光整加工之前。变形较大的热处理，如渗碳淬火、调质等，应安排在精加工前进行，以便在精加工时纠正热处理的变形；变形较小的热处理，如渗氮等，则可安排在精加工之后进行。

3) 为消除内应力、减少工件变形的时效处理工序一般安排在粗加工之后、精加工之前；对于精度要求较高的零件可在半精加工之后再安排一次时效处理；冰冷处理（在-80~0℃的空气中停留1~2h）一般安排在回火处理之后或者精加工之后或者工艺过程的最后，以提高硬度、耐磨性、尺寸稳定性等。

4) 为了表面防腐或表面装饰所进行的表面涂镀或发蓝等热处理工序通常安排在工艺过程的最后。

辅助工序包括工件的检验、去毛刺、清洗、退磁和防锈等。检验是最主要的辅助工序，它对保证产品质量有重要的作用，一般安排在以下环节：粗加工阶段结束后；转换车间的前后，特别是进入热处理工序前后；关键工序或加工工时较长的工序前后；特种性能检验（如磁力探伤、密封性检验等）之前；全部加工工序结束之后。

6.2.4 加工余量的确定

工艺路线拟订以后，在进一步安排各个工序的具体内容时，应正确地确定工序尺寸及公差，以指导工人进行加工操作，并为工序间的尺寸检查提供依据。工序尺寸的公差与完成该表面加工时所用方法的经济加工精度有关，而工序尺寸大小的确定则与工序间加工余量的选择密切相关。

1. 加工余量的概念

为了使零件得到所要求的形状、尺寸和表面质量，在切削加工过程中，必须从加工表面上切除的金属层厚度称为机械加工余量。余量有加工总余量和工序余量之分。

(1) 加工总余量 加工总余量是指零件加工过程中，某加工表面所切去的金属总厚度，是毛坯尺寸与零件图的设计尺寸之差，也等于该表面各工序余量之和，即

$$Z_{总} = Z_1 + Z_2 + \cdots + Z_n \tag{6-1}$$

式中，$Z_{总}$为加工总余量；Z_1、Z_2、$\cdots$、Z_n为各道工序余量。

(2) 工序余量 工序余量是一道工序内切除的金属层厚度，为相邻两工序的工序尺寸之差。按照这一定义，工序余量有单边余量和双边余量之分。零件的非对称结构的非对称表面，其加工余量一般为单边余量，如单一平面的加工余量为单边余量。零件对称结构的对称表面，其加工余量为双边余量，如回转体表面（内、外圆柱表面）的加工余量为双边余量，此时切除的金属层厚度为工序余量的一半。

对于外表面，如图6-6a所示，工序余量Z为

$$Z = a - b \tag{6-2}$$

对于内表面（如槽），如图 6-6b 所示，工序余量 Z 为

$$Z = b - a \tag{6-3}$$

式中，Z 是本工序的工序余量；a 是前道工序的工序尺寸；b 是本工序的工序尺寸。

对于被包容面（轴），如图 6-6c 所示，直径上的加工余量 $2Z$ 为

$$2Z = d_a - d_b \tag{6-4}$$

对于包容面（孔），如图 6-6d 所示，直径上的加工余量 $2Z$ 为

$$2Z = d_b - d_a \tag{6-5}$$

式中，$2Z$ 为直径上的加工余量；d_a 为前道工序的加工直径；d_b 为本工序的加工直径。

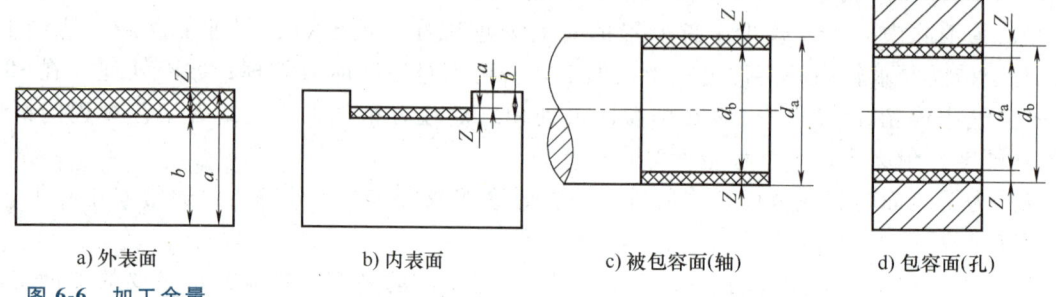

a) 外表面　　　　b) 内表面　　　　c) 被包容面(轴)　　　　d) 包容面(孔)

图 6-6　加工余量

由于工序尺寸有公差，故实际切除的余量大小不等，因此工序余量也是一个变动量。当工序尺寸用公称尺寸计算时，所得的加工余量称为基本余量或者公称余量。保证该工序加工表面的精度和质量所需切除的最小金属层厚度称为最小余量，该工序余量的最大值则称为最大余量。无论总加工余量还是工序余量，都必须规定一定的公差。总加工余量公差通常是对称分布的，工序尺寸的公差除了孔与孔（或平面）之间的距离尺寸应按对称偏差标注，一般都按"入体原则"标注，即对被包容尺寸（轴的外径，实体长、宽、高），其最大加工尺寸就是基本尺寸，上偏差为零。对包容尺寸（孔的直径、槽的宽度），其最小加工尺寸就是基本尺寸，下偏差为零。毛坯尺寸公差按双向对称偏差形式标注。

2. 影响加工余量的因素

影响加工余量的因素是多方面的，主要有以下几个方面。

（1）前道工序的表面粗糙度 Ra 值和表面缺陷层厚度 H_a　为了保证加工质量，本道工序必须将前道工序留下的表面粗糙度和表面缺陷层（包括冷硬层、氧化层、裂纹等）切除。在光整加工中，前道工序的表面粗糙度和表面缺陷层厚度是组成本道工序加工余量的主要因素。表面粗糙度和表面缺陷层厚度的大小取决于所选用的加工方法。

（2）前道工序的尺寸公差 T_a　由于工序尺寸有公差，前道工序的实际工序尺寸有可能出现最大或最小极限尺寸。为了使前道工序的实际工序尺寸在极限尺寸的情况下，本道工序也能将前道工序留下的表面粗糙度和表面缺陷层切除，本道工序的加工余量应包括前道工序的公差。T_a 的大小可根据选用的加工方法所能达到的经济精度，查阅相关手册确定。

（3）前道工序的形位误差 ρ_a　当工件上某些形状和位置偏差不包括在尺寸公差的范围内，这些误差又必须在本道工序加工纠正时，本道工序的加工余量必须包括 ρ_a。它的数值与前道工序的加工方法和零件的结构有关，可用近似计算法或查有关资料确定。若存在两种以上的空间偏差时可用向量和表示。

(4) 本道工序的安装误差 ε_b 安装误差包括工件的定位误差和夹紧误差,若用夹具装夹,还应有夹具在机床上的装夹误差。这些误差会使工件在加工时的位置发生偏移,所以加工余量必须考虑安装误差的影响。

在理论分析确定某道工序的加工余量时,必须考虑该工序的具体情况。如车削装夹在两顶针上的工件外圆或在无心磨床上加工轴时,其装夹误差可忽略不计。用浮动铰刀铰孔或用拉刀拉孔时空间偏差对加工余量无影响,且无装夹误差。对于珩磨、研磨、抛光等光整加工工序,其加工目的主要是进一步减小前道工序留下的表面粗糙度值,因此其最小加工余量仅与前道工序的表面粗糙度有关。

3. 确定加工余量的方法

确定加工余量的基本原则是:在保证加工质量的前提下,加工余量越小越好。实际工作中,确定加工余量的方法有以下三种:

(1) 查表法 根据有关手册提供的加工余量数据,再结合本厂生产实际情况加以修正后确定加工余量。

(2) 经验估计法 根据工艺人员本身积累的经验确定加工余量。一般为了防止余量过小而产生废品,所估计的余量总是偏大。这种方法常用于单件、小批量生产。

(3) 分析计算法 根据理论公式和一定的试验资料,对影响加工余量的各因素进行分析、计算来确定加工余量。这种方法较合理,但需要全面可靠的试验资料,计算也较复杂。

6.2.5 工序尺寸的确定

工件上的设计尺寸一般都要经过多道工序的加工才能得到,每道工序所应保证的尺寸称为工序尺寸。编制工艺规程的一个重要工作就是要确定每道工序的工序尺寸及公差。在确定工序尺寸及公差时,存在工序基准与设计基准重合和不重合两种情况。本节仅讨论基准重合时工序尺寸及其公差的计算,不重合时的计算需应用到尺寸链原理,将在下节讨论。

工序基准与设计基准重合时表面的多次加工,工序尺寸及其公差的计算步骤是:先确定各工序的加工方法,然后确定该加工方法所要求的加工余量及其所能达到的精度,再由最后一道工序逐个向前推算,即由零件图上的设计尺寸开始,一直推算到毛坯图上的尺寸。工序尺寸的公差都按各工序的经济精度确定,并按"入体原则"确定上、下极限偏差。

例如,某主轴箱体主轴孔的设计要求为 $\phi100H7$,$Ra = 0.8\mu m$。其加工工艺路线为:毛坯→粗镗→半精镗→精镗→浮动镗。现按上述步骤来确定各工序尺寸及其公差。

首先从机械加工工艺手册查得各工序的加工余量和所能达到的经济加工精度,具体数值见表6-3中的第二、三列。然后计算工序公称尺寸,列于第四列。最后按"入体原则"确定上、下极限偏差,将工序尺寸及偏差列于第五列。

表6-3 主轴孔工序尺寸及公差的计算 (单位:mm)

工序名称	工序余量	工序的经济精度	工序公称尺寸	工序尺寸及偏差
浮动镗	0.1	IT7 = 0.035	100	$\phi100^{+0.035}_{0}$,$Ra = 0.8\mu m$
精镗	0.5	IT9 = 0.087	100 − 0.1 = 99.9	$\phi99.9^{+0.087}_{0}$,$Ra = 1.6\mu m$
半精镗	2.4	IT11 = 0.22	99.9 − 0.5 = 99.4	$\phi99.4^{+0.22}_{0}$,$Ra = 6.3\mu m$
粗镗	5	IT13 = 0.54	99.4 − 2.4 = 97	$\phi97^{+0.54}_{0}$,$Ra = 12.5\mu m$
毛坯孔	8	IT15 = 1.4	97 − 5 = 92	$\phi92\pm0.7$

6.3 工艺尺寸链

在零件的加工过程中,有时需要多次转换基准而引起工艺基准与设计基准不重合的问题,这时的工艺尺寸及其公差需要利用尺寸链原理来计算。另外,在产品设计、整机装配以及技术测量时,也会遇到尺寸链的分析与计算问题。尺寸链是解决生产实际问题的有力工具,能够为制订最佳工艺规程和装配方法提供理论计算的科学依据,并能为改进加工工艺和装配技术提供有效的技术措施,对保证产品质量和降低成本起着重要作用。

6.3.1 工艺尺寸链的概念

1. 尺寸链的定义

如图 6-7a 所示,零件图上沿套筒轴向需保证尺寸 L_0 和 L_1。而在实际加工中,以 A 面定位车 B 面,保证尺寸 L_1;然后以 A 面定位镗通孔、扩孔至 C 面,保证尺寸 L_2。此时,尺寸 L_0、L_1 和 L_2 就形成了一个封闭的尺寸组。

这种相互连接形成封闭的尺寸组就称为尺寸链。加工过程中由各有关工艺尺寸所组成的尺寸链称为工艺尺寸链。

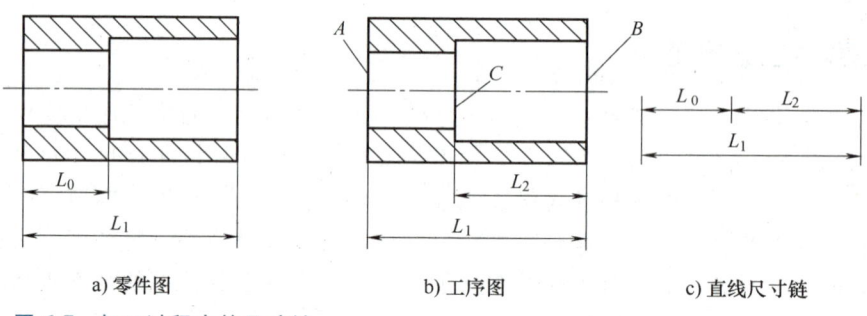

a) 零件图　　　　　　　b) 工序图　　　　　　　c) 直线尺寸链

图 6-7　加工过程中的尺寸链

2. 尺寸链的组成

列入尺寸链的每一个尺寸称为尺寸链的环,这些环可分为封闭环和组成环两大类。

1) 封闭环:尺寸链中在加工过程或装配过程最后间接形成的环。每个独立的尺寸链中有且只有一个封闭环。显然,工艺尺寸链的封闭环是由零件的加工顺序来确定的;零件尺寸链的封闭环是图上未标注的尺寸;装配尺寸链的封闭环是装配后间接形成的尺寸,即装配技术要求。封闭环常用下标为"0"的字母表示。

2) 组成环:尺寸链中对封闭环有影响的全部环。这些环中任意环的变动都必然引起封闭环的变动。组成环通常用下标为"1,2,3,…"的字母表示。组成环又分为增环和减环。

① 增环:尺寸链中的组成环,该环的变动会引起封闭环同向变动。同向变动是指该环增大时封闭环也增大,该环减小时封闭环也减小。

② 减环:尺寸链中的组成环,该环的变动会引起封闭环反向变动。反向变动是指该环增大时封闭环减小,该环减小时封闭环增大。

建立工艺尺寸链时,应首先对工艺过程和工艺尺寸进行分析,确定间接保证精度的尺寸,并将其定为封闭环,然后再从封闭环出发,按照零件表面尺寸间的联系,用首尾相接的单向箭头顺序表示各组成环,这种尺寸图就是尺寸链图。增减环可通过画箭头法(回路法)来确定:从封闭环开始,按任意一个方向做一个回路,与封闭环箭头同向者为减环,与封闭环箭头反向者为增环。

仍以图 6-7 所示的套筒零件加工为例,建立工艺尺寸链如图 6-7c 所示。显然,零件图上的设计尺寸 L_0 是间接获得的,为封闭环;L_1 和 L_2 为组成环,且 L_1 为增环,L_2 为减环。同理,套筒零件的零件尺寸链图也如图 6-7c 所示,但此时 L_2 为封闭环,L_0 为减环,L_1 为增环。

3. 尺寸链的特性

尺寸链的主要特性是封闭性和关联性(或制约性)。

1)封闭性:尺寸链是一组由有关尺寸首尾相连构成封闭形式的尺寸组。其中,应包含一个间接保证的尺寸和若干个对此有影响的直接获得的尺寸。

2)关联性:尺寸链中间接保证的尺寸的精度受这些直接获得的尺寸的精度所支配,彼此间有特定的函数约束关系,这是尺寸链的实质;并且间接保证的尺寸的精度必然低于直接获得的尺寸的精度。

4. 尺寸链的分类

根据不同分类方法,尺寸链有以下类型。

1)按尺寸链各环的几何特征分,可分为长度尺寸链与角度尺寸链。

① 长度尺寸链:全部环为长度尺寸的尺寸链,如图 6-7 所示。

② 角度尺寸链:全部环为角度尺寸的尺寸链,如图 6-8 所示。

2)按尺寸链的应用范围分,可分为装配尺寸链、零件尺寸链与工艺尺寸链。

① 装配尺寸链:全部组成环为不同零件设计尺寸所形成的尺寸链。

② 零件尺寸链:全部组成环为同一零件设计尺寸所形成的尺寸链。

③ 工艺尺寸链:全部组成环为同一零件工艺尺寸所形成的尺寸链。

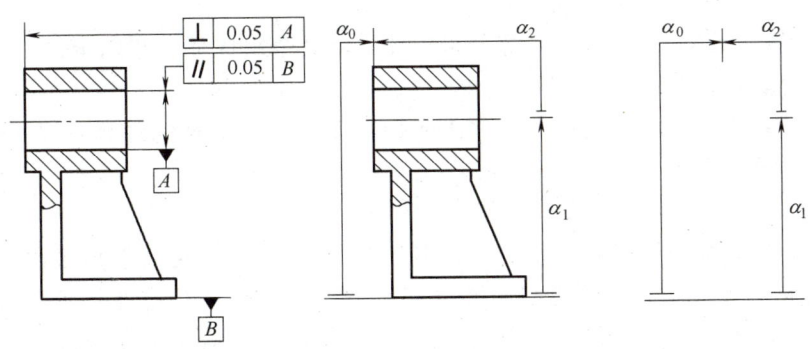

图 6-8 角度尺寸链

3)按尺寸链之间相互关系分,可分为基本尺寸链与派生尺寸链。

① 基本尺寸链:全部组成环都直接影响封闭环的尺寸链。

② 派生尺寸链:一个尺寸链的封闭环为另一个尺寸链组成环的尺寸链。

4)按尺寸链各环的物理力学性质分,可分为标量尺寸链与矢量尺寸链。

① 标量尺寸链：全部组成环为标量尺寸所形成的尺寸链。
② 矢量尺寸链：全部组成环为矢量尺寸所形成的尺寸链。

5) 按尺寸链在空间分布的位置关系分，可分为直线尺寸链、平面尺寸链和空间尺寸链。

① 直线尺寸链：全部组成环平行于封闭环的尺寸链，如图 6-7c 所示。
② 平面尺寸链：全部组成环位于一个或几个平行平面内，但某些组成环不平行于封闭环的尺寸链，如图 6-9 所示。
③ 空间尺寸链：组成环位于几个不平行平面内的尺寸链。

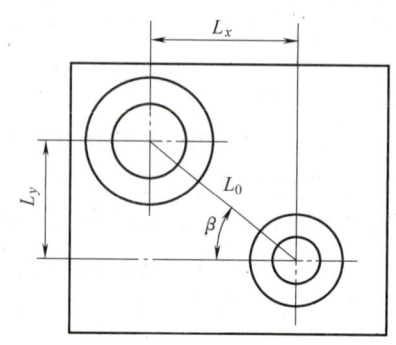
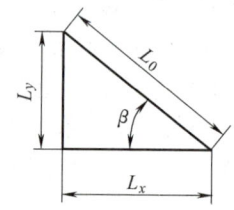

图 6-9　平面尺寸链

尺寸链的分类虽然有多种，但基本的、典型常用的是直线尺寸链。其他类型的尺寸链均可通过适当的变换，转换成直线尺寸链的问题进行分析。本书只讨论直线尺寸链的计算。

6.3.2　工艺尺寸链的计算

尺寸链的计算形式分为正计算、反计算和中间计算三种。

1) 正计算：已知组成环 L_i，求封闭环 L_0。它用于验算、校核，结果唯一。
2) 反计算：已知封闭环 L_0，求组成环 L_i。它用于设计计算，将封闭环公差合理地分配给各组成环，确定最佳方案，结果不唯一。
3) 中间计算：已知封闭环 L_0 和部分组成环，求其余组成环。它用于设计、工艺尺寸计算、校核等场合。

尺寸链的计算方法分为极值法和概率法两种，在工艺尺寸链的计算中多用极值法计算，因此概率法在本节只做简要介绍。

1. 极值法

极值法是按误差综合最不利的情况，即各增环均为最大（或最小）极限尺寸而减环均为最小（或最大）极限尺寸来计算封闭环极限尺寸的。此法的优点是简便、可靠，可以保证完全互换，其缺点是当封闭环公差较小、组成环数目较多时，会使组成环的公差过于严格，加工难度大，因此通常应用在环数少、精度低的场合。

（1）封闭环的公称尺寸　对于直线尺寸链，封闭环的公称尺寸等于所有增环的公称尺寸之和减去所有减环的公称尺寸之和，即

$$L_0 = \sum_{p=1}^{k} L_p - \sum_{q=k+1}^{m} L_q \tag{6-6}$$

式中，L_0 为封闭环的公称尺寸；L_p 为增环的基本尺寸；L_q 为减环的基本尺寸；k 为增环数；m 为组成环环数。

（2）封闭环的上极限偏差 $ES(L_0)$ 和下极限偏差 $EI(L_0)$　对于直线尺寸链，封闭环的上极限偏差等于所有增环的上极限偏差之和减去所有减环的下极限偏差之和；封闭环的下极限偏差等于所有增环的下极限偏差之和减去所有减环的上极限偏差之和，即

$$ES(L_0) = \sum_{p=1}^{k} ES(L_p) - \sum_{q=k+1}^{m} EI(L_q) \tag{6-7}$$

$$EI(L_0) = \sum_{p=1}^{k} EI(L_p) - \sum_{q=k+1}^{m} ES(L_q) \tag{6-8}$$

（3）封闭环的公差 T_0　对于直线尺寸链，封闭环的公差等于所有组成环公差之和，即

$$T_0 = ES(T_0) - EI(T_0) = \sum_{i=1}^{m} T_i \tag{6-9}$$

式中，T_i 为组成环的公差。

式（6-9）进一步说明了尺寸链的关联性。组成环越多，封闭环的公差越大，越难保证封闭环的制造精度。

2. 概率法

在正常情况下，尺寸链中每一组成环获得极限尺寸的可能性很小，而所有组成环同时为极限尺寸的可能性更小。当封闭环精度要求高而组成环环数较多时，以及在大批量生产中，通常采用概率法进行计算。概率法是应用概率论与数理统计原理来进行尺寸链分析计算的，因此也称为统计法。

根据概率统计原理，可以认为加工一批工件的尺寸总是有一定的统计规律，而尺寸偏差又是随机变量，如果各环之间是彼此独立的随机变量，那么可按概率原理进行分析计算。在一批被加工零件中，误差的大小在一定范围内分散，其分布服从随机变量的分布规律。根据概率论的有关定理可以认为：如果随机变量为多个相互独立的随机变量之和，且其中不存在对总体影响特别显著的独立变量，则不论这些独立变量服从哪种分布，其总体总是近似地服从正态分布，而且独立随机变量的个数越多越精确。

封闭环误差也就是这一类随机变量，为各组成环随机误差之和。因此，封闭环将服从正态分布，而且尺寸链组成环越多越接近正态分布。实际上，当尺寸链组成环环数 $n \geqslant 5$ 时，封闭环的分布已十分接近正态分布。

在计算封闭环误差时，要考虑各组成环的分布情况，需要有一个相对分布系数 k_i。相对分布系数 k_i 表示第 i 个组成环误差的分布与封闭环通常服从的正态分布差别的程度，其大小等于第 i 个组成环误差的相对均方差与服从正态分布的误差的相对均方差之比。典型分布曲线的 k 值见表6-4（其中 e 指相对不对称系数，表征分布曲线不对称程度）。

对于直线尺寸链，当组成环为各种尺寸分布，但封闭环服从正态分布时，根据概率统计的有关定理可确定封闭环的公差 T_{0s}（称为统计公差）与各组成环公差 T_i 之间的关系式为

$$T_{0s} = \frac{1}{k_0} \sqrt{\sum_{i=1}^{m} k_i^2 T_i^2} \tag{6-10}$$

显然，当组成环和封闭环均服从正态分布时，封闭环的公差 T_{0s} 与各组成环公差 T_i 之间的关系式可简化为

表 6-4 典型分布曲线的 e 值和 k 值

分布特征	正态分布	三角分布	均匀分布	偏态分布	
				外尺寸	内尺寸
分布曲线					
e	0	0	0	0.26	-0.26
k	1	1.22	1.73	1.17	1.17
Δ（分布范围）	6σ	4.92σ	3.47σ	5.13σ	5.13σ

$$T_{0s} = \sqrt{\sum_{i=1}^{m} T_i^2} \tag{6-11}$$

用概率法计算尺寸链，考虑了零件尺寸分布特性，因此更科学、更合理。在正计算中可以得到较小的封闭环公差，满足较高的使用要求；在反计算中，可以扩大组成环的制造公差，有利于零件加工的经济性。但用概率法计算较为复杂，使得其在应用上受到一定的限制。

在计算尺寸链时，有两类情况需要注意。

1) 在求某一组成环的公差时得到零值或负值（或上极限偏差小于下极限偏差）的结果，即其余组成环的公差之和等于或大于封闭环的公差。此时必须根据工艺可能性重新决定其余组成环的公差，即紧缩它们的制造公差，提高其加工精度。

2) 在反计算时，在设计工作中，通常是根据已给定的封闭环的公差来确定各组成环的公差。此时组成环的公差可按以下方法来确定。

① 按等公差值的原则分配封闭环的公差，即组成环的公差（假设组成环和封闭环均服从正态分布）为

$$T_i = \frac{T_0}{m} \tag{6-12}$$

这种方法计算简单，但从工艺上来说是不够合理的，可以有选择地使用。

② 按等公差级的原则分配封闭环的公差，即各组成环的公差按照公差表中的尺寸分段及某一公差等级，规定组成环的公差，使得各组成环的公差符合条件

$$T_0 \geq \sum_{i=0}^{m} T_i \tag{6-13}$$

最后加以适当调整。这种方法从工艺上来讲是比较合理的，但只考虑组成环的尺寸大小，没有考虑各环的加工难易程度。

③ 按实际情况分配组成环的公差。这与设计经验有关，但实质上仍是从工艺的观点来考虑，因此比较经济合理。

6.3.3 工艺尺寸链在典型工艺过程中的应用

1. 定位基准与设计基准不重合时的工艺尺寸及其偏差的确定

采用调整法加工零件时,若所选的定位基准与设计基准不重合,那么该加工表面的设计尺寸就不能由加工直接得到,这时就需要进行工艺尺寸的换算,以保证设计尺寸的精度要求,并将计算的工序尺寸标注在工序图上。

如图6-10a所示为某零件高度方向的设计尺寸。生产上,按大批量生产用调整法加工A、B、C面。其工艺安排是前面工序已将A、C面加工好(互为基准加工),本工序以A面为定位基准加工B面,因为B面的设计基准是C面,定位基准与设计基准不重合,所以需要进行换算。

首先建立尺寸链:根据加工工序,建立如图6-10b所示的加工工序尺寸链。再判断封闭环及增、减环:显然,B面与C面间尺寸A_0是通过间接保证的,A_0为封闭环且$A_0 = 25^{+0.25}_{0}$mm;增、减环通过回路法确定,增环为A_1且$A_1 = 60^{0}_{-0.1}$mm,减环为A_2。

那么,由尺寸链计算公式可得下列关系式:

① $A_0 = A_1 - A_2$,即 $A_2 = 60\text{mm} - 25\text{mm} = 35\text{mm}$。
② $ES(A_0) = ES(A_1) - EI(A_2)$,即 $EI(A_2) = 0\text{mm} - (+0.25)\text{mm} = -0.25\text{mm}$。
③ $EI(A_0) = EI(A_1) - ES(A_2)$,即 $ES(A_2) = -0.1\text{mm} - 0\text{mm} = -0.1\text{mm}$。

因此,工序尺寸 $A_2 = 35^{-0.10}_{-0.25}$mm。

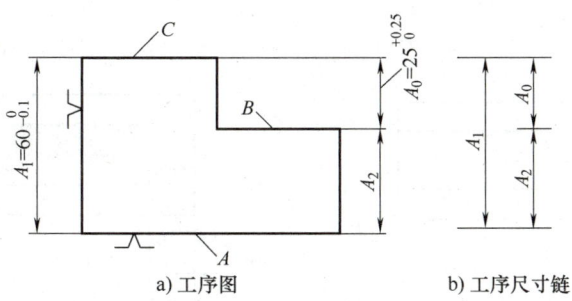

图 6-10 调整法加工台阶面

2. 工序基准为待加工的设计基准时的中间工序尺寸计算

从待加工的设计基准(一般为基面)标注工序尺寸,因为待加工的设计基准与工序基准两者差一个加工余量,所以仍然可以作为设计基准与定位基准不重合的问题进行计算。

如图6-11a所示的偏心零件,其表面A要求渗碳处理,渗碳层深度规定为$0.5 \sim 0.8$mm,零件上与此有关的加工过程如下:精车A面,保证尺寸为$\phi 26.2^{0}_{-0.1}$mm;渗碳处理,控制渗碳层深度为H_1;精磨A面,保证尺寸为$\phi 25.8^{0}_{-0.016}$mm,同时保证渗碳层深度达到规定的要求。需要确定渗碳层深度H_1的数值。

根据工艺过程,可以建立与加工过程有关的尺寸链,如图6-11b所示。在尺寸链中,封闭环为零件上的渗碳层深度$H_0 = 0.5^{+0.3}_{0}$mm,从而可确定:减环为$R_1 = 13.1^{0}_{-0.05}$mm;增环为H_1和$R_2 = 12.9^{0}_{-0.008}$mm。

根据尺寸链计算公式,有:

① $H_0 = H_1 + R_2 - R_1$，即 $0.5\text{mm} = H_1 + 12.9\text{mm} - 13.1\text{mm}$，从而 $H_1 = 0.7\text{mm}$。

② $ES(H_0) = ES(H_1) + ES(R_2) - EI(R_1)$，即 $0.3\text{mm} = ES(H_1) + 0\text{mm} - (-0.05)\text{mm}$，从而 $ES(H_1) = 0.25\text{mm}$。

③ $EI(H_0) = EI(H_1) + EI(R_2) - ES(R_1)$，即 $0\text{mm} = EI(H_1) + (-0.008)\text{mm} - 0\text{mm}$，从而 $EI(H_1) = 0.008\text{mm}$。

因此，在渗碳处理时，应控制渗碳层深度 $H_1 = 0.7^{+0.25}_{+0.008}\text{mm}$。

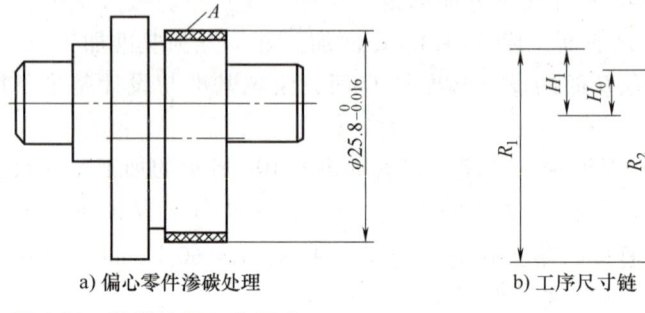

图 6-11 渗碳处理工艺尺寸

3. 测量基准与设计基准不重合时的工艺尺寸及其偏差的确定

在工件加工过程中，有时会遇到一些表面加工之后，按设计尺寸不便直接测量的情况，因此需要在零件上另选一容易测量的表面作为测量基准进行测量，以间接保证设计尺寸的要求。这时就需要进行工艺尺寸的换算。

如图 6-12 所示的零件，尺寸 A_0 不好测量，改测尺寸 A_2，试确定 A_2 的大小和偏差。

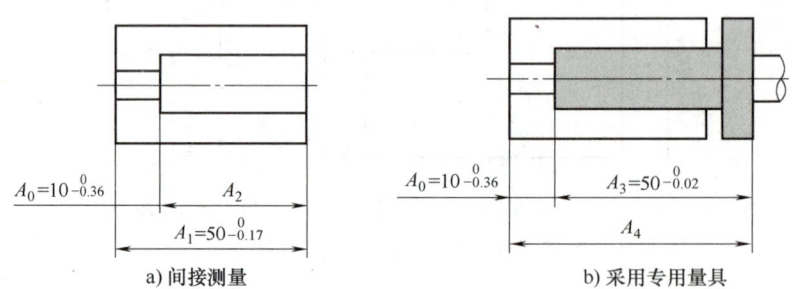

图 6-12 假废品问题

A_2 是测量直接得到的尺寸，是组成环；A_0 是间接保证的，是封闭环。根据尺寸链计算公式容易求得 $A_2 = 40^{+0.19}_{0}\text{mm}$。只要实测结果在 A_2 的极值范围 $40 \sim 40.19\text{mm}$ 内，就一定能保证设计要求。

需要指出的是，直线尺寸链极值法计算是在极限情况下的各尺寸之间的尺寸联系。从保证封闭环的尺寸要求看，是保守算法，虽然计算结果可靠，但可能出现假废品。

上例若实测 $A_2 = 40.30\text{mm}$，按上述要求判为废品，但此时若 $A_1 = 50\text{mm}$，则实际 $A_0 = 9.7\text{mm}$，该零件显然合格，为"假废品"。产生假废品的根本原因在于测量基准和设计基准不重合。组成环环数越多，公差范围越大，出现假废品的可能性越大。

为避免假废品的产生，发现实测尺寸超差时，需对零件进行复查。当实测尺寸与计算尺寸的差值小于尺寸链其他组成环公差之和时，可能为假废品。为了减少假废品出现的可能性，有时可采用专用量具检测。如图 6-12b 所示，采用高精度专用量具后，由新建立的尺寸链可解出 $A_4 = 60_{-0.36}^{-0.02}$ mm。

6.4 数控加工工艺与智能加工

数控加工工艺过程是利用切削刀具在数控机床上直接改变加工对象的形状、尺寸、表面位置、表面状态等，使其成为成品或半成品的过程。

智能加工是一种自动化、复合化的加工，实际上是借助先进的机床、刀具、夹具及检测、控制手段，实现对加工过程的主动感知和实时判断，用最优的工艺方法和手段获得最优的加工性能和加工质量。简单地说，智能加工是以数字信息为传递介质，以主动在线感知为手段，以先进的自适应控制为"大脑神经"的加工方法。

6.4.1 数控加工零件的工艺性分析

零件的数控加工工艺性分析的基本内容与普通机床加工相同，普通机床加工工艺规程的理论对数控加工都是适用的，但数控加工工艺性分析还应注意以下内容。

1. 选择合适的对刀点和换刀点

对刀点是指通过对刀确定刀具与工件相对位置的基准点，一般为加工中刀具相对零件运动的起点，又称起刀点，也就是程序运行的起点。对刀点选定后，便确定了机床坐标系和零件坐标系之间的相互位置关系。

刀具在机床上的位置是由刀位点的位置来表示的。不同的刀具，刀位点不同。对于平头立铣刀、端铣类刀具，刀位点为它们的底面中心；对于钻头，刀位点为钻尖；对于球头铣刀，刀位点为球心；对于车刀、镗刀类刀具，刀位点为其刀尖。在对刀时，刀位点应与对刀点一致。

选择对刀点时，主要考虑对刀点在机床上对刀方便、便于观察和检测，编程时便于数学处理和有利于简化编程。对刀点可选在零件或夹具上。为提高零件的加工精度，减少对刀误差，对刀点应尽量选在零件的设计基准或定位基准上。

对于数控车床、镗铣床、加工中心等多刀加工数控机床，在加工过程中需要多次换刀，故编程时应考虑不同工序中的换刀位置。为避免换刀时刀具与工件及夹具发生干涉，换刀点应设在工件的外面。

2. 审查与分析工艺基准的可靠性

数控加工工艺特别强调定位加工，尤其正反两面都采用数控加工，其工艺基准的统一是十分必要的，否则很难保证两次安装加工后两个面上的轮廓位置及尺寸协调。如果零件上没有合适的基准，可考虑在零件上增加工艺凸台或工艺孔，在加工完成后再将其去掉，其定位基准应可靠。

3. 选择合适的零件安装方式

数控机床加工时，应尽量使零件能够一次安装就完成零件所有待加工面的加工。要合理选择定位基准和夹紧方式，以减少误差环节。应尽量采用通用夹具或组合夹具，必要时才设计专用夹具。

4. 编程的可靠性和方便性

被加工零件的数控加工工艺性问题涉及面很广，下面结合编程的可靠性和方便性提出一些必须分析和审查的主要内容。

（1）尺寸标注应符合数控加工的特点　在数控编程中，所有的点、线、面的尺寸和位置都是以编程原点为基础的。为此，在零件图上，以同一基准标注尺寸或者直接给出坐标尺寸，这种标注方法既便于编程，也便于尺寸之间的相互协调，特别是在保持设计、工艺、检测基准与编程原点设置的一致性方面会带来很大方便。零件设计人员一般会在尺寸标注的过程中较多地考虑到装配等使用特性，不得不采用局部分散标注法，给工序安排与数控加工带来许多不便。由于数控加工精度和重复定位精度都很高，不会因为产生较大的累积误差而破坏使用特性，因此，可将局部分散标注法改为以同一基准标注尺寸或直接给出坐标尺寸的标注法。

（2）几何要求的条件应完整、准确　在程序编制中，编程人员必须充分掌握构成零件轮廓的各几何要素间的关系。因为在手工编程时要计算出每个基点和节点的坐标，自动编程时要对零件轮廓的所有几何要素进行定义，无论哪一点不明确或不确定，编程都无法进行。但由于设计人员在设计过程中考虑不周或被忽略，常常出现参数不全或不清楚，例如，圆弧与直线、圆弧与圆弧是相切还是相交或相离。所以在审查与分析图样时，一定要仔细核算，发现问题及时与设计人员联系。

（3）定位基准可靠　在数控加工中，加工工序往往较集中，以同一基准定位十分重要。因此往往设置一些辅助基准，或者在毛坯上增加一些工艺凸台。如图6-13a所示的零件，为增加定位的稳定性，可在底面增加一些工艺凸台，如图6-13b所示，在完成定位加工后再除去。

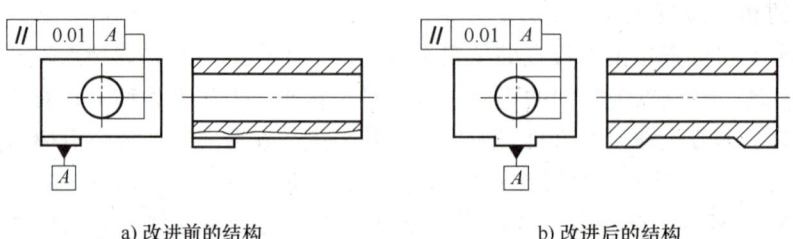

a）改进前的结构　　　　　　　　　b）改进后的结构

图6-13　工艺凸台的应用

（4）统一几何形状及尺寸　零件的外形、内腔最好采用统一的几何形状及尺寸，这样既可以减少刀具规格和换刀次数，还可以应用控制程序或专用程序，以缩短程序长度。零件的形状尽可能对称，便于利用数控机床的镜像加工功能来编程，以节省编程时间。

6.4.2　数控加工工艺路线的设计

与通用普通机床加工工艺路线设计的区别在于，数控加工工艺路线的设计往往不是指从毛坯到成品的整个工艺过程，而是几道数控加工工序工艺过程的具体描述。数控加工一般穿插在零件加工的整个工艺中，注意与其他工艺相衔接。常见工艺流程如图6-14所示。

加工路线的设定是很重要的环节，加工路线是刀具在切削加工过程中刀位点相对于工件的运

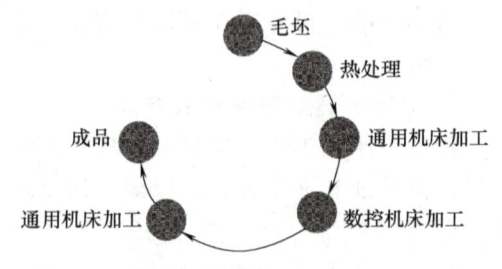

图6-14　常见工艺流程

动轨迹，即走刀路线，它不仅包括加工工序的内容，也反映了加工顺序的安排，因而加工路线是编写加工程序的重要依据。确定数控加工工艺路线的工作重点，主要在于确定粗加工及空行程的进给路线，因为精加工切削过程的进给路线基本上都是沿其零件轮廓顺序进行的。

确定加工路线，应注意以下几点：

（1）寻求最短加工路线 对于点位控制的数控机床，只要求定位精度较高，定位过程尽可能快，而刀具相对于工件的运动路线是无关紧要的，因此这类机床应按空行程最短来安排走刀路线。

以图6-15a所示零件上的孔系加工为例，图6-15b中的走刀路线为先加工完外圈孔后，再加工内圈孔。若改用图6-15c的走刀路线，减少空刀时间，则可节省定位时间近1/2，提高了加工效率。

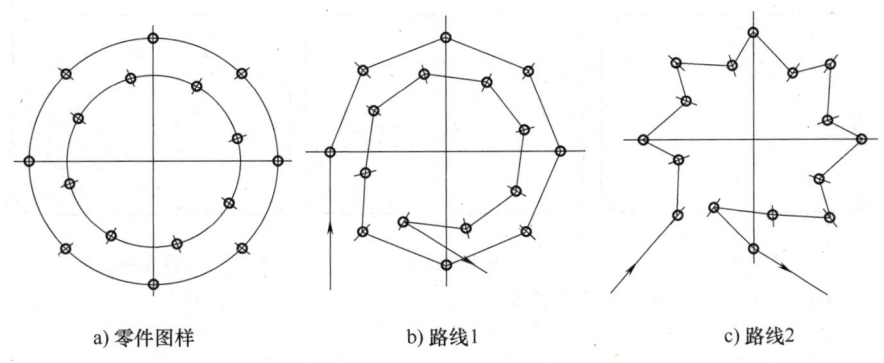

a) 零件图样　　　　b) 路线1　　　　c) 路线2

图 6-15　最短走刀路线的设计

除此之外还要确定孔加工时刀具轴向的运动尺寸，其大小主要由被加工零件的孔深来决定，但也应考虑一些辅助尺寸，如刀具的引入距离和超程量等。

（2）注意孔的加工顺序的安排 对于位置精度要求较高的孔系加工，特别要注意孔的加工顺序的安排，安排不当时，就有可能将坐标轴的反向间隙带入，直接影响位置精度。

如图6-16所示，在XY平面内加工A、B、C、D四孔，安排孔的加工路线时一定要注意各孔定位方向的一致性，即采用单向趋近定位方法，完成C孔加工后往左多移动一段距离，然后返回加工D孔，这样的定位方法可以避免因传动系统反向间隙而产生的定位误差，提高了D孔与其他孔之间的位置精度。

（3）选择切入、切出方向 考虑刀具的进、退刀（切入、切出）路线时，刀具的切出或切入点应在沿零件轮廓的切线上，以保证工件轮廓光滑；应避免在工件轮廓面上垂直上、下刀而划伤工件表面；尽量减少在轮廓加工切削过程中的暂停（切削力突然变化造成弹性变形），以免留下刀痕，如图6-17所示。

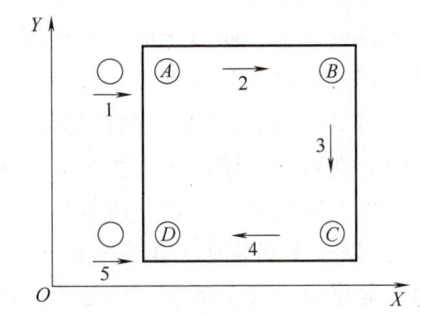

图 6-16　孔加工定位路线

（4）合理选用铣削加工中的顺铣或逆铣方式 一般来说，数控机床采用滚珠丝杠，运动间隙很小，因此多使用顺铣。

（5）最终轮廓应一次走刀连续完成　为保证工件轮廓表面加工后的表面粗糙度要求，最终轮廓应安排在最后一次走刀中连续加工出来。

图 6-18a 所示为采用行切法加工内腔的走刀路线，这种走刀路线能切出内腔中的全部余量，不留死角，不伤轮廓。但采用行切法在两次走刀的起点和终点间留下残留高度，达不到要求的表面粗糙度。若采用图 6-18b 所示的走刀路线，先用行切法，最后沿周向环切一刀，光整轮廓表面，能获得较好的效果。图 6-18c 也是一条较好的走刀路线，但加工时间较长。

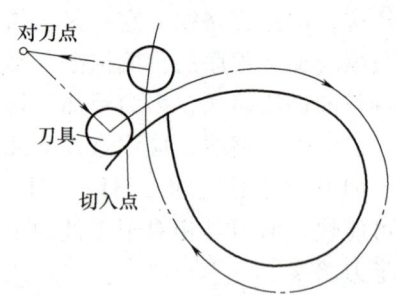

图 6-17　刀具切入和切出方向

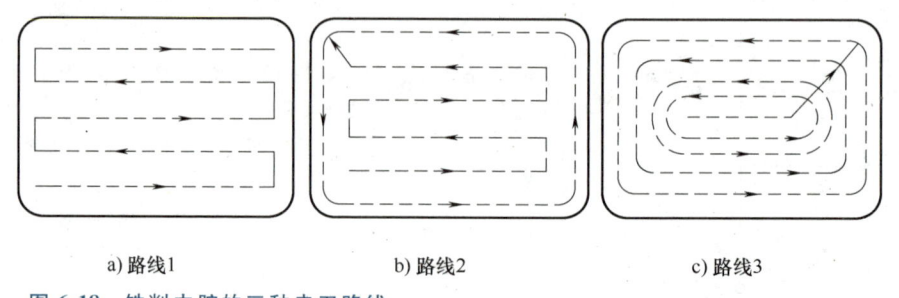

a) 路线1　　　　b) 路线2　　　　c) 路线3

图 6-18　铣削内腔的三种走刀路线

（6）选择使工件在加工后变形小的路线　对横截面积小的细长零件或薄板零件应采用分几次走刀加工到最后尺寸或对称去除余量法安排走刀路线。安排工步时，应先安排对工件刚性破坏较小的工步。

（7）选择使数值计算简单的路线　选择走刀路线时应使数值计算简单，以减少编程工作量。

6.4.3　数控加工工序的设计

1. 工序的划分

数控机床与普通机床加工相比较，加工工序更加集中。根据数控机床的加工特点，加工工序的划分有以下几种方式。

1）以同一把刀具加工的内容划分工序。为了减少换刀次数和空程时间，可以采用刀具集中的原则划分工序，在一次装夹中用一把刀完成可以加工的全部加工部位，然后再换第二把刀，加工其他部位。在专用数控机床或加工中心上大多采用这种方法。

2）以一次安装加工作为一道工序。这种方法一般适应于加工内容不多的工件，主要是将加工部位分为几个部分，每道工序加工其中一部分。如加工外形时，以内腔夹紧；加工内腔时，以外形夹紧。

3）以加工部位划分工序。对于加工内容很多的工件，可按其结构特点将加工部位分成几个部分，如内腔、外形、曲面或平面，并将每一部分的加工作为一道工序。

4）按粗、精加工分开的原则划分工序。对于经加工后易发生变形的工件，由于粗加工后可能发生的变形需要进行校形，故一般来说，凡是要进行粗、精加工的都要将工序分开。

综上所述,在划分工序时,一定要看零件的结构与工艺性、机床的功能、零件数控加工内容的多少、安装次数及本单位生产组织状况,灵活掌握。零件是采用工序集中还是采用工序分散,也要根据实际需要和生产条件来确定,要力求合理。

2. 加工顺序的安排

加工顺序的安排应根据零件的结构和毛坯状况,以及定位与夹紧的需要来考虑,重点是保证定位夹紧时工件的刚度和有利于保证加工精度。加工顺序安排一般应按下列原则进行:

1)上道工序的加工不能影响下道工序的定位与夹紧,中间穿插有普通机床加工工序的也要综合考虑。

2)先进行内形内腔加工,后进行外形加工工序。

3)以相同定位、夹紧方式或同一把刀具加工的工序,最好接连进行,以减少重复定位次数、换刀次数和挪动定位夹紧元件次数。

4)同一次装夹中进行的多道工序,应先安排对工件刚性破坏较小的工序。

5)遵循先近后远原则,以减少空行程,提高效率。

3. 数控加工工序与普通加工工序的衔接

数控加工工序前后一般都穿插有其他普通加工工序,若衔接得不好就容易产生矛盾。因此在熟悉整个加工工艺内容的同时,要清楚数控加工工序与普通加工工序各自的技术要求、加工目的、加工特点,如加工余量的预留、定位面与孔的精度和形位公差要求、矫形工序的技术要求和毛坯的热处理等要求,各道工序必须前后兼顾、综合考虑。

6.4.4 工艺参数的智能自适应调控

在数控加工的过程中,有的因素与结果是线性相关的,还有很多因素与结果是非线性的。以往的控制采用传统的 PID 控制,主要针对位置和速度以及尺寸进行控制,以保证刀具与工件的相对位置。在控制非线性、时变、耦合及参数和结构不确定的复杂过程时,采用 PID 无法调整参数。为了解决非线性、时变、耦合及参数和结构不确定的复杂过程的控制问题,数控加工应采用智能自适应控制,主动调整工艺参数(几何参数、切削参数、物理参数、机床、刀具、夹具),以得到最优的输出。

自适应控制是指系统按照环境的变化调整其自身,使得其行为在新的或已知改变了的环境下,达到最好或者至少是容许的特性和功能,这种对环境变化具有适应能力的控制系统称为自适应控制系统。由于自适应控制的对象是那些存在不定性的系统,所以,这种控制应首先能在控制系统的运行过程中通过不断地测量系统的输入、状态、输出或性能参数,逐渐了解和掌握对象,然后根据所得的过程信息,按一定的设计方法,做出控制决策去更新控制器的结构、参数或控制过程。

大多数数控机床在加工过程中都维持一个固定不变的进给速率,这个进给速率是由加工程序预先设定好的。为了保证生产的安全,编程人员必须按照负荷最大的工况设定这个进给速率,但实际上这种工况或许只占整个程序的 5%。那么如何提高数控机床的加工效率,优化刀具进给量,同时又能保护机床的主轴系统和昂贵的刀具不受损坏已经成为终端用户和机床制造厂家十分关注的问题。为了解决这个问题,以色列 OMAT 公司将自适应控制技术应用在数控机床上,研发了成熟的产品——OMAT 数控机床自适应控制系统,并已经在全球广泛应用。

自适应控制技术应用在数控加工中，是通过检测机床主轴的负载，运用内部的专家系统对采集的主轴负载信号和相应的刀具及工件材料数据进行分析处理，实时计算出机床最佳的进给速率并应用到数控加工过程中，从而大幅度提高生产率，并在加工过程中稳定、连续、自动地控制进给速率，同时实现动态的刀具保护功能。

在加工过程中，自适应控制系统可以依据控制对象的输入输出数据，进行学习和再学习，不断地辨识模型参数并进行修正。随着生产过程的继续，模型会变得越来越准确，越来越接近于实际，最终将自身调整到一个最优的工作状态，实现加工过程的优化。

6.5 计算机辅助工艺过程设计及其智能化

6.5.1 概述

计算机辅助工艺过程设计（Computer Aided Process Planning，CAPP）又称计算机辅助工艺规程设计或称计算机辅助工艺设计。它借助于计算机技术和成组技术快速生成科学规范的工艺规程，是通过向计算机输入被加工工件的原始数据、加工条件和加工要求，通过人机对话使计算机自动地生成或调用经过优化的标准工艺规程的一种自动设计方法。

利用计算机进行工艺规程的自动设计可以大幅度提高工艺设计的工作效率，并保证工艺设计的科学性和设计质量，避免了工艺规程设计上的主观性和随意性，也避免了由于工艺人员的生产经验不足或冗长烦琐计算所造成的设计差错。CAPP 可以有效缩短工艺准备时间，加快新产品的开发和生产，并为制订科学的工时定额和材料消耗定额，以及为提高生产的科学管理水平提供科学的依据。此外，CAPP 还是连接计算机辅助设计（CAD）和计算机辅助制造（CAM）的中间环节，可以在生成工艺规程的基础上通过人机对话直接生成 NC 加工程序，并指挥机床进行切削加工，所以 CAPP 又是进一步开发集成生产系统（ICMS）和柔性制造系统（FMS）的基础。

1. CAPP 系统的分类

CAPP 系统按其工作原理可以分为以下五大类：交互式 CAPP 系统、派生式 CAPP 系统、创成式 CAPP 系统、综合式 CAPP 系统和 CAPP 专家系统。

1）交互式 CAPP 系统也称为检索式 CAPP 系统，是将企业现行的各类工艺文件，根据零件编码或图号存入计算机数据库中。进行工艺设计时，可根据零件编码或图号在工艺文件库中检索类似零件的工艺文件，由工艺人员采用人机交互方式进行修改、编辑，由计算机按工艺文件要求进行打印输出。由于工艺规程的设计质量对人的依赖性很大，决策完全由工艺人员完成，因此有人认为它不是严格意义上的 CAPP 系统。

2）派生式 CAPP 系统又称变异型 CAPP 系统，是利用成组技术将工艺设计对象按其相似性（例如，零件按其几何形状及工艺过程相似性；部件按其结构功能和装配工艺相似性等）分类成组（族），为每一组（族）对象设计典型工艺，并建立典型工艺库。当为具体对象设计工艺时，CAPP 系统按零件（部件或产品）信息和分类编码检索相应的典型工艺，然后根据具体对象的结构和工艺要求修改典型工艺，直至满足实际生产的需要。

3）创成式 CAPP 系统是根据工艺决策逻辑与算法进行工艺过程设计，它是从无到有自动生成具体对象的工艺规程。创成式 CAPP 系统工艺决策时不需人工干预，由计算机程序自动完成，因此易于保证工艺规程的一致性。但是，由于工艺决策随制造环境的变化而变化，对于结构复杂多样的零件，实现创成式 CAPP 系统非常困难。

4）综合式 CAPP 系统是将派生式、创成式和交互式 CAPP 的优点集为一体的系统。目前，国内很多 CAPP 系统采用这类模式。

5）CAPP 专家系统是一种基于人工智能技术的 CAPP 系统，也称为智能型 CAPP 系统。CAPP 专家系统和创成式 CAPP 系统都以自动方式生成工艺规程，创成式 CAPP 系统是以逻辑算法加决策表为特征的，而 CAPP 专家系统则是以知识库加推理机为特征的。

显然，交互式、派生式和创成式 CAPP 系统是 CAPP 系统的三种基本形式，分别如图 6-19 所示。

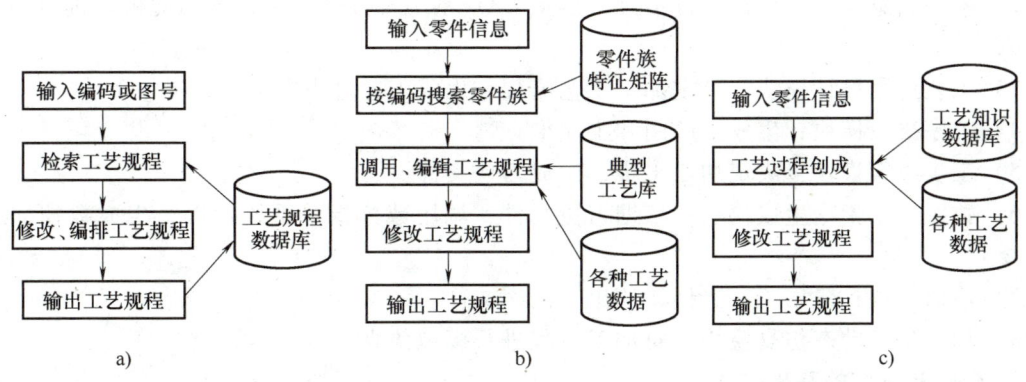

图 6-19 CAPP 系统的三种基本形式

2. CAPP 系统的发展趋势

CAPP 的类型和设计方法很多，但从国内的普遍情况来看，以派生式为基础的 CAPP 设计方法较为适用，其主要原因是正在开展或准备推行 CAPP 的工厂大都为几十年以上的老厂，产品种类比较固定，发展方向明确，并在多年的生产中积累了一定数量的切实可行的、稳定的产品工艺。在此基础上，通过整理和完善，可制订出派生式 CAPP 系统需要的产品典型工艺和确定各工艺要素的规则知识。

一些开发部门为了追求商品化软件或软件产品，在创成式 CAPP 和 CAPP 专家系统还不能满足实用化要求的情况下，重点转向开发完全人机交互填写方式的 CAPP 系统，就像填写工艺卡片一样的系统。这类系统的特点是提供各种窗口和 Windows 系统的增删、修改功能，用户直接采用填写（或修改已生成的工艺文件）方式进行工艺设计。

各国研究者对 CAPP 都给予了高度重视，但由于 CAPP 所涉及的是典型的跨学科的复杂问题，是一个研究难度较大的领域，还存在不少亟待解决的问题。例如，由于各个具体制造生产环境的差别很大，虽然人们迫切希望 CAPP 系统具有如同 CAD 系统那样较强的通用性，但是就目前的 CAPP 发展水平而言还很难做到这一点。总的来说，CAPP 在工程实际中应用的深度和广度上都还不理想。

CAPP 研究开发的热点课题主要有产品信息模型的生成与获取、CAPP 体系结构研究及工具系统的开发、并行工程模式下的 CAPP 系统、基于分布型人工智能技术的分布型 CAPP 专家系统、人工神经网络技术与专家系统在 CAPP 中的综合应用、CAPP 与自动生产调度系统的集成、基于 Web 技术的 CAPP 系统等。

6.5.2 CAPP 系统结构

1. CAPP 系统的基本构成

尽管世界各国推出了许多面向不同对象、面向不同应用、采用不同方式、基于不同制造环境的 CAPP 系统，但是综合比较和分析结果表明，这些类型繁多的 CAPP 系统，其基本构成是基本不变的，即包括零件信息的描述（输入）、工艺设计数据知识库、工艺自动决策模块等部分。

CAPP 系统主要由以下基本模块组成。

1）控制模块：协调各模块的运行，实现人机信息交流，控制零件信息获取方式。

2）零件信息输入模块：零件信息不能从 CAD 系统直接获取时，可用此模块进行零件信息输入。

3）工艺过程设计模块：决定加工工艺流程，生成工艺过程卡。

4）工序决策模块：生成工序图和工序卡。

5）工步决策模块：决定加工工步，生成刀位文件。

6）数控加工指令生成模块：依据刀位文件，调用数控指令系统代码，生成数控加工控制指令。

7）输出模块：输出工艺文档，调出工艺库文件。

8）加工过程动态仿真模块：对加工过程进行模拟仿真。

2. CAPP 系统的基础技术

CAPP 系统的基础技术主要有成组技术、零件信息的描述与输入、工艺设计决策机制、工艺知识的获取及表示、工艺数据库的建立等。

（1）成组技术　成组技术是一门生产技术科学，CAPP 系统的研究和开发与成组技术密切相关。成组技术的实质是利用事物的相似性，把相似问题归类成组并进行编码，寻求解决这一类问题相对统一的最优方案，从而节约时间和精力以取得所期望的经济效益。

零件分类和编码是成组技术的两个最基本的概念。根据零件特征将零件进行分组的过程是分类，给零件赋予代码则是编码。对零件设计来说，由于许多零件具有类似的形状，可将它们归并为若干设计族，设计一个新的零件可以通过修改一个现有同族典型零件而形成。对加工来说，由于同族零件要求类似的工艺过程，可以组建一个加工单元来制造同族零件，对每一个加工单元只考虑类似零件，就能使生产计划工作及其控制变得容易些。所以，成组技术的核心问题就是充分利用零件上的几何形状及加工工艺相似性进行设计和组织生产，以获得最大的经济效益。

（2）零件信息的描述与输入　零件信息的描述与输入是 CAPP 系统运行的基础和依据。零件信息描述就是要把零件的有关信息转化为让计算机能够识别的代码信息。能否将零件信息描述得准确且完整，对 CAPP 系统的运行有直接的影响，即使对于集成化、智能化的 CAD/CAPP/CAM 系统，零件信息的生成与获取也是关键问题之一。

零件信息包括几何信息和工艺信息两方面的内容，主要有零件名称、图号、材料、几何形状及尺寸、加工精度、表面质量、热处理以及其他技术要求等。常用的零件描述方法有分类编码描述法、表面特征描述法以及直接从 CAD 系统图库中获取 CAPP 系统所需要的信息。

从长远的发展角度看，根本的解决方法是直接从 CAD 系统图库中获取 CAPP 系统所需要的信息，即实现 CAD 与 CAPP 的集成化。

（3）工艺设计决策机制　工艺设计方案决策主要有工艺流程决策、工序决策、工步决策以及工艺参数决策等内容。其中，工艺流程设计决策是 CAPP 系统的核心部分。不同类型 CAPP 系统的形成，主要也是由工艺流程生成的决策方法不同而决定的。为保证工艺设计达到全局最优，系统常把上述内容集成在一起，进行综合分析、动态优化和交叉设计。

（4）工艺知识的获取及表示　工艺设计随着各个企业的设计人员、资料条件、技术水平以及工艺习惯不同而变化。要使工艺设计能在企业中得到广泛有效地应用，必须根据企业的具体情况，总结出适应本企业的零件加工典型工艺决策方法，按所开发 CAPP 系统要求，用不同形式表示这些经验及决策逻辑。

（5）工艺数据库的建立　工艺数据是在工艺设计过程中所使用、产生的信息和数据。CAPP 系统在运行时需要相应的各种信息，如机床参数、刀具参数、夹具参数、量具参数、材料、加工余量、标准公差及工时定额等。工艺数据库的结构要考虑方便用户对数据库进行检索、修改和增删，还要考虑工件、刀具材料以及加工条件变化时数据库的扩充和完善。

6.5.3　CAPP 专家系统

CAPP 专家系统也称为智能化 CAPP 系统，它是将人工智能技术应用在 CAPP 系统中所形成的专家系统。CAPP 专家系统的特征是知识库及推理机，其知识库由零件设计信息和表达工艺决策的规则集组成，而推理机是根据当前的事实，通过激活知识库的规则集而得到工艺设计结果。

1. CAPP 专家系统的组成

CAPP 专家系统的组成如图 6-20 所示。

CAPP 专家系统主要包括工艺知识库、工艺推理机、知识获取模块、解释模块、动态数据库以及用户接口模块等。

（1）工艺知识库　工艺知识库是 CAPP 专家系统的重要基础，以一定形式存放着工艺专家的知识。工艺知识库通常包括两方面知识：一是事实型知识，即公认的工艺知识与数据，如材料性能、机床参数、切削用量等；二是启发型（或称因果型）知识，如各种工艺决策规则等，它是工艺专家在多年生产实践中逐渐领悟和总结出来的知识，这类知识是 CAPP 专家系统进行逻辑推理的主要工艺知识源。工艺知识库的可用性、确切性和完善性是影响 CAPP 专家系统性能的重要因素。工艺知识库的建立与完善是一个长期的过程，通常是先建立一个知识子集，然后再利用知识获取模块逐步扩充、修改和完善。

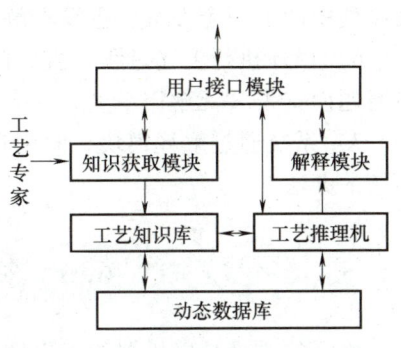

图 6-20　CAPP 专家系统的组成

（2）工艺推理机　工艺推理机是 CAPP 专家系统的核心，是一种具有工艺推理能力的计算机软件模块。工艺推理机根据用户所提供的原始数据，利用工艺知识库中的工艺知识，采用预先设定的推理策略进行推理决策，以完成工艺规程的设计。工艺推理机的推理过程与工艺专家的思维过程相类似,使 CAPP 专家系统能够按工艺专家解决问题的方法进行工作。

(3) 知识获取模块　CAPP 专家系统的专门工艺知识,源于工艺专家长期经验的积累,存在于工艺专家的脑中。知识获取模块是建立、修改和扩充专家 CAPP 系统工艺知识库的一种工具和手段,其任务是将工艺专家的工艺知识提取处理,并整理转换为系统能够接受和处理的形式,便于专家系统检索和推理使用,并具有从 CAPP 专家系统的运行结果中归纳、提取新知识的功能。

(4) 解释模块　解释模块是负责对 CAPP 专家系统的推理结果做出必要的解释,使用户了解 CAPP 专家系统的工艺推理过程,接受所推理的结果。只有 CAPP 专家系统能够解释其行为和推理的结论,用户才能信赖自己所使用的系统。此外,CAPP 专家系统的解释模块还可以对缺乏工艺设计经验的用户起到传输和培训工艺知识的作用。

(5) 动态数据库　动态数据库用于存储用户输入的原始数据以及系统在工艺推理过程中动态产生的临时工艺数据,以当前系统所需的数据形式,提供给系统推理决策使用。

(6) 用户接口模块　用户接口模块是为工艺设计人员提供友好的用户界面,便于输入原始参数,回答系统在运行过程中提出的问题,并将系统输出结果以用户易于理解的形式予以显示。

2. CAPP 专家系统的基本作业过程

CAPP 专家系统的基本作业过程如下:

1) 由工艺设计人员向系统输入工艺设计问题及相关信息。

2) 工艺推理机将用户问题和输入的信息与工艺知识库中存储的各个工艺规则进行匹配推理。

3) 根据匹配的工艺规则和系统控制策略,形成一组可能的问题求解方案。

4) 根据冲突解决准则,对各个求解方案进行排序,挑选其中一个最优方案。

5) 应用所挑选的方案去求解用户问题,若该方案不能真正解决问题,则回溯到求解方案序列中的下一个方案,重复求解用户问题。

6) 循环执行上述过程,直到问题得到解决,或所有可能的求解方案都不能解决现有用户问题而宣告"无解"为止。

7) 系统通过解释模块,向用户解释是如何得出问题的结论以及为什么采用这种解决该问题的办法。

6.6　机器的装配工艺规程设计

机器的质量是以机器的工作性能、使用效果、可靠性及寿命等综合指标来评定的。这些指标除与产品结构设计有关外,还取决于零件的制造质量(包括加工精度、表面质量、热处理等)和机器的装配工艺及装配精度。

机器的质量最终是通过装配工艺来保证的,装配质量在很大程度上决定机器的最终质量。装配过程并不是将合格零件简单地组合起来的过程。即使有高质量的零件,不当的装配也可能装出低质量的产品;合适的装配则可以在经济加工精度零部件的基础上,装配出高质量的产品。因此,装配工艺及装配精度对保证机器的质量具有十分重要的作用。另外,通过机器的装配,可以发现机器设计上的错误(不合理的结构与尺寸等)和零件加工工艺中存在的质量问题，并加以改进。可以认为，机器装配工艺过程又是机器生产的最终检验环节。研究装配工艺、选择合适的装配方法、制订合理的装配工艺规程，不仅是保证机器装配质量的手段，也是提高产品生产率、降低制造成本的有力措施。

6.6.1 概述

1. 装配的基本概念

任何一台机器一般都是由若干零件、套件（或合件）、组件和部件组成的，为保证有效地进行装配工作，通常将机器划分为若干个能进行独立装配的部分，称为装配单元。按规定的技术要求，将零件结合成套件、组件和部件，并进一步将零件、套件、组件和部件结合成机器的工艺过程，称为装配。

零件是组成机器的基本单元，即最小单元，它是由整块金属或其他材料制成的。零件一般都预先装成套件、组件、部件后才安装到机器上，直接装入机器的零件并不太多。

套件是在一个基准零件上装上一个或若干个零件构成的，它是最小的装配单元。

组件是在一个基准零件上装上若干套件及零件构成的。例如，机床主轴箱中的主轴组件，是在基准轴件上装上齿轮、套、垫片、键及轴承等构成的组件，为此而进行的装配工作称为组装。有时组件中没有套件，由一个基准零件和若干个零件所组成。组件与套件的区别在于组件在以后的装配中可拆卸，而套件在以后的装配中一般不再拆开，可作为一个零件。

部件是在一个基准零件上装上若干组件、套件和零件构成的。部件在机器中能完成一定的、完整的功能。把零件装配成为部件的过程称为部装。例如，车床的主轴箱装配就是部装；主轴箱箱体为部装的基准零件。

在一个基准零件上装上若干部件、组件、套件和零件就成为整个机器。把零件和部件装配成最终产品的过程称为总装。例如，卧式车床就是以床身为基准零件，装上主轴箱、进给箱、溜板箱等部件及其他组件、套件、零件所组成的。

装配是产品制造的最后阶段，装配过程是根据装配精度要求，按一定顺序的装配工作来保证产品质量的复杂过程。常见的装配工作主要有以下内容。

1）准备工作：包括零部件清洗、尺寸和重量分选、平衡等。

2）主要工作：包括零件的装入、连接、部装、总装；装配过程中的检验、校正、调整、配作、试验和装配后的试运转、油漆、包装等。

2. 装配系统图

在装配工艺规程设计中，常用装配系统图表示零部件的装配流程和零部件间相互装配关系。在装配系统图上，每个单元用一个长方形框表示，标明零件、套件、组件和部件的名称、编号及件数，如图 6-21 所示。这个方框不仅可以表示零件，也可以表示套件、组件和部件等装配单元。

名称	
编号	件数

图 6-21 装配单元的表示图

在装配系统图上，装配工作由基准件开始沿水平线自左向右进行，一般将零件画在上方，套件、组件、部件画在下方，其排列次序就是装配工作的先后次序。

装配系统图是用图解法说明产品零件、组件和部件的装配程序，以及各装配单元的组成零件。在设计装配车间时可以根据它来组织装配单元的平行装配，并可以合理地按照装配顺序布置工作地点，将装配过程的运输工作减至最少。

如图 6-22 所示的某减速器低速轴组件，其装配过程可用图 6-23 表示。

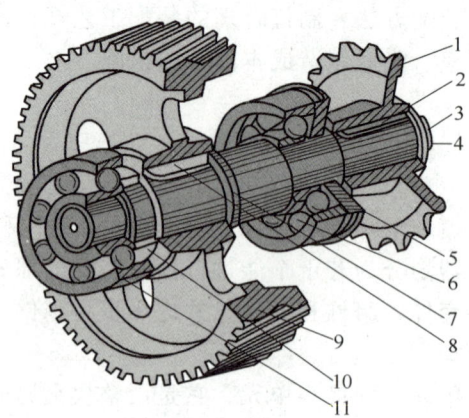

图 6-22 某减速器低速轴组件

1—链轮　2、8—键　3—轴端挡圈　4—螺栓
5—可通盖组件　6、11—滚珠轴承　7—低速轴
9—齿轮　10—套筒

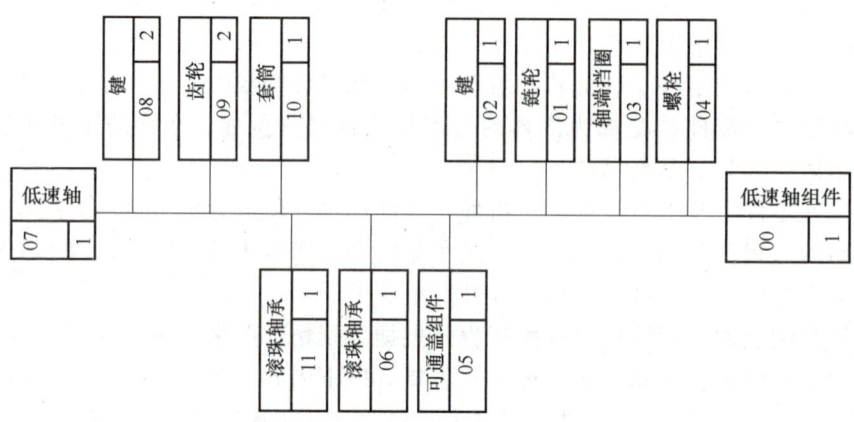

图 6-23 某减速器低速轴组件装配系统图

由装配系统图可以清楚地看出产品的装配顺序以及装配所需零部件的名称、编号和数量，因此它可起到指导和组织装配工艺的作用。

3. 零件精度与装配精度的关系

（1）装配精度的概念　装配精度是指机器装配以后，各工作面间的相对位置和相对运动等参数与设计指标的符合程度。

装配精度不仅影响机器或部件的工作性能，而且影响它们的使用寿命。对于机床，装配精度将直接影响机床的加工精度。装配精度是制订装配工艺规程的主要依据，也是确定零件加工精度的重要依据。因此，正确处理好机器或部件的装配精度问题，是产品设计的一个重要环节。

机器的装配精度是按照机器的使用性能要求而提出的，可以根据国际标准、国家标准、部颁标准、行业标准或其他有关资料予以确定。装配精度一般包括以下几种。

1）尺寸精度。尺寸精度是指相关零、部件的距离精度和配合精度。例如，装配体中有关零件间的间隙；齿轮啮合中非工作齿面间的侧隙；相配合零件间的过盈量等。

2）相互位置精度。相互位置精度是指相关零部件间的平行度、垂直度、同轴度及各种跳动等。例如，卧式铣床刀杆轴线和工作台面的平行度，车床主轴前后轴承孔的同轴度等。

3）相对运动精度。相对运动精度是指有相对运动的零部件间在运动方向和运动位置上的精度。例如，车床溜板移动相对主轴轴线的平行度；滚齿机滚刀垂直进给运动和工作台旋转轴线的平行度等。

4）接触精度。接触精度是指相互接触、相互配合的表面接触面积大小及接触点的分布情况。例如，齿轮侧面接触精度要控制沿齿高和齿长两个方向上接触面积大小及接触斑点数。接触精度影响接触刚度和配合质量的稳定性，它取决于接触表面本身的加工精度和有关表面的相互位置精度。

不难看出，各装配精度之间存在密切关系，相互位置精度是相对运动精度的基础，尺寸精度和接触精度对相互位置精度和相对运动精度的实现又有较大影响。

（2）零件精度与装配精度的关系　各种机器或部件都是由许多零件有条件地装配在一起的。各个相关零件的误差累积起来，就反映到装配精度上。因此，机器的装配精度受零件特别是关键零件的加工精度的影响很大。一般来说，零件的精度越高，装配精度则越容易得到保证。但是，零件的加工精度受工艺条件、经济性的限制，特别是当装配精度要求较高时，不能简单按装配精度要求来加工。在适当控制零件加工精度的前提下，常常通过装配过程中的选配、调整或修配等手段来达到较高的装配精度要求。当然，装配过程中能否进行有关零件的选配、调整或修配工作，还要看装配体结构设计是否合理。

为了合理地确定零件的加工精度，必须对零件精度和装配精度的关系进行综合分析。而进行综合分析的有效手段就是建立和分析产品的装配尺寸链。

6.6.2　装配尺寸链

研究装配的目的是在满足机器使用要求前提下，尽可能采用经济加工精度进行零部件制造；或在不给机械加工带来很大困难的条件下，寻求最有效、经济而又方便的装配方法，以达到整个产品制造效率高、费用低、质量好的目的。采用合理的装配方法，实现用较低的零件加工精度达到较高的产品装配精度，这是装配工艺的核心问题。

为此，在机器设计阶段就需要对机器结构进行尺寸分析，研究有关零件的尺寸公差对机器装配精度的影响，根据生产类型和具体情况确定装配方法，然后才能合理地标注零件制造公差及技术条件。尺寸链原理是进行尺寸分析和计算的有效工具。

1. 装配尺寸链的概念

装配尺寸链是以某项装配精度指标（或装配要求）作为封闭环，查找所有与该项精度指标（或装配要求）有关零件的尺寸（或位置要求）作为组成环而形成的尺寸链。它是查找影响装配精度环节、选择合理的装配方法和确定相关零件加工精度的有效工具。

2. 装配尺寸链的建立

建立装配尺寸链时，应将装配精度（或装配要求）确定为封闭环，然后分析产品装配图的装配关系，查明其相应装配尺寸链的组成。具体方法为：取封闭环零件的两端为起始点，沿着装配精度要求的方向，以装配基准面为联系线索，分别查找出装配关系中影响装配精度要求的那些相关零件，直至找到同一个基准零件或同一个基准表面为止。这样，所有相关零件上直接连接两个装配基准面间的位置尺寸或位置关系,便是装配尺寸链的全部组成环。

3. 查找装配尺寸链的原则

(1) 简化性原则　机械产品的结构通常都比较复杂,对装配精度有影响的因素很多。查找尺寸链时,在保证装配精度的条件下,应尽量简化组成环的构成,只保留对装配精度有直接影响、影响较大的组成环,忽略对装配精度影响较小的组成环。但需要指明的是,在精密装配中应慎重考虑所有对装配精度有影响的因素,而不能随意进行简化。

(2) 最短路线原则　在产品结构设计时,在满足产品工作性能的条件下,应尽量简化产品结构,使影响产品装配精度的零件数尽量减少,使得各组成环分配的公差尽量大一些,以便于零件的经济加工。因此,在查找装配尺寸链时,每个相关的零部件应只有一个尺寸作为组成环列入装配尺寸链,即将连接两个装配基准面间的位置尺寸直接标注在零件图上。这样组成环的数目就等于相关零部件的数目,即"一件一环"。最短路线原则也可以称为"环数最少"原则或"一件一环"原则。但也应注意,"一件"一定要"一环",绝不可随意减少任意"一环"。

(3) 方向性原则　同一装配结构中,在不同位置方向都有装配精度要求时,应按不同方向分别建立装配尺寸链,不同方向上的无关尺寸不可随意混淆。例如,蜗杆副传动结构为保证正常啮合,要同时保证蜗杆副两轴线间的距离精度、垂直精度、蜗杆轴线与蜗轮中间平面的重合精度,这是三个不同位置方向的装配精度,因而需要在三个不同方向上分别建立尺寸链。

4. 装配尺寸链的计算方法

装配尺寸链的计算方法与装配方法密切相关。对于同一项装配精度,采用不同装配方法时,其装配尺寸链的计算方法也不相同。

装配尺寸链的计算方法同工艺尺寸链一样,有极值法和概率法两种。

极值法是根据装配精度的要求,在极大、极小的极端情况下,推导出封闭环与组成环之间的相互关系的方法。极值法的优点是简单可靠,但在已知封闭环的情况下,计算得到的组成环公差过于严格。特别是当封闭环精度要求高、组成环数目较多时,组成环公差可能无法采用机械加工来保证。

同极值法相反,概率法面向一批零件中加工尺寸处于公差带范围的中间部分的零件。实际上,对于一批零件而言,这些零件占大多数,处于极限尺寸的只是极少数。而且一批零件装配,尤其是多环尺寸链装配时,同一部件的各组成环恰好都处于极限尺寸的情况就更少见。因此,在成批或大量生产中,当装配精度要求高且组成环数目又较多时,可采用概率法计算尺寸链,以扩大零件的制造公差,降低制造成本。

考虑到各组成环同时以极值出现的概率很小,利用概率论原理来进行尺寸链计算,将比极值法更合理。

6.6.3　保证装配精度的方法

在长期生产实践中,为保证装配精度,人们创造了行之有效的装配工艺方法,可归纳为互换法、选配法、修配法和调整法四大类。

1. 互换法

用控制零件的加工误差来保证装配精度的方法称为互换法。按互换程度不同，分为完全互换法与部分互换法两种。

（1）完全互换法　在装配过程中，各组成环无须挑选或改变其大小或位置，装配后即能达到装配精度的要求，这种装配方法称为完全互换法。

这种装配方法的特点是：装配质量稳定可靠，对装配工人的技术等级要求较低，装配工作简单、经济、生产率高，便于组织流水装配和自动化装配，并可保证零部件的互换性，便于组织专业化生产和协作生产。因此，只要各组成环的加工在技术上可行，且经济上合理时，应该尽量优先采用完全互换法装配。但是，当装配精度要求较高和组成环数目较多时，零件的加工精度要求会提高，使加工困难、生产成本提高。因此，完全互换法主要用于精度高、环数少的尺寸链或精度低、环数多的尺寸链的大批量装配生产中。例如，大批量生产的汽车、拖拉机和自行车等产品装配时，大多采用完全互换法。

采用完全互换法装配时，装配尺寸链采用极值法计算。对于直线尺寸链，各组成环公差之和应小于或等于封闭环公差（即装配精度要求），即

$$T_0 \geq \sum_{i=1}^{m} T_i \tag{6-14}$$

（2）部分互换法　部分互换法又称不完全互换法或概率互换装配法，它是以概率论为基础的。在零件的生产数量足够大时，零件的实际尺寸绝大多数处于公差带的中心，靠近极限值的是极少数零件。另外，在装配中，组成环中所有零件同时为极大、极小的"最坏组合"情况出现可能性小。所以，采用以严格控制零件加工精度为代价的完全互换法显然不太合理、不太经济。

采用不完全互换法时，绝大多数的产品在装配时，不需挑选或改变其大小、位置，装配后就能达到装配精度要求，但少数产品有出现废品的可能性。这种装配方法的特点是：零件所规定的公差比完全互换法所规定的公差大，有利于降低零件加工成本，而装配过程又与完全互换法一样简单、方便；但在装配时，应采取适当工艺措施，以便排除个别产品因超过公差成为废品的可能性。

不完全互换法适用于大批量生产时，产品组成环数较多（$m \geq 5$）、装配精度要求较高的场合。此时，对于直线尺寸链，若组成环和封闭环均符合正态分布，则装配精度 T_{0s} 和组成环公差应满足

$$T_{0s} \geq \sqrt{\sum_{i=1}^{m} T_i^2} \tag{6-15}$$

2. 选配法

在成批和大量生产条件下，对于装配精度要求很高而组成环环数较少的情况，若采用互换法会导致相关零件的公差过严，甚至可能无法加工。这时，可考虑采用选配法。该方法是将各组成环的公差放大到经济可行的程度，然后选择合适的零件进行装配，从而保证规定的装配精度要求。按其选配方式不同，分为直接选配法、分组选配法和复合选配法。

（1）直接选配法　直接选配法是指零件按经济精度制造，工人凭经验直接从待装零件中选择合适的零件进行装配。这种方法简单，装配质量与装配工时在很大程度上取决于工人的技术水平，不够稳定，一般用于装配精度要求相对不高、装配节奏要求不严的小批量生产

的装配中，如内燃机生产中活塞与活塞环的装配。

（2）分组选配法　分组选配法是指事先将按经济精度制造的零件进行分组，再在对应组里用互换法进行装配，从而达到装配精度要求。由于同一组内工件可以互换，故也可称为分组互换法。分组选配法通常采用极值法计算。

图 6-24a 所示为活塞销与活塞的装配关系，其中销径 $d=\phi28_{-0.0025}^{0}$ mm，孔径 $D=\phi28_{-0.0075}^{-0.0050}$ mm。装配技术要求规定，活塞销与活塞销孔在冷态装配时应有 2.5~7.5μm 的过盈量，封闭环的公差为 5μm。若采用完全互换法装配，则销与销孔的平均极值公差为 2.5μm（公称尺寸为 $\phi28$mm，其公差等级为 IT2），显然制造这样精度的销与销孔既困难又不经济。因此，在实际生产中，采用分组选配法，可将销与销孔的公差在同方向都放大四倍（采取上极限偏差不动，变动下极限偏差；反之亦可），由 2.5μm 放大到 10μm，即销径和孔径分别转变为 $d=\phi28_{-0.01}^{0}$ mm，$D=\phi28_{-0.015}^{-0.005}$ mm。这样，活塞销可用无心磨床加工，活塞销孔可用金刚镗床加工。然后，用精密量具测量其尺寸，并按尺寸大小分成四组，涂上不同颜色加以区别，或装入不同的容器内，并按对应组进行装配，即大的活塞销配大的活塞销孔，小的活塞销配小的活塞销孔，装配后仍能保证过盈量的要求。具体分组情况如图 6-24b 所示。显然，分组装配后各组的配合性质不变。

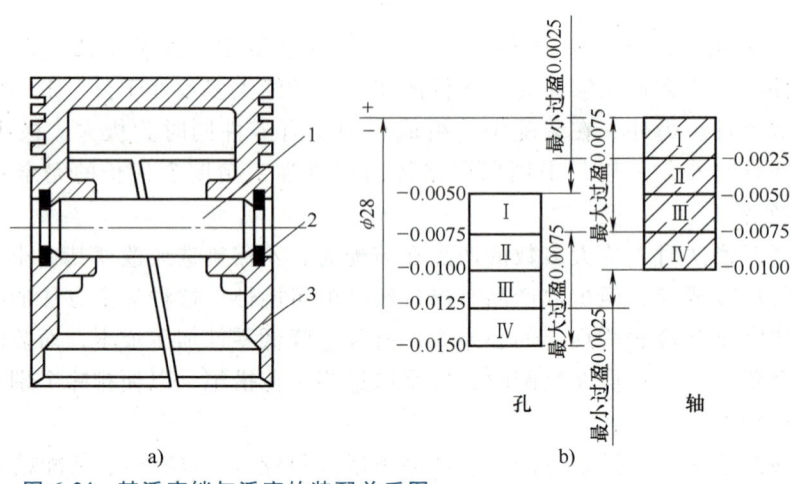

图 6-24　某活塞销与活塞的装配关系图
1—活塞销　2—挡圈　3—活塞

采用分组选配法应当注意以下几点：

1）为了保证分组后各组的配合精度符合原设计要求，配合公差应当相等，配合件公差增大的方向应当相同，增大的倍数要等于以后分组数。

2）分组数不宜过多，以免零件的储存、运输及装配工作复杂化。

3）分组后零件表面粗糙度值不能增大且形位公差不能扩大，仍按原设计要求制造。

4）分组后应尽量使组内相配零件数相等，若不相等，可专门加工一些零件与其相配。

（3）复合选配法　复合选配法是分组选配法和直接选配法的复合形式，即零件预先测量分组，装配时再在各对应组中凭工人经验直接选配来达到装配精度要求。这种装配方法的特点是配合公差可以不等，其装配质量高，速度较快，能满足一定生产节拍的要求。在发动机的气缸与活塞的装配中，多选用这种方法。

3. 修配法

在单件小批生产中，装配精度要求较高而组成环数较多时，可将各组成环先按经济精度加工，装配时通过修配某一组成环（该环称为修配环），改变其尺寸，使封闭环达到规定的装配精度要求，这种方法称为修配法。

采用修配法装配时，关键问题是如何选择修配环及确定修配环的尺寸。修配环应便于装拆、便于修配，结构简单，修配面积小，且修配环不应为公共环，该环尺寸的改变应只影响本装配精度而与其他装配精度无关。

确定修配环尺寸时，应考虑使其修配量足够且最小，因为修配工作一般都是通过后续加工（如铰、刮、研等），修去修配环零件表面上多余的材料从而满足装配精度要求。修配量不够，则不能满足要求；修配量过大，又会使劳动量增大，工时难以确定，降低生产率。

实际生产中，利用修配法原理来达到装配精度的具体方法主要有以下几种。

（1）单件修配法　选择某一固定的零件作为修配环，如为满足车床主轴顶尖与尾座中心线等高度要求，将尾座底板作为修配环，装配时对其进行刮、研以保证装配精度。

（2）合并加工修配法　将两个或两个以上的零件合并在一起当作一个修配环进行修配，这样能够减少尺寸链环数，从而减少修配量。例如，在一般生产条件下，为满足车床主轴顶尖与尾座中心线等高性能要求，先将尾座和尾座底板的接触面加工好，再将这两者作为一个整体进行装配，可使最大修配量得到显著的减少。

（3）自身加工修配法　在机床制造业中，常利用机床本身的切削加工能力来直接保证相对位置装配精度，如龙门刨床的"自刨自"，平面磨床的"自磨自"，立式车床的"自车自"等。

由上可知，修配法装配对零件的加工要求不高，但增加了修配工作量，生产率较低，同时要求工人有较高的技术水平，故一般适用于单件小批生产、组成环环数较多而装配精度要求高的场合。

4. 调整法

用一个可调整零件，装配时或者调整它在机器中的位置，或者增加一个定尺寸零件如垫片、套筒等，以达到装配精度的方法，称为调整法。用来起调整作用的这种零件，起到补偿装配累积误差的作用，称为补偿件。

调整法应用很广。在实际生产中，常用的具体调整法有以下三种。

（1）可动调整法　采用螺钉、楔块等调整件改变零件的位置来完成调节环的补偿，从而达到装配精度要求。调节环零件的位置可以通过移动、旋转或移动及旋转同时进行而改变。采用可动调整法可获得很高的装配精度，并且可以在机器使用过程中随时补偿由于磨损、热变形等原因引起的误差，调节过程无须拆卸或加工零件，比修配法操作简便，易于实现，在成批生产中应用广泛。可动调整法的缺点是会削弱机构的刚性，因而对刚性要求较高的机构，不宜采用可动调整法。

（2）固定调整法　在装配尺寸链中，选择一个零件为调整件，装配时，根据各组成环实际形成的累积误差大小来挑选不同尺寸的调整件，以保证装配精度，这种方法称为固定调整法。固定调整法适用于批量较大的生产中。调整件常选垫片、垫圈、轴套等。例如，车床主轴齿轮组件的间隙大小可采用垫圈为调整件来调整。这种方法在汽车、拖拉机和自行车等生产中应用很广，且不影响接触刚度。

（3）误差抵消调整法　误差抵消调整法是指在装配时，通过调整有关零件的相互位置，抵消一部分加工误差，以提高装配精度。这种方法在机床装配工作中应用较多。例如，在组装机床主轴时，通过调整前后轴承的径向圆跳动方向来控制主轴的回转误差。误差抵消调整法需要预先测出有关零件的误差大小和方向，调整也比较麻烦，多用于批量不大，且装配精度要求很高、组成环多的场合。

本节讲述了四种保证装配精度的装配方法。在选择装配方法时，首先要了解各种装配方法的特点及应用范围。通常情况下，应优先选用完全互换法；在生产批量较大、组成环又较多时，应考虑采用不完全互换法。在封闭环的精度较高，组成环的环数较少时，可以采用选配法。只有在应用上述方法使零件加工很困难或不经济时，特别是在中小批生产时，尤其是单件生产时才宜采用修配法或调整法。

6.6.4　装配工艺规程的设计

装配工艺规程是指导装配生产的主要技术文件，也是设计装配流水线或自动线、装配生产计划和装配准备工作的主要依据。装配工艺规程对保证装配质量、提高装配生产率、减轻装配工人的劳动强度、缩小装配占地面积、降低生产成本等都有重要的作用。

1. 基本原则

制订装配工艺规程时，应把握以下基本原则：

1）保证产品的装配质量，力求提高质量以延长产品的使用寿命。

2）合理安排装配顺序和工序，尽量减少钳工装配工作量，缩短装配周期，提高装配效率。

3）尽可能减少装配占地面积，提高单位面积的生产率，并力求降低装配成本。

2. 原始资料

制订装配工艺规程所需的原始资料主要有：

1）产品的总装配图和部件装配图。这些图应能清楚地表示出所有零件相互连接的结构、装配时应保证的尺寸和技术要求、配合件的配合性质和精度、零件的编号和明细表等。必要时还应有重要零件的零件图。

2）验收技术标准。该标准是产品总装后验收产品的重要技术文件，它规定了产品性能的检验、试验工作的内容和方法等。

3）产品的生产纲领。

4）现有生产条件，包括本厂现有装配工艺设备和装备、工人技术水平、车间作业面积等情况。

3. 主要内容

装配工艺规程的内容一般包括以下几方面：

1）各零、部件的装配顺序、装配方法。

2）装配的技术要求和检验方法。

3）装配所需的夹具、工具和设备。

4）装配的生产组织形式和运输方法、运输工具。

5）装配工时定额。

4. 制订步骤

根据基本原则和原始资料，可以按下列步骤制订装配工艺规程。

（1）研究产品的装配图和验收技术条件　审查图纸的完整性和正确性，对其中的问题、缺点或错误提出解决的建议，与设计人员协商后予以修改；对产品的装配结构工艺性进行分析，明确各零部件之间的装配关系；审核产品装配的技术要求和检查验收的方法，确切掌握装配中的关键技术问题，并制订相应的技术措施；研究设计人员所确定的保证产品装配精度的方法，进行必要的装配尺寸链的初步分析和计算。

（2）确定装配的组织形式　根据产品的生产纲领和产品的结构特点，并结合现场的生产设备和条件，确定装配的生产类型和组织形式。

（3）划分装配单元、确定装配顺序　将产品划分为不同的装配单元是制订装配工艺规程中最重要的一个步骤，一个产品的装配单元可以划分为零件、套件（合件）、组件、部件和产品五个级别。在确定除零件外其他几个级别的装配单元的装配顺序时，首先需要选择某一个零件（或套件、部件）作为装配基准件，其余零件、套件、组件或部件按一定顺序装配到基准件上，成为下一级的装配单元。装配基准件一般选择产品的基体或主干零部件，因为它有较大的体积和重量以及足够的支承面，有利于装配和检验的进行。

确定了装配基准件后，就可以安排装配顺序。安排装配顺序的一般原则是先下后上、先内后外、先难后易、先精密后一般、先重大后轻小。最后将装配顺序用装配系统图的形式表示出来。

装配顺序确定后就可将装配工艺过程划分为若干个工序，确定每个工序的工序内容、使用的设备和工具以及工时定额等，并规定每个工序的技术要求和检验指标。对于流水装配线，应尽量使每个工序所需时间大致相同。

（4）编写工艺文件　装配工艺规程设计完成后，以文件的形式将其内容固定下来就是工艺文件，也称为工艺规程。其主要包括的内容有装配图（产品设计的装配总图）、装配工艺系统图、装配工艺过程卡片（或装配工序卡片），以及装配工艺设计说明书等。

装配工艺规程中的装配工艺过程卡片和装配工序卡片的编写方法与机械加工的工艺过程卡和工序卡基本相同。在单件小批生产中，一般只编写工艺过程卡，对关键工序才编写工序卡。在生产批量较大时，除编写工艺过程卡外还需编写详细的工序卡及工艺守则。

6.6.5　机器的智能装配工艺

目前，装配作业在产品制造过程中所占的比例正在日益增大。据统计，在现代工业化生产过程中，装配作业占产品制造过程的40%以上，占产品生产成本的70%以上。而多数装配作业仍以人工装配为主，自动化程度远落后于其他作业，成为产品生产过程中的瓶颈。

为适应市场对产品多样化的要求，柔性自动装配系统在20世纪90年代得到了迅速发展。同时，人工智能、神经网络在制造工业中得到了应用，出现了智能装配专家系统和智能装配机器人等，使得装配作业正向着柔性化、自动化、智能化方向发展。

智能装配就是能自行模拟人自动地实施各种功能的机械装配。其突出特点是在装配过程中具有高度的自适应性，并具有自学习、推理、决策、规划等功能，能够按照装配要求实现最佳装配。

在智能装配系统中，主要有如下三个重要组成部分。

（1）知识库 知识库用于存储装配领域专家的技艺知识和与装配有关的信息，主要有零件特征信息库、装配技艺知识库、装配规则库等。零件特征信息库主要用于存储和输入零件特征信息；装配技艺知识库用于存储专家装配知识和装配经验；装配规则库用于存储有效的装配规则、约束条件和策略。

（2）推理、决策机 根据知识库中的装配知识和规则推导最终装配顺序和装配策略，其中包含了推理方式和控制策略。推理方式有确定性推理和非确定性推理两种。在智能装配系统中，需要处理好装配工艺过程的非确定性知识，因此一般采用非确定推理方式。控制策略主要有正向推理、反向推理和正反向混合推理三种。正向推理即从已知数据信息出发，正向使用装配约束关系和装配规则求解，推理和导出满足产品性能要求的装配顺序规划。反向推理即从最终产品要求出发，按拆卸原则和方法，从拆卸角度去探索和推理拆卸顺序，然后再通过回溯推理得到装配顺序规划，一般装配工艺的规划和决策采用这种推理方法。正反向混合推理是交替使用正向推理和反向推理方法，其优点是能结合两种推理方法的优点，缩短推理过程。

（3）智能装配机器人 智能装配机器人应具有视觉、触觉、听觉、嗅觉等多种感觉系统，通过各种感觉系统感知装配对象和装配环境，然后决策出最佳装配顺序规划，去实施装配操作，使所需的被装配零部件按正确的顺序装在正确的位置上。智能装配机器人系统应具有感觉反馈、信息处理和决策规划能力，能实时检测，能进行故障自动诊断。

习题与思考题

6-1 什么是工艺规程、机械加工工艺规程？什么是生产纲领？

6-2 什么是工序、工步、走刀？

6-3 什么是零件结构工艺性？什么是零件的经济加工精度？

6-4 如何选择粗基准和精基准？

6-5 选择加工方法时，应考虑哪些问题？

6-6 为什么要划分加工阶段？如何划分加工阶段？是否必须划分加工阶段？

6-7 切削加工工序顺序应如何安排？

6-8 如何确定工序尺寸？

6-9 如图 6-25 所示的零件，在车床上已加工好外圆、内圆及各面，现在需铣出右端槽，并保证尺寸为（26±0.2）mm，求试切调刀时的度量尺寸。

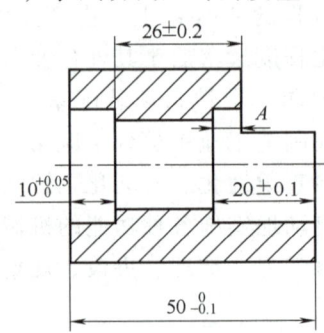

图 6-25 习题 6-9 图

6-10 数控加工确定加工路线时应注意哪些问题？

6-11 简述 CAPP 系统的基本构成。

6-12 研究装配的目的是什么？简述查找装配尺寸链的基本原则。

6-13 装配精度一般包括哪些内容？装配精度与零件的加工精度有什么区别？它们之间又有什么关系？

6-14 保证装配精度的方法有哪几种？各适用于什么装配场合？

6-15 现有一轴孔配合，配合间隙要求为 $0.04 \sim 0.26$mm，已知轴的尺寸为 $\phi 50_{-0.10}^{0}$mm，孔的尺寸为 $\phi 50_{0}^{+0.20}$mm。若用完全互换法进行装配，能否保证装配精度要求？若用部分互换法装配能否保证装配精度要求？

第7章

几类典型的先进制造技术

先进制造技术是20世纪80年代末国际上提出的新概念。先进制造技术是在计算机技术和管理技术飞速发展的拉动下诞生和发展的,它促使制造业在产品结构、生产模式和生产过程发生了巨大的变化,先进制造技术对推动国民经济的发展有着重要的作用。先进制造技术可归纳为以下四大类:现代设计技术、先进制造工艺、加工自动化技术和现代系统管理技术。本章将简要介绍特种加工技术、极端制造技术和智能制造技术等几类先进制造工艺技术。

7.1 特种加工技术

7.1.1 特种加工技术的产生与特点

从20世纪30年代末开始,许多工业部门尤其是国防工业部门对产品的需求逐渐向高精度、高速度、高温、高压、大功率、小型化等方向发展。为了适应这些需求,各种新结构、新材料和复杂形状的精密与超精密零件大量出现,其形状越来越复杂,材料的强度越来越高,韧性越来越好,零件精度、表面粗糙度、完整性等要求也越来越高,这对机械制造部门提出了以下新的要求。

1) 解决难切削材料的加工问题。如硬质合金、钛合金、耐热钢、不锈钢、淬火钢、金刚石、宝石、石英,以及锗、硅等各种高硬度、高强度、高韧性、高脆性的金属及非金属材料的加工。

2) 解决特殊复杂表面的加工问题。如喷气涡轮机叶片、整体涡轮、发动机机匣,以及锻压模和注塑模的立体成形表面,各种冲模、冷拔模上特殊界面的型孔,炮管内膛线,喷油嘴、栅网、喷丝头上的异形小孔、窄缝等的加工。

3) 解决超精密、光整零件的加工问题。如对表面质量和精度要求很高的航空航天陀螺仪、精密光学透镜、激光核聚变用的曲面镜、高灵敏度的红外传感器等零件的精细表面加工,形状和尺寸精度要求在 $0.1\mu m$ 以上,表面粗糙度 Ra 值要求在 $0.01\mu m$ 以下。

4) 解决特殊零件的加工问题。如大规模集成电路、光盘基片、复印机和打印机的感光鼓、微纳米级特征尺寸零件、细长轴、薄壁零件、弹性元件等低刚度零件的加工。

要解决上述加工问题,仅依靠传统的切削加工方法很难实现。于是,人们一方面深入研究和揭示机械能在切削加工中新的作用形式及其机理,以大幅度提高加工精度和表面质量;另一方面探索除机械能以外的电能、化学能、声能、光能、磁能等能量形式在加工中的应用,以开发新的加工方法。特种加工技术就是在这种环境和条件下产生和发展起来的。例如，1943年苏联科学家拉扎林柯夫妇在研究开关触点遭受火花放电腐蚀损坏的有害现象和原因时，发现了电火花的瞬时高温可使局部的金属熔化、汽化而被蚀除，从而开创和发明了电火花加工方法，并用铜丝在淬火钢上加工出小孔，实现了用软的工具进行硬金属材料的加工，首次摆脱了传统的切削加工思想，直接利用电能和热能来去除材料，获得"以柔克刚"的效果。由于不必使用常规刀具对工件材料进行切削加工，为了区别于金属切削加工，人们将这类加工统称为特种加工，国外称为非传统加工（Non-traditional Machining，NTM）或者非常规机械加工（Non-conventional Machining，NCM）。

与切削加工不同，特种加工不是依靠比工件材料更硬的刀具、模具和主要借助机械能作用来实现材料去除的，而是有自己内在的本质特点。

1）特种加工不是主要依靠机械能，而是主要用其他形式的能量（如电能、化学能、光能、声能、热能等）来去除材料。

2）特种加工工具的硬度可以比被加工材料的低，可以实现"以柔克刚"，如水射流加工。此外，用激光、电子束等加工时甚至没有成形的工具。

3）特种加工过程中工具和工件之间大都无明显的切削力作用，如进行电火花加工或者电解加工时工具与工件不接触。

总体而言，特种加工可以加工任何硬度、强度、韧性、脆性的金属或非金属材料，并且擅长于加工复杂、微细和低刚度等特殊几何特征或性能特征的结构与零件。此外，不少特种加工方法还是超精密加工、镜面光整加工和纳米级（原子级）加工的重要手段。

特种加工技术不仅可以采取单独的加工方法，还可以采用复合加工方法。近年来，复合加工方法发展迅速，应用十分广泛。目前，许多精密与超精密加工方法采用了激光加工、电子束加工、离子束加工等特种加工工艺，开辟了精密与超精密加工的新途径。一些高硬度、高脆性的难加工材料和刚度差、加工中易变形的零件等在精密加工和超精密加工时，特种加工已经成为必要的手段，甚至是唯一的手段，形成了精密特种加工技术。

精密与特种加工技术的发展，尤其是电加工、光学刻蚀加工等技术的长足发展，促进了硅加工技术的出现，从而使加工技术也进入了一个新纪元，逐渐形成了以"高速、高效、精密、微细、自动化、绿色化"为特征的现代加工技术体系。

7.1.2 热作用特种加工技术

热作用特种加工技术是利用各种非传统手段产生的热量，短时间聚集的热量使得加工区域的温度达到了被加工材料的熔点，利用热量熔化加工区域，从而实现去除多余材料的一系列技术，主要包含电火花加工、激光加工以及电子束加工等，因而该类技术主要利用热生成原理。

1. 电火花加工

电火花加工（Electrical Discharge Machining，EDM）是利用放电过程中产生的热能进行加工的一种特种加工方法，当前发展迅速、应用广泛，是一种常见的电、热能加工方法。因为在放电过程中会产生电火花，所以又称为电火花加工或者放电加工。

（1）电火花加工的原理 图7-1所示为电火花加工原理示意图。工件电极和工具电极均浸泡在工作介质当中，工具电极在自动进给调节装置的驱动下，与工件电极间保持一定的放电间隙。电极的表面（微观）是凹凸不平的，当脉冲电压加到两极上时，某一相对间隙最小处或绝缘强度最低处的工作液将最先被电离为负电子和正离子而被击穿，形成放电通道，电流随即剧增，在该局部产生火花放电，瞬时高温（高达10000℃）将工件和工具表面局部蚀除掉一小部分金属。单个脉冲经过上述过程，完成了一次脉冲放电，而在工件表面留下一个带有凸边的小凹坑。这样以很高的频率连续不断地重复放电，工具电极不断地向工件进给，就将工具的形状复制在工件上，加工出所需要的零件。

（2）电火花加工的特点 电火花加工的性能主要取决于材料的导电性和热学特性（如熔点、沸点、比热容等），与材料的力学性能基本无关。加工过程中产生的力远远小于传统加工的切削力，所以对机床的刚度以及驱动功率要求远低于传统机床。

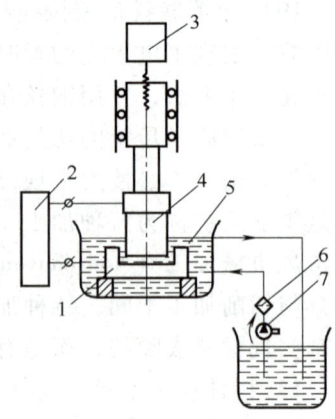

图 7-1 电火花加工原理示意图
1—工件 2—脉冲电源 3—自动进给调节装置 4—工具 5—工作液 6—过滤器 7—工作液泵

电火花加工主要有以下特点：

1）适用的材料范围广。可以加工任何硬、软、韧、脆、高熔点的导电材料，在一定条件下，还可以加工半导体材料和非导电材料。

2）适宜加工特殊及复杂形状的零件。由于加工中工具电极和工件不直接接触，几乎没有机械加工的切削力，因此适宜加工低刚度工件及微细加工。此外，因为可以简单地将工具电极的形状复制到工件上，所以电火花加工特别适用于复杂几何形状工件的加工，如复杂型腔模具加工等。最小内凹圆角半径可达到电火花加工能得到的最小放电间隙（通常为 0.02~0.3 mm）。

3）脉冲参数可以在一个较大的范围内调节，可以在同一台机床上连续进行粗、半精及精加工。精加工时精度一般为 0.01 mm，表面粗糙度 Ra 值为 0.63~1.25μm，微细加工时精度可达 0.002~0.004mm，表面粗糙度 Ra 值为 0.04~0.16μm。

4）直接利用电能进行加工，便于实现自动化。

5）存在工具电极损耗现象，影响加工精度，加工表面往往存在变质层。

（3）电火花加工的应用 目前实际应用的电火花加工主要有两种类型，即电火花成形加工和电火花线切割加工。

1）电火花成形加工主要指孔加工和型腔加工。电火花打孔常用于加工冷冲模、拉丝模、喷嘴、喷丝孔等。型腔加工包括锻模、压铸模、挤压模、塑料模等型腔加工，以及叶轮、叶片等曲面加工。

2）电火花线切割加工不需要制作成形电极，能方便地加工形状复杂、大厚度的工件，工件材料的预加工量少，因此，在航空航天、汽车生产、模具制造、机械加工等行业中广泛应用，可用来加工各种硬质合金和淬硬钢的冲模、样板、各种形状复杂的板类零件、窄缝、栅网等。电火花线切割加工按走丝速度可分为快走丝和慢走丝两种类型。快走丝的速度一般为 8~10m/s，电极丝可往复移动，并可以循环反复使用（使用一段时间后需进行更换）。慢走丝的加工精度高，加工效率相对较低。慢走丝的速度通常小于 0.2m/s，为单向运动，电极丝为一次性使用。

2. 激光加工

世界上第一台红宝石激光器由美国科学家梅曼于 1960 年成功发明，随后各种激光器不断涌现，我国科学家王之江等人也于 1961 年在长春光机所成功研制了我国第一台激光器。20 世纪 80 年代以来，激光加工技术在工业上获得了广泛的应用，成为工业上不可缺少的一种方法。

（1）激光加工的原理　激光是一种经受激辐射产生的加强光，它具有高亮度、高方向性、高单色性和高相干性四大综合性能。通过光学系统聚焦后可得到柱状或带状光束，而且光束的粗细可根据加工需要调整，当激光照射在工件的加工部位时，工件材料迅速被熔化甚至汽化。随着激光能量不断被吸收，材料凹坑内的金属蒸气迅速膨胀，压力突然增大，熔融物爆炸式地高速喷射出来，在工件内部形成方向性很强的冲击波。因此，激光加工是工件在光热效应下产生高温熔融和受冲击波抛出的综合作用过程。

激光加工器一般分为固体激光器和二氧化碳气体激光器，图 7-2 所示为固体激光器工作原理图。当激光工作物质钇铝石榴石受到光泵（激励脉冲氖灯）的激发后，吸收具有特定波长的光，在一定条件下可导致工作物质中的亚稳态粒子数大于低能级粒子数，这种现象称为粒子数反转。此时，一旦有少量激发粒子产生受激辐射跃迁，就会造成光放大，再通过谐振腔内的全反射镜和部分反射镜的反馈作用产生振荡，最后由谐振腔的一端输出激光。激光通过透镜聚焦形成高能光束照射在工件表面上，即可进行加工。固体激光器中常用的工作物质除钇铝石榴石外，还有红宝石和钕玻璃等材料。

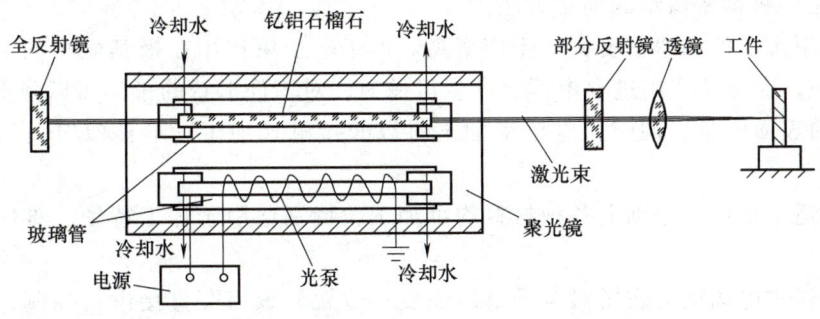

图 7-2　固体激光器工作原理图

（2）激光加工的特点

1）激光加工属高能束流加工，功率密度可高达 $10^8 \sim 10^{10} \mathrm{W/cm}^2$，几乎可以加工任何金属材料和非金属材料。

2）激光加工中无明显机械力，不存在工具损耗，加工速度快，热影响区小，易实现加工过程自动化。

3）激光可通过玻璃等透明材料进行加工，如对真空管内部的器件进行焊接等。

4）激光可以通过聚焦形成微米级的光斑，输出功率的大小又可以调节，因此可进行精密微细加工。

5）可以达到 0.01mm 的平均加工精度和 0.001mm 的最高加工精度，表面粗糙度 Ra 值可达 $0.1 \sim 0.4 \mu m$。

3. 电子束加工

（1）电子束加工的原理　如图 7-3 所示，在真空条件下，利用电流加热阴极发射电子束，经控制栅极初步聚焦后，由加速阳极加速度，并通过电磁透镜聚焦装置进一步聚焦，使能量密度集中到直径为 5~10μm 的斑点内。高速且能量密集的电子束冲击到工件上，使被冲击部分的材料温度在瞬间（几分之一微秒内）升高到几千摄氏度以上，这时热量还来不及向周围扩散就可以把局部区域的材料瞬时熔化、气化直至蒸发而去除。

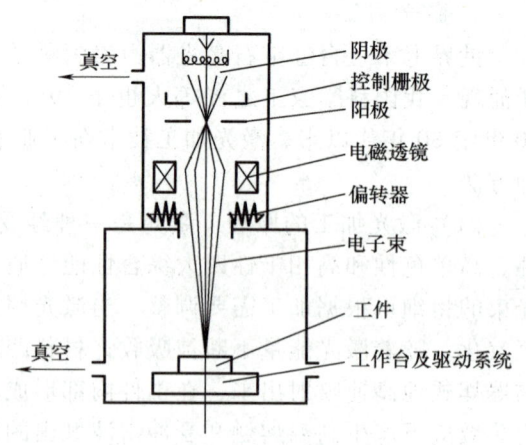

图 7-3 电子束加工原理示意图

（2）电子束加工的应用范围　电子束可在各种材料上打孔、开槽和切割，孔径和槽宽可小至数微米，长径比可达 10∶1。电子束还常用于焊接，焊接速度快，焊缝深而宽，热变形小。电子束焊接一般不用焊条，焊缝的化学成分比较纯净，接头的强度高于母材。电子束不仅可以焊接一般金属，还可以焊接高熔点及活泼金属，对异种材料、半导体及陶瓷绝缘材料均可焊接。

（3）电子束加工的优点与局限性　和其他热作用特种加工方式相比，电子束加工有以下优点：

1）电子束加工可以将高能电子束聚焦在极其细微的范围内，电子束最小直径可达到 0.1μm 级，是一种精密微细的加工方法。

2）电子束加工的功率密度大，生产率高。由于电子束作用在极其微小的面积上，故热影响区非常小，在加工作用过程中不会产生机械力，对工件形状的影响可以降低到最低，可以得到很好的表面质量。同时，电子束加工时以非接触式加工，不会像刀具切削那样损耗工具。

3）材料适应性广，原则上各种材料均可加工，特别适用于加工特硬、难熔金属和非金属材料。

4）可以通过电场或者磁场对电子束的强度、位置、聚焦等直接进行控制，易于实现自动化。

电子束加工的局限性一方面主要表现在整个加工系统在真空中加工，无氧化，特别适合于加工高纯度半导体材料和易氧化的金属及合金。另一方面，电子束加工需要一套价格非常昂贵的专用设备，成本极高，真空环境也给实际操作带来诸多不便。因此，其应用受到一定限制。

7.1.3 机械作用特种加工技术

1. 超声加工

声波是人耳能感受的一种纵波，它的频率在 16~16000Hz 之间。频率低于 16Hz 的声波称为次声波，频率超过 16000Hz 的声波就称为超声波。传统的超声加工是指磨料冲击超声加工，利用工具端面作超声频振荡，再将这种超声频振荡通过磨料悬浮液来加工脆硬材料的一种成形方法。

（1）超声加工的原理　超声加工原理示意图如图 7-4 所示。加工时，工具的超声频振荡将通过磨料悬浮液的作用,剧烈冲击位于工具下方工件的被加工表面,使部分材料被击碎成细小颗粒,由磨料悬浮液带走。加工中的振动还强迫磨料液在加工区工件和工具的间隙中流动,使变钝了的磨粒能及时更新。随着工具沿加工方向以一定速度移动,实现有控制的加工,逐渐将工具形状"复印"在工件上(成形加工时)。在工作中,工具头的振动还使磨料悬浮液产生空腔,空腔不断扩大直至破裂,或不断被压缩至闭合。这一过程时间极短,空腔闭合压力可达几百兆帕,爆炸时可产生水压冲击,引起加工表面破碎,形成粉末。同时磨料悬浮液在超声振动下,形成的冲击波还会使钝化的磨料崩碎,产生新的刃口,从而进一步提高加工效率。由此可见,超声加工是磨粒在超声振动作用下的机械撞击和抛磨作用以及超声空化作用的综合结果,其中磨粒的撞击作用是主要的。

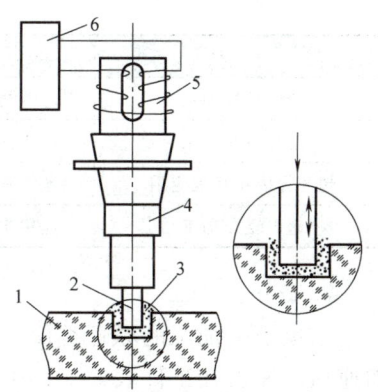

图 7-4 超声加工原理示意图
1—工件 2—工具 3—磨料悬浮液
4—变幅杆 5—换能器 6—超声波发生器

(2) 超声加工的特点

1) 特别适合加工各种硬脆材料,尤其是电火花加工等无法加工的不导电非金属材料,如玻璃、陶瓷、人造宝石、半导体等。

2) 加工精度高,加工表面质量好。尺寸精度可达 0.01~0.02mm,表面粗糙度 Ra 值可达 0.08~0.63μm,加工表面无组织改变、无显著残余应力及烧伤等现象。

3) 工件在加工过程中受力较小,对于加工薄壁、窄缝等低刚度工件非常有利。

4) 加工出的工件形状与工具形状一致,只要将工具做成不同的形状和尺寸,就可以加工出各种复杂形状的型孔、型腔、成形表面,不需要使工具和工件做较复杂的相对运动。因此,超声加工机床结构比较简单,操作维修方便。

5) 与电火花加工、电解加工相比,采用超声加工硬质金属材料的效率较低。

(3) 超声加工技术的发展与应用 近年来,超声加工与其他加工技术相结合,逐渐形成了多种多样的超声加工方法,使超声加工技术得到迅速的发展,并在生产中获得了广泛的应用。图 7-5 所示为超声加工与车削加工相结合形成的超声车削技术。

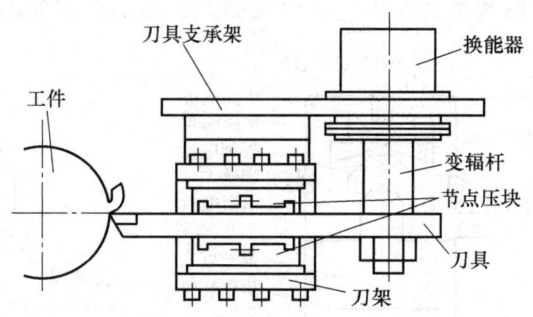

图 7-5 超声车削技术

超声加工技术及应用见表 7-1。随着对超声加工的研究不断深入,超声加工技术的应用范围还将继续扩大。

表 7-1 超声加工技术及应用

超声加工技术		应用
超声材料去除加工	超声切削加工	超声车削、超声钻削、超声镗削、超声插齿、超声剃齿、超声滚齿、超声攻螺纹、超声锯料、超声铣削、超声刨削、超声铰孔
	超声磨削加工	超声修整砂轮、超声清洗砂轮、超声磨削、超声磨齿
	超声磨料冲击加工	超声打孔、超声切割、超声套料、超声雕刻

(续)

超声加工技术	应用
超声光整加工	超声抛光、超声珩磨、超声砂带抛光、超声压光、超声珩齿
超声塑性加工	超声拉丝、超声拉管、超声冲裁、超声轧制、超声弯管、超声挤压、超声铆墩
超声焊接和其他应用	超声焊接、超声电镀、超声清洗、超声去应力
超声复合加工	超声电火花复合加工、超声电解复合加工

2. 离子束加工

与电子束加工的原理类似，离子束加工也是在真空条件下，将离子源产生的离子束经过加速后，撞击在工件表面上，引起材料变形、破坏和分离。图7-6所示为离子束加工原理示意图。惰性气体氩气由入口注入电离室，灼热的灯丝发射电子，电子在阳极的吸引和电磁线圈的偏转作用下，向下做高速螺旋运动。氩在高速电子的撞击下被电离成离子。阳极和阴极各有数百个上下位置对齐、直径为0.3mm的小孔，形成数百条较准直的离子束，均匀分布在直径为50mm的圆面积上，通过调整加速电压，可以得到不同速度的离子束，以实现不同的加工。

离子束轰击工件材料时，其束流密度和能量可以精确控制，因此可以实现纳米级加工，这是当前纳米加工技术的基础。其次，离子束加工在真空中进行，污染小，特别适宜加工易氧化的金属、合金、高纯度的半导体材料。再次，离子束加工的宏观压力小，因此加工应力小，热变形小，加工表面质量非常高。但是，离子束加工的成本高、加工效率低，其应用范围受到一定的限制。

3. 水射流加工

水射流加工是利用超高压水射流及混合于其中的磨料对各种材料进行切割、穿孔和表面材料去除等，其加工原理是综合了由超高速液流冲击产生的穿透断裂和由悬浮于液流中磨料的游离磨削作用。水射流加工原理示意图如图7-7所示。

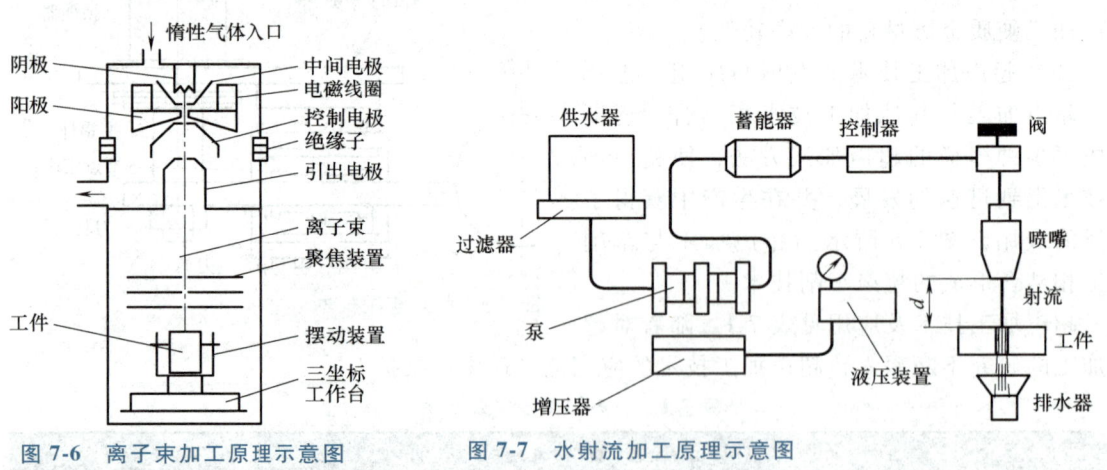

图7-6 离子束加工原理示意图　　图7-7 水射流加工原理示意图

水射流加工的速度取决于工件材料，并与所用功率大小成正比，与材料厚度成反比。水射流加工的特点如下：

1）冷态切割，无残余热应力、变形和材料组织性能的改变。

2) 非接触加工，切削力小，无加工应力与加工余量，精度较高。
3) 无刀具加工，价格范围广，适用于金属和非金属在内的所有材料。
4) 能对传统加工方法无法加工的对象进行加工。
5) 切口平整、无热变形、无边缘毛刺、切割速度快、效率高、无污染等。

7.1.4 化学作用特种加工技术

1. 电解加工

电解加工是利用金属在电解液中产生阳极溶解的原理实现金属零件的成形加工。电解加工原理示意图如图 7-8 所示。以工件为阳极（接直流电源的正极）、工具为阴极（接直流电源的负极），两极之间加 6~24V 的直流电压，电解液以 5~60m/s 的速度从两极之间的缝隙（0.1~1mm）冲过，使两极之间形成导电通路，两极和电解液之间就有电流通过。金属工件表面在电化学反应的作用下，不断地溶解到电解液中，电解产生物则被高速流动的电解液带走。随着工具电极恒速向工件进给，工件材料按工具电极型面的形状不断地溶解，最终使工件与工具电极之间各处的间隙趋于一致，在工件上加工出和工具电极型面相反的形状。

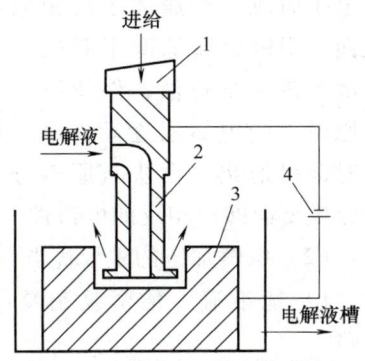

图 7-8 电解加工原理示意图
1—主轴 2—工具 3—工件
4—直流电源

（1）电解加工的主要特点

1) 设备构成简单，能以简单的直线进给运动一次加工出复杂的型面和型腔，如锻模、叶片等。
2) 可以加工高硬度、高强度和高韧性等难以切削加工的金属材料，如淬火钢、钛合金、不锈钢、硬质合金等。
3) 加工过程中无切削力和切削热，工件不产生内应力和变形，适用于加工易变形和薄壁类零件。
4) 加工后的零件无毛刺和残余应力，加工表面粗糙度 Ra 值可以达到 $0.2~1.6\mu m$，尺寸精度对于内孔可以达到 $\pm(0.03~0.05)mm$，对于型腔可以达到 $\pm(0.02~0.5)mm$。
5) 与其他加工方法相比，生产率较高。
6) 加工过程中工具电极（阴极）基本不损耗。

（2）电解加工的局限性

1) 加工精度一般不如电火花加工和超声加工高。
2) 加工复杂型腔和型面时，工具的制造费用较高，一般不适合用于单件和小批量生产。
3) 电解加工设备占地面积大，附属设备多，初期投资较大。
4) 电解液的处理和回收有一定难度，而且电解液对设备有一定的腐蚀作用，加工过程中产生的气体对环境有一定的污染。

目前，电解加工主要用于批量生产条件下难切削材料和复杂型面、型腔、薄壁零件以及异型孔的加工，还可以应用于去毛刺、刻印、磨削、表面光整加工等方面，它已经成为机械加工中一种必不可少的补充手段。随着对电解加工研究的深入，电解加工的局限性将会逐渐缩小，应用范围也将越来越大。

2. 电沉积加工

电沉积加工与电解加工相反，是利用外加电场的作用，将金属电解中产生的正离子沉积到阴极表面上的加工过程，通常有电镀、电铸、涂渡及复合电镀等加工方法。这些方法的加工原理基本相同，但加工形式各有不同。接下来简要介绍电铸加工方法。

（1）电铸加工的原理　电铸加工原理示意图如图 7-9 所示，用可导电的原模作为阴极，用电铸材料（如纯铜）作为阳极，用电铸材料的金属盐（如硫酸铜）溶液作为电镀液。在直流电源的作用下，阳极上的金属原子失去电子而成为金属离子沉积涂覆在阴极原模表面，阳极金属源源不断成为金属离子的补充溶液进入电铸液，保持浓度基本不变；阴极原模上的电铸层逐渐加厚，当达到预定厚度时即可取出，设法与原模分离，即可获得与原模型面凹凸相反的电铸件。

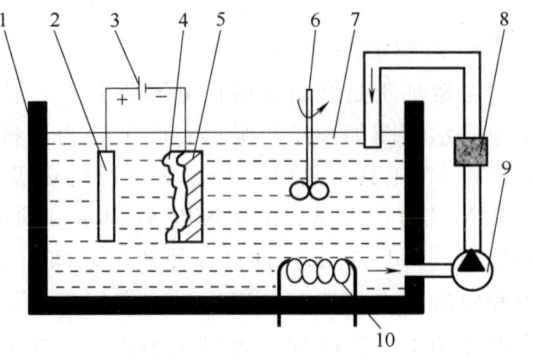

图 7-9　电铸加工原理示意图

1—电镀槽　2—阳极　3—直流电源　4—电铸层
5—阴极　6—搅拌器　7—电铸液　8—过滤器
9—泵　10—加热器

（2）电铸加工的主要优点

1）能准确、精密复制复杂型面和细微纹路。

2）能获得尺寸精度高、表面粗糙度 Ra 值小于 $0.1\mu m$ 的复制品，同一原模生成的电铸件的一致性好。

3）借助石膏、石蜡等原模材料，可以把复杂零件的内表面转化为外表面，外表面转化为内表面，实用性广泛。

（3）电铸加工的主要应用

1）复制精细的表面轮廓花纹，如 VCD、DVD 光盘压膜，工艺美术品模、纸币、证券、邮票的印刷版等。

2）复制注塑用模具、电火花型腔加工用的电极工具。

3）制造复杂、高精度的空心零件和薄壁零件。

4）制造表面粗糙度标准样块、反光镜、表盘、异形孔喷嘴等特殊零件。

3. 化学加工

化学加工是利用酸、碱或盐的溶液与工件材料发生化学作用，通过腐蚀溶解或涂覆方式，以获得所需要形状、尺寸或表面状态的零件的特种加工方法。化学加工的应用形式很多，但属于成形加工的主要有化学铣切和光化学腐蚀加工，属于表面加工的有化学抛光和化学镀。接下来简单介绍化学抛光方法。

（1）化学抛光的机理和特点　化学抛光指选择性地溶解材料表面微小凹凸中的凸出部分，从而使表面变光滑的一种精加工方法。通常情况下，化学抛光的机理指的是用硝酸或磷酸等氧化剂溶液，在一定条件下，使工件表面氧化；该氧化层又能逐渐融入溶液，工件表面的微凸起处被氧化的速度较快、面积较多，微凹处被氧化的速度慢、面积少。同样，凸起处的氧化层又比凹处更多、更快地扩散且溶解于酸性溶液中，从而使加工表面逐渐被整平，达到表面平滑化和光泽化。

化学抛光的目的是改善工件表面粗糙度或使表面平滑化和光泽化，其作用和电解抛光很

相似,而且在操作性和经济性方面还有一定的优点,具体如下:

1) 化学抛光设备比较简单,不需要外加电源,操作简单、成本低。

2) 所能抛光的零件尺寸和数量仅受到抛光液槽大小的限制,可大面积抛光或多件抛光薄壁、低刚度零件。

3) 化学抛光不像电解抛光那样需要借助电进行加工,也不需要考虑电流分布的均匀性,因此可均匀抛光内表面和复杂形状的工件。

但是,由于化学抛光时并不能完全去除阴极反应的影响,故化学抛光的效果往往比电解抛光差些,并且抛光液使用后的处理流程比较复杂。

(2) 半导体器件基片的化学抛光　各种半导体器件基片的抛光除了平滑化和光泽化,同时特别要求整个基片的平坦性,还必须把在这之前因加工而形成的变质层和表面畸变层完全除掉。因此,半导体器件基片在机械研磨平坦后,要进行最终的化学抛光或电解抛光。

采用浸泡方式进行化学抛光只能得到不十分平坦的表面,特别是会使基片的拐角变圆滑。为了消除这些缺点,可采用旋转抛光盘方式进行抛光,如图 7-10 所示。此外,也可采用一边喷吹抛光液射流、一边进行抛光的方式。

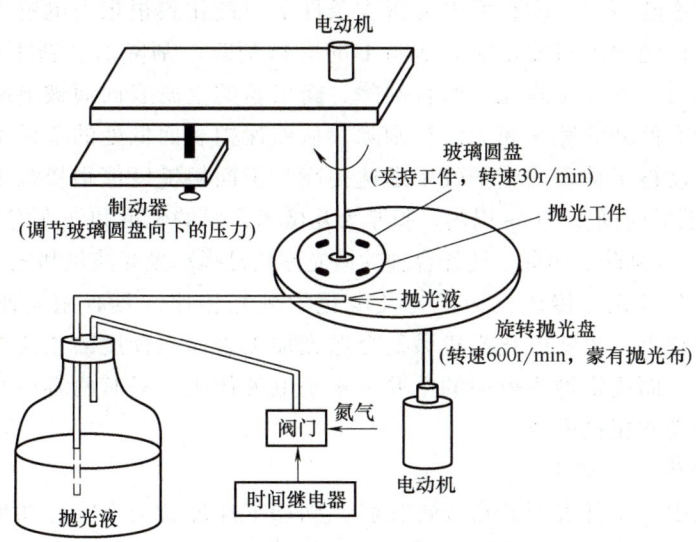

图 7-10　采用旋转抛光盘方式进行抛光的装置

7.1.5　复合加工技术

复合加工是指同时采用多种加工方法,利用多种形式能量的综合作用来实现对工件材料的去除,其中包括传统加工和特种加工的复合、特种加工与特种加工的复合等。常见的复合加工技术有电化学机械复合抛光、超声波辅助电化学加工、电解电火花复合加工等。

1. 电化学机械复合抛光

从电解加工角度看,电化学机械复合抛光与电解珩磨有着共同点,都是在原来机械加工工艺基础上叠加了电解作用。电化学机械复合抛光时对原机械抛光设备稍加改装,把抛光盘与工件固定板之间绝缘,在工件与抛光盘之间垫入无纺布或聚酰胺绸布,并且通入混有抛光微粉的电解液,从而实现电化学机械抛光工艺。

图 7-11 所示为电化学机械复合抛光原理示意图。工件连接直流电源的正极,抛光头连接负极。电解液由泵供给抛光头,经过无纺布的微孔进入抛光区。抛光头以一定的转速旋转,并沿一定的路线移动,同时还对工件表面施加一定的压力。电源接通后,工件表面在电解和机械研磨的复合作用下被抛光。抛光头的上部是铜制的抛光盘,在抛光盘的端部黏结聚酰胺无纺布,无纺布上黏结微细粒度的磨料。抛光头的形式根据需要可以设计成各种形状。

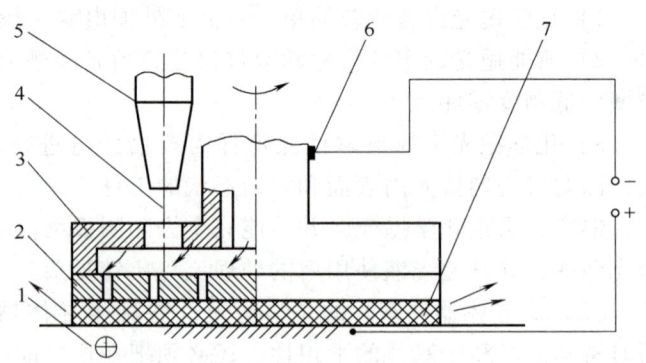

图 7-11 电化学机械复合抛光原理示意图
1—工件 2—抛光盘 3—抛光头(阴极) 4—电解液 5—喷管
6—导电刷 7—无纺布及磨料

电化学机械复合抛光一定要使用钝性强的电解液,目的是使生成的钝化膜具有一定的强度(比金属的强度低得多)。只有在大电流密度条件下,钝化膜才会遭到破坏而使工件表面不断溶解。而在低电流密度条件下,钝化膜很难被电解去除,能阻止工件表面的进一步溶解;钝化膜只能依靠无纺布上的磨料刮除。刮除后,新工件表面再被电解。抛光时,工件表面高处的钝化膜先被磨粒刮除,露出新的金属表面而被电解,同时又产生新的钝化膜;工件表面低处的钝化膜无法被刮除,从而保护表面低处的金属不被电解。上述过程不断循环进行,使得工件表面整平效率迅速提高、表面粗糙度值很快减小。

通常,电解成膜的时间在 10^{-2} s 以内,膜厚为几微米,膜的硬度和强度均大大低于金属工件的基体,很容易被磨料刮除。因此,选择合理的抛光参数是提高抛光质量和抛光效率的前提。

电化学机械复合抛光与传统机械抛光及电化学抛光相比,具有抛光速度高、整平过程短、抛光质量好的特点。决定电化学机械复合抛光加工表面粗糙度的主要因素是磨粒的大小及机械抛光的状态,而决定抛光效率的主要因素是电解作用。只有两者很好地配合,才能提高抛光效率和减小表面粗糙度值。

2. 超声波辅助电化学加工

在电化学加工中,工件表面若形成钝化膜,则加工速度就会下降。如果在电解加工中引入超声振动,钝化膜就会在超声振动的作用下遭到破坏,使电解加工能顺利进行,提高生产率。另外,若在小孔、窄缝的加工中引入超声振动,则可促使电解产物的排放,同样也可以提高生产率。这种用超声振动改善电解加工过程的加工工艺,就是超声波辅助电化学加工,其目前多用于难加工材料的深小孔及表面光整加工,主要包括超声波辅助电解加工和超声波辅助电解抛光。

图 7-12 所示为超声波辅助电解加工小深孔的示意图。工具连接直流电源的负

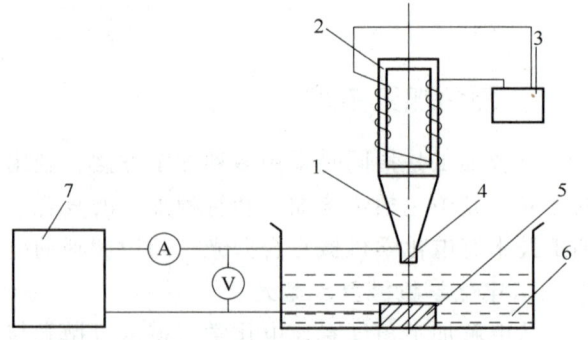

图 7-12 超声波辅助电解加工小深孔的示意图
1—变幅杆 2—换能器 3—超声波发生器 4—工具
5—工件 6—电解液与磨料 7—直流电源

极，工件连接正极，工具与工件之间的直流电压为 6~18V，电流密度大于 $30A/cm^2$，电解液常用 20% 的含盐水溶液与磨料的混合液。加工时，工件表面在电解液中发生阳极溶解，电解产物阳极钝化膜被超声振动工具及磨料蚀除。超声振动引起的空化作用加快了钝化膜的蚀除和磨料悬浮液的循环更新，促进了阳极溶解过程的进行，使加工速度和加工质量大大提高。

3. 电解电火花复合加工

电解加工时，电极间隙大小一般为 0.03~0.3mm，而电火花加工时的电极间隙较小（0.01~0.03mm），较小的电极间隙有助于提高加工时的仿形精度。电火花加工（EDM）和电解加工（ECM）虽然在同类领域中应用，但存在相反的长处和短处，为得到最佳的综合效果，提出了在导电电解液中发生放电过程，从而在加工间隙中实现电化学溶解及电火花蚀除的复合过程的设想。由于此过程用同类的水基介质和脉冲电源，因而有可能在一套设备上通过控制系统来变更复合的类型，满足不同的加工要求，易于工程化。因此，人们尝试把这两种工艺结合起来，形成了电解电火花复合加工工艺，图 7-13 所示为电解电火花复合加工原理示意图。

电解液中放电有下述几个特点：

1) 放电周期与强度较正常电火花加工大，称为电化学电弧加工（ECAM）。在消电离过程中产生一类电弧，称为非稳态电弧。进行尺寸加工时电解液中放电属正常电弧放电，

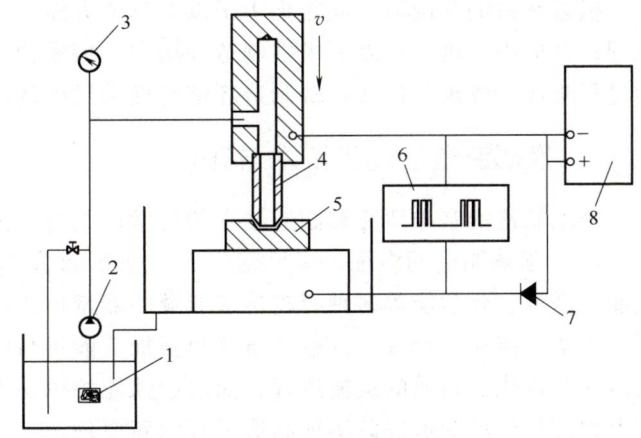

图 7-13 电解电火花复合加工原理示意图
1—滤网 2—泵 3—压力表 4—工具电极 5—工件
6—脉冲电源 7—隔离二极管 8—直流电源

进行光整加工时电解液中的放电是微火花放电，其强度弱、脉宽窄、频率高，放电能量极小，只起击穿电化学阳极钝化膜的作用。

2) 气体的耐电强度较低，因而在电解液中的击穿电压较低。

3) 放电过程是随机的，与流场状态密切相关。

4)（电解加工）ECM/（电火花加工）EDM 比例的变化会得到不同的加工效果，要获得稳定的加工结果，应控制 ECM 与 EDM 的比例在时空上均恒定，这是迄今尚未解决的难题。

7.2 极端制造技术

7.2.1 极端制造的内涵与科学基础

极端制造泛指当代科学技术难以逾越的制造前端，其内涵随着人类科技的发展不断被突破与变革。在各种极端环境下，制造极端尺度或极高功能的器件和功能系统，是当代极端制造的重要特征，集中表现在微制造、巨系统制造和强场制造，例如，制造微纳电子器件、微纳光机电系统、分子器件、量子器件等极小尺度和极高精度产品；制造空天飞行器、超大功

率能源动力装备、超大型冶金石油化工装备等极大尺寸、系统极为复杂和功能极强的重大装备。极端制造置物质于各类极端强化的能场与运动环境中，实现几何与物理特性的多尺度演变，并按精确的物理规律集成为极强功能的使能系统。可以认为现代制造科学的重要前沿是物质结构与运动的多层次、多尺度发现与创造极端制造规律，探索全新概念的产品及其制造模式，这将成为制造业发展的科学先导，也是我国建立具有国际核心竞争力的工业体系和国防体系的基础。

基于上述分析，当前极端制造基础研究的科学目标可以概述为以下五个层层递进的目标：探索下一代制造尺度与制造外场的新极端、新概念产品及其制造过程的科学依据，构造未来制造科学体系基础，形成21世纪主流制造的先导技术原理，建立具有超前研究能力的研究平台和队伍，形成我国在这一战略必争领域的科学技术优势。

极端制造的基础科学问题集中于以下三个方面：在物质的深层次发掘新功能产品的制造原理；在极小、极大尺度、极端制造外场中，探索物质演变为超常功能单元与复杂功能系统的过程规律；发现与创成极端制造环境与极端尺度制造受体间的交互机制。

7.2.2 极端制造的加工技术与理论

极端制造的基础研究和制造技术的科学探索与突破的焦点主要集中在以下五个方面。

(1) 强场制造的多维、多尺度演变　强场制造对能量的应用不断突破极限。激光、电磁能、微波、化学能等多种超越传统领域的能量形式被引入强场制造，所有强能场在制造界面上聚集、传递、吸收与发散。研究超强加工能场与巨大被加工件或巨大物流系统之间能量的传递与转化、物质的运输过程，探求超强能场诱导下物质的多尺度演变机理，寻求制造界面上超常物理场的形成与实现制造过程的新原理。

(2) 微结构精密成形与选择性性能演变　微成形指微结构三维几何特征的构成制造；微改性指微制造过程中多能域（如能束、热、力、化学、真空、超声波、电磁场等）对材料的改性作用。研究微去除、微生长、微成形、微改性等制造界面处的物理化学作用、高密度能量传递与微尺度物质的运输规律，探索微结构体积与界面的量子效应、尺度效应以及不同能量形态对材料选择成性的作用机制与演变规律，寻求微结构几何与拓扑转移、性能演变的新原理，微结构几何形态的精确表达与计量。

(3) 微系统的组装与功能生成　微集成使微结构成为具有特定功能的微系统。通过研究微集成中微驱动、微操纵、微连接、微装配等过程中的量子力学、动力学、热力学、微摩擦学中的未知效应和行为规律，以及研究微系统中微通道、微间隙、微界面的介质转移和能量输运，探索微系统功能新原理和微纳精度的动态形成规律，建立微结构精密制造、微纳尺度工程计量学的基础。

(4) 复杂功能系统创成与功能状态的确定性　研究由功能单元组建的复杂功能系统中能量形态演变、运动状态演化、功能模式转变等内容，研究巨系统中非确定性因素、非线性传递对功能确定性的相关机制，研究微系统中不同微效应对系统功能特性影响规律，研究新型巨、微系统功能创成的系统规律。

(5) 极端制造环境的多场耦合、随机扰动与过程稳定　极端制造系统是光、机、电、液、磁、热等多强场聚集系统，其多场耦合和随机干扰可能突变为运动畸变、过程失稳和功能丧失。研究极端制造系统的复杂耦合行为、能量传递的聚集与发散、随机涨落扰动在制造载体与受体间的传输与演化规律,研究调节性快变过程与主导性慢变过程的交互、高稳定、高精度制造过程的形成与控制。

目前,极端制造加工技术与理论的研究主要集中在复杂层次结构的生成、超高精密加工、高能束加工、复合加工、难加工材料零件加工、纳米尺度的表面扩散与注入、极端尺度制造、增/减材制造等方面。

7.2.3 极端制造的测量与表征

现代机械制造技术发展的主要方向之一是以超精密制造、微细加工、纳米技术为代表的精密工程技术。随着上述领域的发展进步,人类将进入微型电子技术、微型机器人、极端工况加工的时代。俄国著名化学家门捷列夫曾说过:"科学是从测量开始的"。无论是尺寸微小、形状结构复杂、加工精度要求极高的精密复杂微小零件,还是我国正在发展中的空天运载工程装备、GW 以上的超级动力装备、数百万吨级的石化装备、数万吨级的模锻装备、新一代高效节能冶金流程装备等巨型重大装备,要想获得理想的结构和动力学特性,都需要在零件制造过程中采用先进的测量方法和使用先进的测量装置。

零件加工精度的提高对测量水平的提高具有严格的依赖性。理论上测量装置的精度要比加工装置的精度高一个数量级。没有更高精度的测量方案就无法加工制造出符合精度要求的精密复杂微小零件,且没有高精度的测量方案和形位误差评价表征技术,即便加工出合格零件,也会因为测量技术落后造成误判。

目前,极端制造的测量与表征的研究主要集中在极端尺度测量、测量方式与算法、精确表征、系统性能验证、材料内部检测、复杂结构/污染物/残余应力测量与表征、计量学新原理等方面,这些理论的突破可以为极端制造的发展提供理论和技术支持。

7.3 智能制造技术

7.3.1 智能制造的概念和内涵

不同于智能加工,智能制造(Intelligent Manufacturing,IM)是一个大概念,是先进制造技术与新一代信息技术的深度融合,贯穿于产品、制造、服务全生命周期的各个环节,同时先进制造技术与制造系统集成,实现制造业数字化、网络化、智能化,不断提升企业产品质量、效益、服务水平,推动制造业创新、绿色、协调、开放、共享发展。

智能制造是以新一代信息技术为基础,配合新能源、新材料、新工艺,贯穿设计、生产、管理、服务等制造活动各个环节,具有信息深度自感知、智慧优化自决策、精准控制自执行等功能的先进制造过程、系统与模式的总称。智能制造技术是制造技术与数字技术、智能技术及新一代信息技术的融合,是面向产品全生命周期的具有信息感知、优化决策、执行控制功能的制造技术,旨在高效、优质、柔性、清洁、安全、敏捷地制造产品和服务用户。从软硬结合的角度看,智能制造即是一个"虚拟网络+实体物理"的制造系统。美国的"工业互联网"、德国的"工业 4.0"及我国"建设制造强国"的战略方针都体现出虚拟网络与实体物理的深度融合——智能制造的特征。

智能制造的内容包括制造装备的智能化、设计过程的智能化、加工工艺的智能化、管理的信息化和服务的敏捷化与远程化等。

7.3.2 智能制造的特征

1）生产过程高度智能。智能制造系统在生产过程中能够自我感知周围环境，实时采集、监控生产信息。智能制造系统中的各个组成部分能够依据具体的工作需要，自我组成一种超柔性的最优结构并以最优的方式进行自组织。以最初具有的专家知识为基础，在实践中不断完善知识库，当遇到系统故障时，系统具有自我诊断及修复能力。智能制造系统能够对库存水平、需求变化、运行状态进行反应，实现生产的智能分析、推理和决策。

2）资源的智能优化配置。信息网络具有开放性、信息共享性，由信息技术与制造技术融合产生的智能化、网络化的生产制造可跨地区、跨地域进行资源配置，突破了原有的本地化生产边界。制造业产业链上的研发企业、制造企业、物流企业通过网络衔接，实现信息共享，能够在全球范围内进行动态的资源整合，生产原料和部件可随时随地送往需要的地方。

3）产品高度智能化、个性化。智能制造产品通过内置传感器、控制器、存储器等实现自我监测、记录、反馈和远程控制的功能。智能产品在运行中能够对自身状态和外部环境进行自我监测，并对产生的数据进行记录，对运行期间产生的问题自动向用户反馈，使用户可以对产品的全生命周期进行控制管理。产品智能设计系统通过采集消费者的需求进行设计，使得用户在线参与生产制造的全过程成为现实，极大地满足了消费者的个性化需求。制造生产从先生产后销售转变为先定制后销售的生产方式，可以避免产能过剩。

7.3.3 智能制造的关键技术

1. 智能制造装备及其检测技术

发展智能制造，智能设备的应用是基础。不同类型的企业，其智能设备不尽相同，大体可以分为高档数控机床、智能控制系统、机器人、3D打印系统、工业自动化系统、智能仪表设备和关键智能设备七个主要类别。以 3D 打印为例，它是目前数字化制造技术的典型代表，作为一种新兴智能化设备，3D 打印机可以使用 ABS、光敏树脂、金属为打印原料，实现计算机设计方案，无须传统工业生产流程，即可把数字化设计的产品精确打印出来。

2. 工业大数据

工业大数据是智能制造的关键技术，其主要作用是打通物理世界和信息世界，推动生产型制造向服务型制造转型。生产过程，实质上也是不断自我调整、自我更新的过程，同时还是实现全面服务个性化需求的过程。在这个过程中，会实时产生大量数据。依托大数据系统，采集现有工厂设计、工艺、制造、管理、监测、物流等环节的信息，实现生产的快速、高效及精准分析决策。这些数据综合起来，能够帮助发现问题，查找原因，预测类似问题重复发生的概率，帮助完成安全生产，提升服务水平，改进生产水平，提高产品附加值。

3. 数字制造技术及柔性制造、虚拟仿真技术

数字化指的是制造过程既要有模型，也要能虚拟仿真，其主要包含产品设计、产品管理等方面。总而言之，数字化是智能制造的基础，离开了数字化就根本谈不上智能化。柔性制造技术（Flexible Manufacturing Technology，FMT）是建立在数控设备应用基础上并正在随着制造企业技术进步而不断发展的新兴技术，它和虚拟仿真技术一起在智能制造的实现中扮演着重要的角色。增强现实技术（Augmented Reality，AR）是一种将真实世界信息和虚拟世界信息"无缝"集成的新技术,是把原本在现实世界的一定时间空间范围内很难体验到的实体信息(视觉、声音、味道、触觉等信息)通过计算机等科学技术,模拟仿真后再叠加,再将虚拟的信息应用到真实世界,被人类感官所感知,从而达到超越现实的感官体验。

4. 传感器技术

智能制造与传感器紧密相关。现在各式各样的传感器在企业中应用得很广泛,包括嵌入的、绝对坐标的、相对坐标的、静止的和运动的传感器,这些传感器是支持人们获得信息的重要手段。传感器应用得越多,人们可以掌握的信息越多。传感器很小,可以灵活配置,因而改变起来也非常方便。传感器属于基础零部件的一部分,传感器的智能化、无线化、微型化和集成化是未来智能制造技术发展的关键之一。

5. 人工智能技术

人工智能(Artificial Intelligence,AI)是研发用于模拟、延伸和扩展人的智能的理论、方法、技术及应用系统的科学。它企图了解智能的实质,并生产出一种新的能以人类智能相似的方式做出反应的智能机器。该领域的研究包括机器人、语言识别、图像识别、自然语言处理和专家系统、神经科学等。

6. 射频识别和实时定位技术

射频识别(RFID)是无线通信技术中的一种,通过识别特定目标应用的无线电信号,读写出相关数据,并不需要机械接触或光学接触来识别系统和目标。无线射频可分为低频、高频和超高频三种,而 RFID 读写器可分为移动式和固定式两种。射频识别标签贴附于物件表面,可自动远距离读取、识别无线电信号,可作快速、准确记录和收集用具使用。RFID技术的应用简化了业务流程,增强了企业的综合实力。

7. 信息物理系统

信息物理系统(Cyber Physical Systems,CPS)是一个综合计算、网络和物理环境的多维复杂系统,通过3C(Computing、Communication、Control)技术的有机融合与深度协作,实现大型工程系统的实时感知、动态控制和信息服务,让物理设备具有计算、通信、精确控制、远程协调和自治五大功能,从而实现虚拟网络世界与现实物理世界的融合。CPS可以将资源、信息、物体及人紧密联系在一起,从而创造物联网及相关服务,并将生产工厂转变为一个智能环境。

8. 网络安全系统

数字化对制造业的促进作用得益于计算机网络技术的进步,但同时也给工厂网络埋下了安全隐患。随着人们对计算机网络依赖度的提高,自动化机器和传感器随处可见,将数据转换成物理部件和组件成为技术人员的主要工作内容。产品设计、制造和服务的整个过程都用数字化技术资料呈现出来,整个供应链产生的信息又可以通过网络成为共享信息,这就需要对其进行信息安全保护。针对网络安全生产系统,可采用IT保障技术和相关的安全措施,如设置防火墙、预防被入侵、扫描病毒仪、控制访问、设立黑白名单、加密信息等。

9. 物联网及应用技术

智能制造系统的运行需要物联网的统筹细化,通过基于无线传感网络、RFID、传感器的现场数据采集应用,用无线传感网络对生产现场进行实时监控,将与生产有关的各种数据实时传输给控制中心,上传给大数据系统并进行云计算。为了能有效管理一个跨学科、多企业协同的智能制造系统,物联网是必需的。

10. 系统协同技术

系统协同技术包括大型制造工程项目复杂自动化系统整体方案设计技术、安装调试技术、统一操作界面和工程工具的协调技术、统一事件序列和报警处理技术、一体化资产管理技术等。

7.3.4 智能制造的典型应用

智能制造包括开发智能产品、应用智能装备、自底向上建立智能产线、构建智能车间、打造智能工厂、践行智能研发、形成智能物流和供应链体系、开展智能管理、推进智能服务等、最终实现智能决策。下面对目前发展较为成熟的智能装备、智能产线、智能车间和智能工厂等进行简要介绍。

1. 智能装备（Smart Equipment，SE）

典型的智能装备如工业机器人、数控机床、3D打印装备、智能控制系统等。智能装备具有检测功能，可以实现在机检测，从而补偿加工误差、提高加工精度，还可以对热变形进行补偿。以往的一些精密装备对环境要求很高，现在由于有了闭环的检测与补偿，可以降低对环境的要求。智能装备的特点是可将专家的知识和经验融入感知、决策、执行等制造活动中，赋予产品制造在线学习和知识进化能力。

2. 智能产线（Smart Production Line，SPL）

很多行业的企业高度依赖自动化生产线，如钢铁、化工、制药、食品饮料、烟草、芯片制造、电子组装、汽车整车和零部件制造等，进而实现自动化的装配和检测。一些机械标准件生产也应用了自动化生产线，如轴承。但是，装备制造企业目前还是以离散制造为主，很多企业的技术改造重点就是建立自动化生产线、装配线和检测线。美国波音公司的飞机总装厂已建立了U形的脉动式总装线。自动化生产线可以分为刚性自动化生产线和柔性自动化生产线。为了提高生产率，工业机器人、智能系统在自动化生产线上的应用已越来越广泛。

3. 智能车间（Smart Workshop，SW）

一个车间通常有多条生产线，这些生产线要么生产相似零件或产品，要么有上下游的装配关系。要实现车间的智能化，需要对生产状况、设备状态、能源消耗、生产质量、物料消耗等信息进行实时采集和分析，达到高效排产和合理排班，从而显著提高设备利用率。

4. 智能工厂（Smart Factory，SF）

一个工厂通常由多个车间组成，大型企业则有多个工厂。作为智能工厂，不仅生产过程应实现自动化、透明化、可视化、精益化，同时，产品检测、质量检验和分析、生产物流也应当与生产过程实现闭环集成。一个工厂的多个车间之间要实现信息共享、准时配送、协同作业。一些离散制造企业也建立了类似流程制造那样的生产指挥中心，对整个工厂进行指挥和调度，及时发现和解决突发问题，这也是智能工厂的重要标志。智能工厂必须依赖无缝集成的信息系统的支持，主要包括产品生命周期管理（Product Lifecycle Management，PLM）、企业资源计划（Enterprise Resource Planning，ERP）、客户关系管理（Customer Relationship Management，CRM）、供应链管理（Supply Chain Management，SCM）和制造执行系统（Manufacturing Execution System，MES）五大核心系统，大型企业的智能工厂需要应用ERP系统制订多个车间的生产计划（Production Planning，PP），并且MES会根据各个车间的生产计划进行详细排产（Production Scheduling，PS）。

习题与思考题

7-1 什么是特种加工技术？特种加工技术的特点有哪些？

7-2 什么是电火花加工？电火花加工的加工原理与特点是什么？

7-3 什么是激光加工？激光加工的加工原理与特点是什么？

7-4 什么是电子束加工？电子束加工的加工原理与特点是什么？

7-5 什么是超声加工？超声加工的加工原理与特点是什么？

7-6 什么是离子束加工？离子束加工的加工原理与特点是什么？

7-7 什么是水射流加工？水射流加工的加工原理与特点是什么？

7-8 什么是电解加工？电解加工的加工原理与特点是什么？

7-9 什么是电铸加工？电铸加工的加工原理与特点是什么？

7-10 什么是化学加工？化学加工的加工原理与特点是什么？

7-11 什么是电化学机械复合抛光？

7-12 什么是超声波辅助电化学加工？

7-13 什么是电解电火花复合加工？

7-14 极端制造的内涵与科学基础是什么？

7-15 极端制造的基础研究和制造技术的科学探索与突破的焦点主要集中哪几个方面？

7-16 智能制造的概念、内涵和特征是什么？

7-17 智能制造的关键技术有哪些？

参 考 文 献

[1] 卢秉恒. 机械制造技术基础 [M]. 4版. 北京：机械工业出版社，2018.
[2] 王先逵，张平宽. 机械制造工程学基础 [M]. 北京：国防工业出版社，2008.
[3] 冯之敬. 机械制造工程原理 [M]. 3版. 北京：清华大学出版社，2015.
[4] 吕明. 机械制造技术基础 [M]. 3版. 武汉：武汉理工大学出版社，2015.
[5] 王先逵. 机械制造工艺学 [M]. 4版. 北京：机械工业出版社，2019.
[6] 郑建新，赵武. 机械制造工艺学 [M]. 2版. 北京：电子工业出版社，2014.
[7] 陆剑中，孙家宁. 金属切削原理与刀具 [M]. 5版. 北京：机械工业出版社，2011.
[8] 杨叔子. 机械加工工艺师手册 [M]. 2版. 北京：机械工业出版社，2011.
[9] 刘传绍，郑建新. 机械制造技术基础 [M]. 北京：中国电力出版社，2009.
[10] 李凯岭，等. 机械制造技术基础：3D版 [M]. 北京：机械工业出版社，2018.
[11] 师建国，冷岳峰，程瑞. 机械制造技术基础 [M]. 北京：北京理工大学出版社，2016.
[12] 任小中，任乃飞，王红军. 机械制造技术基础：英汉双语对照 [M]. 北京：机械工业出版社，2014.
[13] 张世昌，张冠伟. 机械制造技术基础 [M]. 4版. 北京：高等教育出版社，2022.
[14] 张鹏，孙有亮. 机械制造技术基础 [M]. 北京：北京大学出版社，2009.
[15] 韩荣第，王扬，张文生. 现代机械加工新技术 [M]. 北京：电子工业出版社，2003.
[16] 朱晓春. 数控技术 [M]. 3版. 北京：机械工业出版社，2019.
[17] 杜国臣. 机床数控技术 [M]. 3版. 北京：北京大学出版社，2016.
[18] 何雪明，吴晓光，刘有余. 数控技术 [M]. 4版. 武汉：华中科技大学出版社，2021.
[19] 隋秀凛，夏晓峰. 现代制造技术 [M]. 4版. 北京：高等教育出版社，2021.
[20] 明平美. 精密与特种加工技术 [M]. 2版. 北京：电子工业出版社，2019.
[21] 曹凤国. 超声加工技术 [M]. 北京：化学工业出版社，2005.
[22] 袁哲俊，王先逵. 精密和超精密加工技术 [M]. 3版. 北京：机械工业出版社，2016.
[23] 刘晋春，白基成，郭永丰. 特种加工 [M]. 5版. 北京：机械工业出版社，2008.
[24] 王万森. 人工智能原理及其应用 [M]. 4版. 北京：电子工业出版社，2018.
[25] 钟掘. 极端制造——制造创新的前沿与基础 [J]. 中国科学基金，2004，18（6）：3.
[26] 邓朝晖，万林林，邓辉，等. 智能制造技术基础 [M]. 2版. 武汉：华中科技大学出版社，2021.
[27] 王芳，赵中宁. 智能制造基础与应用 [M]. 2版. 北京：机械工业出版社，2022.
[28] 葛英飞. 智能制造技术基础 [M]. 北京：机械工业出版社，2019.

PREFACE 前言

习近平总书记指出："调查研究是谋事之基、成事之道。没有调查，就没有发言权，更没有决策权。"⊖

面对复杂多变的国内外市场新环境、科学技术不断进步带来的社会大变革，企业的生产经营活动离不开市场调查与预测。从互联网、物联网、大数据到把区块链作为自主创新的重要突破口，企业要想发现并抓住市场机会，必须进行市场调查与预测。企业从寂寂无名到享誉全球，无一不是从市场调查开始并不断根据消费者需求变化调整战略的结果。企业从轰轰烈烈、独领风骚到轰然倒下，虽然个中原因很多，但缺乏市场调查、缺乏对消费者需求变化和科技发展变化的了解是直接原因。市场调查与预测是企业生产经营活动的起点，贯穿企业生产经营活动的全过程。

本书可作为普通高等院校经济管理类相关专业本科生的教材，也可作为市场营销、营销策划从业人员以及创业者的参考读物，还可以作为企业开展市场调研工作的指导书。《市场调查与预测》自2016年第1版出版至今，得到国内各类高校从事"市场调查与预测"课程教学的老师与社会各界的培训讲师的大力支持、厚爱与充分肯定，经过6次印刷，仍供不应求。

为了更好地满足各类高校及社会各界人士的实际需求，我们进行了修订，在保持第1版原有特色的基础上，主要有以下几点创新之处。

第一，进一步借鉴相关教材，取长补短，尽可能多地展示市场调查与预测方面的新观点、新理论。

第二，吸取现代市场调查与预测实践的先进经验，增加新的联系实际的案例。

第三，进一步完善市场调查与预测的相关辅助资料，便于教学、自学和快速查阅。

本书的编写工作主要由杨勇、王晓东、田利娟、高金城、谢泽力、张俊完成。全书具体分工为：运城学院的杨勇教授负责拟定本书大纲并撰写第一章、第二章和第四

⊖ 2013年7月23日，习近平在武汉主持召开部分省市负责人座谈会时的讲话。

章，运城职业技术大学的王晓东负责撰写第三章和第七章，运城职业技术大学的谢泽力负责撰写第五章，武汉商学院的高金城负责撰写第六章，武汉商学院的张俊负责撰写第八章，唐山学院的田利娟负责撰写第九章、第十章和第十一章，杨勇、王晓东负责总纂。

在这里，我们对机械工业出版社的编辑为本书的出版提供的建议表示感谢，对参与编写工作的各位作者表示感谢，对运城学院、运城职业技术大学、武汉商学院、唐山学院的领导及同人的关心与支持表示感谢！

编者

2021 年 3 月

SUGGESTION 教学建议

市场调查与预测是一门逻辑性、统一性、综合性和实用性很强的实务性学科，需要学生掌握的知识非常多，涉及经济管理的各个方面，建议在系统学习经济学、管理学、经济数学、统计学、消费者行为学、市场营销学与网络营销学等课程的基础上，开设该课程。

为使市场调查与预测的教学达到预期效果，建议在理论讲授的基础上，采用案例分析、角色扮演、情景模拟、实践实训等互动式教学方式，引导学生深入实际市场环境开展市场调查活动，参与企业的市场调查工作，让学生切身体验市场调查与预测的工作过程。

考核方式建议采取理论知识考核与实践能力考核相结合的方式。

本书通过理论与实践相结合的教学及考核方式，培养学生既切实理解并系统掌握市场调查与预测的相关理论知识，又具备市场调查、市场预测和市场分析的动手能力、对信息的捕捉能力、敏感度及商业意识，养成随时关注企业、品牌、行业发展动向及对环境进行分析并洞察市场机遇的习惯，提升学生吃苦耐劳、团队合作、创新思维、人际沟通、语言文字表达等方面的综合素质。

学时分配建议如下（供参考）。

章节	课程内容	学习要点	学时安排
第一章	认识市场调查	市场与市场信息 市场调查概述 市场调查的内容 市场调查的原则 市场调查的程序	2
第二章	编制市场调查方案	市场调查主题的确定 市场调查方案的编制 市场调查方案的评价	4
第三章	抽样调查技术	抽样调查概述 确定样本容量 选择抽样方法 抽样设计工作的基本程序	4

(续)

章 节	课程内容	学习要点	学时安排
第四章	市场调查资料收集方法	市场调查资料的分类 文案调查法 询问调查法 观察调查法 实验调查法	8
第五章	网络市场调查	网络市场调查概述 网络市场调查方法 网络市场调查平台的选择	4
第六章	市场调查问卷的设计	市场调查问卷的类型及结构 市场调查问卷设计的程序与原则 市场调查问卷设计技术 市场调查问卷设计应注意的问题	6
第七章	市场调查资料的整理与分析	市场调查资料的审核与整理 市场调查资料的统计分析 市场调查资料的理论分析	6
第八章	撰写市场调查报告	市场调查报告概述 市场调查报告的基本格式、撰写形式及写作技巧 撰写市场调查报告的注意事项	4
第九章	市场预测概述	市场预测的概念与作用 市场预测的基本要素、原则与要求 市场预测的内容和种类 市场预测的一般步骤 市场预测的方法及选择 市场预测精度分析	2
第十章	市场定性预测法	市场定性预测法的特点 意见综合预测法 商品经济寿命周期预测法 市场景气预测法	4
第十一章	市场定量预测法	平均预测法 指数平滑法 时间序列预测法 回归分析预测法 用 Excel 进行统计趋势预测分析	4
总课时			48

CONTENTS 目 录

前　言
教学建议

第一章　认识市场调查　/1
第一节　市场与市场信息　/3
第二节　市场调查概述　/8
第三节　市场调查的内容　/21
第四节　市场调查的原则　/26
第五节　市场调查的程序　/28

第二章　编制市场调查方案　/37
第一节　市场调查主题的确定　/40
第二节　市场调查方案的编制　/43
第三节　市场调查方案的评价　/52

第三章　抽样调查技术　/58
第一节　抽样调查概述　/62
第二节　确定样本容量　/66
第三节　选择抽样方法　/68
第四节　抽样设计工作的基本程序　/75

第四章　市场调查资料收集方法　/80
第一节　市场调查资料的分类　/82
第二节　文案调查法　/85
第三节　询问调查法　/93
第四节　观察调查法　/98
第五节　实验调查法　/102

第五章　网络市场调查　/109
第一节　网络市场调查概述　/111
第二节　网络市场调查方法　/119
第三节　网络市场调查平台的选择　/124

第六章　市场调查问卷的设计　/131
第一节　市场调查问卷的类型及结构　/133
第二节　市场调查问卷设计的程序与原则　/137
第三节　市场调查问卷设计技术　/141
第四节　市场调查问卷设计应注意的问题　/149

第七章　市场调查资料的整理与分析　/155
第一节　市场调查资料的审核与整理　/159
第二节　市场调查资料的统计分析　/163
第三节　市场调查资料的理论分析　/178

第八章　撰写市场调查报告　/189

第一节　市场调查报告概述　/191
第二节　市场调查报告的基本格式、撰写形式及写作技巧　/198
第三节　撰写市场调查报告的注意事项　/205

第九章　市场预测概述　/216

第一节　市场预测的概念与作用　/219
第二节　市场预测的基本要素、原则与要求　/222
第三节　市场预测的内容和种类　/226
第四节　市场预测的一般步骤　/233
第五节　市场预测的方法及选择　/236
第六节　市场预测精度分析　/238

第十章　市场定性预测法　/245

第一节　市场定性预测法的特点　/247
第二节　意见综合预测法　/249
第三节　商品经济寿命周期预测法　/253
第四节　市场景气预测法　/256

第十一章　市场定量预测法　/264

第一节　平均预测法　/266
第二节　指数平滑法　/273
第三节　时间序列预测法　/277
第四节　回归分析预测法　/286
第五节　用 Excel 进行统计趋势预测分析　/293

参考文献　/306

CHAPTER1 第一章
认识市场调查

知识架构

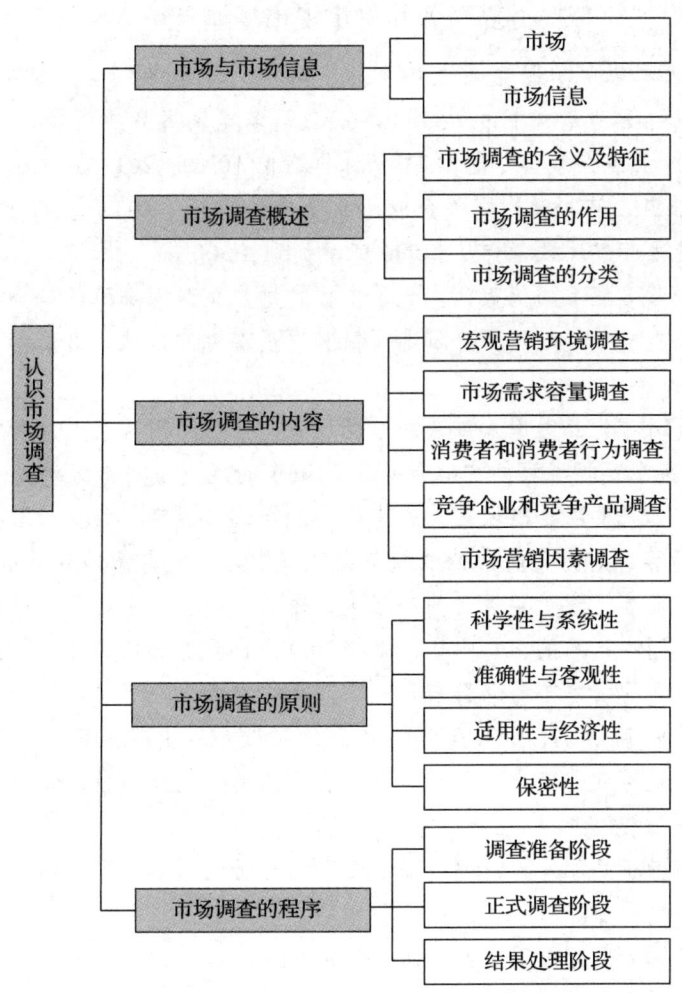

没有调查，没有发言权。[一]

——毛泽东

教学目标与要求

1. 理解市场与市场信息的含义及特点
2. 理解市场调查的含义及作用
3. 掌握市场调查的特点及原则
4. 明确市场调查的分类及内容
5. 了解市场调查的程序

导入案例

麦当劳非常重视市场调查

麦当劳是全球零售食品服务业龙头企业。目前，麦当劳在全球拥有超过37 000家餐厅，每天为100多个国家和地区的近7 000万名顾客提供高品质的食品与服务。麦当劳在BrandZ全球最具价值品牌排行榜连续11年都排在前10位。2019年，麦当劳在该榜单排名第9位，是全球排名最前的餐饮服务企业，品牌价值超过1 303亿美元。预计到2022年年底，中国内地的麦当劳餐厅数量将从2 500家增加到4 500家。

除了品牌与经营管理上的优势，在选址方面特别注重深入细致的市场调查，也是麦当劳成功的重要因素。麦当劳通过调研分析选择极具发展潜力的区域，这是其他餐饮企业无法比拟的。

麦当劳在选址时首先要做深入细致的市场调查，然后采用观察法对可能开店的区域做为期3~6个月的严密观察。观察的内容包括进驻城市的规划与当地经济发展、人口变动、消费和收入水平等，如果发现是老城区，麦当劳一般会选择放弃。相反，若有兴建中的新型住宅区、学校和商场等，则会被麦当劳纳入考虑的范围。人流聚集地是其最主要的考虑因素。例如，在儿童用品商店、青少年运动商店附近，麦当劳便会积极选择进驻；若是靠近繁华地铁站的周边区域，则在不同的出口附近，麦当劳也会设置其分店，为顾客就餐提供便利；另外，麦当劳会以缜密的网络布局吸引来自四面八方的顾客。

麦当劳也会借助商场、百货公司等一楼的位置设置店中店，店中店往往靠近落地玻璃窗，这样，人们透过落地玻璃窗可以看到顾客在店内的消费行为，从而吸引街道上行人的目光，进而吸引其到分店用餐。

可以说，麦当劳正是靠对市场的全面了解和对选址的认真调研评估，才使开设的餐厅不论是在现在还是将来，都能有稳健的成长和发展。

资料来源：根据麦当劳中国官网 www.mcdonalds.com.cn 信息加工整理。

[一] 节选自《毛泽东选集》（第一卷）第109页。

从上述案例可以看出，重视市场调查工作对企业的发展具有十分重要的意义。对企业而言，市场调查是企业正确决策的前提，只有充分认识市场，了解市场需求，对市场做出科学的分析判断，决策才具有针对性，从而不断拓展市场，使企业持续、健康、稳定发展。没有市场调查就没有经营决策权，没有对市场正确的认识和分析，会给企业带来不可预知的损失甚至将其推向深渊。

那么什么是市场调查？市场调查有什么作用？市场调查包括哪些内容？市场调查分几个步骤？这些是本章所要研究和解决的问题。

解决上述问题首先要了解和掌握有关市场与市场信息方面的知识。

第一节 市场与市场信息

一、市场

（一）市场的含义

市场是社会分工、商品生产和交换的产物，在现代市场经济条件下，企业必须按照市场需求来组织生产、促进销售。那么什么是市场呢？国内外专家学者基于不同的角度，赋予市场不同的解释。概括起来，市场具有三方面的含义，如图1-1所示。

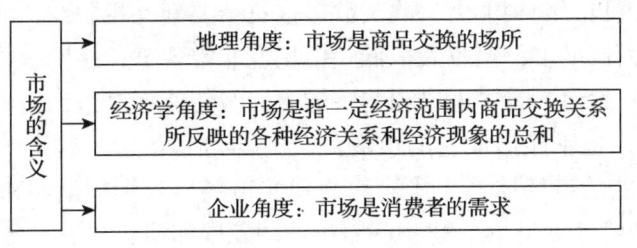

图 1-1　市场含义示意图

1. 从地理角度看

从地理角度看，市场是商品交换的场所，是在一定时间、一定地点买卖商品和劳务的场所，包括集市、商店、商品批发市场等多种类型，如浙江义乌小商品批发市场、上海北站农贸市场等。我国古代有"日中为市，致天下之民，聚天下之货，交易而退，各得其所"（《周易·系辞下》）的记载，这段话是对这种在一定时间和地点进行商品交换的场所的形象描述。现在许多农村的集市贸易也属于这种类型。

2. 从经济学角度看

从经济学角度看，市场是指一定经济范围内商品交换关系所反映的各种经济关系和经济现象的总和。所谓交换关系，就是消费者出让货币买回生产资料和消费资料，而生产者出让商品换回货币。这种交换关系直接表现为供给与需求的关系，而其背后潜藏着更为复杂的社会经济利益关系，包含生产者和消费者的经济利益关系，商品货币关系再生产的必要性和可能性，以及以商品方式管理经济的条件。这种含义将市场局限在商品流通领域，是从商品交换的宏观角度来解释市场的。

经济学家指出，市场是社会分工和商品生产的产物。马克思认为："在商品生产的条件下社会内部分工的前提首先是不同种类劳动的相互独立，即它们的产品必须作为商品相互对立，并且通过交换，完成商品的形态变化，作为商品相互发生关系。"[一]列宁在《论所谓市场问题》一文中指出："哪里有社会分工和商品生产，哪里就有'市场'。"[二]

3. 从企业角度看

从企业角度看，市场是消费者的需求。市场营销学家菲利普·科特勒认为，市场是由一切具有特定欲望和需求并且愿意和能够以交换来满足这些需求的潜在顾客组成的。美国的另一位营销学专家杰罗姆·麦卡锡也说，市场营销是"预测消费者或客户的需求，将满足这一需求的产品从生产者导向消费者和客户，以完成一个组织的目标的行为"。彼得·德鲁克在其1954年出版的《管理的实践》[三]一书中指出，"关于企业的目的只有一个有效定义：创造顾客"。市场规模的大小，由具有需求、拥有他人所需的资源且愿意以这些资源交换其所需的人数而定。市场营销学上所采用的是市场的第三种含义。

根据市场的第三种含义，市场包括三要素，即有某种需求的人、为满足这种需求的购买能力和购买欲望。用公式表示就是：

$$市场 = 人口 + 购买能力 + 购买欲望$$

对市场而言，人口、购买能力、购买欲望这三个要素互相制约，缺一不可。对于一个国家或地区来说，人口虽多，但收入很低，市场也非常狭窄；相反，收入虽高，但人口很少，市场仍然有限；然而，有了人口和购买能力，假使货不对路，引不起消费者的购买欲望，对于企业来说，也不能形成它的市场。只有同时具备这三要素的市场，才能形成健全的、完善的、成熟的市场体系，才能称为现实市场，否则即潜在市场。潜在市场是指企业经过努力可以争取到的市场，也指随着生产的发展和消费水平的提高可能达到的市场。

◎ 知识拓展

市场在哪里

为了能够清楚我们的事业是什么，必须回答以下问题。

第一个问题是："我们的顾客是谁？"谁是我们真正的顾客？谁又是我们潜在的顾客？这些顾客在哪里？他们如何购买？如何才能接触到这些顾客？

第二个问题是："顾客购买的是什么？"凯迪拉克的员工说他们制造汽车，因此他们经营的是通用汽车公司的凯迪拉克汽车。但是，为了一辆崭新的凯迪拉克汽车不惜

[一] 节选自《马克思恩格斯全集》第26卷，第296页。
[二] 节选自《列宁全集》第I卷，第83页。
[三] 本书已由机械工业出版社出版。

花费 4 000 美元的顾客，他买的是交通工具，还是凯迪拉克汽车的名气？换句话说，凯迪拉克汽车的竞争对手是雪佛兰、福特汽车，还是（挑个极端的例子来说）钻石和貂皮大衣？

最后是最难回答的问题："在顾客心目中，价值是什么？顾客采购时究竟在寻找什么？"的确，顾客对于价值的看法十分复杂，只有顾客自己才能回答这个问题。企业管理层不应该就顾客对价值的看法进行猜测，应该以系统化的方式直接向顾客探询真正的答案。

资料来源：德鲁克，马恰列洛. 管理（原书修订版）[M]. 辛弘，译. 北京：机械工业出版社，2010.

（二）市场的分类

从不同角度，依据不同的标准，可以将市场划分为不同的类型。依据购买者的购买目的和扮演的角色不同，市场可以分为四种类型：消费者市场、生产者市场、中间商市场和政府市场；按照市场的地理位置或流通区域不同，市场分为国内市场和国际市场，其中国内市场还可分为城市市场和农村市场，沿海地区市场和内陆地区市场等；按照购买者所购买的对象是否具有实物形态，市场分为商品市场和服务市场；按照市场供求状况及企业与消费者在市场上所处的地位不同，市场分为卖方市场和买方市场；按照提供商品的生产部门不同，市场可分为工业品市场和农产品市场等；按照生产要素，市场可以分为金融市场、劳动力市场、房地产市场、技术市场、信息市场、产权市场等；按照市场竞争状况，市场分为完全竞争市场与不完全竞争市场，其中不完全竞争市场又分为完全垄断市场、寡头垄断市场、垄断竞争市场等。

综合上述各种划分标准，本书将市场划分为以下四种类型。

（1）消费者市场。消费者市场又称生活资料市场或最终市场。这类市场上购买者的购买目的是满足个人或其家庭成员的生活需要。

（2）生产者市场。生产者市场又称生产资料市场或中间市场。这类市场上购买者的购买目的是制造其他可供出售的产品，以获取利润。

（3）农产品市场。农产品包括农、林、牧、副、渔五业的产品。其中一部分农产品属于生产资料市场中的商品，被消费者购买后作为生产资料加以利用；另一部分农产品属于生活资料市场中的商品，被消费者购买后直接消费。由于农产品与工业品在生产、销售、营销方式等方面具有完全不同的特点，因此需要对农产品进行专门的市场营销研究。

（4）服务市场。所谓服务市场是指为社会生产和消费者生活提供服务和劳务的场所、设备和工具，包括所有服务行业。随着社会主义市场经济的不断发展，服务行业在整个国民经济中的比重不断增加，新的服务行业日益增多，服务市场的范围逐渐扩大。金融市场、信息市场、技术市场、劳动力就业市场、旅游市场等都成为服务市场的重要组成部分，因此，对服务市场进行专门研究的服务营销学应运而生。

📍 案例 1-1

7-11 便利店的"冬季冰激凌"和"夏季关东煮"

一般超市认为关东煮这种热气腾腾的东西是在寒冷的冬天吃的,而冰激凌则是炎热夏季的食品。因此,这些店家,天气一转暖就把关东煮撤下货架,天气一变冷就削减冰激凌的柜台。

但是,7-11 便利店却不这样做,在夏季,收银台旁边也摆放着关东煮;在冬季,冰激凌仍然占据着店里的显眼位置。结果这两种东西卖得非常好。因此,其他便利店也纷纷效仿。现在,在日本的便利店,这种商品设置方式已经成为一种"常识"。

7-11 便利店获得经营成功要归因于空调的普及。由于夏天无论在办公室还是家中都开空调,冷气使我们感觉身体发冷,所以我们想吃热的东西;相反,在冬天,由于暖气使我们感觉浑身发热,所以我们就想吃凉的东西。正是这种生活环境的变化大大影响了商品的销售。

正是由于对营销环境变化的正确理解和对消费者心理的准确把握,7-11 便利店才创造出了"冬季冰激凌"和"夏季关东煮"的营销方式,并成功开拓了前所未有的新市场。

资料来源:柳井正.经营者养成笔记 [M].北京:机械工业出版社,2018.略有改编。

二、市场信息

(一)市场信息的含义

信息是人类社会传播的所有内容,是对客观现实世界中各种事物的运动状态和变化的真实反映。市场信息则是对商品(包括服务)交换过程中市场系统客观形态及其变化规律的真实反映,具体来说,市场信息是被人们传递、接收、理解了的,与市场经营活动有关的各种信息、数据、资料、知识、情报、图表的总称。有关市场方面的各种信息通过文字、语言、数据、凭证、报表、图形符号、广告、商情等表现形式,经过人们收集、整理、分析、传递、接收后,被用来解决企业具体的生产经营管理问题。市场信息是企业制定经营战略与营销策略的重要依据,是企业发现与挖掘市场机会的源泉,是企业生产经营活动的先导,是企业提高经济效益的保障。而企业获得市场信息的重要手段就是市场调查。

📍 案例 1-2

大禹古镇摄影大赛

大禹古镇是由运城市某旅游开发有限公司斥资 3 亿元打造的中国古镇风情旅游景区,

位于运城经济技术开发区南区东花园内。景区没有知名度,做宣传没有营销费用。为了最大限度地提高景区的知名度和美誉度,该公司委托我公司做营销推广。我们经过实地问卷调查及访谈调研,对收集的各种信息进行分析,制订了整体营销策划方案,并组织了大禹古镇首届摄影大赛。

我们通过运城本地最大摄影器材经销商联系摄影家协会,与其开展了一系列准备宣传活动,于2017年3月18日~4月18日进行"以镜头见证大禹古镇的真实瞬间"的摄影大赛。摄影大赛的奖品是帮忙联系摄影家协会的那家经销商销售的摄影器材。

大赛的评比通过大禹古镇微信公众号进行投票,这样既选出了名次,又提高了景区的知名度。

赛事期间,景区的人流量明显增加,收到投稿作品千余幅,累计有15 479名热心观众参与投票,经过为期一个月的评选,一、二、三等奖终于揭晓。

本次大赛将大禹古镇优美的自然风光、独特的人文景观、良好的生态环境展示给广大市民,使大禹古镇被更多的人所了解和熟知。在大赛结束半个月后,大禹古镇的人流量出现大幅度增长。

资料来源:由运城鲲鹏广告策划公司提供。

(二)市场信息的特征

市场信息除了具备一般信息所具有的特征(如可感知性或可识别性、可传递性、可共享性、可加工处理性和可存储性等),还具有以下六大特征,如图1-2所示。

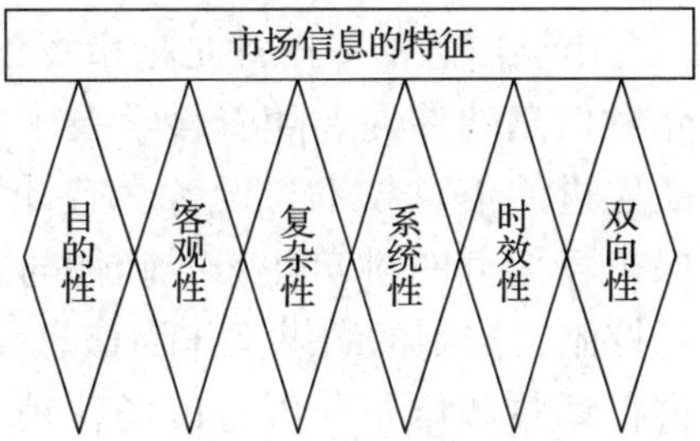

图1-2 市场信息特征示意图

1. 目的性

市场信息从收集、整理、传递到存储,都是围绕着市场进行的,是直接为提高企业市场营销活动的有效性、解决企业具体的生产经营管理问题,以及为维持市场的正常运行提供服务。

2. 客观性

市场信息是客观存在的。只要企业从事市场营销活动,就会产生客观反映市场营销活动状况的信息。企业在收集市场信息时,应遵循市场信息的客观性,力求客观、准确地收集信息,这样才能真实地反映市场动态状况,才能有利于企业分析影响市场营销活动的各种因素,以做出适应市场变化的正确决策,从而提高企业的市场适应能力和应变能力。

3. 复杂性

与现代市场构成要素的多样性、影响因素的复杂性、活动变化的频繁性等特征相对应,市场营销信息数量巨大且多变,既有来自企业内部的信息,又有来自企业外部的信息;既有原始信息,又有加工过的信息;既有稳定来源的信息,又有流动信息和偶发信息,等等。各种不同来源、不同内容和不同形式的信息错综交汇、频繁变化,从而构成庞大的、复杂多样的市场信息流。

4. 系统性

市场信息虽然具有复杂性的特性,但绝不是零星的、个别的信息集合,而是若干具有特殊内容的信息在一定时间和空间范围内形成的系统集合。因此,企业应连续、大量、多方面地收集市场信息,进行加工、整理,并分析这些市场信息之间的内在联系,以保证市场信息的全面性和完整性,使其成为对企业生产经营管理有用的信息。

5. 时效性

市场信息的时效性是指市场信息的收集、整理、传递及使用过程讲求时效,力求以最短的时间、最快的速度将市场信息传递到企业手中,使企业能够及时利用市场信息解决生产经营管理过程中的实际问题。企业应建立快速有效的信息网络,以便及时准确地收集市场信息,为生产经营管理决策提供服务。过时的市场信息对企业的生产经营管理决策是毫无价值的。正如日本的商业情报专家认为的那样,"一个准确程度达到100%的情报,其价值还不如一个准确性只有50%但赢得了时间的情报。特别是在竞争激烈的情况下,企业采取对策如果慢了一步,就会难逃覆灭的命运"。

6. 双向性

市场信息的双向性是指市场信息的传递和反馈。市场信息的获得依赖于各类传播媒介对信息的传递。随着科学技术的发展,传播媒介呈现出多样性和高速化。企业应借助先进的信息技术与设备,有计划、有组织、连续不断地收集与传递市场信息,以确保市场信息的科学性、准确性与及时性。企业通过市场信息的传递对市场营销活动进行控制,控制的结果又作为信息反馈到企业,企业利用反馈的市场信息对市场营销计划进行调整和修正,再对市场营销活动进行控制。这样,在企业的市场营销活动中,市场信息的流动始终是以市场为核心贯穿企业生产经营活动的全过程。企业通过市场信息的传递与反馈,制订出正确的市场营销计划与决策,并对市场营销活动进行控制和调整。

第二节　市场调查概述

市场调查 1910 年起源于美国。1911 年,美国当时最大的出版商柯蒂斯出版公司的商业调查部经理佩林因对实地调查技术做了一系列贡献被推崇为市场调查学科的先驱,其编写的《销售机会》被推为市场调查学科的奠基之作。第二次世界大战后市场调查研究被迅速推广到世界各国,市场调查的内容和范围随之不断丰富和扩大,使市场调查方法不断创新且应用更加广泛。现代发达国家的企业通常会将销售额的 0.2%~3.5% 作为市场调查预算,供企业营销研究部门使用或用于购买外部专业营销研究公司的服务。随着中国特色社会主义市场经济体制的确立,以及市场营销环境的日趋复杂及快速变化,市场调查业在我国快速发展起来，我国的企业也开始越来越重视市场调查。

一、市场调查的含义

市场调查是指运用科学的方法，有目的、有计划、有步骤、系统地收集、记录、整理、分析、评价和使用有关市场方面的各种信息，掌握市场发生、发展及变化的趋势，为市场预测提供资料数据，以及为企业经营决策提供可靠依据的活动过程。

理解市场调查的含义，需要注意以下几点。

（1）市场调查是有明确调查目的的主题活动。它是为企业提供市场营销信息、发现与分析企业存在的生产经营问题而开展的市场调查活动。市场调查是企业从事生产经营活动的起点，贯穿企业生产经营活动的全过程。

（2）市场调查是一项对市场信息进行收集和处理的工作。市场信息是指有关市场经济活动的各种消息、情报、数据、资料的总称，其表现形式主要有商情、广告、报表、凭证、合同、货单、文件、书信、语言、图像等。市场调查就是运用科学的方法对这些信息进行收集、整理和分析，为企业生产经营决策提供可靠依据。

（3）市场调查是一项系统工程。市场信息在生成过程中经常处于分散、无序状态，市场调查不是简单地收集、整理和分析资料的活动，它包含了对市场信息进行判断、分析、研究和传播等多项活动。通过有目的的周密策划、精心组织、科学实施的市场调查活动，市场信息得以集中化、有序化，从而成为可利用的信息。市场调查包含了一系列工作环节、调查步骤以及调查成果的汇总等。

二、市场调查的特征

市场调查只有采用科学的调查方法才能保证调查结果的真实性和有效性。市场调查的特征如图1-3所示。

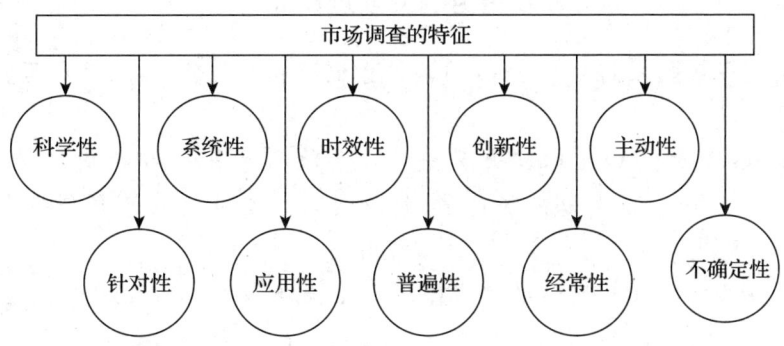

图1-3　市场调查特征示意图

1. 科学性

为了做好市场调查工作，调查者必须以科学的方法为指导；在调查过程的设计上，必须按照科学的程序进行；在调查方法的选择上，必须根据科学的原理，选择最恰当的分析问题和解决问题的方法；在调查报告的编制中，必须克服市场调查人员的个人偏见和主观影响以及其他人员的干扰，以科学的态度向决策人员提供研究报告。如果研究方法选择不当，或为了迎合某些领导者的意见而提供研究报告，其结果都会给市场营销甚至企业经营战略带来不利的影响。

2. 针对性

任何工作都有一定的目的性，任何一种调查也都应有明确的目的。市场调查要根据调查目的，确立明确的调查方向和调查目标，例如，为本企业的产品销售提供市场信息服务，为企业不断改进生产技术或提高业务水平和经营管理水平提供咨询服务，为企业发展和在产品营销活动中获得最佳经济效益提供市场依据，为企业提高市场竞争能力提供竞争者的信息情报，等等。目的明确、针对性强的市场调查，可以大大提高调查的效率和调查结果的质量，为市场预测和企业经营决策提供较为可靠的数据支持，从而提高预测和决策的科学性。

3. 系统性

市场调查是一项相当复杂的工作，需要周密地计划、精心地组织和科学地实施。市场调查不仅要采用科学的理论和方法，更要做好先进的、系统的组织和管理。系统性包括两个方面：一是调查过程的系统性，包括编制调查计划、设计调查方案、抽取样本、收集资料、整理资料、统计分析资料和撰写调查报告；二是调查数据信息的系统性，要求收集的信息系统完整。如果企业根据零星的非系统的调查获得的不完全信息进行决策，可能会使企业的经营决策工作出现重大失误，给企业造成不可挽回的损失。

案例 1-3

麦当劳的"败走冰岛"

麦当劳在大多数国家的市场上真可谓"过五关，斩六将"，叱咤风云，然而在冰岛市场上却铩羽而归。

麦当劳 1993 年起开始在冰岛开设分店。麦当劳冰岛总经销商欧曼德森曾表示，麦当劳在冰岛的生意一直十分兴隆："每到就餐时，汹涌的人潮是任何一个地方都没有的。"

然而麦当劳特许运营商奥格蒙德森用一句话描述了他这十几年来的经营状况："我一直在不断亏钱。"

2009 年 10 月 31 日午夜，麦当劳结束了一天的营业，也结束了在冰岛长达 16 年的经营历史，宣告全面退出冰岛市场。

既然麦当劳生意如此火爆，又为什么会"一直在不断亏钱"呢？是什么原因使麦当劳选择退出冰岛市场呢？谁也没想到，让麦当劳退出冰岛市场的并非餐饮行业的竞争者,而是冰岛的洋葱!

冰岛的农业不发达,大部分农作物主要来自德国,包括麦当劳产品里必不可少的原料——洋葱。然而,麦当劳1993年决定在冰岛开设分店时,并没有像本章开篇导入案例中那样做过仔细的市场调查,麦当劳总部认为洋葱应该是一种随处可见的便宜货。直到开张之后麦当劳才发现,冰岛的洋葱贵得离奇,购进一个普通大小的洋葱,需要卖掉十几个巨无霸汉堡才够本。而金融危机时期,在冰岛购买一个普通的洋葱,用奥格蒙德森的话说,就是"要花掉购买一瓶上等威士忌酒的钱"。

资料来源:《启迪》2010年3月,略有改编。

4. 应用性

市场调查是一种具有非常明确的使用目的的应用性调查。每一次调查都是通过收集商业情报和市场信息来为一项生产经营项目的开展与实施做准备,或者用以帮助企业解决特定的生产经营问题,或者作为生产经营预测与决策的可靠依据。

5. 时效性

市场环境是开放的、动态的,随着时间的变化而变化,随着社会经济、科技的发展而不断发展。例如,随着国家经济政策的调整,市场会发生相应的变化。一定时期的流行产品一时会无人问津,而滞销产品有可能在一定时期以后成为新的畅销产品。市场调查是在一定的时间范围内进行的,它所反映的是某一特定时期的信息和情况,在一定时期内具备有效性。利用过时的市场调查信息来指导企业现在的生产经营活动,只会使企业蒙受更大的损失。

6. 普遍性

任何企业都面临同样多变的市场环境,包括宏观环境和微观环境。环境是客观存在的,我们无法改变,但可以积极地去认识,从而主动地去适应。只有适应环境变化的生产经营活动才是合适的,任何生产经营活动都离不开市场调查。从这个角度来说,市场调查具有普遍性。

7. 创新性

市场调查工作虽有一定的程序可遵循,也有可供选择的研究方法,但是,针对具体的调查问题,调查人员必须发挥其创新性,根据调查主题的要求,设计出科学合理并且具有创新性的调查方案,选出科学的研究方法,有时甚至还要针对调查问题的特殊性创造出新的调查方法。在市场调查中,一定要根据每个调查项目的特点,创新性地开展市场调查活动,绝不能将使用于某一个项目的调查方法完全照搬到另一个调查项目上。

8. 经常性

市场调查是企业生产经营活动的起点,贯穿生产经营活动的全过程。也就是说,只要进行生产经营活动,企业就需要开展市场信息的收集、整理、分析和评价工作。严格来讲,企业天天都必须开展非正式的市场调查。从这一角度说,任何经营者都必须开展经常性的市场调查,可以多去市场里走走,增强对市场的感性认识,也可以通过电子信息系统来加强经常性调查,并实现调查信息共享。

9. 主动性

市场调查是一种有目的的、主动性的活动,是决策者对市场环境的主动了解和掌握。而持续、系统的市场调查增强了决策者了解和掌握市场信息的主动性和自觉性,减少了各种决策的盲目性和主观性。决策必须通过有针对性地开展深入细致的营销调查,及时捕捉有关商品价格、供求、竞争对手状况及消费者心理趋向等各类市场信息,对影响目标市场和营销组合的因素有一个透彻的了解和掌握,才可能做出一个优质的生产经营方案。

10. 不确定性

市场调查受各种因素的影响。尽管市场调查是建立在严密的程序、科学的技术基础之上的,但市场环境诸多的不确定因素及变化性,如被调查者千变万化的心理状态等,使市场调查又具有一定的不确定性,调查结果可能与实际出现偏差。

三、市场调查的作用

市场调查是企业生产经营活动的基础,没有深入细致的市场调查,企业各项工作就如同无源之水、无本之木。市场调查对企业的作用可以归纳为三点,如图1-4所示。

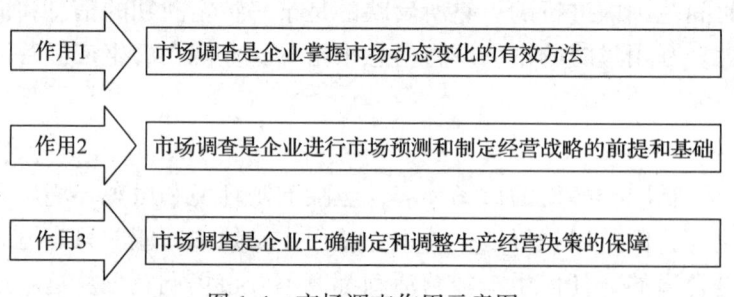

图1-4 市场调查作用示意图

1. 市场调查是企业掌握市场动态变化的有效方法

当今世界,随着全球经济一体化和中国经济进入新常态,物联网和大数据等互联网技术对中国经济进行了颠覆性的改造。消费者的可任意支配收入不断增长,消费的多样化、差异化越来越显著,国际国内市场竞争越来越激烈,这促使现代企业所面临的市场环境发生了重大变化。要了解复杂多变的市场变化情况,生产适销对路的产品,加快产品的更新换代,更好地满足消费需求,企业就必须加强市场调查。

企业通过深入细致的市场调查,及时收集相关产品的供求状况、价格变化情况、竞争对手状态、国家政策变动、产业结构调整、消费心理趋向等各类市场信息,在整理、分析这些信息的基础上,发现新的市场机会,发现潜在的消费需求,发现市场变化的基本趋势,从而把握市场运行规律,增强参与市场活动的主动性,减少盲目性。

案例 1-4

挂锁引发的思考

管理大师彼得·德鲁克讲述过他亲身经历的一个故事。

德鲁克曾在一家有着 100 多年历史的进出口公司实习。这是一家向印度出口小五金制品——一种挂锁的公司。这种锁不太牢靠，人们用力一拉就能把它打开。在 1920 年以后，印度人的收入水平不断提高，而这种锁的销量却在下降，老板认为可能是因为锁的质量问题影响了销路，于是提高了锁的质量。但是事与愿违，改良过的锁根本卖不动。几年后，该公司破产了。一家小公司取代了它的位置。因为这家小公司了解到了这样一个实际情况：在印度，挂锁向来是神圣的象征，没有任何小偷敢去打开这种挂锁，因此钥匙从来没有被使用过，而这家进出口公司却强调挂锁的牢靠性，使消费者感到非常不方便；但是对于新兴的中产阶级来说，挂锁的功能又不能满足他们的安全需要，所以挂锁的销量减少了。小公司了解到这个情况后，生产制造了两种锁：一种锁是没有钥匙只有一个拉栓的锁，售价不到原来的 1/3；另一种锁则相当牢靠，配有 3 把钥匙，但售价是原来挂锁的 2 倍。结果，两种产品都很畅销。

资料来源：楼红平，涂云海. 现代市场调查与预测 [M]. 北京：人民邮电出版社，2012. 略有修改。

2. 市场调查是企业进行市场预测和制定经营战略的前提和基础

企业通过市场调查，不仅可以收集、掌握比较系统、全面、可靠的预测与决策所需的相关市场信息，而且对客观环境变化带给企业的机会和威胁的分析研究也比较符合实际，这样企业在科学预测市场动态变化及发展趋势的基础上，可以对其发展战略目标、经营方向、经营策略及内部管理等问题做出正确决策，从而提高市场预测和经营决策的准确性，减少预测的误差和决策的失误，将现代企业的经营风险降到最低限度。娃哈哈创始人宗庆后在总结娃哈哈成功的经验时说，他对市场的准确把握和良好感觉无不来源于跑市场。他通过亲自看、听、问、感觉、分析和判断，能够准确地把握第一手市场信息，避免出现因为市场信息的不准确、不全面造成的决策失误。

3. 市场调查是企业正确制定和调整生产经营决策的保障

宝洁公司前总裁斯梅尔（Smale）说："每当我们仔细检讨我们曾经经历的失败时，我们都会得出相同的结论，即失败都无一例外地是因为我们没有深刻全面地了解消费者所在的市场，以致乐观地估计了风险。"企业通过市场调查研究，了解市场环境的变化趋势，了解消费需求的变化动向，掌握市场竞争态势，从实际出发制定可行、合理的生产经营决策。依靠市场调查，企业按照市场需求的变化及市场竞争的状况组织生产，开发新产品，促进产品的更新换代。依靠市场调查，企业对现行的各种经营战略的实施进行及时的信息反馈、评价，为修订、补充、完善现行经营战略和决策以使之更加适应市场环境的变化和要求提供了依据和保障。

案例 1-5

乐高失败的市场调查

丹麦的玩具公司——乐高创立于 1932 年，一直依靠不断创新而持续发展，但 20 世纪 90 年代的产品创新使乐高陷入企业史上最大规模的亏损困境，一度几乎无法生存下去，原因是乐高当时失败的市场调查。

20 世纪 90 年代，在视频游戏和智能电子设备越来越受青睐时，乐高曾针对儿童玩具市场展开一项市场调查。调查结果显示，2/3 的儿童愿意玩游戏机之类的玩具，而不愿玩积木建筑玩具。随着 20 世纪 80 年代乐高积木最后一个专利到期，传统积木玩具市场也进入了残酷的竞争阶段。乐高公司的专家顾问们根据市场观察和调研得出结论：乐高积木将被淘汰，21 世纪不再是小小塑料方块积木的天下，数码玩具将取而代之。从此乐高开始了激进的驶向蓝海的战略转移。1993～2002 年，乐高开拓了种类繁多的新型业务，产品包括软件（电脑游戏和电影工作室）、生活产品（乐高儿童服饰）、媒体（书、杂志、电视）、女孩玩具（乐高娃娃）等。

乐高一年就涉足开发了 4 个周边产业，突然要管理许多不熟悉的业务，公司的管理能力出现了明显的不足，更跟不上科技发展的步伐，很多尝试都以失败告终。最要命的是，乐高在追求科技潮流的同时也放弃了安身立命之本——乐高积木。

通过对公司业务各方面进行分析，约恩·维格·克努德斯道普所引领的乐高管理层认为，公司真正赚钱的核心产品还是乐高的经典积木产品，包括得宝系列、乐高城市系列等。于是乐高公司决定回归积木产品，削减与积木不相关的产品种类，缩减零售店项目，放弃电脑游戏和主题公园业务，把创新聚焦于围绕积木产品打造更好的客户体验。这一战略决策很快取得了成效。

资料来源：陈劲，郑刚. 创新管理：赢得持续竞争优势 [M]. 3 版. 北京：北京大学出版社，2016. 略有改编。

总之，企业做好市场调查，获取充分可靠的相关信息，对于掌握市场变化动态，掌握消费需求变化趋势，进行科学预测、决策，制定、评估和完善经营战略与决策，调整产品结构、产品方向，加快产品的更新换代，促进产品销售，改善企业经营状况，提高市场竞争力，具有十分重要的意义。

四、市场调查的分类

市场调查是一项内容庞杂、目的各异、方法多样、参与主体与调查对象差异性很大的活动。本书根据不同的标准、研究目的和依据对市场调查进行了分类，如图 1-5 所示，有助于读者对市场调查的含义有全面系统的认识与理解，有助于企业合理选择市场调查途径，有助于企业决策者选择更好的和更可行的解决问题的行动方案。

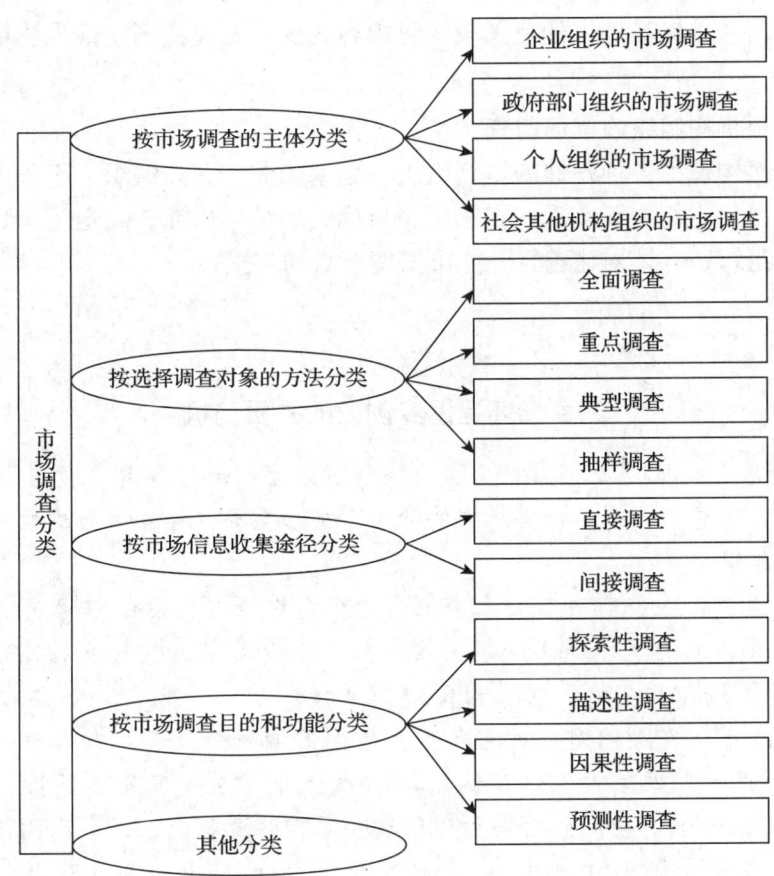

图 1-5 市场调查分类示意图

（一）按市场调查的主体分类

1. 企业组织的市场调查

企业是组织与实施市场调查的主要机构。作为市场的经营主体，企业为解决生产经营中遇到的问题，往往需要借助市场调查来掌握有关市场方面的信息。由企业组织的市场调查一般具有规范性、专业性等特点。

2. 政府部门组织的市场调查

现在，政府既承担着社会公共生活行政管理者的职能，又扮演着国民经济活动的调节者、服务者和公共产品供应者的角色。收集、分析、研究和传播市场信息是政府的一项重要公共事务和职责。政府市场调查的内容包括商业普查、农业普查、制造业普查、人口普查、运输业普查及矿产资源普查等。由政府部门组织的市场调查一般具有规模性、全面性、专业性等特点。

3. 个人组织的市场调查

个人也可能成为市场调查的主体。例如，大学毕业生为完成毕业论文、学者为开展研究工作、个体经营业主为了解市场信息等进行的市场调查。一般而言，个人组织的市场调查因条件所限,市场调查的范围较小、内容较少、专业性不是很强、结论不是十分准确和严谨。

4. 社会其他机构组织的市场调查

社会其他机构包括各种各样的协会组织、学术团体、中介组织、事业单位、群众性组织、俱乐部等,它们为了实现一定的组织目标,如学术研究、制定组织目标、提供咨询等,也会有组织、有计划地进行一些市场调查活动。

案例 1-6

家乡情怀是返乡创业的主要动机

2020年是决胜全面建成小康社会、决战脱贫攻坚之年,实现乡村全面振兴迎来新的战略机遇期,在党和国家工作全局中的地位也更加重要。在这一历史性进程中,青年应当发挥更大作用。

农村青年返乡创业并非一时心血来潮,大多是综合权衡后的审慎决定。中国农业大学的调研显示,农村青年返乡动机主要包括:想带动家乡农村发展(37.5%),想为家乡做些事情(37.5%),便于在农村照顾家人(10.2%),找不到合适的工作被迫返乡(仅占3.4%)等。在湖北对农村青年返乡原因的调研中,返乡原因为:想回本地发展(59.28%),便于照顾家人(13.64%),在外收入低、在外工作不好找、在外受到排斥等(累计占27.08%)。在广西对农村青年返乡原因的调研中,返乡原因依次是:实现梦想(53%)、追求成就(39.2%)、职业发展(37.3%)、表现自信(36.8%)、迫于生计(26%)、提高地位(18.8%)。大多数返乡创业青年都谈到,获取经济收入并不是他们回乡创业的唯一目的,家乡情怀与故土情结是让他们回乡的重要因素。

资料来源:共青团中央维护青少年权益部.团中央调研报告:乡村振兴中的青年参与和发展[J].中国青年.2020(11):18-22.略有改编。

(二)按选择调查对象的方法分类

1. 全面调查

全面调查又叫市场普查,是指对调查对象中的每个调查单位无一遗漏地逐个进行调查,如全国人口普查、全国经济普查等。这种调查的突出优点是资源翔实可靠,但开展这种调查所耗的人力、物力、财力等均比较多,所耗费的时间也比较长。因此,对于一般企业而言,全面调查仅用于一些小范围的调查或对一些基础性问题的调查。

2. 重点调查

重点调查是指对企业所面临的市场的某些重点区域进行调查。这种调查在操作上较全面,简单而易于实施,因而常用于解决企业各种突出问题。

3. 典型调查

典型调查是指从企业面临的市场中选择若干具有代表性的调查单位进行调查,据以推论总体,以达到通过典型了解市场总体的目的。典型调查省时省力,方便易行。只要样本代表性强,用典型调查就可以获得高效可靠的调查结果,所以企业常选用典型调查。但在使用典型调查时一定要充分保证样本的代表性。

4. 抽样调查

抽样调查是指按照随机原则,从调查总体中抽取足够的调查单位作为样本,通过对样本调查取得资料来推论总体。常用的抽样调查方法有以下几种,如图1-6所示。

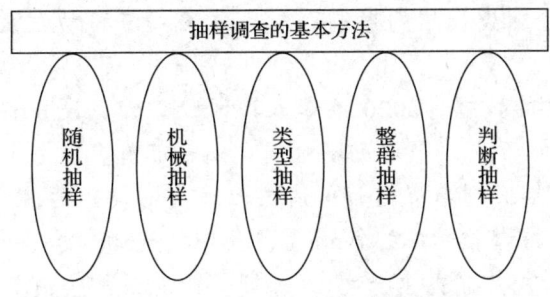

图1-6 抽样调查基本方法示意图

(1)随机抽样。随机抽样完全不区别样本,是从总体中抽取一部分,总体中的每个单位都有同等的机会被抽取出来,如采用抽签法或随机数表法。

案例 1-7

人口普查后的随机抽样调查

在2010年全国人口普查登记结束后,普查工作人员又在全国统一随机抽取402个普查小区进行事后质量抽样调查。抽查结果显示,人口漏登率为0.12%。

资料来源:国家统计局,《2010年第六次全国人口普查主要数据公报》(第1号),2011年4月28日。

(2)机械抽样。机械抽样遵循随机抽样原则,将全部调查单位按照与研究标志无关的一个中立标志加以排列,严格按照一定的间隔机械地抽取调查样本。由于样本在总体中分布较均匀,因此样本代表性也较好。

(3)类型抽样。类型抽样是科学分组与抽样原理相结合,先用与所研究现象有关的标志,把被调查总体划分为性质相近的各组,以降低各组内的标志变异度,然后在各组内用纯随机抽样或机械抽样的方法,按各组在总体中所占比重成比例地抽取样本。这种方法的样本代表性更好,可得到比纯随机抽样或机械抽样更精确的结果。

(4)整群抽样。上述方法都是从总体中抽取个别单位作为样本进行调查,整群抽样则是整群地抽取样本,对这一群单位进行全面观察。其优点是比较容易组织,缺点是样本分布不均匀,代表性较差。

(5)判断抽样。判断抽样也称立意抽样,由专家判断而决定所选的样本。

抽样调查是一种科学的调查方式，具有科学、可靠、高效、经济的特征。其适用性广，易于掌握，操作方便。但在具体运用时，要严格按照技术规则进行样本的抽取，避免主观选择样本，以确保其推断结论真实可靠。

案例 1-8

新冠肺炎疫情下消费者在春节前后对 App 类别的偏好变化

2020 年初，受新冠肺炎疫情的影响，居家的国人与移动互联网有了更多更长时间的亲密接触。

根据 Quest Mobile 的数据，2020 年春节期间，每天沉浸在移动互联网上的活跃用户比去年同期多了 1 000 万人，平均沉浸时间也比春节前多出 1 小时，达到 7.3 小时。

从春节之前、春节期间到春节之后，消费者对 App 类别的偏好并不相同。

春节之前，活跃用户增长最多的 App 主要集中在视频、综合资讯、游戏等行业。

春节期间，正是新冠疫情形势严峻的时期。此时，综合资讯、微博社交、即时通信、浏览器等 App，成为公众了解疫情发展的重要途径。

除缓解信息焦虑之外，人们还有许多时间需要打发，而短视频、在线视频及飞行射击、益智休闲游戏等共同填满了人们漫长的居家时光。

春节假期结束后，上班族迎来在线办公，学生们开始上网课，因而高效办公、教育工具类 App 迎来了前所未有的高频率使用阶段，综合电商和社区交友平台也迎来大幅上涨。

资料来源：罗钰婧. 经此一疫，互联网公司格局发生了哪些变化. DT 财经公众号，2020-03-02.

（三）按市场信息收集途径分类

1. 直接调查

直接调查即调查者直接在现实的市场环境中收集、获取第一手资料的方法。直接调查的具体方法包括询问调查、观察调查、实验调查及网络调查等。这些方法与现实市场密切相连，能获得真实的市场信息。但这类方法的组织实施与操作难度较高，对调查人员的素质要求高。

案例 1-9

本田宗一郎重视调查研究

本田公司创始人本田宗一郎是首个进入美国汽车名人堂的日本人，被誉为"日本的福特"，是日本"经营四圣"之一。本田宗一郎的成功得益于重视调查研究。

本田宗一郎没有总裁办公室，他总是出现在现场的某个地方。他学机械出身，终身投入现场工作中，拿着螺丝刀和扳手调整、修理发动机，从而导致手上有许多疤痕。他通过在现场多方面观察，发现问题，找出根本原因，坚持当场解决问题，从而成功实现

"精益管理"。

本田公司没有设立专门的市场调查研究机构,它依靠的是产品开发小组。开发部门的全体人员都是市场调研员,他们用自己的眼睛、耳朵探索市场动向,得到的信息比依靠市场调查部门得到的更具感性,从而能够更精准地满足顾客需求。

本田公司开始向强手如林的美国汽车市场发起猛烈攻击的时候,为了具体了解美国市场,特地派了调查人员到美国的俄亥俄州进行考察。经过全面细致的调查分析后,本田公司最终决定先建一个摩托车厂进行试水,万一失败的话,也不会造成太大的损失。

在经过一番试验性运营之后,本田公司认为建立汽车工厂的时机已经成熟,于是这家摩托车工厂立刻摇身一变成了美国本田汽车厂。从此,雄心勃勃的本田公司开始在美国推销自己的汽车。

资料来源:根据网络资料整理。

2. 间接调查

间接调查即调查者通过收集与分析一些记录和反映市场情报的载体,间接了解和掌握市场信息的调查方法。间接调查的具体方法主要有文献法和痕迹法。文献法就是利用图书、报纸、杂志、年鉴年报等文献资料所记录和反映的市场情报进行调查分析的方法;痕迹法是通过观察周围环境中特殊的痕迹了解、研究与推断过去和当前情况的一种调查方法。

(四)按市场调查目的和功能分类

按市场调查目的和功能,市场调查可以分为探索性调查、描述性调查、因果性调查和预测性调查。

1. 探索性调查

探索性调查又称非正式调查、初步调查,是指在市场情况不甚明朗或确定时,为了发现问题、找出问题的症结、明确进一步调查的具体内容和重点而进行的小规模的非正式调查活动。通过探索性调查,调查者可以明确是否有必要做进一步调查。

适用探索性调查的几种情况:一是探寻生产经营中存在的问题与潜在的市场机会;二是寻找消费者消费新观念与消费市场发展的新阶段;三是更精确地确定企业所面临的问题与相关的影响因素之间的关系。

探索性调查可以通过三个途径来获得资料:①查询现存资料,用现存资料寻找问题是最节省费用且花费时间最短的一种方法;②请教有关人士,即请教具有专业知识、专门经验的有关人员,如经销商、生产经理、销售经理等,通过与他们交谈进一步深入了解各种问题;③参考类似实例,从以往的类似实例中找出一些有关的因素,进行定性研究。

探索性调查通常采用的方法有专家调查法、实验调查法、案例研究法、二手资料分析法等。

探索性调查具有调查范围较小、调查程序简单的优点,其获得的信息资料主要是定性信息，是大型市场调查活动的前置性调查。

2. 描述性调查

描述性调查是指在调查者事先对所需调查的问题有所了解，但缺乏完整、深入、具体的认识时所采用的一种通过准确性描述使相关人员对之有比较全面的了解和正确的认识的调查方法。例如，企业对目标市场的人口结构（年龄结构与性别结构）、需求特征、平均消费额、居民收入状况等情况的调查就属于描述性调查。描述性调查侧重于对市场状况特征的客观反映，包括市场规模、市场份额、销售状况、产品用途、分销渠道、价格变动、广告促销等方面，收集的信息资料必须真实、详尽和完整。

描述性调查有两种类型：横向调查和纵向调查。横向调查是指一次性从目标母体中抽取一个或几个样本以收集资料的调查方法，又分为一次性横向调查和多角化横向调查；纵向调查是对一个或几个给定的样本进行重复调查，以观察在一段时间内调查对象所发生的持续性变化的方法。

描述性调查常用的调查方法有二手资料分析法、抽样调查法、固定样本连续调查法、观察法、模拟法等。

3. 因果性调查

因果性调查即因果关系调查，是指调查一个因素的改变是否引起另一个因素改变的调查活动。

市场环境中的不同因素之间互相制约、互相影响。采用因果性调查，可以识别与发现各因素之间的深层次因果关系，探明自变量的变化对因变量的影响，如价格与销售量之间，价格是自变量，销售量是因变量，通过调查可以发现销售量随价格变动而变化的情况，从而进一步分析事物发展与变化的趋势及根本原因，寻求解决问题的方法，获得生产经营决策的依据。例如，广告与定价有无因果关系，有什么关系，如何相互影响，影响程度如何，这些问题要通过因果性调查来解决。

因果性调查一般被用来获取变量之间关系的证据，以确定变量之间的因果关系，为生产经营决策提供可靠依据。实验法是因果性调查的常用方法。

4. 预测性调查

预测性调查是指为了推测市场未来的变化情况而进行的市场调查。

预测性调查是有预见性的，是通过对市场现实情况的调查，来预测市场未来的发展变化趋势，为经营决策提供可靠依据。例如，为了预测未来市场占有份额，首先要调查现实的市场占有份额，再进行预测未来市场占有份额的预测性调查。预测性调查是企业进行新产品开发、市场开拓和其他经营性决策时必须进行的市场调查活动。

（五）其他分类

（1）按照市场调查区域范围，市场调查可分为区域性市场调查、国内市场调查与国际市场调查。

（2）按照组织市场调查的时间连续性，市场调查可分为经常性调查、定期市场调查、临时性市场调查。

(3) 按照市场调查的组织形式，市场调查可分为专项调查、连续性调查和搭车调查。
(4) 按照调查的对象，市场调查可分为消费者调查与非消费者调查。
(5) 按照调查分析的方法，市场调查可分为定量调查与定性调查。

第三节 市场调查的内容

现代企业进行市场调查，其内容应包括一切与企业生产经营活动直接或间接有关的信息和因素，主要有如图1-7所示的五个方面。

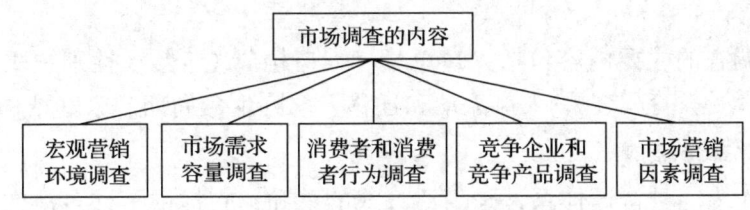

图1-7 市场调查内容示意图

一、宏观营销环境调查

宏观营销环境泛指一切影响、制约企业营销活动的最普遍的不可控制的各种因素。作为社会的一分子，企业的生存和发展离不开一定的宏观条件。一方面，宏观环境与企业相辅相成：宏观环境及其正常变化可为企业的生产经营活动提供必需的场所和条件，无数企业的生产经营活动又能促进宏观环境的稳定。另一方面，环境与企业相互制约：宏观环境的异常变化有时可能超越企业的承受能力，甚至破坏企业的正常行为，而企业的不合理行为（如假冒伪劣产品的生产和销售）则会导致宏观环境紊乱。现代市场营销学认为，企业营销成功与否关键在于企业能否适应不断变化的营销环境。因此，企业必须通过市场调查分析宏观营销环境，探讨宏观营销环境给企业带来的营销机遇和环境威胁，并研究企业如何适应宏观营销环境的变化，从而取得经营的成功，促进企业发展。宏观营销环境调查的内容包括以下几方面。

1. 政治法律环境调查

政治法律环境是指影响企业市场营销的各项国家政策、方针、法律、法规等。在政治方面，一般而言，只要一国政府的政策透明、政府廉洁、政局稳定，企业就可以在掌握政策的基础上，制定相应的战略或对策，从而取得企业经营的成功。但是，如果国家政策、方针是不稳定的，经常发生变化，则企业对政策就无法准确把握，尤其国际经营容易遭遇政治风险。在法律方面，主要调查与企业生产经营活动相关的法律法规，如公司法、物权法、经济法、劳动法、合同法、税法、会计法、环境保护法、商标法、消费者权益保护法等。

2. 经济环境调查

经济环境是指一个国家或地区的经济发展速度、经济景气状况、消费信贷政策、居民的经济收入、可支配收入、储蓄与信贷习惯、消费构成、价格与通货膨胀率、消费结构水平、消费者情绪指数等环境因素。企业生产经营的成功与否与周围的经济环境（快速增长、慢速增长、衰退或滞胀）密切相关，而一个国家或地区的经济处于不同的发展阶段，会形成不同的产业结构、需求模式、消费心态等，市场会随之呈现出不同特性。

3. 人口环境调查

人口环境调查是宏观营销环境调查中一项比较重要的内容。在有些国家，有的企业已经规定了在市场可行性报告中，如果没有人口专家的签字则被公认为是不可行的。同样，在一些市场经济比较发达的国家和地区，市场所在地的人口环境调查被认为是市场调查的首要因素。

人口环境调查的主要内容包括人口总量、人口构成（年龄、性别、职业、收入、地理、家庭结构、受教育程度）、人口流动和迁移、家庭生命周期、家庭结构变化等。

4. 社会文化环境调查

社会文化作为一种沟通体系，是生活方式的总和，它提供了许多标准和规则，促进了社会成员的生存与发展。文化作为一种适合本民族、本地区、本阶层的是非观念影响着消费者的行为，进而影响到这一市场的消费需求、消费结构、消费方式，并使生活在同一文化范围里的人具有更多相似的方面。

社会文化环境调查的内容主要包括消费者的文化背景、受教育程度、民族与宗教状况、风俗习惯、社会心理等方面。

5. 科技环境调查

科学技术是第一生产力，对经济发展有巨大影响，不仅直接作用于企业内部的生产和经营，还与其他环境因素相互依赖、相互作用，共同带动企业经营活动的发展。对于企业来讲，科技环境日新月异的变化，既带来了新的机遇，又带来了新的挑战。企业要在市场上立于不败之地，就必须时刻关注科技环境的变化，通过多种形式的调查研究，充分认识新技术、新工艺、新材料、新产品、新能源、新标准的情况，同时要注意科学技术对消费者观念、购买习惯、购买决策和营销策略的影响。

6. 自然环境调查

自然环境包括地理、气候、资源、能源等因素。企业要受到各种自然环境的影响，如多种资源短缺、环境污染严重、能源成本上升、气候条件变化等。自然环境对消费者行为的影响，直接影响甚至制约企业的生产经营活动。企业应注意对地区条件、气候条件、季节因素等方面进行调查，要不断地通过调查，了解并掌握自然资源、地理与气候环境的变化，以制定适应自然环境变化的企业发展战略。

二、市场需求容量调查

市场是企业的舞台，市场需求是企业生产经营活动的中心和出发点。市场需求容量是可能购买该产品的人口、购买能力和购买欲望的乘积，市场需求容量调查是市场调查的重要内容，主要包括以下方面。

（1）市场需求总量及其构成调查。
（2）市场需求产品品种调查。
（3）各细分市场及目标市场需求调查。
（4）市场份额及其变化情况调查。
（5）市场需求环境调查。
（6）满足市场需求的企业条件调查。

三、消费者和消费者行为调查

　　消费者是市场营销中一个非常重要的力量，是企业和其他组织服务的最终对象，可以说市场调查就是以消费者为中心的研究活动。消费者行为是消费者为满足个人或家庭的生活需求而产生购买商品的活动，是消费者购买动机在实际购买过程中的外在体现。对消费者及其消费行为进行深入调查和研究，并将之应用于生产经营活动，是生产经营企业发现新的市场机会、找到新的营销战略战术，从而提高营销成效的有效途径。消费者和消费者行为的调查主要从以下几个方面展开。
（1）消费者需求与需求变化调查。
（2）本企业产品的现实情况与潜在购买者数量调查。
（3）消费者的年龄、性别、职业、文化程度、地区分布、民族调查。
（4）消费者生活方式的特点与差异调查。
（5）消费者的购买动机、购买行为、购买决策过程与购买习惯等的调查。
（6）消费者对价格敏感度、广告影响度方面的调查。
（7）消费者态度、文化价值观及消费分层调查。
（8）消费者对产品及服务的满意度调查。
（9）消费者对竞争对手产品的认可程度和对本企业产品的认可程度的调查。

案例 1-10

冰激凌经营经历

　　林先生在 A 市经营一家生产冰激凌的小型冷饮厂，产品质量一般，属中低档次。以前林先生都是将冰激凌直接送到冷饮销售点就完事了，因为销售情况还不错，最终冷饮销售点将产品卖给了谁，他从来没有仔细分析过。直到冷饮销售点的进货量相比前期出现很大的下滑，他才隐隐感到出了问题。

　　于是，林先生对 A 市最终顾客群体进行了深入调研，这才搞清楚：随着城市居民对冷饮产品质量的要求不断升级，消费者对中低档次产品的需求量在萎缩。由于林先生的冷饮厂的产品短时间内没有办法转型，所以必须寻找新的最终顾客群体。

　　最后，经过需求分析，林先生把顾客群体锁定在那些对生活质量要求不高、对食品添加剂问题不十分敏感但对价格较敏感的中低收入阶层。

四、竞争企业和竞争产品调查

企业仅仅了解消费者的需求是不够的,还必须了解竞争对手。商场如战场,任何企业要想在市场中生存与发展,不研究竞争对手的情况而要取得竞争优势是不可能的。从某种意义上讲,了解竞争者也是现代企业经营活动的重中之重,是企业选择营销战略和策略的先决条件。因此,竞争企业和竞争产品调查也成为生产经营者最为关注的调查内容之一。竞争企业和竞争产品调查的主要内容如下。

(1)竞争对手数量及主要竞争对手调查。
(2)竞争对手产品设计能力、工艺能力、发展新产品的动向调查。
(3)竞争对手的生产经营规模、拥有的资金、市场竞争的策略和手段调查。
(4)竞争产品的质量、数量、品种、规格、商标、成本调查。
(5)竞争对手的市场占有率及市场营销策略组合调查。
(6)消费者对竞争对手产品认可程度和对本企业产品认可程度的对比调查。
(7)竞争对手发展新动向调查。
(8)潜在竞争对手出现的可能性调查。

五、市场营销因素调查

市场营销因素调查的内容主要有以下几方面。

1. 产品调查

对提供产品的任何一个企业来说,它的任何形式的产品都必须符合消费者的需要,并能促使消费者以最快的速度接受自己的而不是竞争对手的产品,那么采取什么样的战略与策略才能做到这一点呢?这就需要对有关产品的各个方面进行调查,包括对产品实体、产品生命周期、产品外观对消费者的吸引程度、产品性能质量、产品包装设计、品牌的知名度、产品使用价值、产品生命周期的不同阶段和推出新产品的调查。

案例 1-11

"安卡普林"忽视市场调查的教训

"安卡普林"是宝洁公司生产的一种不伤胃的止痛剂,运用定时释放的新技术,可以在药剂溶化前通过胃部。这种止痛剂对频繁依赖药物止痛的患者是一种不错的选择,患者只需每 4 小时服用一次。但事实上大部分人只在疼痛时才服用止痛药而且希望立即见效。宝洁陶醉于产品的独到技术,忽视了消费者的真实想法,跳过了正常的市场调查和测试,直接进行大范围的销售,最终以失败告终。宝洁现在非常注重市场调查和测试,如果一个产品无法在调查和测试中获得消费者认可,绝不允许其上市。

资料来源:全琳琛.1分钟学营销:故事里的营销学[M].北京:人民邮电出版社,2010.略有修改。

2. 价格调查

产品价格是企业可控因素中最活跃、最敏感、最难以有效控制的因素，也是决定企业产品市场份额和盈利能力的最重要因素之一。企业的产品定价适当与否关系到产品能否顺利地进入市场，关系到产品的销量、市场占有率和利润的大小以及企业产品与企业形象的好坏。然而，产品定价又不完全是企业单方面决定的，它涉及消费者和经销商的利益，受到市场供求状况、竞争产品价格、消费者对价格的敏感度以及其他各种社会环境因素的影响和制约。因此，企业在为产品定价或调整价格之前，进行价格调查是完全必要的。

价格调查的主要内容包括：对企业产品的各种弹性系数，如需求与供给弹性、价格和消费者收入弹性等的调查，对市场现行零售价格和价格变动的可能性的调查，对各种替代品、互补品价格的调查，对消费者对产品价格的认知、在经济与心理上的承受能力、可以接受的最高价格的调查，对竞争对手的价格变动情况的调查，等等。

3. 分销渠道调查

分销渠道是产品从生产者向消费者或用户转移过程中所经过的通道，是企业产品通向市场的生命线，是企业的巨大财富与无形资产。分销渠道策略是营销活动的重要组成部分之一，合理的分销渠道可使产品及时、安全、经济地经过必要的环节和路线，以最低的成本、最短的时间、最合适的中间商实现最大的价值。因此，分销渠道的调查也是营销策划调查的一项重要内容。分销渠道调查的内容一般包括：企业现有渠道能否满足销售商品的需要、渠道布局是否合理、渠道成员的营销实力如何、各类中间商对企业的商品有何要求、线上线下渠道的差异性如何等。

4. 促销调查

促销是营销者与购买者之间的信息沟通与传递活动。促销的目的是激发消费者的购买欲望，影响和促成消费者的购买行为，扩大产品的销售，增加企业的效益。促销调查就是对企业曾经在产品（或服务）的促销过程中所采用的各种促销方法的有效性进行测试和评价，为策划设计新的促销方式、方法和手段提供可靠依据。促销调查的内容一般包括：促销手段的调查、促销策略（人员推销、广告、营业推广、公共关系）的可行性调查、促销投入与促销效果调查等。

市场调查人员通过以上调查，收集有关方面的信息和资料，针对不同的市场环境，结合顾客需求，综合运用企业可以控制的各种营销手段，帮助企业制定有效的市场营销组合策略，开发新市场，促使顾客购买产品，从而实现企业预期的营销目标。

案例 1-12

华为"五看三定"战略中的"五看"

华为公司战略管理的核心框架是"五看三定"模型，通过"五看"的方式发现战略机会点。"五看"包括以下五个方面。

一看行业变化趋势。行业变化趋势包括政治、法律、经济、科技、社会文化等宏观环境的变化与趋势,这些趋势将会对行业产生什么样的影响?整个行业未来的技术发展趋势是怎样的,会发生哪些变化,对企业的未来会产生什么影响?

二看市场/客户需求。企业通过分解客户购买行为来分析客户需求,了解客户是谁,客户买什么,谁买,谁决定买,通过什么渠道买。变化的客户、变化的需求都是特别有价值的。企业的客户在未来五年的发展战略方向是什么,在它的发展过程当中存在哪些困难等,这些都需要企业进行深入的了解和研究。

三看竞争对手策略。知己知彼,百战不殆。企业通过对主要竞争对手及竞争对手的主打产品进行竞争力分析,了解其竞争对手会有什么样的发展战略,以及它的定位是什么。一个真正强大的竞争对手,不仅仅是其产品强大,产品强大是结果,还有很多影响因素,企业要分析这些因素有哪些。

四看自身综合实力。企业基于对客户与竞争对手的洞察,进行自我分析,判断自己的能力,分析自身的优势与内在的不足有哪些。企业通过分析能更好地发掘自身的优势,弥补内在的不足。

五看市场投资机会。企业要分析自己在客户领域有什么样的投资机会,它的市场空间有多大,企业的挑战与机遇在哪里。

资料来源:根据原华为战略与 Marketing 规划部无线市场总监汪瀛的讲座——"华为实现战略意图的业务设计"整理。

第四节 市场调查的原则

在市场调查活动中,调查者必须遵循市场调查的原则。市场调查原则是指在进行收集、分类、筛选资料等市场调查活动时,应该遵守的规范和标准。

市场调查原则是市场调查活动的设计者、调查结果的提供者以及信息数据的收集者、处理者应该遵守的行为规范和工作标准,是市场调查活动取得成效的保证。市场调查活动应遵循如图 1-8 所示的原则。

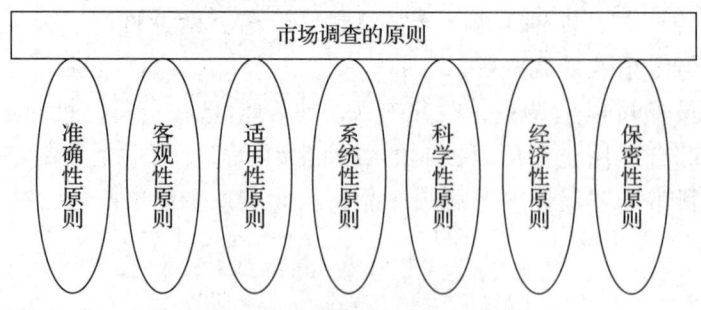

图 1-8 市场调查原则示意图

1. 准确性原则

市场调查是为了给企业的市场预测和生产经营决策提供依据,如果调查后获取的资料虽结构健全但本质是胡编乱造的虚假信息,将会对企业的经营决策产生误导,所造成的危害比没有调查可能还要大得多。因此，收集和提供真实、准确的市场信息资料，是进行市场调查活动的首要原则。

案例 1-13

某企业的精密仪器采购

我国某企业拟采购国外某精密仪器生产厂家的某种精密仪器，双方专门就精密仪器的价格进行谈判。从外方开出的 5 000 美元开始谈判，双方各让一步，最终以 3 000 美元成交。

开始谈判前我方企业进行了周密的市场调查，了解到：①该产品市场最高价格约为 3 500 美元；②只有我国厂家有购买意向；③外方厂家经营状况不是很好，急于出售精密仪器，以解资金的燃眉之急。

在谈判过程中，外方厂家夸大其产品性能、优势、国际知名度以及市场潜力，报出一台仪器的售价为 5 000 美元。我方企业将所了解到的市场价格信息告知外方，没有提出报价，而是静观对方的反应。在我方企业掌握准确的市场行情面前，外方厂家降低报价至 3 500 美元。随后，我方企业根据掌握的信息，提出报价 2 700 美元，外方厂家谈判代表听后十分不满，说："我们宁可终止谈判。"而我方企业代表依然神色从容，说："既然如此，我们很遗憾。"

我方企业谈判人员根据已经掌握的资料，相信外方厂家肯定不会真的终止谈判，还会再来找我方企业。最后谈判双方各让一步，以 3 000 美元的价格成交。

资料来源：郭秀君. 商务谈判 [M]. 2 版. 北京：北京大学出版社，2012. 略有改编。

2. 客观性原则

客观性原则是指在进行市场调查时，市场调查人员一要保持客观的态度，从客观实际情况出发，二要在市场调查中保持"中立"，真实反映客观事实，具体做好以下几个方面。

（1）市场调查人员要以事实为依据，让事实和依据说话，绝不能随心所欲地给客观事物注入主观臆想的成分。

（2）要从每一个单位、每一件具体事物的具体情况出发。

（3）认识事物的差别和变化，把握事物所处的具体时间、空间和其他条件。

（4）在研究和认识市场特殊性的基础上，具体情况具体分析。

（5）要唯实，不唯书、不唯己。"要唯实"，即根据客观实际情况做出符合客观实际的结论；"不唯书"，就是不被书本上已有的理论或结论所制约，而是尊重客观事实；"不唯己"，即不固执己见，在事实面前敢于否定自己主观的、错误的看法。

3. 适用性原则

适用性原则是指调查活动提供的市场信息资料内容适合企业进行经营决策时使用的原则。不能解决企业生产经营问题的市场调查是无用的。市场调查活动的质量不在于收集回来多少数据，采用什么方法得到结论，而在于对企业经营决策的适用性上。针对企业某些经营难题制订相应的调查方案，然后踏踏实实地去了解、分析市场情况，这样的市场调查才符合适用性原则。

4. 系统性原则

系统性原则可以从两个方面来理解。一是指调查任何市场现象都要从系统整体性出发，全面收集有关企业生产和经营各方面的信息资料，既要了解企业的生产和经营实际，又要了解竞争对手的有关情况，也要调查社会环境的各方面对企业和消费者的影响等；二是指要严格按照调查程序进行市场调查，明确调查准备阶段、正式调查阶段、结果处理阶段具体的工作任务及要求，避免调查过程中的盲目性、随意性，以保证调查工作的顺利进行并使调查质量达到预期的水平。

5. 科学性原则

科学性原则是指市场调查过程中要以科学的市场调查理论为基础，应用科学的方法进行调查活动。科学性原则要求调查人员树立对待调查工作的科学态度，采用定性调查与定量分析相结合的科学方法，注重市场调查信息在及时收集、整理和分析过程中的特点和规律。组织者加强对调查工作的管理与监督，以保证调查活动的质量标准，保证及时、准确、全面地提供有效的信息资料。

6. 经济性原则

经济性原则是指使用最低的成本、以最短的时间提供可信的、有用的信息资料。市场调查是一项耗时、耗力和耗财的活动，在市场调查过程中，必须根据明确的调查目的，确定市场调查的项目内容，选择合适的调查方法，尽量用较少的费用获取更多、更有效的信息资料。

7. 保密性原则

保密性原则在市场调查过程中体现在以下两个方面。

（1）为客户保密。许多市场调查是客户委托市场调查机构进行的，其研究成果属于客户企业的商业机密。因此市场调查机构以及从事市场调查的人员一方面必须对调查所获得的信息保密，另一方面也要对客户内部情报资料予以保密，不能将信息泄露给第三者。为规范市场调研行业的行为，国际商会／欧洲民意与市场研究协会在关于市场和社会研究的国际准则中明确规定了营销调研公司与客户合作的"保密原则"。

（2）对被调查者提供的信息保密，包括其匿名权，不仅其名字与地址，而且任何他们提供的或关于他们的可以此辨别他们身份的信息都必须被保护。如果被调查者的信息被泄露，一方面可能给被调查者带来某种程度的伤害，另一方面会使他们失去对市场调查者的信任。

第五节 市场调查的程序

为了迅速、准确、高质量地收集到有关的市场信息资料，保证市场调查工作顺利进行并保证其质量,市场调查必须依照一定的科学方法有步骤、系统地进行。市场调查一般要经过调查准备、正式调查、结果处理三个阶段六个步骤,如图 1-9 所示。

一、调查准备阶段

市场调查的主要目的是通过收集与分析资料,研究解决企业在生产经营过程中所存在的问题,针对问题拟订正确可行的改进方案。因此市场调查首先要从企业的实际出发,对生产经营活动的现状进行全面分析研究,确定问题之所在及根据问题的轻重缓急确定调查范围。例如,某企业的某种产品近几个月来销售量或销售额一直呈下跌趋势,原因是什么呢?是顾客对产品质量不满意,是商品价格偏高,是商品结构不合理,还是售后服务工作没跟上?是受促销宣传费用减少的影响,还是竞争对手采取了新的营销对策,或者是由于宏观经济形势发生变化造成的?为了弄清和确定问题之所在及调查范围,一般先进行初步情况分析和非正式调查。

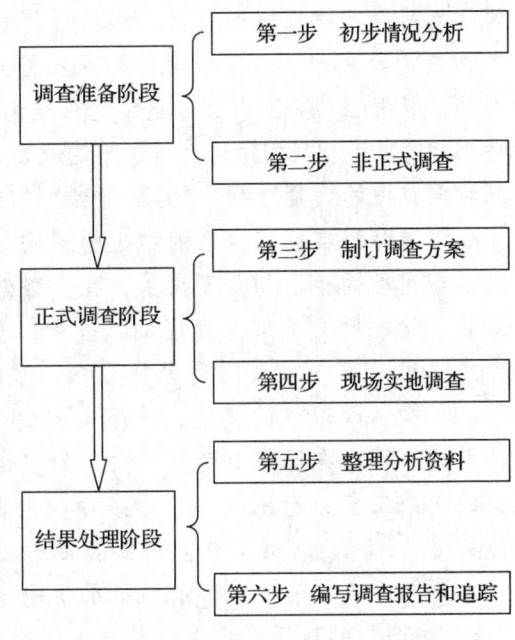

图 1-9 市场调查步骤示意图

1. 初步情况分析

问题明确后,为了使调查具有针对性,调查人员可收集企业内外部的有关资料,包括各种报表、记录、统计资料、用户来函、财务结算、综合及专题报告、政府部门公布的有关信息,进行情况的初步分析,以便掌握足够的背景资料,使正式调查范围缩小。

2. 非正式调查

非正式调查也称试探性调查,调查人员根据调查问题和初步情况,为了明确进一步调查的具体内容和重点,采用专家咨询、试点调查、个案研究、二手资料分析、定性研究等方法,在小范围内做一些试探性的调查。比如向本企业内部有关人员、精通调查所涉及问题的专家和人员以及有代表性的用户等主动征求意见,听取他们对这些问题的看法和意见。

通过非正式调查,只要问题的症结已经找到,所需资料已经齐备,提出了改进方案,就无须进行正式调查了,否则,就应当进入正式调查阶段。

案例 1-14

日清在美国的市场调查

日本日清食品公司(以下简称"日清公司")在准备进入美国食品市场之前,曾委托美国当地的权威机构做过调查,结果却令公司大失所望:美国人没有吃热汤面的饮食习惯,而是喜欢吃面时干吃面,喝汤时只喝汤,决不会同时食用面条和热汤。由此该权威机构断定汤面合一的方便面很难进入美国市场,更不可能成为一日三餐必不可少的快餐食品。日清公司并没有盲目迷信这种结论,而是派出自己的专家再次进行实地考察,这次考察却得出了相反的结论:美国人的饮食习惯虽然"汤面分食,决不混用",但随着世界不同种族移民的大量增加,"汤面混食"的饮食习惯很有可能成为美国人的饮食"新宠"。

日清公司在坚信自己的结论的基础上,确定了四大营销策略:一是针对美国人热衷于减肥运动的生理和心理需求,在声势浩大的广告宣传中,把方便面称为"高蛋白、低热量、防肥胖、价廉易食用的'瘦身最佳绿色食品'"等,这些广告带来了奇效;二是为了遵循美国人以叉子进食的习惯,果断地将面条加工成短而稍硬且筋道的美式方便面;三是一改以往的包装,采用美式的"杯面",同时根据美国人喝口味重的浓汤的独特爱好,不仅在面条上精益求精,而且在汤味作料上力调众口;四是改变方便面面多汤少的传统工艺,研制生产了汤多面少的美式方便面,并改名为"远胜于汤",使杯面迅速成为美国深受消费者喜爱的快餐汤。

凭着这四大策略,日清公司果断地挑战美国人的饮食习惯,不仅出奇制胜地突破了"众口难调"的瓶颈,也为自己在美国市场开辟了一片新天地。

资料来源:王槐林,李林. 市场营销学[M]. 北京:北京大学出版社,2010. 略有改动。

二、正式调查阶段

1. 制订调查方案

调查方案主要包括以下内容。

(1) 确定调查主题。

(2) 决定收集资料的来源和方法。

(3) 准备所需的调查表格。

(4) 抽样设计。

(5) 调查问卷设计。

(6) 调查人员安排。

(7) 调查进度与日程安排。

(8) 确定市场调查费用。

2. 现场实地调查

现场实地调查就是调查人员按确定的调查对象,通过各种方法到现场获取资料。现场调查工作的好坏,直接影响到调查结果的正确性,必须由经过严格挑选并加以培训的调查人员按规定进度和方法获取资料。

调查人员一般应有一定的文化水平和工作经验,了解本企业的基本情况,具备市场营销学、统计学和企业生产技术方面的专门知识,性格外向,善于与陌生人相处,工作认真,有克服困难的信心和勇气。

三、结果处理阶段

1. 整理分析资料

这一步骤是对调查收集到的零散、杂乱的资料和数据进行审核、分类和统计制表等。审核是为了发现资料的各种错误和误差,剔除抽样设计有误、问卷内容不合理、被调查者的回答前后矛盾等错误,保证资料的系统、完整和真实可靠;分类是为了使资料便于查找和利用而将整理后的资料分类编号;统计制表是对调查的资料进行统计计算,通过图、表形式反映各种相关因素的经济关系或因果关系。

2. 编写调查报告和追踪

编写调查报告是市场调查的最后一步,是对问题的集中分析和总结,也是调查成果的反映。

调查报告的内容包括:①调查过程概述,或称摘要;②调查目的,又称引言;③调查结果分析,这是调查报告的正文,包括调查方法、取样方法、关键图表和数据;④结论与建议;⑤附录,包括附属图表、公式、附属资料及鸣谢等。

编写调查报告时,应注意报告内容要紧扣调查主题,针对性强,突出重点,力求客观扼要;文字简练,观点明确,说服力强;分析透彻,尽可能使用直观性强的图表说明,便于企业决策者在最短时间内能对整个报告有一个概括的了解。

追踪是指编写报告后,调查人员还要追踪了解调查报告中的数据是否真实可靠,调查报告中的建议或意见是否切合实际,调查报告是否已被采纳,采纳的程度和实际效果如何,尽可能协助有关人员尽早落实报告中提出的建议方案,并根据实践检验调查报告反映的问题,检验建议是否可行、适用以及效果如何,从而不断总结经验教训,不断提高市场调查的工作能力和调查水平。

本章小结

市场是社会分工、商品生产和交换的产物,在现代市场经济条件下,企业必须按照市场需求来组织生产、促进销售。从企业角度看,市场是消费者的需求。市场包括三要素,即有某种需求的人、为满足这种需求的购买能力和购买欲望。综合各种划分标准,本书将市场划分为消费者市场、生产者市场、农产品市场、服务市场四种类型。

市场信息是被人们传递、接收、理解了的,与市场经营活动有关的各种消息、数据、资料、知识、情报、图表的总称。市场信息具有目的性、客观性、复杂性、系统性、时效性、双向性等特征。

市场调查是指运用科学的方法,有目的、有计划、有步骤、系统地收集、记录、整理、分析、评价和使用有关市场方面的各种信息,掌握市场发生、发展及变化的趋势,为市场预测提供资料数据,以及为企业经营决策提供可靠依据的活动过程。

市场调查具有科学性、针对性、系统性、应用性、时效性、普遍性、创新性、经常性、主动性、不确定性等特征。

市场调查对企业的作用：是企业掌握市场动态变化的有效方法；是企业进行市场预测和制定经营战略的前提和基础；是企业正确制定和调整生产经营决策的保障。

市场调查的类型很多，按市场调查的主体，可将市场调查分为：企业组织的市场调查、政府部门组织的市场调查、个人组织的市场调查、社会其他机构组织的市场调查；按选择调查对象的方法，可将市场调查分为：全面调查、重点调查、典型调查、抽样调查（随机抽样、机械抽样、类型抽样、整群抽样、判断抽样）；按市场信息收集途径，可将市场调查分为：直接调查、间接调查；按市场调查目的和功能，可将市场调查分为：探索性调查、描述性调查、因果性调查、预测性调查等。

市场调查的内容主要包括：宏观营销环境调查、市场需求容量调查、消费者和消费者行为调查、竞争企业和竞争产品调查、市场营销因素调查等方面。

市场调查原则是市场调查活动的设计者、调查结果的提供者以及信息数据的收集者、处理者应该遵守的行为规范和工作标准，是市场调查活动取得成效的保证。市场调查活动应遵循准确性、客观性、适用性、系统性、科学性、经济性、保密性等原则。

市场调查依照一定的科学方法有步骤地进行，一般要经过调查准备（初步情况分析、非正式调查）、正式调查（制订调查方案、现场实地调查）、结果处理（整理分析资料、编写调查报告和追踪）三个阶段六个步骤。

关键术语

市场调查　全面调查　重点调查　典型调查　抽样调查　直接调查　间接调查
探索性调查　描述性调查　因果性调查　预测性调查　市场调查原则　市场调查的程序

复习思考题

1. 什么是市场调查？企业为什么要进行市场调查？
2. 市场调查有哪些特点？市场调查要遵循哪些原则？
3. 市场调查包括哪些内容？
4. 市场调查有哪些类型？
5. 市场调查的基本步骤有哪些？

实训项目

阳光制衣厂的市场调查项目

【实训目的】

1. 使学生了解什么是市场调查。
2. 使学生学会为企业确定具体的市场调查目标以及调查内容。
3. 培养学生的团队合作能力与语言表达能力。

【实训内容】

阳光制衣厂生产一种深灰色的纯棉布裤子，这种裤子在本地市场很受欢迎。制衣厂把本地市场的情况反映给外地的一家大型服装商场并发货 3 000 条。时隔不久，商场去函要求退货。厂家很快派人赶赴这一城市了解情况，初步调查后发现，该城市的风俗习惯与原产地市场的风俗习惯有所不同，该城市市民认为这种裤子的颜色不太吉祥，因此，裤子上市后几乎无人问津。

阳光制衣厂决定召回深灰色的裤子，并就该城市的裤类消费展开市场调查，准备开发适合该城市的新产品。假如你是制衣厂的调查者，你将如何进行调查？调查内容大致包括哪些？

【实训步骤】

1. 根据教学班级人数分成若干小组（自由组合，以 4~6 人为宜）。
2. 以小组为单位组织讨论，从不同角度去思考，确定本次市场调查的目标和内容。
3. 结合材料，各组展示分析的结果。
4. 同学互评，教师点评。

案例分析

海尔、华为、联想：创新源自信息

2010 年美国《商业周刊》评选出 50 家全球最具创新精神的企业，海尔、联想赫然在列，其中海尔位列第 10 位，联想位列第 30 位。与此同时，2010 年华为获得了英国《经济学人》杂志 2010 年度公司创新大奖。这三家中国企业在创新上赢得了荣誉与全球的认可并非偶然，它们的市场调查和竞争信息搜集工作在国内都堪称标杆。

海尔：技术情报与市场情报并重

海尔早期的竞争信息工作从手工卡片时代就开始了。1988 年海尔建立了简便易查、全面实用的检索专利卡片系统，该系统收集了 1974~1986 年世界 25 个主要工业国家有关冰箱的 1.4 万条专利文献题录。1990 年，海尔订购了三种中国专利公报[①]和制冷领域的专利说明书。1995 年，海尔建立了中国家电行业专利信息库，定期提供最新的专利信息，跟踪研究发达国家和国内同行的技术水平、发展状况和市场需求，紧紧抓住了进军欧美市场的切入点、时机、销售方式和海外销售商。

专利信息如何增强产品和技术研发能力？海尔的秘诀是重视专利情报分析。

海尔对已有产品项目进行国内外技术动态信息监控，从相关专利和技术领域对国内外目标公司从不同角度进行专利跟踪，形成强大的综合专利情报资料库，做到随查随用。海尔的专利情报分析报告在产品创新决策中起着决定性的作用。在对某技术领域有一个基本认识后，科研人员利用专利情报分析进一步评估技术热点和前景，寻找某些领域内的技术空隙，并在研发项目的实施中进行技术创新和回避设计，通过专利组合分析方法辅助确定研发方

---

① 分别是《发明专利公报》《实用新型专利公报》《外观设计专利公报》三种。

向。专利组合分析方法有助于企业确立专利技术所处技术生命周期的具体阶段，以及是否有继续大规模投入开发的价值。

海尔情报系统的一大特点是技术情报与市场情报并重。

海尔有一个核心理念：市场是创新的起点。这一理念明确了竞争情报工作的方向，专利情报不能只追求技术，更要为市场服务。因此，专利技术的发展方向与市场结合成为海尔创新的核心动力。正是基于大量对专利和市场情报的分析，海尔开发出了适合美国大学宿舍使用的冰箱、可以清洗农作物根茎的洗衣机、韩式双动力洗衣机、酒柜、便携式洗衣机和可当工作台的洗碗机等产品。

海尔中央研究院是其最重要的情报中心，随着海尔全球化战略的实施，公司在洛杉矶、东京、悉尼、里昂和香港都设立了信息站，及时收集全球科技和市场情报，监测竞争对手的发展趋势和变化。海尔中央研究院的核心工作包括：①动态跟踪、采集、分析全球经济、市场和技术动态，为集团决策提供依据；②为集团在全球的制造、采购和服务部门提供研发和技术支持；③整合全球科技资源，实现超前技术项目的商品化，为海尔的全球化发展提供源源不断的技术支持。

海尔还在国内构建了深入县级市场的情报网络，情报站点将收集到的国内外市场需求和情报快速反馈到总部，技术转化部负责对信息情报进行分析，并快速将信息情报分析结果以专项报告、情报课题的形式呈送给高层管理者，同时反馈给彩电和冰箱事业部负责人，中层管理者也能收到行业内的最新信息和重要的情报分析。海尔竞争情报工作以情报分析和情报分享为重点，大大提升了信息情报的利用价值。

此外，海尔还与国际知名企业进行合作，通过整合双方技术优势获得一种"增值效应"。海尔已与多个企业建立了不同的技术联盟，如从日本三菱重工引进空调技术，从意大利梅洛尼公司引进滚筒洗衣机技术；海尔与国内外知名企业以项目牵头的形式成立了若干研究中心，进行联合研究。这些都是难得的延伸海尔的情报网络的机会。

华为：以专利为核心，注重反竞争情报

华为的情报工作以收集国际竞争对手和领先企业的最佳实践，以及国际领先的管理方法和专利技术为主。早年资金短缺时，华为采纳"压强原则"，对核心技术和专利研发进行重点投入，目的是在局部核心技术领域有重大突破。华为在专利技术情报搜集、分析和专利保护上，形成了一整套方法论和情报体系，具体包括：①情报搜集与研发定位，华为运用定量、定性分析方法，结合国际竞争需要和企业需求及能力，将专利文献中的技术内容、人（专利申请人、发明人）、时间（专利申请时间、专利报告日）和地点（受理局、指定国、同族专利项）进行系统的调查和统计分析，为企业确定研发重点和制定战略提供决策支持；②情报整合和价值判断，根据专利申请量盘点技术发展史、技术发展趋势和目前所处阶段以及成熟度，以判断研发该技术的价值含量；③情报分析和决策支持，华为根据对全球专利的系统搜集和分析，预测未来新技术的发展方向和市场趋势，为公司发展战略的制定提供参考。同时，对可能与竞争对手产生竞争关系的专利进行识别和确定，并提出具有针对性的规避、无效、撤销等策略，以避免侵犯他人的专利权。2008年，华为在海外申请的专利数量居世界第一，也靠先进的无线射频拉远技术改变了世界认为中国企业只能模仿、不会创造的传统印象。

随着华为研发能力与创新能力的不断增强,华为的反竞争情报及商业秘密保护工作做得也非常出色。这些研发成果绝大部分以商业机密的形式存在,华为公司的信息安全部门有近200人,主要工作内容就是保护商业机密。

华为的商业机密和信息安全保护有三层:一是制度设计;二是管理授权设计;三是技术设计。在制度设计上,华为有一整套管理文件,并赋予该管理文件最高权力,如果有工程师触犯相应的管理规定,就要承担非常严重的后果。在管理授权设计方面,华为建立了基于国际信息安全体系架构的流程和制度规范。举例来说,在"进驻安全"和授权的控制上,华为采取"相关性"原则和"最小接触"原则,所有的文档和技术根据其保密的分级分层进行不同的授权,只有一个完全必要的人才能接触相关技术,而且接触是在相应的控制和监督下进行的。为此,华为的《信息安全白皮书》对该过程做出了明确的规定和约束。在技术设计的手段方面,华为的研发网络与互联网是断开的。在全球化异域同步开发体系中,研究人员开发的成果并不在本地的计算机上,而是在一个设控状态的服务器上,任何从该服务器发出的信息都有备份,如果出现问题可以溯源和检查。

华为还设立了强大的知识产权部门,该部门不但集聚了国内知识产权界的精英,而且其从业人数的比例达到甚至超过了国际企业对法务人员要求的比例,足见华为对知识产权的重视。华为除了严格保护企业的核心知识产权,也尽最大努力将其软件发明硬件化,通过这种方式实现知识产权的价值,提高竞争对手模仿、复制和可能偷窃的成本。华为认为,软件只有跟硬件捆绑才能生存。因此,虽然华为70%的研发成果都是软件,但华为靠专用设备跟硬件捆绑,提高了侵权门槛。

联想:一切围绕"复盘"

企业建立竞争情报系统还有一项重要的功能是战略反馈。也就是说,对已经收集到的情报、决策和执行过程进行事后反思。

柳传志多次谈到将"复盘"作为联想的核心方法论,并认为"复盘"是联想取得成功的重要因素。所谓复盘,就像下围棋或象棋之后,无论输赢都要重摆一遍的方法。联想之所以这样做,是为了搞清楚在企业整个行动过程中,导致成功或失败的真正原因是什么,是由于幸运,还是因为自身能力?复盘会让企业发现很多事情夹杂着偶然因素,下次再这样操作未必行得通,也就是要发现真正具有规律性的东西。

在联想控股,复盘工作包括三个环节:第一,要不断检验和校正目标是否正确;第二,在每一个小的里程碑节点中,检验当初决策的正确与否和执行情况;第三,在过程中总结规律。

在联想文化中,复盘有一套规范的流程。公司成立了一个复盘项目小组,根据公司的项目前后梳理,复盘一开始就有详细的文档,小组会根据所有项目的历史情况、现在的结果以及小组对事情的反思和总结写出复盘报告。在10年时间里,联想已经总结出240多个复盘文档。

复盘的价值主要体现在四个方面。①找到假设中对因果关系的认知偏差、决策失误和行为缺陷,发现问题并改变行为。在竞争情报工作中,复盘有助于确认情报的哪些来源是更准确和更真实的，它对鉴别不同情报的价值来说，是非常重要的工具。②复盘过程是行动的直接参与者发现问题、分析问题与解决问题的过程，由亲自参与实践的人提出关键性的建议，并让参与复盘的人把经验与教训带回到实践中，这样知识转移的距离最短，效率更高。③在单一情景下获得的经验或教训并不一定正确，复盘可以不断修正或减少在认知和行动中的错误，在知识与行动者之间高度关联。④分享组织之间的阅历，复盘把失败或试错当作最有价值的老师，避免类似的错误重犯。虽然复盘是一种"秋后算账"，但它有利于竞争情报系统的调节、修正和改进，尤其是强化情报人员的纠错意识。

资料来源：吕一林，冯蛟.现代市场营销学[M]. 5版.北京：清华大学出版社，2012.略有改动。

思考题：

1. 海尔、华为、联想，三个最具创新精神的中国本土企业，都在市场调查和竞争信息搜集工作方面成为国内企业的标杆，你认为是巧合吗？为什么？

2. 结合所学过的相关理论，你是否同意"市场调查是企业生产经营活动的起点，贯穿生产经营活动的全过程"这种说法？谈谈你的看法。

3. 通过对此案例的分析思考，请你试着为注重创新的中国企业在市场分析、营销调研、情报搜集等方面的工作开展提供一些具有参考价值的建议。

CHAPTER2 **第二章**

编制市场调查方案

知识架构

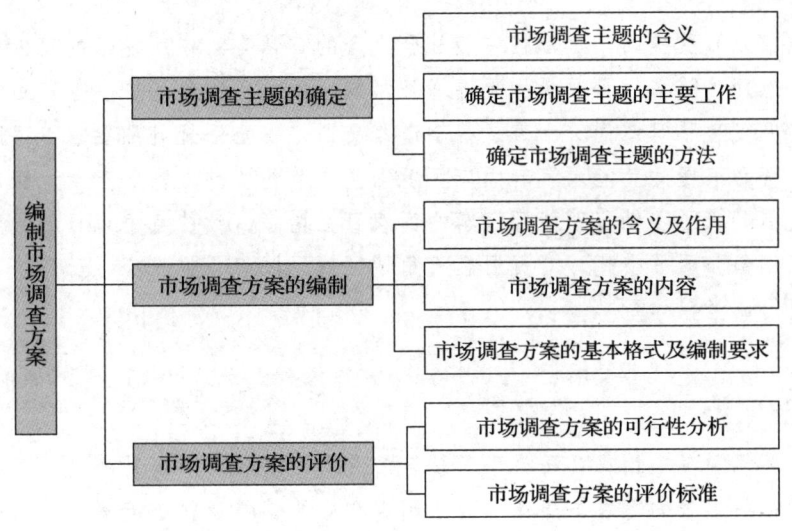

> 调查研究是谋事之基、成事之道。没有调查，就没有发言权，更没有决策权。[①]
>
> ——习近平

教学目标与要求

1. 理解市场调查主题、市场调查方案的含义
2. 掌握确定市场调查主题的主要工作和市场调查方案的内容
3. 掌握市场调查方案的可行性分析与评价标准

导入案例

新能源汽车消费者调查方案

一、调查背景

随着居民收入日益提高，汽车在一般社会大众的日常生活中所扮演的角色已由奢侈品转变为必需品，然而，随着汽车数量的大幅增长，其所造成的空气污染、噪声污染问题越发严重，能源耗费问题也不容忽视。于是，符合道路交通、安全法规各项要求，可降低环境污染并减少不必要资源浪费的新能源汽车顺应环境保护、节约资源之需而产生，目前在国内几个大城市蓬勃发展起来了。销售新能源汽车的商家日益增多，致使竞争也日趋激烈。我公司受某新能源汽车销售公司的委托，对黄河金三角地区的运城市、临汾市、三门峡市、渭南市四个主要城市进行调查。

二、调查目的

运城市某新能源汽车销售公司为了了解目前汽车市场的需求变动状况，了解某新能源汽车使用者与潜在使用者的需求与建议，由此制定相应的销售及促销策略，从而提升新能源汽车销售的市场竞争力，特组织对黄河金三角地区四个主要城市进行为期半年的市场调查。

三、调查内容

（一）新能源汽车使用状况分析

- 驾车经验分析
- 驾驶速度分析
- 每日行驶里程数分析
- 每日行驶时间分析
- 主要用途分析
- 搭载情况分析

[①] 2013年7月23日，习近平在武汉主持召开部分省市负责人座谈会时的讲话。

- 交通状况分析
- 汽车更换频率分析
- 使用满意度分析
- 使用情况分析

（二）新能源汽车需求分析

- 理想的新能源汽车外形分析
- 充电方式分析
- 公共设施的配合分析
- 愿意购买价格分析
- 购买可能性分析
- 欲购买的原因分析
- 不想购买的原因分析
- 购买时机分析

四、调研地区、对象、样本

以黄河金三角地区的运城市、临汾市、三门峡市、渭南市 18~60 岁的公民作为抽样母体，并依抽样地区、性别、年龄等 3 个变量进行分层比例抽样，分配各组样本数。样本分配表如表 2-1 所示。

五、调查方式

采用问卷调查、人员定点访问的调查方式。

六、问卷发放数量

按样本数量发放调查问卷 500 份。

七、调研时间

2019 年 12 月 1 日~2020 年 5 月 30 日。
调研工作进度如表 2-2 所示。

表 2-1 样本分配表

项目类别	样本数
地区	
运城市	200
临汾市	100
三门峡市	100
渭南市	100
性别	
男	300
女	200
年龄（岁）	
18~24	30
25~29	60
30~34	100
35~39	120
40~44	100
45~49	50
50~54	30
55~60	10
合计	500

表 2-2 调研工作进度表

调查阶段	具体安排
准备阶段	2019 年 12 月 1 日~14 日，编制调查计划 12 月 15 日~31 日，设计调查问卷并印刷
实施阶段	2020 年 1 月 1 日~31 日，招聘、培训调查员 2 月 1 日~4 月 15 日，到各个区进行调查

(续)

调查阶段	具体安排
总结阶段	4月16日~5月10日，整理问卷、分析总结 5月11日~5月30日，撰写并提交调查报告

八、资料整理与分析的方法

对合格的问卷进行登记、计算、得出可供分析使用的初步计算结果，进而对调查结果做出准确描述及初步分析，为进一步的分析提供依据。

该阶段的工作虽在室内进行，不可控因素相对较少，但智力含量高，技术性强，须予以足够重视。

九、调查报告提交方式

将本次调查的实施情况、调查结果及分析结果以文字形式呈现，编制《新能源汽车消费者调查报告》，以作为本次调查的最终结果。

十、调研经费预算

调研经费预算表如表2-3所示。

表2-3 调研经费预算表

调查项目	数量	单价（元）	金额（预算，元）	备注
问卷制作费	500份	1.00	500	打印、复印费
调查员工工资	100人	80	8 000	劳务费
交通费	100人	10	1 000	公交车费
调查文具	100份	5	500	签字笔、笔记本
礼品	500套	5	2 500	透明皂
合计			12 500	

从上述案例可以看出，市场调查活动是一项有目的、有计划、分步骤的系统实践活动，科学设计、编制市场调查方案是进行科学市场调查的前提，对市场调查工作起着统筹兼顾、统一协调的作用。当确定了市场调查的主题以后，调查人员就应针对这一调查主题科学设计、编制市场调查方案，同时要做好市场调查方案的评价工作。市场调查主题如何确定？市场调查方案如何编制？市场调查方案如何评价？这是本章所要研究和解决的问题。

第一节 市场调查主题的确定

为了使市场调查做到有的放矢，市场调查方案具有更强的实际指导意义，在具体编制市场调查方案前，首先要确定市场调查的主要问题，即确立市场调查主题，针对调查主题设计、编制市场调查方案。

一、市场调查主题的含义

市场调查主题是指一次市场调查活动所面临和需要解决的核心、关键性的问题。

市场调查主题包括营销管理决策方面的问题和具体的市场调查问题两种类型。营销管理决策方面的问题是企业决策者在企业经营管理中面临的问题，它所要解决的是"什么是决策者所要做的"这一问题。市场调查问题所解决的是"什么信息是所需要的，如何获取这些信息"这一问题，它以信息为导向，包括判断需要获得什么信息，以及如何获得最大效益和效率。

在市场调查项目开始和进行市场调查方案设计之初，确定市场调查主题具有十分重要的意义。只有清晰地界定市场调查主题，才能顺利地编制市场调查方案并付诸实施。明确市场调查主题，确定市场调查收集资料的范围，确保信息资料的完整性、准确性，可以为整个市场调查过程提供保证、指明方向。

二、确定市场调查主题的主要工作

无论是大范围的调查，还是小规模的调查，都会涉及很多复杂的矛盾和问题，企业尤其是对市场调查不甚熟悉的企业提出的调查问题或者比较抽象，或者过于宽泛，针对性不强，或者不能明确表达市场调查的具体要求。调查者应针对企业本身和企业想要了解的问题进行小范围调查、访问，并进行分析，从而确定要调查的关键问题，即确定市场调查主题。调查人员必须清晰地确定调查主题，否则无法编制出有效的市场调查方案。

确定市场调查主题需要做好几方面的工作，如图 2-1 所示。

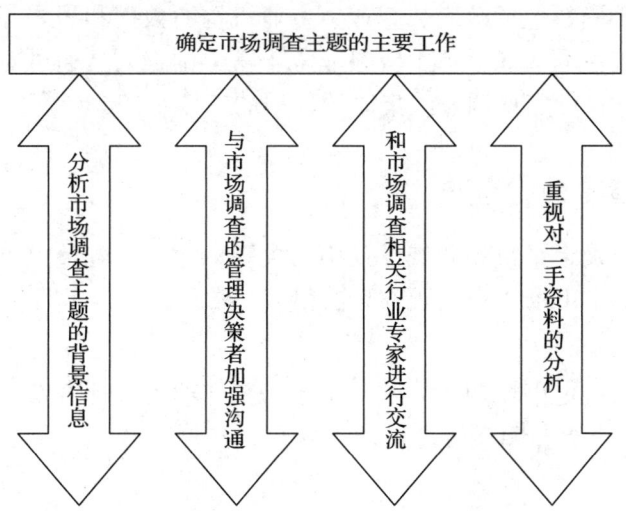

图 2-1　确定市场调查主题主要工作示意图

1. 分析市场调查主题的背景信息

在确定市场调查主题的过程中，调查人员根据企业提出的调查要求，对所有与市场调查相关的各种因素如市场调查所属行业背景、企业决策目标、企业的长期目标与近期目标、企业的经营状况、企业的生产销售情况、企业所占市场份额、企业的营销能力及技术手段、企业现有资源条件及相应的限制因素、消费者行为特征及消费习惯、政治法律环境、人口经济环境、自然科技环境等进行分析，这有助于正确界定市场调查主题。

2. 与市场调查的管理决策者加强沟通

市场调查的结果是为管理决策者服务的，在了解分析了相关背景信息后，调查人员应与市场调查的管理决策者进行交流，帮助企业厘清所要解决的关键实质性问题、构架对市场调查的需求，把自己对市场调查主题的理解与决策者进行充分沟通，进一步了解决策者进行市场调查的目的及所要解决的关键问题。同时，管理决策者对调查项目有一定的控制权力，调查人员应与管理决策者加强沟通，建立起相互信任的关系，为下一步的正式调查打好基础。

3. 和市场调查相关行业专家进行交流

调查人员和市场调查相关行业专家进行交流，主要是基于行业专家熟悉相关行业情况或经营环境信息。确定调查主题，调查人员除了要与决策者进行交流沟通，了解决策者对调查的要求和要解决的关键问题，还要通过文字形式或座谈会形式等和相关行业具有丰富的专业调查经验的专家们进行交流，也要与公司内部的相关专业人员进行交流。尤其是技术含量比较高或专业性更强的行业，调查人员更有必要向行业专家请教，从而进一步确定调查主题。

4. 重视对二手资料的分析

二手资料是已有的资料与数据，也可能为确定调查主题提供有价值的信息。调查人员通过对现有的二手资料包括政府、企业、专业机构的数据和报告等进行分析，以进一步确认已确定的调查主题。如果二手资料非常丰富，调查人员通过对其分析即可满足调查需要，就没有必要再做实地调查收集原始数据的工作了。

三、确定市场调查主题的方法

市场调查主题的确定是市场调查设计中的关键，它制约着整个市场调查方案的制订和实际运作过程。确定市场调查主题的方法很多，常用的有以下几种。

1. 项目确定法

采用项目确定法确定市场调查主题，是指为某个项目设计方案而进行前期调查，如《××房地产公司大世界花园项目市场调查方案》。

2. 产品确定法

采用产品确定法确定市场调查主题，是指为某个新产品设计、改进、上市推广策划而进行前期调查，如《××公司××新产品上市推广策划调查方案》。

3. 市场确定法

采用市场确定法确定市场调查是指为某个特定市场开发而进行前期调查，如《××省化妆品消费市场调查方案》。

4. 行业确定法

采用行业确定法确定市场调查主题，是指为某个行业的产品策划而进行前期调查，如《××市烟草行业市场调查方案》。

5. 专题确定法

采用专题确定法确定市场调查主题，是指为某个专题策划而进行前期调查，如《××电冰箱市场推广策划市场调查方案》《××市民营企业营商环境调查方案》。

四、确定市场调查主题应注意的问题

确定市场调查主题应注意以下几个问题。

（1）确定的市场调查主题既是调查任务所需，又能够取得市场信息资料。

（2）市场调查主题的表达必须准确、含义要明确肯定，必要时可以附上调查主题的相关解释，要使调查资料具有确定的表达形式，如数据、文字等，以便于整理和分析调查资料。

（3）确定市场调查主题必须考虑到企业可以利用的资源以及面临的限制条件，如资金、时间等。

第二节　市场调查方案的编制

任何一项活动都必须事先做好谋划才能取得理想结果，市场调查活动也必须如此。市场调查主题确定以后，应编制市场调查方案。

一、市场调查方案的含义及作用

（一）市场调查方案的含义

市场调查方案又称"市场调查计划书"或"市场调查项目建议书"。它是根据市场调查的目的和市场调查对象的性质，在进行实际的市场调查之前，对市场调查工作总任务的各个方面和各个阶段进行通盘考虑和安排，提出相应的市场调查实施方案，制定出合理的市场调查程序的书面文案。

市场调查方案是对整个市场调查过程的设计，是进行市场调查工作的框架和蓝图。任何市场调查活动都是一项系统工程，为了在调查过程中做到统一认识、统一内容、统一方法、统一步调，圆满完成调查任务，调查人员在具体开展调查工作前，必须编制好市场调查方案。

（二）市场调查方案的作用

市场调查方案对企业生产经营过程中各种类型的调研起着极其重要的作用，如图2-2所示。

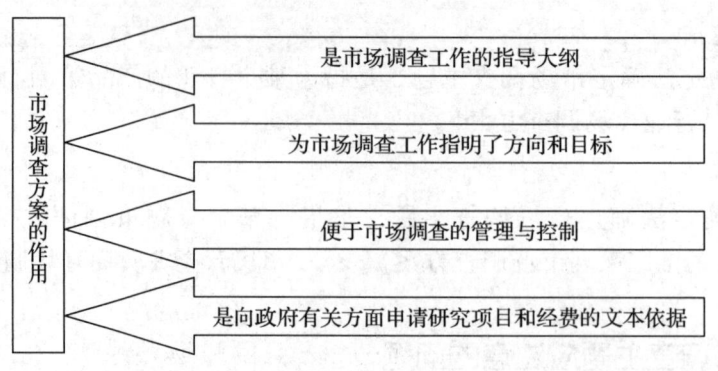

图 2-2 市场调查方案作用示意图

（1）市场调查方案是市场调查工作的指导大纲。市场调查方案是市场调研计划的说明书，对市场调查研究过程、方法做了详细规定，对各个阶段和环节预先做了统一的考虑和安排，具有较强的可操作性，对市场调查工作具有一定的理论指导及实践意义。

（2）市场调查方案为市场调查工作指明了方向和目标。市场调查方案中明确了市场调查的主题和调查目的，这样调查人员可以清晰地了解自己的工作任务，避免造成精力、时间及经济的浪费。

（3）市场调查方案便于市场调查的管理与控制。完整的市场调查方案对调查工作做了统一的考虑和安排，便于对调查过程实施监督、管理、协调与控制，保证调查按步骤有秩序地顺利进行，避免出现调查失控的局面。市场调查方案是否科学、系统、可行，在很大程度上决定着市场调查工作的成败。

（4）市场调查方案是向政府有关方面申请研究项目和研究经费的文本依据。许多研究项目可以得到政府有关方面的经费支持，市场调查方案是向政府申请的项目可行性报告的一部分。

二、市场调查方案的内容

市场调查方案是对调查工作各个方面和全部过程的通盘考虑。市场调查主题确定以后，就要围绕主题确定与编制市场调查的具体方案。从导入案例中可以看出，市场调查方案包括八方面的内容，如图 2-3 所示。

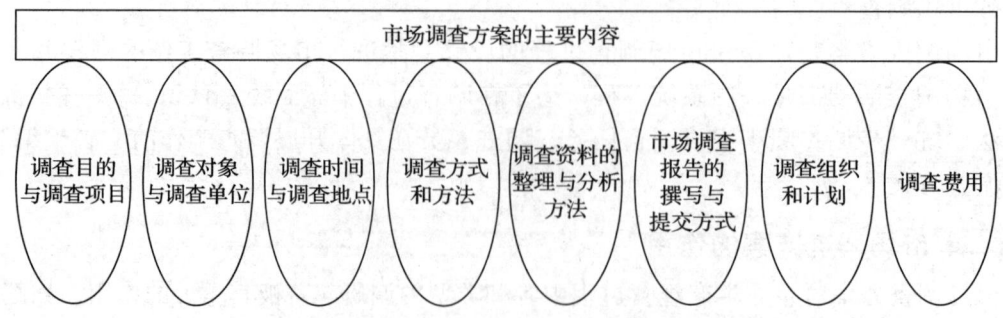

图 2-3 市场调查方案内容示意图

（一）确定调查目的与调查项目

1. 确定调查目的

通过与企业决策者沟通、与行业专家交流、分析二手资料，明确市场调查主题，为确定调查目的和调查项目奠定了基础。调查目的就是根据市场调查目标和主题通过调查获取什么资料，解决哪些问题，调查结果有什么用处。例如，本次市场调查的目的是了解某产品的消费者购买行为和消费偏好情况，认识新市场、开发新市场及维持和巩固已占有的市场等。

市场调查活动就是为了解决企业面临的各种问题，为企业的新市场开发、新产品开发提供依据，为企业的经营决策提供服务，这是编制调查方案的首要任务。只有先确定市场调查目的，如明确为什么要进行调查，要收集哪些信息资料，这次调查有什么用途等，才能确定调查的范围、内容、任务，才能确定市场调查项目，否则可能会漏掉一些重要的调查内容和调查项目，无法达到市场调查的要求。

衡量市场调查方案的编制是否科学，主要就是看市场调查方案是否体现了调查目的的要求，是否符合客观实际，是否具有针对性。

2. 确定调查项目

调查项目是指对调查对象所要调查的具体内容，就是要明确向被调查者了解哪些问题，如在消费者调查中，消费者的性别、年龄、受教育程度、行业、收入、民族等就是调查项目。

调查项目是市场信息资料的主要来源，调查项目的选择要做到"精""细""准"。"精"即调查项目所涉及的资料能满足调查分析的需要，不存在与调查主题无关的多余项目，既要做到收集资料充分，又要避免面面俱到、内容过多、过于烦琐，避免把与调查目的无关的内容列入其中。"细"即设计调查项目时应尽可能做到项目之间相互关联，使取得的信息资料相互对照，以便进一步了解市场现象发生变化的原因、条件和后果。"准"即调查项目既是调查任务所需，又能够获得相关资料；调查项目反映的内容要与调查主题密切相关；调查项目的含义要明确，必要时可以附上调查项目的相关解释及填写要求；调查项目的答案必须有确定的表达形式，如数值式、文字式等，能用数值表示的尽量少用文字，以便于数据的处理和汇总。

案例 2-1

美国航空：明确市场调查的目标

美国航空公司的一位营销经理提出应在飞行过程中为乘客提供电话通信服务。这个想法得到了其他经理的认可。

提出这一建议的经理向电信公司了解这种服务在技术上的可行性。他得到的答复是：这种服务在技术上是可行的，但是成本较高，大约为 1 000 美元。于是他与本公司的企划部联系，请他们研究乘客对这种新服务将做出何种反应。

在这项调查中，如果将"调研旅客在飞行途中所需要的一切服务"作为调研目标，那么目标就太宽泛了，调查人员可能会得到许多无用信息；而如果以"是否有足够多的乘客愿意在航行中支付较高的电话费"作为调查目标，又太狭窄了。

经过研究，调查人员最终拟定了下列调查目标。

（1）哪些乘客喜欢在航行途中通电话？

（2）有多少乘客可能会打电话？

（3）价格对于他们会有什么影响？

（4）最佳的收费标准是多少？

（5）这一新服务会增加多少乘客？

（6）这项服务对公司的形象将会产生什么影响？

（7）与航班次数、食物和行李处理等因素相比，电话服务能使乘客更愿意乘坐本公司的航班吗？

不久，调查人员得到了下面的调查结果。

（1）乘客在航行中使用电话的主要原因是紧急的商业交易和航班晚点等。飞行电话的主要客户群是商人，几乎没有人会使用飞行电话来消磨时间。

（2）推行飞行电话通话后，每次航班能多吸引两名乘客，从而获得620美元的纯收入。

（3）每200人中，只有5名乘客愿意花25美元来打电话，约有12人希望每次的通话费是15美元。可见，电话费的收入远低于成本。

（4）提供飞行通话服务，有助于提升公司的知名度和美誉度，但是每次飞行将至少损失200美元的收入。

营销经理根据调研结果做出了决策：由于飞行电话服务的成本大于长期收入，将出现入不敷出的局面，因此在现阶段没有实施的必要。

资料来源：全琳琛.1分钟学营销：故事里的营销学[M].北京：人民邮电出版社，2010.略有修改。

（二）确定调查对象与调查单位

1. 调查对象与调查单位的含义

市场调查对象就是根据调查主题及调查目的、任务而确定的调查范围以及所要调查的对象总体，由某些性质上相同或相似的一定数量调查单位组成。调查单位是指所要调查的对象总体中的个体，抽样调查中的调查样本，是在调查过程中要进行研究的各个调查项目的具体承担者，是收集信息资料的对象。确定调查对象和调查单位主要是为了解决向谁调查和由谁来提供信息资料的问题。

2. 确定调查对象与调查单位的原则

确定调查对象与调查单位应遵循的原则是所选的调查对象和调查单位必须能够代表调查总体，根据调查单位的不同，选用不同的调查方式。在调查总体的数量较少时，使用普查方式,对所要调查的全体对象一个不漏地进行调查;在调查对象数量较多时,使用抽样调查方法,选取一部分有代表性的单位进行调查。抽取样本时,无论采用哪种抽样方法,都要严格规定其应具备的条件和范围,如有关性别、年龄、文化水平、收入水平、职业等方面的选择要求,以免出现下面案例中由于调查对象和调查单位选择错误而导致调查结果错误,由于条件和范围不清而产生市场调查记录误差。

案例 2-2

便利商店的市场调查失误

以"7-11"为首的便利商店在 20 世纪 70 年代初引入日本时,选择了家务工作的主要承担者——家庭主妇作为调查对象。调查结果表明:当时日本超级市场林立、私家轿车普及和每周休息两天使全家外出购货之风盛行。市场调研的结论是:家庭主妇每周外出购货次数减少而每次购货数量激增,这将不利于便利商店的经营和发展。可是事实恰好相反,日本当时发展最快的零售形式正是这种便利商店。这次调查失败的直接原因是,不该以家庭主妇作为调查对象,因为便利商店的主要顾客是单身汉、学生和"夜行族"。将单身汉、学生和"夜行族"作为调查对象便不会得出错误结论。

资料来源:杨静.市场调研基础与实训[M]北京:机械工业出版社,2011.略有改动。

(三)确定调查时间与调查地点

1. 确定调查时间

调查时间包含两方面的含义。一方面调查时间是指信息资料所属的时间,即所收集调查对象的信息资料是何时的。确定时间是为了保证数据的统一性,如果所要调查的是时期现象,如收入、支出、产量、产值、销售额、利润额等,就要明确规定资料所反映的是调查对象从何时起到何时止的资料;如果所要调查的是时点现象,如期末人口、存货、设备、资产、负债等,就要明确规定统一的截止时间。

另一方面调查时间是指从调查方案设计到提交调查报告的整个工作时间以及各个阶段的起始时间和结束时间。要根据调查项目的难易程度、工作量的大小和时效性要求,对调查过程的每一阶段所要完成的调查任务和达到目标的时间安排做出细致的合理规定,制定调查进度安排表,使调查工作能够及时开展、按时完成,保障信息资料的时效性。

调查时间安排的要求是保证市场调查的准确性、可靠性。调查时间安排的原则是既要经济有效,又要留有余地。从经济有效的角度说,就是尽早完成调查活动,既要保证时效性,兼顾经济性,又要考虑到调查对象的时间要求以及调查的难易程度,时间安排上有一定的弹性和余地,以应对可能出现的问题和意外情况的发生。

在安排各个阶段的工作时,调查人员还要制作时间进度表,具体安排需做哪些事项、由何人负责,并提出注意事项。

2. 确定调查地点

调查地点是指市场调查在什么地方进行,在多大范围内进行。通常情况下,调查地点与调查单位所在的地点是一致的,也有二者不一致的情况。在市场调查方案中,一定要明确规定调查地点,以避免在二者不一致的情况下出现调查资料的遗漏和重复。

(四)确定调查方式和方法

市场调查方式和方法的确定主要是详细说明选择什么样的调查方式和调查方法收集资料,具体的操作步骤是什么样的。市场调查需要的信息资料很多,而市场正是一个庞大的信息系统,为了使信息收集有针对性,调查方式和方法的确定一定要考虑调查资料的收集难易程度、调查对象的特点、数据取得的源头、数据的质量要求等。

收集资料的方式有普查、重点调查、典型调查、抽样调查等。具体的调查方法有文案调查法、访问调查法、观察调查法、实验调查法和网络调查法等。在具体调查过程中,采用何种方式和方法没有统一的规定和固定的做法。为了准确、及时、全面取得市场信息资料,不只要根据调查对象和调查任务的不同而选择不同的方式和方法,更要注意多种调查方式和方法的结合运用。

为使调查者对数据、信息情报收集、整理、分类、统计、分析更有效率,一定要针对调查主题和方法,设计出提供标准化和统一化的数据收集程序的调查问卷(又称调查表)。

(五)确定调查资料的整理与分析方法

市场调查的原始资料大多是零散的、不系统的。确定调查资料的整理与分析方法,旨在对原始资料进行审核、加工、整理、编辑、编码、汇总和解析,明确分析结果的表达形式,如图表展示、列表分析等,使调查资料系统化、条理化,调查数据综合化、系列化、层次化,为揭示和描述市场调查现象特征、问题和原因提供初步加工的信息,为进一步的分析研究准备数据。

随着计算机技术在经济领域的广泛应用,对数据资料可以利用 Excel 做统计图表。数据资料分析包括定性分析和定量分析,定量分析时可选择回归分析、相关分析、因子分析、聚类分析等现代统计分析手段以及专业的统计分析软件 SPSS 等,同时要说明所使用的分析方法所具有的特征及对数据分析的重要意义。

(六)确定市场调查报告的撰写与提交方式

撰写市场调查报告是市场调查工作的最后一项内容。市场调查报告是针对调查主题在对所收集的信息资料进行分析的基础上拟定的总结性汇报书,是根据调查分析提出的一些看法和观点,是基于调查资料对调查实效价值的具体体现。市场调查工作的成果将体现在最后的市场调查报告中。调查者根据调查目的和调查主题的要求,经过深入细致的市场调查,对收集到的原始信息资料进行系统整理和分析,提出建设性的意见、建议及措施,从而为企业生产、营销、经营决策提供可靠的依据。市场调查报告应尽量简洁,要突出客观性、简明性、针对性、时效性和逻辑性的特点。市场调查报告的构成要素包括标题、目录、正文、附件等。

提交市场调查报告的方式有书面报告和口头报告。书面报告包括报告书的形式和份数、报告书的基本内容、原始数据、分析数据、阶段性研究成果、演示文稿等。

（七）确定市场调查组织和计划

市场调查组织和计划是指为确保市场调查工作的实施而制定的具体工作计划及人力资源配置计划，主要包括设置专门的市场调查领导机构、确定调查的项目负责人、调查人员的选择和培训、工作步骤及善后处理工作等。如果企业委托市场调查机构进行市场调查，还要明确双方的负责人、联系人、联系方式等。

调查人员的素质高低，直接影响市场调查工作的质量。调查人员必须具备一定的思想水平、工作能力和业务技术水平。第一，调查人员要具备积极、严谨的工作态度与敬业精神，热爱市场调查工作，工作认真细致，严格遵守组织纪律，快速适应调查环境，准确记录调查对象反映出来的各种问题。第二，调查人员要有良好的沟通与团队协作能力，有较强的语言和文字表达能力，热情、真诚、谦虚和礼貌。第三，调查人员要具备一定的市场调查与预测、市场营销学、管理学、经济学、统计学、心理学等理论知识。第四，调查人员要有较强的业务能力，能够正确理解调查提纲、表格及问卷内容，能够利用各种情报资料分析、鉴别和综合有关信息。

调查人员的培训内容包括业务理论知识与技能、品格修养与精神意志、职业道德及有关规章制度等。培训方法包括讲解培训、模拟训练、实际操作训练等。

（八）确定市场调查费用

任何市场调查活动都需要支出一定的费用。在编制市场调查方案时，要根据调查项目的难易程度、参与人数的多少和调查范围的大小，以及市场调查的深度、广度和复杂度，做好调查费用预算，尽可能考虑全面，以保证在可能的财力、人力和时间限制下市场调查活动得以实施，进而顺利完成市场调查任务。

确定市场调查费用的基本原则是：在调查费用有限的条件下，力求取得好的调查效果；在保证实现调查目标的前提下，力求使调查费用最少，核定市场调查过程中将发生的各项费用支出，合理确定市场调查总的费用预算。同时应避免两种情况：一是拖延市场调查时间，这必然造成费用开支的增多；二是削减调查费用，这可能导致市场调查的不彻底或无法进行下去，也很难保障信息的质量。

市场调查费用项目大体包括以下几方面。

（1）整体方案的设计、编制及论证费用。

（2）资料收集、复印费用。

（3）抽样设计、问卷编制、印刷费用。

（4）实地调查费用，包括调查人员的选聘和培训费、试调费、交通费、劳务费、被调查者的礼品费、复查费等。

（5）数据录入、汇总、查错、统计劳务费用。

（6）计算机数据处理费用。

（7）调查报告撰写费用。

（8）调查报告打印、复印、装订费用。

（9）组织管理费用，包括资料费、复印费、专家咨询费、联络费、有关人员的劳务费、成果鉴定论证费等。

（10）机动费用。

调查费用的预算尽量做到全面、细致、实事求是，留有一定的余地。调查费用的预算分配大体是：调查前期计划准备阶段，包括策划、调查方案设计、编制的费用，占总预算的20%；调查具体实施阶段的费用占40%；后期分析报告阶段的费用占40%。要避免在整个调查过程中由于预算不充分或者分配上出现问题而影响调查工作的正常进行。

案例 2-3

某银行"网点周边市场规划图绘制项目"

2019年6月，我公司接到山西省某银行"网点周边市场规划图绘制项目"的任务。该项目要求我们通过市场调查获取能为支行的个人金融业务、信贷业务以及对公业务开展提供便利的有效市场信息。

认真研讨客户需求之后，公司项目团队制订出如下项目实施计划。

明确项目目标，将客户抽象的需求具体化。我们将该项目目标确定为通过深入客观的市场调查和科学严谨的统计分析，充分了解营业网点辐射范围3千米以内区域的商业结构、人群收入状况、储蓄能力、资金需求及同行业态等相关信息。

制定调研计划表。通过查阅相关信息以及实地勘察，我们大概了解了网点周边3千米以内的商业状况、居民状况、交通状况等，并进行了数据汇总分析。基于所了解的情况，我们根据交通线路划分调研区域，要求各区域的调研人员搜集、整理相关市场信息。此阶段的工作历时10天左右完成。

完成调研。调查人员对区域内写字楼进行扫楼摸查，统计公司数量、类型及其他信息；对区域内个体门店发放问卷调查，收集相关信息；对区域内机关单位进行基本信息的统计工作；对区域内住宅小区通过问卷调查及走访的方式进行数据收集工作。此阶段的工作历时1个月完成。

绘制规划图。信息收集工作完成后，项目组技术人员用计算机软件对整个区域进行地图绘制工作，并将基本信息分类体现在地图上，并配一本辅助手册描述详细信息，将之提交给客户审阅，根据客户意见进行多次修改，完成市场调查报告，交付给客户。此阶段用时20天。

该项目结束时我公司交付给客户的成果包括《市场营销规划图》《市场营销规划图使用手册》，据客户反馈，这些成果对网点后续营销活动的开展起到了指导性的作用。

资料来源：由北京朝晖策管理咨询有限公司提供。

三、市场调查方案的基本格式及编制要求

（一）市场调查方案的基本格式

市场调查方案的内容确定以后，市场调查人员可以撰写方案。市场调查方案的格式

没有强制要求，基本格式主要包括封面、目录、正文、附录四个部分，如图2-4所示。

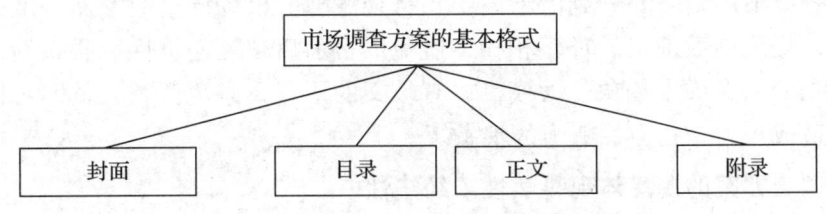

图2-4　市场调查方案的基本格式示意图

1. 封面

封面一般包括市场调查方案题目、项目负责人、调查单位、完成时间及使用时间等。封面要简洁、明确、有特色，可以做适当的修饰。

2. 目录

目录可以使读者很容易找到其感兴趣的部分，其内容主要包括方案各部分的标题和页码。注意页码与内容的对应，防止出现乱码现象。

3. 正文

正文包括摘要、调研背景以及上述八个方面的内容，这一部分是方案的主体部分，不能有遗漏，否则方案就是不完整的。

4. 附录

附录主要是对市场调查方案的一些补充说明材料，包括市场调查项目负责人及主要参加者的名单，团队成员的专长及分工情况，抽样技术、问卷设计、数据处理方法等的技术说明，原始问卷资料。所有内容按照一定顺序进行编号，排在正文后面，作为补充说明。

（二）市场调查方案编制的基本要求

市场调查方案编制的总体要求是简明、清晰、客观、具体、全面、经济。具体来说，市场调查方案编制应符合以下四点基本要求。

1. 市场调查方案的撰写必须客观、真实

市场调查具有很强的针对性和目的性，每一次市场调查都是为了解决一些特定的问题。撰写市场调查方案一定要围绕市场调查目的和主题，解决问题，不能主观臆断、闭门造车，不能随意撰写市场调查方案。

2. 市场调查方案的内容力求全面、完整

市场调查方案的内容力求全面、完整，应包括调查目的和主题、调查对象和单位、调查时间和地点、调查方式和方法、调查资料的整理和分析方法、调查组织与计划、调查费用等。市场调查方案通过将这些内容具体化，为整个市场调查工作提供全方位的指导，使所有调查人员目的明确、对象清楚、有章可循，能够按统一的内容、方法和步骤开展市场调查工作，顺利完成市场调查任务。

3. 市场调查方案的语言做到清晰简明、符合逻辑

市场调查方案的语言要做到清晰简明、符合逻辑。市场调查应遵循一定的逻辑思维和逻辑顺序，做到前后衔接、环环相扣，避免语言前后缺乏连贯性、联系性，避免使用文学描述性强的语言或太抽象、太模糊、有歧义的语言，避免调查人员因对市场调查方案的误解而造成人力、物力、财力的浪费。

4. 市场调查方案的撰写体现科学性、经济性

撰写市场调查方案要体现调查方法、信息资料分析的科学性，以期达到市场调查目的，顺利完成市场调查任务，取得科学合理的调查结果，也要体现出经济性的要求，尽量节约调查费用，力求以较少的调查投入取得较好的调查效果。

第三节　市场调查方案的评价

市场调查方案的设计是否科学合理，需要经过可行性分析的检验。经过可行性研究分析，调查人员对方案进行试点和修改，才能成为正式的市场调查计划书。

一、市场调查方案的可行性分析

对市场调查方案进行可行性分析的方法很多，综合起来有四种：逻辑分析法、经验判断法、试点调查法和项目小组座谈会法，如图 2-5 所示。

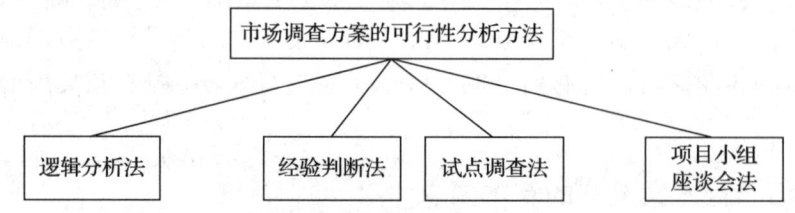

图 2-5　市场调查方案的可行性分析方法示意图

（一）逻辑分析法

逻辑分析法是指从逻辑层面对市场调查方案设计进行把关，考察市场调查方案的内容是否符合逻辑和常理。例如，对农村中老年消费者采用网络问卷方式进行调查、对青少年用报纸问卷方式进行调查、把婴儿食品市场的调查对象设计为小学生等都是不符合逻辑和常理的。

逻辑分析法主要是结合事物之间的相互联系对市场调查方案进行分析，分析其是否遵循一定的逻辑思维和逻辑顺序，安排的步骤是不是按照调查活动的逻辑顺序展开的，设计的问卷是否符合逻辑规律。

（二）经验判断法

经验判断法是指通过组织一些具有丰富市场经验的从业者或者相关领域的专家，对初步设计的市场调查方案凭借自身经验进行初步研究和判断，以确定该方案是否具备合理性和可行性。例如，国家统计局提供的每年人口数量变化方面的数据就是采用抽样的方法在重点地区进行调查，这就属于经验判断法。经验判断法的优点是能够节省人力和时间，在较短时间内得出结论；缺点是容易受主观因素、客观环境变化等影响，使判断可能出现偏差。

（三）试点调查法

试点调查法是通过在小范围内选择部分单位进行实验性调查，对市场调查方案进行实地检验，以确定市场调查方案的可行性。

试点调查法在具体操作时应注意以下几个问题。

1. 组建精干的试点调查团队

建立一支精干的调查团队是做好试点调查工作的先决条件。团队成员包括有关调查的项目负责人、市场调查方案的设计者和调查员，都要亲自参加调查，以便及时发现和解决试点调查中的问题，为做好试点调查工作提供组织保证。

2. 选择适当的调查对象

应选择规模小、数量少且具有代表性的单位作为试点单位。可以采用少数单位先行试点，然后再扩大试点的范围和区域。

3. 选择合适的调查方法和调查方式

调查方法和调查方式应保持适当的灵活性，可以多准备几种调查方法和方式，以便经过对比，从中选择适当的方法和方式。比如问卷法不合适，可改为访问法；集体访问不适合，可采用个别访问等。

4. 及时做好试点调查工作的总结

试点调查工作结束后，及时做好总结，认真分析试点调查的结果，找出影响市场调查的各种主客观因素并进行分析。检查调查目标是否制定得当，调查指标是否设置正确，哪些项目应该增加或减少，哪些项目应该修改和补充，及时提出具体意见，以便对原方案进行修改、补充与完善，从而制订科学合理、切实可行的市场调查方案。

（四）项目小组座谈会法

项目小组座谈会法是由市场调查项目小组的负责人主持、项目小组及各方代表参加的会议。在有丰富市场调查经验的项目负责人的主持下，座谈会围绕调查目的、调查内容、调查对象、调查范围、调查方法、调查问卷的设计、数据处理与分析、调查时间进度安排、调查经费预算等方面讨论市场调查方案的可行性问题。

二、市场调查方案的评价标准

对市场调查方案评价的标准涉及以下五方面的内容。

（1）主题的界定是否清晰，有无歧义。

（2）市场调查方案的编制是否体现了市场调查的目的和市场调查的要求，这是最基本的评价标准。

（3）市场调查方法的选择是否科学、完整和适用，以保障所收集资料的准确性和有用性。

（4）市场调查方案的编制是否具有可操作性，是否考虑了各种不可预期的因素。

（5）市场调查方案能否使调查质量有所提高，调查方案是否科学、可行，对调查质量有直接的影响，包括收集数据的质量。

本章小结

具体编制市场调查方案前，首先要确定市场调查的主要问题，即确立市场调查主题——市场调查活动所面临和需要解决的核心、关键性问题。市场调查主题包括营销管理决策方面的问题和具体的市场调查问题两种类型。确定市场调查主题需要做好分析市场调查主题的背景信息、与市场调查的管理决策者加强沟通、和市场调查相关行业专家进行交流、重视对二手资料的分析等方面的工作。

确定市场调查主题的方法主要有项目确定法、产品确定法、市场确定法、行业确定法、专题确定法等。

确定市场调查主题应注意调查主题既是调查任务所需，又能够取得信息资料；调查主题的含义要明确、肯定，考虑可以利用的资源以及面临的限制条件。

市场调查方案又称"市场调查计划书"或"调查项目建议书"，它是根据市场调查的目的和调查对象的性质，在进行实际的市场调查之前，对调查工作总任务的各个方面和各个阶段进行通盘考虑和安排，提出相应的调查实施方案，制定出合理的市场调查程序的书面文案。市场调查方案的作用：是市场调查工作的指导大纲；为市场调查工作指明了方向和目标；便于市场调查的管理与控制；是向政府有关方面申请研究项目和研究经费的文本依据。

市场调查方案包括确定调查目的和项目、确定调查对象和单位、确定调查时间和地点、确定调查方式和方法、确定调查资料的整理与分析方法、确定市场调查报告的撰写与提交方式、确定市场调查组织和计划、确定市场调查费用等八个方面的内容。

市场调查方案的基本格式主要包括封面、目录、正文、附录四个部分。市场调查方案编制的基本要求：市场调查方案的撰写必须客观、真实，市场调查方案的内容力求全面、完整，市场调查方案的语言做到清晰简明、符合逻辑，市场调查方案的撰写体现科学性、经济性等。

撰写市场调查方案要体现调查方法、信息资料分析的科学性，以期达到市场调查的目的，顺利完成市场调查任务，取得科学合理的调查结果，也要体现出经济性的要求，尽量节约市场调查费用，力求以较少的调查投入取得较好的调查效果。

对市场调查方案进行可行性分析的方法主要有逻辑分析法、经验判断法、试点调查法和项目小组座谈会法等。对其评价主要从主题的界定是否清晰，是否体现了市场调查的目的和市场调查的要求，市场调查方法的选择是否科学、完整和适用，市场调查方案编制是否具有可操作性，市场调查方案能否使调查质量有所提高等五个方面进行。

关键术语

市场调查主题　项目确定法　产品确定法　市场确定法　行业确定法　专题确定法
市场调查方案　逻辑分析法　经验判断法　试点调查法　项目小组座谈会法

复习思考题

1. 什么是市场调查主题？确定市场调查主题的方法有哪些？
2. 什么是市场调查方案？市场调查方案包括哪些内容？
3. 如何对市场调查方案进行可行性分析？

实训项目

根据调查课题为某一产品或店铺开展的营销调查制订一份"市场调查方案"。

【实训目的】

1. 通过本次实际操作训练，学生应认识到市场调查方案在市场调查中的重要作用。市场调查方案是市场调查的第一步，市场调查方案是指导市场调查工作的总纲，是整个市场调查活动的指导说明书，一份系统、具体、可操作性强的市场调查方案能够保证整个调查活动有条不紊地进行。

2. 通过本次实际操作训练，学生应掌握市场调查方案编写的基本技能。学会这一技能对学生独立开展市场调查活动是很重要的，对学生将来从事营销工作或创业都是非常重要的。

【实训内容】

1. 要求学生在教师的指导下，能够独立完成本次市场调查方案的编制。要求学生把调查的具体时间和相应的调查内容安排做成表格形式，便于操作和掌握。

2. 要求学生通过编制市场调查方案的实践操作，更好地理解市场调查方案的重要性，掌握市场调查方案制订的基本技能。

【实训步骤】

1. 学生根据自己确定的调查课题要求，按照市场调查方案的编制步骤，在两周之内完成该项操作训练。

2. 学生制订的市场调查方案要系统、具体、明确，总之可操作性要强，该方案能够保证接下来的市场调查活动有条不紊地进行，从而能够提高市场调查工作的效率。

3. 教师根据下列标准给予学生评定：
（1）能够准时完成。
（2）调查方案的正确性。
（3）调查方案的可行性。

案例分析

某品牌香烟市场调查方案设计

一、调查背景

目前,香烟市场已经进入成熟期,具体表现为:市场规模轻微波动,相对稳定。一方面,人口增长,农村吸烟率上升;另一方面,政府在公共场合禁烟的力度增加,城市吸烟率下降。综合二者来看,市场起伏不大,市场结构相对稳定。

二、目标城市

北京、上海、广州、太原、杭州、成都、兰州、沈阳。

三、调查目标

(1)估计八个城市的香烟市场规模,特别是客户消费同类产品的规模。

(2)估计各竞争品牌的市场份额。

(3)同类产品的市场硬细分:消费者的年龄、职业、文化程度、收入构成;同类产品的市场软细分:消费者的心理动机、偏好(烟型、口味)等。

(4)名称研究。

(5)包装测试。

(6)口味测试。

(7)了解吸烟习惯。

(8)了解购物习惯。

(9)了解媒体接触习惯。

(10)广告词测试。

四、调查方法

商店调查(每个目标城市),以访问30家左右的单位为宜:高级宾馆或饭店3家,中小型商场5家,街边(烟酒)小店5家,路边烟摊13家,批发市场2家。

消费者调查(每个目标城市):2场座谈会(每场8人,20~40岁,男性。12个国产中高档烟烟民,4个外国烟烟民),500份烟民问卷调查(访问对象同座谈会参加者,具体的数额待与客户协商后确定,我们认为吸烟数量应限定为每天不少于5支,烟龄不限)。

五、调查对象及内容

1.商店调查

①过去半年的经营业绩;②未来1年的市场趋势预测;③商家对主要竞争品牌的评价;④商家对消费者的评价;⑤进货渠道;⑥供货方式;⑦对香烟供货的要求。

2.消费者调查

①烟龄;②吸烟种类;③最常吸烟种类;④平均吸烟量;⑤香烟价格;⑥通常购买者;⑦通常购买地点;⑧通常一次购买数量;⑨购买行为影响因素;⑩选择品牌的原因(烟型、口味);⑪开始使用该品牌的时间;⑫家人对吸烟的态度;⑬考虑戒烟的理由;⑭无提示所知香烟品牌;⑮由提示所知香烟品牌;⑯接触广告种类;⑰接触媒体渠道;⑱印象最深的烟草广告及其内容;⑲印象最深的烟草包装;⑳对该品牌的联想判断;㉑背景资料(年

龄、职业、文化程度、收入构成）。

六、时间安排

①8月10日之前完成市场调查方案设计；②8月30日之前完成现场工作；③9月7日之前进行数据处理；④10月15日之前正式提交调查报告。

七、成果说明

（1）以U盘方式和书面方式各提供一份调查报告。

（2）提供八个城市区域建制及访问问卷。

（3）提供北京、太原、成都三场座谈会录像带。

八、项目预算及付款方式

税前金额总计：人民币××元。

合同签订后××市场调查公司预付××元人民币，余款待提交成果之后7日内一次性付清。

资料来源：王建增.市场调查与预测[M].北京：北京邮电大学出版社，2012.略有改编。

思考题：

1.该品牌香烟市场调查的目的是什么？

2.分析此市场调查方案设计的优缺点，并提出意见和建议。

第三章 CHAPTER3
抽样调查技术

知识架构

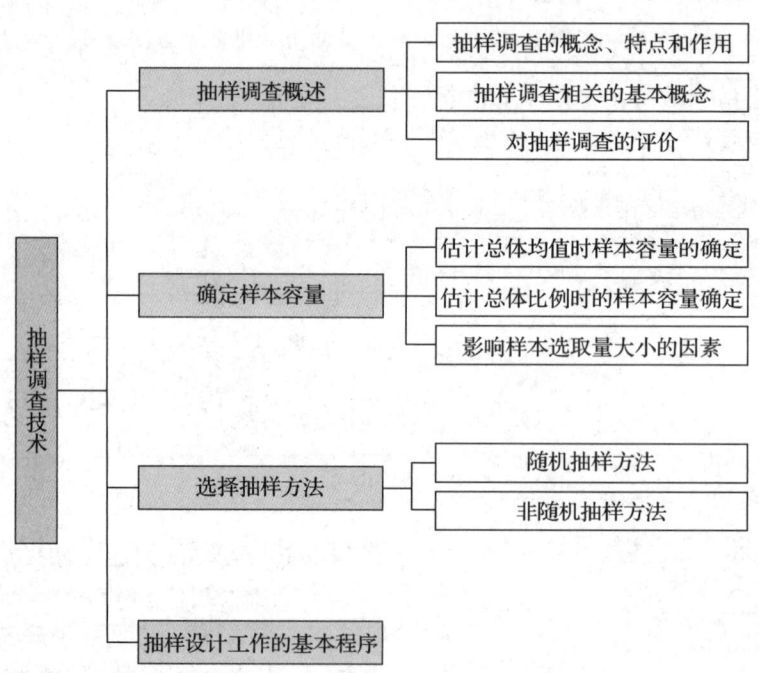

离开群众经验和群众意见的调查研究，那末，任何天才的领导者也不可能进行正确的领导。[一]

——邓小平

教学目标与要求

1. 了解抽样调查的基本概念，如总体、样本、抽样框等
2. 掌握样本容量的确定方法，能根据调查要求计算出样本容量
3. 理解四种概率抽样技术，能根据实际调查需要选择恰当的抽样方法
4. 理解四种非概率抽样技术，能根据实际调查需要选择恰当的抽样方法
5. 熟悉抽样调查方案设计的基本程序及要求

导入案例

2019年全国粮食播种面积、总产量、单位面积产量的抽样调查

根据对全国31个省（区、市）的抽样调查和农业生产经营单位的全面统计，2019年全国粮食播种面积、总产量、单位面积产量如下：

一、全国粮食播种面积116 064千公顷（174 095万亩[二]），比2018年减少975千公顷（1 462万亩），下降0.8%。其中谷物[1]播种面积97 847千公顷（146 771万亩），比2018年减少1 824千公顷（2 736万亩），下降1.8%（见表3-1）。

二、全国粮食总产量66 384万吨（13 277亿斤），比2018年增加594万吨（119亿斤），增长0.9%。其中谷物产量61 368万吨（12 274亿斤），比2018年增加365万吨（73亿斤），增长0.6%（见表3-2）。

三、全国粮食单位面积产量5 720公斤/公顷（381公斤/亩），比2018年增加98.4公斤/公顷（6.6公斤/亩），增长1.8%。其中谷物单位面积产量6 272公斤/公顷（418公斤/亩），比2018年增加151.4公斤/公顷（10.1公斤/亩），增长2.5%（见表3-2）。

表3-1　2019年全国粮食播种面积、总产量及单位面积产量情况

	播种面积（千公顷）	总产量（万吨）	单位面积产量（公斤/公顷）
全年粮食	116 064	66 384	5 720
一、分季节			
1. 夏粮	26 354	14 160	5 373
2. 早稻	4 450	2 627	5 902
3. 秋粮	85 259	49 597	5 817

[一] 选自：邓小平. 邓小平文选第一卷[M]. 北京：人民出版社，1994：219.
[二] 1亩 = 666.67平方米。

（续）

	播种面积（千公顷）	总产量（万吨）	单位面积产量（公斤/公顷）
二、分品种			
1.谷物①	97 847	61 368	6 272
其中：稻谷	29 694	20 961	7 059
小麦	23 727	13 359	5 630
玉米	41 284	26 077	6 316
2.豆类	11 075	2 132	1 925
3.薯类	7 142	2 883	4 037

注：（1）根据甘肃、宁夏、新疆等部分地区小麦实际产量对全国夏粮数据进行了修正。
（2）由于计算机自动进位原因，分项数合计与全年数据略有差异。

① 谷物主要包括稻谷、小麦、玉米、大麦、高粱、荞麦、燕麦等。

表3-2　2019年全国及各省（区、市）粮食产量

	播种面积（千公顷）	总产量（万吨）	每公顷产量（公斤）
全国总计	116 064	66 384	5 720
北　京	47	29	6 183
天　津	339	223	6 580
河　北	6 469	3 739	5 780
山　西	3 126	1 362	4 356
内蒙古	6 828	3 653	5 350
辽　宁	3 489	2 430	6 965
吉　林	5 645	3 878	6 870
黑龙江	14 338	7 503	5 233
上　海	117	96	8 170
江　苏	5 381	3 706	6 887
浙　江	977	592	6 058
安　徽	7 287	4 054	5 563
福　建	822	494	6 005
江　西	3 665	2 157	5 886
山　东	8 313	5 357	6 444
河　南	10 735	6 695	6 237
湖　北	4 609	2 725	5 913
湖　南	4 616	2 975	6 444
广　东	2 161	1 241	5 743
广　西	2 747	1 332	4 847
海　南	273	145	5 311
重　庆	1 999	1 075	5 378
四　川	6 279	3 498	5 571
贵　州	2 709	1 051	3 880
云　南	4 166	1 870	4 489
西　藏	184	105	5 678

	播种面积（千公顷）	总产量（万吨）	每公顷产量（公斤）
陕　西	2 999	1 231	4 105
甘　肃	2 581	1 163	4 504
青　海	280	106	3 767
宁　夏	677	373	5 500
新　疆	2 204	1 527	6 930

注：因计算机自动进位原因，分省合计数与全国数据略有差异。

关于粮食产量调查制度和方法的说明

全国粮食总产量为31个省（区、市）夏粮、早稻和秋粮产量的总和。

（一）调查方法

粮食产量统计调查采取主要品种抽样调查、小品种全面统计相结合的方法，调查对象包括地块和经营单位。国家统计局各调查总队负责地块的抽样调查工作，各省（区、市）统计局负责农业生产经营单位的全面统计工作。

抽样调查的主要粮食品种有稻谷、小麦和玉米等，通过以省为总体抽选具有代表性的村和地块开展调查。粮食产量抽样调查由播种面积和单位面积产量抽样调查组成。播种面积调查利用遥感影像、采取空间抽样技术抽选调查样本，在调查时点上对样本地块内所有农作物进行清查，推算主要粮食作物的播种面积。单位面积产量调查通过采用实割实测的方法，推算各主要粮食品种的单位面积产量。播种面积与单位面积产量相乘得到总产量。

（二）调查样本

目前以省为总体的粮食产量抽样调查在国家调查县（市）中进行。全国共抽取9 000多个样本村、每个样本村抽取3个面积约60亩的样方地块。在调查时节，由国家统计局各基层调查队调查人员和辅助调查员开展调查，对样方地块内及其压盖的所有自然地块开展播种面积抽样调查。各省级调查总队根据调查基础数据推算得出省级粮食播种面积。

粮食单位面积产量抽样调查在国家调查县（市）抽取的面积调查地块中进行，全国共抽取5 000多个样本村、近3万个自然地块，每个自然地块中再按照要求抽选3～5个10平方尺[一]的小样方，通过对样方内粮食作物进行实割实测，推算得出全省某粮食作物平均单产水平。

（三）测产方法

主要粮食品种单位面积产量调查采用实割实测的方法取得。按照《农林牧渔业统计报表制度》，在粮食作物收获前，各调查村中的基层调查员在播种面积调查样本的基础上对相应粮食品种种植地块逐块进行踏田估产、排队，抽选一定数量样本地块做出标记；待收获时各县级调查员或者辅助调查员在抽中样本地块上进行放样，割取样本，再通过脱粒、晾晒、测水杂、称重、核定割拉打损失等环节，计算出地块单产。国家统计局各调查总队根据抽中样本地块单产推算全省（区、市）平均单位面积产量。

资料来源：国家统计局关于2019年粮食产量数据的公告，国家统计局网站。

[一] 1平方尺＝0.111平方米。

从上述案例可以看出，为了及时了解我国主要粮食播种面积、单位面积产量、总产量变化的最新动态，以便为国民经济和社会发展各项决策提供决策依据，国家统计局于 2019 年对全国粮食播种面积、单位面积产量、总产量进行了抽样调查。抽样调查在社会经济生活中有广泛的应用。那么，什么是抽样调查？其有何优缺点？样本容量（即要抽取的有代表性的样本的数量）如何确定？抽样的信度与效度如何？抽样的方法又有哪些呢？例如，上述材料中的采用"两阶段、分层、整群、概率比例的抽样方法"具体含义指的是什么，这些方法如何运用，等等。这是本章要研究和解决的问题。

第一节　抽样调查概述

在市场瞬息万变、竞争日趋激烈的情况下，企业要做好营销决策需要大量的、准确的市场信息，如消费者、竞争对手、所在行业、市场占有率等的最新情况。企业通过各种渠道取得所需数据信息，其中数据信息直接来源有两种：一是统计调查或观察，二是实验。统计调查是取得社会经济数据的主要来源，也是获得直接统计数据的重要手段。实际工作中常用的统计调查方式主要有普查、抽样调查等，其中抽样调查是企业花费时间、投入人力和经费较少，收集信息较全面的一种调查方法。

一、抽样调查的概念、特点和作用

（一）抽样调查的概念

抽样调查又称非全面调查，是指按照一定的规则和程序，根据随机原则从所研究对象的全体（总体）中抽取一定数量的单位（样本）进行调查或观察，并根据样本的调查结果来推断总体数量特征，做出具有一定可靠性的估计判断，从而达到对全部研究对象的认识的一种方法。

（二）抽样调查的特点

抽样调查被公认为非全面调查方法中用来推算和代表总体的较为简单、完整、科学的调查方法。同普查、典型调查等相比，抽样调查具有以下四个特点。

1. 抽取样本的客观性

调查的样本是按随机原则抽取的，而不是由调查者主观选择或确定的，从根本上排除了主观因素的干扰，使调查单位的选择建立在较为客观的基础上，能够保证被抽中的单位在总体中的较均匀分布，从而保证样本推断总体的客观性。这是市场调查结果的真实性和可靠性的基础和保障。

2. 用样本资料反映总体概况

抽样调查的目的，不是说明样本本身的情况，而是通过样本来推断、说明总体的概况。通过对部分单位的调查，以少量的人力、物力和财力，取得用普查才能达到的效果，从而节约大量的调查费用。

3. 抽样误差可以计算和控制

抽样调查的最终目的是用样本所调查的指标推断总体的概况。抽样推断中的抽样误差不但可以准确计算，还可以根据研究市场问题目的的需要，对误差的大小加以控制。抽样误差计算和控制的方法逐步完善，保障了统计推断的准确性和可靠性。

4. 抽样调查的时效性较强

抽样调查只调查一部分单位的信息，所需收集、整理和分析数据的工作量较小，所需时间也较短，因此其时效性更为显著。对于时效性要求较高的市场调查来说，它可以使决策者迅速掌握市场相关信息。

（三）抽样调查的作用

抽样调查是实践中应用最广泛的一种调查方式，它的作用主要表现在以下几个方面，如图 3-1 所示。

1. 应用于实际中无法全面调查的总体

对有些研究总体不可能进行全面调查，但又需要了解全面情况时，就可以通过抽样调查来推论和说明总体。例如，可口可乐公司要推出一款新口味的饮料，不可能对数亿可乐消费者进行全面调查，所以最好选择抽样调查。

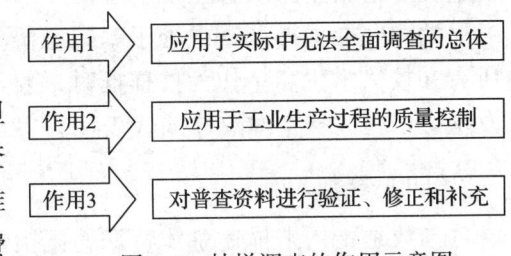

图 3-1　抽样调查的作用示意图

2. 应用于工业生产过程的质量控制

由于工业生产中的成批或大量连续生产过程是一个差异不大、同质性较强的研究总体，通过抽样调查即可了解全面情况，因而抽样调查被有效地应用于对成批或大量连续生产过程进行质量控制，检查生产过程是否正常，及时提供有关信息，便于采取措施，预防废次品的产生。

3. 对普查资料进行验证、修正和补充

普查涉及面广、工作量大，花费时间和经费多，组织起来比较困难，而且调查质量如何，需要验证。为了节省时间和经费，常用抽样调查对普查资料进行验证、修正和补充。例如，1% 人口抽样调查就是对人口普查的修正和补充。

二、抽样调查相关的基本概念

（一）总体

总体是指为一定研究目的和要求而确定的被研究对象的全体。总体单位数一般用字母 N 来表示。界定总体是十分重要的，需要事先对总体进行清楚、简洁的说明，包括内涵、外延、特征与规律性。这是确定样本及选用样本方法的前提。

假设某企业想通过调查了解在校大学生的手机使用习惯，以便从中发现新的商机。据教育部网站发布的数据，2018 年全国各种形式的高等教育在校生人数约为 3 833 万人。

该企业调查的对象就是全部在校大学生。那么，中国全部在校本专科学生就是调查的总体。

普查就是对总体中的所有个体进行统计。

（二）样本

样本又称子样，它是指按一定要求从总体中随机抽取出来进行调查的一部分单位。例如，根据实际情况及需要，上述某企业决定按1%的比例从全国抽取3.833万名大学生进行抽样调查，那么这3.833万名大学生就是样本，一般用字母n来表示。总体是所要研究的对象，样本就是所要调查的对象。

（三）抽样框

抽样调查通常要使用抽样框。抽样框是指供抽样所用的所有调查单位的详细名单。上述例子中，全国所有在校本专科大学生的名单就是一个抽样框。

抽样框在抽样调查中处于基础地位，对于推断总体具有相当大的影响。在利用全国所有在校大学生名单作为抽样框时，要先对该名单进行检查，避免有重复、遗漏的情况发生，以提高样本对总体的代表性。

（四）参数

参数是指用来描述总体特征的概括性数字度量。参数是研究者想要了解的总体的某种特征值。例如，某企业特别关心在校大学生每天使用手机的平均时长、在移动终端上购物的人数比例等。

通常这样的参数有总体均值（用μ表示）、总体标准差（用σ表示）等。

由于总体数据通常是不知道的，因此参数是一个未知的常数。正因为如此，才进行抽样，然后根据样本计算出某些值，进而估计出总体参数。

（五）统计量

统计量是指用来描述样本特征的概括性数字度量。统计量是根据样本数据计算出来的一个量，它是样本的函数。

人们通常关心的统计量有样本平均数（用$\bar{x}$表示）、样本标准差（用s表示）等。

（六）抽样误差与非抽样误差

抽样误差主要是指在用样本数据推断总体时所产生的随机误差。其产生的主要原因有：抽取样本时没有遵循随机原则；样本结构与总体结构的差异，总体各单位间的差异程度越大，则抽样误差一般也越大，反之亦然；样本量不足，样本量越小，则抽样误差越大；所选择的抽样方法，等等。这类误差通常是无法消除的，但事先可以进行控制或计算。

非抽样误差是调查过程中由于调查者或被调查者的人为因素造成的误差。调查者造成的误差有：填报错误、抄录错误、汇总错误等；被调查者造成的误差主要有：有意虚报或瞒报调查数据等。从理论上讲，这类误差是可以消除的。

(七）样本代表性

样本代表性是指样本对总体的代表程度，即样本统计量在一定的把握程度下接近总体参数的准确程度。样本代表性与抽样误差有着密切的关系，抽样误差越小，样本代表性越高，反之亦然。

(八）重复抽样与不重复抽样

重复抽样是指从总体中随机抽取一个样本单位之后，仍把它放回去，再从全部总体单位中选取样本，即每次抽选总体单位数不变，同一单位有多次被抽取的可能。

不重复抽样是指已经抽取出来的样本单位不再放回总体单位中，而在剩下的总体单位中继续抽取。换言之，总体中每个单位只有一次被抽取的可能。

重复抽样与不重复抽样的抽样误差计算公式不同。

抽样调查工作涉及两个重要方面：一是确定从总体中抽取的样本数量（一般称为样本容量），即决定样本容量的大小；二是确定抽样时所使用的抽样方法。本章第二节、第三节分别论述抽样调查中的这两个重要问题。

三、对抽样调查的评价

（一）抽样调查的优点

（1）费用较低。这是抽样调查的一个最显著的特点。由于调查的样本量通常是总体中的很小一部分，调查的工作量小，因而可以节约大量的资源，调查费用较低。

（2）速度较快。抽样调查可以迅速、及时地获得所需要的信息。与普查等全面调查相比，抽样调查可以较频繁地进行，并随事物的发展变化及时取得有关信息，以弥补普查等全面调查的不足。

（3）样本具有较强的代表性和客观性。抽样调查一般按随机原则抽取样本，可以排除调查者主观因素的干扰，使样本单位的结构充分地接近调查总体的结构，从而保证样本对总体的代表性和客观性。

（4）准确性高。由于调查工作量大大减少，可以对选拔到的较高素质的工作人员进行严格的训练，因此获取的资料质量更高一些。

（5）科学性较高。由于抽样误差可以计算，并且可以控制，所以可以应用现代统计方法与技术，并借助于计算机软件，在一定的可信度上，根据样本数据对总体特征进行推断，这样调查结果会比较准确、科学。

（二）抽样调查的局限性

（1）由于抽样调查的样本单位数一般较大，所以调查的深度就不如典型调查、个案调查。

（2）由于抽样和推断都需要掌握一定的统计知识与技术，因此，抽样调查方式在实际使用中受到一定程度的限制。

第二节　确定样本容量

根据样本统计量进行总体参数估计之前，首先应该确定一个适当的样本容量，也就是应该抽取一个多大的样本来估计总体参数。在进行总体参数估计时，总是希望提高估计的可靠程度。但在一定的样本容量下，要提高总体参数估计的可靠程度（置信水平），就应扩大置信区间，而过宽的置信区间在实际估计中往往是没有意义的。

通常情况下，样本容量的确定与可以容忍的置信区间的宽度以及对此区间设置的置信水平有一定关系。

一、估计总体均值时样本容量的确定

总体均值的置信区间由样本均值和估计误差两部分组成。在重复抽样或无限总体抽样条件下，确定样本容量的公式为

$$n = \frac{z^2 \sigma^2}{e^2} \tag{3-1}$$

其中，z 表示在置信水平为 $1-\alpha$ 时的可信度或把握程度，σ 表示总体的标准差，e 表示可接受的允许误差，n 表示所确定的样本容量。在总体标准差未知的情况下，可用样本标准差作为 σ 的估计值。

从式（3-1）可以看出，样本容量与置信水平成正比，在其他条件不变的情况下，置信水平越大，所需的样本容量也就越大；样本量与总体方差成正比，总体的差异越大，所需的样本容量也就越大；样本容量与估计误差的平方成反比，即可以接受的估计误差的平方越大，所需的样本容量就越小。

【例 3-1】 拥有工商管理学士学位的毕业生年薪的标准差大约为 2 000 元，如果想要估计年薪 95% 的置信区间，希望估计误差为 400 元，应抽取多大的样本容量？

解 已知 $\sigma = 2\,000$，$e = 400$，$z = 1.96$

根据式（3-1），得

$$n = 96.07 \approx 97$$

需要说明的是，根据式（3-1）计算出的样本容量不一定是整数，通常是将样本容量取成较大的整数，也就是将小数点后面的数值一律进位成整数，而不采取四舍五入的规则。这就是样本容量的圆整法则。

案例 3-1

样本容量越大越好吗

如果样本越大越好，那肯定是对总体进行普查最好。普查对总体较小的调查的确是好方法。但问题的关键是，许多调查涉及的总体往往较大，限于经费、时间、人力等条件的制约，人们不可能对其进行普查。同时，在概率理论、统计技术与计算机技术高度

发达的今天，普查也是没有必要的。

盖洛普（Gallup）公司是全世界著名的民意调查机构，由美国著名的社会科学家、数学家、抽样调查方法的创始人、民意调查的组织者乔治·盖洛普博士于1935年创立，它曾在1994年、1997年、1999年及2004年进行了四次覆盖中国全境的大型调查，旨在把握中国经济发展情况及人们生活方式方面的变化，这四次调查的样本都在4 000人左右。按样本越大越好的观点，覆盖中国全境的大型调查，4 000左右的样本肯定不够，但恰恰是这几次调查，向世界如实地介绍了中国，也在国内外激起了强烈反响。

更有意思的是盖洛普公司从成立时起，几乎会对每届美国总统选举进行预测性民意调查，每次调查的结果与真正选举的结果非常相似（1948年的调查除外），一般只相差两三个百分点，而它们每次抽取的样本不超过2 000人，这对那些要求样本越大越好的人来说，简直不可想象。可见，在总体很大的情况下，样本容量并不总是越大越好。

资料来源：贾俊平.统计学基础[M].北京：中国人民大学出版社，2010.略有改动。

二、估计总体比例时样本量的确定

与估计总体均值时样本量的确定方法类似，在重复抽样或无限总体抽样条件下，确定样本容量的公式为

$$n = \frac{z^2 p(1-p)}{e^2} \tag{3-2}$$

其中，p表示总体比例，e表示比例条件下的允许误差，n、z的含义同式（3-1）中的n、z。在总体比例未知的情况下，可以选择一个初始样本，以该样本的比例作为p的估计值。当p的值无法知道时，通常取使$p(1-p)$达到最大值的0.5。

【例3-2】 根据以往的生产统计，某种产品的合格率约为90%，现在要求估计误差为5%，求在95%的置信区间，应抽取多少个产品作为样本？

解 已知$p = 90\%$，$e = 5\%$，$z = 1.96$

根据式（3-2），得

$$n = 138.3 \approx 139$$

即应抽取139个产品作为样本。

那么，一项调查究竟需要多大的样本才算合理呢？一般地，样本容量越大，其代表性越好，但并不能绝对地说越大越好。据研究，样本大小与总体大小呈正相关，且具有一定的函数关系，但当样本增加至390左右时，即使总体继续增加，而样本容量也不会有太大的增加，也就是说继续增加样本容量不会对调查结果产生更有价值的影响。

如果总体较小（样本超过总体的5%），则可以使用以下公式修正

$$样本大小 = 样本容量公式 \times \sqrt{\frac{N-n}{N-1}}$$

其中，N为总体数，n为样本大小。

三、影响样本选取量大小的因素

确定样本的数量时,一般考虑五方面的因素,如图 3-2 所示。

(1)精确度。精确度即样本值越接近总体值的程度。调查要求的精确度越高,所需样本数就越大;反之亦然。

(2)同质性。同质性即总体各单位在所选特征上的相似性。同质性越强,所需样本数就越小;反之亦然。

(3)抽样类别。抽样类别即抽样方法不同,所需样本数也不同。一般分层随机抽样所需样本量最小,整群抽样所需样本量最大,其他随机抽样方法处于二者之间。

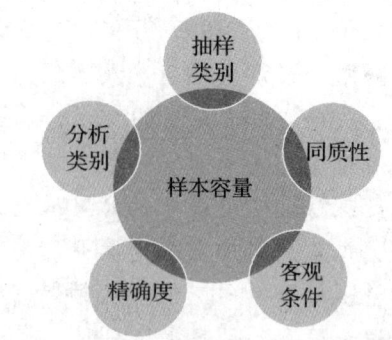

图 3-2　影响样本容量大小的因素示意图

(4)分析类别。分析类别越多,样本数要求越大;反之亦然。

(5)客观条件。确定样本容量大小时还要考虑该项调查的预算约束,即调查可用的人力、物力、财力、时间等客观条件。有时由于这些条件的限制或抽样操作上的困难,必须做出选择,或者减少样本规模而达不到所要求的精确度,或者增加调查力量,以确保样本的精确度。

在实际调查中,样本容量大小应依照市场调查本身的重要程度和实际经费支付能力而定。

第三节　选择抽样方法

案例 3-2

样本容量足够大就能确保抽样调查的成功吗

美国《文学文摘》从 1920 年起,对美国总统选举进行预测性调查。1936 年,它们从电话号码与车牌登记号码中抽选 1 000 万人,确效回收 200 万张选票,结果 57% 的人支持阿尔弗雷德·兰登,43% 的人支持在任总统富兰克林·罗斯福。但选举结果是罗斯福以历史上最大的优势——61% 的得票率,击败阿尔弗雷德·兰登,获得第二届任期。

这次民意调查样本大小应该无话可说,但为什么遭此重创呢?原因就出在电话号码与车牌登记号码的主人代表了富人,而一大批没有电话也没有车子的穷人被排除在外,但恰恰是贫穷阶层希望民主党人当选总统,于是他们都把票投给了罗斯福。但《文学文摘》的民意调查忽视了这一点,从而导致预测失败。

资料来源:贾俊平.统计学基础[M].北京:中国人民大学出版社,2010.略有改动。

从上述案例可以看出，一定量的样本大小，只是从统计的角度一定程度上解决了抽样的精确度与误差问题，但是还没有从根本上解决样本的代表性问题，而样本的代表性除了样本要达到一定量，还得采取适当的抽样方法。

抽样方法有非概率抽样方法与概率抽样方法。非概率抽样方法一般是在调查者对调查总体不了解的情况下，采取的无奈之举，代表性较低，容易产生较大的误差。而概率抽样方法是以概率理论为基础，使总体中的每一个个体都有机会被选中，从而保证样本的代表性。概率抽样方法包括许多具体的抽样方法，简单些的有简单随机抽样、等距抽样、整群抽样等，复杂一些的有分层抽样、分阶段抽样及 PPS 抽样（probability proportional to size sampling）等。这里介绍最基本的抽样方法。

一、随机抽样方法

所谓随机抽样又叫概率抽样，是指根据一个已知的概率来抽取样本单位，也就是说，哪个单位被抽中与否不取决于研究人员的主观意愿，而是取决于客观的机会——概率。

随机抽样的具体方法主要有五种，如图 3-3 所示。

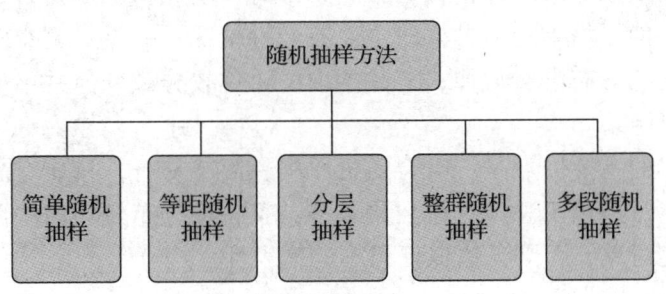

图 3-3 随机抽样方法示意图

（一）简单随机抽样

简单随机抽样又称纯随机抽样，即对总体单位不进行任何分组、排列，仅按随机原则直接抽取样本。简单随机抽样有以下几种方法。

（1）直接抽样法。直接抽样法即直接从调查对象中随机抽取样本。例如，从仓库存放的所有同类产品中随机指定若干产品进行质量检查等。

（2）抽签法或抓阄法。将研究总体中每个单位统一编号（一个单位一个号码）并填写在卡片或纸签上，然后将这些编有号码的卡片放入箱或袋内，拌匀后再随机抽取卡片，直到抽满为止。这些被抽卡片即为所抽样本。

使用这种方法的条件是：总体不大和总体单位之间的同质性强。这种方法的优点是简单、迅速；缺点是不适于总体单位数目大，且单位间差异性大的研究对象。

（3）随机数字表法。随机数字表法即根据随机数表所列数字代号，随机抽取样本的方法。随机数表中的数字是根据随机原则排列而成的。

> 知识拓展

用 Excel 抽取随机样本

第 1 步：将所要从中抽取样本的数据录入到 Excel 工作表的一列中。

第 2 步：如果抽样数据是用文字描述的名单，如学生名单，则应先将每个学生对应一个数字代码，分别为 1，2，…，并将代码录入到 Excel 工作表的一列中，与抽样名单相对应。（如果是数值型数据则可以直接依据原始数据进行抽样。）

第 3 步：选择【数据】菜单项，并单击【分析】功能组的【数据分析】图标，然后在弹出的【数据分析】对话框的【分析工具】下拉列表中选择【抽样】。

第 4 步：在【抽样】对话框中的【输入区域】中输入代码区域（数值型数据则输入数值区域即可）。在【抽样方法】选项中选中【随机】单选钮。在【样本数】中输入需要抽样的样本单位个数。在【输出区域】中选择抽样结果放置的区域。单击【确定】按钮后即得到所要抽取的样本代码（数值型数据则直接抽出数据）。

总之，简单随机抽样是基本的抽样方法，这种抽样方法从理论上讲最符合随机原则，而且从样本的抽取到对总体指标的推断，都有一套完备的规则，是其他抽样方法的基础。一般来讲，使用简单随机抽样时主要有几种情况：一是对调查对象的情况了解很少；二是总体单位的分布没有规律；三是抽取的单位较分散，但并不使调查工作难以进行，也不影响调查结果。

简单随机抽样的主要优点是：符合随机原则，简单易行，只要有总体单位的样本框即可。其缺点是：只适用于总体单位数量不多，且特征分布较均匀的调查总体，即单位间差异不大的研究对象，否则无法保证样本的代表性。

> 案例 3-3

某银行的顾客满意度抽样调查

2019 年 3 月，我公司接到中国邮政集团山西某分局"第三方用户满意度测评项目"的任务，该项目要求对该邮政分局顾客满意度进行调查，得出真实结论并提出改进意见。

公司成立了项目组，共历时 40 天，做了为期一个月的市场调查，后期数据分析以及测评报告编写用时 10 天左右。

针对当地的实际情况，项目组采用的调查方式包括：电话调查、面访、问卷调查。本次测评中随机选取了共 546 名不同年龄段、不同性别的客户，其中有效样本量达到 514 个。

根据测评要求我们采用了目前体系最完整、应用效果最好的一个顾客满意度理论模型——美国顾客满意度指数模型（ACSI），对顾客认知度、顾客服务满意度、顾客美誉度、顾客忠诚度、顾客推荐度、顾客渗透率六大指标进行调查分析。

我公司对调研数据进行统计分析之后得出结论：顾客对该邮政分局整体上还是比较

满意的,顾客满意度指数达到 0.95,顾客认知度也比较高,达到 96%,顾客忠诚度也达到了 95%,顾客服务满意度相对来说稍微差一点儿,也达到了 93%。针对上述情况,项目组从网点管理层、日常管理、绩效考核、员工职业意识教育等方面向邮政分局提出建议。最终我们所提的建议也得到了邮政分局的认可,部分已经予以采纳。

资料来源:由北京朝晖策管理咨询有限公司提供。

(二)等距随机抽样

等距随机抽样也叫机械随机抽样或系统随机抽样。它是先将总体各单位按某一标志进行排列、编号,然后用总体单位数除以样本单位数,求得抽样间隔,并在第一个抽样间隔内随机抽取一个单位作为第一个样本单位,最后按抽样间隔做等距抽样,直到抽取最后一个样本单位为止。其步骤如下。

(1)按照某种标志将总体单位进行排列。

(2)确定间隔距离。计算公式为

$$R=N/n$$

其中 R 为间隔距离, N 为总体单位数, n 为样本单位数。

(3)根据随机原则,决定选样起点。如果第一个选样号码为 K,第二个样本则为 $K+R$,依此类推,第 n 个样本则为 $K+(n-1)R$。

【例 3-3】 一个工厂有 1 000 名工人,抽取 50 个人进行调查。可以利用工厂现存的工人花名册进行排列。从 1 号排列到 1 000 号,抽选距离是 20 人。先从第一组 20 人中随机抽取一个人,假定这个人的编号是 15,然后每隔 20 个人抽取一个人,直到抽满为止。

等距随机抽样的优点是:第一,简便易行。当抽样样本量很大时,简单随机抽样要逐个使用随机数字表抽选是相当麻烦的,而系统抽样有了总体元素的排序,只要确定出抽样的起点和间隔后,样本元素也就随之确定了,而且可以利用现有的排列顺序,如抽选居民时可利用居委会的户口登记簿等,便于操作。第二,系统抽样的样本在总体中的分布一般也较均匀,由此抽样误差要小于简单随机抽样。如果掌握了总体的有关信息,将总体各元素按有关标志排列,就可以提高估计的精度。

(三)分层抽样

分层抽样又称分类抽样。具体做法是:首先,按照总体已有的基本特征,将总体分成几个不同的部分(每一部分叫一层或一类);其次,根据各类型(或层次)所包含的抽样单位数与总体单位数的比例,确定从各类型中抽取样本单位的数量;最后,再分别在每一部分中随机抽样。

【例 3-4】 要了解某市 800 个私营企业的生产经营情况,决定分类抽取 100 个企业作为样本进行调查。首先分类:第一产业 80 个,占 10%;第二产业 320 个,占 40%;第三产业 400 个,占 50%。这样则需要在第一产业中抽取 100×10%=10 个,第二产业中抽取 40 个,第三产业中抽取 50 个。

需要注意的是：在分层或分类时，应使层内各元素间的差异尽可能小，而使层与层之间的差异尽可能大。各层的划分可根据研究者的判断或需要进行。例如，研究的对象为人时，可按性别、年龄等分层；研究收入的差异时，可按城乡分层等。

分层抽样是一种常用的抽样方式，多用于总体范围大、总体中单位间差异大或者说特征分布不均匀的情况。它的优点是：第一，分层抽样除了可以对总体进行估计，还可以对各层的子总体进行估计；第二，分层抽样可以按自然区域或行政区域进行分层，使抽样的组织和实施都比较方便；第三，分层抽样的样本分布在各个层内，从而使样本在总体中的分布较均匀；第四，分层抽样可以提高估计的精度。

其缺点是：必须对总体各单位的情况有较多的了解，否则无法科学分类，抽样难度加大，分层的收益与组内相关呈正比，选择正确的分层标准很重要。

（四）整群随机抽样

整群随机抽样又叫聚类随机抽样或集体随机抽样，其方法是：首先，将总体各单位按一定标准分成若干群体，并将每一个群体看作一个抽样单位；其次，按照随机原则从这些群体中抽出若干群体作为样本；最后对样本群体中的每个单位逐个进行调查。

整群抽样时群的划分可以按自然的或行政的区域进行，也可以人为地组成群。

整群随机抽样的步骤如下。

（1）按某种标准将总体分成若干群（一般以地理区域、片或时间作为划分标准）。

（2）将各群编号。

（3）按随机原则，抽取这些群中的某些群体作为样本。这种整群抽样可以进行多次。例如，我们先把全国按省、市、自治区分群，假设抽取其中两个省作为样本省，然后再在两个省内按地市县分群，随机地抽取地市县作为样本，这样继续下去，群可以小到自然村或劳动小组。

（4）对选中群内的所有单位进行全面调查。

【例3-5】某中学有1 200名学生，分为6个年级24个班。采取整群随机抽样方法调查该校学生健康状况。随机抽6个班调查。

按年级划分群，共有6个群。在每个群里按随机原则抽取一个班，一共抽取6个班，然后对这6个班中的每个学生进行健康检查。

整群抽样的优点是：不需要有总体元素的具体名单而只要有群的名单即可，而群的名单比较容易得到。此外，整群抽样时群内各元素比较集中，对样本进行调查比较方便，节约费用。当群内的各元素存在差异时，整群抽样可以提供较好的结果。其局限是：整群抽样的样本一般在总体中分布不均匀，其代表性与精确度都低于其他抽样方法。

综合来看，上述四种抽样方法各有所长且使用条件不同。一般说来，在其他条件相同的情况下，分层抽样所需样本量最少，整群抽样所需样本量最多。但整群抽样省钱、省时间、省物，符合经济原则。而且在抽样面广、涉及层次较多、对总体情况不太了解的情况下，使用整群抽样较方便。但在被抽总体不大、情况不明时，不宜使用整群抽样，而更适用于简单随机抽样。

(五) 多段随机抽样

多段随机抽样又称多级随机抽样或分段随机抽样，就是把从总体中抽取样本的过程分成两个或两个以上阶段进行的抽样方法。

其步骤如下。

第 1 步：先将总体各单位按一定标志分成若干群体，作为抽样的第 1 级单位。然后将第 1 级单位又分成若干小群体，作为抽样的第 2 级单位。以此类推，还可以分为第 3 级、第 4 级单位。

第 2 步：依随机原则，先在第 1 级单位中抽出若干群体作为第 1 级样本，然后再在第 1 级样本中抽出第 2 级样本，以此类推，还可以抽出第 3 级样本、第 4 级样本。

第 3 步：对最后抽出的样本单位逐个进行调查。

【例 3-6】 假定某县有 20 个乡镇，平均每个乡镇有 10 个行政村，每个行政村有 10 个自然村，每个自然村有 50 户。这样全县共有 200 个行政村、2 000 个自然村、10 万户。现在决定采用随机抽样方法对该县家庭收入状况按户做 0.5% 的抽样调查，共抽取样本 500 户。

首先，确定抽样单位，根据该县社会组织的 4 个层次，即乡镇、行政村、自然村和户，应采取 4 段随机抽样方法抽取样本，并确定乡镇为第 1 级单位，行政村为第 2 级单位，自然村为第 3 级单位，户为第 4 级单位。然后采取不同的抽样方法，分 4 个阶段逐步抽取样本。

（1）一段抽样，从县抽乡镇。在 20 个乡镇中经济发展较好的乡镇 4 个，一般的乡镇 12 个，较差的乡镇 4 个。确定样本数量：第 1 级单位抽 25% 即 5 个乡镇。其中较好的乡镇 1 个，一般的乡镇 3 个，较差的乡镇 1 个。

（2）二段抽样，从乡镇抽行政村，采用等距抽样。5 个乡镇 50 个行政村，抽 20%，即 10 个行政村。

（3）三段抽样，从行政村到自然村，采用整群随机抽样。10 个行政村下属的 100 个自然村，两个临近 50 个群体，抽 10 个群体。

（4）四段抽样，从自然村到户，采用简单随机抽样。编制 10 个群体、20 个自然村、1 000 户的名单，并编号，每个群体抽 50 户，从 10 个群体中抽出 500 户。

分段抽样具有整群抽样的优点，还能弥补整群抽样样本过分集中的不足。其主要局限是：由于每段抽样都会产生误差，因此，经过多段抽样得到的样本误差也相应增大。

二、非随机抽样方法

非随机抽样又称非概率抽样，就是调查者根据自己的愿望或主观判断抽取样本的方法。

随机抽样是建立在机会均等原则基础之上的，它克服了人们的主观好恶的影响，有助于减少抽样中的误差。但是由于客观条件的限制，不可能在一切抽样中都按随机原则进行，而往往采取非随机抽样以及非随机抽样与随机抽样相结合的办法。

常见的非随机抽样有四种方法，如图3-4所示。

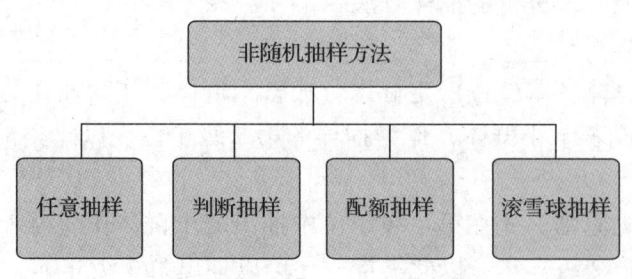

图 3-4　非随机抽样方法示意图

（一）任意抽样

任意抽样也称方便抽样、便利抽样或偶遇抽样，就是从便利的目的出发，依靠现成的研究对象获取样本，就是按调查者的方便任意抽样。比如在街头、路口、商场等，随便选择某些行人、顾客等作为抽样对象进行访问调查。

这种方法简便易行、省事省钱，适用于探索研究。但采用这种方法调查的缺点是：样本的代表性很差，有很大的偶然性。这种方法一般只用于试探性的调查中，正式调查中很少使用。

（二）判断抽样

判断抽样又称立意抽样，就是依据调查者的主观判断来选择最适当的研究对象组成样本。样本个体的选择不是根据某一概率，而是依据研究者或调查人员的经验或直觉判断。

判断抽样样本单位的选取通常可分为两种情况：第一种是选择最能代表普遍情况的研究对象；第二种是选择那些异乎寻常的个案，研究造成异常的原因。

判断抽样的优点是：能以较少的人力、经费与时间有针对性地研究某些问题。

（三）配额抽样

配额抽样也称定额抽样，将总体中的所有单位按其属性或特征，以一定的分类标准划分成若干层次或类型，然后在各层中抽样。与分层抽样方法比较接近，与分层抽样不同的是：在抽样时不遵循随机原则，而是由调查者主观确定各层中抽取的样本，只需在各层中抽取样本时保持适当比例。进一步来讲，按照一定标准和比例分配样本数额，然后由调查者在各个组成部分内根据配额的多少采用偶遇抽样或判断抽样方法抽取样本。这种抽样方法简单易行、快速灵活。

其具体步骤如下。

（1）选择一些控制特性作为划分总体的标准，把总体分成若干子体。

（2）按照子体在总体中的比例，决定各子体中的样本大小。

（3）按这些比例数字在各子体中随意抽取。

（四）滚雪球抽样

滚雪球抽样是指由于对调查总体情况不甚了解，根本无法采取上述各种抽样方法抽取样本，因而只能先找少量的甚至个别的调查对象进行访问，然后通过他们再寻找新的调查对象，这样就像滚雪球一样寻找到越来越多的调查对象，直至达到调查目的为止。

以上介绍的是最常用的随机抽样方法和非随机抽样方法。随机抽样是在知道研究总体大小的条件下根据随机原则进行的。因此，采用这种方法时，总体中每个单位都有同等被抽取的机会，并且能在可控的抽样误差范围内推论总体；非随机抽样是根据研究者的主观判断和愿望进行的。这类抽样被选对象不具有同样机会，也不知道被抽机会有多大，而且不能在具备一定把握的前提下推论总体。

第四节　抽样设计工作的基本程序

调查抽样过程既具有科学性，同时也具有艺术性，要求调查人员在尊重科学原则的基础上，充分运用自身的经验与智慧，将科学性与艺术性充分结合，使抽取的样本达到科学性的要求，满足实践条件，样本在理论上、统计上无懈可击，在实践上、现实条件上可行，为顺利推进调查工作奠定重要的基础，这样的抽样才是高质量的。

抽样设计工作的基本程序包括以下六个步骤，如图3-5所示。

（1）明确调查目的，界定调查总体。调查目的是预期的调查结果，或描述总体的某些特征与状况，或找寻总体发展的某一规律。明确了调查目的后，就可以界定调查总体。比如中小学收费情况的调查，目的是调查今年的收费情况，还是调查近几年的收费情况？如果是调查今年的收费情况，那么将调查总体界定为全部在读的中小学生或中小学生家长即可；如果是调查近几年的收费情况，则还要扩展到近几年已经毕业的中小学生。

（2）熟悉调查总体，编制抽样样本框。一旦界定了调查总体，调查者必须想方设法了解总体的基本情况，分析总体的分布与构成，对总体了解得越详细、越具体越好。因为调查总体的构成是确定样

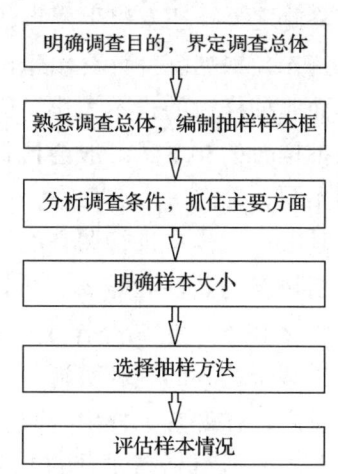

图3-5　抽样设计工作的基本程序示意图

本大小与选择抽样方法的依据。熟悉总体的一个重要工作是收集总体的有关资料，建立总体的符合抽样需要的抽样框。比如要从北京市中心城区、次中心城区与远郊区选择6个区作为样本区，则我们要将北京市16个行政区区县按中心城区、次中心城区与远郊区分类并分别编号，形成3个抽样框，然后按比例从三个抽样框中抽选样本。

（3）分析调查条件，抓住主要方面。调查的时间、经费与人力等方面是制约抽样的重要方面。俗话说："有多大能耐，做多大事"，这是指在自身资源有限的情况下，不得不这样考虑。即使资源无限，如果能达到同样的调查要求，我们也应尽量降低调查成本，"以尽可能低的成本，做尽可能多的事"，这就需要在科学性与艺术性之间寻找一个可行的中间地带。除了资源，我们需要着重考虑调查人员自身的条件。如果你拥有一批社会志愿者作为调查员，则可能会采取入户调查的方法或社区拦截的调查方法，这样在抽样上可能要以社区总体为抽样框，抽样的方法也应与之配合；而如果你拥有一批区县的教师兼职调查员，则容易进入学校进行调查，这样你自然会想到以学校为抽样框。

（4）明确样本大小。在明确了目的、熟悉了总体与分析了调查条件后，调查人员就应对自己的调查提出一个预想，即调查要求的精确度是多少，允许的误差是多少，等等。从这些要求出发，再根据总体情况以及调查条件，确定一个最为可行的样本大小。具体方法在前面已经阐述过，这里不再赘述。

（5）选择抽样方法。从实战的角度出发，一般是先确定样本大小，再选择抽样方法为好。比如从一所有2 000名在校生的学校里抽1 000人与抽30人的方法就可能不一样，抽1 000人可能用分层抽样或整群抽样的方法，而抽30人则可能用不到整群抽样方法。当然，有时也是可以变化的，并无一定之规。

（6）评估样本情况。根据一定的抽样原则与方法，我们会得到一个样本，那么这个样本质量如何呢？简而言之，一是要看样本大小，二是要将样本与总体进行比较，如果样本与总体的情况相符，则认为样本具有代表性。

除此之外，还有以下两点值得注意。

首先，根据统计计算出来的样本大小，是指经调查后，实际回收的有效调查样本大小，而非抽样时的样本大小。因为在调查实施过程中，往往会有调查不成功的情况，这样，抽样时的样本量一般会比最后成功调查的样本量大。在抽样时，要根据所用调查方法的不同，确定一个波动率，一般以5%～25%为宜。

其次，对样本进行调查的可行性分析。根据抽样规则，选取了样本后，我们还要认真分析调查的条件和需要。如果预计调查人员在规定的时间与人力内，无法完成调查任务，那么在不影响调查样本的代表性与精确度的前提下，应该考虑对样本进行适当调整，以利于调查的顺利实施。

总之，在调查抽样中，只有遵循一定的科学原则并随情势而变，充分调动自身的实践智慧，才能得到高质量的、符合要求的调查样本。但要达到这一境界，非得下一番苦功夫不行。

本章小结

抽样调查是应用最广泛的一种调查方式，具有经济性、及时性、可靠性等特点。

抽样调查的目的绝不仅仅是了解样本的情况，而是通过对样本的了解来推断总体的特征。抽样调查虽然是一种非全面调查,但其目的则是得到总体的有关资料。

抽样调查涉及样本容量的确定与抽样方法的选择两个重要方面。

确定样本容量涉及置信区间、置信水平、总体或样本的标准差以及设定的允许误差等因素。

随机抽样是在知道研究总体大小的条件下根据随机原则进行的。因此,采用这种方法时,总体中每个单位都有同等被抽取的机会,并且能在可控的抽样误差范围内推论总体;非随机抽样是根据研究者的主观判断和愿望进行的。这类抽样被选对象不具有同样机会,也不知道被抽取机会有多大,而且不能在具备一定把握的前提下推论总体。

抽样方法分为随机抽样方法与非随机抽样方法。

随机抽样方法包括简单随机抽样、分层抽样、整群随机抽样、等距随机抽样和多段随机抽样等;非随机抽样包括任意抽样、判断抽样、配额抽样、滚雪球抽样等。

抽样调查的优点主要是:费用较低、速度较快、样本具有较强的代表性和客观性、准确性高、科学性较高等;抽样调查的局限性是:调查的深度不如其他调查,需要掌握一定的统计知识与技术。

抽样设计工作的基本程序包括明确调查目的,界定调查总体;熟悉调查总体,编制抽样样本框;分析调查条件,抓住主要方面;明确样本大小;选择抽样方法;评估样本情况。

抽样设计还有两点值得注意:一是在抽样时,要根据所用调查方法的不同,确定一个波动率,一般以 5%~25% 为宜;二是对样本进行调查的可行性分析。

◉ 关键术语

总体　样本　普查　抽样调查　样本容量　简单随机抽样　分层抽样　整群抽样　等距抽样　任意抽样　判断抽样　配额抽样　滚雪球抽样

◉ 复习思考题

1. 简述市场调查中应用抽样调查的必要性。
2. 简述随机抽样的优缺点。
3. 整群抽样与分层抽样的区别是什么?试举例加以说明。
4. 简述常用的非随机抽样方法,并指出各自的优缺点。
5. 计算题

(1) 在一项家电市场调查中,随机抽取了 200 户居民,调查他们是否拥有某一品牌的电视机。其中拥有该品牌电视机的家庭占 23%。求总体比例的置信区间,置信水平分别为 90% 和 95%。

(2) 一位银行的管理人员想预估每位顾客在该银行的月平均存款额。她假设所有顾客月存款额的标准差为 1 000 元,要求估计误差在 200 元以内,置信水平为 99%。应选取多大的样本?

（3）麦当劳餐馆在7周内抽查49位顾客的消费额（单位：元）如下，求在概率保证程度为90%下顾客平均消费额的估计区间。

15	24	38	26	30	42	18
30	25	26	34	44	20	35
24	26	34	48	18	28	46
19	30	36	42	24	32	45
36	21	47	26	28	31	42
45	36	24	28	27	32	36
47	53	22	24	32	46	26

实训项目

为某公司制订在校大学生网购情况抽样调查方案

【实训目的】

通过本项实训，学生能根据调查目的与客观条件，设计抽样调查方案，加强专业实践技能与能力。

【实训内容】

某公司想了解在校大学生的网购情况，请你为该公司制订一份抽样调查方案。

【实训步骤】

1. 8~10名同学分成一组，每组确定2名负责人。
2. 为该公司设计一份抽样调查方案，并对其进行详细描述。
3. 每组在完成初稿之后，进行试调查，根据反馈继续完善。
4. 完成抽样调查方案。
5. 各组在课堂上进行交流、讨论，互相提出修改意见。

【成果形式】

1. 每组提交一份"在校大学生网购情况抽样调查方案"。
2. 学生代表与教师根据每组成员在调查中的表现进行打分。

案例分析

某公司对居委会的抽样调查方式

由于一个城市中居民的户数可能多达数百万，除了一些大型的市场研究机构和国家统计部门，大多数企业都不具有这样庞大的居民户名单。这种情况决定了抽样设计只能采取多段抽样的方式。

根据调查要求，抽样分为两个阶段进行，第一阶段是从全市的居委会名单中抽选出 50 个样本居委会，第二阶段是从每个被选中的居委会中抽选出 20 户居民。

1. 对居委会的抽选

从统计或者民政部门，我们可以获得一个城市的居委会名单。将居委会编上序号后，用计算机产生随机数的方法，可以简单地抽选出所需要的 50 个居委会。

如果在居委会名单中还包括了居委会户数等资料，则在抽选时可以采用非概率抽选的方法。如果能够使一个居委会被抽中的概率与居委会的户数规模成正比，这种方法就是所谓的 PPS 抽样方法。PPS 抽样是一种"自加权"的抽样方法，它保证了在不同规模的居委会中均抽选 20 户样本的情况下，每户样本的代表性是相同的，因而最终的结果可以直接进行平均计算。

当然，如果资料不充分，无法进行 PPS 抽样，那么利用事后加权的方法，也可以对调查结果进行有效推断。

2. 在居委会中的抽样

在选定了居委会之后，对居民户的抽选将使用居委会地图进行操作。此时，需要派出一些抽样员，到各居委会绘制居民户的分布图，抽样员需要了解居委会的实际位置、实际覆盖范围，并计算每一幢楼中实际的居住户数。然后，抽样员根据样本量的要求，采用等距抽样或者其他方法，抽选出其中若干户，作为最终访问的样本。

3. 确定受访者

访问员根据抽样员选定的样本户，进行入户访问。"以谁为实际的被调查者"是抽样设计中最后一个问题。如果调查内容涉及的是受访户的家庭情况，则对受访者的选择可以根据成员在家庭生活中的地位确定，如可以选择使用计算机最多的人、收入最高的人、实际负责购买决策的人等。

如果调查内容涉及的是个人行为，则家庭中每一个成年人都可以作为被调查者，此时就需要进行第二轮抽样，因为如果任凭访问员人为确定受访者，最终受访者就可能会偏向某一类人，如家庭中比较好接触的老人、妇女等。

在家庭中进行第二轮抽样的方法是由美国著名抽样调查专家 Leslie Kish 发明的，一般称为 KISH 表法。访问员入户后，首先记录该户中所有符合调查条件的家庭成员人数，并按年龄大小进行排序和编号。随后，访问员根据受访户的编号和家庭人口数的交叉点，在表中找到一个数，并以这个数所对应的家庭成员作为受访者。

资料来源：邓剑平. 市场调查与预测：理论、实务、案例、实训 [M]. 北京：高等教育出版社，2010. 略有改动。

思考题：

1. 上述案例采用了哪些抽样调查方法？
2. 从市场调查方案设计的过程来看，随机原则在哪些环节得到了体现？如果违背了随机原则，将会带来什么样的后果？

第四章 CHAPTER4
市场调查资料收集方法

◉ **知识架构**

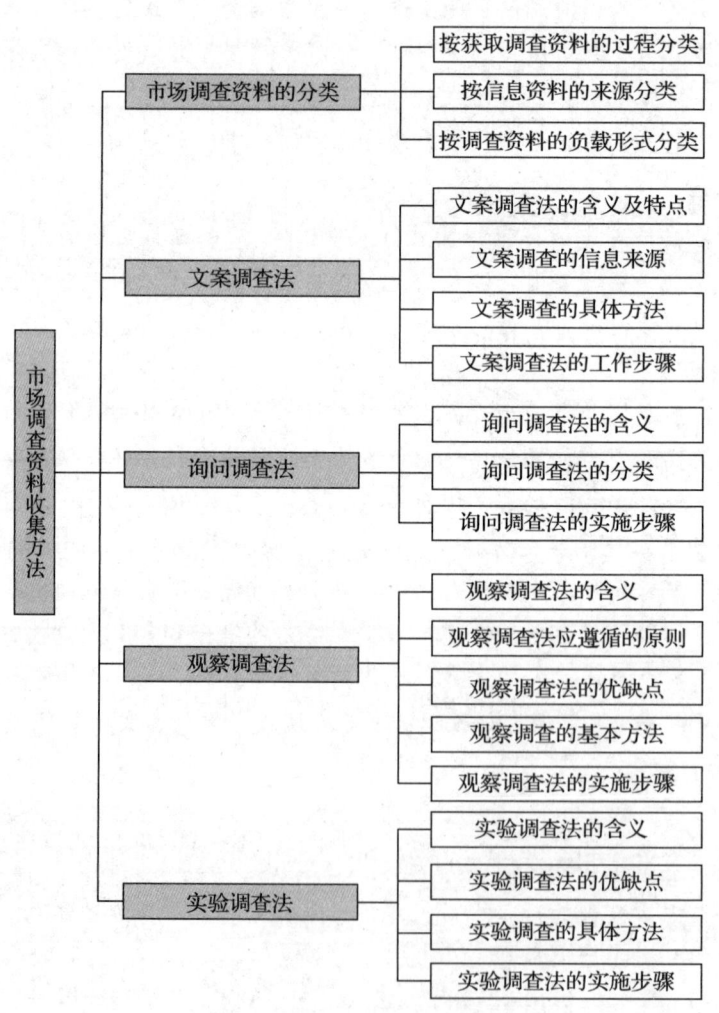

营销正变得越来越取决于信息而不是销售力。

——菲利普·科特勒

教学目标与要求

1. 了解市场调查资料的分类
2. 掌握文案调查法的内容及具体方法
3. 掌握访问调查法的内容及具体方法
4. 掌握观察调查法的内容及具体方法
5. 掌握实验调查法的内容、具体方法及步骤

导入案例

麦当劳的市场调查程序

麦当劳选址的确定需要通过为期3～6个月的市场调查，评估当地的市场潜能。市场调查分以下步骤。

第一步，确定市场调查范围。

麦当劳在市场调查前先确定市场调查范围。一般说来，市场调查范围是以拟选定的地点为中心，以1～2千米为半径，作为它的市场调查范围。

确定市场调查范围以后，麦当劳的市场分析专家便开始分析这个范围内的各项特征，包括这个范围内的人口特征、住宅特点、集会场所、交通和人流状况、收入和消费水平、同类商店的分布，对这个区域的优缺点进行评估，并预计设店后的收入和支出费用，对可能的净利进行分析，从而制定公司的地区分布战略，即规划在哪些地方开设多少餐厅最适宜，从而达到通过消费导向去创造和满足消费者需求的目标。

为了达到分析特征的目的，市场分析专家要收集如下数据。

（1）餐厅所在社区的总人口、家庭数。

（2）餐厅所在社区的学校数、事业单位数。

（3）构成交通流量的场所，包括百货商店、大型集会场所、娱乐场所、公共汽车站和其他交通工具的集中点等。

（4）餐厅前的人流量（应区分平时和节假日），人流走向。

（5）周边有无大型公寓或新小区。

（6）这个区域内的竞争店和互补店的店面数、座位数和营业时间等。

（7）街道的名称。

第二步，进行抽样调查。

在分析某个区域的特征时，还必须在这个区域内设置几个抽样点，进行抽样调查。抽样调查的目的是取得基准数据，以确定顾客的准确数字。

抽样调查可将一周分为三段：周一至周五为一段，周六为一段，周日和节假日为一段；从

每天早晨7时~午夜12点,以每两个小时为单位,计算通过的人流数、汽车和自行车数。人流数还要进一步分类为男、女、青少年、上班和下班的人群等,然后换算为每15分钟的数据。

第三步,实际痕迹调查。

除了进行抽样调查,还要进行对消费者的实际痕迹调查,也称作商情调查。

实际痕迹调查可以分为两种:一种以车站为中心,另一种以商业区为中心。

此外,还要提出一个问题:是否还有其他的人流中心?答案当然应当从获得的商情资料中去挖掘。以车站为中心的调查方法可以是到车站前记录车牌号码,或者乘公共汽车去了解交通路线。

以商业区为中心的调查需要调查当地商会的活动计划和活动状况,调查抛弃在路边的购物纸袋和商业印刷品,看看人们常去哪些商店或超级市场购物,从而准确地掌握当地的购物行动圈。

通过访问购物者调查他们的地址,向他们发放调查问卷,还可以了解购物者的生日。

最后,麦当劳的调查人员把调查得来的所有资料一一载入最初确定的市场调查范围地图。这些调查得来的数据以不同颜色标明,最后就可以在地图上确定选址的最佳范围。

资料来源:根据麦当劳中国官网信息整理。

从上述案例可以看出,市场调查质量的高低与收集到的各类信息资料的价值大小有关,与选用的市场调查方法密切相关。而市场上的信息成千上万,通过不同的调查方法收集到的信息资料种类不同、价值大小不同。因此,做好市场调查资料的分类、市场调查方法的选择至关重要。市场调查资料包括哪些类型?文案调查法、询问调查法、观察调查法、实验调查法如何应用?这是本章所要解决的问题。

第一节 市场调查资料的分类

市场调查的过程就是收集、整理、分析各种信息资料的过程。只有做好市场调查资料的分类与收集,才能保证市场调查达到认识市场发展变化规律、为市场预测和经营决策提供可靠依据的目的。

依据不同的分类指标,可以对市场调查资料进行不同的分类,如图4-1所示。

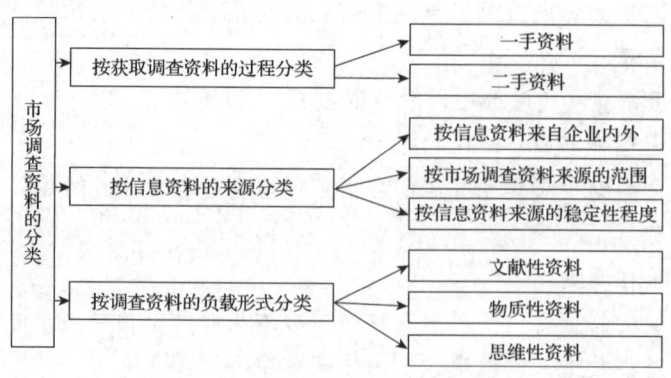

图4-1 市场调查资料分类示意图

一、按获取调查资料的过程分类

（一）一手资料

一手资料也称"原始资料"或"初级资料"，是指市场调查人员采用各种方法通过实地调查所获取的具有直观、具体、零碎等特点的一手资料。它包括实地调查资料、观察资料和实验数据等，这是市场信息的基础。

一手资料的优点是：资料收集时效性强，具有较高的相关性、针对性和可靠性，能提供事实、意见、动机等信息。其缺点是：费时、费工、费用高。

一手资料来源于实际的市场调查活动，可以通过访问调查、观察调查、实验调查、网络调查等方法获得。具体采用什么方法，需结合市场调查的目的与主题而定。

（二）二手资料

二手资料又称"已有资料"或"次级资料"，是指其他人或机构为其他目的而组织收集、整理的各种现成的相关历史资料，如年鉴、报告、期刊、文集、数据库、报表等。

二手资料的优点是：收集迅速便捷、没有时空限制、成本低。

案例 4-1

粮食问题的调查

绿色和平组织、乐施会对世界粮食问题与基因改造食物态度在全球范围内进行了抽样调查。其调查结果如下。

接近 60% 的受访者认为目前全球饥饿问题严重。超过 35% 的受访者认为全球粮食生产不够，46% 的受访者认为粮食生产足够。

超过 80% 的受访者认为全球粮食分配不平均。大部分人认为，分配不均才是饥饿问题的核心，而非与粮食产量有关。

关于基因改造农作物技术可以增加粮食产量，有助于解决全球饥饿问题的说法，有超过 30% 的受访者不同意，接近 55% 的受访者同意。

资料来源：杨静.市场调研基础与实训[M].北京：机械工业出版社，2011.

如果市场调查者需要这方面的内容，只要查阅这份现成的资料就可以了，不需要再进行原始资料的收集。

二手资料的缺点是：资料的相关性、准确性和适用性较差，加工审核工作难度大；资料的时效性差，具有滞后性，容易过时；收集到的资料具有残缺性或有错误，如上述案例，查不到绿色和平组织、乐施会对哪些群体进行了调查，直接影响调查结果的正确性。

二手资料可以通过文案调查法获得。二手资料的调查工作对调查者的专业知识、实践经验和调查技巧要求较高。

二、按信息资料的来源分类

（一）按信息资料来自企业内外分

1. 企业内部资料

企业内部资料是指来自企业内部的各种相关信息资料，如原始凭证、各类报表、账册、总结、用户来函、订货单及进货统计、库存记录、合同签订执行情况、生产经营计划、客户名单、商品介绍、分析总结报告、宣传材料、决策层的各种规划方案、以往的市场调查报告等。其特点是：收集方便、成本低、可靠性强。

2. 企业外部资料

企业外部资料是指来自企业外部的各种相关信息资料，如公告、统计年鉴、报纸、杂志、图书、会议资料、报告、学术论文、广告等。获取外部资料的途径有四个方面：经销商、消费者、竞争对手和其他外部环境（包括政府机构、行业协会、各种信息咨询机构、各种类型的图书馆、大众传播媒介等）。其特点是：收集时间长，费用高，资料时间跨度大，资料来源难控制。

（二）按市场调查资料来源的范围分

1. 全部对象资料

全部对象资料是指把理论上的调查对象全部列为实际开展调查收集的资料。其特点是：时效性差，费用高，实施难度高，易产生误差。

2. 重点对象资料

重点对象资料是指把理论上的调查对象中的重点单位作为实际的调查对象而获取的重点资料。其特点是：实施容易，调查深入详细，节省人力、财力和时间。

3. 典型对象资料

典型对象资料是指把理论上的具有代表性的单位作为实际调查对象而获得的典型资料。其特点是：省时省力，以点带面。

（三）按信息资料来源的稳定性程度分

1. 非固定对象资料

非固定对象资料是指调查一结束，调查对象与调查者的联系也就结束了的信息资料。

2. 固定对象资料

固定对象资料是指经过挑选作为较长时期的资料提供者的单位或个人的信息资料。其特点是：有利于保证信息资料的连贯性、系统性、稳定性。

三、按调查资料的负载形式分类

1. 文献性资料

文献资料是指从各种文献中收集到的信息资料。

2. 物质性资料

特质性资料是指以各种物质形式负载的信息资料,如新产品、新技术的样品资料、商品展览宣传资料等。

3. 思维性资料

思维性资料是指人们头脑中负载的相关市场信息资料,如人们对市场进行分析得出的资料及对未来市场发展走势的预测资料等。

根据不同的划分标准,可将市场调查的信息资料分成上述多种类型。不同类型的市场调查信息资料各具特征。研究不同类型的市场信息资料的作用和特点,针对不同类型的信息资料选择最适宜的调查方法,有利于调查者获得准确、翔实、可靠、系统的市场信息资料,为进一步进行信息资料的分析奠定基础。

市场调查资料的收集方法多种多样,经常采用的基本方法有文案调查法、询问调查法、观察调查法、实验调查法、网络调查法等,每种方法又可分为不同的步骤和具体方法。每种调查方法各有优缺点,在实际的调查活动中可以根据具体的调查内容、要求和特点,选择最适宜的调查方法,也可以选择多种方法的组合。下面对文案调查法、询问调查法、观察调查法、实验调查法的基本方法进行分析。

第二节 文案调查法

一、文案调查法的含义及特点

(一) 文案调查法的含义

文案调查法又称"间接调查法""案头调查法""资料分析法""二手资料调查法"或"室内研究法",是指通过各种手段收集、筛选各种历史和现实的已经加工过的动态资料,获取相关信息并加以分析整理的一种调查方法。

文案调查法主要用于收集与市场调查课题有关的二手资料,对象是各种历史和现实的统计资料,包括各种文献、档案中的信息资料,如图书、期刊、报纸、杂志、政府文件、统计数据、会议记录、专刊文献、学术论文、档案材料等,也包括网络信息资料,如政府信息网、各种网络公司建立的信息数据库。

文案调查是市场调查的第一步,为实地调查先行收集已经存在的市场数据,为实地调查提供背景资料,是实地调查的基础;文案调查可取得实地调查无法获取的某些资料,如竞争对手的原始资料等;文案调查可鉴定、证明实地调查资料的可信度,并可以进行趋势分析和对总体进行推测。

(二) 文案调查法的特点

与其他调查方法相比,文案调查法具有四个特点,如图 4-2 所示。

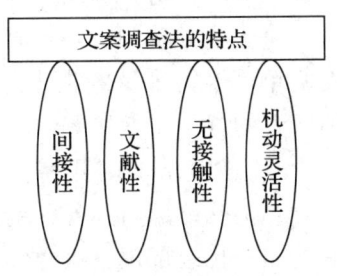

图 4-2 文案调查法的特点示意图

1. 间接性

文案调查是收集、筛选已经经过加工的以文字、图像、符号、视频等形式所负载的二手资料或次级资料，不需要再进行实地调查。

2. 文献性

文案调查法以收集文献性信息为主，具体表现为对各种文献资料的收集、整理与汇总。

3. 无接触性

文案调查法不直接接触被调查者，在调查过程中不存在与被调查者之间关系协调的问题，不受时空限制，可以获得实地调查难以取得的大量历史资料。

4. 机动灵活性

文案调查法能够快速、以较低成本获取所需的二手资料，以满足市场研究的需要。二手资料可作为评价原始资料的标准或作为原始资料的补充说明。

（三）文案调查法的优缺点

（1）文案调查法的优点：资料收集过程简易、经济便利；资料来源广泛，某些资料只需简单加工；调查方法机动灵活，克服时空限制；调查人员可以快速、便捷地获得所需资料，满足市场调查需要；受调查者主观情感判断的影响小；初步了解调查对象的性质、范围、内容和重点等，为进一步实地调查创造条件。

（2）文案调查法的缺点：数据的收集整理工作比较烦琐；二手资料多为历史性的数据和资料，缺乏最新的信息，具有滞后性和残缺性；二手资料一般是针对某些目的而收集整理的，缺乏针对性，适用性差，需进一步加工处理；有些二手资料的精确度不高、可靠性不强，需要对资料进行审查与评价，以确定其是否可靠、精确；对调查者的专业知识、实践经验和技巧要求较高。

二、文案调查的信息来源

文案调查成功的关键是发现并确定资料的来源。文案调查的信息资料来源很多。从市场调查主体的角度出发，大体分为企业内部渠道信息资料和企业外部渠道信息资料。

（一）企业内部渠道信息资料

企业内部渠道信息资料主要是指企业内部各个部门所提供的数据、资料和记录，包括业务部门、财务部门、统计部门、行政部门及其他有关个人或部门提供的数据资料。

（1）业务部门：不同产品、顾客档案、分销渠道及市场占有率、订货单、进货单、发货单、销售人员的报告、销售记录、服务记录、退货记录、代理商和经销商的信函、消费者的意见及信访等。

（2）财务部门：财务报表、会计核算、财务审计报告、产品价格、成本等。

（3）统计部门：各种统计报表、企业销售资料、库存资料等。

（4）行政部门：人才需求报告、各项规章制度、绩效考核资料、会议资料、总结性文件等。

（二）企业外部渠道信息资料

企业外部渠道信息资料指企业外部与企业相关的政府机关单位、个人直接或间接提供的数据资料，如各类情报单位、互联网、在线数据库、图书馆等提供的数据资料，具体如下。

1. 政府及有关部门提供的资料

政府及有关部门提供的资料包括中央人民政府、全国人民代表大会定期、不定期公布的有关法律、法令、经济方针、产业政策等；国务院及有关部委发布的有关信息资料；国家统计局及地方统计局定期发布的统计公报、数据和统计信息，定期出版的各类统计年鉴，其内容包括全国人口总量、国民收入、居民购买力水平、国际贸易、金融等。

2. 行业协会、商会提供的资料

行业协会、商会提供的资料包括行业协会、商会定期出版的一些有关本行业的产品信息；能够提供的会员名单、会员基本情况等资料；各专业性商会经常发布贸易信息并组织对外展览等活动；各种展览会、博览会、交易会和订货会等会提供新产品、新技术的有关信息资料。

3. 各类情报机构提供的资料

各类情报机构提供的资料包括各种专业信息咨询机构、经济信息中心、研究院、研究所等提供的市场信息资料和行情发展报告；专业市场调查组织提供的调查报告；各类研究机构、科研院校提供的论文集、研究报告、统计报告及其他相关资料。

4. 在线数据库、辛迪加数据提供的资料

在线数据库是指按照一定要求收集且具有内部相关性的计算机化的数据集合体。它可以收集到世界各国、各地区和各类企业甚至是个人的相关信息资料并通过计算机系统进行编辑、分类和分析，资料形式包括文献目录、文章、报告、统计资料、数字、名录等，其内容既包括各国家或地区宏观层面的信息资料，也包括企业或个人微观层面的资料和数据等。

辛迪加数据又称"联合调研"数据，是指一种具有高度专业化、从一般数据库中所获得的外部次级资料，如美国全国家庭购买面板数据、尼尔森电视媒体监测数据、阿比创市场研究公司的广播收听率研究结果、央视－索福瑞媒介研究有限公司的电视收视市场研究数据等。这些市场调研公司会选择一些特定的产品作为调查对象，并不间断地向各有关企业推销调查报告。他们一般不专门为某个客户服务，凡是有兴趣的厂商，都可以出钱购买这些信息。这些市场调研公司把相关信息卖给多个信息需要者，信息需要者较快地获得所需信息，也大大降低了获得信息的成本。

知识拓展

国内外部分电子图书、报刊数据库

"超星数字图书馆"是北京世纪超星技术发展有限公司开发的中文数字图书馆之一，

拥有数百万册电子图书，包括文学、军事学、经济学、医学、理学、工学等学科门类，是国内资源最丰富的数字图书馆。

"方正电子图书数据库"是方正 Apabi 数字资源的核心部分，涵盖人文社科、经管、文学、科技等类别。

"书生之家电子图书"是由北京书生数字技术有限公司开发推出的数字图书馆平台，拥有 10 多万种电子图书，其图书内容涉及经济金融、工商管理、计算机、文学和通信、教材参考与考试等方面。

"NetLibaray 电子图书"通过 EBSCO 数据库平台提供服务。它提供 19 万多种电子图书，覆盖计算科学技术、经济学、法学、文学、哲学、教育学等主要学科。

"中国学术期刊网络出版总库"是中国知网知识发现网络平台的重要组成部分，内容覆盖基础科学、工程技术、农业科技、哲学与人文科学等各个领域。

"维普期刊资源整合服务平台"由维普资讯有限公司开发，是目前国内最大的期刊类数据库。所有文献分为自然科学、工程技术、农业科学、医药卫生、经济管理、教育科学和图书情报 7 个专辑。

"万方数据知识服务平台"涵盖期刊论文、学位论文、会议学术论文、科技报告、专利、视频等资源类型，涉及自然科学、工程技术、农林、医学、人文社科等领域。

"全国报刊索引综合数据库"由上海图书馆"全国报刊索引"编辑部负责研制和编辑，收录内容涉及社会科学、科学技术领域国际、国内的重大科研成果等。

"人大复印报刊资料全文数据库"汇集了自改革开放以来国内报刊公开发表的近 6 000 余种人文社会科学研究成果的精粹。

"John Wiley 全文电子期刊数据库"覆盖生命科学与医学、化学、工程学、数理统计学、工程学、计算机科学、商业管理、金融学等学科领域。

"Springer 电子期刊及图书数据库"通过 SpringerLink 系统提供电子图书及学术期刊的在线服务。

"WorldSciNet（WSN）电子期刊和电子书数据库"收录内容覆盖基础科学、计算机科学、工程技术、医学、生命科学、商业管理等学科领域。

"Elsevier ScienceDirect 电子期刊全文数据库"收录内容覆盖农业和生物科学、计算机科学、能源和动力、环境科学、材料科学、医学、化学、工程和技术、商业、经济学及社会科学等学科领域。

"EBSCO 数据库"收录内容涉及经济学、管理学、金融学、会计学、生物科学、医药学等领域。

"Kluwer 全文电子期刊"收录内容涉及材料科学、电气电子工程、工商管理、环境科学、计算机和信息科学、经济学、生物学、物理学、管理学等。

5. 各类出版物、电视广播提供的资料

出版物提供的资料包括国内外有关的图书、报纸、杂志所提供的文献资料，如各种统计资料、广告资料、学术动态、经贸述评、中外经贸动态、工商企业动态、最新经济动态、市场行情和世界市场趋势研究等预测资料等；有关生产和经营机构提供的商品目录、广告说明书、专利资料及商品价目表等。全国各地的广播电视台开设的市场信息、经济博览等栏目以传播经济、市场信息为主导的专题节目及各类广告，都是获得相关二手资料的渠道。

知识拓展

国内外部分年鉴介绍

《世界经济年鉴》由中国社会科学院世界经济与政治研究所出版，年刊。它是主要介绍世界经济及各国、各地区基本经济情况和动态的资料性工具书。

《中国经济年鉴》由国务院发展研究中心主管主办。它是全面、系统地反映我国经济和社会发展的新成就、新问题和新趋势的资料性年刊。

《中国对外经济贸易年鉴》由中国对外经济贸易出版社出版，年刊。它反映了上一年我国对外经济贸易、利用外资、引进技术和其他对外经济合作方面的方针政策、法律规定、信息资料和统计数据。

《中国统计年鉴》是国家统计局编印的一种资料性年刊。它全面反映了我国经济和社会的发展情况，提供各方面的统计资料。

《中国百科年鉴》是由中国大百科全书出版社编辑部主编的综合性年鉴。它主要反映了上一年中国和世界各国的重大事件和新情况。

《欧洲金融年鉴》是双年刊，主要反映欧盟各成员国的有关金融情况。

《世界年鉴》是美国出版历史最悠久的年鉴。它提供以美国为主，旁及世界各国的有关人、地、事件以及其他方面的最新资料。

《国际收支统计年鉴》是国际货币基金组织的出版物。它提供的大量资料和数据均由主编单位成员方提供，因此，每片所包含的国家和地区的数字是随着国际货币基金组织成员方数字的变动而变化的。

《国际金融统计年鉴》是国际货币基金组织统计局的出版物。它主要反映国际金融的基本情况。

《国际贸易统计年鉴》是联合国统计处的出版物，是关于国际贸易的统计资料工具书，每年出版一次。

《美国统计摘要》是一部美国官方综合性统计资料汇编，现由美国商务部人口调查局和经济分析局编制，是研究美国国情的重要工具书。其内容涉及美国经济和社会各个领域。

三、文案调查的具体方法

文案调查的具体方法很多，归纳起来分为七种，如图4-3所示。

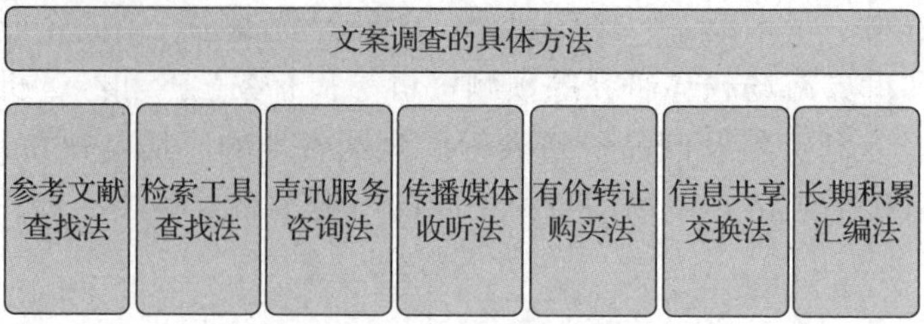

```
                    ┌─────────────────────────┐
                    │    文案调查的具体方法     │
                    └─────────────────────────┘
  ┌──────┬──────┬──────┬──────┬──────┬──────┬──────┐
  │参考文献│检索工具│声讯服务│传播媒体│有价转让│信息共享│长期积累│
  │查找法 │查找法 │咨询法 │收听法 │购买法 │交换法 │汇编法 │
  └──────┴──────┴──────┴──────┴──────┴──────┴──────┘
```

图 4-3　文案调查的具体方法示意图

1. 参考文献查找法

参考文献查找法是根据有关著作末尾所开列的参考文献目录，或者文中所提到的某些文献资料，查找有关文献资料的方法。采用这种方法有两种好处：一是可以提高查找效率，快速获得与该类研究有关的同类主要文献；二是可以通过分析文献被引用的情况，了解该类研究的发展状况和受重视程度。

2. 检索工具查找法

检索工具查找法是利用已有的检索工具查找文献资料的方法。检索工具查找法可分为手工检索查找法和计算机检索查找法两种类型。

手工检索查找资料要借助检索工具，如目录、索引、文摘等，按照一定的检索途径，如资料名、著者、资料顺序号、资料分类、主题词等，利用顺查、倒查、分段、追溯等方法，迅速、准确地收集到信息。

计算机检索查找法不仅具有速度快、效率高、内容全、范围广、数量大等优点，还可以打破获取信息资料的时空约束，提供完整可靠的信息。随着互联网技术的飞速发展，网络内容不断丰富，计算机检索信息将更全面、更准确、更便捷。

3. 声讯服务咨询法

声讯服务咨询法是指通过电话询问、当面咨询或实地查询的方法，向企业内部相关部门查询某些业务数据或通过声讯服务咨询获得信息资料的方法。

4. 传播媒体收听法

传播媒体收听法是指用人工收听、录音等方法收听广播及新兴的多媒体传播系统播发的各种政策法规和经济信息的方法。广播网和电视网每天都会传播出大量的可靠信息资料，这对于调查者来说，也是重要的资料来源。

5. 有价转让购买法

有价转让购买法是指通过经济手段获得定期或不定期出版的市场行情资料和市场分析报告。

随着信息的不断商品化，许多专业信息公司储存的信息资料是有价转让，而且大多数出版物也是有价的。调查者可以向信息资料所有者直接购买，也可以向掌握信息资料的商业性机构，如咨询公司、行业协会购买，还可以委托专业市场研究公司，如市场调查公司、广告公司、咨询公司等，有针对性地收集并提供调查者所需要的信息资料等。

6. 信息共享交换法

信息共享交换法是指调查者与一些信息机构或单位之间进行对等的信息交流。交换可以是企业间的交换、企业与学术机构之间的交换、企业与信息咨询机构之间的交换。这是一种信息共享的协作关系，交换的双方都有向对方无偿提供资料的义务和获得对方无偿提供资料的权利。

7. 长期积累汇编法

长期积累汇编法一是指企业定期整理和积累企业内部统计资料数据、财务数据和相关资料的一种方法；二是指接收外界主动免费提供的信息资料，包括广告产品说明书、宣传材料等。这些资料有经常性的特点，如果企业坚持长期收集汇编，往往能够发现其中有价值的资料。

四、文案调查法的工作步骤

文案调查法获取资料的渠道多，但是资料的内容杂、针对性差。面对众多包含很大信息量的二手资料，要经过分析、筛选、整理和分类，才能获得调查者所需要的信息和数据。为了提高效率，节省调查的时间，节约调查费用，文案调查法必须按照科学的步骤进行调查。文案调查法一般包括以下三个步骤。

第一步：收集二手资料

确定具体的调查项目后，调查人员根据调查目的的要求，制订收集资料的方案和计划，辨别所需的信息，寻找信息源，借助现代文献检索工具，做到由广泛到精确、由粗略到细致地、有计划地收集二手资料。

收集二手资料时，一定要做好资料记录工作。记录时要做好三件事：一是做好资料卡片，记录这些资料的核心内容，并在每张卡片上注明资料的详细来源（作者、文献名称、刊号、出版时间、页码等），以便在以后检查资料的正确性时，调查者或其他人员也能准确地查到其来源；二是做好资料剪贴，把报纸、杂志上自己所需要的文章剪裁下来，分门别类地贴在自己的本子上，剪贴时要写明出自的报纸杂志和日期等，以便日后查找；三是做活页笔记，将需要的文献资料内容摘录在活页笔记本上，记录的要求与资料卡片相同。

第二步：评价、筛选二手资料

二手资料的评价、筛选是要鉴定二手资料的真实性、可用性、时效性和完整性。必要时可制成图表来分析比较、检验资料的真伪。同一数据资料存在两个以上的出处时，更要进行比较和筛选。

第三步：整理二手资料

由于二手资料种类多、格式复杂，因此对其整理分析是文案调查的核心工作。整理二手资料时要按照一定的标志，将选择出来的文献资料进行分门别类的整理。其基本要求是紧密围绕调查目的，依据事先制订的分析计划，选择正确的统计方法和指标。资料整理好后，调查人员根据市场调查的需要，剔除与市场调查无关的、不完整的、过时的资料。

案例 4-2

ZARA"三位一体"的产品组织与设计模式

全球时尚服饰的领先品牌——ZARA 创始于 1975 年。ZARA 自己设计所有的产品，在其公司总部有一个由设计人员、市场分析专家和采购人员组成的"三位一体"商业团队。他们共同致力于产品组织与设计。这为 ZARA 快速开发产品、节省产品投入市场时间、形成更多的组合产品、降低产品开发风险奠定了坚实的基础。

ZARA 非常重视服装时尚信息的收集，常用以下几种收集信息的方式。

（1）参加时装信息发布会。根据时装行业的传统，高档品牌时装公司每年都会在销售季节前 6 个月左右发布时尚信息，一般 3 月发布秋冬季时装，9 月发布春夏季时装。这些时装公司会在巴黎、米兰、佛罗伦萨、纽约、伦敦和东京等世界时尚中心发布其新款服装。而 ZARA 的设计师就坐在 T 台旁的观众席中，从这些顶级设计师和顶级品牌的设计中获取灵感。

（2）购买当季流行时装产品。ZARA 遍布世界各地、极具时尚敏感性的设计师们，购买当地各种高档品牌或者竞争对手的当季流行时装产品，并把样品迅速集中后返回 ZARA 总部做"逆向工程"。

（3）收集不同场所的零散服装信息。ZARA 派专人收集时装展示会、交易会、咖啡馆、餐厅、酒吧、舞厅、大学校园等地方以及时尚杂志、影视明星所展示的流行元素和服装细节。

（4）信息系统反馈信息。ZARA 遍布世界各地的专卖店通过信息系统反馈销售和库存信息，供总部分析畅销或滞销产品的款式、花色、尺码等特征，以便进一步完善、改进或设计新款服装时参考。另外，各专卖店可以把销售过程中顾客的反馈意见或者他们对款式、面料或花色的一些想法和建议，甚至是来自光顾 ZARA 商店的顾客们身上穿的可模仿的元素等各种信息都反馈给 ZARA 总部。

ZARA 员工通过以上几种方式把收集到的服装信息返回 ZARA 总部后，专业的时装设计师团队迅速按类别、款式及风格进行改版设计，加入一些独有的本地风情元素，组合成多款新的产品主题系列。ZARA 公司总部由设计人员、市场分析专家和采购人员（负责采购样品、面料、外协和生产计划等）组成的专业团队有近 300 人，他们共同探讨未来可能流行的服装款式、花色、面料等，并讨论大致的成本和零售价等问题，迅速达成共识。然后由设计师快速手工绘出服装的样式，再进一步讨论修改。接下来设计师们在 CAD 设计软件上进行细化和完善，以保证款式、面料纹路、花色等搭配得更好，并给出详细的尺寸和相应的技术要求。最后，这个团队进一步讨论确定成本和零售价等问题，决定是否投产。

资料来源：张国良，张玉军.新浙商创业管理案例及点评[M].杭州：浙江大学出版社，2014.略有修改。

第三节 询问调查法

一、询问调查法的含义

询问调查法又称"采访调查法""访问调查法",是指调查者通过口头、电信或书面等方式向被调查者询问来了解情况、收集资料的调查方法。

询问调查法是一种可以直接或间接获得一手资料的方法,尤其是随着手机与计算机的普及、互联网的快速发展,询问调查法以其经济、便利和信息获得量大的特点被调查者广泛使用。

二、询问调查法的分类

询问调查法按询问的方式,可分为面谈法、邮寄法、电话法和留置法,如图4-4所示。

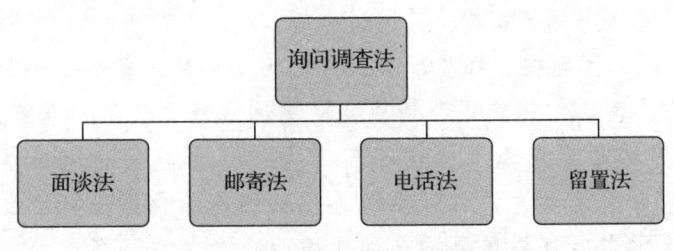

图4-4 询问调查的具体方法示意图

(一)面谈法

面谈法又称"直接询问法",是调查者根据调查提纲直接当面询问被调查者,通过有目的的谈话取得所需数据、资料的一种调查方法。

面谈法的优点是:回答率高;具有较强的灵活性,便于沟通思想;被调查者能充分发表意见,调查者获得的信息量最大,收集的资料比较深入全面。其缺点是:面谈调查花费人力、费用支出较大(差旅费、调查人员培训费等);对调查人员的素质要求较高;调查结果的质量容易受调查人员的询问态度或语气、技术熟练程度和情绪等因素的影响。

◎ 知识拓展

市场调查中的面谈询问调查技巧

市场调查的方法很多,其中以面谈询问调查应用最广,如入户询问、街头询问等。在询问调查中,调查人员是一个颇为重要的角色。他们的服饰穿着、言谈举止、询问方式都会影响调查能否顺利进行。要想获得询问调查的成功,调查人员就必须掌握一定的技巧。

（一）获得合作

调查人员的首要任务是获得被调查者的配合。调查人员面对的是不同阶层、不同年龄的被调查者，他们一般并不认识调查人员，往往根据调查人员的服饰、发型、性格、年龄、声调、口音等来确定是否采取合作态度。因此，调查人员必须保持自身端正的仪容、得体的用语、谦和礼貌的态度，给人以亲切感，使被调查者较易放心地接受询问。

自我介绍是询问调查的重要步骤之一，应使被调查者感到调查人员是可信的，以下是一个自我介绍的例子。

"您好！我叫×××，是××公司的业务员。我们正在进行一项有关消费品的研究，而贵住户被抽为代表之一，我需占用您一些时间，向您了解有关问题的看法，希望您给予合作。"调查人员随之出示介绍信或有关证件。如果备有礼品，调查人员可以委婉地暗示："我们将耽误您一点时间，届时备有小礼品或纪念品以示谢意，希望得到您的配合。"

调查人员应当避免使用诸如"我可以进来吗？"或"我可以问您几个问题吗？"之类请求允许询问的问题，因为在这些情况下，人们更易拒绝或不情愿接受调查。

调查人员应当具备应付拒绝或不情愿接受询问调查的技巧，调查人员可以这么说："晚上七点您在吗？我很愿意晚上七点再来。"调查人员也可进一步解释调查目的和意义，说明接受询问后所提供的资料可供改善目前的产品及促进社会发展等；有时，向被调查者做出保密承诺也是很重要的。如果被调查者实在不情愿参与调查，调查人员仍应礼貌地说："谢谢，打扰了。"这对那些对自己的公众形象很敏感的委托企业而言是很重要的。

（二）提问

在做询问调查时，向被调查者提问是必不可少的，而调查人员掌握表达问题的艺术是非常重要的，因为这方面的偏差可能是询问调查结果产生误差的一个重要来源。

提问的主要原理如下。

（1）用问卷中的用词来询问。

（2）慢慢地读出每个问题。

（3）按照问卷中问题的次序发问。

（4）详细地询问问卷中的每个问题。

（5）重复被误解的问题。

尽管调查人员会通过培训来了解这些规则，但许多调查人员在实地调查时并不严格遵循这些规则。当询问变得枯燥时，他们可能仅靠自己对问题的记忆而不是读出问卷上问题的用词，无意识地缩减了提问的用词，甚至对一些概念根据自己的理解随便做解释而导致出现调查结果的偏差。

在许多场合，被调查者会自愿提供一些与下面要问的问题相关的信息，在这种情况下，调查人员不能不按顺序跳到被调查者回答的那个问题，而是要调整应答者的思路，使其不要离题太远，但又不能影响应答者的情绪。调查人员可以这样说，"关于这个问题，我们等一下再讨论，让我们先讨论……"，然后按顺序询问每个问题，就不会有漏问问题的现象发生。

（三）适当追问

追问是进行开放式问题调查的一种常用技术，开放式问题对调查者来讲具有更大的难度，但开放式问题可以让被调查者充分发表意见，使调查获取更多的信息。

追问可以分为两类，一类是勘探性追问，它是在被调查者已经回答的基础上，进一步挖掘、询问问题的方法，目的在于引出被调查者对有关问题的进一步阐述。例如，问：您喜欢这种电动工具的哪点呢？回答：外观漂亮。追问：您还喜欢它什么呢？回答：手感好。追问：您还喜欢它什么呢？回答：没有了。调查人员通过追问，扩展了被调查者的回答，完整地记录下了被调查者的喜好。

另一类是明确性追问，即澄清。它是让被调查者对已回答的内容做进一步详细的解释，目的在于进一步明确被调查者给出的答案。例如，问：您喜欢这种电动工具什么呢？回答：很好，不错。追问：您所说的"很好，不错"是指什么呢？回答：舒适。追问：怎么个舒适法呢？回答：手握着操作时手感很舒适。这是明确性追问的例子，调查人员从"很好，不错"这一般化的回答中抽取出了更确切、更得体的答案。

调查人员可根据情况选择以下几种追问技巧。

1. 重复问题

当被调查者保持完全沉默时，他或许没有理解问题，或许还没有决定怎样来回答，重复问题有助于被调查者理解问题，并起到鼓励其应答的作用。

2. 观望性停顿

调查人员认为被调查者有更多的内容要说时，采用沉默性追问，伴随着观望性注视，也许会鼓励应答者整理其思想并给出完整的回答。

3. 重复被调查者的回答

调查人员记录回答内容时，也许会逐字重复被调查者的回答，这也许会刺激被调查者扩展他的回答。

4. 问中性的问题

问一个中性的问题也许会向被调查者具体指明要寻找的信息类型。例如：如果调查人员认为被调查者的动机应当澄清，则会问："为什么您这样认为呢？"如果调查人员感到需要澄清一个词或短语，则会问："您的意思是什么？"

（四）记录回答

调查人员应当掌握一定的记录技巧。

封闭式问题一般是在反映被调查者回答的代码前打钩或画圈。

开放式问题操作要求如下。

（1）在调查期间记录回答。

（2）使用被调查者的语言。

（3）不要摘录或释义被调查者的回答。

（4）记录包括与问题的目标有关的一切事物。

（5）包括你的所有追问。

（五）结束访问

询问调查技巧的最后一个方面是如何结束访问并离开被调查者家中。

调查人员在所有相关信息没有收集齐全前不应结束调查。如果调查人员匆忙离开，既是一种对被调查者不礼貌的行为，也可能不能记录在所有正式问题被调查后被调查者提供的自发性评论或补充性意见。而这些评论或意见可能会产生新的产品思想或其他创意性营销活动。

对被调查者感兴趣的问题，调查人员应给予耐心的解释。调查人员要记住：如果承诺有精美的小礼品赠送，离开时一定留下精美的小礼品，这能为下一次有可能的回访打下良好的基础。

资料来源：杨勇. 市场营销学实务教程 [M]. 北京：中国财富出版社，2018. 略有修改。

（二）邮寄法

邮寄法是调查人员将设计好的调查问卷或表格，附上回邮信封寄给被调查者，或者通过报纸等媒体发布调查问卷，要求被调查者根据要求填妥后寄回的一种调查方法。

邮寄法的优点是：调查区域较广，只要通邮的地区都可以采用此法；增加调查对象，且人力、费用开支较少，是原始资料收集中最为方便、便宜、代价最小的方法；避免调查人员在实地调查时可能介入的主观干扰和偏见影响，被调查者有较充裕的时间回忆、思考、答题，一般比较真实、准确。其缺点是：调查时间长，时效性差；问卷回收率低（5% 左右），影响样本的代表性，且无法了解被调查者不愿意寄回问卷或表格的原因；缺乏对调查对象的控制，回答的问题可能不全或不真实，或者由他人代填等。

邮寄法的关键是如何提高调查问卷的回收率。

知识拓展

提高邮寄调查问卷回收率的方法

提高邮寄调查问卷回收率的方法如下。

（1）委托权威专业调查机构如大学、政府机构等主办。由知名度较高、受人尊重的权威专业机构主办的市场调查往往能大大提高问卷的回收率。

（2）随问卷附上回邮信封并贴好邮票，回邮信封上写上调查机构的地址、联系人姓名。

（3）附带一点礼品，如给予一定的中奖机会，赠送一些购物优惠券、纪念品，给予被调查者会员待遇、一定的报酬，等等。

（4）问题表述简洁、明了，带有趣味性，当男女有别时，问题分别设计。

（5）提高被调查者对调查主题的兴趣，匿名回答。

（6）调查时间需回避被调查者可能额外忙碌或精神分散的时段。

（7）加强问卷跟踪及监督管理。首先要获得被调查者的准确信息，包括姓名与地址，在问卷发出后，可发跟踪信、寄明信片、打跟踪电话等，督促被调查者及时给予回复。

（三）电话法

电话法是调查人员通过电话向被调查者询问有关调查内容和征求意见的一种调查方法，包括传统的电话调查方法和计算机辅助电话调查方法（CATI）。

传统的电话调查方法是调查者在电话室内，使用普通电话或手机，按照调查设计所规定的随机拨号确定拨打的电话号码，如拨通则筛选被调查者，并逐项提问，同时做好记录。

计算机辅助电话调查方法是在一个装备有 CATI 设备的场所进行的，整套系统软件包括自动随机拨号系统、自动访问管理系统（实时监听系统、双向录音系统）和简单统计系统等。调查人员只需戴上耳机，等待电脑自动拨号，根据筛选条件甄别被调查者，然后按照问卷上的问题进行提问。其整个过程最大的优点是：质量的监控保证及操作的系统规范化。

电话法的优点是：信息反馈快，时间节省，回答率高，比较经济。但由于是通过电话调查，提问不能太复杂，不宜深入探讨；无法使用视觉辅助手段，无法展示产品、图片或卡片及广告形象、包装等；调查时间也不能太长。

电话调查的要求：调查项目要少；事先准备好问题；问题简明扼要，即时记录；掌握电话调查技巧。

（四）留置法

留置法是调查人员把调查表当面交给被调查者，并说明调查的意图、填写的方法和要求，由其自行填写，再由调查人员定期收回调查表的调查方法。一些宾馆、商店等多采用留置调查法。

留置调查法的优点是：形式灵活，回收率高，费用较低；可以当面向被调查者说明调查的目的和要求，消除被调查者的疑虑；答卷时间长从而给被调查者充分思考问题的时间，信息可靠性高。其缺点是：调查地域范围受限制；周期相对较长，需要访问两次以上；无法获得被调查者的个人特征和偏好；被调查者的情况不同，因而他们的受教育水平、理解能力、道德标准、宗教信仰、生活习惯、职业和家庭背景等差异性会影响调查结果；真实性、可靠性不足。

三、询问调查法的实施步骤

1. 询问调查前的准备

询问调查前的准备工作有三方面：一是要掌握与调研课题有关的以往调研情况，避免重复调查，进一步明确本次调查的主要问题；二是要掌握被调查者的基本情况，提高询问调查的主动性；三是要掌握有关调研政策和文件精神，争取被调查者的支持以及在调查过程中正确地回答被调查者提出的一些政策问题。

2. 制订询问调查方案

询问调查方案的内容包括询问调查的目的、意义、活动步骤、询问方式及方法、调查人员及要求、时间安排以及调查内容和调查问卷的设计。

3. 收集询问调查的资料

按询问调查方案的要求，选择调查方法，开展询问调查，及时地收集整理信息资料及其他有关资料。

第四节　观察调查法

一、观察调查法的含义

观察调查法是指在被调查者未察觉的情况下，调查人员通过到现场有目的、有针对性地观察被调查者的行为及现象，或者安装录音机、照相机、摄影机或某些特定的仪器进行收录和拍摄，来收集情报资料的方法。

> **案例 4-3**
>
> 东芝洗衣机的不断改进
>
> 为了将洗衣机产品推广给本国的消费者，东芝使用观察法来观察市场变化。东芝洗衣机的设计者在观察中发现，越来越多的日本家庭妇女进入就业大军，洗衣服不得不在早晨或晚上进行，这样噪声就成为一个问题。为此东芝设计出一种低噪声的洗衣机并推入市场。在开发这种低噪声产品时，东芝还发现衣服已经不像以前那么脏了。许多日本人洗衣的观念也转变了，以前是衣服脏了才洗，而现在是衣服穿过了就要洗，以获得新鲜的感觉。东芝认识到就业妇女生活方式的转变，于是推出了烘干机，后来又发现大多数消费者的居住空间有限，继而发明了洗衣烘干二合一的洗衣机。
>
> 资料来源：杨静. 市场调研基础与实训 [M]. 北京：机械工业出版社，2011. 略有改动。

要想观察调查法取得成功，必须具备如下条件。

（1）所需要的信息必须是能观察到并能够从观察的行为中推断出来的。

（2）所观察的行为必须是重复的、频繁的或者是可预测的。

（3）所观察的行为是短期的，并可获得结果的。

二、观察调查法应遵循的原则

由于被调查者并没有感到自己正在被调查，因而调查人员可以客观地收集、记录被调查者或事物的现场情况，这样调查的结果比较真实可靠。在运用观察法进行调查时要遵循以下原则，如图4-5所示。

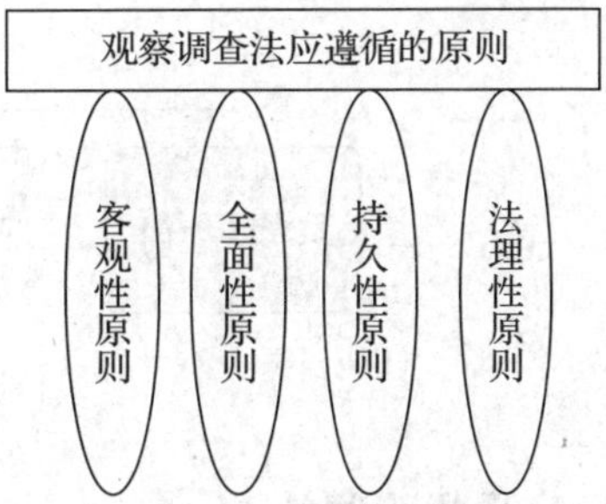

（1）客观性原则。它包括两方面：一是观察者必须持客观的态度对市场现象进行记录，切不可受主观倾向或个人好恶影响，歪曲事实或编造情报信息；二是进行观察时，不能让被调查者知道，否则可能干扰其调查结果。

（2）全面性原则。调查者必须从不同层次、不同角度进行全面观察，避免出现对市场片面或错误的认识。

图4-5 观察调查法应遵循的原则示意图

（3）持久性原则。市场现象极为复杂，且随着时间、地点、条件的变化而不断地变化，市场现象的规律性在较长时间的观察中才能被发现。

（4）法理性原则。在观察调查过程中注意遵守社会公德，不得侵害公民的各种权利，不得强迫被调查者做不愿意做的事情，不得违背被调查者的意愿观察其某些市场活动，并且还应为被调查者保密。

三、观察调查法的优缺点

1. 观察调查法的优点

观察调查法的优点如下。

（1）简便易行，灵活性强。

（2）实地记录，获得直接具体的一手资料，对市场现象的实际过程和当时的环境气氛都可以了解，资料具有即时性、客观性、可靠性的特点。

（3）不要求被调查者具有配合调查的语言表达能力或文字表达能力，适用性较强。

（4）对被调查者可以做较长时间的反复观察和跟踪观察，对被调查者的行为动态演变可以进行分析。

2. 观察调查法的缺点

观察调查法的缺点如下。

（1）只能观察到被调查者的外表行为，不能说明其内在动机。

（2）观察活动受时空限制较多，被调查者有时易受到干扰而不完全处于自然状态。

（3）难免受观察者的主观性和片面性影响。

（4）通常需要大量的观察人员，调查时间长、费用高。

四、观察调查的基本方法

观察调查的基本方法包括现场观察法、仪器监测法、实际痕迹测量法和行为记录法等，如图4-6所示。

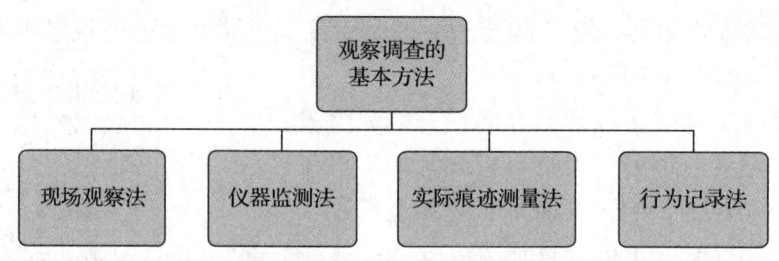

图 4-6　观察调查的基本方法示意图

1. 现场观察法

现场观察法就是调查人员直接到零售商店、展示地点、服务中心、家庭、工厂等调查场所，在不惊扰被调查者的前提下，与被调查者近距离接触，只看不问，对其行为进行实地观察，收集有关信息资料的方法。

案例 4-4

丰田公司重视市场调查

20 世纪 70 年代，丰田公司的市场调查人员曾站在超市的停车场附近，观察顾客如何把购买的商品放到车后行李厢内。根据观察调查所得资料，他们重新设计了丰田汽车的后行李厢，使行李厢有了更大的空间。

丰田公司也有在美国进行入户观察的经典案例。一次，一个美国家庭住进了一位日本人。奇怪的是，这位日本人每天都在做笔记，记录美国人居家生活的各种细节，包括吃什么食物、看什么电视节目等。一个月后，这位日本人走了。

不久，丰田公司推出了针对美国家庭需求而设计的物美价廉的旅行车，该车大受欢迎。例如，美国男士（尤其是年轻人）喜欢喝玻璃瓶装饮料而非纸盒饮料，对此日本设计师就专门在车内设计了能冷藏且能安全放置玻璃瓶的柜子。直到此时，丰田公司才在媒体上刊登了其对美国家庭的研究报告，并向那户人家道歉，同时表示感谢。

资料来源：周宏敏. 市场调研案例教程 [M]. 北京：北京大学出版社，中国农业大学出版社，2008. 略有改编。

2. 仪器监测法

仪器监测法就是使用各种仪器包括录音机、录像机、照相机、监视器、扫描仪等对被调查者的行为进行观察，调查人员对仪器观察记录的信息资料进行后期整理与分析的方法。在一些特定的环境中，仪器可能比人员更精确、更经济、更便利和更容易完成调查工作。

案例 4-5

仪器监测法

策划公司为某汽车销售公司进行销售策划。策划公司为了了解销售人员的工作情况,以及了解汽车销售过程中存在的各种问题,与汽车销售公司协商,在不被销售人员知晓的情况下,在销售场合安装了监控系统。仪器记录下了大部分销售人员在销售过程中的表情、举止,记录下了销售人员与顾客对话的各种情景。策划公司根据所记录和收集的各种素材、资料,策划设计了一套符合该公司要求的销售人员培训课程。后来汽车销售公司反馈培训效果非常显著。

资料来源:杨勇.市场营销策划[M].北京:北京大学出版社,2014.

3. 实际痕迹测量法

实际痕迹测量法又称"事后观察法"。调查人员不直接观察被调查者的行为,而是通过观察调查对象留下的行为痕迹来了解、研究与推断过去和当前情况的一种调查方法。

实际痕迹测量法在公安部门的刑侦调查工作中应用较为广泛,在市场调查中同样有适用性。比如图书经销商通过在图书馆观察各种图书的磨损程度,了解哪些图书较受欢迎,哪些图书不太受欢迎;厂商在其产品的报纸广告上附上回执条,声称其顾客凭回执条可以获赠商品,那么可以根据回执条收回情况判断这则广告的注意率和关注度。

案例 4-6

美国某汽车经销商的实际痕迹测量法

实际痕迹测量法不是直接观察被调查者的行为,而是观察被调查者留下的实际痕迹。美国某汽车经销商要求:对在4S店进行维修的汽车,修理人员要做的第一件事是进驾驶室看看收音机的指针指在什么波段。其目的就是了解司机们喜欢听哪一个电台的节目。这为他们销售汽车时选择电台做广告提供了很好的依据。

资料来源:杨勇.市场营销策划[M].北京:北京大学出版社,2014.

4. 行为记录法

行为记录法是根据调查目的和任务用各种仪器把被调查者在一定时间内的行为记录下来,再从记录中找出所需的信息。

行为记录法一般是选择合适的观察地点、时间和观察对象,通过录音机、录像机、照相机等监听、监视设备,有针对性地收集记录下被调查者的活动或行为。

案例 4-7

美国一家广告公司为了进行广告收视率的调查,在全国选择了1 250个家庭作为调查样本,征得用户同意后在其电视机里安装了电子记录器。电子记录器与公司总部相连,每90秒扫描一次,只要被调查者收看某一电视节目超过3分钟,电子记录器就能把有关电视的频道、节目等信息记录下来,然后对资料进行汇总、分析,以此了解电视观众收看了什么样的电视节目,进而确定广告播出的黄金时间。

资料来源:王建增.市场调查与预测[M].北京:北京邮电大学出版社,2012.略有改动。

五、观察调查法的实施步骤

观察调查法应遵循以下实施步骤。

(1)制订观察调查计划。计划确定后,围绕计划制定观察提纲。观察调查提纲一般包括选择那些符合调查目的并便于观察的单位作为观察对象,根据观察对象的具体情况确定最佳观察范围、时间和地点,正确和灵活地安排观察顺序,以及设计制作观察表、卡片等。

(2)进入观察环境,认真做好观察记录。采用各种工具设备如摄像机、录音机等进行观察,保持被调查者的自然状态,避免干扰,接触观察对象,与其建立适当关系,以不改变观察对象的正常活动为原则。记录方法有利用音像设备、填写观察表及观察卡片、记笔记等。

(3)分类整理观察记录。观察所得的资料一般是零乱的、分散的。在观察结束后,及时对观察资料进行整理,按预定目标对资料进行分类、归档,对缺漏、错误记录进行及时修正与补充观察,使之条理化,为撰写调查报告奠定基础。

第五节 实验调查法

一、实验调查法的含义

实验调查法又称"试验调查法""因果关系调查法",它是指在可控制的条件下,从影响调查问题的许多因素中选出一个或两个因素,通过对比试验,对市场现象中某些变量之间的因果关系及其发展变化过程加以观察分析,来获取所需资料的方法。

实验调查法是一种特殊的市场调查方法。它是根据一定的调查目的,确定某一调查对象,设计某些条件,采取某种措施,然后观察其后果的一种调查方法。实验调查法的最大特点是把调查对象置于非自然状态下开展市场调查。

实验调查法的关键是做好实验设计。实验设计是调查者进行实验调查活动、控制实验环境和实验对象的规划方案,包括自变量的界定、实验材料的准备、无关变量的控制、实验单元的抽取和分配、因变量的测量、实验的实施等内容。它是实验调查各个步骤的中心环节,决定着研究假设能否被确认,也决定着实验对象的选择和实验活动能否正常开展,最终影响实验调查结论。

二、实验调查法的优缺点

1.实验调查法的优点

(1)实验调查法获得的结果具有一定的客观性和实用性。它通过实地实验取得的数据比较客观,具有一定的可信度。

（2）实验调查法具有一定的可控性和主动性。在实验调查过程中，调查人员可以主动地引导市场要素的变化，并通过控制其变化来分析观察某些市场现象之间的因果关系及相互影响程度，是研究事物因果关系的最好方法。

（3）实验调查法可提高调查的精确度。在实验调查中，调查人员可以根据调查目的的要求，进行合适的实验设计，有效地控制实验环境，并反复进行研究，以提高调查的精确度。

2. 实验调查法的缺点

（1）市场中的可变因素难以控制，使得实验结果不易相互比较。

（2）实验调查法仅限于对现实市场经济变量之间关系的分析，无法研究过去和未来的情况，故有一定的局限性。

（3）采用实验调查法获取调查资料需较长时间。

（4）采用实验调查法要冒一定的风险，要由专业人员操作，难度较大，费用也比较高。

三、实验调查的具体方法

根据实验设计的不同，实验调查可以衍生出许多具体的方法，如图4-7所示。

（一）试销

在新产品大量投放市场之前，以少量新产品向部分消费者进行销售宣传，了解消费者对新产品质量、价格、式样等方面的反应，根据反馈改进新产品，为新产品大量上市做好准备。

图 4-7　实验调查的具体方法示意图

📍 **案例 4-8**

春花童装厂试销调查：事与愿违

某市春花童装厂近几年沾尽了独生子女的光，生产销售稳步增长。谁料该厂李厂长这几天来却在为产品推销、资金压死大伤脑筋。原来，年初该厂设计了一批新品种童装，有男童的香槟衫、迎春衫，女童的飞燕衫、如意衫等。这批童装借鉴成人服装的镶、拼、滚、切等工艺，在色彩和式样上体现了儿童的特点——活泼、雅致、漂亮。由于工艺比原来复杂，成本较高，价格比普通童装高出了80%以上，一件香槟衫的售价在160元左右。为了摸清这批新产品的市场吸引力如何，在春节前夕厂里与百货商店联合举办了"新颖童装迎春展销"活动，产品小批量投放市场十分成功。柜台边顾客拥挤，购货踊跃，一片赞誉声。许多商家主动上门订货。连续几天亲临柜台观察顾客反应的李厂长，看在眼里，喜在心上，不由想到："现在的家庭大都只有一个孩子，为了能把孩子打扮得漂漂亮亮的，谁不舍得花些钱呢？只要货色好，价格高些看来没问题。"他决心趁热打铁，尽快组织工厂批量生产，以便及时抢占市场为了确定计划生产量，以便安排以后的月生产量，李厂长根据去年以来的月销售统计数，运用加权移动平均法，计算出以后月份的预测数。考虑到这次展销会的热销场面，他决定将生产能力的70%安排给新品种，30%安排给老品种。2月份的产品很快就被订购完了。然而，现在已是4月份了，3月份的产品还没有落实销路。李厂长询问了几家老客商，他们反映有难处：原以为新品种童装十分好销，谁知2月份订购的那批货，卖了一个多月还未卖出三分之一，他们现在既没有能力也不愿意继续订购这类童装了。对市场上出现的近180度的需求变化，李厂长感到十分纳闷。他弄不明白，这些新品种都经过了试销，自己亲自参加了市场调查和预测，为什么会事与愿违呢？

资料来源：覃常员. 市场调查与预测 [M]. 3版. 大连：大连理工大学出版社，2009. 略有修改。

（二）实验室实验

实验室实验即在实验室内，利用专门的仪器、设备进行调研。比如，调研人员想了解几种不同的广告媒体促销宣传效果的优劣，便可通过测试实验对象的差异，评选出效果较好的一种广告媒体。

案例 4-9

老字号"福同惠"的广告宣传策划案

作者为运城市的老字号——"福同惠"销售月饼策划设计电视广告宣传片。为了调研如何抓住消费者的眼球，策划人员设计了五种不同内容的广告宣传片，请了30个消费者，在福同惠公司的会议室，播放五个广告宣传片后，请大家回忆其中的内容，最后选出大多数人记忆较准确的广告宣传片。广告宣传片于中秋节前在运城电视台播出，其效果令福同惠的老总非常满意。

资料来源：杨勇. 市场营销策划 [M]. 北京：北京大学出版社，2014.

（三）现场实验

现场实验是指在完全真实的环境中，通过对实验变量的严格控制，观察实验变量对实验对象的影响，即在市场上进行小范围的实验。例如，调研人员可以选择一个商店，选择几次不同的时间，将同一产品安排不同的价格，通过分析顾客人数或购买数量的增减变化，即可知道某种产品的需求价格弹性。

（四）对比实验

根据是否设置控制组或控制组的多少，可以设计出多种对比实验方案。

1. 实验组前后对比实验

实验组前后对比实验是选择若干实验对象作为实验组，将实验对象在实验活动前后的情况进行对比得出实验结论。这是一种简便易行的实验调查方法，其调查程序如下。

（1）选择实验对象作为实验组。

（2）对实验组进行实验前检测。

（3）对实验组进行实验。

（4）对实验组进行实验后检测。

（5）得出实验结论。

其计算公式为

$$实验结果 = 实验组实验后检测结果 - 实验组实验前检测结果$$

2. 实验组与控制组对比实验

实验组与控制组对比实验就是选择若干实验对象为实验组，同时选择若干与实验对象相同或相似的调查对象为控制组（又称对照组），并使实验组与控制组处于相同的实验环境中。其调查程序如下。

（1）选择实验对象。

（2）在相近的市场条件下将其划分为实验组与控制组。

（3）对实验组进行实验。

（4）对控制组进行监控。

（5）分别对实验组与控制组进行实验后检测。

（6）得出实验结论。

其计算公式为

$$实验结果 = 实验组实验后检测结果 - 控制组实验后检测结果$$

3. 实验组与控制组前后对比实验

实验组与控制组前后对比实验是上述两种实验法的结合，即在实验中对实验组与控制组都进行前后对比，再将实验组与控制组进行对比，然后根据其检测结果得出实验结论的一种双重对比的实验法。其调查程序如下。

（1）选择实验对象。

（2）将实验对象划分为实验组与控制组。

（3）对实验组与控制组分别进行实验前检测。

（4）对实验组进行实验。

（5）对实验组与控制组分别进行实验后检测。

（6）得出实验结论。

其计算公式为

$$实验结果 = 实验组结果（后检测 - 前检测） - 控制组结果（后检测 - 前检测）$$

（五）模拟实验

模拟实验的前提是掌握计算机模拟技术。模拟实验必须建立在对市场情况充分了解的基础上，它所建立的假设和模型，必须以市场的客观实际为前提，否则就失去了实验的意义。

采用实验法的好处是：方法科学，能够获得比较真实的信息资料。但是，这种方法也有局限性：大规模的现场实验，难以控制市场变量，影响实验结果的有效性；实验周期较长；调研费用较高。

四、实验调查法的实施步骤

第一步：实验准备
（1）界定问题，形成假设。
（2）选择实验组和控制组。
（3）选择测量工具和统计方法。
（4）确定控制无关变量措施。

第二步：实验实施
按照实验设计实施实验，按实验计划要求进行实验，做好实验过程中获得的数据资料的记录工作。

第三步：实验总结
对实验中取得的数据进行处理分析，从而对研究假设进行检验，最后得出科学结论。

本章小结

市场调查的过程就是收集、整理、分析各种信息资料的过程。市场调查资料可分为一手资料、二手资料；企业内部资料、企业外部资料；全部对象资料、重点对象资料；典型对象资料；非固定对象资料、固定对象资料；文献性资料、物质性资料、思维性资料等多种类型。

文案调查法是指通过各种手段收集、筛选各种历史和现实的动态资料，获取相关信息并加以分析整理的一种调查方法；文案调查法有间接性、文献性、无接触性、机动灵活性等特点；文案调查的具体方法包括参考文献查找法、检索工具查找法、声讯服务咨询法、传播媒体收听法、有价转让购买法、信息共享交换法、长期积累汇编法等；一般包括收集二手资料，评价、筛选二手资料，整理二手资料等三个步骤。

询问调查法是指调查者通过口头、电信或书面等方式向被调查者询问来了解情况、收集资料的调查方法。询问调查法可分为面谈法、邮寄法、电话法和留置法。

观察调查法是指调查人员到现场有目的、有针对性地观察被调查者的行为及现象或者安装仪器进行收录和拍摄（如用录音机、照相机、摄影机或某些特定的仪器）来收集情报资料的方法。观察调查法应遵循客观性、全面性、持久性、法理性等原则。观察调查的基本方法包括现场观察法、仪器监测法、实际痕迹测量法和行为记录法等。观察调查的实施应遵循制订观察调查计划、做好观察记录、分类整理观察记录等步骤。

实验调查法是指在可控的条件下，通过对比实验，对市场现象中某些变量之间的因果关系及其发展变化过程加以观察分析，来获取所需资料的方法。实验调查法的关键是做好实验设计。实验设计是调查者进行实验调查活动、控制实验环境和实验对象的规划方案。实验调查的具体方法有试销、实验室实验、现场实验、对比实验、模拟实验等。实验调查法的实施步骤包括实验准备、实验实施、实验总结等。

关键术语

信息资料分类　文案调查法　参考文献查找法　检索工具查找法　声讯服务咨询法　传播媒体收听法　有价转让购买法　信息共享交换法　长期积累汇编法　询问调查法　面谈法　邮寄法　电话法　留置法　观察调查法　现场观察法　仪器监测法　实际痕迹测量法　行为记录法　实验调查法　试销　实验室实验　现场实验　对比实验　模拟实验

复习思考题

1. 市场调查资料分哪些类型？
2. 文案调查法的内容包括哪些方面？其具体方法有哪些？
3. 简述访问调查法的具体方法。
4. 简述观察调查法的具体方法。
5. 简述实验调查法的具体方法及步骤。

实训项目

设计一个具体的实验调查方案

【实训目的】

通过本项实训，学生应学会实验调查方案设计，为其将来从事市场调查工作打下基础。

【实训内容】

某饮料制造商想了解广告投入对饮料销售量的影响程度，请为该企业设计一个实验组与控制组的前后对比实验方案，并绘出相关表格。

【实训步骤】

1. 为该企业设计一个有控制组的前后对比实验调查方案（文字说明）。
2. 绘制实验调查方案的相关表格。
3. 每个学生在分组讨论会上交流自己的实验方案。
4. 指导老师评分。

案例分析

三家公司的不同调查方法

一、环球时装公司的市场调查

作为日本服装业之首的环球时装公司，由20世纪60年代创业时的零售企业发展成日本有代表性的大型企业，靠的主要是掌握第一手"活情报"。它们在全日本81个城市顾客集中的车站、繁华街道开设侦探性专营店，陈列公司所有产品，给顾客以综合印象，售货员的主要任务是观察顾客的采购动向。事业部每周安排一天时间全员出动，3~5个人一组，分散到各地调查，有的甚至到竞争对手的商店观察顾客情绪，向售货员了解情况，找店主聊天。调查结束后，调查员当晚回到公司进行讨论，分析顾客消费动向，提出改进工作的新措施。全日本经销该公司时装的专营店和兼营店均制有顾客登记卡，详细地记载每个顾客的年龄、性别、体重、身高、体型、肤色、发色，使用什么化妆品，常去哪家理发店，以及兴趣、嗜好、健康状况、家庭成员、家庭收入、现实穿着及家中存衣的详细情况。这些卡片通过信息网络储存在公司信息中心，根据卡片就能判断顾客眼下想买什么时装，今后有可能添置什么时装。试探式销售调查使环球时装公司的业务迅速扩张。

二、柯达公司的市场调查

以彩色感光技术先驱著称的柯达公司，目前有3万多种产品，年销售额100多亿美元，纯利在12亿美元以上，市场遍布全球各地，其成功的关键是重视新产品研制，而新产品研制成功即取决于该公司采取的反复市场调查方式。以碟片式相机问世为例，这种相机投产前，经过反复调查。首先由市场开拓部提出新产品的意见，意见来自市场调查，如用户认为最想要的照相机是怎样的，重量和尺码多大最适合，什么样的胶卷最便于安装、携带，等等。根据调查结果，设计部设计出理想的相机模型，提交生产部门对照设备能力、零件配套、生产成本和技术力量等因素考虑是否投产，如果不可行，就要退回修改。如此反复，直到造出样机。样机出来后进行第2次市场调查，检查样机与消费者的期望还有何差距，根据消费者意见，再加以改进，然后进行第3次市场调查。将改进的样机交消费者使用，在得到大多数消费者的肯定和欢迎之后，交工厂试产。试产品出来后，由市场开拓部进一步调查：新产品有何优缺点？适合哪些人用？市场潜在销售量有多大？定什么样的价格才能符合多数家庭购买力？诸如此类问题调查清楚后，正式打出柯达牌投产。经过反复调查，碟片式相机推向市场便大受欢迎。

三、澳大利亚某出版公司的网络问路

澳大利亚某出版公司曾计划向亚洲推出一本畅销书，但是不能确定用哪一种语言、在哪一个国家推出。后来决定在一家著名的网站做市场调查。其方法是请人将这本书的精彩章节和片段翻译成多种亚洲语言，然后刊载在网上，看一看究竟用哪一种语言翻译的摘要内容最受欢迎。过了一段时间，它们发现，网络用户访问最多的网页是用简体中文和韩国语翻译的摘要内容。于是它们跟踪一些留有电子邮件地址的网上读者请他们谈谈对这本书的摘要的反馈意见，结果大受称赞。于是该出版公司决定在中国和韩国推出这本书。书出版以后，受到了读者普遍欢迎，该出版公司获得了可观的经济效益。

思考题：

上述三个公司的市场调查方法分别是什么？对你有何启示？

CHAPTER5　第五章

网络市场调查

知识架构

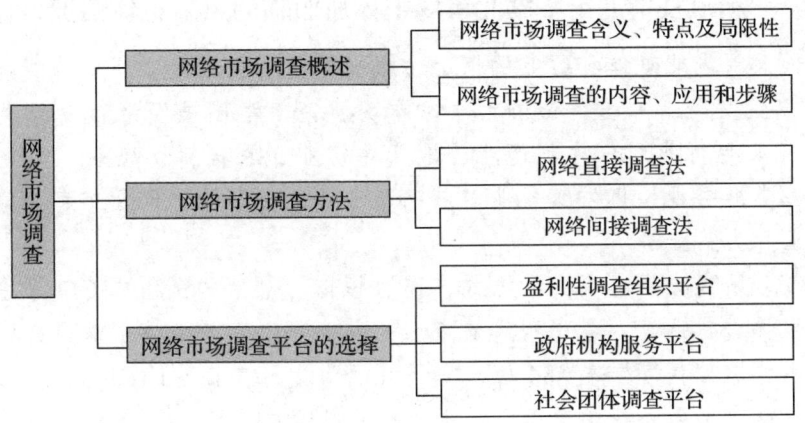

> 一个成功的决策,等于90%的信息加上10%的直觉。
>
> ——S.M. 沃尔森

教学目标与要求

1. 了解网络市场调查的概念
2. 熟悉网络市场调查的特点
3. 熟悉网络直接调查方法和间接调查方法的内容
4. 掌握网络市场调查的内容和步骤
5. 掌握网络直接调查方法的步骤

导入案例

新冠疫情冲击下湖北市场主体所面临的风险总体情况

为更好地反映湖北总体和行业的情况,根据各行业在湖北省所占的经济比重、提供的就业岗位以及受疫情冲击的影响大小,本次研究参考国民经济行业分类进行适当调整,将湖北省所有行业划分为制造业、地产建筑业、原材料供应业、文化体育和娱乐业、社会和商务服务业、批发零售业、基础服务业、金融业,以及信息传输、软件和信息技术服务业九类行业。

本次调查采用线上问卷调查的方式,通过短信、电话和微信或QQ等途径对湖北省各行业市场主体进行调查,考虑到武汉市场的龙头作用和受疫情影响最大两个因素,以武汉企业为主,最后获得样本284份,施调时间为2月7日~14日。

在新冠疫情冲击下,湖北市场主体所面临的风险总体情况综合如下。

(1)短期来看,企业对生产风险最为敏感。此次疫情对企业的生产造成了严重的影响,生产风险较大(4.36/5),其次是资金风险(4.06/5)、人力风险(4.02/5)、销售风险(3.98/5)和供应链风险(3.94/5)。而制造业是湖北省经济的支柱产业,较高的生产风险可能会对湖北省的经济稳定发展造成显著的负面影响。

(2)中期来看,企业资金只能维系一个季度、日均损失近百万。整体来看,在疫情冲击下,样本企业平均资金维系时间为3.8个月(即维持到6月份),其中大部分样本企业现有资金最多能维系3个月(68%)。受疫情影响,停工导致所有样本企业日均损失为93.8万元,虽然日均损失低于10万元的企业超过一半(54%),不过此类小型/中小型企业数目众多,也应该重视。

(3)长期来看,市场信心严重下滑、投资意愿趋于低迷。此前2019年12月份的调查结果显示,企业在湖北省的投资意愿较强(3.53/5),对湖北省的未来发展较为看好(3.77/5),对湖北省营商环境的评分也良好(7.38/10)。而疫情发生后,企业对湖北省的投资意愿低迷(2.93/5),对湖北省的未来发展前景持较为保守的态度(3.41/5),对湖北省营商环境的评分也出现了较大下降(5.77/10)。由此可见,本次疫情对湖北省的企业造成了较大冲击，严重地影响了企业在湖北省的发展意愿与信心。

资料来源：黄敏学，等.新冠疫情下湖北省市场主体发展形势分析报告[R].武汉大学大数据研究院、武汉大学营销工程与创新研究中心、武汉大学经济与管理学院，2020.

从上述案例可以看出，网络调查以其普遍性、方便性、整体性、安全性、协调性和集成性的特点，迅速改变着传统市场调查方式。越来越多的企业将发展战略延伸向了互联网，越来越重视一种崭新的调查方式——网络市场调查。什么是网络市场调查？网络市场调查包括哪些内容？网络市场调查分哪些步骤？具体有哪些调查方法？应选择哪种网络市场调查平台？这些是本章要研究和解决的问题。

第一节 网络市场调查概述

随着大数据时代的到来，网络已经成为市场营销信息获取的主流方式之一。网络市场调查能够借助互联网的特性，及时了解和掌握消费者现实与潜在的需求，促使企业生产适销对路的产品，及时地调整营销策略，引导企业推出打动人心的广告，制订出适宜的市场促销方案。

一、网络市场调查的含义

网络市场调查又称网上访问调查，它是指企业在互联网上利用信息技术开展网络市场调查，收集网络商务信息，并将收集的网络商务信息进行整理和研究，提出网络市场调查报告的活动。

互联网作为高效的信息沟通平台，具有开放性、及时性、自由性、平等性、广泛性、直接性的特征，互联网本身就是一个巨大的信息资源库，从而大大提高了有关部门收集信息的效率。

知识拓展

互联网融入消费者生活

我国互联网普及率不断提高，基础设施建设不断优化升级，网络信息服务不断扩大覆盖范围、提升速度、降低费用。网民的互联网接入设备多种多样，如电脑、手机、平板电脑等，其中使用移动互联网的比例最高。中国互联网络信息中心（CNNIC）发布的第44次《中国互联网络发展状况统计报告》[1]，截至2019年6月，我国网民规模达8.54亿，较2018年年底增长2 598万人，互联网普及率达61.2%，较2018年年底提升1.6个百分点。其中，手机网民规模达8.47亿，较2018年年底新增手机网民2 984万人，网民中使用手机上网的比例达99.1%，较2018年年底的98.6%提升0.5个百分点。人

---

[1] 2021年2月3日，CNNIC发布了第47次《中国互联网络发展状况统计报告》。

们生活离不开手机，移动端应用程序的多样化是一个重要体现。中国互联网络信息中心发布的第 43 次《中国互联网络发展状况统计报告》显示，截至 2018 年 12 月，我国本土第三方应用商店移动应用数量超过 268 万款，占比为 59.7%；苹果商店（中国区）移动应用数量约 181 万款，占比为 40.3%。其中，游戏类应用数量约 138 万款，占比达 30.7%；生活服务类应用数量达 54.2 万款，排名第二，占比为 12.1%；电子商务类应用排名第三，数量为 42.1 万款，占比为 9.4%。移动互联网的发展使用户对于网络的依赖性越来越强，使用数字媒体的时间越来越长，使用频率越来越高。2018 年，我国网民人均每周上网时长为 27.6 小时，较 2017 年年底提高 0.6 个小时。

另外，2018 年 6 月全球最大的眼科医疗机构爱尔眼科和一点资讯联合发起的《国民手机用眼行为大数据报告》显示，参与调查的数万名网友平均每天看电子屏幕时长近 6 个小时，占全天时间的 24%；每天使用手机的次数达 108 次，即一天 24 小时中，平均 13 分钟使用一次手机。机不离身已经成为人们生活的常态，人们在虚拟空间的行为甚至比现实空间更加丰富多彩。互联网打破了现实空间的限制，移动互联网打破了互联网使用场合、使用时间的限制。虚拟空间的无界性大大拓展了市场的空间。

资料来源：阳翼. 数字营销 [M]. 2 版. 北京：中国人民大学出版社，2019. 略有改编。

二、网络市场调查的特点及局限性

（一）网络市场调查的特点

与传统调查方式相比，网络市场调查在组织实施、信息采集、信息处理、调查效果等方面具有明显的特点，如图 5-1 所示。

1. 及时性和共享性

（1）网络的传输速度非常快，网络信息能迅速传递给连接上网的任何用户。

（2）网络调查是开放的，任何网民都可以参加投票和查看结果，这保证了网络信息的及时性和共享性。

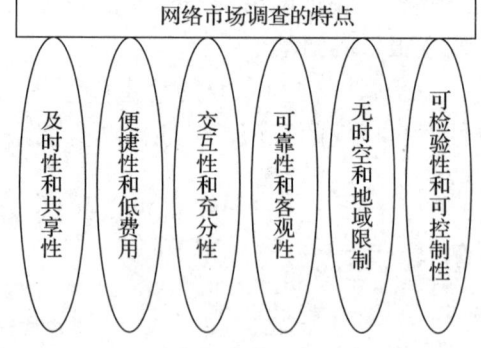

图 5-1 网络市场调查的特点示意图

（3）网上投票信息经过统计分析软件初步处理后，可以看到阶段性结果，而传统的市场调查得出结论需经过很长的一段时间。例如，人口抽样调查统计分析需 3 个月，而 CNNIC（中国互联网络信息中心）在对互联网进行调查时，从设计问卷到实施网上调查和发布统计结果，只用了 1 个月时间。

2. 便捷性和低费用

（1）网络市场调查可节省传统的市场调查中所耗费的大量人力和物力。

（2）在网络上进行调查，只需要一台能上网的计算机即可。

（3）调查者在企业站点上发出电子调查问卷，网民自愿填写，然后通过统计分析软件对访问者反馈回来的信息进行整理和分析。

（4）网络市场调查在收集资料过程中不需要派出调查人员，不受天气和距离的限制，不需要印刷调查问卷，调查过程中最繁重、最关键的信息收集和录入工作将由众多网络用户在其终端上完成。

（5）网络调查可以无人值守和不间接地接受调查填表，信息检验和信息处理工作均由计算机自动完成。

3. 交互性和充分性

网络的最大优势是交互性。这种交互性在网络市场调查中体现在如下两点。

（1）在网络上调查时，被访问者可以及时就问卷相关的问题提出自己的看法和建议，可减少因问卷设计不合理而导致的调查结论出现偏差等问题。

（2）被访问者可以自由地在网上发表自己的看法，同时没有时间限制。而传统的市场调查是不可能做到这些的。例如，面谈法中的拦截询问，它的调查时间要短，不能超过 10 分钟，否则被调查者肯定会不耐烦，因而对访问调查员的要求非常高。

4. 可靠性和客观性

由于企业站点的访问者一般都对企业产品有一定的兴趣，所以这种基于顾客和潜在顾客的市场调查结果是客观和真实的，它在很大程度上反映了消费者的消费心态和市场发展趋向。

（1）被调查者在完全自愿的原则下参与调查，这样调查的针对性更强。而传统的市场调查面谈法中的拦截询问法，实质上是带有一定的"强制性"的。

（2）调查问卷的填写是自愿的，不是传统调查中的"强迫式"，填写者一般对调查内容有一定的兴趣，回答问题相对认真，所以问卷填写可靠性高。

（3）网络市场调查可以避免传统市场调查中人为因素所导致的调查结论的偏差，被访问者是在完全独立思考的环境中接受调查的，能最大限度地保证调查结果的客观性。

5. 无时空和地域限制

网络市场调查可以 24 小时全天候进行，信息反馈及时，这与受区域和时间制约的传统市场调查方式有很大的不同。

6. 可检验性和可控制性

利用互联网进行网络调查收集信息，可以有效地对采集信息的质量实施系统的检验和控制。

（1）网络市场调查问卷可以附加全面规范的指标解释，有利于消除因对指标理解不清或调查员解释口径不一而造成的调查偏差。

（2）问卷的复核检验由计算机依据设定的检验条件和控制措施自动实施，可以有效地保证对调查问卷 100% 的复核检验，保证检验与控制的客观公正性。

（3）对被调查者的身份验证技术可以有效地防止信息采集过程中的舞弊行为。

（二）网络市场调查的局限性

网络市场调查也有一定的局限性，主要表现在以下几个方面。

（1）样本对象的局限性。网上访问大多局限于网民，进行网络市场调查的最大问题可能是样本数量的局限性。如果市场调查的目的是针对大范围的目标对象的话，运用网络进行调查活动就存在一定的困难，可能因样本对象的局限性带来调查误差。

（2）调查对象的不确定性。在进行网络访谈时，你甚至不知道与你进行对话的是一个什么样的人，如你在调查女性对护肤品的意见，可能会出现一位男士来讨论。这就使所获信息的准确性和真实性难以判断。

（3）收集信息的局限性。基于目前的网络技术，利用网络进行市场调查除了获得语言文字信息，难以收集其他信息。

三、网络市场调查的内容

网络市场调查与线下市场调查一样，涉及市场营销的各方面内容。根据网络的特点，网络市场调查的内容主要涉及四方面，如图 5-2 所示。

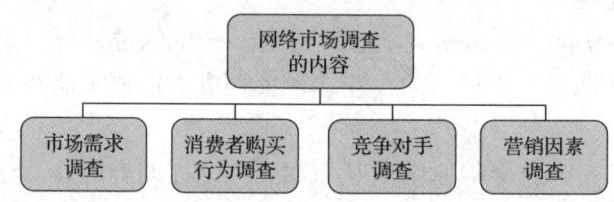

图 5-2　网络市场调查的内容示意图

（一）市场需求调查

市场需求调查的主要目的是掌握市场需求量、市场规模、市场占有率，以及如何运用有效的经营策略和手段，其具体内容如下。

（1）现有市场对某种产品的需求量和销售量。

（2）市场潜在需求量有多大，也就是某种产品在市场上可能达到的最大需求量有多少。

（3）不同的市场对某种产品的需求情况，以及各个市场的饱和点及潜在的能力。

（4）本企业的产品在整个市场的占有率，以及不同市场的占有率。

（5）分析研究市场的进入策略和时间策略，从中选择和掌握最有利的市场机会。

（6）分析研究国内外市场的变化动态及未来的发展趋势，便于企业制定长期规划等。

（二）消费者购买行为调查

1. 消费者调查的内容

（1）消费者的家庭、地区、经济等基本情况。

（2）社会的政治、经济、文化教育等发展情况，对消费者的需要将会产生什么影响。

（3）不同地区和不同民族的消费者的生活习惯和生活方式有何不同，有哪些不同需要。

（4）了解消费者的购买动机，包括理智动机、感情动机和偏爱动机。

（5）了解消费者喜欢在何时、何地购买，他们购买的习惯和方式，以及他们的反应和要求。

（6）了解消费者对某种产品的使用次数、每次购买的单位数量及对该产品的态度。

（7）调查某新产品进入市场时，哪些消费者最先购买。

（8）对潜在的消费者的调查和发现等。

2. 通过网络调查消费者的方法

我们主要采用网络直接调查法来了解消费者的行为偏好。了解消费者的行为偏好也就是收集消费者的个性特征，为企业细分市场和寻求市场机会打下基础。

利用互联网了解消费者偏好，首先是要识别消费者的个性特征，如地址、年龄、E-mail、职业等。为避免重复统计，一般对已经统计过的访问者在其计算机上放置一个Cookie，它记录了访问者的编号和个性特征，这样既可以让消费者下次接受调查时不用重复填写信息，也可以减少对同一访问者的重复调查；另外一种办法是，采用赠送礼品的办法，吸引访问者登记和填写个人情况表，以获取消费者个性特征。其次，在对消费者调查一些敏感信息时，应注意一些技巧。

有的公司还通过网页统计方法了解消费者对企业站点所感兴趣的内容，现在的统计软件可以如实记录下每个访问网页的IP地址、如何找到该网页等信息。根据这些信息，可以判定消费者感兴趣的内容是什么、注意的问题是什么，当然仅仅根据这些信息还是不够的。

目前许多公司为方便消费者，在公司的网站架设BBS，允许消费者对公司的产品进行评述和提意见。有的公司允许消费者直接通过网络下订单，提出自己的个性化需求，公司因此可以直接获得关于消费者的一手资料。

案例

农产品品牌现状网络调查

运城学院农产品品牌研究课题组为了进行城市农产品品牌现状调查，设计了品牌现状调查问卷，与运城市农业农村局乡村产业发展与市场信息化科和城市名优农产品品牌建设工作站合作，自2021年1月10日到20日，借助国内专业问卷调查平台——问卷星，将问卷编辑成问卷星格式，面向全市13个县的农业企业及合作社以发送微信、短信、QQ、微博、邮件等方式将问卷链接发给他们进行填写，然后展开调查。

本次调查收回有效问卷共72份，其中农业产业化龙头企业50家，农民合作社22家，借助问卷星快速完成调查问卷的设计、回收、整理，采用柱形图、饼图、圆环图、条形图等形式直观展示调查结果。这种调查结果如果是线下调查的话可能需要一个月或更长时间。

借助网络市场调查的及时性和共享性、便捷性和低费用、交互性和充分性、可靠性和客观性等特点，本次调查取得了理想的结果。

（三）竞争对手调查

在竞争激烈的市场经济社会，每个企业都必须充分掌握并分析竞争者的各种情况，做到知己知彼，从而扬长避短，充分发挥自身的优势。对竞争对手的调查内容一般包括主要竞争对手的市场占有率、经营特点、竞争优势、新产品研发情况、销售网络建设、服务方式及顾客评价等。

1. 收集互联网络竞争者信息的途径

收集互联网络竞争者信息的途径主要如下。

（1）访问竞争者的网站。

（2）收集竞争者通过网络发布的信息。

（3）从其他网络媒体获取竞争者信息。

（4）从有关新闻组和BBS中获取竞争者信息。

2. 收集互联网络竞争者信息的步骤

（1）识别竞争者。寻找网络竞争对手的最好方法是在最好的导航网站中查找。几大导航网站有：Google、百度、微软、NHN（韩国搜索引擎）、Ask.com、Yandex（俄罗斯搜索引擎）、阿里巴巴。值得注意的是通过引擎可能只能搜索到部分的竞争对手。

（2）选择收集信息的途径。企业可选择一些公众性媒体如网络报纸或参与BBS及新闻组讨论，以发现潜在威胁者和最新竞争动态，然后有针对性地访问其挑战者的网站并了解其发展状况，以做好应战准备；挑战追随者企业主要是选择访问领导者企业的网站和扮作领导者企业的顾客来收集其信息，同时以一些公众性网络媒体为辅助；补充者企业可能限于资金等因素，主要通过访问竞争者的网站来了解竞争动态。

（3）建立有效信息分析处理体系。信息收集与处理最好由专人完成，分类管理，并用数据库将信息组织管理起来，以备将来查询使用。

（四）营销因素调查

1. 产品调查

调查企业现有产品处在产品生命周期的哪个阶段，采取什么样的产品策略；调查产品的设计和包装，产品采用的原料和制造技巧以及产品的保养和售后服务等。

2. 价格调查

价格对产品的销售量和企业盈利的多少都有着重要的影响。价格调查的内容包括：有哪些因素会影响产品价格；企业产品的价格策略是否合理；产品的价格是否为广大消费者所接受，价格弹性系数如何等。

3. 分销渠道调查

分销渠道调查内容包括：企业现有的销售力量是否适应需要，如何进一步培训和增强销售力量；现有的销售渠道是否合理，如何正确地选择和扩大销售渠道，减少中间环节，以利于扩大销售，提高经济效益等。

4. 广告策略调查

广告策略调查内容包括：了解广告的接收率及广告推销效果，以评估广告效果；确定今后的广告策略等。

5. 促销策略调查

促销策略调查内容包括：如何正确地运用促销手段，以达到刺激消费、创造需求、吸引用户竞相购买的目的；对企业促销的目标市场进行选择研究；企业促销策略是否合理，效果如何，是否被广大用户接受等。

四、网络市场调查的应用

互联网作为一种特殊的媒体和信息沟通渠道，非常适合进行各种网络调查活动。网络市场调查作为需求量最大的调查业务，可以充分发挥互联网的便捷、经济特性，更好、更快地为企业的市场调查提供全面支持。网络调查已成为 21 世纪应用领域最广泛的主流调查方法之一。

（1）对于从事专业调查的调查组织来说，可以开展营利性的网络调查业务。营利性调查组织的网络调查服务，由面向全体用户免费开放的公众调查信息浏览服务、面向收费会员客户的调查信息数据库查询服务和面向特需客户的收费委托调查业务服务三个应用服务层次构成。国内网络市场调查起步较晚，虽然随着互联网的出现，网络市场调查将成为许多公司和个人的应用工具，但现阶段，从事网络市场调查的公司或机构主要有四类：①互联网研究与管理机构；②专业咨询与调查公司；③各类大中型网络内容服务商；④专业网络营销服务商。

（2）对于政府机构和社会团体来说，可以开展非营利性的调查研究项目。政府机构和社会团体开展的网络调查工作，包括统计调查、市场调查、民意调查和研究项目调查等。

五、网络市场调查的步骤

为了保证网络市场调查的质量，网络市场调查应遵循一定的方法和步骤，如图 5-3 所示。

1. 制定网络市场调查的目标

在设计网络市场调查之前，应首先确定调查的目标，即在此次市场调查中，你希望通过这次调查达成什么样

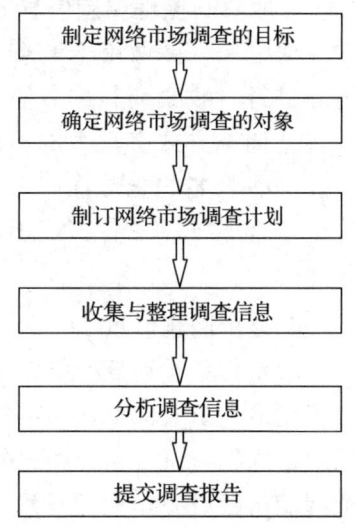

图 5-3　网络市场调查步骤示意图

的目标？比如，你希望知道：顾客如何评价企业所提供的产品与服务？访问者如何评价企业网站？企业网站的邮件订阅者是否对企业邮件服务满意？企业产品的潜在顾客群是否对本企业的新产品感兴趣？所以网络商业调查最重要的是在调查开始就制定调查的目标。

2. 确定网络市场调查的对象

网络市场调查的对象主要分为企业产品的消费者、企业的竞争者两大类。

3. 制订网络市场调查计划

有效的调查计划，包括资料来源、调查方法、调查手段、抽样方案和联系方法五部分内容。

（1）资料来源。市场调查首先须确定是收集一手资料（原始资料）还是二手资料，或者两者都有。在互联网上，利用搜索引擎、网络营销和网络市场调查网站，我们可以方便地收集到各种一手和二手资料。

（2）调查方法。网络市场调查可以使用的方法有专题讨论法、问卷调查法和实验法。

（3）调查手段。网络市场调查可以采取在线问卷和软件系统两种方式进行。在线问卷制作简单，分发迅速，回收也方便，但须遵循一定的原则。

（4）抽样方案。抽样方案即要确定抽样单位、样本规模和抽样程序。抽样单位是确定抽样的目标总体；样本规模的大小涉及调查结果的可靠性，样本须足够多，必须包括目标总体范围内所发现的各种类型样本；在抽样程序选择上，为了得到有代表性的样本，应采用概率抽样的方法，这样可以计算出抽样误差的置信度，当概率抽样的成本过高或时间过长时，可以用非概率抽样方法替代。

（5）联系方法。联系方式是指以何种方式接触调查对象。网络市场调查采取网络交流的形式，如 E-mail 传输问卷、公告栏（BBS）等。

4. 收集与整理调查信息

利用互联网做市场调查，不管是收集一手资料还是二手资料，都可同时在全国或全球进行。收集资料的方法也很简单，直接在网络递交或下载即可，这与受区域制约的传统调查方式有很大的不同。例如，某公司要了解各国对某一国际品牌的看法，只需在一些著名的全球性广告站点发布广告，把链接指向公司的调查表就行了，无须像传统调查那样，在各国找不同的代理分别实施。此类调查如果利用传统方式是无法想象的。

5. 分析调查信息

信息收集结束后，接下来的工作是信息分析。调查人员信息分析的能力相当重要，因为很多竞争者都可从一些知名的商业站点看到同样的信息。调查人员如何从收集的数据中提炼出与调查目标相关的信息，并在此基础上对有价值的信息迅速做出反应，这是把握商机战胜竞争对手，取得经营成果的一个制胜法宝。企业利用互联网在获取商情、处理商务的速度方面是传统商业无法比拟的。

> **知识拓展**
>
> **大数据：一场生活、工作与思维的大变革**
>
> 大数据开启了一次重大的时代转型。就像望远镜让我们能够感受宇宙，显微镜让我们能够观测微生物一样，大数据正在改变我们的生活以及理解世界的方式，成为新发明和新服务的源泉，而更多的改变正蓄势待发。
>
> 大数据的核心代表着我们分析数据时的三个转变：
>
> 第一个转变，在大数据时代，我们可以分析更多的数据，有时候甚至可以处理和某个特别现象相关的所有数据，而不再依赖于随机采样。
>
> 第二个转变，研究数据如此之多，以至于我们不再热衷于追求精确度。适当忽略微观层面上的精确度会让我们在宏观层面拥有更好的洞察力。
>
> 第三个转变，因前两个转变而促成，即我们不再热衷于寻找因果关系，而开始挖掘相关关系。相关关系也许不能准确地告知我们某件事情为何会发生，但是它会提醒我们这件事情正在发生。在许多情况下，这种提醒的帮助已经足够大了。
>
> 资料来源：舍恩伯格，库克耶. 大数据时代：生活、工作与思维的大变革[M]. 盛杨燕，周涛，译. 杭州：浙江人民出版社，2013.

6. 提交调查报告

调查报告的填写是整个调查活动的最后一个阶段。报告不是数据和资料的简单堆砌，调查员不能把大量的数字和复杂的统计技术扔到管理人员面前，而应把与市场营销关键决策有关的主要调查结果写出来，并以调查报告的正规格式书写。

第二节　网络市场调查方法

网络市场调查方法可以分为网络直接调查法和网络间接调查法。

一、网络直接调查法

网络直接调查法是指在网络上直接发布调研信息，并在互联网上收集、记录、整理、分析和公布网民反馈信息的调查方法。它是传统调查方法在网络上的应用和发展。

（一）网络直接调查法的具体方法分类

1. 按基本方法分

按基本方法分，网络直接调查法可以分为网络问卷调查法、网络实验调查法和网络观察调查法，实际中常用的是网络问卷调查法。

2. 按调查者组织调查样本的行为分

按调查者组织调查样本的行为，网络直接调查可以分为主动调查法和被动调查法。

主动调查法，即调查者主动组织调查样本来完成统计调查的方法；被动调查法，即调查者被动地等待调查样本造访来完成统计调查的方法，被动调查法是统计调查的一种新情况。

3. 按网络调查采用的技术分

按网络调查采用的技术，网络直接调查法可以分为站点法、电子邮件法、随机 IP 法和视讯会议法等。

（1）站点法是将调查问卷的 HTML 文件附加在一个或几个网络网站的 Web 上，由浏览这些站点的网络用户在此 Web 上回答调查问题的方法。站点法属于被动调查法，这是目前出现的网络调查的基本方法，也将成为近期网络调查的主要方法。

（2）电子邮件法是通过给被调查者发送电子邮件的形式将调查问卷发给一些特定的网络用户，由用户填写后以电子邮件的形式再反馈给调查者的调查方法。电子邮件法属于主动调查法，与传统邮寄法相似，优点是邮件传送的时效性大幅度提高了。

（3）随机 IP 法是以产生一批随机 IP 地址作为抽样样本的调查方法。随机 IP 法属于主动调查法，其理论基础是随机抽样。利用该方法可以进行纯随机抽样，也可以依据一定的标志排队进行分层抽样和多段抽样。

（4）视讯会议法是基于 Web 的计算机辅助访问（Computer Assisted Web Interviewing, CAWI），是将分散在不同地域的被调查者通过互联网视讯会议功能虚拟地组织起来，在主持人的引导下讨论调查问题的调查方法。

（二）网络直接调查应注意的问题

1. 注意信息采集的质量检控

对采集的信息实施质量检控，可以采用"IP+ 若干特征标志"的办法作为判断被调查者填表次数唯一性的检验条件。同时，在指标体系中所有可以肯定的逻辑关系和数量关系都应充分利用，列入质量检控程序。

2. 答谢被调查者

给予被调查者适当的奖励和答谢对于网络调查来说是十分必要的，这既有利于调动网络用户参与网络调查的积极性，又可以弥补因接受调查而附加到被调查者身上的费用（如网络使用费、市内电话费等）。答谢的有效办法是以身份证号码编号为依据进行计算机自动抽奖，获奖概率可以适当高一点儿，但奖品价值可以尽量小一些。

3. 了解市场需求

设想自己就是顾客，从自身的角度来了解客户需求。您的调查对象可能是产品直接的购买者、提议者、使用者，所以要对他们进行具体的角色分析。

4. 规避网络直接调查的局限性

在调查有关具体产品时，往往采用详细调查的方式。详细调查针对小的客户群体，调查时需要面对面进行访谈，得到的信息更准确。调查结果往往包含很多"为什么"的问题，因此目前还不适合用网络调查方法。

5. 掌握网络直接调查技术

网络调查的实施涉及超文本、电子邮件、网络视讯会议、模糊归类、网络用户身份检验、随机 IP 自动拨叫、数据接口、Java、ActiveX 或 Java Script 等计算机和网络技术。

（三）网络问卷调查法

1. 网络问卷调查法的途径及特点

网络问卷调查法是将问卷发布在网络上，被调查者通过互联网完成问卷调查的方法。网络问卷调查法一般有两种途径：一种途径是将问卷放置在 WWW 站点上，等待访问者访问时填写问卷，如 CNNIC 每半年进行一次的"中国互联网络发展状况调查"就是采用这种方式。这种方式的好处是填写者一般是自愿的，缺点是无法核对问卷填写者的真实情况。为达到一定问卷数量，站点还必须进行适当宣传，以吸引大量访问者。

另一种途径是通过 E-mail 方式将问卷发送给被调查者，被调查者完成后将结果通过 E-mail 返回。这种方式的好处是可以有选择性地控制被调查者；其缺点是容易遭到被调查者的反感，有侵犯个人隐私之嫌。因此，用该方式时首先应争取被调查者的同意，或者估计被访问者不会反感，并向被调查者提供一定补偿，如有奖回答或赠送小件礼品，以降低被调查者的敌意。

网络问卷调查法的优点是比较客观、直接；其缺点是不能对某些问题进行深入调查和分析原因。因此，许多企业设立了公告栏以供访问者对企业产品讨论，或者参与某些专题的新闻组讨论，以更深入地调查并获取有关资料。及时跟踪和参与新闻组及公告栏的讨论，有助于企业获取一些问卷调查无法发现的问题，因为问卷调查是从企业角度出发考虑问题的，而新闻组和公告栏中的信息是用户自发的感受和体会，他们传达的信息也是最接近市场和最客观的。但是，这些信息不够规范，需专业人员进行整理和挖掘。

2. 网络问卷调查步骤

网络问卷调查可以分五个步骤，如图 5-4 所示。

（1）确定调查任务。根据总的调查目标确定适合网络问卷调查的任务。

（2）确定调查方法和设计问卷。设计网络调查问卷是网络直接调查的关键。由于互联网交互机制的特点，网络调查可以采用调查问卷分层设计。这种方式适用于过滤性的调查活动，因为有些特定问题只限于一部分调查者，所以可以借助层次的过滤寻找适合的回答者。

采用网络问卷调查时，问卷设计的质量直接影响到调查效果。不合理的网络调查问卷可

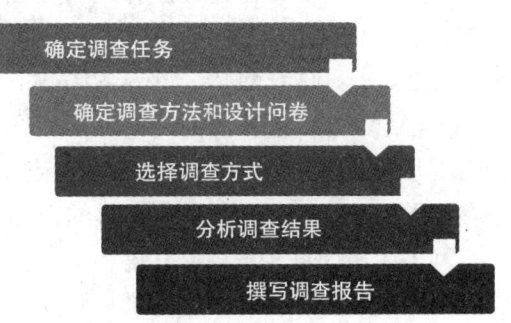

图 5-4 网络问卷调查步骤示意图

能导致网民拒绝参与调查,更谈不上调查效果了。因此,在设计问卷时除了遵循一般问卷设计中的一些要求外,还应该注意下面几点。

1)在网络调查问卷中附加多媒体背景资料。

2)注意特征标志的重要作用。

3)进行选择性调查。

4)注意问卷的合理性。在问卷中设置合理数量的问题和控制填写问卷时间,有助于提高问卷的完整性和有效性。

5)注意保护调查对象的个人隐私。

(3)选择调查方式。在进行网络直接调查时多采取被动调查法,就是将调查问卷放到网站上等待被调查者自行访问和接受调查。因此,吸引访问者参与调查是关键,为提高受众参与的积极性可提供免费礼品、调查报告等。另外,必须向被调查者承诺并且做到有关个人隐私的任何信息不会被泄露和传播。

(4)分析调查结果。这一步骤是市场调查能否发挥作用的关键,与传统调查的结果分析类似,也要尽量排除不合格的问卷,这就需要对大量回收的问卷进行综合分析和论证。

(5)撰写调查报告。撰写调查报告是网络调查的最后一步,也是调查成果的体现。撰写调查报告主要是在分析调查结果的基础上对调查的数据和结论进行系统的说明,并对有关结论进行探讨性的说明。

二、网络间接调查法

1. 网络间接信息来源

网络间接信息的来源包括企业内部信息源和企业外部信息源两个方面。与市场有关的企业内部信息源主要是企业自己搜集、整理的市场信息、企业产品在市场销售的各种记录、档案材料和历史资料,如客户名称表、购货销货记录、推销员报告、客户和中间商的通信、信件等。企业外部的市场信息源包括的范围极广,主要是国内外有关的公共机构,具体如下。

(1)本国政府机构网站。政府有关部门、国际贸易研究机构以及设在各国的办事机构,通常会较全面地搜集世界或所在国的市场信息资料。本国的对外贸易公司、外贸咨询公司等,也可以提供较为详细、系统、专门化的国际市场信息资料。

(2)外国政府网站。世界各国政府都有相应的部门搜集国际市场资料,很多发达国家专设贸易资料服务机构,向发展中国家的出口企业提供部分或全部的市场营销信息资料。此外,每个国家的统计机关都定期发布各种系统的统计数字,一些国家的海关甚至可以提供比公布的数字更为详尽的市场贸易和营销方面的资料。

(3)图书馆。公共图书馆和大学图书馆至少可以提供市场背景资料的文件和研究报告。最有价值的信息,往往来自附属于对外贸易部门的图书馆,这种图书馆起码能提供各种贸易统计数字,有关市场的产品、价格情况,以及国际市场分销渠道和中间商的基本市场信息资料。

（4）国际组织。与国际市场信息有关的主要国际组织如下。

1）联合国（United Nations，UN）。联合国出版有关国际的和国别的贸易、工业和其他经济方面的统计资料，以及与市场发展问题有关的资料。

2）国际贸易中心（International Trade Center，ITC）。国际贸易中心提供特种产品的研究、各国市场介绍资料，还设有答复咨询的服务机构，专门提供由电子计算机处理的国际市场贸易方面的全面、完整、系统的资料。

3）国际货币基金组织（International Monetary Fund，IMF）。国际货币基金组织出版有关各国和国际市场的外汇管理、贸易关系、贸易壁垒、各国对外贸易和财政经济发展情况等资料。

4）世界银行（World Bank，WB）。世界银行免费提供越来越多且便于获取的工具、研究成果和知识，如公共数据网站免费提供世界各国发展状况的结合性、可下载的指标。

5）世界贸易组织（World Trade Organization，WTO）。世界贸易组织是致力于监督世界贸易和使世界贸易向自由化发展的国际组织。

此外，一些国际性和地方性组织提供的信息资料，对了解特定地区或国际经济集团和经济贸易、市场发展、国际市场营销环境也是非常有用的。

（5）银行。许多国际性大银行都发行期刊，而且通常可以免费获得这些期刊。这些期刊上一般有全国性的经济调查、商品评论以及上面提及的有关资料。这些资料有利于企业把握市场和各细分市场的营销环境。

（6）商情调研机构。这些机构除为委托人完成研究和咨询工作外，还定期发表市场报告和专题研究论文。

（7）相关企业。参与市场经营的各类企业是市场信息的重要来源之一。市场信息人员只要写信给这些企业的外联部门索取商品目录、产品资料、价目表、经销商、代理商、批发商和经纪人一览表、年度报告等，就可以得到有关竞争者的大量资料，以此了解竞争的全貌和竞争环境。

通过互联网访问相关企业或者组织机构的网站，企业可以很容易地获取市场中许多信息和资料。因此，在网络信息时代，信息的获取不再是难事，困难的是如何在信息繁多的信息海洋中找出企业需要的有用信息。

2. 网络间接调查方法

网络间接调查主要是利用互联网收集与企业营销相关的市场、竞争者、消费者以及宏观环境等方面的信息。企业用得最多的还是网络间接调查方法，因为它广泛的信息能满足企业管理决策的需要，而网络直接调查一般只适合于针对特定问题进行专项调查。网络间接调查渠道主要有WWW、Usernet News、BBS、E-mail，其中WWW是最主要的信息来源，据统计目前全球有8亿多个Web网页，每个Web网页涵盖的信息包罗万象，无所不有。

网络间接调查一般通过搜索引擎检索有关站点的网址，然后访问想要查找的信息的网站或网页。在提供信息服务和查询的网站中，网站一般都有信息检索和查询的功能。

（1）利用搜索引擎收集资料。目前网络 80% 的信息都是英文的，经过几年的发展，网络的中文信息也开始丰富起来，中文网站数目急剧增加，特别是 1999 年"中国政府上网年"后，越来越多的经济政策信息纷纷发布在网上，而且台湾、香港等地中文网站上网络中文资源已小有规模。因此，选择搜索引擎时最好区分一下是查中文信息还是外文信息，如果是中文信息，使用较多的中文搜索引擎是：百度、搜狐、新浪、网易。

（2）利用公告栏收集资料。公告栏就是在网络上提供一个公开"场地"，任何人都可以在上面进行留言回答问题或发表意见和问题，也可以查看其他人的留言，好比在一个公共场所进行讨论一样，你可以随意参加也可以随意离开。目前许多 ICP 都提供有免费的公告栏，你只需要申请使用即可。公告栏软件系统有两大类，一类是基于 Telnet 方式的文本方式，这种方式查看阅览不是很方便，在早期用得非常多；另一类是现在使用较多的基于 WWW 方式，它是通过 Web 页加上程序（如 JavaScript）实现，这种方式界面友好，受欢迎，其使用方法如同浏览 WWW 网页。利用公告栏收集资料的手段主要是到主题相关的公告栏网站上去了解情况。

（3）利用新闻组收集资料。新闻组就是一个基于网络的计算机组合，这些计算机可以交换以一个或多个可识别标签标识的文章（或称为消息），一般称作 Usenet 或 Newsgroup。由于新闻组使用方便，内容广泛，并且可以精确地对使用者进行分类（按兴趣爱好及类别），其中包含的各种不同类别的主题已经涵盖了人类社会所能涉及的所有内容，如科学技术、人文社会、地理历史、休闲娱乐等。使用新闻组的人主要是为了从中获得免费的信息，或相互交换免费的信息。

（4）利用 E-mail 收集资料。E-mail 是互联网使用最广的通信方式，它不但费用低廉，而且使用方便快捷，最受用户欢迎，许多用户上网主要是为收发 E-mail。目前许多 ICP 和传统媒体，以及一些企业都利用 E-mail 发布信息。一些传统的媒体公司和企业，为保持与用户的沟通，也定期给公司用户发送 E-mail，发布公司的最新动态和有关产品服务信息。因此，通过 E-mail 收集信息是最快捷有效的渠道，收集资料时只需要到有关网站进行注册，以后等着接收 E-mail 就可以了。

第三节 网络市场调查平台的选择

互联网具有便捷、经济、结果客观真实、回馈信息翔实等特性，能更好、及时地为企业的市场调查提供全方位的支持。企业除了自己策划、实施、管理网络市场调查项目，还可以借助多种途径和渠道获得相关的网络调查信息。常见的网络市场调查平台有三大类，如图 5-5 所示。

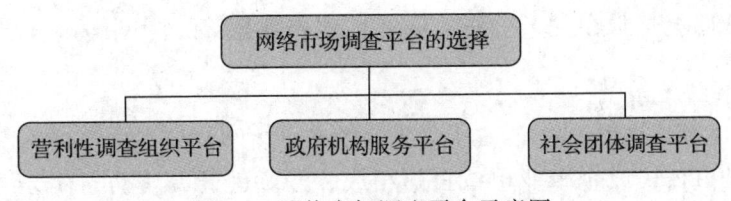

图 5-5　网络市场调查平台示意图

一、营利性调查组织平台

营利性调查组织的网上调查服务由面向全体用户免费开放的公众调查信息浏览服务、面向收费会员的调查信息数据库查询服务、面向特需客户的收费委托调查业务服务三个应用服务层次构成。目前，从事网络调查的公司或机构主要有以下三类。

1. 专业咨询与调查公司

网络市场调查是专业咨询与调查公司开展市场调查业务的重要途径之一。调查公司往往根据业务需要，通过网络市场调查获取信息，同时配以入户调查、街头拦访、电话调查、固定样本跟踪调查、座谈会调查等调研方法得出综合结论。

2. 各类大中型网络内容服务商

许多网站为了解用户心理和消费习惯等内容，以便于改进工作策略与方法，经常开展网络调查活动。此外，配合网络广告的发布，广告主也会要求广告商通过专项网络调查的形式，配合产品宣传，以有奖调查的形式开展网络促销活动。

3. 专业网络调查服务商

随着我国互联网普及率的不断提高，基础设施建设不断优化升级，网络信息服务朝着扩大覆盖范围、提升速度、降低费用的方向发展，人工智能向交通、医疗、金融、教育培训等领域的全面应用，所有这些为网络市场调查奠定了技术基础。据 360 百科统计，目前较有名的网络调查公司主要有问卷星、第一调查网、横智网络调查、易调网、集思网、盖洛特市场研究有限公司、数字 100 市场研究公司、英德知网络调查、InsightCN（51POINT）、积沙调查、新秦调查、A.C. 尼尔森、mySurveyASIA、我要调查网等。专业网络调查服务商的介入，将快速拓展网络调查的市场，使网络市场调查应用更为普及。网络市场调查将充分发挥互联网的便捷、经济特性，更好、更快地为企业的市场调查提供全面支持。

二、政府机构服务平台

政府利用互联网技术和工具，整合线上线下资源，以政府机构的门户网站、服务网站、政务微博、微信、政务 App 等平台建设为载体，为群众提供"一站式、全天候、零距离"的政府网上服务，实现公共服务领域的大数据统筹、运用。政府机构服务平台通过各级各部门数据的整合、上下级之间的数据交换协同、政务服务过程中的数据积累、社区网络员动态采集更新等渠道，整合包括公安、民政、工商等部门的数据来源；分类设置各地人口、企业、房屋、地理信息、行政权力和电子证照等数据库，建成全国性的政府大数据库；各地统计局会经常在网上公布一些专项调查数据等，为网络调查提供有效数据。

三、社会团体调查平台

社会团体是由公民或企事业单位自愿组成、按章程开展活动的社会组织，包括行业性社团、学术性社团、专业性社团和联合性社团。社会团体开展的网上调查工作包括统计调查、市场调查、民意调查和研究项目调查等。

中国互联网络信息中心（CNNIC）是中国科学院下属的国内进行互联网规范管理的机构，每年都会进行"中国互联网络发展状况统计""中国互联网络信息资源数量调查"等网络市场调查活动。CNNIC 的网络市场调查属于公益性质，具有较高的权威性和普遍性，其调查数据是包括网络行业在内的各行各业的企业、个人和机构从事互联网活动时所做重要决策的参考依据。

本章小结

网络市场调查是指企业在互联网上利用信息技术开展网络市场调查，收集网络商务信息，并将收集的网络商务信息进行整理和研究，提出网络市场调查报告的活动。与传统调查方式相比，网络市场调查在组织实施、信息采集、信息处理、调查效果等方面具有明显的优势。

网络市场调查有及时性和共享性、便捷性和低费用、交互性和充分性、可靠性和客观性、无时空和地域限制、可检验性和可控制性等特点。网络市场调查分为网络直接调查和网络间接调查。

网络市场调查的步骤包括：制定网络市场调查的目标、确定网络市场调查的对象、制订网络市场调查计划、收集与整理调查信息、分析调查信息、提交调查报告。

网络直接调查法可以分为网络问卷调查法、网络实验调查法和网络观察调查法，常用的是网络问卷调查法。网络间接调查渠道，主要有 WWW、Usernet News、BBS、E-mail，其中 WWW 是最主要的信息来源。

网络市场调查平台有政府机构服务平台、营利性调查组织平台、社会团体调查平台等，其中营利性调查组织平台包括专业咨询与调查公司、各类大中型网络内容服务商、专业网络调查服务商等。

关键术语

网络市场调查　网络市场调查步骤　网络直接调查法　网络问卷调查法
网络间接调查法　网络市场调查平台

复习思考题

1. 网络市场调查有哪些特点？

2. 网络直接调查法与网络间接调查法有何区别？如何统一应用？
3. 网络市场调查包括哪几个步骤？
4. 网络市场调查的平台分哪些类型？

实训项目

网络市场调查全过程

【实训目的与要求】

1. 掌握网络市场调查的步骤和方法。
2. 掌握网络市场调查主要工具的使用。
3. 了解某行业网络营销的现状。

【实训内容】

1. 网络营销环境调查

（1）网上竞争者（三家）同类或相似产品和供求状况，包括产品品牌、数量、品种、质量、分销渠道、付款及交货方式、服务质量、市场容量和价格等。

（2）本企业产品和竞争者的同类产品在网络上的销售情况，包括市场规模、潜在需求规模、顾客的收入水平、消费习惯和销售季节变化等。

（3）本企业产品以及竞争者的同类产品的价格、成本和利润分析。

2. 网络消费者调查

网络消费者的消费心理、行为特征、需求情况、品牌偏好和各种影响因素；顾客对本企业产品的满意度。

3. 网络销售调查

市场销售容量、市场占有率、销售范围、网络分销渠道。

4. 网络促销调查

各种网络促销方法的使用及取得的效果。

5. 分析调查结果，形成调查报告

调查报告应包括如下内容。

调查方法：直接方法（三种）、间接方法（五种）。

调查主要网站：竞争对手（五家）、行业（三家）、政府（两家）、其他。

【实训准备】

1. 全班按每组三或四人组成实训小组。
2. 确定本小组调查的行业。

可选行业：零售业、国际贸易、银行业、证券业、保险业、旅游业、医药行业、教育、制造业、邮政、交通、物流、农业、计算机技术、其他。

说明：各小组可以自行选择要进行网络营销环境调查的行业和产品。

【实训步骤】

1. 制订调查方案，选择企业进行调查，写出调查问卷（尽量为客观题）。
2. 调查问卷的题目数量自己决定，但是不能少于5个，也不能多于15个。
3. 调查问卷的内容为企业的网络营销应用情况。
4. 调查问卷不要涉及企业的隐私信息。
5. 实施调查。
6. 分析调查结果，形成调查报告。

【实训方法】

1. 间接调查法

调查工具：搜索引擎、数据库、邮件。

调查地点：政府网站、行业站点、竞争对手站点。

2. 直接调查法

访谈法、邮件调查、观察法、网络二手资料搜索、电话随机调查。

【实训考核办法】

1. 行业与商品的确定　5%
2. 网络营销环境调查　15%
3. 网络消费者调查　15%
4. 网络销售调查　15%
5. 网络促销调查　15%
6. 市场调查报告　35%

案例分析

网络营销，能否开启罐头行业下一个黄金时代

在中国的食品工业中，鲜有哪个细分行业的发展历程曲折如罐头行业的。

罐头源于西方，18世纪末，法国海军因战争中给养不足而患败血症的人很多，拿破仑悬赏12 000法郎，鼓励人们发明一种保藏食品的新方法。1804年，阿尔研制成功。这是罐头的雏形，后来在美国逐步研发工业量化生产技术后，罐头行业得到了蓬勃发展，在世界主要国家形成了庞大的产业，相应的市场规模也得到了迅速扩张。在以美国、日本、西欧诸国为代表的发达国家，罐头在居家生活、旅行、行军等方面皆已具有较高的普及性，同时有口皆碑。

罐头也曾在我国传统食品工业中扮演过艳惊四座的角色，特别是在20世纪八九十年代，罐头食品一度风靡全国，也成了现在很多人心中的成长情结。但是到了现在，罐头行业已不复当年的辉煌，国内消费者对罐头的误解导致其人均消费量远远低于发达国家，市场拓展遭遇瓶颈。而原材料涨价、人工费用提升等生产因素不断增加罐头企业的成本压力，罐头行业分散、集中度低的问题一直没有改观，使全行业面临严峻挑战。其实，我国制造的罐头在发

达国家依旧备受欢迎，2013年出口额达到了34.56亿美元，是全国加工农产品中出口量最大的商品。

在这样的形势下，人们不由得发问：国内罐头行业的发展前景在哪里？怎么开启罐头行业的下一个黄金时代？

什么人最爱买罐头？答案是忙碌的双职工家庭成员。而这一人群现在已经深度养成了网购的习惯。据CNNIC发布的第45次《中国互联网发展状况统计报告》，我国网民数量已突破9亿，互联网普及率达64.5%，截至2020年3月，我国网络购物用户规模达7.10亿。这更让一些传统行业看到线上营销发展的魅力。传统行业过去的线下营销，不仅投入资本多，而且耗时耗力，而现在的线上营销依托于快捷的互联网，迎合了当下人们的购物消费理念，很容易被客户所接受，而且线上的潜在客户越来越多，对企业自身的发展十分有利。因而，电商市场将是罐头行业接下来最该力争的市场。谁要想与传统渠道的行业巨头争锋，谁就不得不在互联网平台上下足功夫。

互联网渠道的特殊性是营销先行。人们因产品的营销方式而认识和了解产品，并在对产品感兴趣后主动积极地对产品进行自我探索和竞品比对。但互联网营销绝不能忽略产品本身，在所有的互联网成功案例中，营销仗打得漂亮、生命力又长久的品牌都必须有站得住脚的产品品质及品牌口碑。网购人群的第一抉择取决于品牌口碑，但网购人群又常常因价格、性价比、促销等筛选条件而关注产品，相对传统渠道，它更复杂，同时也更具有颠覆性。目前的罐头行业，谁先玩好电商，谁就有可能会为自己的品牌打一场漂亮的翻身仗。

罐头行业的市场容量是不容置疑的。大中城市的人们生活节奏越来越快，交通成本增加和交通拥堵都使得人们越来越主动放弃外出购物的生活方式。随着新一代的成长，西化的生活方式也由他们更进一步影响了其他年龄层，宅在家完成工作、学习、生活，以及出门交际、休闲、娱乐的生活方式逐渐成为主导。而半成品罐头将成为大部分人越来越追捧的主要食品。半成品罐头可通过简单加工实现家庭用餐模式，节省时间和精力，提高生活的质量与格调，是人们居家旅行的不二选择。目前，罐头行业在电商平台的营销力度不大，这是市场未完全发力的主要原因。

罐头行业与消费者的沟通目前也处于1.0模式，自说自话。这样的沟通模式即便成倍增长也始终不能达到深度沟通和认可，而电商平台恰巧是能够实现沟通2.0的最佳途径。互联网的优势在于前台的信息整合，在于用户之间、用户和网站之间大规模交互的可能性，这个交互可以是即时的，也可以是延时的；可以在同一国家，也可以远在异国他乡。这就决定互联网可以为线下的商业提供一个很好的营销前台。把线下的交易通过互联网的模式呈现出来，最终将爆发巨大的能量。

通过互联网2.0营销，消费者可以自己体验罐头产品和服务并产生口碑，这是食品安全最有力的说明。"80后"尚保存着小时候的罐头情结，以触发情结发起营销战役也将促使大量网友主动发起话题，当罐头话题成为热门时，罐头产品便能触发市场爆发的按钮。人们对罐头食品的期待就像对傻瓜相机的期待一样。怎么方便快捷地使用，能达到哪些出乎预料的美好结果，从储存到食用方法、营养搭配组合、售后服务，消费者都需要详细贴心的介绍指导。假如消费者可以单从品牌和产品就联想到浪漫的烛光晚餐或温暖的家庭聚会时，罐头半成品的销量将呈现几何级数增长趋势。

在这个互动口碑为王的电商大时代，越来越多的传统行业看到了线上诱人的市场商机，开始入驻互联网，试图带领自身的行业在互联网时代大展宏图。而罐头行业是否能抓住机遇，通过互联网 2.0 营销战略开启下一个黄金时代？一切用时间来证明吧！

资料来源：互联网 2.0 营销战略，能否开启罐头行业下一个时代 [EB/OL]. [2014-10-09]. https://www.tech-food.com/kndata/detail/k0153160.htm. 略有改编。

思考题：

1. 罐头行业当前面临的营销环境有哪些特点？
2. 假设你将为某一罐头企业制订一份网络营销计划方案，你的方案中将会设计哪些内容？

CHAPTER6　第六章

市场调查问卷的设计

知识架构

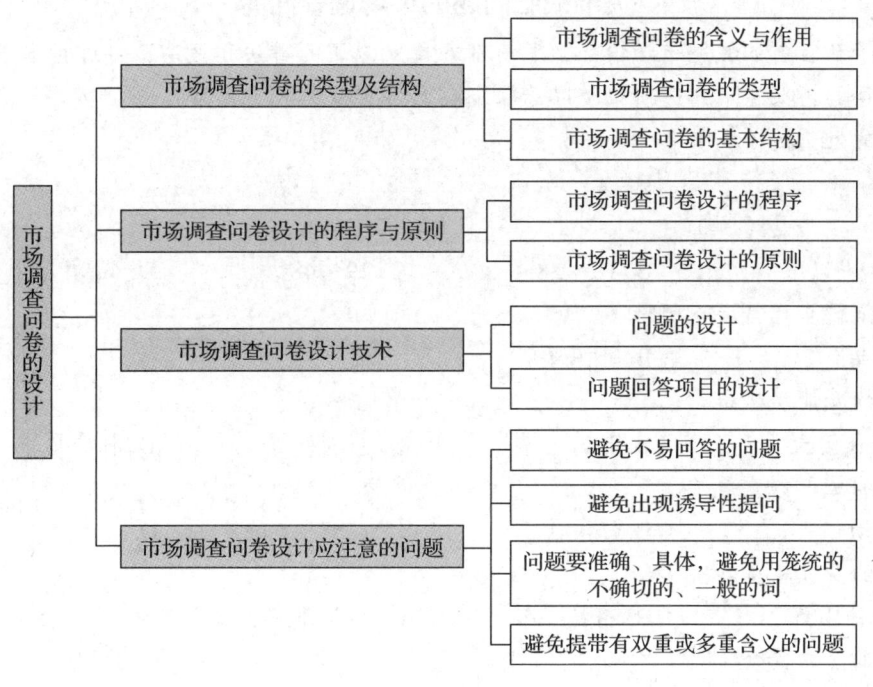

精明的商人只有嗅觉敏锐才能将商业情报的作用发挥到极致，那种感觉迟钝、闭门自锁的公司老板常常会无所作为。

——李嘉诚

教学目标与要求

1. 了解市场调查问卷的含义与作用
2. 熟悉市场调查问卷的类型与结构
3. 掌握市场调查问卷设计的程序、技巧及注意事项
4. 通过实训学生能够独立设计完成一份高质量的市场调查问卷

导入案例

关于减肥问题的市场调查问卷

为了了解目前的减肥市场情况，了解消费者对减肥的看法和做法，特进行本次调查。请您根据自己的情况在下列选项中予以选择，我们将有精美的小礼品赠送。

1. 您的性别是（   ）

   A. 男　　　　　　　B. 女

2. 您的年龄是（   ）

   A. 18 岁以下　　　B. 18～28 岁　　　C. 29～48 岁　　　D. 48 岁以上

3. 您觉得自己需要减肥吗（   ）

   A. 需要　　　　　　B. 不需要

4. 您的减肥动机是（   ）

   A. 追求健康　　　　B. 追求外表　　　C. 个人发展　　　D. 社会要求　　　E. 其他

5. 您的减肥方式是（   ）

   A. 运动　　　　　　B. 健康饮食　　　C. 减肥药类的产品　　D. 美容院　　　E. 其他

6. 您的身体精神状态（   ）

   A. 精神很好　　　　B. 精神一般　　　C. 精神不好，容易疲倦

7. 您的日常饮食（   ）

   A. 很少或几乎不吃肉　　B. 肉食正常　　　C. 非常喜欢吃肉

8. 您对私人定制减肥营养套餐有兴趣吗（   ）

   A. 有　　　　　　　B. 没有　　　　　C. 抱着试一试的态度

9. 您觉得一份私人定制减肥营养套餐价格多少合理（   ）

   A. 50 元以内　　　B. 100 元左右　　C. 100～200 元　　　D. 200 元以上

10. 您对有效减肥有什么建议？

谢谢合作。

资料来源：某学院大学生创业计划大赛项目资料。

从上述案例可以看出，要做好市场调查工作，及时、准确收集到有效的信息资料，必须进行调查问卷的设计。那么，什么是调查问卷？调查问卷包括哪些类型？问卷设计包括哪几个步骤，应遵循什么原则？调查问卷的问题如何设计？设计问卷时应注意哪些问题？这些是本章要研究和解决的问题。

第一节 市场调查问卷的类型及结构

询问调查法中的任何一种调查方法，都离不开调查问卷。问卷质量的高低直接影响着获取数据的质量水准。因此，如何设计出一份好的调查问卷就成为市场调查的重中之重。在设计调查问卷之前，我们必须熟悉市场调查问卷的类型与结构。

一、市场调查问卷的含义与作用

市场调查问卷是国际通用的市场调查工具，被广泛地应用于市场调查、社会调查和经济调查等各个领域。

（一）市场调查问卷的含义

市场调查问卷又称调查表，是调查人员根据调查目的和要求，以一定的理论假设为基础，通过精心设计与调查内容、调查方式、调查对象相适应的一系列问题，征求被调查者的意见以获取所要收集的数据资料的信息载体。

市场调查问卷提供标准化和统一化的数据收集程序，使问题的用语和提问程序标准化，每一位调查人员也必须询问相同的问题，每一位应答者看到或听到的也是相同的文字或声音。

设计完整、规范的市场调查问卷，是从事与市场调查工作相关的专业人员必须掌握的基本技能。

（二）市场调查问卷的作用

市场调查问卷的主要作用表现在以下三个方面。

（1）使调查活动简单易行。将所需信息转化为被调查者可以回答并愿意回答的一系列问题，调查人员引导被调查者参与并完成调查，正确记录和反映被调查者的回答，能够将调查人员与被调查者可能造成的计量误差减少到最低。

（2）易于收集准确详尽的信息情报。通过征求并正确记录和反映被调查者的意见，获取调查者所需收集的数据资料，便于对调查资料进行整理和分析，提高调查结论的科学性。

（3）便于快速整理数据资料。统一的调查问卷便于资料的统计和整理，大大节约了调查时间，提高了作业效率，方便管理者快捷地编辑、处理数据，及时为决策者提供管理决策所需要的信息。

一份好的调查问卷一般符合以下几个要求：首先，问卷必须正确反映调查目的，完成所有的调查目标；其次，问卷必须使用被访对象可以理解的语言，最好运用简单的日常用语，即问卷概念清楚、重点突出，内容全面周到，能将所要调查的问题明确地传达给被调查者，满足调查者对信息的需要；再次，问卷能使被调查者乐意合作，并顺利地获得被调查者的真实、准确的回答，便于对方无顾虑地回答，保证对方觉得回答此问题于己无害；最后，问卷要便于资料的统计，易于整理，方便记录，方便评价，易于分析。

二、市场调查问卷的类型

市场调查问卷的设计和调查目的密切相关，也要与调查的对象、调查的方式等相适应。一般来说，按照不同的分类标准，可将调查问卷分成以下不同的类型，如图 6-1 所示。

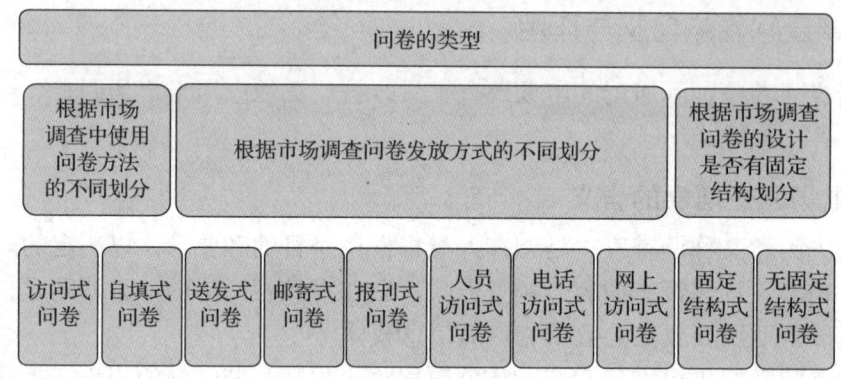

图 6-1 市场调查问卷分类示意图

（一）根据市场调查中使用问卷方法的不同划分

根据市场调查中使用问卷方法的不同，可将市场调查问卷分成访问式问卷和自填式问卷两大类。

访问式问卷又称代填式问卷，是由调查者按照事先设计好的问卷或问卷提纲向被调查者提问，然后根据被调查者的回答进行填写的问卷。所谓自填式问卷，是指由调查者发给（或邮寄给）被调查者，由被调查者自己填写的问卷。一般而言，代填式问卷要求简便，最好采用两项选择题进行设计；而自填式问卷由于可以借助于视觉功能，在问题的制作上相对可更加详尽、全面。

（二）根据市场调查问卷发放方式的不同划分

根据市场调查问卷发放方式的不同，可将调查问卷分为送发式问卷、邮寄式问卷、报刊式问卷、人员访问式问卷、电话访问式问卷和网上访问式问卷六种。其中前三类大致可以划归为自填式问卷范畴，后三类则属于访问式问卷。

（1）送发式问卷就是由调查者将调查问卷送发给选定的被调查者，待被调查者填答完毕之后再统一收回。

（2）邮寄式问卷是通过邮局将事先设计好的问卷邮寄给事先选定的被调查者，并要求被调查者按规定的要求填写后回寄给调查者。邮寄式问卷的匿名性较好，缺点是问卷回收率低。

（3）报刊式问卷是随报刊的传递发送问卷，并要求报刊读者对问题如实作答并回寄给报刊编辑部。报刊式问卷有稳定的传递渠道、匿名性好，费用少，因此有很大的适用性，其缺点也是回收率不高。

（4）人员访问式问卷是由调查者按照事先设计好的调查提纲或调查问卷对被调查者提问，然后再由调查者根据被调查者的口头回答填写问卷。人员访问式问卷的回收率高，也便于设计一些便于深入讨论的问题，但不便于涉及敏感性问题。

（5）电话访问式问卷就是通过电话中介来对被调查者进行访问调查的问卷。此种问卷要求简单明了，在问卷设计上要充分考虑四个因素：通话时间限制；听觉功能的局限性；记忆的规律；记录的需要。电话访问式问卷一般应用于问题相对简单明确，但需及时得到调查结果的调查项目。

（6）网上访问式问卷是在互联网上制作，并通过互联网来进行调查的问卷。此种问卷不受时间、空间限制，便于获得大量信息，特别是敏感性问题，相对而言更容易获得满意的答案。

（三）根据市场调查问卷的设计是否有固定结构划分

根据市场调查问卷的设计是否有固定结构划分，可将调查问卷分成固定结构式问卷和无固定结构式问卷两大类。

（1）固定结构式问卷是指进行问卷调查时问卷的问题是按事先安排好的固定顺序、固定问题来进行的，问卷当中的问题和顺序在实际调查中不允许改动。由于固定结构式问卷的这种特性，在进行规模比较大的市场调查时被更多地使用，这样有利于收集数据进行编码、统计和分析。在固定结构式问卷中，由于答案形式的不同又可以将问卷分为封闭式、开放式、半封闭式和量表式问卷，在问卷设计时我们再进行详细介绍。

（2）无固定结构式问卷是指问卷中的问题没有按事先安排好的固定顺序、固定问题来设计，只是由市场调查人员围绕调查目的进行提问。这样，调查人员在调查时可以根据具体情况对问题和顺序进行灵活调整，从而使调查更具有针对性。

三、市场调查问卷的基本结构

一份完整的市场调查问卷通常包括标题、说明信、调查内容、结束语等内容，其中调查内容是问卷的核心部分，调查内容主要包括各类问题、问题的回答方式，这是调查问卷的主体，是每一份问卷都必不可少的内容，而其他部分则根据设计者需要可取舍。

（一）标题

市场调查问卷的标题一般要求用言简意赅的中性词语陈述调查的内容，概括说明调查研究主题，使被调查者对要回答什么方面的问题有一个大致的了解。例如，"家庭主妇消费情况的调查""大学生创业情况的调查"等，而不要简单采用"问卷调查"这样的标题，过于简单的不明确方向的词汇，容易引起回答者不必要的怀疑而拒答。尽量避免使用敏感性词语以免影响被调查者的态度。

（二）说明信

说明信也称开场白、问卷说明，是写在调查问卷开头的一段话，是调查者用来向被调查者介绍并说明调查目的、意义以及有关填答问卷的要求等内容。说明信一般包括以下六方面的内容。

（1）问候语。有称呼和问候，如"××先生或女士：您好"。问候语需要用尊敬的称呼，口吻要亲切，态度要诚恳，从而增加被调查者回答问题的热情，并能激发他们的兴趣以得到被调查者积极配合。

（2）调查人员自我介绍，表明调查者的个人身份或组织名称。

（3）调查的目的与意义，简单的内容介绍，对调查目的的说明，以及合作请求，这是问卷设计中一个十分重要的方面。

（4）关于匿名的保证，如涉及需为被调查者保密的内容，必须指明予以保密，不对外提供等，以消除被调查者的顾虑，以期获得准确的数据。

（5）填表说明。这是对被调查者回答问题的要求，主要在于规范和帮助被调查者对问卷的回答，用来指导被调查者填答问题的各种解释和说明，包括关于选出答案做记号的说明和关于选择答案数目的说明。例如，凡在回答中需选择"其他"一项作为答案的，请在后面的"＿＿＿"中用简短的文字注明实际情况，或只需在选中的答案中打"√"即可。

（6）最后要对回答者的配合表示真诚的感谢，或说明将赠送小礼品。实践表明，几乎所有拒绝合作的人都是在开始接触的前几秒钟内就表示不愿参与的。因此说明信是不可或缺的，特别前三项是必须具备的内容，其他内容则视具体情况而定，举例如下：

亲爱的同学：你好！

我是大明眼镜公司的销售代表，为了了解大学生对佩戴眼镜的具体需求，以进一步为大家提供更好的服务，我们特制作这份问卷，希望大家予以积极的支持配合，你只需在选中的答案中打"√"即可。我们将对你的信息严格保密谢谢你的参与！

（三）调查内容

调查内容是指按照调查主题的要求列出的各种类型的问题及供选择的答案。这部分内容是问卷设计的重点，也是问卷的核心内容，问题应覆盖课题研究的全部范围，主要是以提问的形式提供给被调查者，这部分内容设计的好坏直接影响整个调查的价值。至于怎么设计这些问题将在下面两节中详细介绍。

（四）结束语

结束语置于调查问卷的最后，有的问卷也可以省略。结束语要简短明了，用来简短地对被调查者的合作表示感谢，也可以设置开放题，征询被调查者的意见、感受，还可以设置其他补充说明等。

在调查实践中，问卷设计既要有科学性，又要有艺术性。不同目的的调查，问卷设计的差别很大，不可能存在普遍适用的问卷模式。

第二节 市场调查问卷设计的程序与原则

问卷设计是市场调查过程中非常重要的环节，同时又是一项十分细致的工作。问卷设计是一种需要经验和智慧的技术。它缺乏理论，因为没有什么科学的原则来保证得到一份最佳的或理想的问卷，与其说问卷设计是一门科学，还不如说是一门艺术。在问卷设计中虽然也有一些原则可以遵循以避免错误，但好的问卷设计主要来自熟练的调查人员的创造性，尤其是调查人员要有丰富的调查经验。

一、市场调查问卷设计的程序

要设计一份高质量的调查问卷，应事先做些访问，拟定初稿，经过事前探测性调查，再正式修改成问卷。一般情况下，问卷的设计应包括四个层次的设计。第一个层次是问卷内容的设计。问卷设计时必须明确问卷调查的目的，不同的调查目的决定了问卷项目的总体安排和内容构成。第二个层次是问卷的具体形式或格式。确定了问卷调查的目的以后，着手建立问卷大致的框架。第三个层次是问卷的语句及用词的设计。语句及用词的设计非常关键，要求避免使用过于抽象、一般的词语，防止反应定式。第四个层次是问题的编排。问题的编排应从一般问题开始，先易后难，由浅入深，由表及里，私人的问题应该安排在问卷结束部分，如年龄、工作、身体状况等。这也是问卷设计的惯例，如果被调查者认为这些项目涉及隐私而拒绝回答，也不影响调查效果，因为重要的信息在前面已经得到了。问卷设计是由一系列相关工作过程构成的，问卷设计虽然没有统一固定的格式和程序，但为了使问卷具有科学性、规范性和可行性，问卷设计的过程可以参照六大步骤进行，如图6-2所示。

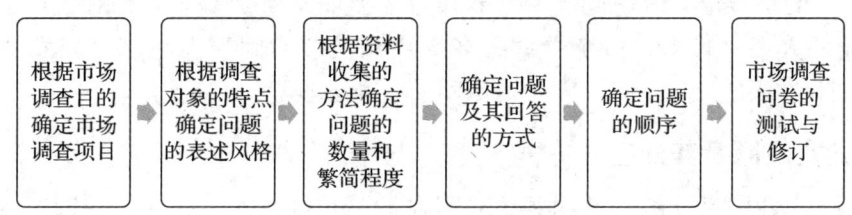

图6-2 市场调查问卷设计的程序示意图

（一）根据市场调查目的确定市场调查项目

市场调查问卷设计的好坏与前期准备工作密切相关，调查者在问卷设计之前就要掌握要达到市场调查目的所需要收集的信息，研究所需收集的资料及资料来源、调查范围等，酝酿问卷的整体构思。根据调查目的将所需要调查的资料一一列出，分析哪些是主要资料，哪些是次要资料，哪些是可要可不要的资料，淘汰那些不需要的资料，再分析哪些资料需要通过问卷取得。确定了所需要收集的信息资料之后，就要确定在问卷中提出哪些问题或包含哪些调查项目。确定问题的内容似乎是一个比较简单的问题，然而事实上不然，必须将问题具体化、条理化和可操作化，即变成一系列可以测量或度量的指标。在保证能够获取所需信息的前提下，要尽量减少问题的数量，降低回答问题的难度。

（二）根据调查对象的特点确定问题的表述风格

调查问卷中问题的内容要与调查对象联系起来，问卷设计之前就需要确定向谁调查，并对被调查者群体进行认真、仔细的分析，有时这比盲目分析问题的内容效果要好。确定调查对象的范围后要分析调查对象的各种特征，即分析了解各被调查对象的文化程度、知识水平、理解能力等文化特征和社会阶层、行为规范、社会环境等社会特征。对调查过程及被调查者的心理状态要做到心中有数，如适用于家庭主妇的问题不一定适合青年学生。调查对象的群体差异越大，就越难设计一个适合整个群体的问卷。在问卷设计前应该明确此次调查的对象，因为问卷中的问题是给调查对象看的，所以问卷设计必须符合被调查者的习惯及社会文化特征，应该根据不同的调查对象群体，设计被调查者能接受的问卷的格式、内容以及问题表述的风格特点。

（三）根据资料收集的方法确定问题的数量和繁简程度

在问卷调查的过程中，不同的资料收集方法对问卷的设计都会产生影响。例如，街头拦截访问比入户访问有更多时间上的限制，问题的数量不能太多；面谈访问中访问人员可以给被调查者出示图片、实物以解释或证明概念，被调查者可以看到问题并可以与调查人员面对面地交谈，因此可以询问较长的、复杂的和各种类型的问题；在电话访问中，被调查者可以与调查人员交谈，但是看不到问卷，这就决定了只能问一些短的和比较简单的问题，同时电话调查中提问时间不宜过长，一般控制在10分钟以内较为妥当。邮寄问卷是被调查者自己独自填写的，与调查者没有直接的交流，因此问题也应简单些并要给出详细的指导语，邮寄问卷的问卷设计需要非常清楚，而且相对较短，不应该要求填写问卷的人书写过多，以免被调查者因占用较多时间而失去填写问卷的兴趣。因而，问卷设计必须根据资料的收集方法不同而有所差异。

（四）确定问题及其回答的方式

市场调查问卷中设计的全部问题，应当在被调查者回答完就能达到调查者的调查目的。对提出的每个问题，设计者都要充分考虑是否有必要；同时，提问的问题应当尽可能精确、清楚。问题用词必须十分审慎，措辞的好坏将直接或间接地影响到调查的结果。问卷设计中还应该考虑到被调查者理解问题和回答问题的能力，要考虑到问卷中敏感问题的提问。问卷必须使用简单、直接、无偏见的用词，设计者要站在调查者的立场上试行提问，看看问题是否清楚明白，是否便于资料的记录、整理；站在应答者的立场上试行回答，看看是否能答和愿答所有的问题。

（五）确定问题的顺序

市场调查问卷中的问题应遵循一定的排列次序，问题的排列次序会影响被调查者的兴趣、情绪，进而影响其合作的积极性。所以一份好的问卷应对问题的排列做出精心的设计，以顺利地引导被调查者一步步完成答卷。如果有过滤性的问题用于筛选被调查者，应该放在问卷的最前面；一般简单的、容易回答的、有趣味性的放在前面，逐渐移向难度较大的，把一些敏感的或较难回答的问题稍往后排。这样可以给被调查者一种轻松、愉快的感觉，以便于他们继续答下去。还有一点就是注意问题的逻辑顺序，有逻辑顺序的问题一定要按逻辑顺序排列，即使打破上述规则。

（六）市场调查问卷的测试和修订

市场调查问卷的初稿设计完毕之后，不要急于投入使用，应该在小范围内进行试验性调查。在问卷用于实际调查以前，先初选一些调查对象进行测试，根据发现的问题对问卷进行修改、补充、完善，其目的是发现问卷的缺点，提高问卷的质量。特别是对于一些规模较大的问卷调查，最好的办法是先组织问卷的测试，因为无论怎样周密的初期设计，都可能存在错误，而这种错误依靠自我纠正是很难发现的。同时要注意受测者样本要有代表性，测试的对象与调查的对象同质，才有可能提供与实际调查相似度较高的情境，具备一定的仿真性。问卷试测时要求回答者对问卷各方面提出意见，以便于修改，在调查问卷的结束语部分安排几个反馈性题目，比如，"您觉得这份调查问卷存在什么问题？"如果发现问题，应做必要的修改，使问卷更加完善。如果第一次测试后有很大的改动，可以考虑是否有必要组织第二次测试。根据试答情况，进行修改，再试答，再修改，直到完全合格以后才制成正式问卷。

二、市场调查问卷设计的原则

市场调查问卷设计是一项科学细致的工作，一份好的问卷应做到：内容简明扼要，信息全面；问卷问题安排合理，合乎逻辑，通俗易懂；便于对资料的分析处理。市场调查问卷设计总的原则是：立足于调查目的，使问卷易于回答。具体在设计问卷时，应遵循六个原则，如图 6-3 所示。

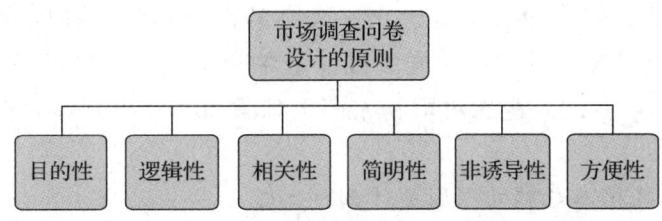

图 6-3 市场调查问卷设计的原则示意图

（一）目的性原则

在市场调查问卷设计中，最重要的一点就是必须明确市场调查目的，这不仅是问卷设计的前提，也是问卷设计的根本。为什么要做调查，而调查需要收集哪些信息资料？在进行市场调查问卷设计的时候必须对市场调查目的有一个清楚的认知。有时调查发起者提出调查目的后，并不能清晰完整地提出具体的调查内容和要求，问卷设计人员应与数据使用者积极沟通，相互协调，设法挖掘出调查发起者的潜在需求。问卷内容应能涵盖调查者基于调查目的所需了解的所有内容，提问的问题必须是与调查主题有密切关联的问题，没有可有可无的问题。

（二）逻辑性原则

市场调查问卷中的问题应遵循一定的逻辑排列次序，问题的排列次序会影响被调查者的兴趣、情绪，进而影响其合作积极性。问题与问题之间要具有逻辑性，独立的问题本身也不能出现逻辑上的谬误。具体安排时，可按时间顺序、类别顺序等合理排列，从而使问卷成为一个相对完善的小系统。原则上把简单易懂的问题放在前面，由简单到复杂，由表面到深层思考，把复杂的问题放在后面，这样容易得到被调查者的配合，使被调查者感到问题好回答；把能引起被调查者兴趣的问题放在前面，把枯燥的问题放在后面；一般性问题放在前面，特殊性问题放在后面；先问行为方面的问题，再问态度、观念性问题；涉及应答者个人隐私的资料则应最后提出；封闭式问题放在前面，开放式问题放在后面。问题排列的顺序必须按普通人的思考顺序，使问卷条理清楚，以提高回答问题的效果。

（三）相关性原则

市场调查问卷的设计要比较容易让被调查者接受，使被调查者愿意回答。由于市场调查没有法律约束力，市场调查对被调查者来说是一种额外负担，被调查者没有必须回答问题的义务，因而只有被调查者愿意回答，才能达到调查的目的。否则，市场调查将流于形式。因此，市场调查问卷设计所用语言和所提问题要尽量有礼貌和有趣味，尽可能得到被调查者的合作，以提高调查质量。市场调查问卷的设计应使用适合被调查者身份、水平的用语，尽量避免列入一些会令被调查者难堪或反感的问题，如"你离过几次婚"这种问题很容易引起调查对象的反感而拒绝合作。市场调查问卷设计必须针对受访人群，对于不同层次的人群，应该在问题的选择上有所不同，必须充分考虑受访人群的文化水平、年龄层次和协调合作可能性。比如对家庭主妇做调查，在语言上就必须尽量通俗；而对于文化水平较高的都市白领，在问题和语言的选择上就可以提高一定的层次。只有在这样的细节上综合考虑，所提的问题才能清楚明了。同时，尽量少用专业名词，避免对填卷人产生刺激而不能很好地合作。比如下面两种问题：

1. 您至今未买笔记本电脑的原因是什么？
A. 买不起　　　　B. 没有用　　　　　　C. 不懂　　　　　　D. 软件少

2. 您至今未购买笔记本电脑的主要原因是什么?
A. 价格高　　　　B. 用途较少　　　　C. 不了解性能　　　　D. 其他

显然第二组问题更有艺术性,能使被调查者愉快地合作。而第一组问题较易引起填卷人反感、不愿合作或导致调查结果不准确。

(四)简明性原则

市场调查问卷的内容要简明、易懂、易读,以便于被调查者能够快速、正确理解问卷的内容和目的。没有价值或无关紧要的问题不要列入,同时要避免出现重复问题,力求以最少的项目设计必要的、完整的信息资料。调查时间要简短,问题和整个问卷都不宜过长,一般问卷回答时间应控制在30分钟左右。调查内容过多,调查时间过长,都会招致被调查者的反感。通常调查的场合一般都在路上、店内或居民家中,应答者行色匆匆或不愿让调查者在家中久留等,而有些问卷多达几十页,让被调查者望而生畏,即使勉强作答也只能草率应付。从被调查者填写问卷的心理变化分析来看,被调查者刚开始填写问卷应该是以好奇和认真为主,随着填写时间的延长,好奇心逐步衰减,而烦躁的心情却逐渐滋生,所以为了保持问卷填写的高质量,问卷的内容应精简。

(五)非诱导性原则

在市场调查问卷中,避免有诱导性作用的问题,以免使答案和事实产生误差。如设计问卷时,问"××品牌的电视质优价廉,您是否准备选购?"这样的问题将容易使填卷人由引导得出肯定性的结论,具有相当的诱导性,而且限制了回答内容,同时还会导致回答失真,难以反映被试的真实情况。诱导被调查者回答不能反映消费者对商品的真实态度和真正的购买意愿,所以产生的结论也缺乏客观性,结果可信度低。

(六)方便性原则

成功的市场调查问卷设计除了要考虑结合调查主题、方便信息收集,还需要考虑问卷在调查后的数据处理与分析工作。为了提高数据整理的方便性和准确性,问题的排列及回答的符号、位置等都应科学合理地设计。在设计问卷的时候就应充分考虑后续的数据统计和分析工作,调查指标要能够累加和便于累加,并且可以进行具体的数据分析,即使是主观性的题目在进行问题规范的时候也要具有很强的总结性,这样才能更好地进行调查工作。

第三节　市场调查问卷设计技术

市场调查问卷设计的科学性在市场调查中具有关键性意义。问卷中的问题设计、提问方式、问卷形式以及遣词造句等,都直接关系到问卷设计的质量。

一、问题的设计

问题是调查问卷的核心,一份质量高的调查问卷,必须合理、科学和艺术地提出每一个问题。在进行问卷设计时,必须对问题的类别和提问方法仔细考虑,否则会使整个调查问卷产生很大的偏差,导致市场调查的失败。常见的问题类型有如下几种。

(一)直接性问题与间接性问题

直接性问题是将所要询问的问题直截了当地向被调查者提出,请被调查者直接给予回答。这种直接提问的方式明确表明要问的问题,通常所问的是个人基本情况或意见,比如,"您的年龄""您的职业""您现在用的牙膏是什么品牌的"等,采用这种提问方式可获得明确的信息,这种提问对调查结果统计分析来说比较方便,但遇到一些窘迫性问题时,采用这种提问方式,可能遭到拒绝而无法得到所需要的答案。

间接性问题是指那些不宜直接回答,而采用间接提问方式能得到所需答案的问题。间接提问方式通常用于被调查者对所需回答的问题产生顾虑的情况。例如,要调查学生参与"赌博",对于"你是否赌博"这一问题就可改为:"现在一些同学中流行用扑克、纸牌等定输赢,你是否也喜欢玩这些扑克、纸牌的游戏?"采用这种提问方式会比直接提问方式收集到更多的信息,一般要求被调查者对他人或某种现象做出判别和评述,让被调查者扮演评判者的角色。这适用于被调查者不乐意回答或很难做出正面回答的问题。

(二)开放式问题、封闭式问题与混合型问题

开放式问题是一种应答者可以自由地用自己的语言来回答和解释有关问题的问题类型,可以让被调查者充分地表达自己的看法和理由,并且比较深入,有时还可获得研究者始料未及的答案。其优点是:设计问题容易;可以得到被调查者富有建设性的意见,能为调查研究人员提供大量的、丰富的信息,而且在分析数据的过程中开放式问题可以成为解释封闭式问题的工具。其缺点是:在编码方面费时费力;受被调查者性格、态度等影响,有时可能得不到准确的信息,并且由于回答费事,可能遭到拒答;收集到的资料中无用信息较多,难以统计分析。

封闭式问题是答案中包括所有可能的回答,让被调查者从中选择一个答案的问题类型。其优点是:被调查者回答问题容易,所得资料较准确;由于答案标准化,易于进行各种统计处理和分析,大大简化了编码和录入的过程,因而封闭式提问成为目前市场调查的主要提问方式。其缺点是:问卷设计花费的时间较长,不能得到更多的信息;回答者只能在规定的范围内被迫回答,无法反映其他各种有目的、真实的想法;如果几个选择项提示顺序相同,位于前面的项占优势,使回答者容易先入为主,因此需要准备几种不同的提示表以便交互向被调查者提示,保证被调查者的回答尽量客观、真实。但应注意此种问题选择项尽量给出全部可能的答案。

混合型问题又称半封闭式问题,是在采用封闭式问题的同时,最后再附上一项或几

项开放式问题。同一个问题中,将开放式问题与封闭式问题结合起来组成问题。例如,"您家里目前有空调吗?有( ),无( );若有,是什么牌子的?"在实际市场调查问卷设计中常常既有开放式问题,也有封闭式问题,并且以封闭式为主、开放式为辅。

(三)主观性问题与检验性问题

主观性问题是指人们的思想、感情、态度、愿望等一切主要世界观状况方面的问题。

检验性问题是指为检验回答是否真实、准确而设计的问题。这类问题,一般安排在问卷的不同位置,通过互相检验来判断回答的真实性和准确性。

理想的问题设计应能使调查人员获得所需要的信息,同时被调查者又能轻松、方便地回答问题。设计各类题型及问法,也是一门学问。因此设计问卷时要求调查人员能依据具体调查内容要求,选用适当类型的问题进行调查,常常是几种类型结合应用,但不能随意设计,否则便会影响调查的效果。

二、问题回答项目的设计

问题回答项目归结起来分为两类,一类是封闭式问题的回答项目,一类是开放式问题的回答项目。封闭式问题的回答项目包括多种类型,如二项选择法、多项选择法、态度量表法、顺位法、评分法、比较法等。不管哪种类型都需要事先对问题答案进行精心设计。开放式问题的回答大多采用自由回答法,但在市场调查中,为挖掘被调查者潜意识的动机和态度,还可以采用词语联想法、句子完成法、故事完成法、漫画联想法等更生动灵活的方式。

(一)封闭式问题的回答项目的设计

封闭式问题易于理解并可迅速得到明确的答案,便于统计整理分析。但回答者没有进一步阐明理由的机会,难以反映被调查者意见的差异程度,了解的情况也不够深入。在进行封闭式问题的回答项目设计时,可以根据具体情况采用不同的设计形式,如图6-4所示。

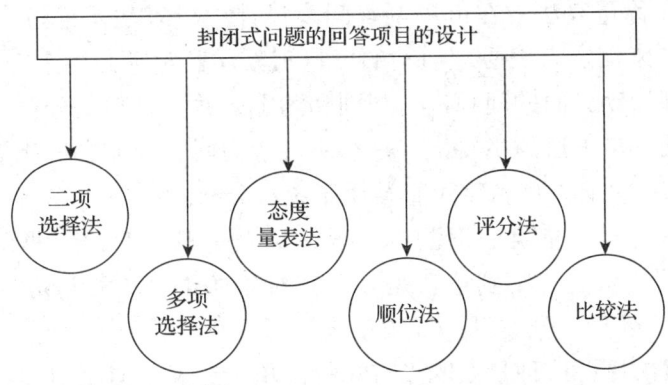

图6-4 封闭式问题的回答项目的设计示意图

1. 二项选择法

封闭式问题的回答项目的类型中最简单的就是二项选择题。二项选择法也称真伪法或二分法，是多项选择的一个特例，是指仅有两种答案可以选择，即"是"或"否"，"有"或"无"等。两种答案是对立的、排斥的，被调查者的回答非此即彼，不能有更多的选择。二项选择题的特点是问题回答简单明了，调查结果易于统计归类，但所获信息量太小，两种极端的回答类型有时往往难以了解和分析被调查者群体意见的差异程度。这种方法适用于互相排斥的二项择一式问题，以及询问较为简单的事实性问题或态度性问题。

有关事实性内容的题型如下。

例：您家里现在有热水器吗？　　　　A. 有　　　　B. 无

对态度或者意见测量（答案是穷尽的）的题型如下。

例：请问您对黄金搭档广告的态度？　　A. 喜欢　　　B. 不喜欢

2. 多项选择法

多项选择法是指所提出的问题事先预备好两个以上的答案，让被调查者根据实际情况，从中选出一个或几个最符合被调查者情况的选项作为答案。多项选择题是问卷设计中最常用的一种题型，保留了是否式询问的回答简单、便于编码和统计、结果易整理的优点多项选择询问避免了二项选择询问的不足，能有效地表达意见的差异程度，是一种应用较为广泛、灵活的询问形式。但其缺点主要是问题后提供答案的排列次序可能引起偏见。设置这种问题有一点值得注意，即在设计选择答案时，应考虑所有可能出现的答案，不能出现重复和遗漏，否则得到的信息不够全面、客观。可设"其他"项目，以便使被调查者表达自己的看法。题型如下。

例：请问您是在哪一种情况下嚼口香糖的？

A. 口渴时　　　　B. 无聊时　　　　C. 看电影时
D. 预防蛀牙时　　E. 约会时　　　　F. 看书时
G. 有口臭时　　　H. 其他（请列明）＿＿＿＿＿＿＿＿

3. 态度量表法

态度量表法简称量表法，在市场调查问卷设计中量表法是通过一套事先拟定的用语、记号和数目，来测定人们心理活动的度量工具。其常常是用来对被调查者的态度、意见、感觉等心理活动方面的问题进行判别和测定，并且在数据分析中，可以使用较复杂的统计分析方法。量表法的主要优点是对应答者的回答强度进行测量，许多量表式应答可以转换成数字，并且这些数字可直接用于统计分析。

量表有许多种分类，依据心理测试内容，量表一般有四种，即类别量表、等级量表、等距量表和等比量表。类别量表是以调查对象的类别方式记分，如男女分类记分（男性1，女性0），以身份分类等；等级量表，即要求评定人在若干个备选项目中按照一定标准排出等级次序，该种量表既没有相等的单位，又没有绝对零；等距量表是在间距相等的分数点对心理特征、了解程度等内容做出测量，等距量表有相等的单位，但没有绝对零,因而其测量水平比等级量表提高了一步;等比量表比等距量表更进了一步,既有绝对零,又有相等的单位,因而属于最高测量水平。

其中等级量表最为常用,这种量表是利用不同的等级来划分一个人对于事情所持的态度,可显示对方同意与否的程度。在问题后提供不同等级的答案,以量表的方式让调查对象自己做出选择。量表的两端是极端性的答案,在两个极端之间可以划分为若干阶段,少则3个,多则5个或7个等。根据量表的层级的多少,使用频率比较高的是三级量表、五级量表、七级量表和百分量表。其中五级量表是市场调查中使用最为普遍的一种量表。常用五级量表有:优、良、中、及格、不及格;很好、好、一般、差、很差;强、较强、一般、较弱、很弱;十分重要、重要、有点重要、不重要、很不重要;非常同意、同意、中立、不同意、坚决不同意;很真实、真实、部分真实、很少真实、不真实等。

(1) 五级量表。

例:你在学校有机会参加社团活动吗?

A. 从来没有　　B. 难得参加　　C. 有时参加　　D. 常常参加　　E. 一直参加

(2) 百分量表。

例:你在多大程度上对你目前的学习成绩满意?

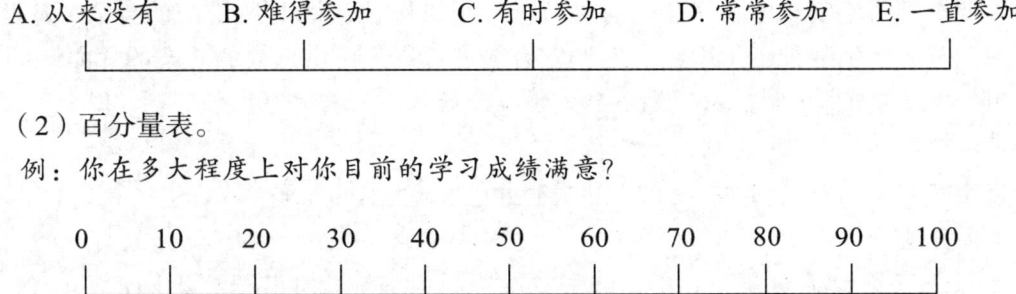

(3) 对称性量表和非对称性量表。

等级量表依据答案对称性分为对称性量表和非对称性量表两种形式。对称性量表是奇数等级项,中间位置必须是中性、中立的词语。但非对称性量表应慎重使用,以免对被调查者产生诱导。

例:你认为食堂的就餐条件如何?

对称性量表:

A. 好　　B. 较好　　C. 一般　　D. 较差　　E. 差

非对称性量表:

A. 很好　　B. 好　　C. 较好　　D. 一般　　E. 差

(4) 图解式量表和数字式量表。

等级量表依据其表现方式还可分为图解式量表和数字式量表。一般来说,图解式量表比单纯的数字式量表更有利于传达等级意义和评级的心理距离。

例:你在电脑程序操作过程中出错情况如何?

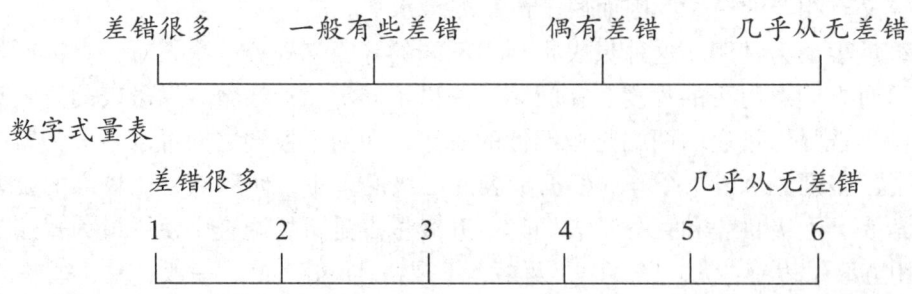

4. 顺位法

顺位法又称序列法，是在多项选择问题的基础上，列出若干项目，具体则由回答者根据自己所喜欢的事物和认识事物的程度等进行排序。顺位法便于被调查者对其意见、动机、感觉等做衡量和比较性的表达。这种方法较为简单，也便于对调查结果加以统计。但调查项目不宜过多，过多则容易分散，很难顺位，同时所访问的排列顺序也可能对被调查者产生某种暗示影响。此外，必须注意避免可供选择的答案的片面性。

例：您选购电视机时，对下列各项，请按照您认为的重要程度以"1""2""3""4"为序进行排序。

图像清晰（　） 音质好（　） 外形漂亮（　） 使用寿命长（　）

5. 评分法

评分法又称数值分配法，是调查人员对所询问问题列出程度不同的几个答案，并对答案事先按顺序评分，请被调查者选择一个答案。将全部调查表汇总后，通过总分统计，可以了解被调查者的大致态度。可采用"5分制""10分制"，也可采用"100分制"或者正负分值对比等形式，用来对不同品牌的同类产品进行各种性能的评比。

例：根据评分标准，给下列品牌的电视机质量评定分数，请将分数填入括号内。

评分标准：很好10分　较好8分　一般6分　较差4分　很差2分

海尔（　） 康佳（　） 三星（　） 东芝（　） 索尼（　） TCL（　）

6. 比较法

比较法通常是把调查对象中同一类型不同品种的商品，每两个配成一对，由被调查者进行对比，把认为好的商品在调查表的有关栏内填上规定的符号，由此来了解被调查者的态度。为便于了解消费者对所调查商品在态度上的差别，也可以在不同商品品种之间划分若干评价尺度，以利于被调查者评定。比较法也可用于测定调查商品间的评价距离。该方式主要用于调查消费者对商品的评价，根据被调查者喜欢程度的不同进行比较，选择产品的品牌、商标、广告等，可用于比较商品质量和效用等方面。应用比较法时要考虑被调查者对所要回答问题中的项目是熟悉的，否则将会导致空项发生或答案缺乏真实性。

例：表6-1 比较牙膏品牌偏好

表 6-1　各类牙膏的品牌偏好比较

	云南白药	佳洁士	康齿灵	冷酸灵	高露洁
云南白药					
佳洁士					
康齿灵					
冷酸灵					
高露洁					
合计					

说明:"1"表示被调查者更喜欢这一列的品牌,"0"表示被调查者更喜欢这一行的品牌。

还有一种比较方法是在进行试验之时,问卷一旁列出同样产品不同品牌的名称,另一旁则列出形容词,然后要求被调查者将两组文字做适当配对。

例:将下列两组文字做连线配对

汽车厂牌	形容词
奔驰	舒适
别克	经济
大众	豪华
本田	安全
雷诺	快速

(二)开放式问题的回答项目的设计

开放式问题的回答项目只提问题不给具体答案,要求被调查者根据自身实际情况自由作答。开放式问题允许被调查者用自己的话来回答问题,一般说来,因为被调查者的回答不受限制,所以开放式问题常常能揭露出更多的信息。开放式问题的回答项目设计可分为自由回答法、词语联想法、句子完成法、故事完成法、漫画完成法等五种类型,如图 6-5 所示。

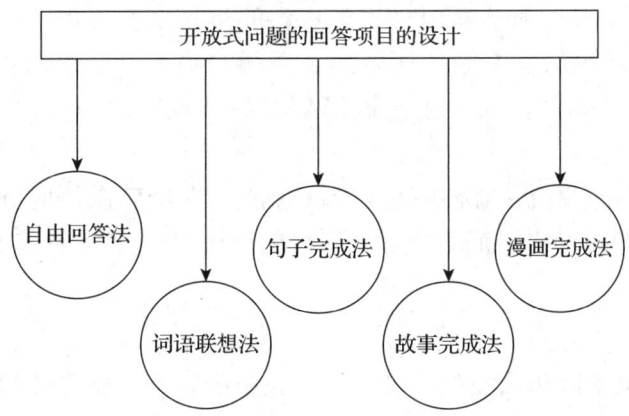

图 6-5　开放式问题的回答项目的设计示意图

1. 自由回答法

自由回答法是指提问后调查者事先不拟定任何具体答案,回答者可以自由发表意见。自由回答法比较适用于调查消费者心理因素影响较大的问题，如消费习惯、购买动机、服务质量、服务态度等，因为这些问题一般很难预期或限定答案范围。这种询问常常用在探索性调查中。例如，"您觉得这种电器有哪些优缺点？""您认为应该如何改进电视广告？""您对本商场有何意见或建议？"等。

自由回答法的主要优点是：被调查者的观点不受限制，便于深入了解被调查者的建设性意见、态度、需求问题等；涉及面广，灵活性大，能使被调查者思维不受束缚，畅所欲言，可为调查者收集到某种意料之外的资料。其缺点是：由于被调查者提供答案的想法和角度不同，因此在答案分类时往往会出现困难，使调查结果难以归类统计和分析；由于时间关系或缺乏心理准备，被调查者往往放弃回答或答非所问。因此，此种问题尽量少用。

2. 词语联想法

词语联想法是给被调查者一连串的词语，每给一个词语，都让被调查者回答其最初联想到的词语（反应语）。在给出的一连串词语中，也有一些中性的或充数的词语，用于掩盖研究的目的。被调查者对每一个词的反应是逐字记录并且计时的，这样犹豫者（要花三秒钟以上来回答）也可以被识别出来。这种方法的潜在假定是，联想可让反应者或被调查者暴露出他们对有关问题的潜在态度或情感。这种方法可以在被调查者对某个问题不愿回答的情况下，掩藏调查目的，挖掘被调查者潜意识的动机和态度。对回答或反应的分析可计算如下几个量：每个反应词语出现的频数；在给出反应词语之前耽搁的时间长度；在合理的时间段内，对某一试验词语完全无反应的被调查者的数目。先向被调查者提示一个访问词，然后让被调查者就这个词全盘写出他们的感觉或想法。例如：电视——新闻、娱乐、音乐、广告、液晶、噪声；鞋——运动、优雅、不舒服、爬山、时尚。

词语联想法可以分成自由联想法及限制联想法两种。自由联想法提供相应的字词让对方随意发挥，当听到下列词时，您想到的是什么？例如，"提到面包时你会想到什么"即属自由联想法，不做任何限制，受测对象可以任意回答。又如，"提到面包，您最先想到的品牌是什么"显然被局限在品牌范围之内做出选择，这就是限制联想法。

不过，无论采用自由联想法还是限制联想法，选用刺激语时都要考虑的原则是：符合调查研究的目的；使用简洁的语句；避免使用具有多重意义和可能有多种反应的刺激语。

3. 句子完成法

句子完成法与词语联想法类似，给一些不完全的句子，要求被调查者完成。句子完成法按固定顺序和语句提问，可以解决敏感性问题、回答率较低的问题等，但答案的审核、编码、分析比较烦琐，不同研究者对同一答案可能得出不同的结论，因而可靠性较差。其主要适用于探索性调查。与词语联想法相比，句子完成法对被调查者提供的刺激是更直接的，可能得到的有关被调查者感情方面的信息也更多。不过，句子完成法不如词语联想法那么隐蔽，许多被调查者可能会猜到研究的目的。

例：我喜欢_____洗发精，因为_____。

4. 故事完成法

给出故事的一个部分，请被调查者发挥想象续成故事，完成一个未完成的故事。采用故事完成法时，要将被调查者的注意力引到某一特定的话题上，但是不要提示故事的结尾，被调查者要用自己的话来做出结论。

例：星期六我来到一家大型超市，刚进到一楼就发现……（请您完成下面的故事。）

5. 漫画完成法

漫画完成法类似于看图说话，提供一幅画请被调查者观看，让被调查者假定是画中的某个角色来描述一个故事或一段对话，从而描述被调查者对事物的态度和意见。例如，一幅背景是某商场电视机销售柜台前的漫画，漫画中有两个人物，一位是售货员、一位是顾客，售货员问："要买彩电吗？喜欢哪一款我给您介绍一下。"顾客回答处留有空白，要求被调查者填写。这时被调查者将假定自己是顾客，向售货员询问他最关注的问题，从而为售货员提供调查资料。但使用漫画完成法过程中注意漫画中的人物不要带有任何表情，以防诱导被调查者而产生调查误差。

第四节 市场调查问卷设计应注意的问题

在市场调查问卷设计中，问题科学合理可以提高问卷回收率和信息的质量。问题设计不当往往会使被调查者误解题意或拒绝回答，从而直接影响数据质量，事后弥补非常困难，而且成本太高。这里主要针对问卷设计中的常见问题提出预防和控制措施，建议设计者要反复推敲，尽量避免因问题设计不当引起不必要的误差。

一、避免不易回答的问题

问题设计中应特别重视问题的措辞，如果把主要精力集中在问卷设计的其他方面，设计的问题很有可能使被调查者难以回答而降低问卷的质量，因此应该注意以下几个方面。

（一）避免提出被调查者能力之外的问题

"你认为未来10年汽车在科技方面会取得哪些进步？""苹果手机是不是最好的？"这样的问题，设计者看来非常简单，可是被调查者可能从来就没有想过或遭遇过，因此，设计问题时，得替他们设想，提问要考虑被调查者的知识、经验、能力范围，不要把问题理论化。

（二）所提问题必须简短，以免造成对方的混乱

"您认为在电视机市场已经日趋饱和的今天，政府仍向电视机生产企业征收高额税

收,从而阻碍了生产厂家发展的做法,是不是应该受到批评?"这样的长句式提问,让人很难回答,也很难给出令调查者满意的回答。

(三)避免因时间久远而依靠被调查者的记忆回答的问题

在信息爆炸时代,遗忘和记忆的差错会导致被调查者无法提供全面和准确的资料。经常有些市场调查要求被调查者回忆半年以前甚至一年前的购买情况,这显然取决于被调查者的回忆和合作程度。因时间久远,回忆不起来或回忆不准确是常有的事。例如,"去年您家庭的生活费支出是多少?在食品、衣服上的支出分别为多少?"除非被调查者连续记账,否则很难回答出来。一般可问"昨天你在电视上看了哪几则手机广告?"显然,这样缩小时间范围可使问题回忆起来较容易,答案也比较准确。

(四)避免提出窘迫性问题

在设计市场调查问卷时,若非有必要,绝不涉及被调查者的个人隐私。隐私问题往往会引起回答者的焦虑、窘迫,使被调查者不愿意回答或不愿意真实回答。遇有这类问题,如果实在回避不了,可列出档次区间或用间接的方法提问。例如,不应问"你今年几岁?"而不妨问"你是哪一年出生的?"也可列出年龄段,如"20岁以下,20~30岁,30~40岁,40岁以上",由被调查者挑选。

(五)避免用词生僻或过于专业

在一般调查中,调查对象文化程度参差不齐,生僻、专业的词语会阻碍被调查者对问题的理解。例如,某保险公司调查顾客对本公司业务的印象,询问:"您对本公司的理赔时效是否满意?""您对本公司的展业方式是否满意?"许多被调查者不明白什么是"理赔时效"和"展业方式",即便给出答案也没有意义。再如"促销效果""分销渠道"等术语,对于某些消费者来说,也不易明白。必须使用专业术语时,应进行定义和说明。

二、避免出现诱导性提问

提问尽量客观,问卷中的问题必须保持中立,不能提问带有倾向性的问题。例如,问"××品牌的手机质优价廉,您是否准备选购?"这样不能反映消费者对商品的真实态度和真正的购买意愿,所以产生的结论也缺乏客观性,结果可信度低。再如,"环境保护很重要,你认为有进行环境保护的必要吗?"这种提问向被调查者提示答案的方向,或暗示出调查者自己的观点。在有外界压力存在的情况下,被调查者提供的是符合压力施加方偏好的答案,而不是他自己真正的想法。这是提问的大忌,常常会引出和事实相反的结论。问题要中性化,避免诱导性提问,褒义词、贬义词、否定问题都应尽量避免。带有倾向性的问题有两种:一种是权威倾向性问题,如"大多数教师认为中学生不能抽烟,你是否同意这一观点?"另一种是叙述倾向性问题,如"现在的小学生作业负担太重,你认为是吗?"对于这样的问题可进行中性化的处理,即修改或剔除问题的倾向性。

三、问题要准确具体，避免用笼统的、不确切的、一般的词

问题设计应避免使用含糊不清的句子和语意不清的措辞，以免受测者费解。文字要表达准确，不应使被调查者有模糊认识，有些问题含有偶尔、许多、大致、普通、经常、一些、很多、相当多、几乎这样的词，以及一些形容词，如"美丽"等，不同被调查者的理解显然也是不同的。询问"您通常喜欢选购什么样的帽子"就是用词不准确，因为对于"通常""什么样"的含义，不同的人有不同的理解，回答各异，不能取得准确的信息。再如，"你认为目前教师的待遇够好吗"中的"待遇"和"够好"都属语意不清。以下属于模糊的语句：您经常穿 T 恤衫吗？您爱穿羽绒服吗？您经常喝汽水吗？这样模糊的问题，被调查者也不好回答。还有些定义不清的问题会产生歧义，使被调查者无所适从。比如年龄、家庭人口、经济收入等调查项目，通常会产生歧义的理解，年龄是虚岁还是周岁，家庭人口是指常住人口，还是指生活费开支在一起的人口？收入是仅指工资，还是包括奖金、补贴、福利、其他收入？如果调查者对此没有很明确的界定，调查结果也很难达到预期要求。因此这些词应用定量描述语代替，以统一标准。

四、避免提带有双重或多重含义的问题

要想得到较高的回答率，需要有良好的提问技巧。一个问题对于每个被调查者而言，应该代表同一主题，只有一种解释、一个含义。一个问题中如果包含过多访问内容，会使回答者无从答起，也给统计处理带来困难。例如，询问"雕牌洗衣粉是否去污力强又不伤衣服？"可能会得到不同答案。再如，询问消费者"您对该商场产品的价格和服务质量满意还是不满意？"该问题实际上包括产品价格和服务质量两个方面的问题，结果"对价格不满意""对服务不满意"或"对价格和服务不满意"的被调查者可能都回答"不满意"，该结果显然得不到商场想了解的信息。因而，一个问题只能提问一个方面的情况，否则容易使回答者不知如何作答。应该避免使用被调查者不易理解、措辞表达意思模棱两可的问句。一个问句应该只询问一个问题，不要使被调查者无从选择。

以上是问卷设计中应该注意的一些比较突出的问题，当然还有其他很多问题存在，有些是研究者难以预料的，这就要求设计者反复斟酌，构想每种问题之后，要尽量详尽地列出问题，然后对问题进行检查、筛选，以便进行删、补、换。

◉ 本章小结

市场调查问卷是国际通用的市场调查工具，是调查人员根据调查目的和要求，通过精心设计一系列问题征求被调查者的意见以获取所需要收集的数据资料的信息载体，其主要作用就是通过征求被调查者的意见以获取调查者所需要收集的数据资料。根据市场调查中使用问卷方法的不同，可将市场调查问卷分为访问式问卷和自填式问卷两大类；

根据市场调查问卷发放方式的不同，可将市场调查问卷分为送发式问卷、邮寄式问卷、报刊式问卷、人员访问式问卷、电话访问式问卷和网上访问式问卷六种；根据市场调查问卷的设计是否有固定结构划分，可将市场调查问卷分为固定结构式问卷和无固定结构式问卷两大类。一份完整的市场调查问卷通常包括标题、说明信、调查内容、结束语等内容。

问卷设计是市场调查过程中非常重要的环节，同时又是一项十分细致的工作。问卷设计的程序主要包括根据市场调查目的确定调查项目，根据调查对象的特点确定问题的表述风格，根据资料收集的方法确定问题的数量和繁简程度，确定问题及其回答的方式，确定问题的顺序，问卷的测试与修订。具体在设计问卷时，应遵循目的性原则、逻辑性原则、相关性原则、简明性原则、非诱导性原则、方便性原则。

问卷设计的科学性在市场调查中具有关键性意义，常见的问题类型有直接性问题和间接性问题；开放式问题、封闭式问题与混合型问题；主观性问题与检验性问题。问题回答项目的设计主要包括封闭式问题的回答项目的设计和开放式问题的回答项目的设计。在封闭式问题的回答项目设计中，可以根据具体情况采用二项选择法、多项选择法、态度量表法、顺位法、评分法和比较法。开放式问题的回答项目的设计则可采用自由回答法、词语联想法、句子完成法、故事完成法和漫画完成法。

在市场调查问卷设计中应注意避免不易回答的问题；避免出现诱导性提问；问题要准确具体，避免用笼统的、不确切的、一般的词；避免提带有双重或多重含义的问题。

关键术语

问卷　问卷设计　封闭式问题回答项目　开放式问题回答项目

复习思考题

1. 一份完整的问卷应包括哪几个部分？
2. 市场调查问卷的作用主要表现在哪几个方面？
3. 简述市场调查问卷设计的程序。
4. 简述市场调查问卷设计的原则。
5. 简述市场调查问卷设计的技巧。

实训项目

关于大学生创业的问卷调查

【实训内容】

在"大众创业、万众创新"的时代，国家和各高校都非常重视大学生的创业工作，请设计一份完整的调查问卷，收集你所在学校的大学生对创业的有关看法，以帮助你所在的学校更好地指导大学生的创业工作。

【实训目标】

运用市场调查问卷设计的方法设计一份完整的调查问卷。

【实训组织】

学生分组，可以通过各种方式查找有关大学生创业的有关资料。

【实训提示】

在资料收集的基础上，讨论问卷项目的设置和问卷的具体设计，最终设计一份完整的调查问卷。

【实训成果】

各组汇报，教师讲评。

案例分析

某服装品牌的市场推广前期市场调查

某服装品牌自 2002 年 1 月在福建省推出以来，资产总额已达到 8 000 万元。近几年来，公司在全省各地市投入了相当的资源进行品牌建设和品牌维护工作。为了全面认识品牌发展的现状，较为系统地掌握和量化品牌推广工作的成效以及促销活动、广告宣传、渠道在整个营销工作中的作用，更好地对品牌发展现状进行客观、量化评估，发现品牌推广中存在的问题和不足，并为下一阶段品牌推广提供依据和思路，进而更加有效地进行品牌的推广工作，因此该公司拟在全省范围内开展一次全面的市场调查。

通过此次的调查研究，该公司将：

了解该服装品牌的消费者结构状况：年龄、性别、职业、收入等。

跟踪了解目标消费群的需求变化趋势，为该服装品牌的发展策略提供科学依据。

评估全省该服装品牌下列各指标对品牌竞争力的贡献程度：

　　品牌知名度、美誉度和忠诚度。

　　品牌风格：商务女装、商务男装等。

　　产品营销渠道：网上营销、服装展览会、服装城、加盟店、连锁经营等。

　　产品价格。

　　市场策略。

　　品牌推广：广告代言推广、网页新闻推广、公司官网推广、服装比赛推广等。

大致了解全省各市消费生活形态与品牌消费形态。

了解客户使用本公司及竞争对手产品的满意度状况，发现本公司的竞争优势和不足，寻求驱动目标消费者购买和忠诚于该品牌的关键因素。

该公司通过量化的品牌监测数据为下阶段各级市场的品牌考核评估提供科学的依据，发现问题并提出建议，以便更合理地分配营销资源，以促进和提升各级市场的品牌建设。

资料来源：李新立，王帅，徐沛然.品牌的构建[M].长沙：中南大学出版社，2011.略有修改。

思考题：

基于以上资料，在进行问卷设计时，整个问卷可以划分为哪几个大的项目？

CHAPTER7 第七章
市场调查资料的整理与分析

知识架构

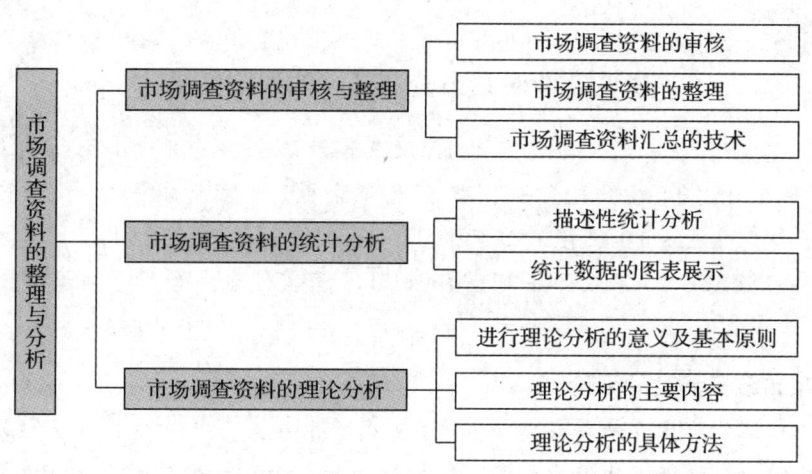

> 越是错综复杂的问题,就越要根据简单的原理和朴素的思想进行判断和行动。我想这是拨开云雾见南山,直接洞悉事物本质和解决问题的最佳方法。
>
> ——稻盛和夫

教学目标与要求

1. 了解市场调查资料审核与整理的基本内容
2. 熟悉调查数据的统计分析概念、方法与工具
3. 掌握统计数据分析的图表展示
4. 了解理论分析的原则与内容
5. 了解因果分析的条件与类型

导入案例

民营企业对某市营商环境的评价结果

我们以问卷调查的方式,面向某市13家汽车及零部件企业、1家新能源汽车企业、11家装备制造企业、24家医药企业、22家化工企业、8家新能源企业、15家新材料企业、5家电子信息企业、10家轻工纺织企业、16家食品饮料企业、27家建材冶金企业、47家农产品加工企业、25家农产品交易企业、111家其他企业进行了问卷调查,调查结果如下。

(一) 对某市政务环境的评价

通过政务环境的总体评价折线图(图略)可以看出来,大部分企业对总体政务环境很满意,企业对某市政务环境总体评价良好,认为政府对企业及民营经济较为重视,政府职能部门服务民营企业的意识不断增强。但在总体政务环境中,信息公开、沟通渠道、政府廉洁这三方面的满意度相对于其他方面来说比较低。

对审批手续和流程的调查结果如下。

企业的成立周期,从递交申请材料到批准成立的时间在一周以内的企业数占比为31.94%,时间在一个月以内的企业数占比为66.57%,在三个月以内的企业数占比为81.5%,有18.5%的企业从递交材料到批准成立的时间为三个月以上。企业从申请材料到正式开业需要盖的公章在10个以内的企业占比为78.51%,需要盖的公章在10个以上的企业占比为21.49%。

2017年政府部门来企业进行各类检查的次数在5次以内的企业占45.07%,10次以内的企业占75.82%,在10次以上的企业占24.18%。

(二) 对某市企业从银行贷款的难易程度的评价

在大多数情况下,某市企业能够在银行顺利贷款,但仍有39.1%的企业从银行贷款存在困难,如表7-1所示。

表 7-1 银行贷款难易程度评价表

选项	小计	比例
A. 容易	32	9.55%
B. 较容易	48	14.33%
C. 一般	124	37.02%
D. 较难	79	23.58%
E. 很难	52	15.52%
本题有效填写人次	335	

（三）对某市企业税费负担的评价

大部分企业认为承受的税收负担水平一般；有小部分企业认为承受的税收负担水平很轻或较轻；有相当一部分的企业认为其承受的税收负担处在较重或很重的水平，如表 7-2 所示。

表 7-2 企业承受税收负担评价表

选项	小计	比例
A. 很轻	17	5.07%
B. 较轻	46	13.73%
C. 一般	196	58.51%
D. 较重	62	18.51%
E. 很重	14	4.18%
本题有效填写人次	335	

（四）对某市人力资源环境的评价

企业对某市人力资源环境总体是比较满意的。在普通工人的可获得性、素质与价格方面，满意企业数占总企业数的 67.17%，只有 6.27% 的企业认为普通工人的可获得性、素质与价格方面感觉差或很差；在技术工人的可获得性、素质与价格方面，有 61.49% 的企业总体感觉满意，8.96% 的企业感觉差或很差；在中高层管理人员的可获得性、素质与价格方面，有 62.39% 的企业满意度较高，有 12.83% 的企业满意度很低，满意度差的企业数相对较多，如表 7-3 所示。

表 7-3 某市人力资源环境评价简表

题目/选项	很满意	较满意	一般	差	很差
普通工人的可获得性、素质与价格	109(32.54%)	116(34.63%)	89(26.57%)	14(4.18%)	7(2.09%)
技术工人的可获得性、素质与价格	78(23.28%)	128(38.21%)	99(29.55%)	23(6.87%)	7(2.09%)
中高层管理人员的可获得性、素质与价格	73(21.79%)	136(40.6%)	83(24.78%)	37(11.04%)	6(1.79%)

注：因四舍五入，表中数据相加并不精确等于100%。

（五）对某市基础设施配套建设的评价

某市基础设施总体上还比较令企业满意，在基础设施涉及的各个方面，评价等级为差或很差的占比在 15% 以内。但某市在基础设施内部还存在发展不平衡的现象。在交通运输方面的满意度可达 80% 左右；但在工业区规划、工业区厂房建设方面满意度就有所下降，很满意和较满意的比例为 70% 左右；在工业区排污设施建设方面，很满意和较满意的企业只占不到 60%；在公交线路配套以及工业区生活娱乐配套设施建设方面，很满意和较满意的企业各占 66%、54% 左右，如表 7-4 所示。

表 7-4　某市基础设施配套建设评价简表

题目/选项	很满意	较满意	一般	差	很差
公路运输	169(50.45%)	109(32.54%)	44(13.13%)	6(1.79%)	7(2.09%)
铁路运输	120(35.82%)	139(41.49%)	54(16.12%)	11(3.28%)	11(3.28%)
航空运输	119(35.52%)	134(40%)	59(17.61%)	10(2.99%)	13(3.88%)
电力供应	149(44.48%)	132(39.4%)	41(12.24%)	10(2.99%)	3(0.9%)
水资源供应	145(43.28%)	126(37.61%)	51(15.22%)	12(3.58%)	1(0.3%)
工业区规划	134(40%)	117(34.93%)	67(20%)	11(3.28%)	6(1.79%)
工业区厂房建设	115(34.33%)	111(33.13%)	93(27.76%)	10(2.99%)	6(1.79%)
工业区排污设施建设	101(30.15%)	97(28.96%)	105(31.34%)	19(5.67%)	13(3.88%)
工业区公交线路配套	106(31.64%)	118(35.22%)	83(24.78%)	16(4.78%)	12(3.58%)
工业区生活娱乐配套设施建设	92(27.46%)	90(26.87%)	103(30.75%)	31(9.25%)	19(5.67%)

注：因四舍五入，表中数据相加并不精确等于 100%。

（六）对某市社会总体环境的评价

在社会总体环境方面，治安环境和社会专业服务这两项的企业满意度最低；在治安环境方面，很满意度有 39.7%，较满意度只有 30.75%；在社会专业服务方面，很满意度只有 30.45%，较满意度为 39.4%，感觉差和很差的比例为 5.37% 和 2.39%，是社会总体环境评价项目各方面比例最高的（见表 7-5）。

表 7-5　某市社会总体环境评价表

题目/选项	很满意	较满意	一般	差	很差
基础设施	109(32.54%)	152(45.37%)	57(17.01%)	13(3.88%)	4(1.19%)
社会信用	105(31.34%)	144(42.99%)	66(19.7%)	15(4.48%)	5(1.49%)
治安环境	133(39.7%)	103(30.75%)	84(25.07%)	13(3.88%)	2(0.6%)
社会保险制度	115(34.33%)	133(39.7%)	69(20.6%)	16(4.78%)	2(0.6%)
社会专业服务	102(30.45%)	132(39.4%)	75(22.39%)	18(5.37%)	8(2.39%)

注：因四舍五入，表中数据相加并不精确等于 100%。

（七）对某市法律环境的评价

在法律环境总体评价中，满意度高的方面有法规体系和经营者人身及财产安全保护情况两方面，很满意比例分别为 42.69% 和 40.3%，较满意比例分别为 37.61% 和 41.49%；在司法机关执法情况和知识产权（商标、专有技术等）保护情况的满意度比较低，其中很满意比例分别为 34.93% 和 37.91%，而感觉很差的比例分别为 1.19% 和 1.79%。

资料来源：节选自作者参与的 2018 年某市民营企业营商环境调研报告。

从上述案例可以看出，市场调查阶段收集的大量资料是零散的、个别的，因此，必须对收集来的资料进行审核和整理，确保资料准确、完整、可靠；在此基础上，运用统计学原理，对数据进行加工分析，即从数量方面描述和掌握调查对象的状态与特征，运用统计图表将其显示出来；最后，还要对鉴别整理后的市场调查资料及统计分析后的数据，借助于概念、判断、推理等思维形式，对调查对象的本质和内在联系进行系统化的分析，从而揭示调查对象的本质和发展规律。充分挖掘市场调查资料所蕴含的信息，以便为相关决策提供坚实的支持。

那么，如何对市场调查资料进行审核与整理？对审核与整理过的市场调查资料如何进行统计分析？如何进行市场调查资料的理论分析？这些是本章所要研究和解决的问题。

第一节 市场调查资料的审核与整理

一、市场调查资料的审核

（一）市场调查资料审核的概念和原则

1. 市场调查资料审核的概念

市场调查资料的审核指在着手整理调查资料之前，对需要整理的原始资料进行认真审查与核查的工作过程，其目的在于保证资料的客观性、准确性、完整性和时效性，为市场调查资料的整理与分析打下坚实的基础。

实际上资料的审核和资料的搜集，在大多数情况下是同步进行的。边搜集边审核叫作实地审核或搜集审核；在搜集资料后集中时间进行审核，叫作系统审核。

2. 市场调查资料审核的原则

在对市场调查资料进行整理审核时应坚持四个原则，如图 7-1 所示。

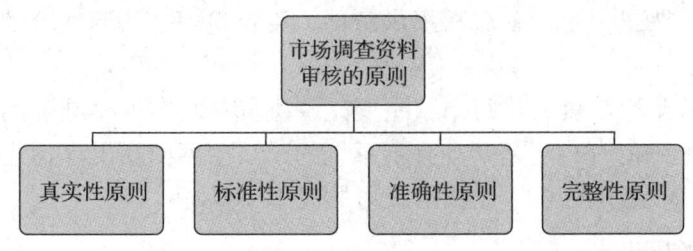

图 7-1 市场调查资料审核的原则示意图

（1）真实性原则。调查资料的来源必须是客观的，也就是调查资料本身要真实。调查人员对搜集到的资料要根据实践经验和常识进行辨别，看其是否真实可靠地反映了调查对象的客观情况，一旦发现疑问，就要再次根据事实进行核实，排除其中的虚假成分，把那些违背常理、前后矛盾的资料舍去，保证资料的真实性。

（2）标准性原则。调查人员要审查每项资料是不是按规定要求搜集的，并判断它能不能说明问题，对所研究的问题能不能起到应有的作用。对于需要相互比较的资料要审核其所涉及的事实是否有可比性；对于统计资料要注意指标的定义是否一致、计量单位是否相同等。

（3）准确性原则。调查人员要对资料进行逻辑检查，检查资料中有无不合理和相互矛盾的地方。例如，某人年龄栏内填写的是12岁，而其学历栏内填写的是大学毕业，这显然是矛盾的、不合逻辑的。

（4）完整性原则。调查人员要检查调查资料是否按照提纲和统计表格的要求搜集齐全，应该查寻的问题和事项是否都已经查完，在调查中发现的新线索、新问题是否都做了进一步的调查。

（二）资料审核方法

资料的审核是一项复杂且系统的工作，不仅需要一丝不苟的工作精神，更需要运用良好的方法，以保证市场调查资料的有效性。资料的审核方法如下。

（1）逻辑审核。利用逻辑和经验判断的方法，检查问卷或调查表中的填答项目是否合理，项目之间有无相互矛盾的地方，有无不应有的空白，有没有不合理的填答，有没有随意填答、答非所问或部分项目不回答等。

（2）计算审核。计算审核主要是对数据进行计算性的检查，如分量相加是否等于小计，小计相加是否等于合计，数据之间该平衡的是否平衡，各项数据在计算方法、计算口径、计量单位、时间属性等方面是否有误等。

二、市场调查资料的整理

（一）资料整理的概念和原则

1. 资料整理的概念

市场调查资料的整理是根据研究目的将经过审核的资料进行分类汇总，使资料更加条理化和系统化，为进一步深入分析提供条件。资料整理是从调查阶段过渡到研究阶段的中间桥梁。

对各种方式收集来的资料进行审核主要是解决资料真实性、准确性、标准性和完整性的问题。刚收集到的资料还是杂乱且不系统的，从中不便找出事物或现象的本质及规律性，只有做进一步整理分析才能找出事物的规律和本质。

2. 资料整理的原则

在进行资料整理时应遵循以下几条原则。

（1）条理化。条理化即对资料进行分类，从而为进一步的分析研究创造条件。

（2）系统化。系统化即从整体的角度考察这些资料：第一，是否能满足研究的目的，是否能把研究的问题说清楚，是否需要增加新的材料；第二，考察要以原来的提纲为依据，但又不受原有提纲的限制，要及时把新情况和有用的东西补充进来。

（3）统计汇总。统计收集来的原始资料大都取自总体内的个体单位，它们都是一些分散的、零碎的、不系统的资料，但它们又反映了总体所具有的数量特征，它们包含着表现总体数量特征的有用信息。因此,对资料进行整理的任务就是按照某一标准将资料划分为不同的类或组,使资料的各种特征和规律显示出来。

案例 7-1

2019 年 6.6 亿人次乘飞机出行

民航局局长冯正霖在 2020 年全国民航工作会议上通报:2019 年,全国民航完成旅客运输量 6.6 亿人次,同比增长 7.9%。民航旅客周转量在综合交通运输体系中的占比达 32.8%,同比提升 1.5 个百分点。全国民航完成运输总周转量 1 292.7 亿吨公里、货邮运输量 752.6 万吨,同比分别增长 7.1%、1.9%;全国千万级机场达 39 个,同比增加 2 个;完成中国民航历史上范围最广、影响最大的一次班机航线调整,新增航路航线里程 9 275 公里,运输机场总数达 238 个。

"在航班总量同比增长 5.57% 等情况下,全国航班正常率达 81.65%;229 个机场和主要航空公司可实现'无纸化'出行;37 家千万级机场国内旅客平均自助值机比例达 71.6%;8 家航空公司、29 家机场开展跨航司行李直挂试点。"冯正霖说。

此外,2019 年,民航正式发布全国目视飞行航图,通航飞行达 112.5 小时,同比增长 13.8%;颁证通用机场数量达 246 座,首次超过运输机场;开展无人机物流配送试点,注册无人机超过 39.2 万架,无人机商业飞行 125 万小时。

资料来源:齐中熙. 2019 年 6.6 亿人次乘飞机出行 [EB/OL]. [2020-01-06]. http://www.bj.xinhuanet.com/2020/01/06/c_1125427969.htm.

(二)市场调查资料的分组

1. 分组(类)的概念

根据研究对象的某些特征,调查人员将调查资料分门别类、编组排队,使复杂的资料条理化、系统化,为找出规律性的联系提供科学依据。

按照一定的标志,调查人员将所研究的社会现象总体区分为若干性质相同的部分或组。

2. 资料分组的方法和原则

分组的关键在于正确选择和确定分组标志。事物有很多标志,对于同一资料选用不同的标志分组,往往会得出不同的分析结果。这就需要从研究问题的具体目的出发,选择能够反映现象本质特征的标志。因此,分组标志选择的恰当与否,会直接影响资料整理和分析的科学性。

一般来讲,分组标志大体上可以分为两类,即按品质标志分组和按数量标志分组。

(1)按品质标志分组。按品质标志分组就是选择以反映人或事物属性差异的标志作为分组标志,如性别、企业所有制等。在使用品质标志时,注意标志的定义要明确具体,防止产生对标志意义理解上的混乱。

（2）按数量标志分组。按数量标志分组就是选择以反映人或事物数量差异的标志作为分组标志。通过数量上的差异反映出质的不同，如居民家庭按子女数量分组，可分为无子家庭（0人）、单子女家庭（1人）、双子女家庭（2人）、多子女家庭（2人以上）。注意事物的数量界限也可以决定事物质的差别，如城市可以按人口分为大城市、中等城市和小城市。

很多调查对象既可以按品质标志分组，也可以按数量标志分组，如人可以按职业分类，也可以按收入分类。因此，研究者一定要根据研究目的和研究需要选择适当的分组标志。

要选择正确的分组标志，必须遵循以下原则。

（1）从研究目的出发选择分组标志。研究目的不同，选择的标志也不同，如研究人口的年龄结构，就以年龄为标志进行分类。总之，分类的目的必须服从于研究的目的。

（2）从反映现象本质的需要去选择分组标志。调查对象的众多特征中有本质特征和非本质特征，应选择反映本质特征的标志作为分组标志。

（3）根据具体的客观条件去选择分组标志。研究对象的特征是随着时间、地点和条件发生变化的。要研究新问题，适应新情况。

三、市场调查资料汇总的技术

原始资料的统计汇总技术有如下两类。

（一）计算机汇总技术

1. 数据处理软件

选用或开发合适的数据处理软件。

2. 编码

编码是指把原始的资料转化成符号或数字资料的简化过程。依据编码过程发生在调查实施之前或之后，编码分为事前编码和事后编码。

（1）事前编码（预编码）是指在编写问卷题目时就给予每一个变量和可能答案一个符号或数字代码。

（2）事后编码是指问卷作答之后，给予每一个变量或可能答案一个符号或数字代码。采用事后编码的主要有三种情况：①开放式问题的答案整理编码；②交叉分组处理编码；③平行分组处理编码。

3. 数据录入

数据录入员根据编码的规则（编码明细单）将数据从调查问卷上直接录入到计算机数据录入软件系统中，系统会自动进行记录和存储。

4. 逻辑检查

运用事先设计的计算机逻辑错误检查程序进行检查，以防止录入逻辑错误的产生。

5. 汇总制表

利用设定的计算机汇总与制表程序自动生成各种分组表。

(二) 手工汇总技术

1. 问卷分类法

将全部问卷按照问题设计的顺序和分组处理的要求，依次对问题答案进行问卷分类，分别清点有关问卷的份数，可得到各个问题答案的选答次数。

2. 折叠法

将全部调查问卷中的同一问题及答案折叠起来，并一张一张地叠在一起，用别针或回形针别好，然后计算各个答案选择的次数，填入事先设计的分组表内。

3. 划记法

事先设计好空白的分组统计表，然后对所有问卷中的相同问题的不同答案一份一份地进行查看，并用划记法标记（常用"正"），全部问卷查看与标记完毕，即可统计出相同问题下的不同答案的次数，最后过录到正式的分组统计表上。

4. 卡片法

以摘录卡作为记录工具，对开放式问题的回答或深层访谈的回答进行过录或记录，然后再依据这些卡片进行"意见归纳处理"。

第二节　市场调查资料的统计分析

在市场调查中，运用统计的方法进行资料的定量分析和研究，是提高调查质量的必要手段。定量分析的方法是以数理法则的具体测量、计算及分析技术为基础的，是市场调查测量化发展的产物。应用各种统计分析方法，可以为研究社会诸要素相互作用的复杂关系提供精确度较高的数据，为更准确地认识市场现象并进行各种比较分析研究和预测提供条件。

统计分析通常可以分成两大类：一类是描述性统计分析，它主要是对资料进行图形描述和数字描述；另一类是推断性统计分析，它是在不完全的资料的基础上对总体做出比较精确的决定的科学。推断性统计分析是在随机抽样的基础上推论有关总体的情况，也称为统计推断。

根据统计分析所研究的变量数量的多寡，统计分析又可以分成单变量分析、双变量分析以及多变量分析。统计的分类大致如图 7-2 所示。

本节仅概要性地介绍最简单、最基本的分析方法。如有必要，请参考相关统计学书籍。在运用统计分析时还应注意，任何统计

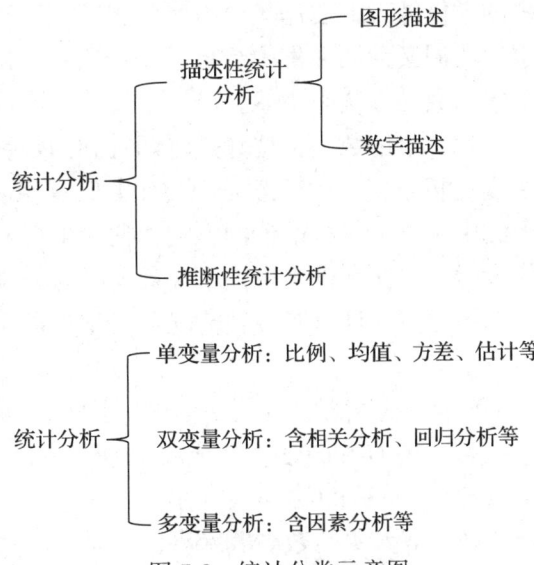

图 7-2　统计分类示意图

分析是否有用完全取决于人们对他们所占有的资料加以说明的能力。也就是说，定量的分析一定要在定性分析的指导下有的放矢地进行，这样才能使定量分析循着正确的分析路径展开，才可能达到为提高定性分析的准确性服务的目的。

一、描述性统计分析

（一）单变量统计分析方法

在统计分析中，两种数据对我们的调查起重要的作用。第一是某种标志值或变量的集中趋势，它用来表示一组数字资料的中心位置。第二是变量的离散趋势，它用来表明数据的差异情况和扩散范围。这两种统计量是相互联系的。仅有集中趋势来反映数据的平均水平还不够，还应结合数据的差异，把两种趋势结合起来考虑，才能正确认识一组数据的全貌。集中趋势的代表性如何要由离散趋势来表明。同时，这两种趋势还可以作为其他统计分析的基础，用以计算其他统计量，所以，这两种统计量是统计分析中最基本的统计量之一。

1. 集中趋势测量

当变量 A 具有众多不同的数值（一组数据）时，如果我们可以找到一个数值来代表这众多的数值，该数值就是变量 A 的集中趋势值。由于这一集中趋势值可以概括大量数据的代表性数值，反映了这组数据的集中趋势，因此也称为集中统计量。

反映集中趋势的统计量有众数、中位数、算术平均数、几何平均数等。

（1）众数。众数是研究总体中出现次数最多的标志值。它用来表示被研究对象中最常见、最普遍的标志值，因为众数的概念具体明确，实践中使用较多，如某地区职工职业最集中的是矿工。

众数不受个别值的影响，直接反映总体次数分布的集中情况。众数在总体单位中所占的比重越大，总体集中程度就越高，众数对总体的代表性就越强。当总体单位的数值很少相同又无明显集中趋势时，众数对总体就缺乏代表性。对于这种资料，就无法利用确定众数的方法来描述。

（2）中位数。中位数是将调查到的数据资料按照标志值大小顺序排列时，处于中央位置的标志值。中位数是把整个数列一分为二，它居中间，一半比它大，一半比它小。因此中位数不受极端值的影响，比较准确地反映了现象发展的集中趋势。当标志变异度较大时，它往往被用来代表现象发展的一般水平，因此，中位数也是一种代表值。

中位数的计算有两种情况：一是根据原始资料计算中位值，二是根据分组资料计算中位值。

例如，5 名学生的成绩分别是 60、73、85、89、90，则第 3 名学生的成绩 85 是中位数。若有 6 名学生的成绩分别是 68、70、76、80、86、90，则这 6 名学生成绩的中位数为 $(76 + 80)/2 = 78$。

（3）算术平均数。算术平均数是一种应用最为广泛的平均数。算术平均数就是对总体各单位的某一数量标志进行的平均，即总体各单位某一标志值的算术和除以总体单位数。

$$算术平均数 = 标志总量 / 总体总量$$

例如：某生产小组 10 名工人的工资总额是 600 元，则平均工资额 = 标志总量 / 总体总量 = 600/10 = 60（元）。

算术平均数的特点：①计量单位的名数应当和标志总量的计量单位一致；②分子分母为同一总体，分母是分子的承担者；③数量标志能平均，品质标志不能平均。

1）简单算术平均数。在掌握了没有分组的总体各单位的标志值或已经有了标志总量和总体总量的资料就可以采用简单算术平均数的方法计算。其计算公式为

$$\overline{X} = \frac{X_1 + X_2 + \cdots + X_n}{n} = \frac{\sum X}{n}$$

例如：上例的关于 10 名工人的月工资额的平均数的计算。

简单算术平均数的特点：简单算术平均数的大小只受各变量值本身大小的影响，其平均数的大小不会超过变量值的变动范围。那么若平均数的大小除了受变量值本身大小的影响，还受其他因素的影响，应采取什么方法计算其平均数呢？

2）加权算术平均数。如果平均数的大小既受其变量值本身大小的影响，又受其次数的影响，那么要采用加权算术平均数的方法计算其平均数。其计算公式为

$$\overline{X} = \frac{X_1 f_1 + X_2 f_2 + \cdots + X_n f_n}{f_1 + f_2 + \cdots + f_n} = \frac{\sum Xf}{\sum f}$$

在影响平均数的两个因素中，起决定作用的是变量值本身的水平，也就是 X 的大小。在其变量值变动的区间内为什么平均数会是某一个数值，而不是另一个数值，则是次数影响的结果。在一般情况下（也就是次数分布接近正态分布的情况下），加权算术平均数会靠近出现次数最多的那个变量值。次数对平均数的大小的作用并不是可有可无的，而是起着一种权衡轻重的作用，因此，次数又叫权数。把每个变量值乘以权数的过程叫加权过程，所得结果就是标志总量。

（a）单项式分组计算的平均数。其计算方法与组距式相同。

（b）组距式分组计算的平均数。在组距数列中，变量值不是以单个的值出现而是以由下限到上限的组距出现的，所以在组距数列中计算加权算术平均数，需要以每个组的平均数——组中值为代表作为每一组的变量值，而后乘以相应的次数，得出标志总量，以此再除以权数之和即可，如表 7-6 所示。

表 7-6 某商店职工工资总额

工资总额（元）	组中值 x	职工人数 f	xf	工资总额（元）	组中值 x	职工人数 f	xf
120～130	125	22	2 750	150～160	155	5	775
130～140	135	133	17 955	合计	—	173	23 365
140～150	145	13	1 885				

3）调和平均数的计算。调和平均数是总体各单位标志值倒数的算术平均数的倒数，

也称倒数平均数。调和平均数分为简单调和平均数和加权调和平均数。

简单调和平均数是先计算总体单位标志值倒数的简单算术平均数，然后求其倒数。其计算公式为

$$H = \frac{n}{\frac{1}{x_1} + \frac{1}{x_2} + \cdots + \frac{1}{x_n}} = \frac{n}{\sum \frac{1}{x}}$$

H 表示调和平均数。

加权调和平均法是先计算总体单位标志值倒数的加权算术平均数，然后求其倒数。其计算公式为

$$H = \frac{m_1 + m_2 + \cdots + m_n}{\frac{m_1}{x_1} + \frac{m_2}{x_2} + \cdots + \frac{m_n}{x_n}} = \frac{\sum m}{\sum \frac{m}{x}}$$

m 表示权数。计算如表 7-7 所示。

表 7-7 某车间奖金分配情况

等级	奖金额（元）x	奖金总额（元）m	等级	奖金额（元）x	奖金总额（元）m
一等	120	960	三等	90	2 700
二等	100	4 200	合计	—	7 860

（4）几何平均数。几何平均数是 n 个比率乘积的 n 次方根。在社会经济统计中，几何平均数适用于计算平均比率和平均速度。简单几何平均数的计算公式为

$$G = \sqrt[n]{x_1 \cdot x_2 \cdot \cdots \cdot x_n}$$

G 表示几何平均数；x 表示变量值；n 表示变量值个数。

加权几何平均数的计算公式为

$$G = \sqrt[f_1 + f_2 + \cdots + f_n]{x_1^{f_1} \cdot x_2^{f_2} \cdot \cdots \cdot x_n^{f_n}}$$

关于几何平均数的具体计算及应用将在第 9 章讲述。

2. 离散趋势测量

（1）极差。极差（也称全距）就是总体单位中最大值与最小值之差，它说明标志值的变动范围，是标志变动度中最简单的一种方法。

极差优点：说明总体中两个极端标志值的变异范围，其计算方法简便、易懂、容易被人掌握。

极差缺点：受极端值影响很大，不能全面反映各单位标志值的差异程度，所以在实际应用中有一定的局限性。

（2）平均差。平均差就是总体各单位的标志值与算术平均数的离差绝对值的平均，它能综合反映总体中各单位标志值的差异程度。

其计算公式为

$$\text{A.D.} = \frac{\sum |x - \bar{x}|}{n}$$

在分组情况下只须加权就可以了，计算公式为

$$\text{A.D.} = \frac{\sum |x - \bar{x}| f}{\sum f}$$

平均差系数就是平均差除以算术平均数，说明标志值差异的相对程度，还可以用来比较平均数不同的各个标志变动度的大小。

其计算公式为

$$V_{\text{A.D.}} = \frac{\text{A.D.}}{\bar{x}}$$

平均差优点：计算简便，意义明确，能反映各标志值的大小和程度。

平均差缺点：采用绝对值，不适于数理统计中的数字处理，使用受限制。

（3）标准差（也叫均方差）。标准差是测定标志变动度最重要的指标。它的意义与平均差的意义基本相同，但在数学性质上比平均差要优越。由于各标志值对算术平均数的离差的平方和为最小，因此，在反映标志变动度大小时，一般都采用标准差。标准差是反映标志变动度的最重要的指标，是指总体各单位的标志值与算术平均数离差的平方和平均数的均方根。其计算公式

$$\sigma = \sqrt{\frac{\sum (x - \bar{x})^2}{n}}$$

在分组情况下，需要加权，计算公式为

$$\sigma = \sqrt{\frac{\sum (x - \bar{x})^2 f}{\sum f}}$$

标准差系数也叫离散系数，是标准差除以算术平均数。其计算公式为

$$V_\sigma = \frac{\sigma}{\bar{x}}$$

极差、平均差和标准差都是说明总体某一数量标志差异大小和程度的指标，用来说明不同数值平均数的代表性大小。

（4）是非标准差。在社会经济现象中，有时把某种社会经济现象的全部单位分为具有某一标志的单位和不具有某一标志的单位。例如，全部产品分为合格产品和不合格产品两组，全部农作物播种面积分为受灾面积和非受灾面积两组，全部人口分为男性和女性两组等，我们把划分出的这两部分分别用"是"或"非"，"有"或"无"表示，这种用"是"与"非"或"有"与"无"表示的标志称为是非标志或交替标志。用"1"表示具备所研究标志的标志值，用"0"表示不具备所研究标志的标志值，用"N"表示全部单位数。具有所研究标志的单位数用 N_1 表示，不具有所研究标志的单位数用 N_0 表示，则 $\frac{N_1}{N}$ 为具有所研究标志的单位数在全部单位中所占的比重，即成数，用 p 表示；$\frac{N_0}{N}$ 为

不具有所研究标志的单位数在全部单位中所占的比重，也即成数，用 q 表示。两个成数之和等于 1，即 $p + q = 1$。

是非标志的标准差 $\sigma = \sqrt{pq} = \sqrt{p(1-p)}$。

（二）双变量统计分析方法

世界是普遍联系的，孤立的现象或事物是不存在的。事物或现象之间相互联系、相互制约，构成错综复杂的客观世界，构成世界的运动和发展。所有各种现象之间的相互联系都通过数量关系反映出来。

如果进一步加以考察，可以发现，现象之间的相互联系可区分为以下两种不同的类型。

1. 函数关系

函数关系是指现象之间存在着严密的依存关系，在这种关系中，对于某一变量的一个数值，都有另一变量的确定的值与之对立，如 $S = \pi R^2$ 中圆的面积 S 与半径 R 是函数关系，R 值发生变化，则有确定的 S 值与之对应。在客观世界广泛存在着函数关系。

2. 相关关系

相关关系是指现象之间确实存在的，但关系值不固定的相互依存关系，即对于某一变量的每一个数值，另一变量有若干个数值与之相对应。例如，身高 1.75 米的人可以表现为许多不同的体重；再如，施肥量与亩产之间，一定的施肥量，其亩产数值可能各不相同。之所以发生这种情况，是因为体重、亩产受很多因素的影响。但是很明显施肥量与亩产之间、身高与体重之间的关系是非常密切的。在各种经济活动和生产过程中，许多经济的、技术的因素之间都存在着这种相关关系。分析这种关系的内在联系和表现形式是统计研究的一项重要任务。分析相关关系常用的方法如下。

（1）直线相关分析。进行相关分析，先要整理原始统计资料。根据总体单位的原始资料，将其中一个变量的数值按一定的顺序排列，同时列出与之对应的其他变量的变量值，这样形成的表格称为相关表，如表 7-8 所示。

表 7-8　某种棉纱产量与单位成本之间的关系

月份	产量（吨）	单位成本（千元/吨）	月份	产量（吨）	单位成本（千元/吨）
1	97	7.2	6	115	6.5
2	100	7	7	108	7.2
3	103	6.9	8	106	7.2
4	109	6.7	9	114	6.8
5	110	6.5	10	118	6.8

从表 7-8 中可以看出，随着棉纱产量的增加，其单位成本有下降的趋势。

相关图也称散点图，是根据原始数据，在直角坐标中绘制出两个变量相对应的观察值的所有点，从这些点的分布情况观察分析两个变量间的关系。该图表明相关点的分布状况，如将上表的数据资料画在一直角坐标系中，以 x 轴代表产量，y 轴代表单位成本，各点的分布状况如图 7-3 所示。

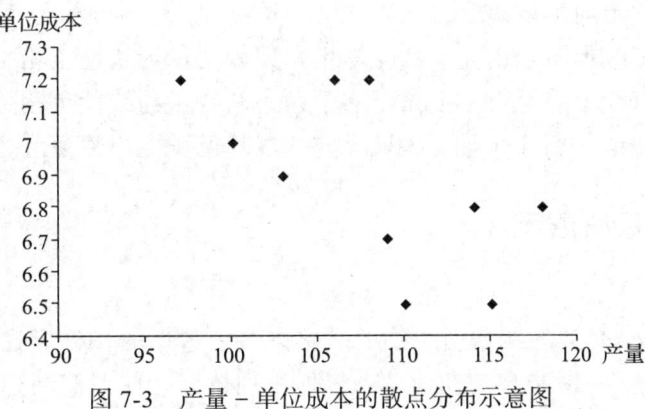

图 7-3　产量 – 单位成本的散点分布示意图

从散点图中 10 个点的分布情况看，产量越大，单位成本越低，即变量之间呈负相关。另外，如果各点是比较密集的，则说明这两个变量之间的相关关系是比较密切的。

（2）简单直线回归分析。两个变量的相关关系最简单的形式就是直线相关，其直线方程称为一元一次方程，公式为

$$y = a + bx$$

式中，y 为因变量，x 为自变量，a 与 b 是特定参数。a 为直线的截距，b 为直线斜率，又称回归系数。参数 a、b 的确定方法有随手画法、最小平方法（又称最小二乘法），统计中使用最多的是最小平方法，用这种方法求出的直线回归方程是原始资料的最适合的方程，也就是这条直线是代表 x 与 y 之间关系最优的一条直线。

若用 (x, y) 表示求几对观察值，y_c 为估计值，则拟合的直线回归方程的形式为

$$y_c = a + bx$$

用最小平方法求回归直线，就是要使观察值 y 与估计值 y_c 的离差平方和最小，即直线的误差平方和最小，也就是 Q 需要取最小值，来确定参数 a 和 b，即

$$Q = \sum(y - a - bx)^2 = 最小值$$

得到

$$b = \frac{n\sum xy - \sum x \sum y}{n\sum x^2 - (\sum x)^2}$$

$$a = \bar{y} - b\bar{x}$$

解出参数 a、b，并代入直线回归方程，得到一个确定的直线回归方程。该直线回归方程的意义是，自变量每增加 1 个单位，因变量平均变动 b 个单位。

回归直线的特征如下。

1）回归直线是一条平均线。

2）观察值与回归值之差的平方和最小，即 $\sum(y - y_c)^2$ 取最小值。

3）观察值 y 与回归值 y_c 之差的和为零，即 $\sum(y - y_c) = 0$。

4）回归直线 $y_c = a + bx$ 必定经过 x 与 y 的交点，即点 (x, y) $y = a + bx$。

5）回归直线的走向由 b 决定。

当 $b > 0$ 时，直线走向是由左下角至右上角，两变量为线性正相关。

当 $b < 0$ 时，直线走向是由左上角至右下角，两变量为线性负相关。

当 $b = 0$ 时，直线平行于 x 轴，说明 x 与 y 之间无线性相关关系。

二、统计数据的图表展示

（一）统计表

统计表是以纵横交叉的线条所绘制的表格来展示数据的一种形式。用统计表展示数据资料有两大优点：一是能有条理地、系统地排列数据，使人们阅读时一目了然，印象深刻；二是能合理地、科学地组织数据，便于人们阅读时对照比较。

统计表从形式上看，由总标题、横行标题、纵栏标题、指标数值四个部分构成，如表 7-9 所示。

总标题：统计表的名称，概括统计表的内容，写在表的上端中部。

横行标题：横行的名称，即各组的名称，写在表的左方。

纵栏标题：纵栏的名称，即指标或变量的名称，写在表的上方。

指标数值：列在横行标题和纵栏标题交叉对应处。

表 7-9 婚姻、性别与时装购买选择分布表

时装购买选择	男 性			女 性		
	小计	已婚	未婚	小计	已婚	未婚
高档时装	171	125	46	169	75	94
中档时装	219	164	55	203	135	68
低档时装	130	101	29	108	90	18
被调查者人数	520	390	130	480	300	180

统计表从内容上看，由主词和宾词两大部分构成。主词是统计表所要说明的总体的各个构成部分或组别的名称，列在横行标题的位置。宾词是统计表所要说明的统计指标或变量的名称和数值，宾词中的指标名称列在纵栏标题的位置。有时为了编排的合理和使用的方便，主词和宾词的位置可以互换。

（二）统计图

统计图是以圆点的多少、直线长短、曲线起伏、条形长短、柱状高低、圆饼面积、体积大小、实物形象大小或多少、地图分布等图形来展示调查数据的。用统计图展示调查数据具有"一图抵千字"的表达效果，因为图形能给人以深刻而明确的印象，能揭示现象发展变化的结构、趋势、相互关系和变化规律，便于表达、宣传、讲演、做广告和辅助统计分析。因为统计图能包含的统计项目较少，且只能显示出调查数据的概数，所以统计图常配合统计表、市场调查报告使用。

数据经过预处理后,可根据需要进一步做分类或分组整理。在对数据进行整理时,先要弄清楚所面对的是什么类型的数据,因为不同类型的数据所采取的处理方式和所适用的处理方法是不同的。对品质数据主要做分类整理,对数值型数据主要做分组整理。品质数据包括分类数据和顺序数据,它们在整理和图形展示的方法上大同小异。

1. 分类数据的图形展示

分类数据本身就是对事物的一种分类。因此,在整理分类数据时,首先应列出所分的类别;然后计算出每一类别的频数、频率或比例、比率,即可形成一张频数分布表;最后根据需要选择适当的图形进行展示,以便对数据及其特征有一个初步的了解。

分类数据的图示方法包括条形图、帕累托图、饼图等。如果有两个总体或两个样本的分类相同且问题可比,还可以绘制环形图。

【例 7-1】 为研究不同类型的软饮料的市场销售情况,一家市场调研公司对随机抽取的一家超市进行调查。调查随机观察的 50 名顾客购买的饮料类型及购买者性别的记录数据整理后的统计表,如表 7-10 所示。

表 7-10 不同类型饮料和顾客性别的频数分布

饮料类型	性别			饮料类型	性别		
	男	女	总计		男	女	总计
果汁	1	5	6	其他	2	6	8
矿泉水	6	4	10	碳酸饮料	6	9	15
绿茶	7	4	11	总计	22	28	50

(1)条形图。条形图是用宽度相同的条形的高度或长短来表示数据多少的图形。条形图可以横置或纵置,纵置时也称为柱形图。此外条形图有简单条形图、复式条形图等形式。

纵置的简单条形图或柱形图如图 7-4 所示。

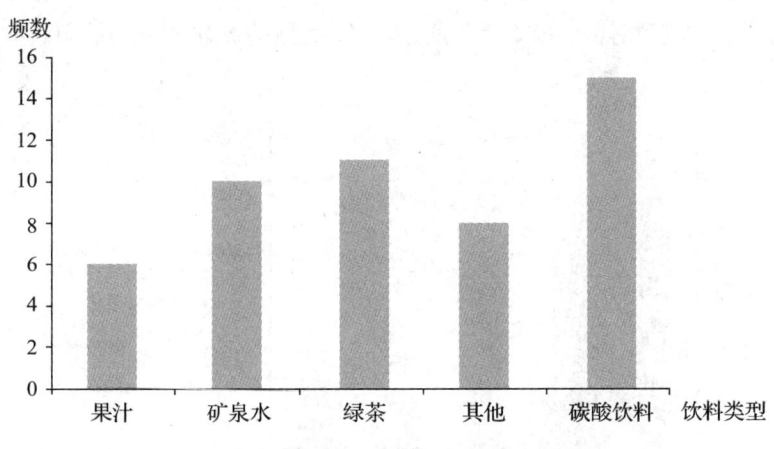

图 7-4 饮料类型的简单柱形示意图

横置的简单条形图如图 7-5 所示。

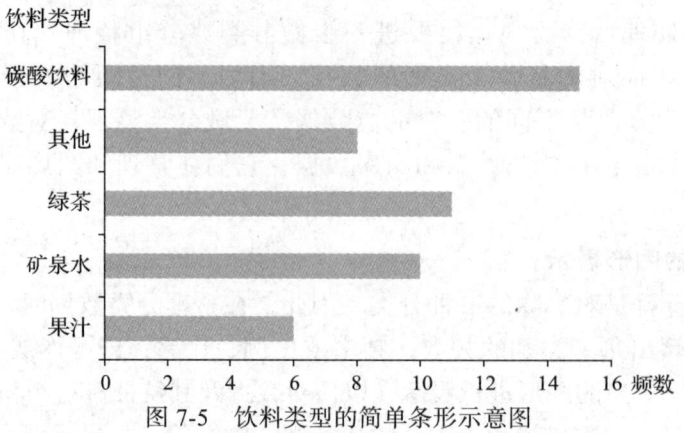

图 7-5　饮料类型的简单条形示意图

饮料类型与顾客性别的复式条形图如图 7-6 所示。

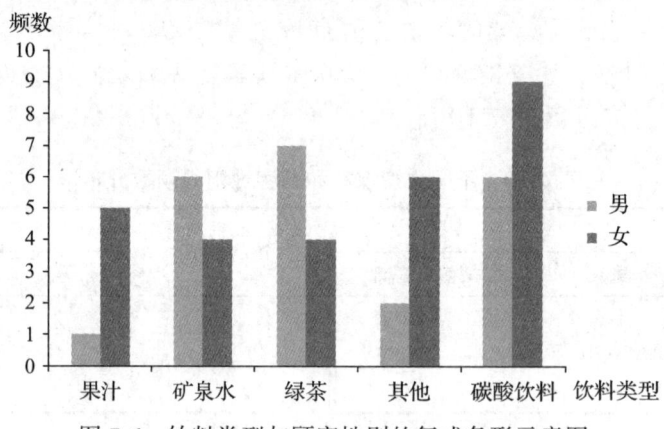

图 7-6　饮料类型与顾客性别的复式条形示意图

（2）帕累托图。帕累托图是以意大利经济学家帕累托（Pareto）的名字命名的。该图是按各类别数据出现频数的多少排序后绘制的条形图。通过对条形的排序，容易看出哪类数据出现得多，哪类数据出现得少。

不同饮料类型的帕累托图如图 7-7 所示。图左侧的纵轴给出了计数值，即频数，图右侧的纵轴给出了累积频率。

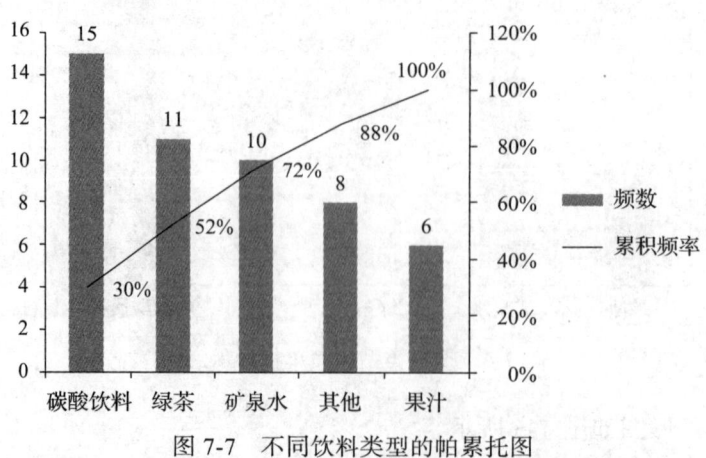

图 7-7　不同饮料类型的帕累托图

（3）饼图。饼图是用圆形及圆内扇形的角度来表示数值大小的图形。它主要用于表示一个样本（或总体）中各组成部分的数据占全部数据的比例，对于研究结构性问题十分有用。

根据表7-10所给数据绘制的饼图如图7-8所示。

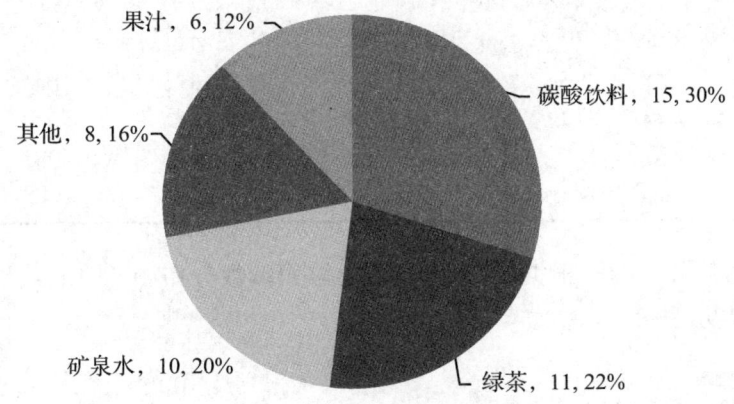

图7-8　不同饮料类型的饼图

2. 顺序数据的图形展示

上面介绍的分类数据的频数分布表和图示方法，如频数、比例、百分比、比率、条形图、饼图等，它们也都适用于顺序数据的整理与显示。其中有些方法只适用于顺序数据的整理和显示，不适用于分类数据。对于顺序数据，除了可用上面介绍的整理和显示图形，还可以计算累积频数和累积频率，绘制累积频数或频率分布图以及环形图。

【例7-2】在一项城市住房问题的研究中，研究人员在甲、乙两个城市各抽样300户，其中的一个问题是："您对您家庭目前的住房状况是否满意？"要求回答的类别为：1.非常不满意；2.不满意；3.一般；4.满意；5.非常满意。

经整理后的调查结果如表7-11、表7-12所示。

表7-11　甲城市家庭对住房状况评价的频数分布

回答类别	甲城市					
	户数 （户）	百分比 （%）	向上累积		向下累积	
			户数 （户）	百分比 （%）	户数 （户）	百分比 （%）
非常不满意	24	8	24	8	300	100
不满意	108	36	132	44	276	92
一般	93	31	225	75	168	56
满意	45	15	270	90	75	25
非常满意	30	10	300	100	30	10
合计	300	100	—	—	—	—

表 7-12　乙城市家庭对住房状况评价的频数分布

回答类别	乙城市					
	户数（户）	百分比（%）	向上累积		向下累积	
			户数（户）	百分比（%）	户数（户）	百分比（%）
非常不满意	21	7.0	21	7.0	300	100.0
不满意	99	33.0	120	40.0	279	93.0
一般	78	26.0	198	66.0	180	60.0
满意	64	21.3	262	87.3	102	34.0
非常满意	38	12.7	300	100.0	38	12.7
合计	300	100	—	—	—	—

（1）累积频数分布图。根据表 7-11 绘制的累积频数分布图（向上累积与向下累积），如图 7-9a、图 7-9b 所示。

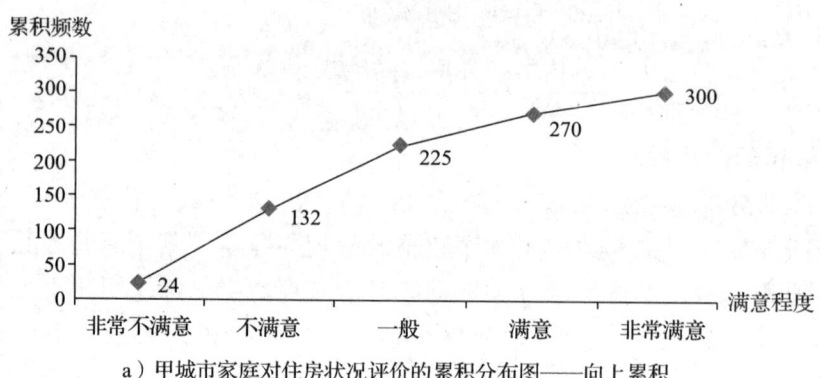

a）甲城市家庭对住房状况评价的累积分布图——向上累积

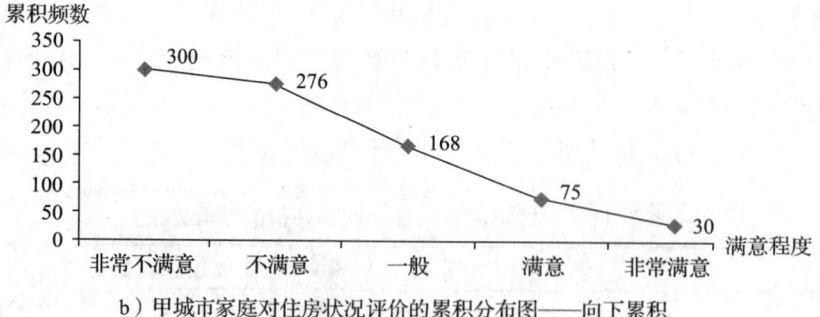

b）甲城市家庭对住房状况评价的累积分布图——向下累积

图 7-9　甲城市家庭对住房状况评价的累积分布图

（2）环形图。环形图与饼图类似，但二者又有区别。环形图中间有一个"空洞"，样本或总体中的每一部分数据用环中的一段表示。饼图只能显示一个总体和样本各部分所占的比例，而环形图则可以同时绘制多个总体或样本的数据系列，每一个总体或样本的数据系列为一个环。因此，环形图可显示多个总体或样本各部分所占的相应比例，从而有利于进行比较研究。

根据表 7-11 和表 7-12 绘制两个城市家庭对住房状况评价的环形图，如图 7-10 所示。

在图 7-10 中外边的环表示的是乙城市家庭对住房状况评价各等级所占的百分比，里边的环则为甲城市家庭对住房状况评价各等级所占的百分比。

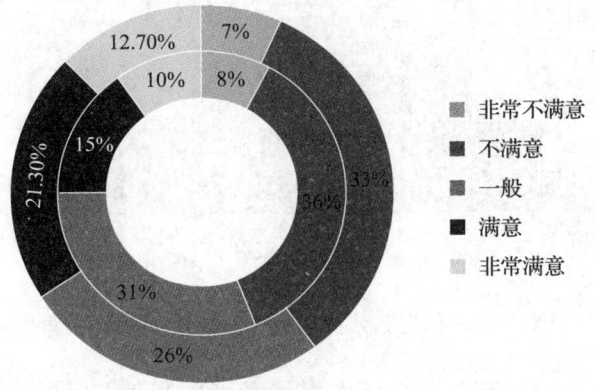

图 7-10 甲、乙两城市家庭对住房状况的评价

3. 数值型数据的图形展示

数值型数据表现为数字，在整理时通常是对其进行分组。数据分组的主要目的是观察数据的分布特征。通过数据分组后形成的频数分布表，可以初步看出数据分布的一些特征和规律，如表 7-13 所示。例如，从表 7-13 可以看出，大多数时间的销售量在 170~180 台，共 27 天，低于这一水平的共有 29 天，高于这一水平的共有 64 天，可见，这是一种非对称分布。

显示分组数据分布特征的图形有直方图、折线图和曲线图等。

条形图、饼图、环形图及累积分布图等都适用于显示数值型数据。此外，数值型数据还有其他图示方法，如直方图、茎叶图与箱线图等，它们并不适用于分类数据和顺序数据。

【例 7-3】 表 7-13 是某电脑公司 2019 年前四个月每天电脑销售量的数据在分组整理后的资料。我们根据表中的数据可以绘制图形来展示数据分布的规律与特征。

表 7-13 某电脑公司电脑销售量的频数分布

按销售量分组（台）	频数（天）	频率（%）	按销售量分组（台）	频数（天）	频率（%）
140~150	4	3.33	200~210	10	8.33
150~160	9	7.50	210~220	8	6.67
160~170	16	13.33	220~230	4	3.33
170~180	27	22.50	230~240	5	4.17
180~190	20	16.67	合计	120	100
190~200	17	14.17			

（1）分组数据：直方图。直方图是用矩形的宽度和高度（即面积）来表示频数分布的图形。在平面直角坐标系中，用横轴表示数据分组，用纵轴表示频数或频率，那么各组与相应的频数就形成了一个矩形，即直方图。

根据表 7-13 的分组数据所做的直方图如图 7-11 所示。

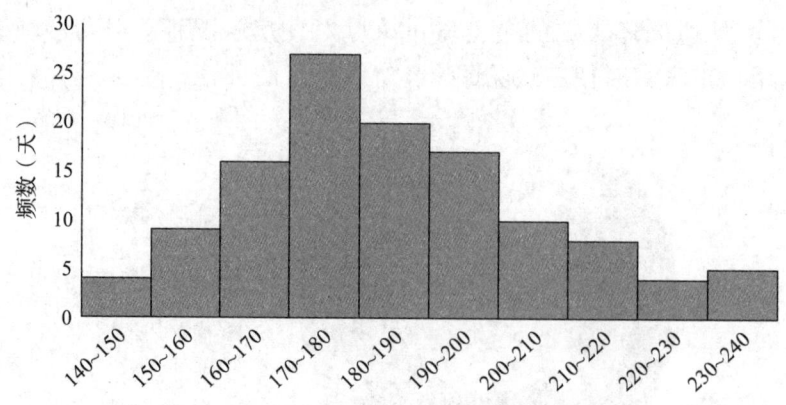

图 7-11　某电脑公司电脑销售量分布的直方图

直方图与条形图不同。首先，条形图是用条形的长度（横置时）表示各类频数的多少，其宽度（表示类别）则是固定的；直方图是用矩形的高度表示每组的频数或频率，宽度则表示各组的组距，因此其高度与宽度均有意义。其次，由于分组数据具有连续性，直方图的各矩形通常是连续排列的，而条形图是分开排列的。最后，条形图主要用于展示分类数据，直方图主要用于展示数值型数据。

（2）未分组数据：茎叶图。对于未分组的原始数据，可以用茎叶图和箱线图来考察分布。

由"茎"和"叶"两部分组成的、反映原始数据分布的图形，称为茎叶图。其图形是由数字组成的。通过茎叶图，我们可以看出数据的分布形状及数据的离散状况，如分布是否均匀、数据是否集中、是否有离群点等。

根据表 7-13 中的数据绘制茎叶图，如图 7-12 所示。

树茎	树叶	数据个数
14	1349	4
15	023345689	9
16	0011233455567888	16
17	011222223344455556677888999	27
18	00122345667777888999	20
19	00124455666667788	17
20	0123356789	10
21	00113458	8
22	3568	4
23	33447	5

图 7-12　某电脑公司电脑销售量数据的茎叶图

茎叶图类似于横置的直方图。与直方图相比，茎叶图既能给出数据的分布状况，又能给出每一个原始数值，即保留了原始数据的信息。直方图虽然能很好地显示数据的分布，但不能保留原始的数值。在应用方面，直方图一般适用于大批量数据，茎叶图通常适用于小批量数据。

（3）多变量数据：雷达图。雷达图是显示多个变量的常用图示方法，也称为蜘蛛图。设有 n 组样本 $S_1, S_2, \cdots, S_n$，每个样本测得 P 个变量 $X_1, X_2, \cdots, X_P$，绘制这 P 个变量的雷达图的具体做法是：先做一个圆，然后将圆 P 等分，得到 P 个点，令这 P 个点分别对应 P 个变量，再将这 P 个点与圆心相连，得到 P 个辐射状的半径，这 P 个半径分别作为 P 个变量的坐标轴，每个变量值的大小由半径上的点到圆心的距离表示，再将同一样本的值在 P 个坐标上的点连线。这样一来，n 个样本形成的 n 个多边形就是一个雷达图。

雷达图在显示或对比各变量的数值总和时十分有用。假定各变量的取值具有相同的正负号，则总的绝对值与图形所围成的区域成正比。此外，利用雷达图也可以研究多个样本之间的相似程度。

【例 7-4】 2018 年中国城乡居民家庭平均每人各项生活消费支出数据如表 7-14 所示。根据表中数据试绘制雷达图。

表 7-14　2018 年中国城乡居民家庭平均每人各项生活消费支出构成（%）

项　　目	城镇居民	农村居民	项　　目	城镇居民	农村居民
食品烟酒	27.72	30.07	交通通信	13.30	13.94
衣着	6.92	5.34	教育文化娱乐	11.39	10.74
居住	23.95	21.95	医疗保健	7.84	10.23
生活用品及服务	6.23	5.94	其他用品及服务	2.63	1.80

根据表 7-14 中的数据绘制的雷达图如图 7-13 所示。

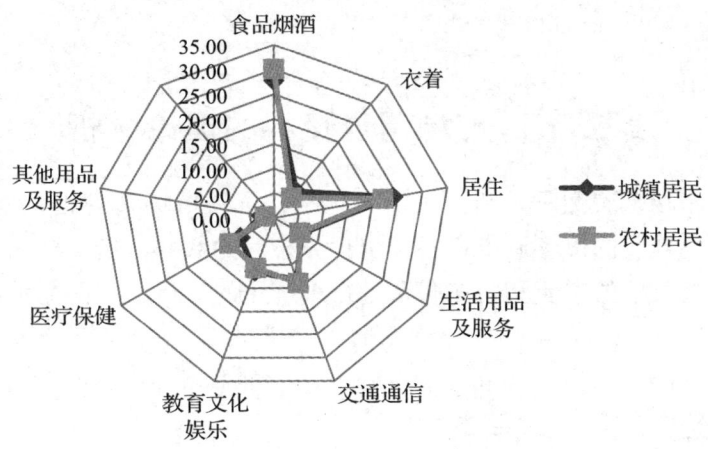

图 7-13　2018 年中国城乡居民家庭人均消费支出构成

从图 7-13 中可以看出：无论是城镇居民还是农村居民，家庭消费支出中食品烟酒支出的比重都最大；其他用品及服务支出的比重都最小；除食品烟酒支出、交通通信支出和医疗保健支出外，城镇居民的支出比重都高于农村居民；城镇居民支出和农村居民支出在结构上具有很大的相似性。

其他类型的统计图在这里就不一一赘述了，有兴趣的读者可以去参阅相关的专业书籍。

案例

企业文化对业绩提高的影响

美国的约翰·科特和詹姆斯·赫斯克特带领的研究团队历经 11 年的调查结果表明，重视企业文化的企业在总收入平均增长率、员工增长率、企业股票价格增长率及企业净收入增长率方面都远远优于不重视企业文化的企业，如表 7-15 所示。

表 7-15　重视企业文化与否对企业各方面的影响

指标	重视企业文化的企业	不重视企业文化的企业
总收入平均增长率	683.3%	166.2%
员工增长率	281%	35.9%
企业股票价格增长率	901.2%	74.1%
企业净收入增长率	756.1%	1.0%

从上述数据可以看出，任何企业都要十分重视企业文化的建设，通过企业文化建设可以促进企业的可持续发展。正如约翰·科特所说："文化才是一切的根源，有了高绩效的文化，企业便一定会成为商业领域的赢家。"

资料来源：李祖滨，胡士强，陈琪. 重构绩效：用团队绩效塑造组织能力 [M]. 北京：机械工业出版社，2019. 略有改编。

第三节　市场调查资料的理论分析

理论分析是市场调查数据分析的最后一项工作，是市场调查研究过程的重要环节。调查人员对鉴别整理后的市场调查资料及统计分析后的数据，借助概念、判断、推理等思维形式，对调查对象的本质和内在联系进行系统化的分析，从而揭示市场调查对象的本质和发展规律。

一、进行理论分析的意义及基本原则

（一）进行理论分析的意义

统计分析只是从事物或现象的数量方面进行分析，告诉人们事物发展的规模和程度以及两种事物之间的相关程度。事物为什么有不同的性质、规模及程度，为什么存在相互联系，其内在规律是什么，统计分析无法做出解释。

理论分析的作用：指出在量的联系中社会现象之间本质的联系及其发展规律。理论分析的主要特点有三方面：一是对客观事物的本质和内在联系的认识；二是借助概念而

不是感觉、知觉和印象，对调查材料进行判断和逻辑推理；三是理论分析的目的是形成系统化的认识，有效解决实际问题。

(二) 进行理论分析的基本原则

1. 科学性原则

任何分析总是在一定的理论观点的指导下进行的。同样的调查资料，由于分析者所持有的理论观点不同，得出的理论分析结论也会不同，甚至可能完全相反。

2. 客观性原则

理论分析只能以调查资料为基础，不能做没有事实依据的主观性、随意性的分析。另外，理论分析的结果必须用调查资料来验证。

3. 完整性原则

在进行理论分析时，要从调查资料的全部事实出发，不能简单地从个别事实出发；同时，理论分析的结果力求与调查资料的全部事实取得一致，而不能满足于与调查资料的个别事实取得一致。

二、理论分析的主要内容

对调查资料进行理论分析，一般来讲，包括五方面的内容，如图 7-14 所示。

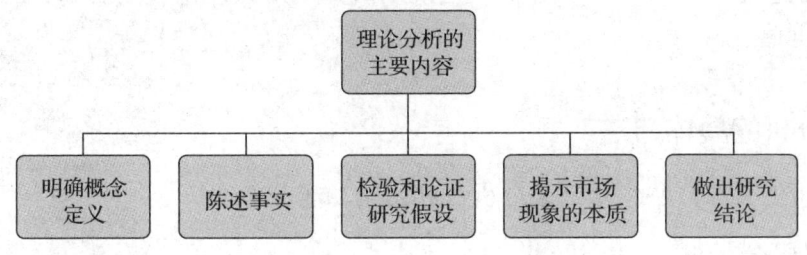

图 7-14 理论分析的内容示意图

(一) 明确概念定义

调查人员进行理论分析首先必须明确概念，即交代概念的定义，对概念的内涵与外延进行限定，使别人知道你所分析的问题是什么。那么，如何明确概念呢？明确概念的方法就是给出定义。一般来说，越抽象的概念就越难定义。在市场调查研究中，人们往往根据研究目的和有关要求，将所要研究的有关概念予以说明和明确定义，通过对概念的定义和说明来明确所要研究的市场现象的具体内容。

(二) 陈述事实

陈述事实即交代调查所得的资料。陈述事实主要有两种形式：一是通过文字叙述，帮助人们了解所调查对象的概况，形成大致印象；二是通过统计描述使人们对调查对象的印象数量化、精确化，减少模糊感。因此，一个好的理论分析，在陈述调查事实时，应该两种方式兼用，相互配合，互相补充，帮助人们把握调查对象的基本特征。

（三）检验和论证研究假设

调查人员进行调查研究，首先要提出一定的假设，然后根据研究假设从若干方面和若干角度来收集资料。调查资料虽然是按照研究假设来进行搜集的，但许多实际资料与研究假设的要求并不是处处吻合，这就需要根据现有资料检查研究假设的可行性。理论分析的目的就是要证明研究假设是否成立。

（四）揭示市场现象的本质

理论分析的目的并不满足于弄清问题和事实是什么，而是要说明为什么，即透过事物的现象抓住事物的本质，揭示市场现象的内在联系。

如果统计数据表明两种现象之间有很强的相关性，理论分析就要说明为什么会发生这种相关。

（五）做出研究结论

做出研究结论是理论分析的最后一个步骤。调查资料理论分析的最终结果是提出概括性的研究结论，这是理论分析的重要功能。

如果说理论分析是把所研究的现象分解为各个部分，那么结论就是把对各个部分的理性认识综合起来，形成对现象的完整、准确的认识，并以简明扼要的方式陈述出来。

对调查做出结论，必须坚持科学性和客观性原则，必须坚持实事求是原则。

研究结论包括两个方面的内容：一是说明研究成果在理论上的贡献，二是说明研究成果的实用价值。

三、理论分析的具体方法

理论分析的具体方法包括因果分析法和结构功能分析法。

（一）因果分析法

因果分析法是探寻事物或现象之间因果关系的方法。

客观事物之间存在着这样一种关系：事物A是事物B的原因，事物B是事物A的结果。也就是说，事物A的变化引起事物B的变化，事物B由于事物A的变化而变化。我们把这种关系称为因果关系。由此可以看出，任何事物都是由一定原因产生的结果，又是产生另一结果的原因。原因是引起一定现象的因素，结果是由于原因作用而产生的现象。在现实社会中，由于事物间存在普遍联系与相互制约，因果关系表现得很复杂，有的一因多果，有的一果多因以及多因多果。

1. 衡量事物间因果关系的三个条件

衡量事物间因果关系的三个条件如下。

（1）两事物间有一种共变关系，如观察人们的观念与所生孩子多少之间的关系，假如发现当一个人的观念越传统，所生的孩子也越多时，那么观念与生孩子之间就存在因果关系。

（2）时序关系，即原因一定要在结果之前，两者若同时发生，就无从得知哪些是因，哪些是果。研究事物之间的因果关系，一定要有时序，即原因在前，结果在后。

（3）两者的关系不受其他因素的影响。如果甲是乙的因，假如将另一因素丙放进去之后，甲就不是乙的因了，此时就不能说甲与乙是因果关系。例如，受教育程度与收入的关系，如果受教育程度是收入的因，若把职业放进去考察，就会发现受教育程度不一定与收入有因果关系。

2. 使用因果分析法时应掌握的原则

使用因果分析法时应掌握的原则如下。

（1）找出构成因果关系的事物。无论是一因多果、一果多因还是多因多果的关系，凡是因果关系都必须具备两个或两个以上的事物，作为因果关系的承担物。

（2）确定因果关系的性质。要确定其因果关系的性质，必须解决两个问题。一是判定是否真的存在因果关系，指出哪个为因，哪个为果。若存在着因果关系，则可以进一步考察因果关系的类型。二是考察因果关系的类型。

（3）对因果关系的程度做出解释说明。说明因果关系的程度就是统计分析的结论，通常用回归系数或净回归系数来表示，理论分析的任务就是做出解释。例如，要研究工人劳动积极性的问题，通过分析，影响工人劳动积极性的因素有工人的劳动态度、技术水平、与领导者的关系和工厂管理制度等。那么在这四个因素中，哪些因素是主要的，哪些因素是次要的呢？现在假定四个因素对劳动积极性的回归系数依次是0.70，0.45，0.85，0.80，由此可知，在影响劳动积极性的因素中，工人与领导者的关系是最重要的原因，说明协调领导与群众的关系是调动工人积极性的重要途径；其次是工厂管理制度，制度合理与否也影响工人和领导积极性的发挥；再次是工人的劳动态度；最后是工人的技术水平。

3. 因果分析法的主要类型

因果分析法包括五种类型，如图7-15所示。

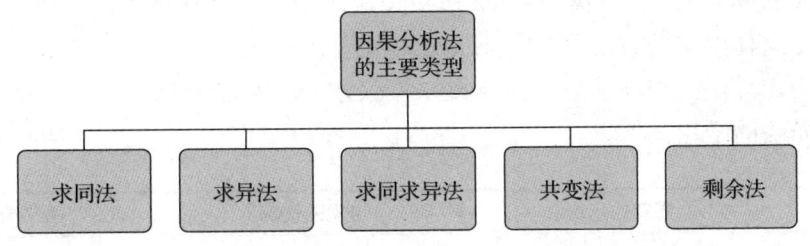

图7-15　因果分析法的主要类型示意图

（1）求同法。求同法是指我们所考察的某一现象，在它出现的各个场合，如果很多有关的情况都不相同，而只有一个有关的情况是相同的，那么，我们就可以断定这个相同的情况就和我们所考察的现象有因果关系。简单来说，求同法就是异中求同。

求同法的结构式如下。

观察的场合	出现的情况	被研究现象
1	A B C	a
2	A D E	a
3	A F G	a

所以，A 情况是 a 现象的原因

例如，医学界在 19 世纪对甲状腺肿的病因调查就采用了求同法。当时人们对流行甲状腺肿的一些地区进行调查后发现，这些地区的地理环境、气候条件、风俗习惯等各方面的情况都不相同。而土壤和水中，以及人的食物和饮用水中缺碘，这一情况却是相同的。于是，人们推断：缺碘可能是引起甲状腺肿的原因。后来人们经过反复研究、实验，终于证实了这一推断。

（2）求异法。求异法是指我们所考察的某一现象，在一个场合出现，而在另一个场合不出现，如果这两个场合的许多有关的情况都相同，只有一个有关的情况不同，那么，就可以断定，这个不同的情况可能同我们考察的这一现象有因果关系。简单来说，求异法就是同中求异。

求异法的结构式如下。

观察的场合	出现的情况	被研究现象
1	A B C	a
2	— B C	—

所以，A 情况是 a 现象的原因（—表示 A 或 a 不出现）

例如，学校进行教学实验，要考察某一措施的效果，现确定一个班为实验班，另一个班为对照班。这两个班在学生的基础、课堂纪律、教师条件、教学时数、课外辅导、课外作业等方面没有显著的差异，不同的只是实验班采取某一措施，而对照班不采取这一措施。一段时间以后，以同样的要求来检查这两个班，这样就可以发现采取这一措施的效果如何。这样的实验方法采用的就是求异法。

（3）求同求异法。求同求异法是指既求同又求异，是求同法和求异法的综合运用。

求同求异法的结构式如下。

	观察的场合	出现的情况	被研究现象
正面场合	1	A B C	a
	2	A D E	a
	3	A F G	a
反面场合	4	X B C	—
	5	Y D E	—
	6	Z F G	—

所以，A 情况是 a 现象的原因

例如，对某一地区的同行业企业进行调查，其中某些企业经营得较好，它们的具体情况各不相同，但有一个共同点，即领导班子领导有方；反之，另一些企业经营得较差，也有一个共同点，即领导班子不得力。根据求同求异法，可以得出这样的结论：领导班子是否得力是一个企业经营好坏的重要原因。

求同求异法一般分为三个步骤：第一，在正面场合用求同法得出结论；第二，在反面场合用求同法得出结论；第三，比较正反两个场合的结论，用求异法得出最后的结论。即两次求同，一次求异，兼有求同和求异两种方法的优点，其结论较可靠。

（4）共变法。共变法是指如果我们发现某一现象发生一定的变化，另一现象也随之发生一定的变化，那么，就可以断定，这两个现象之间可能有因果关系，前一现象是后一现象的原因或部分原因。

共变法的结构式如下。

观察的场合	出现的情况	被研究现象
1	A_1 B C	a_1
2	A_2 B C	a_2
3	A_3 B C	a_3
所以，A 情况是 a 现象的原因		

共变法的特点是：在变化中求因，它不仅可以帮助人们认识现象之间的因果关系，而且可以使人们从量的相关性上把握这一因果关系。

（5）剩余法。剩余法是指如果我们已经知道某一复合现象是另一复合现象的原因，同时又知道前一现象中的某一部分是后一现象中的某一部分的原因，那么，我们就可以断定前一现象的其余部分与后一现象的其余部分之间可能有因果关系。

剩余法的表达式如下。

复合情况	ABCD 是被研究的复合现象 abcd 的原因
	A 情况是 a 现象的原因
	B 情况是 b 现象的原因
	C 情况是 c 现象的原因
所以，	D 情况是 d 现象的原因

例如，一个国家人口增长的复合现象包括出生人数、死亡人数、移居国外人数、迁入国内人数。影响人口增长的复合因素有生育政策、医疗卫生条件、出国政策、移民政策。如果已知医疗条件是影响死亡人数的原因，出国政策是影响移居国外人数的原因，那么就可以推论出生育政策是影响出生人数的原因。

剩余法的特点是由余果推余因，并且必须以前述几个方法所提出的结果为基础。因为运用剩余法来推论现象的原因，必须首先知道某一复合现象中一部分因果关系，所以，剩余法不能成为研究现象间因果联系的开始方法。

（二）结构功能分析法

结构功能分析法是分析事物或现象的结构和功能的理论分析方法。结构是指事物现象中的各种因素的组成方式；功能是指事物现象中的每个现象都要发挥特定的作用。

西方结构功能理论认为，任何社会现象都不是孤立存在的，它必定能找到其在社会大系统中的位置及其与其他部分的关系和它所起的作用。大至国家、民族、机关、企业，小至家庭、班组，都是由一些部分或要素构成的，这些部分或要素组成了一个社会系统，它们之间相对稳定的联系形成这一系统的结构，如一个国家的产业结构、地区结构等。每一社会系统的生存与运转，是以满足一定的社会需求为条件的，每一个社会系统及其组成部分都担负着一定的社会功能，同时，它们各自的生存和运转也有赖于其他组成部分的功能的实现。这是结构功能分析法的客观基础。

1. 功能结构分析法的类型

功能结构分析法包括内部结构分析、内部功能分析和外部功能分析。

（1）内部结构分析。内部结构分析是考察各组成要素相互之间在形式上的排列和比例。

（2）内部功能分析。内部功能分析是考察各组成要素之间相互的影响和作用及其对整体的影响和作用。其包括三项基本内容：一是确定功能关系，即分析有没有相互影响和作用，如果有，是一方影响和作用于另一方，还是双方相互影响和作用；二是挖掘功能存在和建立的必要条件，即分析在满足什么样的条件时各组成要素之间相互影响和作用才能存在和建立起来；三是考察促使各组成要素之间发生相互影响和作用的手段和方法。

（3）外部功能分析。外部功能分析是考察现象整体对社会的影响和作用，也就是说，把研究对象和现象放在社会之中，考察它对社会各方面的影响和作用。其包括三方面内容：一是分析研究对象在社会系统中所处的位置；二是分析其对社会哪些方面发生影响与作用；三是分析其功能的性质，即对社会的影响和作用是积极的还是消极的，是潜在的还是明显的。

2. 结构功能分析的作用和特点

结构功能分析的主要作用有两点：一是解释一个社会现象为什么会出现或为什么会发生变化；二是分析社会系统中各现象的相互关系及现象间的作用机制。社会作为一个具有自我调节与控制机制的系统，总是处在动态平衡的过程中，各种现象间的复杂关系与相互作用实际上是受传统的调节机制制约的，同时它们又对系统的平衡状态和调节机制有影响。

由此可见，结构功能分析法的主要特点在于强调把握整体，把所研究的对象放到社会整体中进行全面观察，以便在整个社会背景和历史背景中对现象的结构与功能做出解释。其理论根据是：社会是一个整体，每个社会组织、群体和每种社会制度作为这一体系的一个组成部分，相互结成密切的关系，并发挥一定的作用。因此，在研究社会现象时，既要研究社会结构，又要研究结构中各个部分的功能。

本章小结

经过市场调查收集来的资料是零散的、杂乱的，需要经过审核与整理，才能进行统计分析与理论分析。

市场调查数据的审核应把握基本的审核原则，掌握审核的方法。资料审核方法有逻辑审核与计算审核等。

市场调查数据资料的整理包括数据整理的基本原则与要求，数据分组的依据及作用，使用计算机或手工对市场调查资料进行统计汇总等主要内容。

市场调查资料与数据的统计分析主要包括描述性统计分析与推断性统计分析。

描述性统计分析包括数据的集中趋势与离散趋势分析、相关分析与回归分析、数据的图表展示等。

推断性统计分析主要包括参数估计与假设检验。

在对市场调查资料进行整理与统计分析之后，还应进行市场调查数据的理论分析，主要是为了深入发掘现象及现象之间的内在本质与规律，更好地利用市场调查资料为企业经营活动提供决策支持。这属于质的分析。

理论分析是市场调查数据分析的最后一项工作，是市场调查研究过程的重要环节。调查人员对鉴别整理后的市场调查资料及统计分析后的数据，借助概念、判断、推理等思维形式，对调查对象的本质和内在联系进行系统化的分析，从而揭示市场调查对象的本质和发展规律。

理论分析的作用：指出在量的联系中社会现象之间本质的联系及其发展规律。因此，理论分析的主要特点有三方面：一是对客观事物的本质和内在联系的认识；二是借助概念而不是感觉、知觉和印象，对调查材料进行判断和逻辑推理；三是理论分析的目的是形成系统化的认识，有效解决实际问题。进行理论分析的基本原则有科学性原则、客观性原则、完整性原则。

因果分析法是探寻事物或现象之间因果关系的方法。使用因果分析法时应掌握的原则：第一，找出构成因果关系的事物；第二，确定因果关系的性质；第三，对因果关系的程度做出解释说明。因果分析法的主要类型包括求同法、求异法、求同求异法、共变法、剩余法。

结构功能分析法是分析事物或现象的结构和功能的理论分析方法。结构是指事物现象中的各种因素的组成方式；功能是指事物现象中的每个现象都要发挥特定的作用。结构功能分析法包括三种类型：内部结构分析、内部功能分析、外部功能分析。结构功能分析的主要作用有两点：一是解释一个社会现象为什么会出现或为什么会发生变化；二是分析社会系统中各现象的相互关系及现象间的作用机制。结构功能分析法的主要特点在于强调把握整体。

关键术语

数据审核　数据整理　分组　统计图　相关关系　回归分析　集中趋势　离散趋势　理论分析　描述性统计分析　推断性统计分析

复习思考题

1. 简述市场调查资料审核与整理的基本内容。
2. 简述市场调查资料统计分析的基本内容。
3. 简述常见的统计图类型。
4. 简述市场调查资料理论分析的主要内容。
5. 计算题

（1）一家汽车零售店的10名销售人员5月份销售的汽车数量（单位：辆）排序后如下：

$$2\quad 4\quad 7\quad 10\quad 10\quad 10\quad 12\quad 12\quad 14\quad 15$$

1）计算汽车销售量的众数、中位数和平均数。

2）计算销售量的标准差。

3）说明汽车销售量分布的特征。

（2）为研究少年儿童的成长发育状况，某研究所的一位调查人员在某城市抽取了100名7~17岁的少年儿童作为样本，另一位调查人员则抽取了1 000名7~17岁的少年儿童作为样本。请回答下面的问题，并解释其原因。

1）哪一位调查研究人员在其所抽取的样本中得到的少年儿童的平均身高较大或者这两组样本的平均身高相同？

2）哪一位调查研究人员在其所抽取的样本中得到的少年儿童身高的标准差较大或者这两组样本的标准差相同？

3）哪一位调查研究人员有可能得到这1 100名少年儿童的最高者或最低者或者对两位调查研究人员来说，这种机会是相同的？

实训项目

【实训目的】

通过本项实训，学生能根据市场调查所获取的资料进行整理与分析，加强专业实践技能与能力。

【实训内容】

进行一次小规模的市场调查，市场调查主题自选，可以使用市场调查问卷或市场调查表格，在校园或学校周边地区进行市场调查；市场调查结束之后，将市场调查资料进行整理与分析，并得出市场调查结论。

【实训步骤】

1. 8~10名同学分成一组，每组确定2个负责人。
2. 每组选定一个市场调查主题，设计市场调查表或市场调查问卷，并进行市场调查。
3. 市场调查对象最少在50人以上，并做好市场调查数据的采集。

4. 市场调查完成之后，将所得数据资料汇总、审核、整理并进行统计分析与理论分析，最后归纳出市场调查结论。

5. 各组在课堂上进行交流、讨论，互相提出修改意见。

【成果形式】

1. 每组提交一份市场调查数据分析报告。
2. 学生代表与教师根据每组成员在市场调查中的表现进行评估打分。

案例分析

大众鞋厂的市场需求调查结果汇总

大众鞋厂是一家有30年历史的老厂，主要以硫化布鞋为主导产品，过去经济效益一直较好。但从某年开始，产品出现积压，经营出现亏损。厂领导觉得问题非常严重，如果想不出办法扭亏增盈，厂子就面临关门的结局。因此，他们找到某管理咨询公司，请它们帮助诊断亏损原因，提出扭亏增盈的对策。企业的有关生产、销售、成本及利润等资料略。

咨询公司人员进厂与厂领导一起进行了初步分析，一种意见认为，老百姓现在普遍穿皮鞋、旅游鞋，导致布鞋需求小，所以产品卖不出去，形成积压。也有人并不同意这种看法。

于是咨询公司设计了鞋类市场需求调查问卷和调查表并实施了调查（问卷及调查表略），鞋类市场需求调查结果汇总如表7-16、表7-17所示。

表7-16 鞋类市场需求调查汇总表（一）

种类		是否穿过	是否经常穿			满意的原因						不满意的原因					
			经常	有时	很少	质量好	价格合适	式样新颖	花色多样	轻便舒适	其他	质量差	价格偏高	式样不好	花色单一	穿着不舒适	其他
布鞋	市外产	40	21	18	10	13	11	17	3	12	11	17	18	17	9	3	1
	大众鞋厂	7	0	2	3	2	5	5	0	0	1	4	0	2	3	2	1
	市内其他	26	7	10	3	4	19	0	0	10	0	10	1	10	2	2	1
	自产	10	1	5	1	5	5	1	0	3	1	4	1	3	6	2	0
解放鞋		13	3	5	1	4	8	1	3	2	2	3	2	5	2	4	0
网球鞋		47	12	12	6	8	12	8	1	11	0	5	2	6	4	3	2
运动鞋		57	33	38	17	26	24	2	6	21	5	15	14	23	17	6	3
健美鞋		38	9	11	11	3	8	3	9	3	2	7	5	10	7	1	1
皮鞋		103	91	36	20	41	25	62	44	23	2	21	47	27	18	19	13
旅游鞋		91	64	31	25	30	34	50	25	34	19	15	29	21	23	9	7

表 7-17 鞋类市场需求调查汇总表（二）

种类		购买数量（双/百人）		价格（元/双）		今年需求量（双/百人）	最喜爱的品牌
		前年	去年	前年	去年		
布鞋	市外产	34	33	7~10	8~12	31	
	大众鞋厂	10	6	4.5	6.2	6	
	市内其他	14	16	7.6	9.2	6	
	小计	58	55	—	—	43	
解放鞋		11	15	13	14	8	
网球鞋		26	22	12	17	10	双星
运动鞋		56	48	14	15	37	回力
健美鞋		27	6	8	8	16	双星
皮鞋		117	128	74	73	128	金利来
旅游鞋		89	110	59	100	41	奇安特

另外，大众鞋厂产品销售区域为本市和邻近 4 个地区的 48 个市县，人口约有 2 000 万。

该厂布鞋年生产量为 100 万双左右。销售队伍及政策：目前全厂有销售人员 14 人，销售政策规定，销售人员按销售收入的 2% 提成，没有基本工资，出差须经批准，只报销住宿费和车费，伙食费自理。据了解，销售人员认为厂领导不重视销售，大半人员整天不跑市场，而是靠打电话联系业务。销售人员对自己的收入也不满意，说外地厂子的销售人员每月收入能达到 1 万~2 万元。

案例来源：王槐林，李林. 市场营销学 [M]. 2 版. 北京：北京大学出版社，2014. 略有改动。

思考题：

请对上述调查资料进行统计分析与理论分析，并写出你的分析结论及建议。

CHAPTER8　第八章

撰写市场调查报告

知识架构

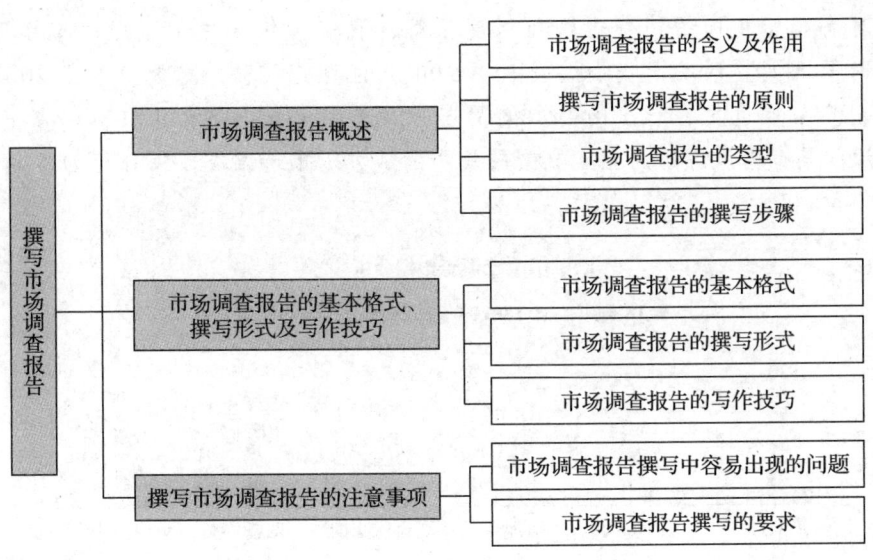

一切结论产生在调查研究之后；在调查研究中，如果找不出原因和解决办法就不能放过。

——张瑞敏

教学目标与要求

1. 明确撰写调查报告的作用
2. 熟悉调查报告的基本结构及要求
3. 掌握调查报告写作技巧

导入案例

关于减肥的市场调查报告

为了对有减肥意向的消费者进行深度了解，我们组织了关于减肥的市场调查活动。通过一段时间的调查活动，我们共发放了200份的调查问卷，有效份数为200份，虽然数量不是很多，但也足够看出问题。被调查的对象中男女比例为1∶1，调查范围为某学院学校附近和某市南风广场周围人流量较集中的地方。市场调查数据分析如图8-1～图8-4所示。

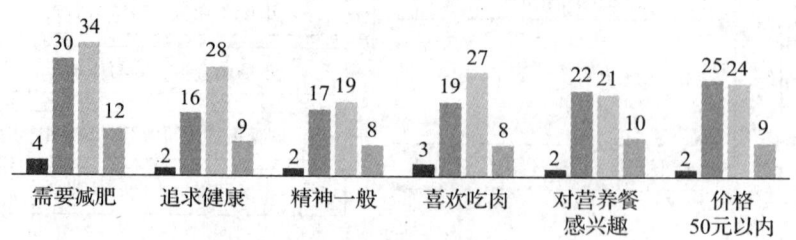

图 8-1　女士调查数据分析图

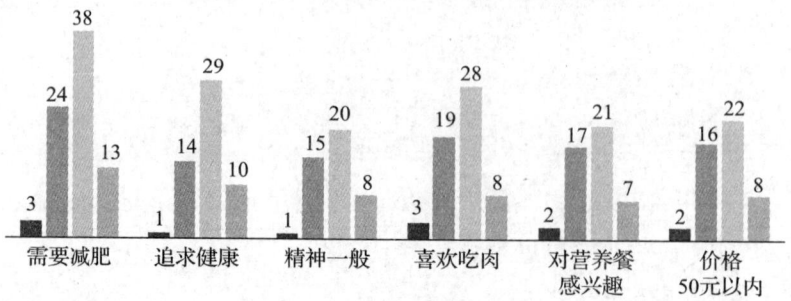

图 8-2　男士调查数据分析图

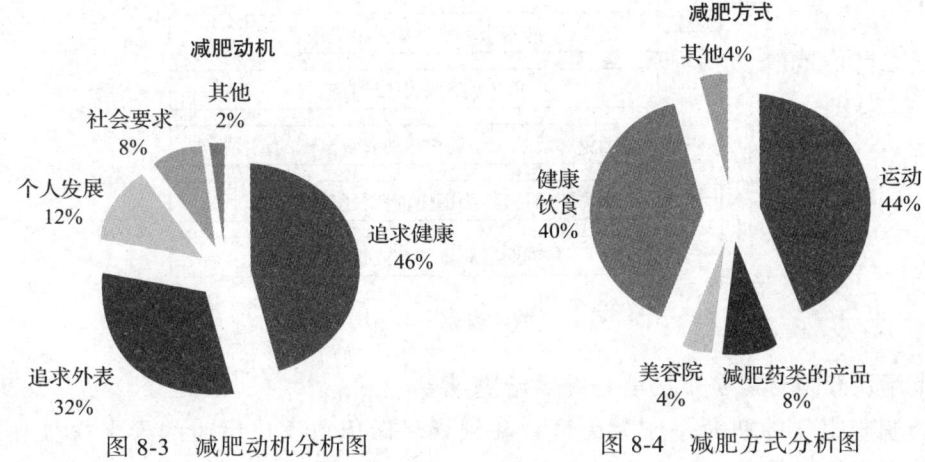

图 8-3　减肥动机分析图　　　　图 8-4　减肥方式分析图

从调查数据分析可以看出，大部分的人都觉得自己应该减肥，且男女比例接近 1∶1，想要减肥的人群从 18 岁以下到 48 岁以上都有，年龄跨度也相当大，越来越多的人减肥不是为了美，更是为了健康，且大部分想要减肥的人群对减肥营养餐还是很感兴趣的，目前某市市场上还没有出现针对减肥人群的主题餐厅，这是机遇，更是挑战。

资料来源：某学院大学生创业计划大赛项目资料。

撰写市场调查报告是市场调查的最后一项工作内容，市场调查工作的最终成果将体现在市场调查报告中，市场调查报告将作为企业制定生产经营决策的依据。从上述案例可以看出，这是一份不完整的市场调查报告，其所获得的信息资料很难让经营决策者理解和使用其中的内容。那么，一份完整的市场调查报告包括哪些内容？撰写市场调查报告应遵循哪些原则？撰写市场调查报告有哪些技巧？应注意什么问题？这是本章所要研究和解决的几个问题。

第一节　市场调查报告概述

一、市场调查报告的含义及作用

（一）市场调查报告的含义

市场调查报告是市场调查人员对特定市场的某一方面的问题进行深入细致的调查之后，记述和反映市场调查成果的一种文书。

市场调查报告是一项市场调查项目最终成果的主要表现形式。它可以有多种形式，可以是书面形式，也可以是口头形式，或者是书面形式和口头形式相结合的形式，还可以是其他形式，如 U 盘或 E-mail 等电子形式。

（二）市场调查报告的作用

市场调查报告的作用有五方面，如图 8-5 所示。

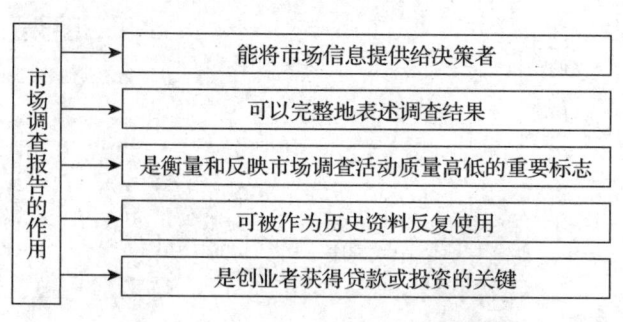

图 8-5 市场调查报告作用示意图

1. 市场调查报告能将市场信息提供给决策者

市场调查报告的使命是作为决策者和领导者做出重大决策时的参考文献和基本依据，这是调查报告最主要的功能。决策者需要的不是市场调查搜集的大量信息资料，而是这些市场信息资料所蕴含的市场特征、规律和趋势。市场调查报告能在对信息资料分析的基础上形成决策者需要的结论和建议。决策者在研究问题时，往往要以市场调查报告作为参考。

2. 市场调查报告可以完整地表述调查结果

市场调查报告应对已完成的市场调查做出完整而准确的表述，并能够详细、完整地表达出市场调查中有关市场调查的目标。这就要求调查报告有背景信息、调查方法及评价、以文字表格和形象化的方式展示的调查结果、调查结论和建议等内容。

3. 市场调查报告是衡量和反映市场调查活动质量高低的重要标志

市场调查活动的质量不仅体现在市场调查活动的策划、方法、技术、资料处理上，还体现在调查活动的结论和论断以及总结性的市场调查报告上。

4. 市场调查报告可被作为历史资料反复使用

市场调查报告是市场调查活动的有形产品。当一项市场调查项目完成以后，市场调查报告就成为该项目的少数历史记录和证据之一。作为二手资料，它还有可能被重复使用，从而大大提高其存在的价值。

5. 市场调查报告是创业者获得贷款或投资的关键

吸引投资者，特别是风险投资人参与创业者的投资项目，需要一份包含市场调查报告在内的高品质且内容丰富的商业计划书。一份好的有详尽市场调查资料的商业计划书，将会使投资者更快、更好地了解投资项目，使投资者对项目有信心、有热情，最终达到为项目筹集资金的目的。

二、撰写市场调查报告的原则

一份经过认真撰写的市场调查报告，应使读者能够追溯到市场调查项目的起点，重新对资料进行分析、推敲。这将有助于回顾发生过的事情，继而证明是否存在某种规律，或许还能看出各种判断是否存在前后矛盾的地方。因此，市场调查报告的撰写应当遵循三项原则，如图8-6所示。

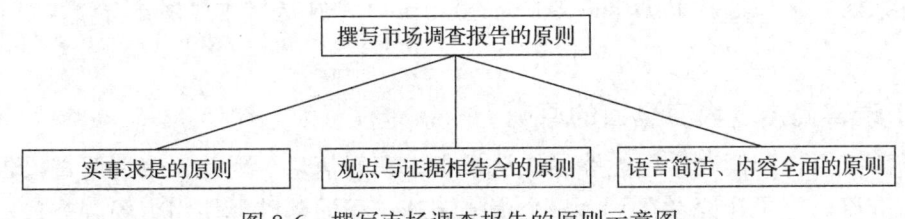

图8-6 撰写市场调查报告的原则示意图

（一）实事求是的原则

市场调查报告作为市场调查研究的成果，最基本的特点就是尊重客观实际，用事实说话。由于人们认识客观实际能力的局限，不可能轻而易举地做出准确的判断。只有深入地调查研究，对整个调查流程严格把关，实事求是，弄清事实和原因，才能真实地反映事物的本来面目。

另外，市场调查报告必须是能反映出与市场调查内容有关的所有真实情况的文件，不应略去或故意隐藏所知事实，更不可杜撰、增减数据。如果市场调查失败，调查者应有勇气承认，同时不能随便报道结果，以免误导。即便是成功的市场调查，在市场调查报告中也不应只选择那些对自己有利的结果，其他的避而不提。

（二）观点与证据相结合的原则

市场调查报告的特点就是以市场调查资料为依据，而资料中的证据材料尤其重要。证据材料具有很强的概括力和表现力，用证据证明事实的真相比长篇大论更能让人信服。如果没有证据，市场调查报告将空洞无物，所以市场调查证据可以增强市场调查报告的科学性、准确性和说服力。

案例

第一产业增势平稳，第二产业、第三产业呈现下降

受疫情影响，2020年第一季度运城市宏观监测的主要经济指标虽然基本呈现微增或负增长的状态，但与1~2月份相比降幅收窄、呈现回升势头，主要指标增速大多高于全省平均水平。

第一季度，全市地区生产总值完成317.0亿元，按可比价计算，同比下降2.2%。从产业看，第一产业增加值25.2亿元，增长2.2%；第二产业增加值111.4亿元，下降2.6%；第三产业增加值180.4亿元，下降2.5%。三大产业比例为8.0∶35.1∶56.9。从三大产业对经济增长的拉动作用来看：第一产业拉动GDP增长0.14%，第二产业下拉GDP增速0.87%，第三产业下拉GDP增速1.49%。

旅游市场受冲击明显，收入大幅下滑。旅游业受疫情影响严重，前期景区停止营业，开放后受限制客流等影响，导致旅游市场大幅下滑。1~3月，全市累计接待游客304.8万人次，同比下降76.8%，实现旅游总收入78.6亿元，下降72.7%。其中，旅游外汇收

入 48.7 万美元，下降 77.8%；国内旅游收入 29.9 亿元，下降 72.6%。

资料来源：根据运城市统计局公布的 2020 年一季度运城市经济运行情况整理。

（三）语言简洁、内容全面的原则

市场调查报告的读者希望能够尽快从报告中获得信息，因此，市场调查报告的语言应当简洁准确。为了让读者在了解整个市场调查过程的基础上使用市场调查报告，市场调查报告的内容应当全面，不仅要说明市场调查的过程，明确市场调查结论，还要说明市场调查的研究方法以及建议。

市场调查报告要求以调查资料为依据，准确地表达观点。市场调查报告中运用的数字要准确，情况要真实，观点要恰当。在市场调查中，恰当地运用调查数据，可以增加市场调查报告的科学性、准确性和说服力。市场调查报告必须有数字、有过程、有分析，既要用资料说明观点，又要用观点统率资料，二者应紧密结合，相互统一。通过定性分析与定量分析的有效结合，达到透过现象看本质的目的，从而研究清楚市场活动的发展、变化过程及其规律。市场调查报告应避免数据堆砌、表达不清、主题不明。

三、市场调查报告的类型

由于市场调查的内容较为广泛，而且市场调查所要解决的问题各不相同，因而，作为市场调查结果表现形式的市场调查报告也具有不同的类型。由于分类标准不同，市场调查报告的类型划分也是多种多样的，一般最常用的分类如下。

（一）根据企业开展经营活动的需要分类

根据企业开展经营活动的需要分类，可将市场调查报告分为市场商品需求的调查报告、市场潜量的调查报告、市场商品供给的调查报告、商品价格的调查报告、商品销售渠道的调查报告、市场竞争情况的调查报告、经营效益的调查报告七种类型。

1. 市场商品需求的调查报告

市场商品需求的调查报告主要包括消费者数量及其结构、家庭收入、个人收入及家庭人口平均收入、购买力的大小及购买力的增减变化、潜在需求量及其投向等内容。其中包括城乡居民存款额的增减及尚待实现的购买力的大小，消费者在消费支付中吃、穿、用等大类商品所占比重的变化情况，需求层次的变化情况，不同消费者对商品的质量、品种、花色、款式、规格等的不同要求，消费者的心理变化，等等。

2. 市场潜量的调查报告

市场潜量是从行业的角度考虑某一产品的市场需求的极限值。市场潜量的调查报告内容主要包括企业地区销售额以及销售额的变动趋势给企业带来的影响。

3. 市场商品供给的调查报告

市场商品供给的调查报告主要包括商品生产的状况、商品资源总量及构成、产品的更新换代速度、不同商品所处市场生命周期的阶段等内容。

4. 商品价格的调查报告

商品价格的调查报告主要包括商品成本、市场价格变动情况、消费者对价格变动的看法等内容。

5. 商品销售渠道的调查报告

商品销售渠道的调查报告主要包括商品的流转环节、流通路线、运输、储存等一系列市场营运方面的内容。

6. 市场竞争情况的调查报告

市场竞争情况的调查报告主要包括竞争的对手、竞争手段,各种竞争产品的质量、性能等内容。

7. 经营效益的调查报告

经营效益的调查报告主要包括各种推销手段的效果、广告效果以及变化原因等内容。

(二)根据调查报告涉及的内容分类

根据报告涉及的内容不同,可以将市场调查报告分为综合性市场调查报告和专题性市场调查报告两大类。

1. 综合性市场调查报告

综合性市场调查报告是提供给用户的最基本的报告,此类报告的目的是反映整个调查活动的全貌,对调查方法、资料分析整理和调查结果等做详细的说明。其主要内容包括调查概况、样本情况、调查方法、初步分析、调查结论等。

2. 专题性市场调查报告

专题性市场调查报告是针对某个问题进行调查后写的报告。它要求报告详细明确,中心突出,对所需要调查的问题做出回答,例如,对胶卷消费问题、个人投资问题、城市环境问题,都可以写出专题调查报告。

(三)其他依据的分类

(1)按照表述方式的不同,可将市场调查报告分为陈述型市场调查报告与分析型市场调查报告。

(2)按照报告性质的不同,可将市场调查报告分为普通调查报告、研究性调查报告和技术报告。

(3)按照报告呈递形式的不同,可将市场调查报告分为书面调查报告和口头报告。

四、市场调查报告的撰写步骤

市场调查报告的撰写应包括确定市场调查报告的主题、取舍资料、拟定提纲、撰写成文等步骤,如图 8-7 所示。

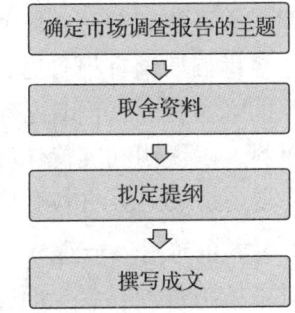

图 8-7 市场调查报告的撰写步骤示意图

（一）确定市场调查报告的主题

市场调查报告的主题是市场调查报告中的关键问题。主题是否明确、是否有价值，对市场调查报告具有决定性意义。

1. 确定主题的步骤

确定主题由选题和确定观点两个步骤组成。

（1）选题。选题是发现、选择、确定、分析论题的过程。论题就是分析对象和目的的概括。选题一般表现为市场调查报告的标题。选题是认识过程中已知领域与未知领域的联结点。它既表现为已知的，是在以往认识基础上产生的，又表现为未知的，是以往认识活动所未解决的。它既反映了现有知识的广度和深度，又反映了未知领域探索的广度和深度。

成功的选题可以使作者用较少的时间和精力积累充实的材料，有目的、有计划地调整自己的知识结构，确定必要的分析方法和手段，而且也是调查报告适时对路的前提条件。一旦选题失误，则即使市场调查报告表述完美也会影响其社会经济效益。

选题的途径一般分为领导征集或外单位委托，以及作者自选观察、调查两种。选好题的关键是处理好分析对象的意义、服务对象的需求和作者的主观条件。

（2）确定观点。观点是调查研究者对分析对象所持的看法与评价。它是调查材料的客观性与作者主观认识的统一性，是形成思路、组织材料、构成篇章的基本依据和出发点。观点是在充分的材料基础上形成的。它的思维过程是对调查材料的分析—综合—再分析。随着认识的不断深入、认识水平的不断提高，观点渐渐产生。因此观点的确定一般要经历萌发、深化、形成三个阶段。

在观点形成过程中要遵循的原则：一是分析要深入。要从实际调查的情况出发，分析不能先入为主，也不能从某观念和政策条文出发。二是分析要具体。只能从具体的现象、数字入手，在调查材料上做文章。抓住事物的特殊性进行分析，从中找出具有代表性的内容，并力求观点内涵丰富。三是立论要新颖。观点是认识的逻辑概括。作者用简单的语言把自己的新认识阐述出来。

（二）取舍资料

资料是形成市场调查报告主题观点的基础。观点是资料的统帅和代表。观点决定资料的取舍和使用。只有达到资料与观点的高度统一，资料才能充分地说明市场调查报告的主题。这是我们撰写市场调查报告必须遵循的主要原则。

在撰写市场调查报告时，必须坚持论证材料要充分，言必有据。充分的材料不仅应是客观的真实材料，而且必须是全面反映事物的本质的典型材料。通常还应有侧面或反面的材料，以说明和支持作者的结论。

在取舍市场调查材料时应注意以下几点。

1. 材料的充分、完整

对市场调查资料要全面分析和比较，以获取尽可能充分和完整的材料，因为市场调查报告与简报不同，不能只是简单地罗列材料，而应根据市场调查报告的目的和要求，进行具体的分析、比较和论证。这种分析、论证又与论文不同，必须以反映事实为基础，用事实说话，在不离开事实叙述的前提下，把充分、完整的材料提到原则高度上进行适当的评析，才能揭示材料的性质和意义。

2. 材料的筛选

材料只有依据市场调查报告主题的需要、观点的要求进行筛选，才能使主题更加突出。与主题无关的或关系不大的材料要忍痛割爱，否则堆砌材料，会冲淡主题，降低市场调查报告的效果。

精选标准是能深刻说明问题本质。精选一般采用比较鉴别的方法，对同类材料依精选标准和报告的篇幅进行比较、鉴别，以决定取舍。另外，鉴于市场调查报告要明确、简练的特点，可用可不用的材料要大胆舍弃。

3. 多次取舍

在调查材料量很大时，为减少不必要的劳动，在分析之前也可进行一次取舍。在分析前后对材料的取舍都要以有关概率统计理论为依据。这样既省力，又保证了材料的代表性和结论的科学性。同时，材料的取舍工作还要和定量分析、定性分析等工作结合起来。只有经过筛选，市场调查报告的依据才能充实、扼要，而不至于偏颇。

（三）拟定提纲

提纲是市场调查报告的骨架，可以厘清作者的思路，表明市场调查报告各部分之间的联系。市场调查报告的写作提纲可分为条目提纲和观点提纲两类。条目提纲就是从层次上列出报告的章节；观点提纲是列出各章节要表述的观点。

一般先拟定粗提纲，把市场调查报告分成几大部分。然后在各部分中再充实内容，按次序或按轻重、横向或纵向罗列编织而成较细的提纲。提纲的粗细也反映了作者对写作内容了解的深浅程度。提纲越细，说明作者对材料、内容掌握越深入、越具体，反映作者思路越清晰，在撰写报告时也越顺手。拟定调查报告写作提纲还可使作者进一步深思熟虑、精益求精，也便于对市场调查报告进行"构造"的调整。因此，写作提纲的作用是不可低估的，不是可有可无的。即使有写作经验的人，也应在撰写市场调查报告之前先拟定写作提纲，特别是较详细的提纲。

（四）撰写成文

撰写成文是指依据已拟定好的提纲和选取好的材料，在把握观点、立定格局的基础上，运用恰当的表达方式和文字技巧，充分运用市场调查中的资料进行调查报告的撰写。撰写成文包括撰写初稿和修改定稿两个阶段。

1. 撰写初稿

在撰写初稿的过程中，一要注意结构清晰、有条理，说明和论述符合逻辑；二要注意文字规范，符合读者的阅读环境和阅读习惯；三要注意语言表达通俗易懂，少用专业术语，多用新颖直观的图表。

2. 修改定稿

在市场调查报告成文以后，还要广泛征求各方意见与建议，对其进行反复的加工提炼，对其进行整体修改、层次修改、文字润色等，使最终报告较完善、较准确地反映市场活动的客观规律，以保证市场调查报告的质量和水平达到和满足用户的需要。

第二节 市场调查报告的基本格式、撰写形式及写作技巧

撰写市场调查报告，一是为了说明市场调查的结果；二是为了对整个市场调查的过程有个说明。前者使报告阅读者清楚地了解本项市场调查得出的基本结论，后者可证明所得出调查结论的可信度。

一份市场调查报告即使再简单，也必须保证它的完整性，否则就算是很有价值的调查数据也显得很苍白且无说服力，这样就降低了它的使用价值。市场调查人员应该认识到一篇专业的市场调查报告应包含的基本格式，掌握市场调查报告写作的方式和技巧。

一、市场调查报告的基本格式

市场调查报告的结构与格式是多种多样的，没有完全统一的标准。无论市场调查报告的格式如何，如下必要的内容应该包括其中。

（一）市场调查报告的题目

市场调查报告的题目是用简明扼要的文字表达本次调查的调查对象和所要揭示的内容，要求用准确简练的语言表达报告的主要内容。市场调查报告的题目可以由一个正标题组成，也可以既有正标题也有副标题。一般，市场调查报告的题目应印制在封面的显著位置，在报告题目的下方应注明报告人或报告单位及报告日期。此外，还要注明报告的呈交对象。市场调查报告的题目一般有如下两种构成形式。

1. 公文式标题

公文式标题由调查对象和内容、文种名称组成，如《关于2019年全省农村服装销售情况的调查报告》。值得注意的是，实践中常将市场调查报告简化为"调查报告"。

2. 文章式标题

文章式标题即用概括的语言形式直接交代调查的内容或主题，如《全省城镇居民潜在购买力动向》。在实践中，这种类型的市场调查报告的标题多采用双标题（正副标题）的结构形式，这样更引人注目，更富有吸引力。例如，《竞争在今天，希望在明天——全国洗衣机用户问卷调查分析报告》等。

（二）调查报告的目录和摘要

如果市场调查报告的页数较多，为了便于查阅，应当编写目录，而且用目录或索引的形式列出主要纲目及其页码。调查报告的目录一般在题目之后另页列出。目录具体内容有：章节标题和副标题及页码、表格目录（标题及页码）、图形目录（标题及页码）、

附录（标题及页码），如以下案例所示。

案例

市场调查报告的目录

一、摘要 ………………………………………………………………………	1
二、调查情况 ……………………………………………………………………	3
1. 研究背景及目的 ……………………………………………………………	3
2. 研究内容 ……………………………………………………………………	3
三、研究方法 ……………………………………………………………………	5
四、消费者调查结果 ……………………………………………………………	6
1. ××××××如 ………………………………………………………………	6
2. ×××××× …………………………………………………………………	7
五、零售商调查结果 ……………………………………………………………	9
1. ×××××× …………………………………………………………………	10
2. ××××× ……………………………………………………………………	11
六、结论和建议 …………………………………………………………………	13
附录 ………………………………………………………………………………	14

调查报告应当提供报告的内容摘要。调查报告摘要是报告中最重要的部分，简要概括说明市场调查活动所获得的主要成果，是整个调查报告的精华。因此，必须认真撰写报告摘要。报告摘要的内容主要包括以下内容。

（1）明确本次调查的调查对象和调查目标。

（2）简要描述本次调查的情况，包括调查范围、调查单位、调查时间、调查地点和调查的主要内容。

（3）简要介绍本次调查所采用的调查方法、调查组织形式及其对调查结果的影响评价。

（4）调查中的主要发现。

（5）分析结论和建议。

调查报告的摘要应该是对报告正文的高度概括和浓缩，一般以 2 或 3 页为宜。摘要内容主要应集中在对调查的发现和由此进行的预测和策略建议上，对调查结论的论证细节应避免涉及。

（三）调查报告的正文

调查报告的正文是指完整详细的调查报告。正文应按照调查内容进行充分展开。调查报告的正文主要由以下几部分组成。

1. 引言

引言部分的主要目的是引导读者详细探讨面临的问题。它通常包括进行这项调查工作的原因、工作范围、对研究问题的拟定、要达到的目标及影响调查方案设计的因素等。

2. 调查方案设计

对市场调查中运用的调查方案进行详细的描述，包括调查采用的调查技术、组织形式、需要收集的二手资料和原始资料、问卷的设计、抽样技术设计、调查资料质量控制措施、资料的整理方法等。本部分旨在说明调查中所用的调查方案是科学有效的。但是，为了保证易读性应尽量避免使用专业性技术语言描述。

3. 数据分析

本部分对调查及整理的数据分析方案进行描述，旨在说明所采用的数据分析方案是正确的。

4. 调查结果及其评价

这是正文中非常重要的部分，也是占用篇幅最长的部分。提出的调查结果包括市场总体调查结果、市场分组细分的调查结果和关联性分析结果，其内容应紧紧围绕调查内容和目标，按照一定的逻辑顺序进行安排。对调查结果的评价主要是对本次调查的局限性进行一些必要的解释，如调查受到调查时间、经费预算、调查组织上的种种限制，调查结果可能存在一定的误差。对调查结果的评价应客观谨慎，否则会降低报告的使用价值。

5. 调查结论及建议

这部分是调查报告最主要的内容，也是阅读者最为关注的部分。调查者应当按照调查目的解释调查的统计分析结论，并从中总结出结论性的结果，并以此为基础向管理决策者提出如何利用已被证明为有效的措施，以及对解决现实问题具有科学性和可行性的政策方案和建议。

（四）调查报告的附录文件

调查报告的附录文件是指正文中包含不了或为了使正文简洁易懂必须放置于报告后，以便于读者查阅的有关技术性文件，它是对正文的补充和更为详尽的说明。附录文件主要有调查提纲、调查问卷、数据汇总表，较为复杂的抽样技术的说明、较为复杂的统计分析表、对一些技术问题的讨论，参考文献，等等。

二、市场调查报告的撰写形式

（一）市场调查报告标题的形式

标题是画龙点睛之笔。它必须准确揭示调查报告的主题思想，做到题文相符。标题要简单明了，高度概括，具有较强的吸引力。标题的形式有以下三种。

1. "直叙式"标题

"直叙式"标题是反映调查意向或只透露调查地点、调查项目的标题，如《××市居民住宅消费需求调查》等。

2. "表明观点式"标题

"表明观点式"的标题是直接阐明作者的观点、看法，或对事物的判断、评价的标题，如《对当前巨额结余购买力不可忽视》等。

3. "提出问题式"标题

"提出问题式"标题是以设问、反问等形式,突出问题的焦点和尖锐性,以吸引读者阅读,促使读者思考,如《××牌产品为什么滞销》等。

以上几种标题的形式各有所长,特别是第二、第三种形式的标题,它们既表明了作者的态度,又揭示了主题,具有很强的吸引力。但从标题上不易看出调查的范围和调查对象。因此,这种形式的标题又可分为正标题和副标题,并分作两行表示。例如:

××牌产品为什么滞销
　　——对××牌产品的销售情况的调查分析

女人生来爱逛街
　　——京城女士购物消费抽样调查报告

(二)开头部分的形式

"万事开头难",好的开头,既可使分析报告顺利展开,又能吸引读者。开头的形式一般有以下几种。

1. 开门见山,揭示主题

文章开始先交代调查的目的或动机,揭示主题。例如,"我公司受北京××电视机厂的委托,对消费者进行一项有关电视机的市场调查,预测未来几年大众对电视机的需求量及需求的种类,使××电视机厂能根据市场需求及时调整其产量及种类,确定今后发展方向……"

2. 结论先行,逐步论证

这种形式是先将调查结论写出来,然后再逐步论证。例如,"××牌收银机是一种高档收款机,通过对××牌收银机在京各商业部门的普及、使用情况的调查,我们认为它在北京不具有市场竞争能力,原因主要从以下几个方面阐述……"

3. 交代情况,逐层分析

这种形式可先介绍背景情况、调查数据,然后逐层分析,得出结论,也可先交代调查时间、地点、范围等情况,然后分析。例如,《关于香皂的购买习惯与使用情况的调查报告》的开头:"本次对香皂的购买习惯与使用情况的调查,调查对象主要集中于中青年,其中青年(20~35岁)占55%,中年(36~50岁)占25%,老年51岁以上占20%;女性为70%,男性30%……"

4. 提出问题,引入正题

这种形式先提出问题,然后切入主题。例如,《关于高端矿泉水品牌市场调查的分析报告》中的开头部分:"在北京市场上,高端矿泉水品牌主要有依云、昆仑山、崂山、百岁山等,面对种类繁多的竞争对手,恒大冰泉如何立于不败之地?带着这个问题,我们对北京市部分消费者和销售单位进行了有关调查。"

(三)论述部分的形式

论述部分是调查报告的核心部分,决定着整个调查报告质量的高低和作用的大小。

这一部分着重通过调查了解到的事实分析说明被调查对象的发生、发展和变化过程，调查的结果及存在的问题，并提出具体的意见和建议。

由于论述一般涉及内容很多，文字较长，有时也可以用概括性或提示性的小标题，突出文章的中心思想。论述部分的结构安排是否恰当，直接影响着分析报告的质量。论述部分主要分为基本情况部分和分析部分两方面的内容。

1. 基本情况部分

基本情况部分的论述主要有三种方法：第一，先对调查数据资料及背景资料做客观的说明，然后在分析部分阐述对基本情况的看法、观点或分析；第二，首先提出问题，提出问题的目的是要分析问题，找出解决问题的办法；第三，先肯定事物的一面，由肯定的一面引申出分析部分，又由分析部分引出结论，循序渐进。

2. 分析部分

分析部分是调查报告的主要组成部分，要对资料进行质和量的分析，通过分析了解情况、说明问题和解决问题。分析有三类情况：第一类，原因分析。这是对出现问题的基本成因进行分析，如对××牌产品滞销原因的分析。第二类，利弊分析。这是对事物在市场活动中所处的地位，起到的作用进行利弊分析等。第三类，预测分析。这是对事物的发展趋势和发展规律做出的分析，如对××市居民住宅需求意向的调查，通过居民家庭人口情况、住房现有状况、收入情况及居民对储蓄的认识、对分期付款购房的想法等，对××市居民住房需求意向进行预测。

此外，论述部分的层次段落一般有四种形式：①层层深入形式，各层意思之间是一层深入一层，层层剖析；②先后顺序形式，按事物发展的先后顺序安排层次，各层意思之间有密切联系；③综合展开形式，先说明总的情况，然后分段展开，或先分段展开，然后综合说明，展开部分之和为综合部分；④并列形式，各层意思之间是并列关系。

（四）结尾部分的形式

结尾部分是调查报告的结束语，好的结尾可使读者明确题旨，加深认识，启发读者思考和联想。结尾一般有如下四种形式。

1. 概括全文

经过层层剖析后，综合说明调查报告的主要观点，深入文章的主题。

2. 形成结论

在对真实资料进行深入细致的科学分析的基础上，得出报告结论。

3. 基础看法和建议

通过分析，形成对事物的看法，在此基础上，提出建议和可行性方案。提出的建议必须能确实掌握企业状况及市场变化，使建议有付诸实行的可能性。

4. 展望未来，说明意义

通过调查分析展望未来前景。

三、市场调查报告的写作技巧

（一）叙述的技巧

市场调查的叙述，主要用于开头部分，叙述事情的来龙去脉，表明调查的目的和根据，调查的过程和结果。此外，在主体部分还要叙述调查得到的情况。

市场调查报告常用的叙述技巧有概括叙述、按时间顺序叙述、叙述主体的省略。

1. 概括叙述

叙述有概括叙述和详细叙述之分。市场调查报告主要用概括叙述，将调查过程和情况概略地陈述，不需要对事件的细枝末节详加铺陈。这是一种"浓缩型"的快节奏叙述，要求文字简洁、一带而过，给人以整体、全面的认识，以适合市场调查报告快速及时反映市场变化的需要。例如，一篇题为《关于全市 2018 年电暖器市场的调查》的市场调查报告，其引言部分写为："××市北方调查策划事务所受××委托，于 2019 年 3～4 月在国内部分省市进行了一次电暖器市场调查。现将调查情况汇报如下。"它用简要文字交代出了市场调查的主体身份、调查的时间、对象和范围等要素，并用一个过渡句开启下文，简洁而规范。

2. 按时间顺序叙述

交代市场调查的目的、对象、经过时间，往往用按时间顺序叙述的方法，这种方法使内容秩序井然，前后连贯，如开头部分叙述事情的前因后果，主体部分叙述市场的历史及现状。

3. 叙述主体的省略

市场调查报告的叙述主体是写报告的单位，叙述中，用第一人称"我们"。为行文简便，叙述主体一般在开头部分中出现后，在后面的各部分即可省略，并不会因此而令人误解。

（二）说明的技巧

市场调查报告常用的说明技巧有数字说明、分类说明、对比说明、举例说明。

1. 数字说明

市场离不开数据，反映市场发展变化状况的市场调查报告通过大量的数据，来增强市场调查报告的精确性和可信度。

2. 分类说明

市场调查中所获得的信息资料杂乱无章，根据主题表达的需要，在市场调查报告中可将材料按一定标准分为几类，分别说明。例如，将调查来的基本情况，按问题性质归纳成几类，或按不同层次分为几类。每类前都冠以小标题，按提要的形式来表达。

3. 对比说明

市场调查报告中有关情况、数字说明往往采用对比形式，以便全面深入地反映市场变化情况。对比要注意事物的可比性，在同标准的前提下，做切合实际的比较。

4. 举例说明

为了说明市场发展变化情况，在市场调查报告中举出具体、典型的事例，也是常用的方法。市场调查过程中会收集到大量的事例，可从中选取有代表性的典型的例子。

（三）议论的技巧

市场调查报告常用的议论技巧有归纳论证和局部论证。

1. 归纳论证

市场调查报告是在获得大量信息资料之后，进行分析研究得出结论的论证过程。这一过程主要运用议论方式，所得结论是从具体事实中归纳出来的。

2. 局部论证

市场调查报告不同于一篇议论文，不可能形成全篇论证，只是在情况分析或对市场未来发展趋势的预测中做局部论证。例如，对市场情况从几个方面做分析，每一方面形成一个论证过程，用数据、信息资料等作为论据去证明其结论，从而形成局部论证。

（四）语言运用的技巧

语言运用的技巧包括用词方面和句式方面的技巧。

1. 用词方面的技巧

市场调查报告中数词用得较多，因为市场调查离不开数字，很多问题要用数字说明。可以说，数词在市场调查报告中以其特有的优势，越来越显示出其重要作用。

市场调查报告中介词用得也很多，主要用于交代调查目的、对象、依据等方面，如用"为了、对于、根据、从、在"等介词。

此外，还多用专业词，以反映市场发展变化，如"商品流通""经营机制""市场竞争"等词。为使语言表达准确，撰写者还需熟悉与市场有关的专业术语。

2. 句式方面的技巧

市场调查报告多用陈述句，陈述调查过程、调查到的市场情况，表示肯定或否定判断。祈使句多用在提议部分，表示某种期望。提议并非皆用祈使句，也可用陈述句。

（五）表格与图形的运用

1. 表格的表现法

表格作为描述性统计方法，被广泛应用于市场调查报告中，起到清楚、形象、直观和吸引读者的作用。表格是报告中很生动的一部分，应当受到特别的重视。制表一般应注意以下几点。

（1）表的标题要简明、扼要，每张表都要有号码和标题。标题一般包含时间、地点、内容。有时也可酌情省略。

（2）项目的顺序可适当排列，一般应将最显著的部分放在前面。如果强调的是时间，则按时间排列；如果强调的是大小，就按大小排列。当然也可以是按其他的顺序排列。

（3）线条尽量少用，斜线、竖线、数之间的横线均可省去，以空白来分隔各项数据。

（4）注明各种数据的单位。只有一种单位的表格，可在标题中统一注明。

（5）层次不宜过多，变量较多时，可酌情列数表。

（6）分组要适当，不可过细，以免冗繁，而且小格中的频数太少也难以说明问题；也不可过粗，以免有掩盖差别的可能。

（7）小数点、个位数、十位数等应上下对齐。一般应有合计。

（8）给出必要的说明和标注。

（9）说明数据的来源，如果表中的数据是二手数据，一般应注明来源。

2. 图形的表现法

图形也被广泛应用于市场调查报告之中，它以其形象、直观、富有美感和吸引人的作用受到了特别的重视。一般说来，只要有可能，应尽量用图形来表达报告的内容。市场调查中最常用的图形有直方图或条形图、饼状图、轮廓图或形象图、散点图、折线图等。一张精心设计的图形有可能抵得上或胜过上千字的说明。要使统计图能够有效直观地表现尽可能多的信息，在设计和制作上一般应注意如下几点。

（1）每张图都要有号码和标题，标题要简明扼要。

（2）项目较多时最好按大小顺序排列，以使结果一目了然。

（3）尽量避免使用附加的图标说明，应将图标的意义及所表示的数量尽可能标记在对应的位置上。

（4）数据和作图用的笔墨的比例要恰当，避免太少或太多的标注、斜线、竖线、横线等，既要清晰又要简明。

（5）计量单位的选择要适当，使得图形匀称，并使所有的差异都是可视的和可解释的。有时过于强调将图形放在事情发生的度量范围之内，就像是放大的照片那样，实际上是不恰当的，因为这可能会导致误解。

（6）作图时最好既使用颜色，又使用文字说明，以便在进行必要的黑白复印时仍能清晰如初。

（7）颜色和纹理的选择不是随机的，要有一定的逻辑性。例如，真正重要的部分（如客户常使用的品牌、忠诚的用户、产品的频繁使用者等）应该用更突出的颜色、更粗的线条或更大的符号等来表示。

（8）图形的安排要符合人们的阅读习惯。例如，西方人阅读图形习惯按从左到右的顺序；阿拉伯人是按从右到左的顺序；中国人和日本人可能更习惯从上到下，等等。

第三节　撰写市场调查报告的注意事项

一、市场调查报告撰写中容易出现的问题

撰写市场调查报告的过程中会遇到一些常见的错误，如图8-8所示。对此，我们应

牢记并在写作过程中尽量避免。

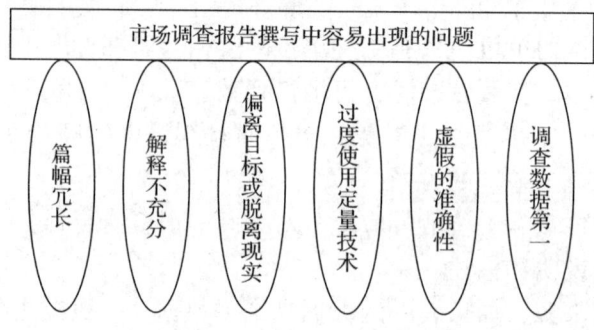

图 8-8　市场调查报告撰写中容易出现的问题示意图

（一）篇幅冗长

调查报告中常见的一个错误观点是："报告越长，质量越高。"通常对某个项目开展几个月的辛苦工作之后，调查者已经将身心完全投入调查中，并试图告诉读者他知道与此相关的一切。因此，所有的证明、结论和上百页的打印材料被纳入报告当中，从而导致"信息超载"。我们有理由相信，大多数决策者根本不会通读全部报告。事实上，如果报告组织得不好，这些负责人或许根本连看也不看。总之，调查的价值不是用调查报告的篇幅来衡量的，而是以质量、简洁与有效的计算来度量的。

（二）解释不充分

某些调查者只是简单地重复一些图表中的数字，而不进行任何解释性工作。尽管大多数人能够读懂图表，可人们仍把解释资料意义的工作当作作者应负的责任。而且，有些文字性解释会比数字更能吸引读者的注意力。如果某一部分仅有统计数字而未做任何解释，读者就会疑惑为什么在这儿会有图表。

（三）偏离目标或脱离现实

在调查报告中堆满与调查目标无关的资料是报告写作中的又一常见问题。生产经营决策者最想知道的是：对经营目标来说调查结果意味着什么？现在能达到目标吗？是否需要其他资料？产品或服务是否需要重新定位？

（四）过度使用定量技术

调查报告不宜过度使用定量技术，一个生产经营者往往会拒绝一篇不易理解的报告。因为在市场调查报告的使用者心目中，过度使用统计资料常会引发对调查报告质量合理性的怀疑。

（五）虚假的准确性

在一个相对小的样本中，把引用的统计数字保留到两位小数以上常会造成或毫无理由地产生对准确性的错觉或虚假的准确性。例如，有"68.47%的被调查者偏好我们的产品"这种陈述会让人觉得68%这个数是合理的。读者会认为，调查者已经把数字保留两位小数，那么68%肯定是准确无误的了。

（六）调查数据第一

某些调查者把过多精力放在了单一的数据上，并以此回答客户的决策问题。这种倾向在购买意向测试和产品定位中时常见到。测试的关键点在于购买意向，如果"确定会买"和"也许会买"的人加在一起达不到预想的标准，如75%，那么这种产品概念或测试产品就该被放弃了。但在产品定位的问卷调查中可能包含着50个用以获取定位信息、市场细分资料和可预见的优劣势的问题。所有这些问题都从属于购买意向。事实上，并不能根据某一个问题决定取舍，也不存在某一个预先确定好的一刀切的标准。过度依赖调查数据有时会错失良机，在某些情况下会导致营销错误的产品。

二、市场调查报告撰写的要求

撰写一份好的市场调查报告不是易事，调查报告本身不仅反映了调查的质量，也反映了作者本身的知识水平和文字素养。在撰写调查报告时，一定要符合以下几个方面的要求，以避免上述问题的发生。

（一）力求简明扼要，删除一切不必要的词句

调查报告应该是精练的，任何与主题关系不大的内容和词句都应省略。不过，也不能因此牺牲了它的完整性。

（二）行文流畅，易读易懂

市场调查报告中的材料要组织得有逻辑性，使读者能够很容易弄懂报告各部分内容的内在联系。在文中使用简短、直接、无歧义的句子把事情说清楚，比用"正确的"但含糊难懂的词语来表达要好得多。为了检查报告是否易读易懂，最好请两三个不熟悉该项目的人来阅读报告并提出意见，反复修改几次之后再呈交给委托人。

（三）内容客观、资料的解释要充分和相对准确

市场调查报告的突出特点是用事实说话，因此市场调查人员应当以客观的态度来撰写报告。在文体上，最好用第三人称或非人称代词，如"作者发现……""笔者认为……""资料表明……"等语句。在行文时，应当以向读者报告的语气撰写，不要表现出力图说服读者同意某种观点或看法的态度。读者关心的是调查的结果和发现，而非你个人的看法。

在进行资料解释时，注意解释是否充分和相对准确。解释充分是指利用图、表说明时，要对图表进行简要、准确的解释；解释相对准确是指在进行数据的解释时尽量不要引起误导。前文已经提到，在一个相对小的样本中，把引用的统计数字保留到两位小数以上常会造成虚假的准确性。例如，"有78.43%的被调查者偏好我们的产品"，小数点以后的两位是没有必要的。

(四)市场调查报告中若引用他人的资料,应加以详细注释

市场调查人员应当通过注释指出资料的来源,以供读者查证,这也是对他人研究成果的尊重。注释应详细准确,被引用资料的作者姓名、书刊名称、所属页码、出版单位和时间等都应予以列明,这一点是大多数人常忽视的问题。

(五)打印成文,字迹清楚,外观美观

最后呈交的市场调查报告应当是专业的,使用质量好的纸张,打印和装订都要符合规范。印刷格式应有变化,字体的大小、空白位置的应用等对报告的外观及可读性都会有很大的影响,不像样的外观、一点小失误或遗漏都会严重地影响阅读者的信任感。

(六)提出的建议应该是积极的、正面的

大多数建议应当是积极的,要说明采取哪些具体的措施或者要处理哪些已经存在的问题。尽量用积极、肯定的建议,少用否定的建议。使用否定建议只叫人不做什么,并没有叫人做什么,所以应尽量避免使用。

本章小结

市场调查报告是市场调查人员对特定市场的某一方面的问题进行深入细致的调查之后,记述和反映市场调查成果的一种文书。

一份好的市场调查报告能将市场信息提供给决策者,可以完整地表述调查结果,是衡量和反映市场调查活动质量高低的重要标志,可被作为历史资料反复使用,是创业者获得贷款或投资的关键。

市场调查报告的撰写应当遵循实事求是,观点与证据相结合,语言简洁、内容全面等原则。

根据企业开展经营活动的需要分类,可将市场调查报告分为市场商品需求的调查报告、市场潜量的调查报告、市场商品供给的调查报告、商品价格的调查报告、商品销售渠道的调查报告、市场竞争情况的调查报告、经营效益的调查报告七种类型;根据报告涉及的内容不同,可以将市场调查报告分为综合性市场调查报告和专题性市场调查报告两大类;按照表述方式的不同,可将市场调查报告分为陈述型市场调查报告与分析型市场调查报告;按照报告性质的不同,可将市场调查报告分为普通调查报告、研究性调查报告和技术报告;按照报告呈递形式的不同,可将市场调查报告分为书面调查报告和口头报告。

市场调查报告的撰写包括确定市场调查报告的主题、取舍资料、拟定提纲、撰写成文等步骤。

正式的市场调查报告的格式包括调查报告的题目、调查报告的目录和摘要、调查报告的正文、调查报告的附录文件等。

市场调查报告的写作技巧包括叙述、说明、议论、语言运用、表格与图形的运用等方面的技巧。

调查报告撰写中容易出现的问题有：篇幅冗长、解释不充分、偏离目标或脱离现实、过度使用定量技术、虚假的准确性、调查数据第一。

在撰写调查报告时，一定要符合六点要求：力求简明扼要，删除一切不必要的词句；行文流畅，易读易懂；内容客观、资料的解释要充分和相对准确；市场调查报告中若引用他人的资料，应加以详细注释；打印成文，字迹清楚，外观美观；提出的建议应该是积极的、正面的。

关键术语

市场调查报告　综合性市场调查报告　专题性市场调查报告　调查报告形式与结构　书面报告

复习思考题

1. 市场调查报告主要包括哪几个部分？
2. 市场调查报告有哪些写作技巧？
3. 哪一种市场调查报告的形式最为有效？为什么？

实训项目

关于大学生品牌消费观念的调查问卷

【实训目的】

形成大学生品牌消费观念的调查报告。

【实训组织】

学生3~6人一组。每组设计一份"关于大学生品牌消费观念的调查问卷"并进行实地调查，对调查资料进行整理和分析，形成调查报告。

【实训提示】

1. 形成小组，明确调查目的和任务。
2. 设计调查问卷。
3. 选择调查对象，实施调查。
4. 对调查资料进行整理和分析。
5. 形成调查报告。

【实训结果】

1. 老师评阅各组的报告，选出优秀小组。
2. 优秀小组做好PPT，进行课堂口头汇报，由其他学生提问，与自己所在的组进行对照。

案例分析

武汉葡萄酒市场调查报告

一、调查目的

（1）初步了解样本市场主要大型商场和超市甜型葡萄酒的市场现状，分析武汉市场甜型葡萄酒的整体情况。

（2）收集样本市场主要大型商场和超市不同品牌葡萄酒的市场分布、销售价格、销售状况以及同一品牌葡萄酒的产品分类、销售价格、销售状况，并进行对比分析。寻找武汉市场最佳突破点。

（3）了解样本市场消费者对葡萄酒的需求层次、品牌认知程度。

（4）了解样本市场消费者的饮酒（葡萄酒）类型、习惯、场合、男女比例、年龄层次等因素，挖掘潜在市场消费者。

二、调查方法

（1）大型商场、超市的走访和调查。

（2）与部分商场超市促销员的个别访谈调查。

（3）与部分商场超市消费者的个别访谈调查。

（4）在互联网上查找资料进行补充。

三、调查概况

2012年5月24日～5月25日对样本市场主要大型商场和超市进行了走访和调查。此次调查的大型商场和超市包括中南超市、亚贸超市、中百仓储超市（武昌珞狮路店）、徐东平价超市、麦德龙超市（徐东店）、好又多超市（民意广场）、家乐福超市（武胜路十升店）、武商千禧龙超市、武汉广场、世贸广场、华联超市（汉阳店）等。这些商场和超市在武汉市场知名度较高，几乎垄断了武汉市场大部分的百货零售和批发；另外，它们分布于武昌、汉口、汉阳，由点及面辐射整个武汉三镇。因此，上述调查的样本可以比较真实地反映武汉市场甜型葡萄酒的销售现状。

本次调查我们普遍感受到消费者在选择甜型葡萄酒时较为看重产品品牌、葡萄酒的包装、葡萄酒的价位和葡萄酒的容量。以上四点是促成消费者购买某一品牌甜型葡萄酒产品的主要因素。而在选择档次较高的干红葡萄酒时则更注重品牌，对品牌似乎已经产生一定的忠诚度。像张裕、王朝等强势品牌，无论其甜型葡萄酒还是其干红葡萄酒都在武汉市场取得了不错的销售战绩。如果加上促销手段，那么情况就有一定的变化。例如，威龙系列产品历来是人们公认的低档产品。在武汉一些卖场，威龙公司开展了一些买一送一的促销活动，使其销售量立刻超过了几大品牌。

武汉市场中红酒主要品牌的市场份额由高到低排序为：张裕、长城、王朝、威龙。

张裕大约占30%左右的市场份额。甜型红酒的市场适应面较干红要广，消费群体也更大。因为在调查的过程中，我们发现女性和一般不胜酒力的群体对甜型红酒更加青睐。而在一般的家庭消费中，为了适应全家所有人的口感，购买时选择甜型产品的可能性较干红型产品要大。

详见以下调查资料。

四、调查内容

红酒主导产品品牌情况如下。

1. 张裕

张裕葡萄酒在武汉大型商场和超市的部分品种、容量、度数、价格如表8-1所示。

表8-1 张裕葡萄酒在武汉大型商场和超市的详细情况

序号	品名	容量（毫升）	度数	价格（元）
1	金张裕高级干红	750	12	50.00
2	解百纳高级干红	750	12	76.20
3	精品张裕干红	750	12	36.40
4	赤霞珠高级干红	750	12	67.00
5	高级珍珠红葡萄酒	700	12	9.90
6	红宝石葡萄酒	750	8	12.70
7	天然红葡萄酒	750		9.10
8	天然白葡萄酒	750		9.10
9	万客乐红葡萄酒	1 000	12	12.00
10	苹果万客乐红葡萄酒	500	4～5	14.20
11	张裕干白葡萄酒	750	12	24.30
12	玫瑰白葡萄酒	1 000	13	16.80
13	味美思营养葡萄酒	1 000	18	19.30
14	100%全汁玫瑰红葡萄酒	1 000	12	16.80

注：1. 表格阴影部分为本品牌的高档产品，其余为本品牌的中、低档产品。
2. 本表格不包括张裕礼品盒产品。
3. 以上产品价格以中南超市为准，其余商场和超市同种类型产品价格略有差异。

从表8-1可以看出，张裕甜型葡萄酒在武汉市场种类很多，干型、半干型、甜型品种齐全。有高级珍珠红葡萄酒、红宝石葡萄酒、苹果万客乐红葡萄酒、玫瑰白葡萄酒、味美思营养葡萄酒、张裕干白葡萄酒等。这些甜型葡萄酒容量有500毫升、750毫升和1 000毫升，价格从9.10～24.30元，极大地满足了消费者差异化的需求。除甜型葡萄酒之外，张裕也对高档葡萄酒强势出击，其解百纳高级干红、赤霞珠高级干红、金张裕高级干红和精品张裕干红深受消费者喜爱。张裕甜型葡萄酒和高档干红葡萄酒的价格最大差异为67.10元。

张裕甜型酒系列度数多样，有4～5度、8度、12度、13度、18度等，其中主要以8度以上产品为主。干红型葡萄酒的度数则统一为12度。在市场分布中，张裕高档干红分布于各个调查样本市场,而甜型酒系列则主要占据大型超市酒柜(如麦德龙、家乐福、沃尔玛,而在武汉广场超市等小规模超市则没有张裕甜型酒系列)。这些大型超市主要零售高档次产品。据样本市场中的促销人员介绍,张裕甜型葡萄酒销量较好的为天然系列、红宝石系列以及万客乐系列。消费者反馈他们选择这些系列产品的原因是因为价格便宜、度数适中和容量较大,而且适应面广。

2. 长城(昌黎长城)

长城葡萄酒在武汉大型商场和超市的部分品种、容量、度数、价格详如表8-2所示。

表8-2 长城葡萄酒在武汉大型商场和超市的详细情况

序号	品 名	容量(毫升)	度 数	价格(元)
1	赤霞珠干红	750	11.5	115.60
2	佐餐干红	750	11.5	31.90
3	优质干红(梅鹿辄)	750	11.5	56.60
4	三星干红	750	11.5	68.40
5	二号干红	750	11.5	29.00
6	长城干白	500		18.90
7	长城天然白葡萄酒	750		12.10
8	长城桃红葡萄酒	1 000	6	16.00

长城在武汉也有一定的口碑。但是,由于套用"长城"商标的葡萄酒繁多,使市场鱼龙混杂,消费者难以分辨,如"华夏长城""沙城长城""安徽长城"等若干品牌,所以影响了其一定的销量。

3. 王朝

王朝葡萄酒在武汉大型商场和超市的部分品种、容量、度数、价格详如表8-3所示。

表8-3 王朝葡萄酒在武汉大型商场和超市的详细情况

序号	品 名	容量(毫升)	度 数	价格(元)
1	经典干红葡萄酒	750	11.5	33.60
2	金王朝干红葡萄酒	750	11.5	80.20
3	王朝干桃红葡萄酒	750	11.5	33.00
4	御用木制礼盒(2瓶)	750	11.5	91.50
5	王朝半甜葡萄酒	750	11.5	12.00
6	王朝干白	750	11.5	22.00
7	王朝甜葡萄酒	1 000	8	12.00

在调查的十大超市中,长城、王朝在样本市场中的甜型葡萄酒品种不多。原汁白葡萄酒更少。笔者只看到长城天然白葡萄酒。这种在超市中售价为12.10元/750毫升的甜型葡萄酒在大型超市中的销售业绩相对干型产品要好。但是,据了解它在酒店消费中相对干型葡萄酒要差得多。

长城、王朝高档葡萄酒则在样本市场中与张裕几乎平分秋色,成为干红、干白型葡萄酒市场销售的主流品牌。在样本市场中,像张裕一样,长城、王朝的高档葡萄酒贯穿于所有的调查市场,在有的商场中还设有摊位专卖,并且反响都不错。总之,在样本市场中,这两大品牌主要定位于高档葡萄酒,只是兼顾甜型葡萄酒。

4. 威龙

威龙葡萄酒在武汉大型商场和超市的部分品种、容量、度数、价格如表8-4所示。

表8-4 威龙葡萄酒在武汉大型商场和超市的详细情况

序 号	品 名	容量(毫升)	度 数	价格(元)
1	品丽珠橡木桶陈酿干红	780	11.5	53.80
2	白标高级解百纳干红	750	11.5	35.90
3	薏丝琳干白	750	11.5	22.40
4	高级红葡萄酒			54.00
5	绿标干红葡萄酒			26.90
6	贵族干红葡萄酒			30.00
7	威龙纯汁葡萄酒(半干)	750		25.50
8	威龙鲜汁葡萄酒	750		8.80
9	威龙鲜汁红葡萄酒	1 500		17.00
10	威龙红葡萄酒	1 000		12.50
11	威龙红葡萄酒	750		7.70
12	威龙全汁红葡萄酒	1 000		12.00
13	威龙冰爽葡萄酒	500	4	8.20
14	威龙小香槟	750		11.60
15	威龙苹果香槟	1 500		18.00
16	威龙大红香槟	1 500		24 00

注:1. 表格阴影部分为本品牌的高档产品,其余为本品牌的中、低档和香槟产品。

2. 本表格不包括威龙礼品盒产品。

威龙在样本市场中算得上是甜型葡萄酒的一大卖家,这符合其"甜酒大王"的称号。在各大商场和超市中,除中南超市、中百仓储超市、家乐福超市、麦德龙超市等出现少量高档干红外,大部分卖场是其甜型葡萄酒的天下。其冰爽葡萄酒、鲜汁葡萄酒、全汁红葡萄酒、纯汁葡萄酒大面积出现在陈列卖场,迎合工薪消费,并且销路不错。威龙还有款式新颖的礼品装系列。另外,在所走访的超市中,威龙是国产几大葡萄酒品牌中唯一出现香槟的(张裕除外),其小香槟、苹果香槟、大红香槟销售情况较好,成为市场亮点。

从调查市场促销人员和顾客反映的情况来看,选择威龙甜型葡萄酒的主要因素是价格优势。在品牌和价格上,威龙表现为品牌大(濮存昕为其广告代言人)、价格低,似乎找到了比较好的契合点。另外,特色也是威龙甜型葡萄酒的一大卖点,新品纷呈,其生产的冰爽甜型酒,度数只有4度,500毫升售价为8.2元,深受消费者喜爱。瓶签印有濮存昕肖像的1 000毫升红葡萄酒和全汁红葡萄酒也成为威龙甜型葡萄酒的主打产品。

5. 丰收

丰收葡萄酒在武汉大型商场和超市的部分品种、容量、度数、价格如表8-5所示。

表 8-5　丰收葡萄酒在武汉大型商场和超市的详细情况

序号	品名	容量（毫升）	度数	价格（元）
1	2000 解百纳干红	750	12	40.30
2	丰收干红葡萄酒	750	12	33.00
3	丰收干红葡萄酒	500	12	21.80
4	丰收干红葡萄酒	375	12	17.60
5	高樽丰收红葡萄酒	750		11.00
6	桂花陈酒	750	11	10.30
7	丰收纯汁红葡萄酒	1 000		12.00
8	丰收北京红葡萄酒	1 000		12.50

丰收葡萄酒在调查的样本市场中，只进驻家乐福、麦德龙、亚贸、中百仓储等超市市场。丰收主要以干红系列产品为导向。其甜型葡萄酒只有纯汁红葡萄酒、北京红葡萄酒和桂花陈酒，这些甜型葡萄酒在样本市场中只在家乐福、麦德龙超市中出现，销售情况不甚理想。丰收在武汉市场上以前根本不能排到前四名。据了解，其销售业绩是 2000 年以后开始出现回升的。

6. 新品牌

新品牌主要是指云南红、新天干红和藏秘干红等近几年在广告上动作较大的品牌。其中，藏秘干红由于是青稞酿造，其口味非常不符合武汉人风格，所以，回头率很低。云南红和新天干红由于广告品位较高（云南红的民族风情广告、新天的仿花样年华广告），很受人们欢迎。加上产品品种繁多，品名新颖，如云南红的"柔红"，很富于创意，新品牌受到消费者青睐，已经成为新宠，后劲很足。

7. 其他品牌

其他品牌在武汉大型商场和超市的部分品种、容量、度数、价格如表 8-6 所示。

表 8-6　其他品牌在武汉大型商场和超市的详细情况

序号	品名	容量（毫升）	度数	价格（元）
1	小利口红葡萄酒	350		4.90
2	狮王红葡萄酒	1 500	8	15 30
3	狮王白葡萄酒	730	7	8.90
4	狮王全汁水晶红葡萄酒	730		8.90
5	狮王浓香山葡萄酒	660		18.30
6	狮王浓香山葡萄酒	360		12.40
7	玫瑰红葡萄酒	700	12	10.80
8	劲牌红珠干红葡萄酒	750	12	30.00
9	劲牌西部红珠葡萄酒	1 000	12	16.00
10	劲牌西部红珠葡萄酒	500	8	9.00
11	白洋河甜妹子原汁葡萄酒	1 000	7	13.20
12	白洋河紫薇红葡萄酒	700		11.20
13	爱心原汁红葡萄酒	1 000	8	13.90
14	通化爽口葡萄酒	500		11.30
15	通化爽口葡萄酒	740	7	13.20

（续）

序号	品名	容量（毫升）	度数	价格（元）
16	通化原汁红葡萄酒	750		11.30
17	新疆新天干红葡萄酒	750		9.90
18	新疆红葡萄酒	750		9.90
19	北京富瑞斯天然白葡萄酒	1 000		4.90
20	北京富瑞斯野山葡萄酒	3 600		16.90

这几种品牌的葡萄酒在样本市场的共同特点是进驻卖场不多，如新天，在样本市场中只有麦德龙一家超市销售这种品牌的甜型葡萄酒；富瑞斯野山葡萄酒也只出现在家乐福一家超市中。

造成甜型葡萄酒在样本市场中群雄割据、竞争激烈的原因：一是干红型葡萄酒市场格局还没有完全形成，甜型产品具有一定的市场基础，而且风险较低。二是有利可图。在高档葡萄酒市场上，以张裕、王朝、长城、威龙为首的四大国产品牌占据了大半壁江山，再加之洋品牌的渗入，一些实力弱小的葡萄酒生产企业在夹缝中不得不另找出路。于是，它们纷纷把生产战略调整到甜型葡萄酒生产领域。在这个领域中，由于地域的关系，竞争相对减弱，又由于消费面广，市场拓展较容易。另外，开发甜型葡萄酒不仅可以获利，还可以对高档葡萄酒进行产品补充和市场补充，提升品牌知名度和维护品牌营销网络，可谓一举数得。

资料来源：王玉波，刘丽华，张俊.市场调查与预测：情境教程[M].南京：南京大学出版社，2012.略有修改。

思考题：

根据上述资料撰写一份关于武汉市场上红酒的市场状况的调查报告。

第九章 CHAPTER9
市场预测概述

◉ 知识架构

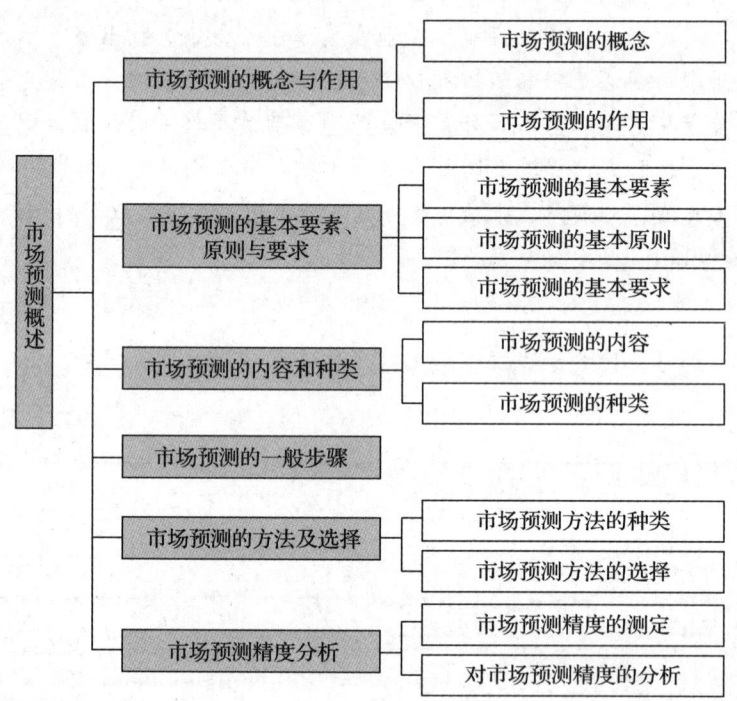

凡事预则立，不预则废。

——《礼记·中庸》

教学目标与要求

1. 了解市场预测的概念和作用
2. 了解市场预测的内容和种类
3. 理解市场预测的要素与原则
4. 掌握市场预测的一般步骤
5. 掌握市场预测的方法及其选择
6. 理解市场预测精度分析

导入案例

奥伯梅尔公司滑雪服市场预测

在流行滑雪服经营中，市场需求高度依赖于种种难以预测的因素，如气候、流行趋势、经济发展等，而且零售高峰期只有两个月。美国的奥伯梅尔公司通过改进预测方法，制订合理的生产计划，从而消除了滑雪服生产与顾客需求不平衡所造成的损失。

为了克服供应链变长、供应商能力受限以及零售商要求尽早交货的困难，奥伯梅尔公司采用各种方法来缩短交货期。首先，它引进计算机系统来缩短处理订单和计算原材料需求的时间；其次，由于所需原材料的交货时间难以缩短，公司就预先购进原材料存放在远东的仓库中，这样，公司一接到订单就能开始生产；最后，当交货日期迫近时，公司就把远东的货物快速运送到丹佛的配送中心。截至1990年，上述改革已经把交货时间缩短了一个多月。另外，公司说服一些最重要的零售商客户尽可能早地订货，从而让公司能够较早地了解当年可能流行哪些款式。

然而，这些努力并未解决缺货和不断降价的问题，公司生产仍有约一半是根据需求预测安排的。在生产高度复杂多变的时髦产品行业，这是一个很冒险的行为。奥伯梅尔公司依靠一个由其各个职能部门经理组成的专家小组，对公司每一种产品的需求进行一致性预测，结果这项活动的效果并不明显。

能够改进预测吗？能够进一步缩短交货时间吗？能够更好地利用"早期订货程序"所获得的信息吗？能够劝说更多的零售商提早订货吗？

奥伯梅尔公司组成专家小组来考察这些问题，由此提出了"正确响应"的方法。专家小组认识到，问题在于公司不能预测人们将要买什么。生产风雪大衣的决策，实质上是就"风雪大衣会有销路"这一判断在打赌。为了规避这种风险，必须寻求一种方法来确定在"早期订货"之前生产哪些产品是最安全的，哪些产品应该延期到从"早期订货"收集到可资利用的信息后再生产。

同时，奥伯梅尔公司发现，专家小组的初步预测尽管有些是不符合实际的，但约有一半是相当准确的，与实际销售量的误差不到 10%。为了在获得实际订货之前确定哪些预测可能是准确的，公司考察了专家小组的工作方式。专家小组传统上是对每一种款式和颜色都通过广泛的讨论达成一致性预测。于是，公司决定请专家小组的每一位成员对每一种款式和颜色做出独立预测。采用这种方法，每位专家要对自己的预测负责。

改革后的预测方法非常有价值。首先，一致性预测往往并非真正意义上的一致。小组中的主要成员，如资深经理，常常以其经验过度地影响集体预测的结果。如果每位专家都必须提出自己的预测，就可消除这种过度的影响。其次，新方法有利于对预测结果进行统计处理，以得出更精确的预测结果。

通过独立预测过程公司确实获得了重要发现。例如，虽然对两种款式的大衣预测的平均趋势可能是一样的，但个人预测值的离中趋势截然不同。因此，利用个人预测之间的差异，可以有效地估计预测精度。

对于如何处理需求不可预测的品种，公司也获得了重要发现，即尽管零售商的需求是不可预测的，从而使精确预测变得不可能，但是奥伯梅尔公司零售商的总体购买模式惊人地相似。例如，只要根据最初的 20% 的订货来修正专家小组的预测，预测精度就能显著提高，随着订货的增加，预测精度会不断改善。

接着，公司开始着手设计一种能够识别和利用上述信息的生产计划方法。设计这种方法的关键是要认识到：在销售初期，当公司还未接到订货时，所预定的加工能力是"非反应性"的，即生产决策完全是根据预测而不是根据实际市场需求做出的。以"早期订货程序"为起点，随着订货信息的渗入，公司所确定的加工能力变得具有"反应性"了。这时，公司可以根据市场信息提高预测精度，从而做出生产决策。

公司采用了所谓"风险型生产顺序"的策略，充分利用非反应性生产能力来生产最有可能精确预测需求的产品，这样，就可以把反应性生产能力用于生产尽可能多的不可预测产品。这使公司能够尽可能对最有利可图的市场领域做出响应。

公司开发了一种在计算机上实现的数学模型，来生成最优生产计划。该模型能够确定应该在非反应期生产的产品及其最优产量。然后，根据早期需求信息修正初步预测值之后，它能合理地确定反应性生产计划。公司实施了模型的建议方案，并将其与以往的实际加以比较，发现执行模型建议方案的成本降低额约为销售额的 2%。由于该行业平均销售利润率为 3%，所以这种改进使利润增加了 2/3。

公司利用实际的早期需求信息，提高了反应性生产能力的可利用量，并把 1992～1993 年度销售期的数据代入模型，估计了缺货损失和降价损失的降低额。以风雪大衣为例，如果所有生产决策都在没有任何订货信息之前就做出，则缺货和降价损失将占销售额的 10.2%。相反，如果所有生产决策都在有了某些订货信息之后再做出，则上述损失将下降到 1.8%。

在模型的指导下，公司还不断地对它的供应链和产品设计做大量的精心改进，这些改进聚合在一起产生了显著的影响。供应链的改进重点在于，尽可能地保持原材料和加工能力相一致。

公司还改进了它的设计策略。例如，公司原先总是要求拉链及其带基的颜色要与衣服的颜色相称，现在，它则在好几个品种上使用黑色拉链，把引进能够反衬衣服款式的颜色作为一种时尚，这样，就把所需要的拉链种数减少了 4/5。由于高质量拉链供货的限制会导致产品交货时间过长，一种特定长度和颜色的拉链缺货，可能会使一款产品停产几个月。所以，这种改进很有意义。

资料来源：袁武林，郑志刚．市场调查与预测 [M]．西安：西北工业大学出版社，2011．略有改动。

预测是根据一些信息来推测市场的未来状态，进一步可以为正确的、科学的决策奠定基础，使企业在竞争中处于有利地位。从上述案例可以看出，企业在进行市场预测时，应遵循一定的思路和方法。尽管市场需求的不确定性仍是难以完全预测的，但它将成为一种可以控制的风险。什么是市场预测？市场预测有什么作用？市场预测的原则有哪些？市场预测包括哪些内容？如何开展市场预测？这些是本章研究和解决的主要问题。

第一节 市场预测的概念与作用

一、市场预测的概念

为了减少和避免经营决策的盲目性，降低经营决策的风险，人们需要通过市场预测来把握经济发展或未来市场变化的有关动态，为科学决策提供依据。市场预测是在信息收集和市场调查的基础上，运用逻辑学和数学方法对决策者关心的市场变量的未来变化趋势及其可能水平做出估计与推测，是为经营决策提供可靠依据的过程。

预测就是通过对客观事实的历史和现状进行科学的调查和分析，由过去和现在去推测未来，由已知去推测未知，从而揭示客观事实未来发展的趋势和规律。它是对尚未发生或目前还不确定的事物进行预先的估计和推测。它是在一定的理论指导下，以事物发展的历史和现状为出发点，以调查研究数据和统计数据为依据，在对事物发展过程进行深刻的定性分析和严密的计量基础上，利用已经掌握的知识和手段，研究并认识事物的发展变化规律，进而对事物发展的未来变化预先做出科学的推测。预测具有科学性、近似性、局限性。

预测的意识和简单的直观预测，很早就存在于人们的生活、生产实践和政治活动之中，例如，天气预报、农作物收成的估计、政治和军事局势的推测等。人类预测实践经验的不断积累为预测科学的发展奠定了坚实的基础。根据我国《史记》记载，范蠡在辅佐勾践灭吴复国以后即弃官经商，19 年之中三致千金，成为天下富翁，他的商场建树源于他懂得市场预测。例如，"论其存余不足，则知贵贱；贵上极则反贱，贱下极则反贵。"这是他根据市场上商品的供求情况来预测商品的价格变化。预测是对预测对象的未来状态进行预计和推测，在这种预计和推测中不仅有数学统计的计算，还有直觉的判断。

预测研究的范围极其广泛，几乎涉及人类社会的各个领域，如社会发展预测、科学技术预测、政治预测、军事预测、文化教育预测、生态环境预测、经济预测等。经济预测是目前预测研究领域中最主要的内容之一。所谓经济预测，是指对未来不确定的经济过程或经济事物的变动趋势做出合乎规律的推测和预计，揭示经济现象错综复杂的内在联系及其发展变化趋势。经济预测包括对整个国民经济发展的综合性预测，也包括各类经济部门、各类行业的经济发展预测及各类经济目标的专项预测。其中，市场预测是经济预测中最基本、最主要的内容。

严格地说，市场预测是从19世纪下半叶开始的。一方面，资本主义经济中的市场变化极其复杂，要想获取利润，减少经营风险，就要把握经济周期的变化规律；另一方面，数理经济学对现象数量关系的研究已经逐步深入，各国积累的统计资料也日益丰富，适用于处理经济问题，包括市场预测的统计方法也逐步完善。奥地利经济学家兼统计学家斯帕拉特·尼曼运用指数分析方法研究了金、银、煤、铁、咖啡和棉花的生产情况，有关铁路、航运、电信和国际贸易方面的问题，以及1866~1873年的进出口价值数据，这被学术界认为是市场预测的里程碑事件。

科学技术和生产力的不断发展，新技术、新工艺的不断涌现，生产竞争的日益激烈，政治的多元化和经济的全球一体化趋势等，给人类带来了许多新问题和新事物，使人们日益认识到预测未来的重要性。企业科学的决策必须以科学的市场预测为基础，客观需要促使人们进行市场预测的研究和实践，这也为市场预测科学的形成提供了必要性；社会的进步、科学技术的迅速发展也为市场预测的研究提供了科学分析方法和有效的预测手段，同时也为市场预测科学的形成提供了可能性。市场预测科学逐渐成为一门独立的学科，并得到迅速发展。

总之，市场预测是指组织在市场调查的基础上，揭示市场供求矛盾变化的规律性及影响市场供求关系的各类错综复杂的因素，运用逻辑推理、统计分析、数学模型等科学方法，对市场上商品的供需发展趋势、未来状况及与之相关的各种因素的变化进行分析、预见、判断和估算，为企业确定发展目标、制定生产经营策略提供科学的依据，以实现发展生产、满足需求、繁荣市场、提高效益、促进国民经济发展的目的。因此，市场预测是企业制定营销战略和营销策略最重要的依据。

二、市场预测的作用

1. 在宏观经济管理中的作用

（1）通过市场预测，预见市场活动发展趋势，为编制国民经济发展计划提供依据，同时为制定间接调控生产、流通、分配和消费的政策法规提供依据，促使宏观经济管理各项工作进一步适应市场发展要求。

（2）通过市场商品供需总量及构成预测，预见商品供需发展变化趋势，据此，研究供需总额及结构平衡状况，以便实现调整生产与消费的关系、安排积累与消费的比例、调整生产与投资结构、扭转经济发展中可能出现的失衡现象的目的。

（3）通过市场预测，预见关系国计民生的主要产品供需变化，明确重点产品发展方向，抑制长线产品，支持短线产品。

2. 在企业生产经营管理中的作用

（1）市场预测是企业制订经营计划的前提条件与重要依据。通过科学预测，把握企业内外部环境变化，关注其产品的未来发展走势，预见市场未来发展趋势，为企业确定生产经营方向和制订企业生产经营的发展计划提供依据。

（2）市场预测是企业做好经营决策的前提。古人云："凡事预则立，不预则废。"企业从事市场营销活动之前，对市场的未来发展以及市场营销行为所能引起的社会和经济后果，做出较为准确的估计和判断，对于合理制定经营决策、使经营结果符合预期目的、取得经营成功，具有极大的意义。

市场预测有益于决策者趋利避害，减少决策中的不确定性。社会、经济、文化、政治、自然及技术等构成因素是处于运动和变化之中的，使大多数企业管理决策有一定程度的不确定性。企业为避免在市场风险中失利，减少经营管理的盲目性，需要通过市场预测，对将来的经营条件及其对企业经营的影响做出准确的预见和判断，以便根据预测做出正确的经营决策。

（3）市场预测有利于企业更好地满足市场需要。市场的购买力、爱好、需求结构是经常变化的，企业必须对市场做出正确的预测，通过预测掌握市场的变化规律，以适应市场需求，进而组织生产，改变销售方向、结构和时机，搞活企业经营。企业的经营者只有向消费者提供能满足其需要的商品，才能求得企业生存和发展。通过预测，企业可探明消费者消费心理的变化，以及购买力增减、具体商品需求趋向等，然后结合企业自身条件，分析优势与差距，寻求可行的解决方案。

（4）市场预测有利于企业提高竞争能力与应变能力。现代企业生存在一个开放式的复杂多变的市场经济系统之中。市场系统的维持和发展，靠的是日益频繁密切的物质交流和信息交流。在信息化和科学技术飞速发展的社会中，信息交流在维护市场系统正常运转和发展中的作用，将大大超过物质交流。在这样一个动态的市场环境中，应变能力就成为现代企业必须具备的基本素质之一。应变能力的基本要求就是对环境的变化能够做出迅速准确的反应，并通过采取正确的战略和策略决策，积极地适应环境和能动地改造环境。

所谓积极地适应环境，就是在环境发生变化时，能够相应地改变企业的生存方式和活动方式，改变企业的营销指导思想和营销策略，建立企业与环境之间新的平衡与协调关系。所谓积极地适应环境，是指在环境发生变化之前，企业就能够预见到环境将朝着什么方向变化，预先做好应变准备，而不是消极被动地跟在环境变化之后，穷于应付。所谓能动地改造环境，是指现代企业通过自己的努力，诸如引导需求、促销宣传、调整策略等措施，对宏观市场环境施加积极的影响，使环境条件朝着有利于顾客和有利于企业发展的方向变化。

应变能力的强弱，取决于信息的搜集、分析和处理工作的效率，也取决于建立一个高效率的市场营销信息系统和市场预测系统。

综上所述，市场预测可以提高企业对市场发展规律的认识程度，增强经营管理的自觉性，减少盲目性，为正确制定各项管理决策，以及对生产经营活动进行有效的组织和控制提供必要的保证，以使企业增强竞争能力、应变能力，取得较好的经济效益。

知识拓展

市场调查与市场预测的关系

市场调查与市场预测都是企业了解认识市场、分析市场机会、推测市场变化的重要工具，二者联系密切。市场调查为市场预测提供可靠的依据，市场预测是将市场调查结果应用于实际，发现市场机会、预测未来市场走向，帮助企业制定正确的经营决策、顺利解决经营过程中出现的问题。

市场调查与市场预测的区别表现在以下几个方面。

一是二者的时间节点不同。市场调查着眼于过去和现在，对已经发生的现实市场状况进行探查和了解，获取已经发生的市场变化的历史和现实资料；市场预测则着眼于未来，是对未来的市场发展趋势做出估计与推测。

二是二者的研究方法不同。市场调查主要采用了解认识市场、获得市场信息的各种方法，如询问法、观察法、实验法等；市场预测则是利用市场信息进行深加工和做出推测结论的推断过程，其研究方法是通过建立在定性分析基础之上的定量计算进行分析和推断。

三是二者的研究结果不同。市场调查主要分析市场发展动态，为进行市场预测和经营决策提供依据。所以，市场调查的资料要求准确、客观、可靠，尽可能反映市场发展变化的实际状况。市场预测是对尚未发生的未来市场变化的预计和推断，而未来市场的变化受多种因素的影响，具有不确定性的特征，预测值不可能与实际值绝对一致。因此，对市场预测来说，允许预测存在一定范围的误差。

第二节　市场预测的基本要素、原则与要求

一、市场预测的基本要素

要做好市场预测，必须通过确立市场预测目标、收集市场信息、选定适当方法、分析预测对象的变化，对未来的市场发展变化态势及前景做出正确判断。综合起来，市场预测包括四个基本要素，即信息、方法、分析、判断，如图 9-1 所示。

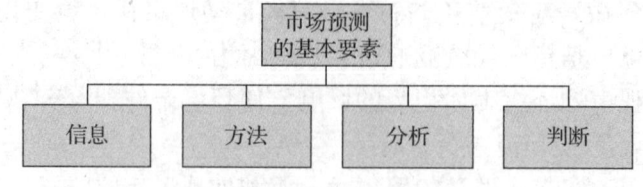

图 9-1　市场预测的基本要素示意图

1. 信息

信息是客观事物特性与变化的表征和反映，存在于各类载体中。信息是事物运动的

状态与方式，是物质的一种属性。事物运动的状态与方式中的"事物"泛指一切可能的研究对象，包括外部世界的物质客体，也包括主观世界的精神现象；"运动"泛指一切意义上的变化，包括机械运动、化学运动、思维运动和社会运动；"运动状态"则是事物运动在空间上所展示的形状与态势；"运动方式"是指事物运动在时间上所呈现的过程和规律。信息是预测的主要工作对象、工作基础和成果反映。

2. 方法

方法是指在预测的过程中进行质和量的分析时所采用的各种手段。预测的方法按照不同的标准可以分成不同的类别，按照预测结果属性可以分为定性预测和定量预测；按照预测时间长短的不同，可以分为长期预测、中期预测和短期预测；按照方法本身，可以分成众多的类别，最基本的是模型预测和非模型预测。

3. 分析

分析是根据有关理论进行的思维研究活动。根据预测方法得出预测结论之后，还必须进行两方面的分析：一是在理论上要分析预测结果是否符合经济理论和统计分析的条件；二是在实践上对预测误差进行精确性分析，并对预测结果的可靠性进行评价。

4. 判断

对预测结果采用与否，或对预测结果依据相关经济和市场动态所做的修正需要进行判断，同时对信息资料、预测方法的选择也需要进行判断。判断是预测技术中重要的因素。

二、市场预测的基本原则

市场预测既要借助数学、统计学等方法论，也要借助先进的技术手段。对企业的管理者而言，首先考虑的是采用怎样的有效思维方式，即进行市场预测应遵循的四个基本原则，如图 9-2 所示。

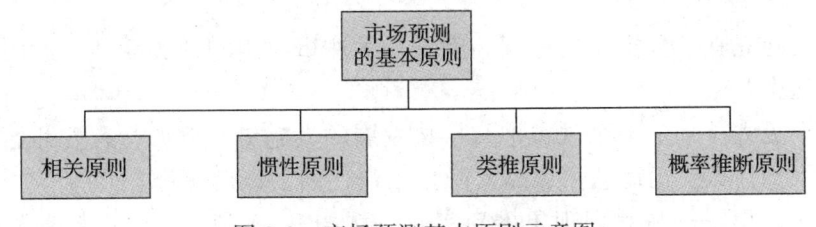

图 9-2　市场预测基本原则示意图

1. 相关原则

任何事物的发展变化都不是孤立的，都是与其他事物的发展变化相联系的。相关原则建立在"分类"的思维高度上，关注事物（类别）之间的关联性，当了解（或假设）已知的某个事物发生变化时，再推知另一个事物的变化趋势，就是要找出影响预测对象变化的各种因素，以及这些因素与预测对象的相互依存关系，然后根据这些影响因素的变化估计预测对象的变化。

最典型的相关有正相关和负相关，从思路上来讲，不完全是数据相关，更多的是

"定性"的相关。

（1）正相关是指事物之间的"促进"。比如，某地区居民平均收入与"百户空调拥有量"是正相关的关系，而该地区的某家电企业随后发起的"空调革命"应该是充分认识和细化实施的结果，这也体现了企业的机遇意识。再如现在进行的人口普查，有专家提出那些资料是企业的"宝"，就看企业怎么认识了：某大型家具企业起家把握的一个最大机遇是"在中国第三次生育浪潮中出生的那些人目前到了成家立业的高峰"。

（2）负相关是指事物之间相互"制约"，一种事物发展导致另一种事物受到限制，特别是"替代品"。就像资源政策、环保政策出台必然导致"一次性资源"替代品的出现一样。例如，"代木代钢"发展起来的PVC塑钢；某地强制报废助力车，该地一家企业敏锐地抓住机遇生产出"电动自行车"。

2. 惯性原则

任何事物发展都具有一定的惯性，即在一定时间、一定条件下保持原来的趋势和状态，这也是大多数传统预测方法的理论基础。比如"线性回归""趋势外推"等。

依照惯性原则进行市场预测时，一般要求预测对象所处的系统具有相对稳定性。只有在系统相对稳定的情况下，预测对象才可能依据原来的发展规律继续运行，一旦系统的稳定性受到破坏，预测对象的发展变化规律将会发生变化，这时运用惯性原则进行预测就可能产生误差，误差的大小将与系统稳定性变化的大小有直接关系。

3. 类推原则

各种事物的发展变化通常会表现出一些类似的特点。类推原则就是指根据与预测对象的变化有类似特点的事物的发展变化规律，来推测和估计预测对象的发展变化趋势和变化程度。

遵循类推原则进行预测的关键在于发现预测对象与已知事件之间的共同性或类似点。如果已知事物或事件与预测对象之间无共同性或类似点的话，则不能依据这个原则进行预测。

类推原则建立在"分类"的思维高度上，关注事物之间的关联性。运用类推原则的思路有以下几个。

（1）由小见大——从某个现象推知事物发展的大趋势。例如，有人开始购买新能源汽车，你预见到什么？运用这一思路要防止以点代面、以偏概全。

（2）由表及里——从表面现象推断实质。例如，"海利尔"洗衣粉到苏南地区大做促销，"加佳"洗衣粉意识到它可能是来抢市场的。

（3）由此及彼——引进国外先进的管理和技术也可以由这一思路解释。发达地区被淘汰的东西，在落后地区可能有市场。

（4）由过去、现在推断以后——历史的东西对以后的发展是极有指导性的。换句话说：20年以前，谁敢想自己家有空调、电脑、电话？那么站在现在，我们问：你能不能想想10年后你会拥有什么样的汽车？这种推理对商家是颇具启发的。如果有商家能总结一下中国家庭电视机的发展规律，也许，就能从中找到商机。

（5）由远及近——国外的产品、技术、管理模式、营销经验、方法可能比较先进，代表了先进的方向,可能就是企业"明天要走的路"。

(6)自下而上——从典型的局部推知全局。比如,一个规模适中的乡镇,需要3台收割机,这个县有50个类似的乡镇,可以初步估计这个县的收割机可能的市场容量为150台。

(7)自上而下——从全局细分,以便认识和推知某个局部。例如,我们想知道一个有40万人口的城市中女士自行车的市场容量,40万人口——20万女性——(去掉12岁以下50岁以上)还有10万——调查一下千人女性骑自行车比率(假设60%)——可能的市场容量为6万。这对大致了解一个市场是很有帮助的。

4. 概率推断原则

我们不可能完全把握未来,但根据经验和历史,很多时候能预估事件发生的大致概率,根据这种可能性,采取相应措施。扑克、象棋游戏和企业博弈型决策中都在不自觉地使用这个原则。有时我们可以通过抽样设计和调查等科学方法来确定某种情况发生的可能性。

三、市场预测的基本要求

市场预测的准确度越高,预测效果就越好。然而,由于各种主客观原因,市场预测不可能没有误差。为了提高市场预测的准确度,市场预测工作应该具有客观性、全面性、及时性、科学性、持续性和经济性,如图9-3所示。

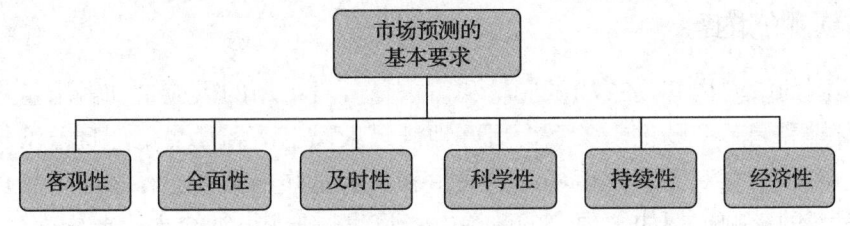

图9-3 市场预测的基本要求示意图

1. 客观性

市场预测是一种客观的市场研究活动,但这种研究是通过人的主观活动完成的。因此,市场预测工作绝不能主观随意地"想当然",更不能弄虚作假。

2. 全面性

影响市场活动的因素,除经济活动本身外,还有政治、社会、科学技术、自然的因素。这些因素的作用使市场呈现纷繁复杂的局面。市场预测人员应具有广博的经验和知识,能从各个角度归纳和概括市场的变化,避免出现以偏概全的现象。当然,全面性也是相对的,无边无际的市场预测既不可能也无必要。

3. 及时性

信息无处不在,无时不有,任何信息对经营者来说,既是机会又是风险。为了帮助企业经营者不失时机地做出决策,要求市场预测快速提供必要的信息,过时的信息是毫无价值的。信息越及时，不能预料的因素就越少，市场预测的误差就越小。

4. 科学性

市场预测所采用的资料，须经过去粗取精、去伪存真的筛选过程，才能反映市场预测对象的客观规律。运用资料时，应遵循近期资料影响大、远期资料影响小的规则。预测模型也应精心挑选，必要时还须先进行试验，找出最能代表事物本质的模型，以减少预测误差。

5. 持续性

市场的变化是连续不断的，不可能停留在某一个时点上。相应地，市场预测须不间断地持续进行。在实际工作中，一旦市场预测有了初步结果，就应当将预测结果与实际情况相比较，及时纠正预测误差，使市场预测保持较高的动态准确性。

6. 经济性

市场预测是要耗费资源的。有些市场预测项目，由于预测所需时间长，预测的因素又较多，往往需要投入大量的人力、物力和财力，这就要求市场预测工作本身必须量力而行，讲求经济效益。如果企业自己预测所需成本太高，可委托专门机构或咨询公司来进行预测。

第三节　市场预测的内容和种类

一、市场预测的内容

市场预测的核心内容是市场供应量和需求量。对市场的供应量和需求量进行科学的预测，是安排和调节市场供求关系，更好地满足人民生活和社会生产日益增长的、不断发展变化的需求的客观需要。市场的供应量和需求量并不是孤立存在的市场现象，它们受到多种因素的影响。例如，国家的政治、经济发展形势；社会再生产中的生产、分配、交换、消费各环节的变化；国民经济中各种比例关系的发展变化；国民经济中积累和消费比例关系的发展变化；企业经营管理水平的提高；市场商品价格的变动，等等。这些直接或间接的因素，都会影响到市场的供应量和需求量的形成、发展及其变化。因此，市场预测的内容除了供应量和需求量，还有市场各种主要影响因素的预测，大致可归纳为五个方面，如图 9-4 所示。

1. 生产发展及其变化趋势预测

社会生产的发展是形成市场供应量、实现市场需求的物质基础。社会生产的方式、水平及其发展变化，对社会分配和消费起着决定性作用。市场供应量的大小和需求量在数量、构成上是否能够得到平衡，归根结底取

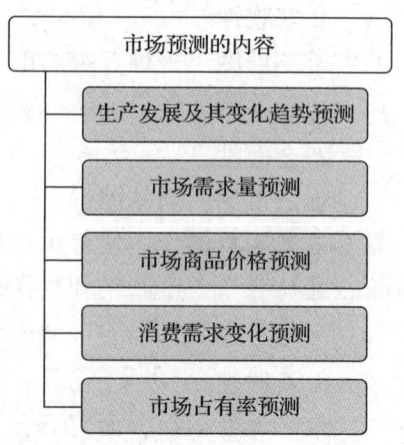

图 9-4　市场预测的内容示意图

决于社会生产的发展，取决于国民生产总值的增长及其分配比例关系的变化。生产部门必须生产出符合社会经济发展、适合市场需求数量和结构的产品，才能满足市场需求，保证市场供应量与需求量之间的平衡。

对生产进行预测，主要是对生产的数量、品种及其发展变化趋势进行预测。生产预测既可以以国民经济为总体预测其总生产量，也可以按不同类别的商品生产进行预测；既可以按单项产品进行预测，也可以按同一商品不同型号进行预测；既可以进行宏观预测，也可以进行中观、微观预测。这主要取决于预测目的的需要。

工业和农业是我国国民经济中重要的两个生产部门，与人民物质和文化生活关系最紧密的各种产品，主要是由这两个生产部门提供的。在生产预测中，一般是以工业和农业生产部门为主。在市场预测中，对工业部门的生产进行预测，必须从搜集某种或某类工业产品的历史和现实资料入手；调查和搜集其历年的产值、产量、成本、利润、销售量、销售价格等方面的资料；调查和搜集某种或某类产品的现有生产能力，包括原材料的供应情况、生产技术和科技发展对其产生的影响、产品质量状况和发展变化趋势等，同时还必须研究各种产品处于产品生命周期的什么阶段；了解工业生产新技术的引进情况、工业生产设备的更新情况；了解某种或某类工业产品在市场上的适销对路状况等。在此基础上才能对各种或各类工业产品的生产量进行预测。

在市场预测中，对农业生产部门进行生产预测，必须结合我国农业生产的特点。在搜集资料时，不仅要搜集各种或各类农副产品历年的总产量、总产值资料，而且特别要注意了解其商品产值和产量资料，通常是以农副产品社会收购量或收购额表示。这是因为我国农业生产部门所生产的农副产品中有相当大的部分是由农业生产者自己消费的，实际投入市场、形成市场供应量以满足需求的只是农业产品产量或产品产值的一部分。对农业生产的预测还特别应当结合农业生产的气候变动，因为农业生产是最容易受自然条件影响和限制的。此外，政府对农业生产的各项政策，各级商业机构组织农副产品收购的措施，各部门为农业生产提供的种子、化肥、柴油、农膜等农用物资是否充足等，这些都是农业生产预测中必须考虑的因素。

从社会生产和广义产品概念的角度出发，生产预测的内容绝不限于此。不过，对工农业生产以外的行业做生产预测，也可借鉴上述思路。

2. 市场需求量预测

市场需求量又称市场容量，是指一定时期、一定地区的一定购买者，在市场上具有货币支付能力的需求。

市场需求量预测，不论是在宏观市场预测中，还是在中观市场预测中，不论是在单项商品、分类别商品的市场预测中，还是在产量总量的市场预测中，都是一项核心的预测内容。因为市场需求量的实现意味着社会再生产过程的最终实现，它不论是对生产部门还是对经营机构都是很重要的预测内容，也是国民经济综合平衡研究的重要内容。

市场需求量的预测必须着眼于社会分配，对具有货币支付能力的需求（即购买力）进行预测。因为市场需求量的形成归根结底取决于社会分配的数量、比例和结构。市场需求量根据需求产品的用途分类，可分为生产资料市场需求量、生活资料市场需求量。

这两类商品的市场需求量不但在商品性质上有明显不同，而且在需求者、需求数量、购买过程上也有不同的特点，在对这两类商品的市场需求量进行预测时，必须紧密结合我国市场的分工情况和消费者的特点来进行。

生产资料市场需求量即生产资料购买力。预测生产资料的市场需求量，主要必须了解预测期内各生产部门设备更新、改造、挖潜、革新所需的生产资料数量及其构成；了解预测期内扩大再生产资金的数量及其构成；了解各行业内部及国民经济的生产结构变动情况；了解国家在预测期内的基本建设投资政策，等等。根据以上各方面的资料对生产资料的需求总量、需求结构及其发展变化趋势进行预测。在进行生产资料需求量预测时，还必须注意我国生产资料营销部门的社会分工，生产资料的营销有专门渠道，应按商品种类的不同组织预测工作。

生活资料市场需求量即居民和社会集团购买力，其中居民购买力是主要内容。生活资料市场需求量预测，主要应搜集和了解以下几方面的资料。

首先，必须搜集居民购买力资料，测算居民购买力总额。这就需要测算居民货币收入总额。居民货币收入总额是由分配形成的，它包括国家职工工资总额，城镇集体所有制职工的收入，农业生产者从事农业生产出售农副产品的收入和从事其他生产活动所得的收入，城乡居民从国家财政金融部门获得的助学金、抚恤金、补贴、储蓄利息等再分配收入等。居民货币收入总额并非全部形成消费品购买力（即市场需求量），还有非商品支出（即消费者生活资料购买力），是扣除居民文化生活支出、劳务费用支出及各种纳税款项等的余额，如果是农村居民还应扣除其生产性支出。另外，居民在本期的货币收入不一定在本期全部支出，还会留一部分储蓄存款和现金。对某一预测期来说，居民储蓄存款和手存现金的期初期末差额，会影响消费需求数量，所以在预测时必须注意居民储蓄存款和手存现金的变动情况。总之，居民货币收入总额、居民非商品支出和生产性支出、居民储蓄存款和手存现金的增减额等，是预测居民购买力（即市场需求量）所必需的资料。从我国居民总体的购买力情况看，居民货币收入总额是逐年上升的；服务支出占总支出的比重略有提高；居民储蓄存款和手存现金数量增长迅速。全国城乡居民人民币储蓄存款余额1985年末为1 622.6亿元，发展到1990年末为7 119.6亿元，1995年末为29 662.3亿元，1998年末为53 407.5亿元，而到2014年人民币存款增加到485 261.3亿元。这是个不容忽视的因素，它随时都可能对市场需求量产生较大的影响。

其次，在市场需求量预测中，要对居民购买力进行分类预测。在市场需求总量预测的基础上，进行市场需求量的分类预测是客观实际的要求。不同地区、不同收入水平的居民在市场需求数量和结构上都具有比较明显的差异。例如，城乡居民的收入水平不同，其市场需求量及其结构具有明显不同的特点；城镇或农村不同收入水平的居民，在消费结构上，具有明显的差异。对居民购买力的分类预测，主要方法是对城乡居民按人均收入水平分组，同时将各级消费的商品按用途分类，将这两种分组分类结合起来，观察并分析研究各种收入水平的居民对各类商品的不同需求量及需求结构，进而预测各类商品的市场需求量，并分析研究不同收入水平居民对各种商品需求结构的发展变化规律。

最后，在市场需求总量和分类市场需求量预测的基础上，对各种主要商品的需求量进行预测。对主要商品需求量进行预测，最重要的是要做到具体，这种预测必须落实到各种商品的具体型号、规格、品种、花色上，同时也要结合消费者对需求商品的质量、价格、服务等方面的要求。主要商品需求量预测可以为企业的生产和营销提供信息，属于单项商品预测，是企业提高经济效益不可缺少的手段。

3. 市场商品价格预测

商品价格是其价值的货币表现，在社会主义市场经济中，价值规律起着重要作用。市场商品的价格综合反映着社会再生产中各种复杂的经济关系，对市场具有重要的影响，是市场预测中必须重视的内容之一。在市场预测中，必须对商品价格水平及其变动幅度和规律进行预测。

市场预测中的价格预测，主要是从形成和影响商品价格的各种因素入手，预测各种影响因素的变动情况。它必须预测商品生产中劳动生产率的水平，以及商品的成本、利润等。这些是形成和影响商品价格的主要因素，每种因素的变动都会引起市场商品价格的变化。对市场商品价格的预测，是在对各影响因素预测的基础上，对商品价格的未来水平和变动趋势进行预测，同时还要说明市场商品价格的变动原因，分析商品价格的变动是否合理，以及市场价格变动对市场需求量的影响程度等问题。

市场商品价格与市场需求量有密切的关系，有时表现为市场需求量决定市场商品价格变动，有时又表现为商品价格高低影响需求量的大小。在市场商品价格预测中，必须考虑市场商品的供求关系，分析研究市场供求关系对商品价格的影响，同时分析研究市场价格水平对市场供求的反作用。对市场商品价格进行预测，只有充分考虑到各种影响因素的综合变动，才能对市场商品价格做出精确的预测。

4. 消费需求变化预测

随着我国社会主义市场经济的发展，以及我国城乡居民物质和文化生活水平的不断提高，消费需求的变化是非常明显的。消费需求变化主要是由生产的发展、居民购买力的提高和消费者消费心理的变化等引起的。在消费需求变化预测中，必须充分搜集各种影响因素的资料，综合考虑这些因素对消费需求变化的影响程度。

消费需求的变化主要表现在两个方面。一方面是消费需求的数量变化。消费需求数量变化预测，主要是要预测出消费需求的变动趋势和变动程度，它可以就商品总量预测，也可以就分类别商品或单项商品预测。消费需求从总数量上看一般呈上升趋势，从分类别商品和单项商品上看则有升有降。另一方面是消费需求结构的变化。消费需求结构的变化，一方面表现为在较长一段时间内各类消费品需求结构的变动，如食品类、衣着类、家庭设备用品服务类、医疗保健类、交通和通信类、娱乐教育文化服务类、居住类、杂项商品和服务类等大类商品的需求结构变化，一般在较长时间内才能呈现出来；另一方面则表现为在较短时间内呈现的消费需求的季节性变化、新产品投放市场引起的消费需求变化等。消费需求结构还会因为消费者不同呈现不同表现，即某种消费者在消费者总体中所占比重的变动，也会引起消费需求结构的变化。例如，某地区少年儿童人数比重和老年人数比重的增加,会引起该地区少年儿童用品和老年人用品消费需求的增加,从而导致该地区消费需求结构的变化。

此外,消费者消费心理的变化、购买行为的变化等都会引起消费需求数量或结构的变化,对消费需求变化进行预测,主要是就这两方面进行预测。在对消费需求变化进行预测时,应根据研究问题的需要,就不同的影响因素,从不同的角度对消费需求的数量和结构变化做出预测。

5. 市场占有率预测

市场占有率是指在社会生产专业化分工的基础上,某行业或某企业生产或营销的某种商品在该种商品的总生产量或总销售量中所占的比重。在现代社会生产中,市场上所销售的各种商品由独家企业生产或由独家企业营销的情况实属罕见,绝大多数商品都是由多家企业生产和多家企业销售。企业注重对市场占有率的预测,能够促进企业在组织生产或营销中提高经营管理水平,以及提高生产和营销产品的质量;促使企业采用先进的生产技术或先进的促销手段。企业经营管理水平的提高,对于提高社会生产力水平、促进国民经济的发展是十分重要的。

市场预测除包括上述主要内容外,还有对其他影响市场的各因素的预测。例如,对国家和政府各项方针政策的预测,对全国或各地区人口数量及构成变化的预测,对劳动力就业状况及其变化的预测。对社会各项事业的发展,以至各种民族风俗和习惯等,企业都必须特别加以关注,并且综合考虑到市场预测中。

二、市场预测的种类

社会生产是为了满足人民不断增长的物质和文化生活的需要。社会生产力水平的提高促进了经济和社会的发展,也促进了社会需求的增长。我国的市场需求总量处在不断增长中,同时随着社会发展和人民生活水平的提高,市场商品需求结构也在逐步发生变化。在市场需求总量不断增长的同时,人们对商品种类的需求结构,以及具体商品的品种、花色、规格、型号的需求会不尽相同。市场预测工作必须面对这些具体情况,采用不同的预测方法,对市场进行预测。为了使市场营销活动适应不断变化的市场需求,还必须做出满足各种市场营销者决策需要的预测。由此可见,要使市场预测及时地反映市场发展变化的实际,就必须进行多种类型的市场预测。

市场预测的种类很多,对其可以按各种标志加以区分。常用的几种市场预测分类标志有:按市场预测时间的长短分类,按市场预测的空间范围分类,按市场预测的商品内容分类,按市场预测的方法分类,等等。

1. 按市场预测时间的长短分类

按市场预测时间的长短不同,市场预测可以分为短期市场预测、近期市场预测、中期市场预测、长期市场预测。

(1) 短期市场预测。短期市场预测一般是以周、旬为预测的时间单位,根据市场变化的观察期资料,结合市场当前和未来变化的实际情况,对市场未来一个季度内的发展变化情况做出估计。

短期市场预测的结果可以用来编制月份或季度的各种生产或营销计划。短期市场预测结果必须做到及时、准确,对市场的各种变化要有敏感的反应,使商品生产和营销企业能够及时地了解市场的发展变化,以便企业适当安排商品生产数量和组织市场营销。

（2）近期市场预测。近期市场预测一般是以月为时间单位,根据对市场变化的实际观察资料,结合当前市场变化的情况,对市场未来一年内的发展变化情况做出预测。近期市场预测通常是对年度的市场情况做出预测。

近期市场预测的结果可以用来编制生产企业购进原材料计划及生产计划,编制营销企业组织货源和销售计划等。它是企业编制各种年度计划的重要依据之一。

（3）中期市场预测。中期市场预测一般是指3～5年的市场预测。中期市场预测的结果可以为生产和营销企业编制3～5年的经济发展计划提供重要依据。同时,中期市场预测还经常用于长期影响市场的各种因素的预测,如对影响市场的经济、技术、政治、社会等重要因素的预测,用来分析研究市场未来的发展趋势,研究市场发展变化的规律。

（4）长期市场预测。长期市场预测一般是指5年以上的市场预测,是为制定社会和国民经济发展的长期规划而专门进行的市场预测。长期市场预测主要是对市场未来的发展变化趋势做出预测,从而为社会和国民经济按客观规律健康地发展,为统筹安排国民经济长期的生产、分配、交换、消费提供重要依据。

不同时间的各种市场预测之间不是互相孤立的,而是相互联系的,如长期预测可以参照中期预测的结果。

2. 按市场预测的空间范围分类

按市场预测的空间范围分类,市场预测可分为宏观市场预测、中观市场预测、微观市场预测。

（1）宏观市场预测。宏观市场预测是统观整体市场需求的发展变化及趋势,其内容涉及国民经济全局的市场预测,市场预测的空间范围往往是全国性的。

宏观市场预测,以安排国民经济、综合平衡各种合理的比例关系、合理配置各种资源等为主要目的,为国民经济宏观决策提供必要的、可靠的依据。

（2）中观市场预测。中观市场预测是涉及国民经济各行业的市场预测,从空间范围来看,是以省、直辖市、自治区或经济区为总体的市场预测。例如,预测国民经济中某一行业可向市场提供的商品总量、某类商品数量或某种商品的数量,与其需求量对比分析,研究供给与需求之间是否适应;预测某省、自治区、直辖市的购买力总量的发展变化情况等。这些都可看作中观市场预测。它主要是满足地区或行业组织生产与市场营销决策的需要。

（3）微观市场预测。微观市场预测一般是指企业所进行的市场预测,从空间范围上看,表现为当地市场或企业产品所涉及地区市场的预测。微观市场预测的范围比较小,其预测的过程及内容可以比较具体、细致。它可以具体地预测市场商品需求的数量、品种、规格、质量等,为企业根据市场变化合理安排生产和营销活动提供准确、具体的市场信息。

不同空间的市场预测之间不是孤立的,而是互相联系的。微观市场预测与宏观市场预测的结论应是一致的。

3. 按市场预测的商品内容分类

按市场预测的商品内容分类,市场预测可分为单项商品市场预测、分类别商品市场预测、商品总量预测。

(1)单项商品市场预测。单项商品市场预测是指对某种具体商品生产或需求数量的预测,以至对这种商品按具体规格、型号、质量等预测生产量或需求量。单项商品市场预测的特点在于预测内容的具体化,有极强的针对性。

(2)分类别商品市场预测。分类别商品市场预测是按商品类别预测其需求量或生产量等。例如,对食品类商品、日用品类商品、文娱用品类商品、医疗保健类商品、衣着类商品、通信类商品等做生产量或需求量的预测。

分类别商品市场预测主要是为了分析研究商品需求的结构,以便合理地组织各类商品的生产和营销活动。除了按产品本身的类别分别进行市场预测,还可按商品消费对象的不同分类进行市场预测。因为不同的消费者对商品的消费数量和结构的需求是不同的,即使是对同一商品,不同的消费者也会在其规格、型号、品种、花色等方面有不同的要求。

消费者可按年龄、性别分类进行市场需求的预测,如儿童商品市场预测、妇女商品市场预测、中老年人商品市场预测等。消费者还可按地区分类进行市场需求预测,如城镇市场预测、乡村市场预测等。此外,还可按消费者的职业等进行分类做市场预测。

(3)商品总量预测。商品总量预测是指对生产总量或消费需求总量所做的市场预测。它常常表现为一定时间、地点、条件下的购买力总量预测,国内生产总值预测等。商品总量市场预测可为从宏观和中观管理方面研究市场供求平衡提供重要依据。

不同商品内容的市场预测是相互联系的,只是具体化程度不同,在实践中各有用途。

4. 按市场预测的方法分类

按市场预测的方法不同,市场预测可分为定性市场预测和定量市场预测。

(1)定性市场预测是应用定性预测法进行的市场预测。这类市场预测是依据预测者对市场有关情况的了解和分析,结合对市场未来发展变化的估计,由预测者根据实践经验和主观判断做出的市场预测。它既可以对市场未来的供给量和需求量进行预测,也可对市场未来发展变化的特点及趋势等做出判断预测。

(2)定量市场预测是指根据定量预测方法进行的市场预测。定量市场预测根据所定数量的不同可分为时间序列市场预测和相关回归分析市场预测。

定量市场预测的特点:以大量的历史观察值为主要依据,建立适当的数学模型,以数学模型为预测模型,推断或估计市场未来的供给量和需求量等。

总之,市场预测是多种多样的,在利用市场预测研究实际问题时,要根据研究对象的主要特点和市场预测目的的需要,选择适当的市场预测类型,以满足决策者研究问题的需要。前面所做的对市场预测的各种不同分类,每一种都不是孤立存在的,它们是相互联系的。如宏观市场预测，可以按长期或短期预测；也可按单项商品、分类别商品、商品总量预测；还可用定性或定量方法进行市场预测等。在每一项市场预测实际工作中，预测者都必须确定预测的时间长短、预测的范围大小、预测的产品内容、预测的具体方法，实际上必须将对市场预测的各种分类综合考虑，才能进行一次具体的市场预测。

第四节 市场预测的一般步骤

为了有效地完成市场预测，预测者必须加强对预测过程的组织，按照预测工作的客观规律，有计划地按顺序认真地完成市场预测各环节的具体任务。不同的预测方法可能在各步骤的具体操作上有所不同，但一般步骤是相同的。市场预测大致可分为六个步骤，如图9-5所示。

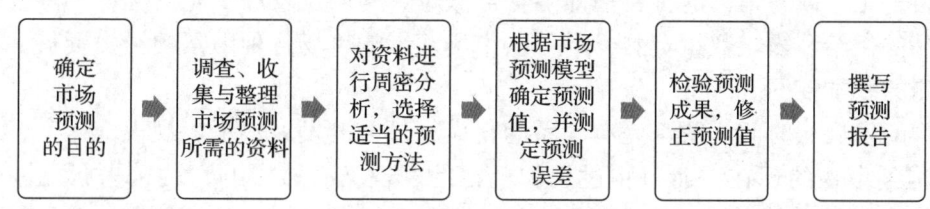

图9-5 市场预测的一般步骤

1. 确定市场预测的目的

确定市场预测的目的是进行市场预测的首要问题。确定市场预测的目的就是明确市场预测所要解决的问题是什么，即为什么进行某项市场预测。在市场预测中，只有确定了预测的目的，才能进一步落实预测的对象内容，选择适当的预测方法，调查或搜集必要的资料，也才能决定预测的水平和所能达到的目标，否则市场预测就是盲目的，也是根本无法开展的。

确定市场预测的目的，主要是根据商品生产和营销决策的要求，针对不同的需要进行不同的市场预测。在社会主义市场经济发展过程中，还需要为制定社会经济发展规划做各种市场预测。市场预测的目的通过市场预测工作计划来表现，在确定了预测目的之后，还应根据预测目的在预测工作计划中具体明确预测对象内容，明确预测所采用的方法，落实市场预测中的人力、物力、财力需要，安排好各项工作量和工作进度。

确定市场预测目的，特别要做到具体明确。因为市场现象具有各种不同的表现和多种影响因素，出于不同的研究问题需要，可以从各个不同方面进行市场预测；市场的各种表现和多种影响因素处于不断变化之中，在不同的时间、地点、条件下它们有明显的不同。所以市场预测的目的要具体明确，才不至于背离市场预测的实际需要。

2. 调查、收集与整理市场预测所需的资料

市场预测不论采用定性预测法还是定量预测法，都不是无根据的或任意的主观设

想。市场预测必须以充分的历史和现实资料为依据。在市场预测中，预测过程是否能顺利完成、预测结果准确程度的高低、预测是否符合市场现象的客观实际表现等，在很大程度上取决于预测者是否具有充分的、可靠的历史和现实的市场资料。市场预测所需资料的调查、收集与整理是市场预测的一个非常重要的步骤。市场预测所需的资料有历史资料和现实资料两大类。

（1）历史资料。历史资料是指预测期以前各观察期的各种有关的市场资料，这些资料反映了市场或影响市场的各种重要因素的历史状况和发展变化规律。例如，全国或各地区历年人口数量及其增长量、增长速度，人口构成情况及其发展变化情况；全国或各地区的城乡劳动者就业状况及其发展变化情况；全国或各地区居民家庭户数量及其发展变化情况，平均家庭人口数状况及其发展变化情况，家庭收入及支出水平、构成及其发展变化情况；全国或各地区历年货币流通数量，购买力数量及构成；城乡居民人民币储蓄存款数量及其发展变化情况；全国或各地区生产部门各类产品的产值、产量、成本、利润资料；全国或各地区的社会商品零售额数量、构成及发展变化情况；全国或各地区主要商品的供给和需求数量资料，等等。市场及影响市场各种因素的历史资料，是进行市场预测的基本依据。

事物的发展从时间上看都是有联系的，事物过去的发展水平、规模、速度、比例等必然影响到事物的现在，而事物过去和现在的表现又必然影响它的未来状况和变化规律，市场现象与众多的社会经济现象一样，也具有这种时间上的连续性。分析和研究市场及各种影响因素的历史资料，充分运用其历史资料，是保证客观地对市场未来状况和发展变化趋势做出预测的基本条件。

（2）现实资料。市场预测的现实资料是指进行预测时或预测期内市场及各种影响因素的资料。

市场预测所需的现实资料，一般是预测者根据需要对市场进行调查的结果，也可以是各种调查机构的已有资料。市场预测必须收集有关现实资料，才能使市场预测的结果既不脱离市场现象的长期发展规律，又能对市场的现实变化做出及时的反应，使市场预测结果更加符合客观实际。市场现实资料在其内容上主要包括市场及影响市场各因素的最近期表现。例如，全国或各地区在市场预测时及预测期内的人口数量及构成和发展变化趋势；全国或各地区在市场预测时或预测期内居民购买力数量及其发展趋势；全国或各地区在市场预测时和预测期内生产数量及结构的状况和变动趋势等。

此外，现实资料还特别注重从较小的市场范围内，对很具体的商品的生产、技术发展状况、质量、规格、需求状况等的资料进行调查，并对调查结果进行分析研究，为生产和营销企业预测提供资料。通常这种调查的组织者就是预测者，其所做的市场调查常见的有：社会经济调查、市场动态调查和消费者意见调查等。

在取得市场预测所需的历史和现实资料后，还必须对这些资料进行加工整理。对资料进行加工整理，主要是根据研究问题即进行预测的目的，以及市场现象自身的特点，对反映市场现象总体单位特征的资料进行分组分类，使这些资料系统化、条理化，成为反映市场现象总体特征的资料。经过加工整理的资料才能满足市场预测的需要。

一般来说，对于历史资料是进行再整理的过程，因为关于市场现象及各种影响因素的历史资料是已经经过整理的，在市场预测前再进行整理主要是为了进一步满足预测者研究问题的需要。有相当一部分现实资料也是这种情况。对于由预测者组织的各种调查所得到的那一部分现实资料，则是初次加工整理，直接将整理后的资料用于市场预测。

3. 对资料进行周密分析，选择适当的预测方法

市场预测者对经过整理的市场预测资料还必须进行周密的分析，然后才能选择适合的具体预测方法进行市场预测。

对市场预测的资料进行周密分析，主要是分析研究市场现象及各种影响因素是否存在相关关系，其相关的紧密程度、方向、形式等如何；还要对市场现象及各种影响因素的发展变化规律和特点进行分析。例如，分析研究全国或各地区市场需求量与相应的生产部门发展之间的经济联系；分析研究全国或各地区市场需求量与居民收入水平之间的相关关系；分析国内市场与进出口贸易之间的经济联系和制约关系；分析研究全国或各地区社会商品零售额及其构成的发展变化规律；分析研究各种主要商品销售量在全国或各地区的发展变化规律，等等。

分析研究结果显示，各种市场现象及各种影响因素资料所反映出的变化规律都不尽相同，有的呈现上升趋势，有的呈现下降趋势；有的呈现波动趋势，有的呈现平稳发展的趋势；其变动的幅度也有高有低。存在相关关系的市场现象及各种影响因素的表现也不尽相同，有的呈现单相关，有的呈现复相关；有的呈现正相关，有的呈现负相关；有的呈现直线相关，有的呈现曲线相关，等等。根据市场现象及各种影响因素的具体特点，应选择适当的预测方法。市场预测的方法很多，各种方法不论是简单还是复杂都有其特定的适用对象。在市场预测中，只有根据对资料的周密分析选择适当的方法，才能正确地描述市场现象的客观发展规律，才能发挥各种预测方法的优势，对市场现象的未来表现做出可靠的预测。

4. 根据市场预测模型确定预测值，并测定预测误差

在市场预测中，根据市场现象及各种影响因素的规律，可以建立起适当的预测模型。运用所建立的预测模型，可以计算某预测期的预测值。值得注意的是，在计算预测值时除了要依据数学模型的运算规律，还必须结合预测者对未来市场的估计，而不能机械地运用预测模型。这是因为预测模型只是市场预测中的一种方法或工具，并不具有任何特殊功能，决不能过于迷信它而忽视对客观实际的分析。

在市场预测中，不论预测者选择多么适合的预测模型，也不论在计算预测值时多么认真，预测值与实际值之间都会出现一定误差。这是因为预测值是一种估计值，而不是实际观察结果，出现误差是必然的。市场预测者可以通过各种努力使预测误差尽可能小一些。用各种类型的市场预测方法计算预测值时，还必须测定预测值与实际值之间的误差。若预测误差大于研究问题所允许的范围，则预测结果不能被采纳；若预测误差小于研究问题所允许的误差范围，则可采纳市场预测值或在一定区间估计预测值。

5. 检验预测成果，修正预测值

由于市场现象和各种影响因素都会随时间、地点、条件的变化而变动，市场预测值和市场预测所应用的方法不是一成不变的。市场预测者必须根据市场现实情况的变化，适当地对预测值加以修正，使之更加符合市场发展变化的实际。在对市场现象或各种影响因素的连续观察和预测中，有时要对预测值加以适当修正，在市场现象和各种影响因素发生较大变化时，甚至必须改换预测方法，重新建立适合的预测模型，这样才能提高市场预测的精确度。

6. 撰写预测报告

把预测的最终结果编制成文件和报告，向有关部门上报或以一定的形式公布，并提供和发布预测信息，供有关部门和企业决策时参考。预测报告应概括预测研究的主要活动过程，列出预测目标、预测对象、相关因素分析、主要资料和数据、预测方法的选择及模型的建立，以及模型的评价修正等。

总之，不论是宏观市场预测还是微观市场预测，都不能在建立了一个预测模型后，就不顾客观实际的发展变化盲目地连续使用下去，必须根据市场现象和各种影响因素的变化经常地修正预测值，在必要时更换预测模型。

第五节　市场预测的方法及选择

当预测者着手于某一项市场预测工作时，明确市场预测的目的是首要的，调查、收集、整理市场预测资料是必需的。而紧接着的重要环节，就是选择适当的预测方法，这就需要了解市场预测的方法到底有哪些种类。随着社会生产的发展和科学技术水平的提高，人们对于市场预测越来越重视，各种市场预测的方法也随着市场预测的实践不断地产生并完善。

一、市场预测方法的种类

市场预测的具体方法很多，大致可分为以下几类。

1. 定性市场预测法

定性市场预测法主要是根据有关专家对市场情况的了解和对市场未来发展变化的估计，依靠专家的经验和他们的主观经验判断能力和综合分析问题能力，对市场未来的情况从数量上做出预测。

2. 相关回归分析市场预测法

相关回归分析市场预测法是根据市场现象和各种影响因素之间的相关关系，确定影响市场现象的因素，将影响因素作为自变量，将所要预测的市场现象作为因变量，对市场的未来状况做出预测。其所建立的数学模型称为回归方程。

相关回归分析市场预测法是一种定量预测方法。所谓定量，就是定量预测期内对市场现象产生影响的一个或多个自变量的数量，根据所定的自变量数量，用回归模型测算出市场现象因变量的数量,即市场预测值。相关回归分析预测法是市场预测中一类实用价值很高的方法。

3. 时间序列市场预测法

时间序列市场预测法是以市场现象的时间序列历史资料为依据,根据时间序列的变动规律建立适当的数学模型,用数学模型对市场现象的未来趋势做出预测。时间序列市场预测法也属于定量预测方法,它锁定的是时间影响量,即根据所建立的数学模型,对未来一定预测期的市场现象数值做出预测,不同的预测期,市场现象预测值也不同。时间序列预测法对于具有详细时间序列资料的市场现象,以及无法确定其主要影响元素或无法将主要影响因素量化的市场现象进行预测,是最适合的预测方法。

二、市场预测方法的选择

在众多种类的预测方法中,预测者选择哪种方法进行市场预测最为合适,是市场预测实践中所面临的具体问题。一般来说,选择市场预测的方法应从以下几方面综合考虑。

1. 市场预测的目的和要求

每项具体的市场预测都有其特定的目的,市场预测的目的不同,对预测方法的选样就有不同的要求。在长期市场预测中,必须选择适合长期预测、能够反映市场现象发展趋势的预测方法;在短期市场预测中,则应选择适合短期预测、对市场变化反应灵敏的预测方法。在对新产品投放市场的需求量进行预测时,由于不具有时间序列的历史资料,就不能用时间序列预测法,而最好采用定性市场预测法做预测。由此可见,市场预测的目的和要求决定着选择什么方法做市场预测最合适。

2. 市场预测对象的特点及其发展变化规律

选择市场预测的方法,还必须从市场预测对象本身的特点和发展变化规律出发。例如,当预测者能够比较容易地确定影响预测对象的主要因素,并能将其量化时,就可以顺利地应用相关回归分析市场预测法;如果影响预测对象的主要因素难以确定,或影响因素可以确定但无法量化,就不能采用相关回归分析市场预测法,必须考虑采用其他预测方法。

采用时间序列预测法做市场预测时,更应细致地观察时间序列历史资料的发展变化规律和特点,建立适当的预测模型。时间序列的发展变化特点和规律一般是比较复杂的,必须经过反复观察和分析研究才能发现。时间序列数学模型的种类很多,有的很相似,比较容易混淆,因此,对市场现象发展变化规律和特点的观察和分析研究要特别认真细致。

3. 预测结果的准确性

在市场预测中,将预测误差降到最低限度,是每个预测者所希望的,也是他们选择不同市场预测方法时的重要标准之一。各种市场预测方法的预测能力不同,其预测误差的大小也不同,有的预测方法在预测市场现象发展趋势方面比较准确,有的方法则在反映市场现象波动方面比较准确。

在市场预测的实践中，预测者经常会遇到适用于某一预测对象的方法不止一种，一种预测方法不只适用于一种预测对象的情况。在实际使用预测方法之前，预测者并不知其预测误差的大小。在这种情况下，通常是应用几种不同的适用性预测方法，同时对某一市场现象进行预测，并分别计算用各种预测方法做市场预测时的预测误差。将用不同预测方法得到的市场预测值的预测误差加以比较，选择预测误差最小的预测方法计算出的市场预测值作为最终被采纳的市场预测值。

4. 预测方法的适用性

预测方法的适用性是指市场预测方法的难易程度、预测费用和时间长短等对预测者是否适用。有的预测方法虽然可以比较准确地对市场预测对象做出预测，但其数学知识要求程度高，运算工作量大，需用电子计算机完成数据处理，所需费用比较高，花费时间比较长。这类预测方法的实际应用受到比较大的限制，或者说它并不具备广泛的客观适用性。

预测者在选择预测方法时，必须根据自己所具备的各种条件，选择适用的预测方法。如果各方面的条件都具备，当然可以将预测精度作为选择预测方法的主要考虑因素；如果做市场预测时，计算能力和设备、预测费用和时间等条件并不特别理想，则可适当降低一点预测精度要求，选择那些过程简单、运算量较小、费用和时间都比较节省的方法进行市场预测。

第六节 市场预测精度分析

提高市场预测的精度即降低市场预测误差，是每个市场预测者特别希望的。准确的市场预测结果可以为制定科学的宏观或微观管理决策，以及提高宏观或微观经济管理水平，提供可靠的重要依据。

一、市场预测精度的测定

市场预测是对未来市场各种可能的表现进行预计或推算，预测值与实际值之间必然会产生一定的误差。

市场预测精度是市场预测对象的预测值与其实际值之间的误差程度。误差越小说明市场预测的精度越高，误差越大则说明市场预测的精度越低。市场预测精度就是利用预测误差来说明市场预测的准确度。市场预测精度的测定即对市场预测误差的测定。

市场预测误差的计算方法可以根据研究问题的需要和市场预测对象的不同而有所不同。常用的市场预测误差指标有以下几种。

1. 平均误差 $\bar{e}$

平均误差是对预测值与实际值之间的离差计算平均数。其计算公式为

$$\bar{e} = \frac{1}{n}\sum_{i=1}^{n} e_i$$

式中　　e_i——各预测值与实际值之间的离差；

　　　　n——观察值项数。

用平均误差测定预测精度，要注意 e_i 离差值的方向。一般 e_i 会有正负两种数值，将其相加时会使正负相抵，最终计算出的平均误差有偏低倾向。若实际研究问题允许 e_i 的正负值相互抵消，即以研究其净误差为目的时，这个指标才可以被应用来测定预测精度。在 e_i 无负值情况下，也可应用平均误差指标。

2. 平均绝对误差 MAE

平均绝对误差是对预测值与实际值之间离差的绝对值计算平均数。其计算公式为

$$MAE = \frac{1}{n}\sum_{i=1}^{n}|e_i|$$

用平均绝对误差指标测定预测精度时，由于对离差 e_i 都绝对值化，其正负值不会出现正负相抵；绝对值化的离差平均值能更好地反映预测误差大小的实际水平，不会使测定出的预测误差偏低。

3. 均方误差 MSE

均方误差是对预测值与实际值之间离差的平方值计算平均数。其计算公式为

$$MSE = \frac{1}{n}\sum_{i=1}^{n}e_i^2$$

在均方误差指标计算中，将预测值与实际值之间的离差平方化，也是为了避免 e_i 正负值相抵使预测误差偏低的问题出现，使预测误差指标更能反映误差的实际水平。需要注意的是，对同一预测对象的预测误差进行测算，其均方误差指标比平均绝对误差指标的值要大，即该指标测定结果通常会比实际误差大。

4. 标准误差 RMSE

标准误差是对预测值与实际值之间离差的平方值计算平均数，再将这个平均数开平方。其计算公式为

$$RMSE = \sqrt{\frac{1}{n}\sum_{i=1}^{n}e_i^2}$$

标准误差实际上就是对均方误差开平方，这样可以克服均方误差指标造成的预测误差水平偏高的问题，使得所测算的误差水平更符合实际。

以上四个测定预测精度的指标都是具有计量单位的实际值，其计量单位与预测对象的计量单位相同。在实际应用这些指标时，必须结合市场预测对象的实际值与预测值的数值水平，分析研究预测误差值的大小，决定所做的预测值是否可被采用。一般地说，预测误差值越小，说明市场预测精度越高，其下限并不做规定；预测误差值越大，说明预测精度越低，预测误差值大到一定水平时，其预测值就失去了意义，即对预测误差要有上限规定。预测误差上限水平的确定，要根据市场预测的目的和市场预测对象的实际水平而定。

预测误差的上限水平，会因预测目的和市场预测对象的实际水平不同而不同。为了

能将不同预测对象的预测误差上限用一个相同数值表示出来，就设置了平均绝对百分误差指标。

5. 平均绝对百分误差 MAPE

平均绝对百分误差是用相对数形式的百分数表示的预测误差指标。平均绝对百分误差指标是对预测值与实际值之间离差除以实际值的比值的绝对值计算平均数。

其计算公式为

$$MAPE = \frac{1}{n}\sum_{i=1}^{n}|Pe_i|$$

式中 $Pe_i = \frac{Y_i - \hat{Y}_i}{Y_i} \times 100\%$，$Y_i$ 是实际值，$\hat{Y}_i$ 为预测值。

平均绝对百分误差指标用百分数表示，在实际应用中，这个指标数值越小，说明预测精度越高；若这个指标大于 10%～15%，则认为预测值误差太大，不能被采用。由于平均绝对百分误差指标采取了相对数形式，所以它对不同的预测对象可以用同一个预测误差上限的规定值，给不同预测对象预测误差的比较、同一预测对象不同预测方法的预测误差比较等创造了可比条件。

总之，在市场预测中，对于各种定量方法所取得的预测值，都必须测定其预测误差。如果预测误差超出了研究问题允许的误差范围，则不能采纳预测值，必须考虑改变预测方法。当然，在采用几种方法对同一预测对象进行预测时，则必须对各种方法的预测误差加以测定，并对误差的大小进行比较，选择预测误差最小的预测方法所得的预测值作为最终被采纳的预测结果。

二、对市场预测精度的分析

市场预测精度是每一项市场预测都会遇到的问题，在市场分析中，它与市场预测结果具有同等的重要作用，是市场预测中随预测值一起测算的重要指标。预测者对它必须有正确的认识。

1. 如何认识市场预测精度

市场预测既然是估计或推测，就一定会有误差，这是任何一种预测方法都不能完全避免的。市场预测者和应用市场预测结果的组织或个人都不能错误地认为，存在预测误差就是预测结果不准确，应该具体分析预测误差是否合理，对于预测误差过大的预测结果当然不能使用；而对于纯粹是由于无法事先确定的随机因素所引起的预测误差，只能想方设法将其控制在最小限度内，即控制在研究问题所允许的误差范围内。

市场预测中预测误差的测定是根据市场现象观察期内预测值与实际值之间的离差来计算的，而不是对预测期内的误差进行测定。预测者只能根据这样计算出的预测误差来确定预测值是否可用，也只能通过各种努力将这个误差控制在最小限度内。人们在评价市场预测结果准确与否时，则往往是以预测期内各预测值与实际值之间的误差大小作为标准的，这无疑进一步提高了对市场预测精度的要求。这就要求预测者必须对预测期市场现象和各种影响因素做充分的了解和分析，而不能单纯依靠市场现象的历史资料进行预测。在许多市场预测中，预测者往往需要对市场预测对象的未来状况做出几种预计。若仅仅按市场现象自身的发展变化趋势预测，其未来发展状况将会如何；若对市场预测对象采取某种措施加以促进或控制，其未来发展状况又会是什么结果。在相关回归分析市场预测中，更要注意某一种或一种以上因素的不同变化程度和不同变化趋势对市场预测对象的不同影响结果。

2. 市场预测不准确的原因

在市场预测的实践中，往往会发生预测结果不准确这种不尽如人意的情况，其预测误差过大，使其预测结果不能被采纳。一般，造成市场预测不准确的原因主要有以下几方面。

（1）市场预测资料的限制。市场预测是根据市场现象的历史资料对其未来的发展变化结果进行预测，预测者所掌握资料的状况就成为影响预测结果精确度的重要条件之一。如果预测者所掌握的市场预测对象的资料不够完整、不够系统或不够准确，其所得出的市场预测结果与客观实际的误差就会过大，这种预测结果被认为不准确而不能被采用。

（2）市场现象和影响因素的复杂性。市场受到多种因素的影响，有些影响因素比较直接，容易被注意，而有些影响因素比较间接，不易被重视；有些因素比较肯定，有些因素则比较偶然，带有很大的随机性；有些因素比较容易取得其量化资料，有些因素则不易取得其量化资料或根本无法量化。预测者必须对各种影响因素进行综合分析，并对其影响程度进行测定，才能做出准确的市场预测。对不肯定因素、间接因素及无法量化的因素等进行测定，往往难以做到比较准确地预测。因此，市场现象和各种影响因素的复杂性，也无疑会对市场预测的准确性产生很大影响，甚至使市场预测结果不能被采纳。

（3）预测方法不适合。市场预测中可供采用的预测方法很多，每种预测方法都有自己适合的市场现象的不同发展变化规律。市场预测方法的科学性，一方面表现为方法本身是否具有科学的依据另一方面则表现为预测方法的适用性是否得到了发挥。若在市场预测中所采用的方法不适合市场现象的发展变化规律，所取得的市场预测结果必然是不准确的。而在市场预测的实践中，预测者只有不断提高自己分析问题的能力，提高理论水平，积累丰富的实践经验，才能在选择适用性预测方法时不造成失误。

3. 提高市场预测精度的可能性

市场预测误差虽然是不可避免的，但预测者可以通过各种努力将它控制在最低限度。提高预测精度是可能的，这一点除具备各种条件和主观努力以外，从根本上说是由市场现象客观上存在的发展变化规律所决定的。

（1）市场现象存在连续性。与世界上任何事物一样，市场现象的产生、发展、变化也是一个具有时间连续性的过程。市场现象的未来状况与其过去和现在的状况有着紧密联系。市场现象未来的状况和发展规律是它过去和现在发展变化的结果，因此根据所掌握的市场现象过去和现在的资料和对市场现象过去和现在发展变化规律的研究，去推断和估计它的未来状况是完全可能的，是具有科学依据的。只要这种推断和估计是客观的，必然能使市场预测结果达到较高的精确度。

（2）市场现象与其他事物是相互联系的。市场现象不是孤立存在的，各种市场现象之间有着许多联系，与市场以外的其他事物也发生和存在着千丝万缕的联系。相互联系的事物表现为相互依存、相互影响、相互制约等。预测者可以利用这种相互联系的关系，达到对市场现象进行预测的目的。对于具有相关关系的市场现象，可以根据自变量发展变化的具体情况，来推断被研究的因变量的表现；对于具有相似性或类同性市场现象的发展规律，则可以"举一反三"地加以研究。总之，对市场现象之间的联系和市场与其他事物之间的联系进行深入了解和分析研究，可以提高市场预测的精度，得到较理想的市场预测结果。

本章小结

预测就是通过对客观事实的历史和现状进行科学的调查和分析，由过去和现在去推测未来，由已知去推测未知，从而揭示客观事实未来发展的趋势和规律。市场预测是指组织在市场调查的基础上，揭示市场供求矛盾变化的规律性及影响市场供求关系的各类错综复杂的因素，运用逻辑推理、统计分析、数学模型等科学方法，对市场上商品的供需发展趋势、未来状况及与之相关的各种因素的变化进行分析、预见、判断和估算，为企业确定发展目标、制定生产经营策略提供科学的依据，以实现发展生产、满足需求、繁荣市场、提高效益、促进国民经济发展的目的。市场调查与市场预测的关系密切。市场调查为市场预测提供可靠依据，市场预测是将市场调查结果应用于实际，发现市场机会、预测未来市场走向，帮助企业制定正确决策、顺利解决经营过程中出现的问题。市场调查与市场预测的区别表现为：二者的时间节点不同、二者的研究方法不同、二者的研究结果不同。

市场预测是企业制定营销战略和营销策略最重要的依据。为了成功地完成市场预测，预测者必须加强对预测过程的组织，按照预测工作的客观规律，有计划地按顺序认真地完成市场预测各环节的具体任务。

市场预测的一般步骤包括确定市场预测的目的，调查、收集与整理预测所需的资料；对资料进行周密分析；分析选择适当的预测方法，根据市场预测模型确定预测值，并测定预测误差；检验预测成果，修正预测值；同时要提高市场预测的精度，即降低市场预测误差，最后撰写预测报告。

市场预测的具体方法大致可分为三类：定性市场预测法、相关回归分析市场预测法、时间序列市场预测法。

选择市场预测的方法应从市场预测的目的和要求，市场预测对象的特点及其发展变化规律，预测结果的准确性和预测方法的适用性等方面考虑。

常用的市场预测误差指标有平均误差 $\bar{e}$、平均绝对误差 MAE、均方误差 MSE、标准误差 $RMSE$、平均绝对百分误差 $MAPE$。

市场预测不准确的原因主要有：市场预测资料的限制，市场现象和影响因素的复杂性，预测方法不适合。

提高市场预测精度基于市场现象存在连续性、市场现象与其他事物是相互联系的。

关键术语

预测　市场预测　精度分析

复习思考题

1. 试列举按常用的几种预测分类标准划分的市场预测种类。
2. 简述市场预测的两种具体方法。
3. 如何选择市场预测方法？
4. 如何认识市场预测精度？
5. 造成市场预测不准确的原因是什么？
6. 简述市场预测的一般步骤。
7. 简述市场预测的主要内容。

实训项目

自我预测

【实训目的】

通过实训，学生应理解并掌握市场预测的步骤。

【实训要求】

充分调查自己的学习情况，收集资料，预测自己本学期的各科成绩以及下学期的成绩走势。

案例分析

海洋垃圾桶的发明

在英国老朴次茅斯港口，那里的居民发现，一夜之间，十几年前那个清冷澄澈的海洋又回来了。难道那些海洋垃圾都自己长腿消失了不成？正当人们疑惑的时候，他们突然发现，在平静的海洋上，竟然存在一个疑似"黑洞"的东西！正是这个像"黑洞"的新奇玩意儿，在短短24小时内，以一己之力神奇般地清理了附近海洋的所有垃圾！这个黑科技，先是引发了新西兰和英国媒体的轰动，随后很快就火遍了全球！在这些报道中，大家都不约而同地提到了一个词——海洋垃圾桶（SeaBin）。人们兴奋异常，有了它，解决海洋污染问题就指日可待了。那么，这是谁的点子、谁的创意？

在2015年的第16次考察中，梅西大学（Massey University）对全球海洋的生态评级为中等健康，意味着海洋中存在一些污染，但依然在可控范围内。可是，就在短短2年后的2017年，当该项目的主导人特里沙·法雷利（Trisia Farrelly）再次进行取样调查后，得出的结果刺痛了所有人的心。海洋生态的总评级，从中等健康跌落到了最严重的"极端不良"。

调查显示,截至 2017 年 11 月 25 日,海洋中大约有 5.25 万亿吨塑料,其中 92% 都是塑料微粒。仅仅美国一个国家,每天就约有 800 万颗塑料微粒被排放到海洋生物的栖息地中,而这些微粒排起来足足可以绕地球 7 圈!

2017 年,外国研究人员对美国加利福尼亚州、新西兰奥克兰、澳大利亚悉尼、加拿大温哥华当地鱼市场进行了调查,发现每 4 条食用鱼中就有一条鱼的内脏中含有塑料垃圾,证明塑料污染已经非常严重。然而更可怕的是,当我们吃海鲜的时候,其实就是在吃塑料!那些被我们使用的塑料微粒,最终都会通过生态循环系统进入湖泊、海洋,被海洋生物误食,又通过食物链重新回到我们的餐桌上!塑料微粒直径较小,可进入人体组织细胞,蓄积在肝脏中,引起炎症反应,造成慢性沉积中毒,还有可能进入血液,当达到一定浓度时,会影响我们的内分泌系统,最终造成不可逆的伤害。

据美国《纽约时报》估算,每年因为人类的塑料制品而失去生命的海洋动物,至少有 10 亿条!

如今,这个问题被两个澳大利亚人解决了!和所有人一样,皮特·赛格林斯基(Pete Ceglinski)和安德鲁·特顿(Andrew Turton)也饱受海洋污染的困扰。他们都是设计师,也是各种水上运动的爱好者,可是澳大利亚海域周边越来越多的海洋垃圾,让他们冲浪的乐趣大打折扣。一天他们走在路上,看到大街上每隔十几米就有一个垃圾桶,就聊起来:海洋里也有垃圾,可为什么没有海洋垃圾桶?于是,他们辞掉了让人羡慕的高薪工作,在海边租了间空仓库,开始设计这样一个海洋垃圾桶。在一番研究和设计之后,他们决定先把注意力放在码头、港口、游艇停泊区等地方,因为这里风浪较小,环境相对可控。他们给这个海洋垃圾桶取名 SeaBin。

然而,解决海洋塑料污染,谈何容易!世界上那么多国家的那么多研究员都无法给出可行的方案,两个毫无背景的人,又怎么可能轻易解决?可这二人,似乎有着澳大利亚人天生的乐观和创新精神,从 2008 年开始,他们就租了一间仓库进行设计、实验。10 年过去了,别的国家政府、科研人员早就换了几批,可这二人依然没有放弃,光是设计图就画了无数版,被废掉的实验产品也堆满了几间仓库。好在他们坚持选用可回收的材料,这样也不会造成环境的污染。

10 年的坚持,几万次的尝试,超出常人对于环保的执着,终于在 2017 年年初,这二人成功了!第一代 SeaBin 诞生了!但他们并没有马上投入实战,而是进行了一年的测试!SeaBin 的运作原理其实非常简单,利用水泵的吸力将海水吸入圆桶里,顺带也会把悬浮的海洋垃圾吸入天然纤维袋里,而海水经过过滤再排出。垃圾桶从外观上看就像个水桶,可以被固定在任何浮动码头上,旨在吸收海港附近的垃圾和油污。垃圾桶上有一根管道,这根管道需要接到岸上的水泵上,以让垃圾桶靠水泵的推动力漂浮在码头上。收集满垃圾后可把内胆取出,将垃圾倒掉。

资料来源:刘沁玲,陈文华.创业学[M].北京:北京大学出版社,2019.略有改动。

思考题:

简要分析 SeaBin 这个创意产品成功的原因。

CHAPTER10 第十章
市场定性预测法

知识架构

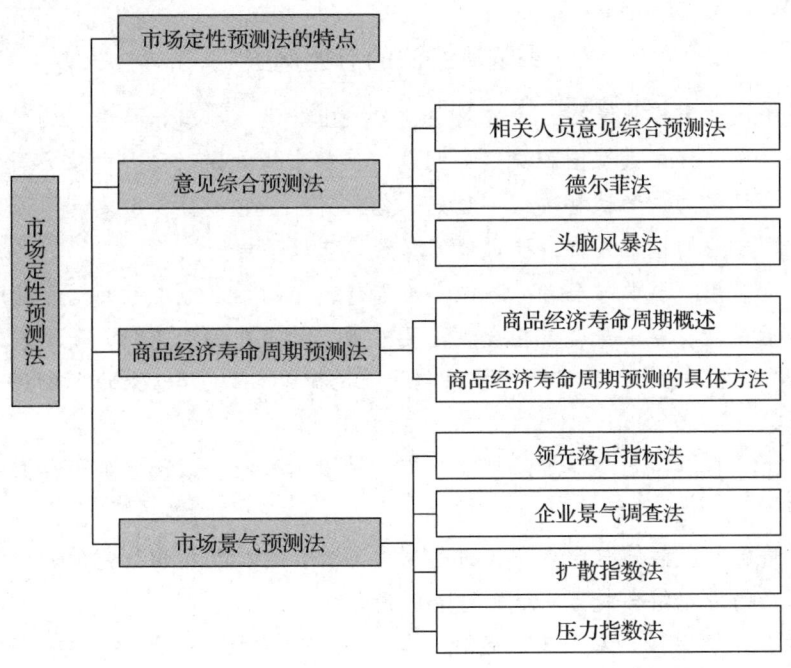

没有人能左右变化，唯有走在变化之前。

——彼得·德鲁克

教学目标与要求

1. 掌握各种市场定性预测法的基本原理和运用
2. 了解各种市场定性预测法的优缺点及应用情形
3. 具备依据实际案例进行定性预测的能力
4. 培养学生运用定性预测法的能力
5. 掌握德尔菲预测法、商品经济寿命周期预测法和市场景气预测法，以及培养学生运用定性预测法的能力

导入案例

头脑风暴法的有趣例子

有一年，美国北方格外寒冷，大雪纷飞，电线上积满了冰雪，跨度大的电线常被积雪压断，严重影响通信。许多人试图解决这一问题，但都未能如愿以偿。电信公司经理想应用奥斯本发明的头脑风暴法，尝试解决这一难题。他召开了一种能让头脑卷起风暴的座谈会，参加会议的是不同专业的技术人员，要求他们必须遵守以下规则。

第一，自由畅想。要求与会者尽可能解放思想，无拘无束地思考问题并畅所欲言。

第二，会后评判。要求与会者在会上不要对他人的设想评头论足，不要发表"这主意好极了""这种想法太离谱了"之类的"捧杀句"或"扼杀句"。至于对设想的评判，留在会后组织专人考虑。

第三，追求数量。鼓励与会者尽可能多而广地提出设想，以大量的设想来保证质量较高的设想的出现。

第四，改进补充。鼓励与会者积极进行智力互补，在自己提出设想的同时，注意思考如何把两个或更多的设想结合成另一个更完善的设想。

按照这种会议规则，大家七嘴八舌地议论开来，有人提出设计一种专用的电线清雪机；有人想到用电热来化解冰雪；也有人建议用振荡技术来清除积雪；还有人提出能否带上几把大扫帚，乘直升机去扫电线上的积雪。对于这种"坐飞机扫雪"的想法，大家心里尽管觉得滑稽可笑，但在会上也无人提出批评。相反，有一位工程师在百思不得其解时，听到用飞机扫雪的想法后，大脑突然受到冲击，一种简单可行且高效率的清雪方法冒了出来。他想，每当大雪过后，出动直升机沿积雪严重的电线飞行，依靠调整旋转的螺旋桨即可将电线上的积雪迅速扇落。他马上提出"用干扰机扇雪"的新设想，顿时又引起其他与会者的设想，有关用飞机除雪的主意一下子又多了七八条。不到1小时，与会的10名技术人员共提出90多条设想。

会后，公司组织专家对上述设想进行分类论证。专家们认为设计专用清雪机，采用电热

或电磁振荡等方法清除电线上的积雪，在技术上虽然可行，但研制费用高，周期长，一时难以见效。那种因"坐飞机扫雪"激发出来的几种设想，倒是一种大胆的新方案，如果可行，将是一种既简单又高效的好办法。现场试验结果表明，用直升机扇雪真能奏效，一个久悬未决的难题终于在头脑风暴会中得到了巧妙的解决。

随着发明创造活动的复杂化和课题涉及技术的多元化，单枪匹马式的冥思苦想将变得软弱无力，而"群起而攻之"的发明创造战术则显示出攻无不克的威力。

资料来源：陈琦，刘儒德. 当代教育心理学 [M]. 北京：北京师范大学出版社，2007. 略有改编。

市场定性预测法是相对于各种定量预测法来说的一类预测方法。

市场定性预测法也称判断分析市场预测法。市场定性预测法是指预测者在以各种方法取得市场资料后，在对这些资料进行整理加工和分析研究的基础上，运用自己的实践经验和判断分析能力，对市场未来的发展变化趋势做出估计并测算预测值。

市场定性预测法是依靠人们的观察分析能力、经验判断能力和逻辑推理能力进行预测分析，是预测者根据他所了解的情况和实践积累的经验，对客观情况所做的主观判断，所以市场定性预测法又叫调查研究预测法。

市场定性预测法是一类很重要的预测方法，其中包括许多具体方法。在市场预测实践中，市场定性预测法是对各种市场现象和各种影响市场的因素进行综合预测时必不可少的重要方法。

第一节 市场定性预测法的特点

市场定性预测法在市场预测中具有重要的用途，这类方法在我国的市场预测实践中已经并将继续发挥其特定的重要作用。市场定性预测法的作用是由其自身的特点所决定的。市场定性预测法与市场定量预测法相比，具有以下几个特点。

1. 市场定性预测法与市场定量预测法的依据不同

市场定量预测法的主要依据是：市场现象未来的发展变化趋势与其过去和现在的表现是相连续的；市场现象的发展变化受到各种影响因素发展变化的影响。因此，可以根据市场现象过去和现在的表现来推断其未来的表现，或根据影响市场现象的各种主要因素的发展变化去预测市场未来的发展变化。

市场定性预测法则是在没有或很少具有市场资料的条件下，依据预测者的实践经验和分析判断能力，对市场未来的发展变化做出预测。它特别注重的是预测者的判断分析能力。

这两类市场预测法的基本依据不同，使它们在市场预测的实践中发挥着不同的作用，有着不同的适用对象。相比之下，市场定性预测法更有利于发挥预测者的主观能动性，更有利于对市场未来做出深入、细致、具体的符合客观实际的市场预测。

2. 市场定性预测法具有广泛的适用性

市场定性预测法虽然是以预测者的实践经验和判断分析能力为依据做出对市场未来状况的预测，但它并不是仅仅靠预测者的主观想象任意地做出预测。它必须依据预测者在实际工作中积累的丰富的实践经验，依靠预测者深厚的理论功底和分析判断能力。由此，可以说市场定性预测法是一类科学的预测方法。

与市场定量预测法相比，市场定性预测法是一种比较简单、易于掌握的预测方法。它并不要求预测者有很高的文化程度或数学知识水平，容易被预测者接受。市场定性预测法还具有时效性较高、费用低的特点，这对于市场预测中费用有限或时间比较短的情况，当然是十分有利的。所以，绝不能片面地认为，只有运用市场定量预测法的各种数学模型所做出的市场预测结果是准确的，而市场定性预测法就不科学或不准确，更不能将数学模型神秘化、迷信化，达到连根据客观实际做出的分析判断都不相信的地步。事实上，市场定性预测法不但能够起到一些市场定量预测法的作用，甚至还能起到一些市场定量预测法所起不到的作用。例如，在进行市场预测时，若遇到市场现象的历史资料不够全面、准确、系统的情况；若遇到对新产品的生产或需求量的预测，根本无历史资料的情况；若遇到影响市场的某种或多种因素难以取得量化指标资料的情况，等等。在这些情况下，采用市场定量预测法是不可能的，而采用市场定性预测法则是得心应手的。在许多市场预测中，将市场定性预测法与市场定量预测法结合应用，能使两类方法的作用都得到充分发挥，又能相互取长补短，能够达到使市场预测的结果更加客观地反映市场现象，提高市场预测精度的目的。

3. 市场定性预测法具有较强的灵活性

市场定性预测法在占有市场资料的基础上，更加注重预测者的实践经验和判断分析能力，使这种方法在市场预测中更能充分发挥预测者的主观能动性，也使市场预测增加了灵活性。

在单纯采用市场定性预测法进行市场预测时，对于缺少历史资料的市场现象进行预测，预测者的实践经验和判断分析能力成为预测的主要依据。预测者必须充分发挥主观能动性，根据自己对预测对象的观察与了解，针对预测对象所处的一定时间、地点和条件，对市场现象进行周密细致的分析研究，充分考虑各种客观因素对市场现象已经产生的或可能产生的影响。由此，才能对市场现象未来发展变化的趋势，对其发展变化的程度和可能达到的水平、规模，对市场现象发展变化中将会出现的转折点等，做出科学准确的定性预测。需要特别注意的是，市场定性预测并不是只对市场现象未来发展变化的性质做出预测，它最终也要用数值测定出市场现象的预测结果。

市场定性预测法中所说的定性，是指在市场预测中对市场现象未来的数量表现进行预测时，所采用的不是各种定量的数学模型方法，而是定性的判断分析方法。

在市场预测的实践中，我们还经常将市场定性预测法与市场定量预测法结合应用，这更能增加市场预测的灵活性。市场定量预测法在根据市场现象的历史资料，以及各种影响市场现象的主要因素的历史和未来的资料，对市场现象进行预测时，只能根据市场现象过去的发展变化数量，以及就影响市场的一个或几个主要因素的数量，去推断市场现象未来的发展变化数量。这当然是具有科学性的，也是市场预测中十分需要的。市场现象未来的表现不会与其过去和现在的发展变化规律完全一致，以及存在一些客观上对市场现象有比较重要影响的因素，难以搜集到量化资料或无法量化等，都会对市场定量预测法的预测结果的准确性产生不利影响。而如果用市场定性预测法与市场定量预测法相结合，充分发挥预测者的主观能动性，根据他们的实践经验和判断分析能力，对市场现象未来发展变化特点与其过去和现在不一致之处，以及难以量化的影响市场现象的因素，进行深入细致的分析研究，据此对用市场定量预测法得到的预测值，加以适当调整或补充，对于提高市场预测的精度是非常有利的。

在市场预测的实践中，市场定性预测法常常吸收市场定量预测法中的数学分析方法；市场定量预测法更离不开对市场的定性分析。两类方法相互结合，取长补短，能够大大提高市场预测的准确性，使市场预测更加全面、精确、及时。

市场定性预测法有很多具体方法，在市场预测中必须对预测对象进行具体分析，选择最适合的方法。以下几节内容着重介绍几种常用方法。

第二节 意见综合预测法

许多市场预测问题仅凭预测者个人的知识和经验进行预测往往具有很大的局限性，而意见综合预测法则能集思广益，克服个人预测的局限性，有利于提高预测的质量。

意见综合预测法又称集合判断预测法，是指对某一预测问题先由有关的专业人员和行家分别做出预测，然后综合全体成员所提供的预测信息做出最终的预测结论。意见综合预测法包括五种类型，如图 10-1 所示。

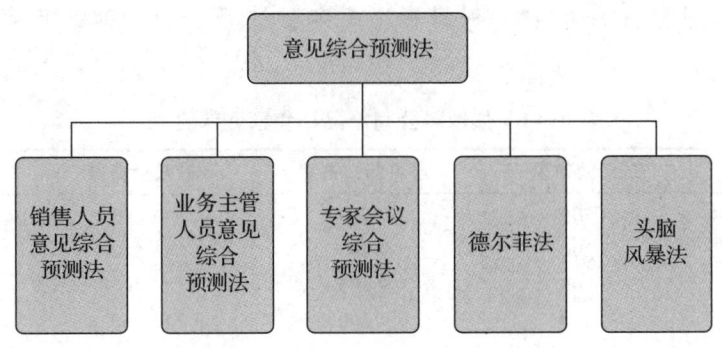

图 10-1 意见综合预测法示意图

一、销售人员意见综合预测法

销售人员意见综合预测法是指企业直接将从事商品销售的经验丰富的人员组织起来，先由预测组织者向他们介绍预测目标、内容、预测期的市场经济形势等情况，要求销售人员利用平时掌握的信息结合提供的情况，对预测期的市场商品销售前景提出自己的预测意见和结果，最后提交给预测组织者进行综合分析，以得出最终的预测结论。

销售人员意见综合预测法的适用范围：商品需求动向，市场景气状况，商品销售前景，商品采购品种、花色、型号、质量和数量等方面的预测问题。

运用销售人员意见综合预测法时应注意以下几点。

（1）应从各部门选择经验丰富的有预测分析能力的人参与预测。

（2）应要求预测参与者经常搜集市场信息，积累预测资料。

（3）预测组织者应定期将市场总形势和企业的经营情况提供给预测参与者。

（4）预测组织工作应经常化，并对预测成绩显著者给予表彰，以调动他们的积极性。

（5）对销售人员的估测结果应进行审核、评估和综合。其综合预测值的计算，可采用简单或加权算术平均法。

二、业务主管人员意见综合预测法

业务主管人员意见综合预测法是指预测组织者邀请本企业内部的经理人员和采购、销售、仓储、财务、统计、策划、市场研究等部门的负责人作为预测参与者，向他们提供有关预测的内容、市场环境、企业经营状况和其他预测资料，要求他们根据提供的资料，并结合自己掌握的市场动态信息提出预测意见和结果，或者用会议的形式组织他们进行讨论，然后由预测组织者将各种意见进行综合，做出最终的预测结论。

业务主管人员意见综合预测法的适用范围：市场需求、企业销售规模、目标市场选择、经营策略调整、企业投资方向等重要问题的预测性研究。

【例 10-1】某饮料公司为了搞好 2021 年的市场供应预测，事先向各部门负责人提供了历年饮料社会消费量、居民消费水平，本公司历年饮料的销售量、市场占有率及其资源情况，然后要求他们分别对本公司的销售量做出预测。预测结果如表 10-1 所示。

表 10-1　某饮料公司产品销售预测综合表　　　　　　　　（单位：吨）

预测者	最低销售量	最可能销售量	最高销售量	平均销售量
经理甲	8 500	9 500	11 000	9 750
经理乙	8 200	9 200	11 500	9 690
业务科长	8 400	9 500	11 200	9 790
财务科长	8 300	9 400	12 000	9 960
批发部主任甲	8 600	9 000	11 500	9 670
批发部主任乙	8 200	9 500	10 500	9 540
零售店经理甲	8 400	9 600	11 800	10 020
零售店经理乙	8 300	9 500	11 500	9 860
综合预测值	8 362.5	9 400	11 375	9 785

在三种预测销售量中，最可能销售量的准确性最高，权数定为 0.5，而最低与最高销售量的准确性较低，权数分别为 0.2 和 0.3。各人的加权平均预测数见表最后一列。若采用简单平均法求综合预测值，则为：

$$\overline{X} = \frac{9\,750 + 9\,690 + 9\,790 + 9\,960 + 9\,670 + 9\,540 + 10\,020 + 9\,860}{8} = 9\,785 \,(吨)$$

考虑预测者的地位、作用和业务水平的不同，可分别给予经理甲、经理乙、业务科长、财务科长等不同的权数，采用加权平均法求综合预测值：

$$\overline{X} = \frac{8\,362.5 \times 0.2 + 9\,400 \times 0.5 + 11\,375 \times 0.3}{0.2 + 0.5 + 0.3} = 9\,785 \,(吨)$$

三、专家会议综合预测法

专家会议综合预测法又称面对面法，是由预测组织者召开专家会议，在广泛听取专家预测意见的基础上，然后综合专家们的预测意见做出最终预测结论。

专家会议综合预测法一般适用的几种情况是：缺乏预测对象的历史资料或历史资料不完备，难以进行定量分析；预测目标对本部门（地区单位）今后的发展有重大影响而内部意见难以统一；预测任务急、时间紧、要求快的市场预测项目。

采用专家会议综合预测法进行市场预测应特别注意以下两个问题。

1. 选择的专家要合适

（1）专家要具有代表性，他们可以是教授、学者、市场咨询人员，也可以是企业家、工程师、经销商、供应商、推销员等，互相之间最好不认识。

（2）专家要具有丰富的知识和实践经验，有较强的主观判断分析能力。

（3）专家对于课题有兴趣，能够在规定的预测时间期限内积极参与。

（4）专家的人数要适当，一般控制在10～15人为宜，最多不超过50人。

2. 预测的组织工作要合理

（1）专家会议综合预测法的组织者最好是市场预测方面的专家，有较丰富的组织会议的能力。

（2）会议组织者要提前向与会专家提供有关的资料和调查提纲，讲清所要研究的问题和具体要求，以便使与会者有备而来。

（3）精心选择会议主持人，使与会专家能够充分发表意见。

（4）要有专人对各位专家的意见进行记录和整理，要注意对专家的意见进行科学的归纳和总结，以便得出科学的结论。

四、德尔菲法

德尔菲法是在专家会议综合预测法的基础上发展起来的一种预测方法。它以匿名的方式通过几轮函询征求专家们的预测意见，预测组织者对每一轮意见都进行汇总整理，作为参考资料再寄发给每位专家，供他们分析判断，提出新的预测意见和结果。如此反复几次，专家们的预测意见渐趋一致，预测结论的可靠性越来越高。

德尔菲法具有五大特点：一是匿名性，各位专家之间保持匿名，以消除受权威人士等外界因素的影响，消除专家的心理压力。二是反馈性，即对各位专家的预测意见多次间接交流，从而实现相互启发、拓宽思路、集思广益，以达到避免独立思考的片面性的目的。三是收敛性，各位专家有充足的机会借助反馈去修正自己的意见，经过数次修正，各位专家的意见将逐渐趋同，从而达成预测共识。四是统计性，即每轮的预测反馈和最后的预测结果，都要借助统计技术加以整理和归纳，进行必要的处理和计算。五是简便实用性，这种方法不受地域和人员的限制，用途广泛，费用较低，一般适用于缺乏足够资料的较大规模或较复杂的预测项目。

德尔菲预测法的组织程序如下。

（1）确定预测课题和预测内容，成立预测负责小组。

（2）设计函询调查表，准备背景材料。背景材料是指与预测主题直接有关的各种市场信息资料，供专家回答问题时参考。

（3）选择预测专家。应根据预测主题涉及的范围及复杂程度，确定专家人数和结构，一般以 10~50 人为宜。如果是重大问题预测，可适当增加专家人数。

（4）用函询调查表进行多轮匿名反馈调查。反复调查 3~5 次，当多数人的意见趋于一致时，结束反馈调查。

（5）对预测结果进行统计处理。统计的方法主要有中位数，上、下四分位数法，算术平均法，主观概率法，以及比重法、评分法等。

【例 10-2】 某市电脑公司采用德尔菲法，选定 31 位专家对该市哪一年城镇居民家庭电脑普及率达到 90% 进行预测，经三轮反复后，专家提出的时间和需求量答案汇总如表 10-2。

表 10-2 城镇居民家用电脑普及率和需求量预测总表

普及率达到 90% 的年份	专家人数	电脑需求量（万台）	专家人数
2014	3	3.0~3.5	3
2015	5	3.5~4.0	6
2016	11	4.0~4.5	12
2017	8	4.5~5.0	7
2018	4	5.0~5.5	3
合计	31	合计	31

（1）对于事件实现时间的预测问题，通过采用中位数代表预测意见的集中度，用上、下四分位数之差表示预测意见的离散度。确定中位数及上、下四分位数的计算公式为

$$中位数：M_e = \frac{(n+1)}{2} \text{ 对应的年份}$$

$$下四分位数：Q_1 = \frac{(n+1)}{4} \text{ 对应的年份}$$

$$上四分位数：Q_2 = \frac{3(n+1)}{4} \text{ 对应的年份}$$

计算公式中 n 为数据总项数，如 n 为偶数，取居中两项的中点值做中位数。预测数据应按由小到大的顺序排列。此例中中位数为 2016 年，下四分位数为 2015 年，上四分位数为 2017 年，上、下四分位数之差为 2 年，说明专家的预测意见集中度大，离散度小。

（2）对于预测商品在未来时期的需求量、销售量或生产量，可用算术平均法或主观概率法进行统计归纳，求出平均预测值反映专家预测结果的集中度，用标准差和标准差系数反映专家意见的离散度。如上例，专家对某市 2016 年电脑需求量的平均预测值为 4.25 万台，标准差为 0.55 万台，标准差系数为 0.13 或 13%，表明专家预测意见离散度较大。

（3）对于征询产品品种、花色、规格、质量、包装、新产品开发的预测意见，可采用比重法（专家对某个意见赞成的人数占总人数的比率）进行统计归纳，或者用评分法（如对不同型号的商品质量给予评分）进行统计归纳。

五、头脑风暴法

头脑风暴法是指预测组织者组织各类专家相互交流意见，无拘无束地畅谈自己的想法，充分发表自己的意见，在头脑中进行智力碰撞，产生新的思想火花，使预测观点不断集中和深化，从而提炼出符合实际的预测方案。

（1）采用头脑风暴法进行预测，其开会的方法与普通会议的根本区别在于它有以下四条规则。

1）不批评别人的意见。
2）提倡自由奔放地思考。
3）提出的方案越多越好。
4）提倡在别人方案的基础上进行改进或与之结合。

（2）头脑风暴法的类型。

1）直接头脑风暴法。直接头脑风暴法就是按照头脑风暴法的规则，通过一组专家会议，对所预测的问题进行创造性思维活动，从而得出满意方案的一种方法。

2）质疑头脑风暴法。这种方法是同时召开由两组专家参加的两个会议进行集体讨论，其中一个专家组会议按直接头脑风暴法提出设想，另一个专家组会议则是对第一个专家组会议的各种设想进行质疑。通过质疑进行全面评估，直到没有任何问题可以质疑为止，从而形成一个更科学、更可行的预测方案。

第三节　商品经济寿命周期预测法

一、商品经济寿命周期概述

1. 商品经济寿命的含义

商品的经济寿命又称市场寿命，是指一种商品从投入市场开始到被市场淘汰为止所经历的时间。商品的经济寿命是与商品的更新换代相联系的。

2. 商品经济寿命周期的一般形态

商品经济寿命周期是指商品的产生、发展和衰亡的全过程。此过程大体可分为试销期、成长期、成熟期和衰退期四个阶段。一般形态如图 10-2 所示。

二、商品经济寿命周期预测的具体方法

（一）商品销售状况判断法

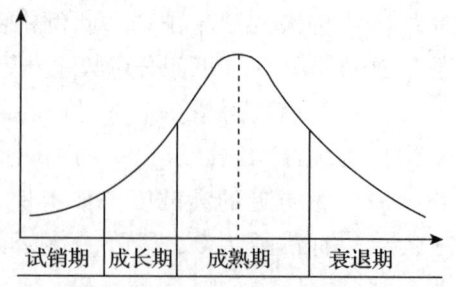

图 10-2　商品经济寿命周期的一般形态示意图

商品销售状况判断法是根据商品销售变化过程的趋势来判断商品经济寿命周期所处的阶段，并对未来的市场前景做出预测。其判断的一般原则如下。

（1）试销期：商品销售量小，增长缓慢，利润少甚至亏损。

（2）成长期：商品销售量迅速扩大，增长幅度大。

（3）成熟期：前期商品销售量增长减慢，后期商品销售量趋于稳定或徘徊不前。

（4）衰退期：商品销售量逐年下降。

【例 10-3】　根据表 10-3 的统计数据，可以判断某家用电器经济寿命周期已进入成熟期后期，未来销售对象主要是以旧换新者，其销售前景在将来一定时期内徘徊不前。若用近五年的平均值作为 2021 年的预测值，则为 85.38 万台。

表 10-3　某地某家电历年社会零售量　　　　　　　　　　（单位：万台）

年　份	零售量	年　份	零售量	年　份	零售量
1994	0.06	2003	3.54	2012	69.86
1995	0.07	2004	5.82	2013	96.36
1996	0.09	2005	9.46	2014	108.14
1997	0.12	2006	15.80	2015	110.20
1998	0.18	2007	20.19	2016	96.63
1999	0.23	2008	25.96	2017	90.12
2000	0.40	2009	40.18	2018	86.14
2001	0.96	2010	49.71	2019	73.86
2002	1.56	2011	54.69	2020	80.15

（二）耐用消费品普及率判断法

耐用消费品普及率一般是指一定时空范围内平均每百户家庭拥有某种耐用消费品的数量。通常根据城乡居民家庭收支抽样调查资料进行测算。其计算公式为：

$$耐用消费品普及率 = \frac{样本户拥有量}{样本户数} \times 100\%$$

在实际工作中，各种耐用消费品普及率可从当地统计局编制的统计年鉴中直接查找，企业也可直接组织抽样调查进行计算。

耐用消费品普及率与商品经济寿命周期各阶段之间的数量对应关系如下。

（1）试销期：耐用消费品普及率 5% 以内。

（2）成长期：前期耐用消费品普及率 5%～50%，后期耐用消费品普及率 50%～80%。

（3）成熟期：耐用消费品普及率 80%～90%。达到 90% 以上时，则市场需求基本满足，商品经济寿命周期转入衰退期。若无新产品替代，则以以旧换新者为主要购买对象，销售量将在一定时期内徘徊波动。

（4）衰退期：耐用消费品普及率逐渐递减。因新产品出现，老产品逐渐消亡，消费者转向购买新产品。

（三）对比分析类推法

对比分析类推法是利用同类事物发展变化的相似性，将预测目标与已发生的同类或相似的事物加以对比分析，将已发生的同类或相似的事物的发展变化规律类推到预测目标，以推断预测目标发展变化趋势的一种预测方法。

对比分析类推法主要有国际对比类推法、区际对比类推法、品际对比类推法、产品升级换代类推法等四种方法。

1. 国际对比类推法

国际对比类推法是指将所要预测的商品或经济指标与国外某些国家的同类商品或经济指标的发展过程和趋势进行类比，找出某些共同的或类似的变化规律，借以类推预测目标的变化趋向。

2. 区际对比类推法

区际对比类推法是指将同类商品或同类事物与国内同其他地区的同类商品或同类事物进行类比，找出某些共同的或类似的变化规律或发展变化差异，借以推断本地区预测目标的发展趋向和前景。一般来说，不同地区、不同城市的居民消费水平、消费倾向、消费结构、耐用消费品普及率、商品经济寿命周期均可采用区际对比类推法。

【例 10-4】 从表 10-4 可知，2015 年甲地空调普及率已达到 81.6 台/百户，已进入经济寿命周期的成熟期，而乙地处在经济寿命周期的成长期。根据表 10-4 所列资料可推断乙地空调普及率再过 4～5 年即可达到甲地 2015 年的水平，乙地空调进入经济寿命周期的成熟期，即达到甲地普及率现有水平所需的时间（n）为

$$n = \frac{a_{甲n} - a_{乙n}}{(a_{乙n} - a_{乙 0})/t} = \frac{81.6 - 61.5}{(61.5 - 23.3)/10} = 5.3 \text{（年）}$$

$$\text{或 } n = \frac{\lg \frac{5\,274}{3\,605}}{\lg 1.087} = 4.6 \text{（年）}$$

表 10-4　甲、乙两地空调普及率

项　目	2005 年	2015 年	年增长率（%）
1. 甲地空调普及率	32.9	81.6	9.5
乙地空调普及率	23.3	61.5	10.2
2. 甲地居民年消费水平（元）	4 860	5 274	8.5
乙地居民年消费水平（元）	3 319	3 605	8.7

3. 品际对比类推法

品际对比类推法是指以国内市场上同类或类似产品的发展过程、发展趋势或经济寿命周期，推断某种商品的发展趋向和经济寿命周期。此方法一般用于相关产品发展趋向预测、耐用消费品普及率定性分析预测、新产品开发预测等。

4. 产品升级换代类推法

产品升级换代类推法就是利用产品更新换代的规律，类推预测产品更新换代的时间，探索新产品的发展趋向，预测市场需求变化前景。该方法可用于企业新产品开发、设计、试制、试销、占领市场、经营撤退等机会问题的定性分析预测。

第四节 市场景气预测法

市场景气研究是市场经济形势分析和预测的一个重要方面，常见的市场景气预测法包括领先落后指标法、企业景气调查法、扩散指数法、压力指数法等四种方法，如图10-3所示。

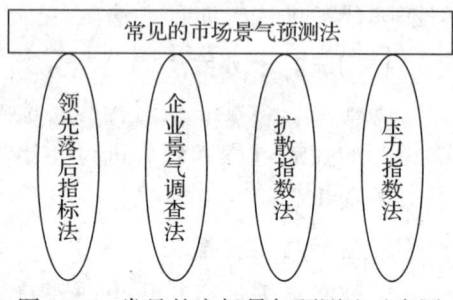

图10-3 常见的市场景气预测法示意图

一、领先落后指标法

（一）领先落后指标法的含义

领先落后指标法又叫预兆预测法，是通过研究前趋现象的指标变化情况，推断后续现象指标变化趋向的一种预测方法。此种预测方法通常将社会经济统计指标分为以下三类。

1. 先行指标

先行指标又叫领先指标，是指先于预测目标或经济周期变动的指标。例如，基建投资规模大小是建材需求量变化的先行指标，石油价格变动是化工产品价格变动的先行指标，城乡居民收支多少是消费品零售额增长快慢的先行指标，商品供求关系变动是价格涨跌的先行指标等。

2. 同步指标

同步指标又叫平行指标，是指随预测目标或经济周期变动而同时发生变化的指标。例如，国内生产总值、财政收入、就业人数、社会商品零售额等几乎同时发生变动。由于此类指标与经济寿命周期同步，因而可佐证和指示经济寿命周期所处阶段及发展过程。

3. 落后指标

落后指标又称滞后指标，是指同预测目标或经济寿命周期相比变化落在后面的指标。例如，库存总水平、长期待业或失业人数、未清偿债务、新增储蓄额等。在经济意义上，落后指标可作为剩余和失衡的标志。

上述三类指标的划分是相对的。

（二）领先落后指标法预测的步骤

领先落后指标法主要是利用先行指标来推断预测目标、同步指标和落后指标的变化趋向。领先落后指标法预测的一般步骤如下。

1. 确定预测目标

一般应根据市场景气预测的范围和对象确定预测目标及其预测的变量或指标。

2. 选择领先指标

一般应根据经济理论、经济关系、实践经验及实证性分析找出与预测对象有直接关系并起领先变化作用的经济变量作为领先指标。一般来说，应选择既领先预测对象变化又是正相关关系的经济变量作为领先指标。

3. 收集和处理统计数据

为了较正确地揭示领先指标与预测目标的变动关系和规律，一般来说，应收集15年以上的数据。

4. 利用领先落后关系进行外推预测

根据领先指标变化的领先时间和变动方向，推测预测目标未来的变动趋向。预测时应注意：领先指标一般只能用于预示市场行情的走势或转折点，或者说只能指示未来落后指标的变动方向，但不能直接预测变化的幅度。

二、企业景气调查法

企业景气调查是通过对问卷调查资料的汇总处理，计算有关景气指数来反映本期的实际景气状况和下期的景气状况的走势。

景气指数又称为景气度。它是对企业景气调查中的定性指标通过定量方法加工汇总，综合反映某一特定调查群体对某一社会经济现象所处的状态或发展趋势所做的综合判断的一种综合指标。景气指数主要有下列两种。

1. 企业家信心指数

企业家信心指数又称"宏观经济景气指数"，是根据企业家对企业外部市场经济环境与宏观政策的认识、看法、判断与预期（通常为对"乐观""一般""不乐观"的选择）而编制的指数，用以综合反映企业家对宏观经济环境的感受与信心。

2. 企业景气指数

企业景气指数也称"企业综合生产经营景气指数"，是根据企业家对本企业综合生产经营情况的判断与预期（通常为对"好""一般""不佳"的选择）而编制的指数，用以综合反映企业的生产经营状况。

景气指数的数值通常用纯正数的形式表示，取值范围在0～200，100为景气指数的临界值；当景气指数大于100时，表明经济状况趋于上升或改善，处于景气状态；当景气指数小于100时，表明经济状况趋于下降或恶化，处于不景气状态。

【例10-5】 某地某年对1 200名企业家进行第三季度和第四季度的企业外部宏观经

济环境判断调查，通过问卷资料汇总处理，得到的数据如表 10-5 所示。

表 10-5　1 200 名企业家对宏观经济环境判断次数分布

	宏观经济环境			合计
	好	一般	差	
第三季度实际（人）	720	430	50	1 200
频率（%）	60.00	35.83	4.17	100.0
第四季度预计（人）	950	226	24	1 200
频率（%）	79.17	18.83	2.00	100.0

由表 10-5 可知，1 200 名企业家认为第四季度的宏观经济环境好的频率为 79.17%，比第三季度提高了 19.17%；认为一般的频率为 18.83%，比第三季度减少了 17%；认为差的频率为 2.00%，比第三季度减少了 2.17%。因此，企业家们对第四季度宏观经济环境的信心大大增强。若计算企业家信心指数，则好、一般、差的标准值分别为 200、100、0，用频率作为权数，则有

$$第三季度企业家信心指数 = \frac{200 \times 60\% + 100 \times 35.83\% + 0 \times 4.17\%}{100\%} = 155.83$$

$$第四季度企业家信心指数 = \frac{200 \times 79.17\% + 100 \times 18.83\% + 0 \times 2.0\%}{100\%} = 177.17$$

计算结果表明，第四季度企业家信心指数与第三季度相比提高了 21.34，开创新高。需要指出的是，企业景气指数的编制比企业家信心指数要繁杂一点。因为调查的项目较多，编制企业景气指数时，应首先计算各项目的景气指数，然后用简单平均或加权平均（须规定各项目的权重）的方法求得综合企业景气指数。设 K 为各项目的个体景气指数，W 为权数，则综合企业景气指数为

$$\frac{综合企业}{景气指数} = \frac{\Sigma KW}{\Sigma W}$$

三、扩散指数法

（一）扩散指数的含义

扩散指数又称广布指数，通常是指研究时期内（月、季、年）的一组统计指标中上升的指标数目占全部指标数目的比重。其计算公式为

$$扩散指数 = \frac{正在上升的指标数目}{全部指标数目}$$

扩散指数的变动幅度在 0 到 100 之间，其数值大小与经济总量变动的关系一般如下。

（1）扩散指数由 50 向 100 上升时，经济总量呈加速增长趋势，市场前景看好。

（2）扩散指数由 100 向 50 下降时，经济总量仍在增加，但增长速度放慢，市场前景暗淡。

（3）扩散指数由 50 向 0 下降时，经济总量下降，经济不景气，市场疲软。

（4）扩散指数由 0 向 50 上升时，经济总量下降速度减慢，经济出现回升趋势，市场开始复苏。

（二）设计扩散指数的注意事项

设计扩散指数时，应注意的问题如下。

（1）设计若干指标组成的扩散指数，应选择一组影响预测目标变化的领先指标，以便用于外推预测。

（2）设计若干地区组成的扩散指数，既要注意所选指标的同一性，又要注意地区的代表性。同时，观察数目应尽可能多一些，代表面尽可能大一些。

（3）扩散指数的计算时距，取决于预测的目的和期限。

（4）预测时应注意分析其他重要因素或事件的影响。此外，扩散指数只能预测事物的变化趋向，不能预测事物变动的幅度。它是在定量分析的基础上进行定性预测。

四、压力指数法

常用的压力指数如下。

1. 需求对供给的压力指数

需求对供给的压力指数是指一定时期内的商品需求量占商品可供量的比率，用以量度需求对供给的压力。一般地，其比率越大，则求大于供，价格越趋于上涨；比率越小，则求小于供，价格越趋于下跌；比率为 100% 时，则供求平衡，价格趋于均衡。其计算公式为

$$需求对供给的压力指数 = \frac{商品需求量}{商品可供量} \times 100\%$$

2. 需求对生产的压力指数

需求对生产的压力指数是指一定时期内商品需求量与商品生产量的比率，反映需求对生产的压力。需求对生产的比率大，则表明生产不足，比率小说明生产过剩。其计算公式为

$$需求对生产的压力指数 = \frac{商品需求量}{商品生产量} \times 100\%$$

3. 零售市场对农业生产的压力指数

零售市场对农业生产的压力指数是指一定时期内社会消费品零售额占农业产业总产值的比率，比率小表明农产品供应充足，比率大说明农产品供应不足。其计算公式为

$$零售市场对农业生产的压力指数 = \frac{社会消费品零售额}{农业产业总产值} \times 100\%$$

4. 结余购买力对零售市场的压力指数

结余购买力对零售市场的压力指数是指一定时期内结余购买力（即居民储蓄余额＋手存现金）占社会消费品零售额的比率，用以评价结余购买力对零售市场的压力。其比

率越大说明市场压力越大，比率越小，则市场压力越小。其计算公式为

$$结余购买力对零售市场的压力指数 = \frac{居民储蓄余额 + 手存现金}{社会消费品零售额} \times 100\%$$

5. 结余购买力对商品存货的压力指数

结余购买力对商品存货的压力指数是指在一定时期末的结余购买力占社会商品存货额的比率，反映商品存货对结余购买力的保证程度。其比率越小说明结余购买力对商品存货的压力越小，比率越大，则结余购买力对商品存货的压力越大。其计算公式为

$$结余购买力对商品存货的压力指数 = \frac{居民储蓄余额 + 手存现金}{社会商品存货额} \times 100\%$$

本章小结

本章介绍了多种定性预测法。一般的专家会议综合预测法是简单地将专家的意见汇总，然后取加权平均值。德尔菲法是一种特殊的专家会议综合预测法，以"背靠背"的方式多轮征询专家的意见，最后得出趋于集中的意见。销售人员意见综合预测法是指企业直接将从事商品销售的经验丰富的人员组织起来，先由预测组织者向他们介绍预测目标、内容、预测期的市场经济形势等情况，要求销售人员利用平时掌握的信息结合提供的情况，对预测期的市场商品销售前景提出自己的预测意见和结果，最后提交给预测组织者进行综合分析，以得出最终的预测结论。

市场定性预测法是在获得市场资料后，经过分析测算，对市场未来进行预测，包括商品经济寿命周期预测法、市场景气预测法、扩散指数法、压力指数法等。商品经济寿命周期预测法是根据商品销售变化过程的趋势来判断商品经济寿命周期所处的阶段，并对未来的市场前景做出预测。市场景气预测法是通过对调查资料的汇总处理，计算有关景气指数来反映本期的实际景气状况和下期的景气状况的走势。扩散指数又称广布指数，通常是指研究时期内（月、季、年）的一组统计指标中上升的指标数目占全部指标数目的比重。压力指数法包括需求对供给的压力指数、需求对生产的压力指数、零售市场对农业生产的压力指数、结余购买力对零售市场的压力指数和结余购买力对商品存货的压力指数等。

关键术语

市场定性预测　销售人员意见综合预测法　商品经济寿命周期预测法　市场景气预测法　扩散指数法　压力指数法

复习思考题

1. 定性预测方法主要包括哪些方法？
2. 什么是德尔菲法？它的预测步骤是什么？

3. 试论述与市场定量预测法相比,市场定性预测法具有哪些特点。

实训项目

德尔菲法训练

【实训目的】

通过德尔菲法的训练,指导学生认识市场需求预测的重要意义;熟悉定性预测和定量预测相结合的优点;学会运用德尔菲法。

【实训内容】

某公司设计了一种新式儿童玩具。这种玩具,本公司可以自行产销,也可以卖专利。如自行产销,需增加一些设备,这样需固定成本 3 万元;为了扩大销路,加强广告宣传,又需广告费 1 万元;每件玩具的可变成本如原材料、加工费等为 5 元,准备将销售价格定为 8 元。根据以往经验,可以断定:在此价格和广告措施下,销售量将在 1 万~7 万件。如卖专利,可得到 7 万元的收入。为了做出自行产销还是卖专利的决策,该公司需要预测该玩具的销售量。

采用德尔菲法预测销售量,具体做法如下。

(1) 选择本厂技术人员、管理人员、推销人员、社会知名儿童心理学家及其他方面专家共 12 人。

(2) 准备资料:该种玩具样品,拟售价格;产品说明书;国内、国外儿童玩具发展情况,特别是类似玩具的情况;过去本公司生产的玩具销售情况。调查内容:把销售量分为三个档次,3 万件以下,3 万~5 万件,5 万件以上。要求填写销售量在各个档次的可能性(所填写的 3 个数字之和必须等于 1)。

(3) 将调查表和参考资料发给各专家,征求专家意见,填后交回,反复征询 4 次,意见基本统一,最后一次调查情况如表 10-6 所示。

表 10-6 德尔菲法调查新品玩具的最后一次调查情况

专家		销售量在各档次内的可行性		
代号	权重	3 万件以下	3 万~5 万件	5 万件以上
1	1	0.2	0.5	0.3
2	1	0.1	0.3	0.6
3	2	0	0.7	0.3
4	2	0.3	0.4	0.3
5	3	0.1	0.6	0.3
6	3	0.2	0.6	0.2
7	2	0.3	0.5	0.2
8	1	0	0.6	0.4

(续)

专家		销售量在各档次内的可行性		
代号	权重	3万件以下	3万~5万件	5万件以上
9	2	0.1	0.7	0.2
10	3	0.1	0.6	0.3
11	2	0.1	0.7	0.2
12	1	0.2	0.5	0.3
加权平均		0.143 5	0.578 3	0.278 3

【实训提示】

德尔菲法的一般工作程序如下。

（1）确定调查目的，拟定调查提纲。首先必须确定目标，拟定出要求专家所需回答问题的详细提纲，同时向专家提供有关背景材料，包括预测目的、期限、调查表填写方法及其他希望、要求等说明。

（2）选择一批熟悉本问题的专家，一般至少为20人，包括理论和实践等各方面专家。

（3）以通信方式向各位选定专家发出调查表，征询意见。

（4）对返回的意见进行归纳综合、定量统计分析后再寄给有关专家，如此往复三四轮，意见比较集中后进行数据处理与综合得出结果。每一轮耗时7~10天，总共一个月左右即可得到大致结果，若时间过短，则因专家很忙难以反馈；若时间过长，则外界干扰因素增多，影响结果的客观性。

【实训组织】

人员安排：学生以3~5人为一组进行实训，小组组织讨论并分工操作，完成本实训。

时间：实训为1个课时。

地点：多媒体教室、校园、校外。

【实训考核】

考核内容：实训报告的质量、个人的表现、团队合作能力三个方面。

考核方法：个人的表现主要从个人参与讨论的积极性、团队分工完成情况进行评定，成绩属于个人成绩。团队实训报告的质量和团队合作能力分别占团队成绩的60%和40%。

案例分析

哈默的远见

1931年，罗斯福提出解决美国经济危机的"新政"，"新政"获得了一些人的赞同，但仍有一些人对"新政"持怀疑态度。从苏联回来的哈默潜心研究了当时美国国内的政治形势和经济状况，认为"新政"必定成功。

从这点出发，哈默预见一旦新政得势，1920年公布的禁酒令就会被废除。那时市场将需要空前数量的酒桶，而当时市场上没有酒桶。哈默在苏联住了多年，知道苏联有制造酒桶的桶板可供出口，于是，他从苏联订购了几船桶板，并在纽约码头附近设立了一个临时桶板加工厂。当酒桶从哈默的造桶厂滚滚而出时，正好赶上"新政"废除禁酒令。于是，哈默的酒桶被酒厂抢购一空。哈默的预测获得了空前的成功。

资料来源：永丰. 一组市场定位案例 [J]. 市场营销导刊，1999，（5-6）：63-64. 略有改动。

思考题：

（1）请分析说明哈默预测的根据。

（2）结合实际分析说明政策、法令的变化对市场带来的影响。

第十一章 CHAPTER11
市场定量预测法

知识架构

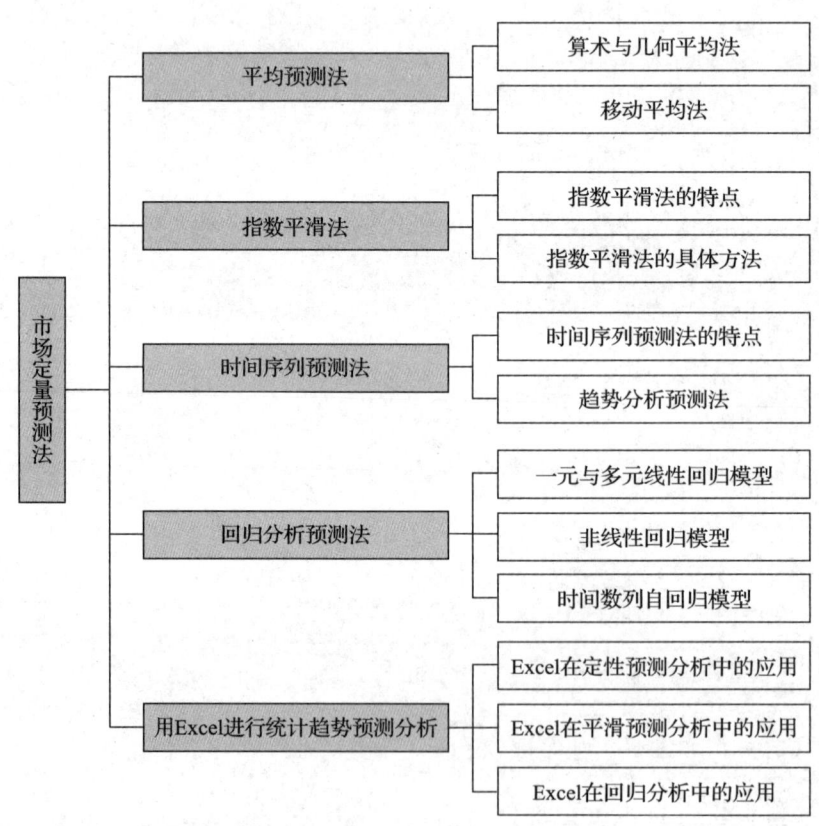

成长就是接纳不确定性，CEO 每天都要在不确定性中做决策。

——张一鸣

教学目标与要求

1. 掌握各种定量预测方法的基本原理和应用情形
2. 具备根据实际资料选用合适的定量预测法进行预测的能力
3. 掌握平均预测法、时间序列预测法、线形回归预测法
4. 熟悉修正指数曲线模型预测法、戈伯兹曲线模型预测法和非线性回归预测法

导入案例

中国人工智能市场规模预测

人工智能，即让机器去实现所有与人类智能有关的功能，做到像人一样看懂、听懂，并且会思考、会行动。现阶段，基于深度学习的人工智能技术路线成为主流，强调通过"感知+理解+决策"来实现合理地行动，基于大量先验知识做出相对合理的判断和决策。前瞻产业研究院发布的《中国人工智能行业市场前瞻与投资战略规划分析报告》统计数据显示，2015 年中国人工智能市场规模已突破 100 亿元，到 2016 年人工智能市场规模达到了 142 亿元，截至 2017 年人工智能市场规模达到了 217 亿元。

2018 年 7 月，智研咨询发布了《2018～2024 年中国人工智能市场运行态势及战略咨询研究报告》，对 2018～2024 年中国人工智能市场规模、产业规模等进行了预测。

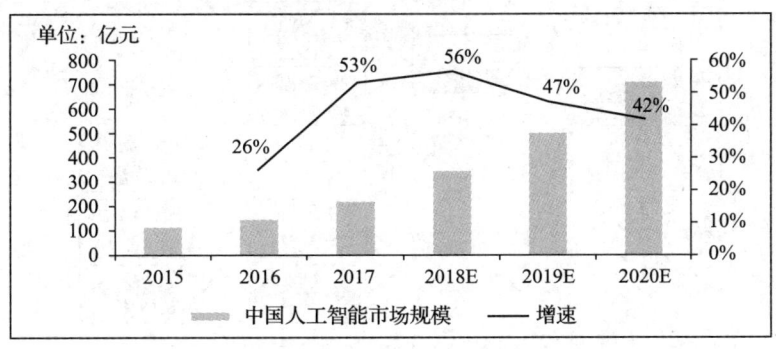

中国人工智能市场规模

2018 年全球人工智能市场规模预计为 1.2 万亿美元，到 2022 年有望达到 3.9 万亿美元。而中国人工智能产业也处在快速发展阶段，2017 年中国人工智能市场规模为 216.9 亿元，相比 2016 年增长 52.8%，预计 2018 年将延续这一增速，到 2020 年有望超过 700 亿元。

根据 2017 年 7 月国务院印发的《新一代人工智能发展规划》中的三步走战略目标，2020 年中国人工智能核心产业规模将超过 1 500 亿元，带动相关产业规模超过 1 万亿元；2025 年核心产业规模超过 4 000 亿元，带动相关产业规模超过 5 万亿元；2030 年核心产业规模超过

1万亿元，带动相关产业规模超过 10 万亿元，人工智能成为我国产业升级和经济转型的主要动力，智能社会建设取得积极进展；到 2030 年，人工智能理论、技术与应用总体达到世界领先水平，成为世界主要人工智能创新中心。

资料来源：http://www.chyxx.com/industry/201807/662343.html 略有改编。

从上述案例可以看出，一个企业要做出正确的经营决策，离不开市场预测和分析。市场预测不只要进行定性分析，更要进行定量预测，从而分析对未来的经营活动与决策有重要意义的各种不确定因素和未知事件，使企业在一定程度上规避市场风险。定量预测是根据市场调查得到的比较完备的历史和现实信息资料，运用统计方法和数学模型对信息资料进行分析、处理，使市场数据能够有规则、有规律地呈现出来，进而为我们后续的生产生活提供可靠的参照依据。本章系统地阐述市场定量预测的各种理论方法。

第一节 平均预测法

平均预测法是指将不同预测方法应用于同一资料进行预测时，可以把由不同方法计算得到的预测值的平均数作为代表值来使用。常用的平均预测法主要有三大类，如图 11-1 所示。

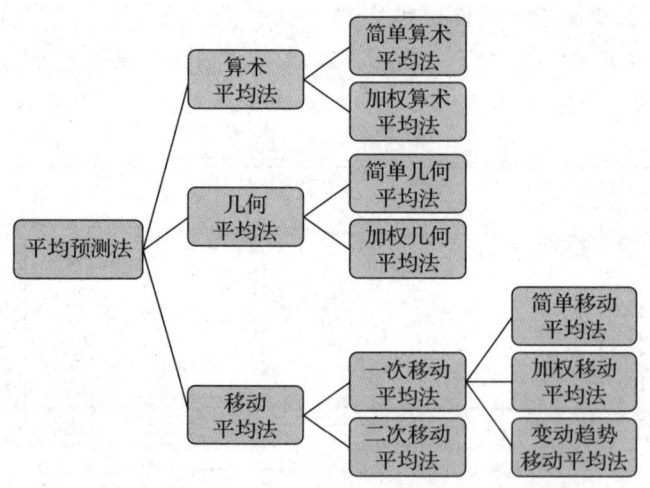

图 11-1 平均预测法的常用方法

一、算术平均法

算术平均法是对预测结果进行算术平均，主要用于对预测结果为数量的统计处理。具体的算术平均法包括简单算术平均法、加权算术平均法等。

1. 简单算术平均法

简单算术平均法适用于趋势比较稳定的时间序列的短期预测。其计算公式为

$$\bar{X} = \frac{X_1 + X_2 + \cdots + X_n}{n} = \frac{\sum_{t=1}^{n} X_t}{n}$$

当时间序列呈现出一种趋势变动时,如果其增减量大致相当,则可以用算术平均法求出其平均增长量。

2. 加权算术平均法

加权算术平均法的关键在于确定适当的权数,权数的确定可以采用等比、等差、$\sum W = 1$、程度权数等形式。其计算公式为

$$\bar{X} = \frac{\sum X_i W_i}{\sum W_i}$$

权数为等比数列:历史资料变动较大时采用,如 1,2,4,8,16,…
权数为等差数列:历史资料变动较小时采用,如 1,2,3,4,5,…

二、几何平均法

几何平均法就是运用几何平均数求出预测目标的发展速度,然后进行预测。它适用于预测目标的发展过程一贯上升或下降,且逐期环比速度大体接近的情况。

几何平均法的计算步骤如下。

(1)计算时间序列逐期环比发展速度。

(2)利用逐期环比发展速度求几何平均数,作为预测期平均发展速度。

(3)以预测前一期观察值乘以预测期平均发展速度(即几何平均数),得出预测期预测值。

几何平均法也有简单几何平均法和加权几何平均法两种具体方法。

1. 简单几何平均数

简单几何平均数的计算公式为

$$G = \sqrt[n]{\frac{X_1}{X_0} \times \frac{X_2}{X_1} \times \frac{X_3}{X_2} \times \cdots \times \frac{X_n}{X_{n-1}}}$$

式中　X_i——第 i 期观察值;
　　(X_i/X_{i-1})——第 i 期环比发展速度;
　　G——几何平均数,即预测期平均发展速度。

为方便起见,几何平均数通常利用对数计算,公式为

$$\lg G = \frac{1}{n}\left(\lg \frac{X_1}{X_0} + \lg \frac{X_2}{X_1} + \lg \frac{X_3}{X_2} + \cdots + \lg \frac{X_n}{X_{n-1}}\right) = \frac{\sum_{i=1}^{n} \lg(X_i/X_{i-1})}{n}$$

然后由对数找出真数,即为几何平均数 G 的值,则第 $n+1$ 期预测值为

$$\hat{X}_{n+1} = X_n \cdot G$$

2. 加权几何平均数

加权几何平均数的计算公式为

$$G = \sqrt[W_1+W_2+\cdots+W_n]{\left(\frac{X_1}{X_0}\right)^{W_1} \cdot \left(\frac{X_2}{X_1}\right)^{W_2} \cdot \cdots \cdot \left(\frac{X_n}{X_{n-1}}\right)^{W_n}}$$

$$\lg G = \frac{\sum W_i \lg(X_i / X_{i-1})}{\sum W_i}$$

【例11-1】 某商场2008～2020年销售额资料如表11-1所示，试用几何平均法预测该商场2021年的销售额。

表11-1 某商场2008～2020年销售额

年 份	销售额 X（万元）	环比发展速度 X_i/X_{i-1}（%）	年 份	销售额 X（万元）	环比发展速度 X_i/X_{i-1}（%）
2008	87	—	2015	120	114.3
2009	92	105.7	2016	142	118.3
2010	96	104.3	2017	147	103.5
2011	100	104.2	2018	150	102
2012	95	95	2019	149	99.3
2013	125	131.6	2020	156	104.7
2014	105	84			

先计算各期环比发展速度，如表第三列；

然后计算几何平均数作为2021年发展速度，计算公式为

$$G = \sqrt[12]{105.7\% \times 104.3\% \times \cdots \times 104.7\%} = 106.3\%$$

则2021年销售额预测值为

$$156 \times 106.3\% = 165.8（万元）$$

三、移动平均法

移动平均法是根据时间序列逐项推移，依次计算包含一定项数的序时平均数，以此进行预测的方法。移动平均法是用一组最近的实际数据值来预测未来一期或几期内公司产品的需求量、公司产能等的一种常用方法。移动平均法适用于近期预测。

算术平均值只能说明一般情况，看不出数据的中、高、低点，也不能反映事物的发展过程和趋势，而移动平均法则能较好地反映事物的发展过程和趋势，是一种对原有时间序列进行修匀，测定其长期趋势的常用而又简单的方法。

移动平均法的准确程度主要取决于平均期数或移动期数 n 的选择。

市场调查预测中移动平均值排放位置与统计学介绍的稍有不同，在统计学中，如果采用三期进行移动平均，则第一个移动平均数可对正第二个原值，第二个移动平均数可

对正第三个原值，依此类推，但在市场预测应用中，采用三期计算出的第一个移动平均值对正第四个原值，第二个移动平均值对正第五个原值，采用五期移动计算出的第一个移动值对正第六个原值，第二个移动平均值对正第七个原值，依此类推。这样做的原因是第一个移动平均值实际上是对第 $n+1$ 期进行预测，为了便于比较实际值与预测值之间的差异，应用相同期数的两个数值进行对比，这样才有可比性。

常用的移动平均法有一次移动平均法、二次移动平均法。一次移动平均法又包括简单移动平均法、加权移动平均法和变动趋势移动平均法三种。

（一）一次移动平均法

1. 简单移动平均法

简单移动平均法的计算公式为

$$\hat{X}_{t+i}^{(1)} = M_t^{(1)} = \frac{X_t + X_{t-1} + \cdots + X_{t-n+1}}{n}$$

关于移动期数 n 的确定方法如下。

（1）若时间序列观察值越多，移动期数应越长。

（2）若时间序列存在周期性波动，则以周期长度为移动期数。

在实际预测中，通常不直接将移动平均值作为预测值，而要进行误差分析，选取误差最小的那个移动平均期数。误差分析包括平均绝对误差分析和标准误差分析。

简单移动平均法的基本步骤如下。

（1）根据已知数据绘制散点图。

（2）选用若干个移动平均期数 n，计算一次移动平均值 M_t 及绝对误差。

$$\text{绝对误差} |e_t| = |t\text{期实际值} X_t - t\text{期预测值} \hat{X}_t|$$

（3）计算并比较不同移动平均期数 n 下的平均绝对误差，以误差较小的移动平均期数为预测移动平均期数。

（4）进行预测。

预测公式为

$$\hat{X}_{t+1} = M_t = \frac{X_t + X_{t-1} + \cdots + X_{t-n+1}}{n}$$

第 t 期的移动平均值为第 $t+1$ 期的预测值，即 $\hat{X}_{t+1} = M_t$。

【例 11-2】 某商品的一组历史销售数据资料如表 11-2 所示，试用一次移动平均法预测第 12 期的销售量。

表 11-2 某商品的一组历史销售数据资料

期数 t	销售量 X_t	$n=3$		$n=5$	
		预测值 $\hat{X}_t$	绝对误差 $|e_t|$	预测值 $\hat{X}_t$	绝对误差 $|e_t|$
1	2 000				
2	1 350				

（续）

期数 t	销售量 X_t	n = 3		n = 5	
		预测值 $\hat{X}_t$	绝对误差 $|e_t|$	预测值 $\hat{X}_t$	绝对误差 $|e_t|$
3	1 950				
4	1 975	1 767	208		
5	3 100	1 758	1 342		
6	1 750	2 342	592	2 075	325
7	1 550	2 275	725	2 025	475
8	1 330	2 133	803	2 065	735
9	2 200	1 543	657	1 941	259
10	2 770	1 693	1 077	1 986	784
11	2 350	2 100	250	1 920	430

首先，分别计算 $n = 3$ 和 $n = 5$ 的移动平均值。

当 $n = 3$ 时，$M_3 = \dfrac{X_3 + X_2 + X_1}{3} = \dfrac{1950 + 1350 + 2000}{3} = 1767$

$\vdots$

$M_{11} = \dfrac{X_{11} + X_{10} + X_9}{3} = \dfrac{2350 + 2770 + 2200}{3} = 2440$

当 $n = 5$ 时，有

$M_5 = \dfrac{X_5 + X_4 + X_3 + X_2 + X_1}{5} = \dfrac{3100 + 1975 + 1950 + 1350 + 2000}{5} = 2075$

$\vdots$

$M_{11} = \dfrac{X_{11} + X_{10} + X_9 + X_8 + X_7}{5} = \dfrac{2350 + 2770 + 2200 + 1330 + 1550}{5} = 2040$

其次，比较 $n = 3$ 和 $n = 5$ 时的平均绝对误差 $|\bar{e}|$，取误差小的移动期数为预测用移动期数。

$|\bar{e}|_{n=3} = \dfrac{208 + 1342 + 592 + 725 + 803 + 657 + 1077 + 250}{8} = 707$

$|\bar{e}|_{n=5} = \dfrac{325 + 475 + 735 + 259 + 784 + 430}{6} = 501$

故取 $n = 5$ 进行预测，则

$\hat{X}_{12} = M_{11}^{(1)} = \dfrac{X_{11} + X_{10} + X_9 + X_8 + X_7}{5} = \dfrac{2350 + 2770 + 2200 + 1330 + 1550}{5} = 2040$

2. 加权移动平均法

加权移动平均法的计算公式为

$$\hat{X}_{t+1}^{(1)} = M_{tW}^{(1)} = \dfrac{W_1 X_t + W_2 X_{t-1} + W_3 X_{t-2} + \cdots + W_N X_{t-N+1}}{W_1 + W_2 + W_3 + \cdots + W_N}$$

以上两种移动平均法适用于时间序列变动趋势较平稳的情况。

3. 变动趋势移动平均法

变动趋势移动平均法适用于时间序列各数据之间差别较大且有明显趋势的情况。

当时间序列趋势变动比较平稳时，可以将移动平均值作为预测值，当时间序列各数据之间差别较大且有明显的趋势变动时，则需要采用变动趋势移动平均法计算出趋势变动值，并将其作为确定预测值的依据。

【例 11-3】 某副食品商店 2020 年各月食用油的销售量如表 11-3 所示，试用简单移动平均法预测 2021 年 1 月食用油的销售量。

表 11-3 某副食品商店 2020 年各月食用油销售量　　（单位：千克）

月份	销售量 X_t	$n=5$ 移动平均值 M_t	$n=5$ 趋势变动值 $M_{t+1}-M_t$	$n=5$ 趋势变动值的移动平均值	月份	销售量 X_t	$n=5$ 移动平均值 M_t	$n=5$ 趋势变动值 $M_{t+1}-M_t$	$n=5$ 趋势变动值的移动平均值
1	68				7	80	75.8	−0.8	−0.2
2	84				8	72	77.4	1.6	−0.04
3	76	78.4			9	88	76.6	−0.8	
4	92	77.6	−0.8		10	80	77.6	1	
5	72	77.4	−0.2		11	60			
6	64	76.6	−0.8	−0.2	12	88			

具体步骤如下。

第一步：计算时间序列一次移动平均数，并将其放在移动期数的中间位置。

例如，当 $n=3$ 时，中间位置在第二期；$n=5$ 时，中间位置在第三期。

第二步：求出一次移动平均数的逐期增长量，即趋势变动值。

$$\Delta M_t = M_{t+1} - M_t$$

第三步：求逐期增长量移动平均数（趋势变动值的移动平均值），并置于移动期数的中间位置。

$$逐期增长量移动平均数 = n \text{ 期趋势变动值之和} / n$$

第四步：利用下面的预测模型进行预测。

预测值 = 最后一个移动平均值 + 最后一次移动平均值距离预测期的间隔数
× 最后一个趋势变动值的移动平均值

本例中，2021 年 1 月份销售量预测值 = 77.6 + 3 × (−0.04) = 77.48（千克）

（二）二次移动平均法

二次移动平均法适用于时间序列数据呈线性趋势变化的情况。

当时间序列呈现出明显的线性增长或下降趋势时，用一次移动平均进行预测时，移动平均值总是滞后于实际值的变化，因此要进行修正，在一次移动平均值的基础上再进行二次移动平均，利用两次移动平均的滞后偏差规律，求得移动系数，建立线性预测方程。二次移动平均法常用于预测销量、销售额等实际问题。

二次移动平均法是对时间序列的一次移动平均值再进行第二次移动平均，利用一次移动平均值和二次移动平均值构成时间序列的最后一个数据为依据建立线性预测模型进行预测。必须指出，一次移动平均值和二次移动平均值并不直接用于预测，只是用以求出线性预测模型的平滑系数和修正滞后偏差。

二次移动平均值的公式为

$$M_t^{(1)} = \frac{X_t + X_{t-1} + \cdots + X_{t-n+1}}{n}, \quad M_t^{(2)} = \frac{M_t^{(1)} + M_{t-1}^{(1)} + \cdots + M_{t-n+1}^{(1)}}{n}$$

$M_t^{(1)}$ 为第 t 期一次移动平均值，$M_t^{(2)}$ 为第 t 期二次移动平均值，n 为移动期数。

$$a_t = 2M_t^{(1)} - M_t^{(2)}, \quad b_t = \frac{2}{n-1}(M_t^{(1)} - M_t^{(2)})$$

二次移动平均法的预测模型为

$$\hat{X}_{t+T} = a_t + b_t T$$

式中　$\hat{X}_{t+T}$——第 $t+T$ 期预测值；

　　　a_t——截距，即第 t 期现象的基础水平；

　　　b_t——斜率，即第 t 期现象单位时间变化量；

　　　T——由本期到预测期的期数。

【例 11-4】 对某地区某种商品的销售量进行预测，其资料和计算如表 11-4 所示。

表 11-4　某地区某种商品的销售资料　　　　　　　（单位：吨）

时间 t	销售量 X_t	$n=3$ $M_t^{(1)}$	$n=3$ $M_t^{(2)}$	a_t	b_t	预测值 $\hat{X}_t$	预测误差 $X_t - \hat{X}_t$	预测误差平方 $(X_t - \hat{X}_t)^2$
1	10							
2	12							
3	17	13						
4	20	16.33						
5	22	19.67	16.33	23.01	3.34			
6	27	23	19.67	26.34	3.34	26.35	0.65	0.42
7	25	24.67	22.44	26.89	2.22	29.68	-4.68	21.90
8	29	27	24.89	29.11	2.11	29.11	-0.11	0.01
9	30	28	26.56	29.44	1.44	31.22	-1.22	1.49
10	34	31	28.67	33.33	2.33	30.88	3.12	9.73
11	33	32.33	30.44	34.22	1.89	35.66	-2.66	7.08
12	37	34.67	32.67	36.67	2.00	36.11	0.89	0.79

（1）计算 $M_t^{(1)}$、$M_t^{(2)}$。

$M_t^{(1)}$、$M_t^{(2)}$ 计算过程略，应注意其排放的位置。当 $n=3$ 时，第一个一次移动平均数 $M_3^{(1)}$ 对应第三个原值，第一个二次移动平均数 $M_5^{(2)}$ 对应第五个原值或第三个一次移动平均数。

（2）计算 a_t、b_t 值。

$$a_5 = 2M_5^{(1)} - M_5^{(2)} = 2 \times 19.67 - 16.33 = 23.01$$
$$\vdots$$
$$a_{12} = 2M_{12}^{(1)} - M_{12}^{(2)} = 2 \times 34.67 - 32.67 = 36.67$$
$$b_5 = \frac{2}{n-1}(M_5^{(1)} - M_5^{(2)}) = \frac{2}{3-1}(19.67 - 16.33) = 3.34$$
$$\vdots$$
$$b_{12} = \frac{2}{n-1}(M_{12}^{(1)} - M_{12}^{(2)}) = 34.67 - 32.67 = 2$$

（3）计算观察期内预测值。

$$\hat{X}_6 = a_5 + b_5 \times 1 = 23.01 + 3.34 \times 1 = 26.35$$
$$\vdots$$
$$\hat{X}_{12} = a_{11} + b_{11} \times 1 = 34.22 + 1.89 \times 1 = 36.11$$

（4）应用预测模型计算预测值。

$$\hat{X}_{13} = a_{12} + b_{12} \times 1 = 36.67 + 2.00 \times 1 = 38.67$$
$$\vdots$$
$$\hat{X}_{15} = a_{12} + b_{12} \times 3 = 36.67 + 2.00 \times 3 = 42.67$$

应该注意的是，观察期内各期预测值的 a、b 值不同，而在预测期各期预测值的 a、b 值是一致的，都是最后一个观察期的 a、b 值，该例中，$a = 36.67, b = 2.00$。

（5）对预测误差进行测算。

$$\sigma = \sqrt{\frac{\sum(X_t - \hat{X}_t)^2}{n}} = \sqrt{\frac{41.42}{7}} = 2.433 \text{（吨）}$$

与实际值相比，误差较小，因此预测值可以采纳，该模型可以用于预测。

第二节　指数平滑法

指数平滑法是一种特殊的加权移动平均法。简单移动平均法是对移动期内的各组数据都用相同权数，加权移动平均法改进了这一做法，对移动期内各组数据都确定不同的权数，但是确定一个权数需要预测者花费大量的时间和精力反复计算、比较，从经济的角度讲是不划算的。指数平滑法是对加权移动平均法的改进，它只确定一个权数，即距离预测期最近的那期数据的权数，其他时期数据的权数按指数规律推算出来，并且权数由近及远逐期递减。

一、指数平滑法的特点

指数平滑法的特点如下。

（1）对离预测期最近的实际值给予最大的权数，而对离预测值渐远的实际值给予递减的权数。

（2）对于同一市场现象连续计算其指数平滑值时，对较早的实际值不是一概不予考虑，而是给予递减的权数。

实际值对预测值的影响，由近及远按等比数列减小，其首项是 α，公比为 $1-\alpha$。这种市场预测法之所以被称为指数平滑法，就是因为这个等比数列若绘成曲线是一条指数曲线，而不是说这种预测法的预测模型是指数形式。

（3）指数平滑法中的 α 值是一个可以调节的权数值，它的大小为 0～1。

预测值可以通过调节 α 的大小来调节近期实际值和远期实际值对预测值的不同影响程度。因为指数平滑法具有连续运用所需资料少、计算方便、短期预测精确度高等优点，所以它是市场预测中经常使用的一种预测方法。

二、指数平滑法的具体方法

指数平滑法在实际应用中可分为一次指数平滑法和多次指数平滑法。

（一）一次指数平滑法

一次指数平滑法的含义及计算公式

指数平滑法是简单移动平均法的延伸。

$$M_t = \frac{X_{t-1} + X_{t-2} + \cdots + X_{t-n}}{n} \tag{11-1}$$

$$M_{t+1} = \frac{X_t + X_{t-1} + \cdots + X_{t-n+1}}{n} \tag{11-2}$$

将式（11-1）代入式（11-2）得

$$M_{t+1} = \frac{X_t + (X_{t-1} + \cdots + X_{t-n+1} + X_{t-n}) - X_{t-n}}{n} = \frac{X_t}{n} - \frac{X_{t-n}}{n} + M_t \tag{11-3}$$

在没有储存历史资料的情况下，远期的 X_{t-n} 值不可知，可用 M_t 作为其最佳估计值，如用预测值 $\hat{X}_t$ 代替 M_t，则式（11-3）可写成

$$\hat{X}_{t+1} = \frac{X_t}{n} - \frac{\hat{X}_t}{n} + \hat{X}_t = \left(\frac{1}{n}\right)X_t + \left(1 - \frac{1}{n}\right)\hat{X}_t \tag{11-4}$$

令 $\alpha = \frac{1}{n}$，则式（11-4）可写成

$$\hat{X}_{t+1} = \alpha X_t + (1-\alpha)\hat{X}_t$$

（1）一次指数平滑法是以预测目标的本期实际值和本期预测值为基础，分别给予二者不同的权数，计算出一次指数平滑值作为下期预测值的一种预测方法。

$$t+1 \text{ 期预测值} = \alpha \times t \text{ 期实际值} + (1-\alpha) \times t \text{ 期预测值}$$

该公式由下面的公式变形而得

$$t+1\text{期预测值} = t\text{期预测值} + \alpha \times (t\text{期实际值} - t\text{期预测值})$$

(t期实际值 $-$ t期预测值)为预测误差。

（2）一次指数平滑法的计算公式有如下两种略有不同的表达形式。

$$\hat{X}_{t+1} = S_{t+1}^{(1)} = \alpha X_t + (1-\alpha)S_t^{(1)}$$

式中　$\hat{X}_{t+1}$——$t+1$期预测值；

$S_t^{(1)}$——第 t 期平滑值，即第 $t+1$ 期预测值；

X_t——t 期实际值；

α——平滑系数，但在不同模型中，其他符号含义不尽相同。

$$\hat{X}_{t+1} = S_t^{(1)} = \alpha X_t + (1-\alpha)S_{t-1}^{(1)}$$

式中　$S_{t+1}^{(1)}$——第 $t+1$ 期平滑值，即第 $t+1$ 期预测值；

$S_t^{(1)}$——第 t 期平滑值，即第 t 期预测值；

$S_{t-1}^{(1)}$——第 $t-1$ 期平滑值，即第 t 期预测值。

这两个公式实质是一样的，都是用第 t 期实际值和预测值预测第 $t+1$ 期预测值。

（3）一次指数平滑法的步骤如下。

1）确定初始预测值 S_1。

令 $S_1 = \dfrac{X_1 + X_2 + \cdots + X_t}{t}$，即取前几期实际值的平均值作为初始值，适用于时间序列数据较少的情况（$t<50$ 时）。

若预测者缺乏过去的数据，可采用专家评估法进行估计。估计的原则是：若样本容量 $t \geq 50$，由于初始值对预测结果影响很小，可以用第一期观察值作为初始值，即令 $X_1 = S_1$（适用于时间序列数据较多的情况）。

2）选择平滑系数（加权因子）α。

①理论计算法：$\alpha^{(1)} = \dfrac{2}{n+1}$。

②经验判断法。在实际预测中，α 的确定常常依靠经验。选择原则如下。

A. 当时间序列变化较大时，宜选择较大的 α（如 0.6~0.8）。

B. 当时间序列变化较为平缓时，宜选择较小的 α（如 0.1~0.3）。

C. 当时间序列呈水平趋势变化时，α 的取值居中。

D. 在不能做出很好的判断时，可分别用几个不同的 α 值加以试算比较，取其预测误差小者用之。

通常在同一市场现象的预测中同时选择几个 α 进行预测，并分别测算出各 α 值预测结果的预测误差，选择误差最小时的 α 值。

3）确定预测值。

【例 11-5】　某自行车生产厂自行车销售额历史资料如表 11-5 所示，用一次指数平滑法预测第 10 期产量。

表 11-5　某自行车厂销售额资料　　　　　　　　（单位：万元）

期数	销售额	α = 0.1 $S_t^{(1)}$	α = 0.1 预测值 $\hat{X}_t$	α = 0.6 $S_t^{(1)}$	α = 0.9 $S_t^{(1)}$
1	4 000	S_1 = 4 566.7		4 566.7	4 566.7
2	4 700	4 510.03	4 510.03	4 226.68	4 056.67
3	5 000	4 529.03	4 529.03	4 510.67	4 635.67
4	4 900	5 476.13	5 476.13	4 804.27	4 963.07
5	5 200	5 418.52	5 418.52	4 861.27	4 906.3
6	6 600	5 396.67	5 396.67	5 064.68	5 170.63
7	6 200	5 517.00	5 517.00	5 985.87	6 457.06
8	5 800	5 585.30	5 585.30	6 114.35	6 225.71
9	6 000	5 606.77	5 606.77	5 925.74	5 842.57
10		5 646.09	5 646.09	5 970.3	5 984.26

采用 $\hat{X}_{t+1} = S_{t+1}^{(1)} = \alpha X_t + (1-\alpha) S_t^{(1)}$ 模型进行预测。

由于 $\hat{X}_{t+1} = S_{t+1}^{(1)}$，所以只要求出 S_{t+1}，就知道了 $\hat{X}_{t+1}$。

令 $S_1 = (X_1 + X_2 + X_3)/3 = 4\,566.7$，当 $\alpha = 0.1$ 时，则

$$S_2 = 0.1 \times 4\,000 + 0.9 \times 4\,566.7 = 4\,510.03$$
$$S_3 = 0.1 \times 4\,700 + 0.9 \times 4\,510.03 = 4\,529.03$$
$$S_4 = 0.1 \times 5\,000 + 0.9 \times 4\,529.03 = 4\,576.13$$
$$\vdots$$
$$S_9 = 0.1 \times 5\,800 + 0.9 \times 5\,585.3 = 5\,606.77$$
$$S_{10} = 0.1 \times 6\,000 + 0.9 \times 5\,606.77 = 5\,646.09$$

通过比较实际值与预测值的绝对平均误差大小，选择误差小的平滑系数作为预测。

（二）二次指数平滑法

二次指数平滑法是对一次指数平滑序列再进行一次指数平滑，求得二次指数平滑值的方法，适用于具有明显上升或下降趋势的线性时间序列的预测。

其计算公式为

$$S_{t+1}^{(1)} = \alpha X_t + (1-\alpha) S_t^{(1)}$$
$$S_{t+1}^{(2)} = \alpha S_t^{(1)} + (1-\alpha) S_t^{(2)}$$
$$a_t = 2S_t^{(1)} - S_t^{(2)}, \quad b_t = \frac{\alpha}{1-\alpha}(S_t^{(1)} - S_t^{(2)})$$

然后利用下面的模型进行预测：

$$\hat{X}_{t+T} = a_t + b_t T$$

【例 11-6】 某企业 2008～2019 年的实际销售额如表 11-6 所示，据此资料预测 2020 年和 2021 年企业的销售额。

表 11-6　某企业 2008～2019 年实际销售额　　　　　　　（单位：亿元）

年份	实际销售额	$S_t^{(1)}$	$S_t^{(2)}$	a_t	b_t	$\hat{X}_{t+T}$
2008	33	33.7	33.7	33.7	0	—
2009	36	33.3	33.5	33.1	−0.3	33.7
2010	32	34.9	34.3	35.5	0.9	32.8
2011	34	33.2	33.6	32.8	−0.6	36.4
2012	42	33.7	33.7	33.7	0	32.2
2013	40	38.7	36.7	40.7	3	33.7
2014	44	39.5	38.4	40.6	1.7	43.7
2015	48	42.2	40.7	43.7	2.3	42.3
2016	46	45.7	43.7	47.7	3.0	46
2017	50	45.9	45.0	46.8	1.4	50.7
2018	54	48.4	47.0	49.8	2.1	48.2
2019	58	51.8	49.9	53.7	2.9	51.9

由于观察值变动基本呈线性趋势，选用二次指数平滑法，取 $\alpha = 0.6$，初始值用前三期实际观察值的平均值。

（1）计算一次、二次指数平滑数。

$$S_1^{(1)} = S_1^{(2)} = (33+36+32)/3 = 33.7$$
$$S_2^{(1)} = 0.6 \times 33 + 0.4 \times 33.7 = 33.3$$
$$S_2^{(2)} = 0.6 \times 33.3 + 0.4 \times 33.7 = 33.5$$

（2）计算 a_t、b_t 值。

$$a_{12} = 2S_{12}^{(1)} - S_{12}^{(2)} = 2 \times 51.9 - 49.9 = 53.9$$
$$b_{12} = \frac{\alpha}{1-\alpha}(S_{12}^{(1)} - S_{12}^{(2)}) = \frac{0.6}{1-0.6} \times (51.9 - 49.9) = 3.0$$

所以预测模型为

$$\hat{X}_{t+T} = 53.9 + 3.0T$$

（3）用模型进行预测，2020、2021 年销售额预测分别为 56.9 亿元和 59.9 亿元。

第三节　时间序列预测法

时间序列是指将同一经济现象或特征值按时间先后顺序排列而成的数列。

时间序列预测法也称历史延伸法或趋势外推法，是通过对时间序列的分析和研究，运用科学的方法建立预测模型，使市场现象的数量向未来延伸，预测市场现象未来的发展变化趋势，确定市场预测值。

一、时间序列预测法的特点

时间序列预测法具有以下特点。

（1）时间序列预测法是根据市场过去的变化趋势预测未来的发展，它的前提是假定事物的过去同样会延续到未来。正是由于这一特点，它比较适合短期和近期预测。

（2）时间序列数据的变动存在规律性与没有规律性。

时间序列观察值是影响市场变化的各种不同因素共同作用的结果，在诸多因素中，有些对事物的发展起长期的、决定性的作用，致使事物的发展呈现出某种趋势和一定的规律性；有些则对事物的发展起着短期的、非决定性的作用，致使事物的发展呈现不出某种规律性。

时间序列预测法将影响市场现象变动的各因素，按其特点和综合影响结果分为四种类型：长期变动趋势、季节性变动、循环变动、不规则变动。

1）长期趋势变动（T）。长期趋势变动是指市场现象在长时期内持续发展变化的一种趋势或状态，表示时间序列中的数据不是由意外的冲击因素所引起的，而是随着时间的推移逐渐发生变动。它描述了一定时期内经济关系或市场活动中持续的潜在稳定性，反映了预测目标所存在的基本增长趋向、基本下降趋向或平稳发展趋向的模式。例如，工农业生产的发展、国内生产总值、收入水平、社会商品零售额等逐渐增长模式。

时间序列的长期趋势有水平趋势、上升趋势、下降趋势。

2）季节性变动（S）。季节性变动一般指市场现象由于受自然因素和生产生活条件的影响，在一年内随着季节的更换而引起的比较有规律的变动。

季节变动中的"季节"不仅指一年中的四季，也指任何一种周期性变化，诸如气候条件、生产条件、节假日或人们的风俗习惯等，农业生产、交通运输、建筑业、旅游业、商品销售等都有明显的季节变动规律。

3）循环变动（C）。循环变动是近乎规律性的周而复始的变动，表现为整个市场经济活动水平的不断的、周期性的但无定期的变动。

循环变动不同于趋势变动，它不是朝着单一方向的持续运动，而是涨落相间的交替波动；它也不同于季节变动，季节变动有比较固定的规律，且变动周期多为1年，而循环变动则无固定规律，变动周期多在1年以上，且周期长短不一。

4）不规则变动（I）。不规则变动是时间序列在短期内由于偶然因素而引起的无规律的变动。例如，战争、自然灾害、政治或社会动乱等偶然因素所导致的不规则变动。对时间序列进行分析，采取某种预测方法时，往往是剔出偶然因素的影响来观察现象的各种规律性变动。

把这些影响因素同时间序列的关系用一定的数学关系式表示出来，就构成了时间序列的分解模型。按四种因素对时间序列的影响方式不同，时间序列可分解为多种模型，如乘法模型、加法模型、混合模型等，其中最常用的是乘法模型，其表现形式为

$$Y_i = T_i \times S_i \times C_i \times I_i$$

乘法模型的基本假设是：四个因素由不同的原因形成，但相互之间存在一定的关系，因此时间序列中各观察值表现为各种因素的乘积。

加法模型为

$$Y_i = T_i + S_i + C_i + I_i$$

把各因素从模型中分离出来，在乘法模型中用除法，在加法模型中用减法。

（3）时间序列预测法撇开市场发展的因果关系去分析市场的过去和未来的联系。

运用时间序列分析法进行预测，实际上是将所有的影响因素归结到时间这一因素上，只承认所有影响因素的综合作用，并认为在未来对预测对象仍起作用。其目的是寻找预测目标随时间变化的规律。

二、趋势分析预测法

趋势分析预测法是指通过识别时间序列长期趋势的类型，建立趋势预测模型进行外推预测。

（一）常数均值模型

如果现象的时间序列的各期观察值大体上呈水平式变化，即各期数据围绕水平线上下波动，则时间序列的变化形态属于水平型，如图11-2所示。其数列的变化是由常数均值和剩余变动两部分构成，其常数均值模型的基本形式为

$$y_t = 常数均值 + 剩余变动 = \bar{y} + e_t$$

此模型表明，当数列呈水平式变化时，各期数据总是围绕常数均值（数列平均值）上下波动。当剩余变动（$e_t = CI$）影响较小，且难以估计时，可直接用常数均值作为下期预测值。若剩余变动具有倾向性或周期性，则应从中提取有用的信息，修正常数均值预测值。

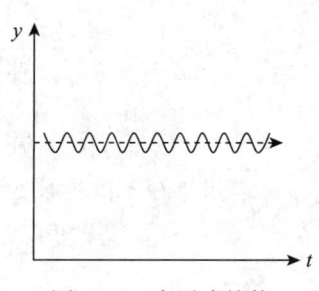

图11-2　水平式趋势

常数均值模型预测的程序如下。

（1）识别数列是否属于常数均值型。两种识别方法：一是直观判断法；二是绘制散点图进行判断。

（2）选择合适的方法估计常数均值。一般来说，近期数据包含的信息对外推预测更为重要时，采用加权平均法较为合适；几何平均法适合计算平均速度或平均比率。

（3）计算数列的标准差（S_y）和标准差系数（V_s）。评价数列的波动程度，衡量数列的稳定性和预测的可靠性。一般地，标准差系数越小，数列的平稳性越好，常数均值形态越严格，外推预测越可靠。计算公式为

$$S_y = \sqrt{\frac{\Sigma(y-\bar{y})^2}{n-1}}$$

$$V_s = S_y - \bar{y}$$

数列稳定度 $= 1 - V_s$

（4）外推预测。当数列的标准差较小，稳定度较高时，可直接用常数均值作为下期的预测值，也可考虑标准差，在一定的概率保证程度下，构建预测区间。

【例11-7】　某市本年度总人口为138.5万人，人口年增长率为5.45‰，居民鲜菜消费占社会消费的86%。而居民2013~2020年人均鲜菜消费量的抽样统计数据如表11-7

所示，要求预测 2021 年人均鲜菜消费量及鲜菜需求总量。

表 11-7　某市居民人均鲜菜消费量　　　　　（单位：千克）

	年份							
	2013	2014	2015	2016	2017	2018	2019	2020
年序（t）	1	2	3	4	5	6	7	8
人均消费量（y）	142	138	144	138	139	145	142	144

从表中各年人均消费量可以看出，数列的常数均值形态是较为明显的。采用简单平均法计算的有关指标如下。

人均消费量　　$\bar{y} = \dfrac{1}{n}\Sigma y = 141.5$（千克）

标准差　　　　$S_y = \sqrt{\dfrac{\Sigma(y-\bar{y})^2}{n-1}} = 2.85$（千克）

标准差系数　　$V_s = S_y / \bar{y} = 0.02$

若用年序 t 作权数，采用加权平均法计算的有关指标如下。

人均消费量　　$\bar{y} = \dfrac{\Sigma yt}{\Sigma t} = 142$（千克）

标准差　　　　$S_y = \sqrt{\dfrac{\Sigma(y-\bar{y})t}{\Sigma t - 1}} = 2.61$（千克）

标准差系数　　$V_s = S_y / \bar{y} = 0.018\,4$

两种方法计算的标准差系数都较小，前者为 2.0%，后者为 1.84%，说明数列的常数均值形态是较为严格的，用数列平均值作为预测值是可靠的。若用加权平均法求出的人均消费量作为预测值，则 2021 年鲜菜需求量预测结果为

人均需求量 = 142（千克）

全市需求总量 = 142 × 138.5 × (1 + 5.45‰) ÷ 86%

　　　　　　 = 22 993.24（万千克）

【例 11-8】　某市城乡某产品消费的统计资料如表 11-8 所示，预测 2021 年某市该产品的消费额。

表 11-8　某市城乡某产品消费额环比速度

	年份						
	2014	2015	2016	2017	2018	2019	2020
年序（t）	1	2	3	4	5	6	7
产品消费额（万元）	22.8	27.0	31.8	38.3	45.6	53.9	63.5
环比速度（%）	—	118.4	117.8	120.4	119.1	118.2	117.8

从表 11-8 中可以看出，其产品消费额的绝对额数列不是常数均值形态，但环比发展速度大体上是呈常数均值形态变化的。这说明某些绝对量时间序列虽不是常数均值形

态，但通过变量转换（计算环比速度、比率、人均值等）可化为常数均值形态用于预测分析。此例若采用简单几何平均法外推预测，则平均发展速度预测值为

$$\hat{y} = \sqrt[6]{1.184 \times 1.178 \times 1.204 \times 1.191 \times 1.182 \times 1.178}$$
$$= 1.186 或 118.6\%$$

$$S_y = \sqrt{\frac{\Sigma(y - \bar{y})^2}{n-1}}$$
$$= \sqrt{\frac{(1.184 - 1.186)^2 + (1.178 - 1.186)^2 + \cdots + (1.178 - 1.186)^2}{6-1}}$$
$$= 0.01 或 1\%$$

$$V_s = \frac{0.01}{1.186}$$
$$= 0.0084 或 0.84\%$$

由于标准差系数只有 0.84%，说明历年城乡储蓄存款的环比发展速度波动幅度小，具有良好的平稳性，因此，可推断 2021 年该市产品消费额将比 2020 年增长 18.6%，其中产品消费额可达

$$63.5 \times 1.186 = 75.31 （万元）$$

（二）直线趋势模型

如果现象的时间序列的各期数据大体上呈直线趋势变化，即数列的逐期增量（一阶差分）大体相同，则时间序列是由直线趋势和剩余变动两部分构成，如图 11-3 所示，即

$$y_t = 直线趋势 + 剩余变动$$

直线趋势是数列中的确定性部分，可用直线方程进行描述；剩余变动是数列中的不确定性部分，一般用 e_t 表示，因此直线趋势模型的基本形式为

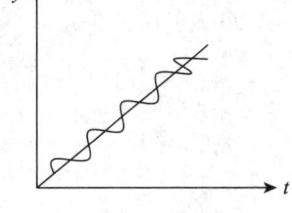

图 11-3　直线趋势示意图

$$y_t = (a + bt) + e_t$$

式中　a——截距（基数或初始水平）；

　　　b——斜率或平均增量。

直线趋势模型预测的一般程序如下。

（1）识别现象的变化趋势是否呈直线趋势形态，其有两种识别方法：一是数量特征识别法，即数列逐期增减量（一阶差分）大体相同时，则数列的变化趋势为直线型；二是散点图识别法。

（2）估计模型参数（a、b），建立直线趋势模型。估计直线趋势模型 a、b 参数的方法应用最多的是最小二乘法。最小二乘法用下列标准方程组求解 a、b 参数。

$$\begin{cases} \Sigma y = Na + b\Sigma t \\ \Sigma ty = a\Sigma t + b\Sigma t^2 \end{cases}$$

（3）评价预测误差大小，衡量直线趋势模型拟合的优良度。其主要评价指标有

剩余标准差　　　　　$S_y = \sqrt{\dfrac{\Sigma(y-\bar{y})^2}{N-2}}$

剩余标准差系数　　　$V_s = \dfrac{S_y}{\bar{y}}$

预测估计准确度　　　$1 - \dfrac{S_y}{\bar{y}}$

相关系数　　　　　　$r = \sqrt{1 - \dfrac{\Sigma(y-\hat{y})^2}{\Sigma(y-\bar{y})^2}}$

一般地，在直线型趋势条件下，相关系数越高，剩余标准差系数越小，直线趋势越严格，预测越可靠。

（4）利用直线趋势模型外推预测。

【例 11-9】 某产品 2011～2020 年销售量的统计数据如表 11-9 所示。现采用直线趋势模型预测 2021 年的产品销售量。

表 11-9　最小二乘法算例　　　　　　　　　　　（单位：吨）

年份	t	y_t	t^2	ty_t	y_t^2	$\hat{y}_t$	e_t
2011	1	29.4	1	29.4	864.36	29.1	0.3
2012	2	30.1	4	60.2	906.01	29.9	0.2
2013	3	29.9	9	89.7	894.01	30.6	−0.7
2014	4	30.7	16	122.8	942.49	31.4	−0.7
2015	5	33.1	25	165.5	1 095.61	32.2	0.9
2016	6	33.7	36	202.2	1 135.69	32.9	0.8
2017	7	32.8	49	229.6	1 075.84	33.7	−0.9
2018	8	34.2	64	273.6	1 169.64	34.4	−0.2
2019	9	35.3	81	317.7	1 246.09	35.2	0.1
2020	10	36.2	100	362.0	1 310.44	36.0	0.2
Σ	55	325.4	385	1 852.7	10 640.18	325.4	0

根据表 11-9 中计算的各项数据的总和，代入参数估计标准方程组

$$\begin{cases} 325.4 = 10a + 55b \\ 1852.7 = 55a + 385b \end{cases}$$

解得：$b = 0.7636$，$a = 28.3403$

$$S_y = \sqrt{\dfrac{10\,640.18 - 325.4 \times 28.3403 - 1852.7 \times 0.7636}{10-2}}$$

$$= 0.6638$$

$$V_s = \dfrac{0.6638}{32.54} = 0.0204$$

$$r = \sqrt{1 - \dfrac{3.5247}{51.6640}} = 0.9653$$

拟合的直线趋势模型为

$$\hat{y} = 28.340\,3 \times 0.763\,6t$$

$(S_y = 0.663\,8, r = 0.965\,3, 2010年 t = 0)$

剩余标准差系数为 2.04%，说明拟合的直线趋势模型较优良。从表 11-9 的误差项可看出，存在着 2 年起伏相间的循环变动，应考虑此因素的变动影响。也可用下列公式建立预测置信区间，即

$$\hat{y}_0 \pm t_{\alpha/2(n-1)} \cdot S_y$$

其中 $t_{\alpha/2(n-2)}$ 是在给定的置信水平 α（一般取 $\alpha = 0.05$）和自由度 $n-2$ 时的 t 分布临界值。此例取 $\alpha = 0.05$，自由度 $10-2=8$，查 t 分布表得 $t_{\alpha/2(n-2)} = 2.306$，则预测置信区间为

$$36.74 \pm 2.306 \times 0.663\,8$$

即 2021 年产品销售量为 35.21～38.27 吨。

（三）曲线趋势模型

当预测目标的时间数列各期观察值大体呈某种曲线形态的变动趋势时，则应建立曲线趋势模型进行外推预测。其模型的基本形式为

$$y_t = 曲线趋势 + 剩余变动$$

其中曲线趋势是数列中的确定性部分，可用某种曲线方程加以描述；剩余变动又称误差项，一般包括循环变动和随机变动两部分，是曲线趋势不能解释的部分。

曲线趋势模型识别的关键是识别数列是否呈曲线趋势变动以及怎样选择相应的曲线方程。

曲线趋势模型的预测程序如下。

第一步：搜集历史数据，编制时间数列。

第二步：识别数列变动的曲线趋势形态。

第三步：拟合曲线趋势模型。

第四步：评价曲线趋势模型拟合的优良度。

第五步：用曲线趋势模型外推预测。

以下择其常用曲线趋势模型加以介绍。

1. 指数曲线趋势模型

指数曲线趋势模型通常用于描述数列的环比速度大体接近的长期发展趋势。其具体应用于以下两种情形。

（1）近似等速增长的时间数列，其动态曲线为一条向上递增的曲线。

（2）近似等速递减的时间数列，其动态曲线为一条向下递降的动态曲线。

这两种情形如图 11-4 所示。指数曲线方程为

$$y_t = ab^t$$

其中 a, b 为方程参数，a 又称基数，b 为一般发展速度。

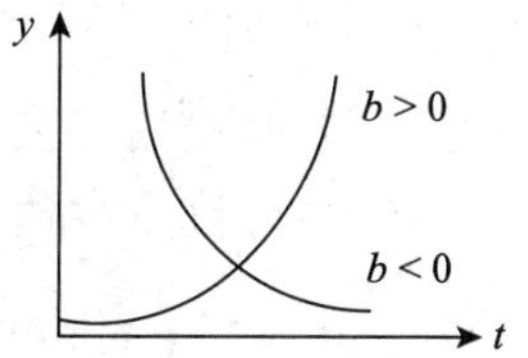

图 11-4 指数曲线趋势示意图

对上式取对数，则有

$$\lg y_t = \lg a + t \lg b$$

此式类似于直线方程的形式，因而可用最小二乘法先求出 $\lg a$ 和 $\lg b$，再取反对数，可求得原方程的 a、b 值。

【例 11-10】 某企业商品销售额的预测分析如表 11-10 所示，采用最小二乘法预测 2021 年该商品的销售额。

表 11-10　某企业商品销售额预测分析　　　　（单位：万元）

年份	t	y_t	增长率（%）	$\hat{y}_t$	e_t
2012	1	469.8	—	445.96	23.84
2013	2	494.6	5.28	517.40	−22.80
2014	3	557.9	12.80	600.29	−42.39
2015	4	713.6	27.91	696.45	17.15
2016	5	842.4	18.02	808.02	34.38
2017	6	955.0	13.39	937.47	17.53
2018	7	1 083.0	13.40	1 087.5	−4.50
2019	8	1 265.0	16.81	1 261.8	3.20
2020	9	1 440.0	13.83	1 464.0	−24.00

误差平方和 $\Sigma e_t^2 = 5\,264.009\,7$　　$S_y = 27.422\,6$

用最小二乘法估计指数曲线方程参数，用函数型计算器不难算出

$$\Sigma \lg y = 26.166\,8 \qquad \Sigma t = 45$$
$$\Sigma t \lg y = 134.705\,9 \qquad \Sigma t^2 = 285$$

代入下列标准方程组

$$\Sigma \lg y = N \lg a + \Sigma t \lg b$$
$$\Sigma t \lg y = \Sigma t \lg a + \Sigma t^2 \lg b$$

可求得

$$\lg b = 0.064\,53, \quad b = 1.160\,2$$
$$\lg a = 2.584\,76, \quad a = 384.379\,3$$

得到的指数曲线模型为

$$y_t = 384.379\,3 \times 1.160\,2^t$$
$$(S_y = 27.422\,6,\ 2011 年 t = 0)$$

其中 S_y 是根据表中的误差项计算的。将 $t = 10$ 代入此模型，则 2021 年商品销售额的预测值为 1 698.58 万元。若进行区间预测，则可根据给定的置信水平 α 及自由度 $N - M$，查 $t_{\alpha/2}$ 分布表的临界值，在点预测值的基础上建立预测区间。其方法与直线趋势预测相同。

2. 对数曲线趋势模型

常见的对数曲线预测模型有

$$\hat{y}_t = a + b \ln t$$

对数曲线在图形上呈现为一条单调递增的曲线，并且增长速度逐渐减慢，这种趋势

正符合那种不断增加但增长速度却不断减小的预测对象。

其中 a、b 为方程参数，令上式 $T = \ln t$，则有

$$\hat{y}_t = a + bT$$

此式类似于直线方程的形式，因而可用最小二乘法求参数 a、b 值。

$$\begin{cases} b = \dfrac{n\Sigma y_t \ln t - (\Sigma \ln t)\Sigma(\ln y_t)}{n\Sigma(\ln t)^2 - (\Sigma \ln t)^2} \\ a = \overline{y} - b\overline{\ln t} \end{cases}$$

求出参数 a 和 b，即可根据确定模型进行预测。

3. 幂函数曲线趋势模型

常见的幂函数曲线预测模型有

$$y_t = at^b$$

其中 a、b 为方程参数，对上式取对数，则有

$$\ln y_t = \ln a + b \ln t$$

此式类似于直线方程的形式，因而可用最小二乘法求参数 a、b 值。

$$\begin{cases} b = \dfrac{n\Sigma \ln y_t \ln t - (\Sigma \ln t)\Sigma(\ln y_t)}{n\Sigma(\ln t)^2 - (\Sigma \ln t)^2} \\ a = e^{\overline{\ln y_t} - b\overline{\ln t}} \end{cases}$$

求出参数 a 和 b，即可根据确定模型进行预测。

4. 双曲线趋势模型

常见的双曲线预测模型有

$$\hat{y}_t = a + \frac{b}{t} \quad 或 \quad \frac{1}{\hat{y}_t} = a + \frac{b}{t}$$

其中 a、b 为方程参数，令上式 $T = 1/t$，则有

$$\hat{y}_t = a + bT \quad 或 \quad \frac{1}{\hat{y}_t} = a + bT$$

此式类似于直线方程的形式，因而可用最小二乘法求参数 a、b 值。

$$\begin{cases} b = \dfrac{n\Sigma y_t \cdot \dfrac{1}{t} - \left(\Sigma \dfrac{1}{t}\right)\Sigma(y_t)}{n\Sigma \dfrac{1}{t^2} - \left(\Sigma \dfrac{1}{t}\right)^2} \\ a = \overline{y} - b\left(\dfrac{1}{n}\Sigma \dfrac{1}{t}\right) \end{cases}$$

求出参数 a 和 b，即可根据确定模型进行预测。

5. 二次曲线趋势模型

二次曲线又称二次抛物线，适用于描述时间数列二级增长量大体接近的变化趋势。其具体应用有两种情形，如图 11-5 所示。

（1）预测目标的增长逐渐加快，呈扩张的发展趋势，其图形为一条向上的抛物曲线。

（2）预测目标呈先上升后下降的变化趋势，即现象的增长达到一定程度后转向递减，其图形为一条向下的抛物曲线。

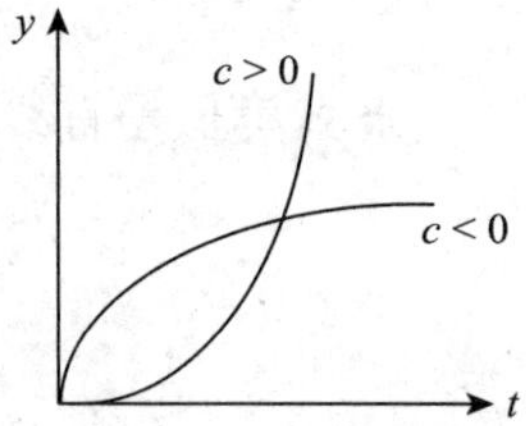

二次曲线趋势模型为

$$y_t = a + bt + ct^2$$

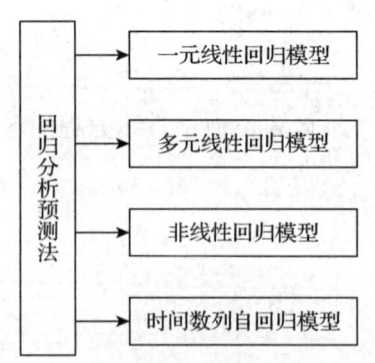

图 11-5　二次曲线

其中 a、b、c 为方程参数，通常采用最小二乘法估计，其标准方程组为

$$\begin{cases} \Sigma y = Na + b\Sigma t + c\Sigma t^2 \\ \Sigma ty = a\Sigma t + b\Sigma t^2 + c\Sigma t^3 \\ \Sigma t^2 y = a\Sigma t^2 + b\Sigma t^3 + c\Sigma t^4 \end{cases}$$

若取数列中间年份为原点，以时间离差做时间变量 t，令 $\Sigma t = 0$，$\Sigma t^3 = 0$，则有

$$\begin{cases} \Sigma y = na + c\Sigma t^2 \\ \Sigma ty = b\Sigma t^2 \\ \Sigma t^2 y = a\Sigma t^2 + c\Sigma t^4 \end{cases}$$

由于在估算参数时有关数据已算出，可用下式计算剩余标准误差

$$S_y = \sqrt{\frac{\Sigma y^2 - a\Sigma y - b\Sigma ty - c\Sigma t^2 y}{N-3}}$$

第四节　回归分析预测法

回归分析预测法是利用预测目标（因变量）与影响因素（自变量）之间的相关关系，通过建立回归模型，由影响因素的数值推算预测目标的数值。回归分析预测法具体包括四种方法，如图 11-6 所示。

一、一元线性回归模型

如果因变量（y）与某一个主要影响因素（自变量）之间存在着较为密切的线性相关关系，则可用一元线性回归模型来描述它们之间的数量关系：

$$y = a + bx + e$$

图 11-6　回归分析预测方法示意图

其中 a、b 为模型参数（回归系数），a 为回归直线的截距，b 为回归直线的斜率（又称边际，即 x 每增加一个单位，y 能增加多少个单位），e 为误差项。

一元线性回归模型的 a、b 参数，通常采用最小二乘法估计，求解 a、b 参数的标准方程组为

$$\begin{cases} \Sigma y = na + b\Sigma x \\ \Sigma xy = a\Sigma x + b\Sigma x^2 \end{cases}$$

（1）一元线性回归模型的参数估计之后，所建立的回归模型还应通过评价与检验，才能应用于预测分析。其主要有以下几个方面的评价与检验。

1）拟合程度评价。因变量 y 的各个观察值点聚集在回归直线周围的紧密程度称为回归直线对样本数据点的拟合程度，通常用可决系数 r^2 来衡量，计算公式为

$$r^2 = 1 - \frac{\Sigma(y-\hat{y})^2}{\Sigma(y-\bar{y})^2} = 1 - \frac{\Sigma y^2 - a\Sigma y - b\Sigma xy}{\Sigma y^2 - \frac{1}{n}(\Sigma y)^2}$$

式中　$\Sigma(y-\hat{y})^2$——残差平方和（剩余平方和）；

$\Sigma(y-\bar{y})^2$——离差平方和。

显然残差平方和占离差平方和的比重越小，可决系数 r^2 越大，回归直线的拟合程度越强。可决系数 r^2 的取值区间为 [0, 1]，实际上，可决系数 r^2 是线性相关关系 r 的平方，因此相关系数又可用下列公式求得。

$$r = \pm\sqrt{r^2}$$

r 的正负号与回归系数 b 的正负号相同，$|r|$ 越接近于 1，则因变量与自变量的线性相关关系越密切，回归直线拟合程度越高。

2）估计标准误差。估计标准误差又称剩余标准差，是评价回归直线代表性大小或实际值与估计值的标准误差大小的综合指标。其计算公式为

$$S_y = \sqrt{\frac{\Sigma e^2}{n-2}} = \sqrt{\frac{\Sigma(y-\hat{y})^2}{n-2}} = \sqrt{\frac{\Sigma y^2 - a\Sigma y - b\Sigma xy}{n-2}}$$

相对标准误差为

$$V_s = S_y / \bar{y}$$

3）回归系数 b 的显著性检验。回归系数 b 是一个估计值，若 y 与 x 之间不存在线性相关关系，则回归系数 b 不具有显著性，所建立的回归方程是不能利用的。通常采用 t 检验，其统计量为

$$t_b = \frac{b}{s_b} = \frac{b}{s_y^2 / \Sigma(x-\bar{x})^2}$$

通过选择的显著水平 α 和自由度（$n-2$）查 t 分布表，可得临界值 $t_{\alpha/2}$，若 $t_b > t_{\alpha/2}$，则回归系数 b 具有显著性，反之，则不具有显著性。

4）回归方程的显著性检验。回归方程的显著性检验即检验整个回归方程是否具有

显著性，判别 y 与 x 之间是否存在真实的线性相关，即对相关系数 r 进行检验。采用 F 检验，统计量为

$$F = \frac{\Sigma(\hat{y}-\bar{y})^2/1}{\Sigma(y-\hat{y})^2/n-2} = \frac{r^2}{1-r^2}(n-2)$$

通过选择的显著水平 α 和自由度（1，$n-2$）查 F 分布表，得临界值 F_α，若 $F > F_\alpha$，则回归方程具有显著性，反之，则相反。对于一元线性回归方程而言，因为只有一个自变量，故 t 检验和 F 检验是等价的，只需做一个检验即可。

5）DW检验。当回归模型是根据动态数据建立的，则误差项 e 也是一个时间序列，若误差序列诸项之间相互独立，则误差序列各项之间没有相关关系，若误差序列之间存在密切的相关关系，则建立的回归模型就不能真实表述自变量与因变量之间的变动关系。DW检验就是误差序列的自相关检验。首先计算误差序列统计量 d（DW值）：

$$d = \frac{\Sigma(e_i - e_{i-1})^2}{\Sigma e_i^2} \quad (0 \leq d \leq 4)$$

然后根据给定的显著水平 α，自变量个数 k 和样本数据个数 n，查 D.W 分布表，得到下限值 d_L 和上限值 d_U，用下列原则做出判别。

（1）$d_U < d < 4 - d_U$　　　　无自相关。
（2）$0 < d < d_L$　　　　　　　存在自相关。
（3）$4 - d_L < d \leq 4$　　　　　存在负相关。
（4）$d_L \leq d \leq d_U$　　　　　难以判定。
（5）$4 - d_U \leq d \leq 4 - d_L$　　难以判定。

需要说明的是，一元线性回归模型的估计评价与检验利用统计应用软件，如 SPSS、SAS 等，能够很快得到模型估计与检验的结果。

（2）一元线性回归模型通过各种检验与评价之后，则可利用回归模型进行有关问题的分析、预测和控制。其应用有以下几个方面。

1）边际分析和弹性分析。一元线性回归模型中的回归系数 b 就是平均边际变化率，它能说明 x 每增加一个单位 y 能增加多少个单位。而要说明 x 增减 1%，y 能增减百分之几，则可用下列公式测定平均弹性系数（E）。

$$E = b \cdot \frac{\bar{x}}{\bar{y}}$$

2）临界点或平衡点分析。当一元线性回归模型中的 x、y 是一种收支关系时，并且是根据横截面样本数据建立的回归模型，则可用来测定收支相等的临界点，即 $y = a + bx$ 令 $x = y$，则

$$x = y = \frac{a}{1-b}$$

3）利用回归模型进行预测。将自变量的预测值 x_0 代入回归模型可求出因变量的预测值 $\hat{y}_0$ 作为与 x_0 相对应的 y_0 的预测值，就是点预测。也可用剩余标准差 S_y 和一定的置

信概率进行区间预测。

当 y 为正态分布，n 较大，自变量 x 的预测值 x_0 离样本均值 $\bar{x}$ 不远时，可用 $\hat{y}_0 \pm zS_y$ 构建预测区间（概率为 95%，z 为 1.96；概率为 95.45%，z 为 2）。

当 n 较小（$n < 30$）时，并且 x_0 不远离 $\bar{x}$ 时，需用 t 分布构建预测区间，即 $\hat{y}_0 \pm tS_y$（概率为 95%，t 为 2；概率为 99%，t 为 3）。

4）利用回归模型进行控制。所谓控制，是指预测的反问题，就是说，如果我们要求 y 在确定范围内取值，那么应该把自变量 x 控制在什么数值上或取值范围内。

【例 11-11】 某市近 15 年社会消费品零售额、人均 GDP 的数据如表 11-11 所示，预测下一年社会消费品的零售额。

表 11-11　某市近 15 年社会消费品零售额和人均 GDP 数据

年序（T）	社会消费品零售额（亿元）（y）	人均 GDP（10 元/人）	上年人均 GDP（10 元/人）
1	74.50	135.60	111.40
2	81.10	151.30	135.60
3	83.30	163.40	151.30
4	94.20	188.00	163.40
5	109.90	228.60	188.00
6	124.60	293.00	228.60
7	162.70	392.30	293.00
8	206.20	485.40	392.30
9	247.70	557.60	485.40
10	273.00	605.40	557.60
11	291.60	630.80	605.40
12	311.40	655.20	630.80
13	341.60	708.60	655.20
14	366.50	765.40	708.60
15	383.50	798.80	765.40

经分析，当年社会消费品零售额与当年人均 GDP 的相关系数为 0.994 6，与上年人均 GDP 的相关系数为 0.997 9，两种情形的线性相关关系都很高，为了预测的方便，我们选择上年人均 GDP 作为自变量 x 来预测社会消费品零售额（y）。

经计算，可求得如下回归模型。

$$\hat{y} = 16.862\,8 + 0.477\,5 \times \text{人均 GDP}_{t-1}$$

$r = 0.997\,9 \quad F = 3\,085.49 \quad t = 58.23 \quad S_y = 7.239\,4 \quad DW = 1.102\,1$

根据此模型提供的检验统计量，该回归模型的各项检验均能通过，表明模型的拟合程度较高，解释能力较强。此模型表明，上年人均 GDP 每增加 10 元，社会消费品零售额可增加 0.477 5 亿元。将本年人均 GDP=798.80 代入模型中，可求得下一年社会消费品零售额的预测值为

$$\hat{y}_{16} = 16.862\,8 + 0.477\,5 \times 798.80$$
$$= 398.29 \text{（亿元）}$$

二、多元线性回归模型

一元线性回归模型是用一个主要影响因素作为自变量来解释因变量的变化,在现实问题研究中,因变量的变化往往受几个重要因素的影响,此时就需要用两个或两个以上的影响因素作为自变量来解释因变量的变化,这就是多元回归,也称多重回归。当多个自变量与因变量之间是线性关系时,所进行的回归分析就是多元性回归。

设 y 为因变量,$x_1, x_2, \cdots, x_k$ 为自变量,并且自变量与因变量之间为线性关系,则多元线性回归模型为

$$y = b_0 + b_1 x_1 + b_2 x_2 + \cdots + b_k x_k + e$$

其中,b_0 为常数项,$b_1, b_2, \cdots, b_k$ 为回归系数,b_1 为 $x_2, x_3, \cdots, x_k$ 固定时,x_1 每增加一个单位对 y 的效应,即 x_1 对 y 的偏回归系数;同理 b_2 为 $x_1, x_3, \cdots, x_k$ 固定时,x_2 每增加一个单位对 y 的效应,即 x_2 对 y 的偏回归系数,等等。如果两个自变量 x_1,x_2 同一个因变量 y 呈线性相关时,可用二元线性回归模型描述,即

$$y = b_0 + b_1 x_1 + b_2 x_2 + e$$

建立多元线性回归模型时,为了保证回归模型具有优良的解释能力和预测效果,应首先注意自变量的选择,其准则如下。

(1)自变量对因变量必须有显著的影响,并呈密切的线性相关。

(2)自变量与因变量之间的线性相关必须是真实的,而不是形式上的。

(3)自变量之间应具有一定的互斥性,即自变量之间的相关程度不应高于自变量与因变量之间的相关程度。

(4)自变量应具有完整的统计数据,其预测值容易确定。

多元线性回归模型的参数估计与一元线性回归方程一样,也是在要求误差平方和($\sum e^2$)为最小的前提下,用最小二乘法求解参数。以二元线性回归模型为例,求解回归参数的标准方程组为

$$\begin{cases} \sum y = nb_0 + b_1 \sum x_1 + b_2 \sum x_2 \\ \sum x_1 y = b_0 \sum x_1 + b_1 \sum x_1^2 + b_2 \sum x_1 x_2 \\ \sum x_2 y = b_0 \sum x_2 + b_1 \sum x_1 x_2 + b_2 \sum x_2^2 \end{cases}$$

解此方程可求得 b_0、b_1、b_2 的数值,也可用下列矩阵法求解

$$\boldsymbol{B} = (x'x)^{-1} \cdot (x'y)$$

即

$$\begin{pmatrix} b_0 \\ b_1 \\ b_2 \end{pmatrix} = \begin{pmatrix} n & \sum x_1 & \sum x_2 \\ \sum x_1 & \sum x_1^2 & \sum x_1 x_2 \\ \sum x_2 & \sum x_1 x_2 & \sum x_2^2 \end{pmatrix}^{-1} \cdot \begin{pmatrix} \sum y \\ \sum x_1 y \\ \sum x_2 y \end{pmatrix}$$

多元线性回归模型与一元线性回归模型一样,在得到参数的最小二乘法的估计值之后,也需要进行必要的检验与评价,以决定模型是否可以应用。其检验与评价如下。

(1)拟合程度的测定。与一元线性回归模型中的可决系数 r^2 相对应,多元线性回归模型中也有多重可决系数 R^2,它是在因变量的总变化中,由回归方程解释的变动(回

归平方和）所占的比重。R^2 越大，回归方程对样本数据点拟合的程度越强，所有自变量与因变量的关系越密切。计算公式为

$$R^2 = \frac{\Sigma(\hat{y}-\bar{y})^2}{\Sigma(y-\bar{y})^2} = 1 - \frac{\Sigma(y-\hat{y})^2}{\Sigma(y-\bar{y})^2}$$

其中，$\Sigma(y-\hat{y})^2 = \Sigma y^2 - (b_0 \Sigma y + b_1 \Sigma x_1 y + b_2 \Sigma x_2 y + \cdots + b_k \Sigma x_k y)$

$$\Sigma(y-\bar{y})^2 = \Sigma y^2 - \frac{1}{n}(\Sigma y)^2$$

（2）估计标准误差，即因变量 y 的实际值与回归方程求出的估计值 $\hat{y}$ 之间的标准误差，估计标准误差越小，回归方程拟合程度越强。

$$S_y = \sqrt{\frac{\Sigma(y-\hat{y})^2}{n-k-1}}$$
$$V_s = S_y / \bar{y}$$

其中 k 为多元线性回归方程中的自变量的个数。

（3）回归方程的显著性检验，即检验整个回归方程的显著性，或者说评价所有自变量与因变量的线性关系是否密切。其通常采用 F 检验，F 统计量的计算公式为

$$F = \frac{\Sigma(\hat{y}-\bar{y})^2 / k}{\Sigma(y-\hat{y})^2 / n-k-1}$$
$$= \frac{R^2 / k}{(1-R^2)/n-k-1}$$

根据给定的显著水平 α，自由度 $(k, n-k-1)$ 查 F 分布表，得到相应的临界值 F_α。若 $F > F_\alpha$，则回归方程具有显著意义，回归效果显著；$F < F_\alpha$，则回归方程无显著意义，回归效果不显著。

（4）回归系数的显著性检验。检验时先计算统计量 t_i，然后根据给定的显著水平 α 和自由度 $n-k-1$ 查 t 分布表，得临界值 t_α 或 $t_{\alpha/2}$。若 $t > t_\alpha$ 或 $t_{\alpha/2}$，则回归系数 b_i 与 0 有显著差异，反之，则与 0 无显著差异。统计量 t 的计算公式为

$$t_i = \frac{b_i}{S_y \sqrt{C_{ij}}} = \frac{b_i}{S_{bi}}$$

其中 C_{ij} 是多元线性回归方程中求解回归系数矩阵的逆矩阵 $(x'x)^{-1}$ 的主对角线上的第 j 个元素。对二元线性回归而言，可用下列公式计算：

$$C_{11} = \frac{S_{22}}{S_{11}S_{22} - S_{12}^2}$$
$$C_{22} = \frac{S_{11}}{S_{11}S_{22} - S_{12}^2}$$

其中：

$$S_{11} = \Sigma(x_1 - \bar{x}_1)^2 = \Sigma x_1^2 - \frac{1}{n}(\Sigma x_1)^2$$

$$S_{22} = \Sigma(x_2 - \bar{x}_2)^2 = \Sigma x_2^2 - \frac{1}{n}(\Sigma x_2)^2$$

$$S_{12} = \Sigma(x_1 - \bar{x}_1)(x_2 - \bar{x}_2) = S_{21}$$
$$= \Sigma x_1 x_2 - \frac{1}{n}(\Sigma x_1)(\Sigma x_2)$$

三、非线性回归模型

在实际问题的研究中，变量之间的关系不一定都是线性关系，而是表现为某种曲线关系。这种非线性关系称为曲线相关，与此配合的曲线模型称为曲线回归模型或非线性回归模型。常见的主要非线性回归模型如下。

（1）指数曲线：$y = ae^{bx}$。两边取对数得

$$\ln y = \ln a + bx$$

（2）对数曲线：$y = a + b \lg x$。

（3）双曲线：$\frac{1}{y} = a + b\frac{1}{x}$。令 $y' = \frac{1}{y}, x' = \frac{1}{x}$，则

$$y' = a + bx'$$

（4）幂函数：$y = ax^b$。两边取对数得：

$$\lg y = \lg a + b \lg x$$

（5）高次曲线：$y = a + bx + cx^2 + dx^3 + \cdots$，令 $x_1 = x, x_2 = x^2, x_3 = x^3, \cdots$，可转化为多元线性回归形式。

（6）柯柏－道格拉斯函数：$y = ax_1^{\beta_1} x_2^{\beta_2}$。两边取对数得

$$\lg y = \lg a + \beta_1 \lg x_1 + \beta_2 \lg x_2$$

（7）S 曲线：$y = \frac{1}{a + be^{-x}}$。令 $y' = \frac{1}{y}, x' = e^{-x}$，则 $y' = a + bx'$。

非线性回归模型一般不能进行有关的统计检验，因为许多统计检验都是建立在线性统计模型基础上的。

四、时间序列自回归模型

时间序列自回归模型是根据时间序列自相关用回归模型来描述同一时间序列前后不同时期数据之间的相互关系，并用于预测分析。自回归模型有线性与非线性之分，以及一元回归与多元回归之分，其中最常用的线性自回归模型如下。

（1）一元线性自回归模型为

$$y_t = a + by_{t-i}$$

当 i 取 1 时，称为一阶一元线性自回归，当 i 取 2 时，称为二阶一元线性自回归。究竟应取哪一期的 y 的数据作为自变量，应分期计算自相关系数来确定。一般来说，本年数据与上年数据关系最密切，本季（月）数据与上年同季（月）的数据关系最密切。

（2）多元线性自回归又称多阶多元线性自回归，其一般模型为

$$y_t = a + b_1 y_{t-1} + b_2 y_{t-2} + \cdots + b_k x_{t-k} + e$$

自回归模型的参数估计一般采用最小二乘法估计。其参数估计的标准方程组的形式同前几节介绍的基本相同，只要令自回归模型中的 $y_{t-i} = x$ 即可。

对自回归模型的评价，可用可决系数 R^2 或自相关系数 R 及剩余标准差 S_y 评价模型配合的优良程度。必要时也可进行各种统计检验。

第五节　用 Excel 进行统计趋势预测分析

在统计工作中运用计算机技术，不仅需要使用专门的统计软件，还应当使用一些其他软件为我们的统计工作服务，Excel 以强大的处理表格、图表和数据的功能被广泛地应用于统计领域。预测分析是统计数据分析工作中的重要组成部分之一，Excel 中不仅可以用函数，也可以用"趋势线"来进行趋势预测分析。下面介绍 Excel 的具体使用方法。

一、Excel 在定性预测分析中的应用

1. 用 MEDIAN 函数和 QUARTIE 函数分析德尔菲法专家答卷

语法：

= MEDIAN（参数 1，参数 2，…，参数 30）

= QUARTIE（数组，分位点）

其中，数组可为数值数组或单元格范围；分位点为计算那种四分位数的分隔点数字。四分位数的分隔点数字的作用与意义如表 11-12 所示。

表 11-12　四分位数的分隔点数字的作用与意义

分位点	作用与意义	分位点	作用与意义
0	得到最小值	3	计算下四分位数
1	计算上四分位数	4	得到最大值
2	得到中位数		

【例 11-12】　某市数码相机家庭普及率 2000 年为 20%，设家庭普及率达到 90% 为饱和水平。15 名专家对某市数码相机达到饱和水平的时间进行预测，第四轮专家预测意见顺序和四分位数、中位数结果如表 11-13 所示。

Excel 实现过程如下。

（1）MEDIAN 函数。

表 11-13 某市数码相机家庭普及率

专家意见序号	预测普及率达到饱和水平的年份	中位数和四分位数
(1)	(2)	(3)
1	2010	
2	2010	
3	2011	下四分位数 $Q1$（2011 年）
4	2011	
5	2013	
6	2014	
7	2014	
8	2015	中位数 MD（2015 年）
9	2015	
10	2015	
11	2016	
12	2016	
13	2016	上四分位数 $Q3$（2016 年）
14	2017	
15	2018	

=MEDIAN（2010，2010，2011，…，2018）= 2015

或者 =MEDIAN（B3：B17）= 2015

MEDIAN 函数如图 11-7 所示。

（2）QUARTIE 函数。

=QUARTIE（数组，分位点）

在本例中为

=QUARTIE（{2010，2010，2011，…，2018}，1）

或者 =QUARTIE（B3：B17，1）

QUARTIE 函数如图 11-8 所示。

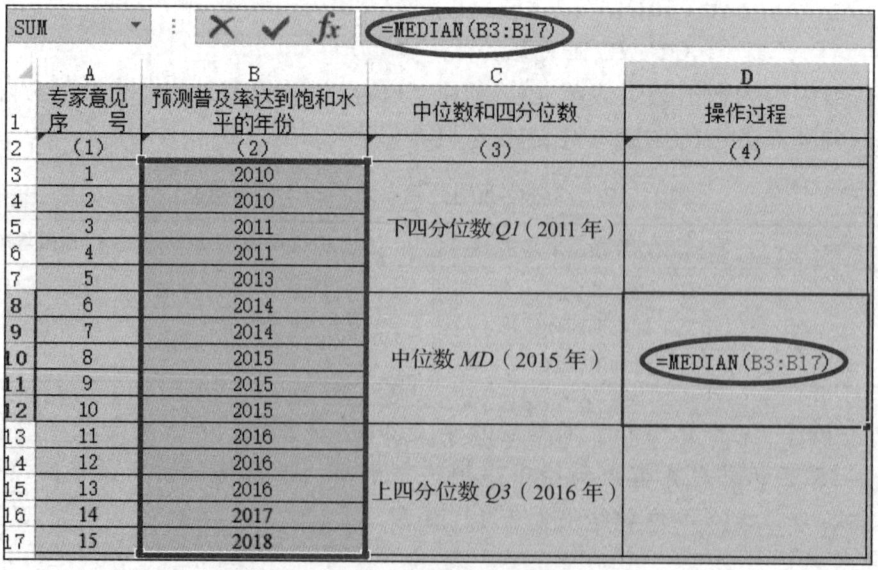

	A	B	C	D
1	专家意见序 号	预测普及率达到饱和水平的年份	中位数和四分位数	操作过程
2	(1)	(2)	(3)	(4)
3	1	2010		
4	2	2010		
5	3	2011	下四分位数 $Q1$（2011 年）	
6	4	2011		
7	5	2013		
8	6	2014		
9	7	2014		
10	8	2015	中位数 MD（2015 年）	=MEDIAN(B3:B17)
11	9	2015		
12	10	2015		
13	11	2016		
14	12	2016		
15	13	2016	上四分位数 $Q3$（2016 年）	
16	14	2017		
17	15	2018		

图 11-7 MEDIAN 函数

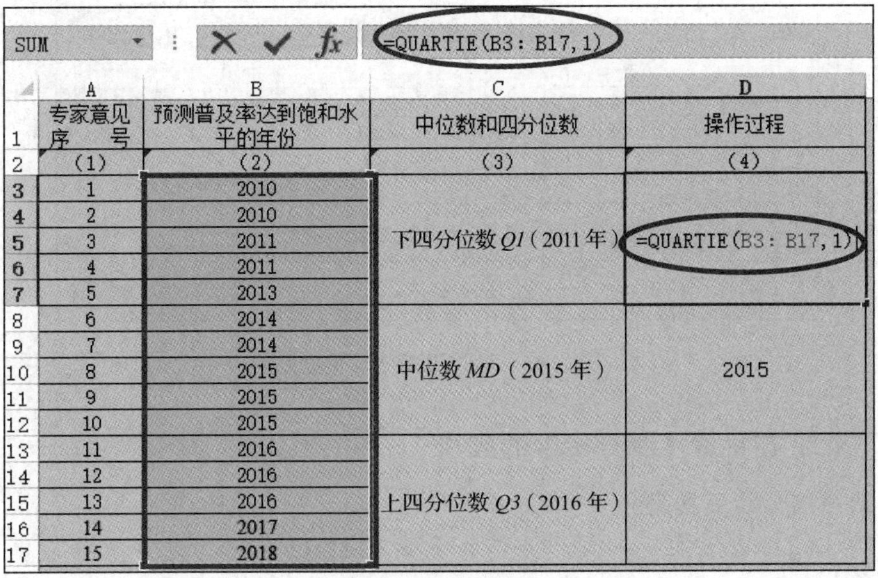

图 11-8　QUARTIE 函数

2. 用 SUMPRODUCT 函数对集合意见法数据进行计算

定义：在给定的几组数组中，将数组间对应的元素相乘，并返回乘积之和。

语法：SUMPRODUCT（Array1, Array2, Array3, …）

其中：Array1, Array2, Array3, …，为 2～30 的数组，其相应元素需要进行相乘并求和。

说明如下。

（1）数组参数必须具有相同的维数，否则函数 SUMPRODUCT 将返回错误值 #VALUE!。

（2）函数 SUMPRODUCT 将非数值型的数组元素作为 0 处理。

【例 11-13】集合意见法数据如表 11-14 所示。

表 11-14　集合意见法数据

	A	B	C	D
1	Array1	Array1	Array2	Array2
2	3	4	2	7
3	8	6	6	7
4	1	9	5	3

= SUMPRODUCT(A2：B4，C2：D4)　　说明：两个数组的所有元素对应相乘，然后把乘积相加，即 3*2+
结果为 80　　　　　　　　　　　　4*7 + 8*6 + 6*7 + 1*5 + 9*3 = 80

SUMPRODUCT 函数如图 11-9 所示。

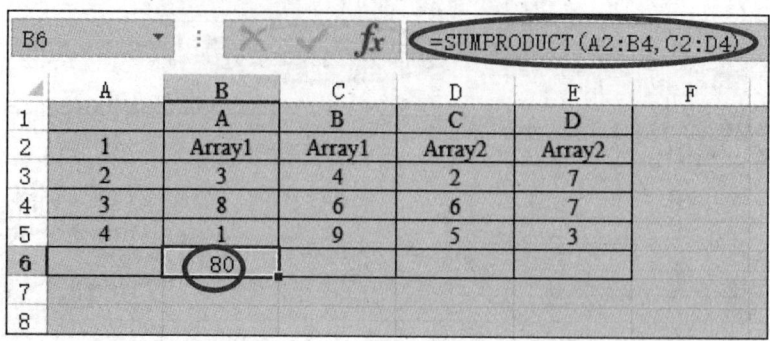

图 11-9　SUMPRODUCT 函数

二、Excel 在平滑预测分析中的应用

1. 移动平均分析工具简介

【例 11-14】　某公司近年 A 产品销售量如表 11-15 所示，用一次移动平均法预测 2016 年 A 产品销售量。

表 11-15　某公司近年 A 产品销售量　　　　　　　　　　　（单位：件）

年份	销售量	一次移动平均数	计算方法
2010	1 023		
2011	1 042		
2012	1 022		
2013	1 032	1 029	(1 023 + 1 042 + 1022) / 3 = 1 029
2014	1 015	1 032	(1 042 + 1 022 + 1 032) / 3 = 1 032
2015	1 010	1 023	(1 022 + 1 032 + 1 015) / 3 = 1 023
2016		1 019	(1 032 + 1 015 + 1 010) / 3 = 1 019

该公司 2021 年 A 产品销售量预测值为 1 019 件。

移动平均分析在 Excel 中的操作如下。

第一步：在"数据"菜单中单击"数据分析"选项。

第二步：在弹出的"数据分析"对话框中选择"移动平均"，如图 11-10 所示。

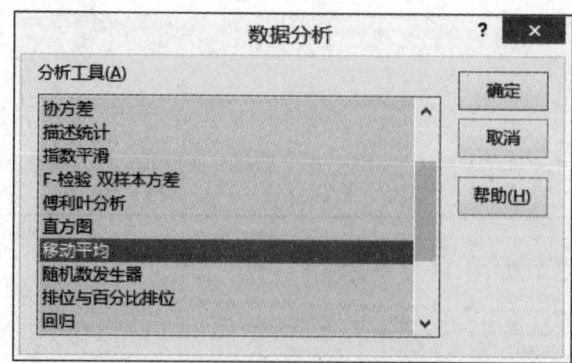

图 11-10　选择"移动平均"

第三步：单击"确定"按钮，在输入区域、输出区域中分别选择数据区域，如图 11-11 所示。

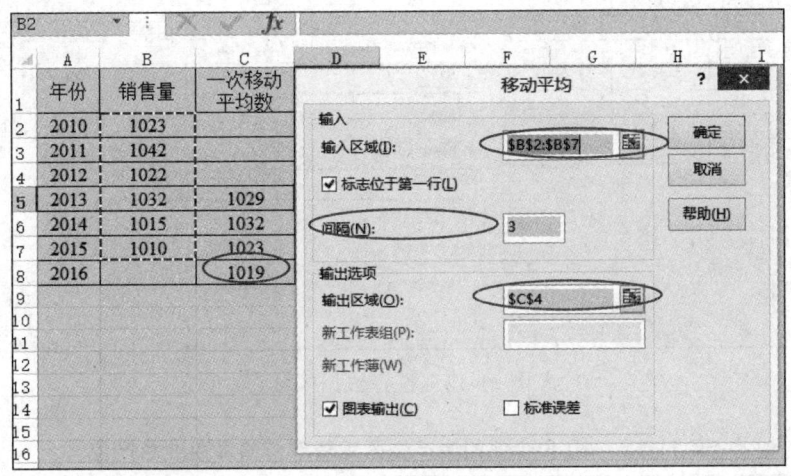

图 11-11　选择数据区域

2. 指数平滑分析工具简介

这里仍用表 11-14 中的数据。指数平滑分析在 Excel 中的操作如下。

第一步：在"数据"菜单中单击"数据分析"选项。

第二步：在弹出的"数据分析"对话框中选择"指数平滑"，如图 11-12 所示。

第三步：单击"确定"按钮，在输入区域、输出区域和阻尼系数中分别选择数据区域，如图 11-13 所示。

注意：阻尼系数一般为 0～1，较合理范围为 0.2～0.3。

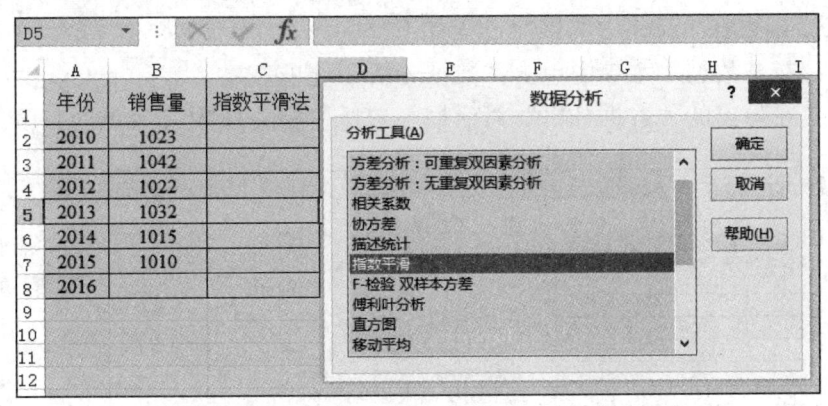

图 11-12　选择"指数平滑"

三、Excel 在回归分析中的应用

1. 用 CORREL 函数生成两个数值系列的相关系数

【例 11-15】 10 个企业的统计数据如表 11-16 所示，计算生产性固定资产价值和企业总产值之间的相关系数。

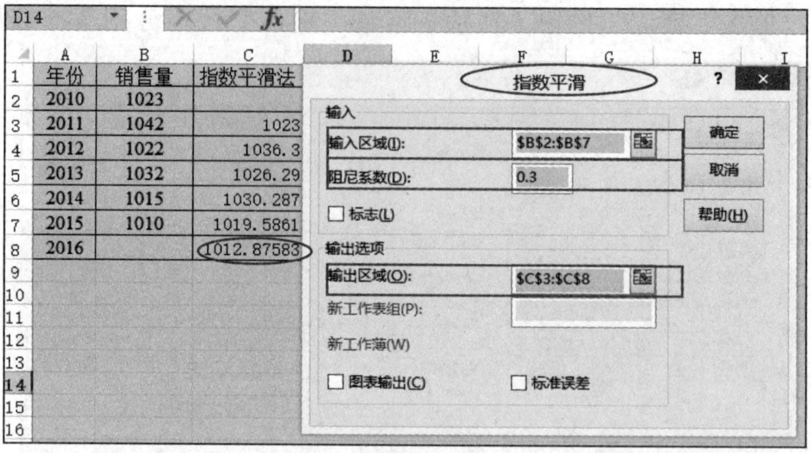

图 11-13 选择数据区域

表 11-16 10 个企业的生产性固定资产价值和企业总产值

企业序号	生产性固定资产价值（万元）	企业总产值（万元）
1	200	638
2	314	605
3	318	524
4	409	815
5	415	913
6	502	928
7	910	1 019
8	1 022	1 219
9	1 210	1 516
10	1 225	1 624

CORREL 函数在 Excel 中的操作过程如下。

第一步：在"数据"菜单中单击"数据分析"选项。

第二步：在弹出的"数据分析"对话框中选择"相关系数"，如图 11-14 所示。

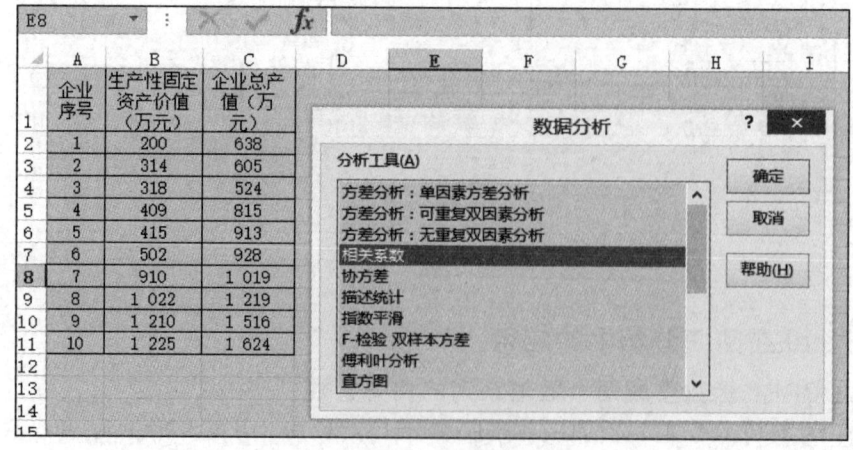

图 11-14 选择"相关系数"

第三步：单击"确定"按钮，在输入区域、输出区域中分别选择数据区域。结果显示如图 11-15 虚框所示。

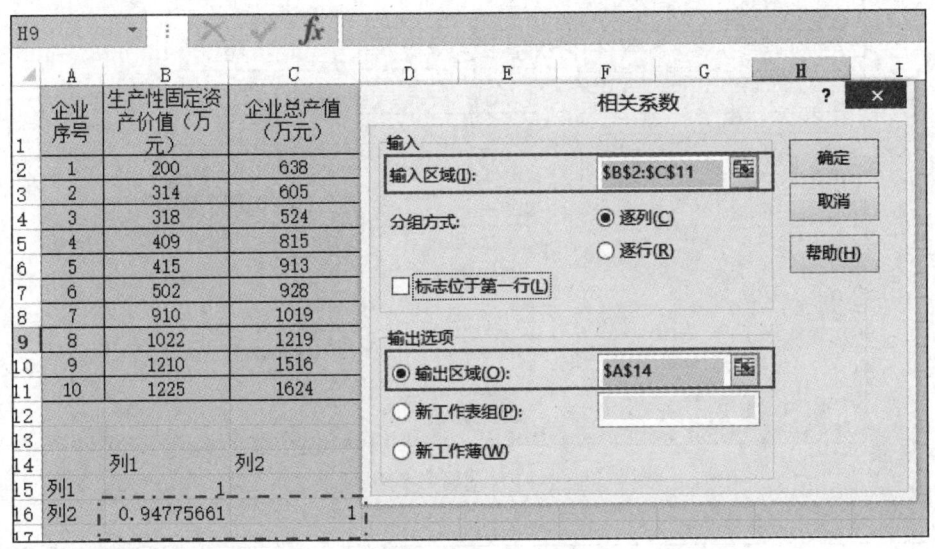

图 11-15　结果显示

2. Excel 在一元线性回归分析中的应用

仍沿用表 11-16 中的数据。一元线性回归分析在 Excel 中的操作如下。

第一步：在"数据"菜单中单击"数据分析"选项。

第二步：在弹出的"数据分析"对话框中选择"回归"，如图 11-16 所示。

第三步：单击"确定"按钮，在输入区域、输出区域中分别选择数据区域，如图 11-17 所示。

第四步：结果显示，如图 11-18 所示。

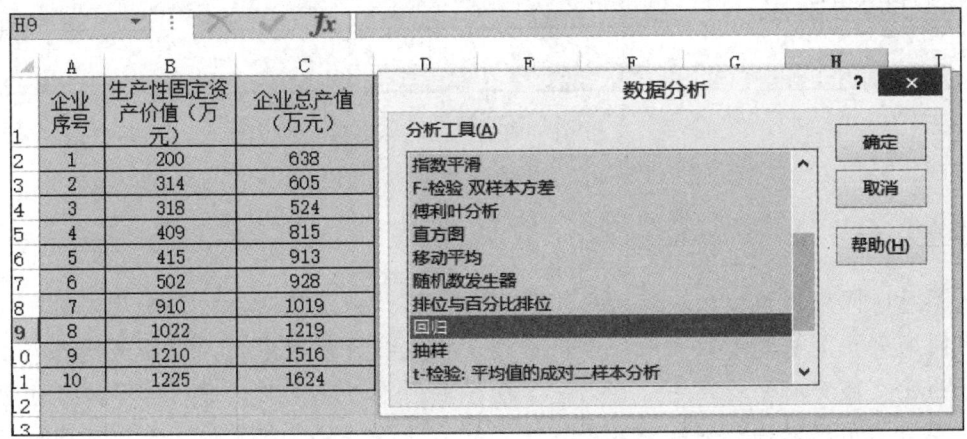

图 11-16　选择"回归"

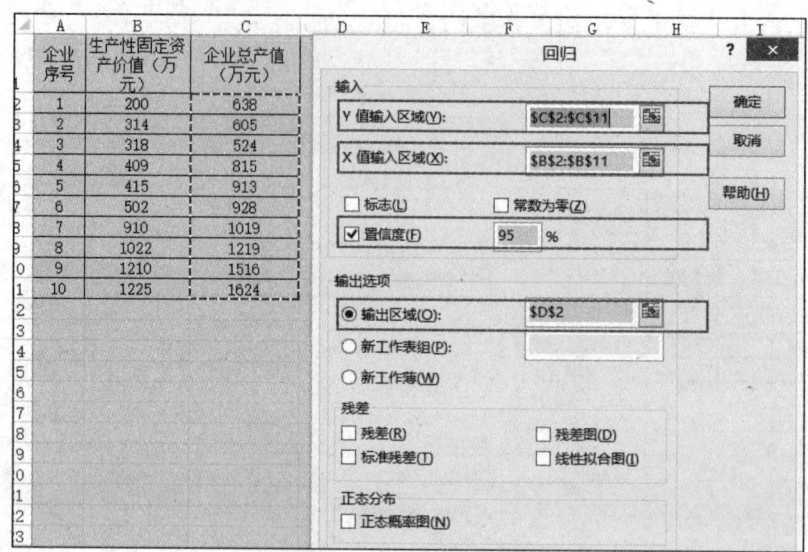

图 11-17　选择数据区域

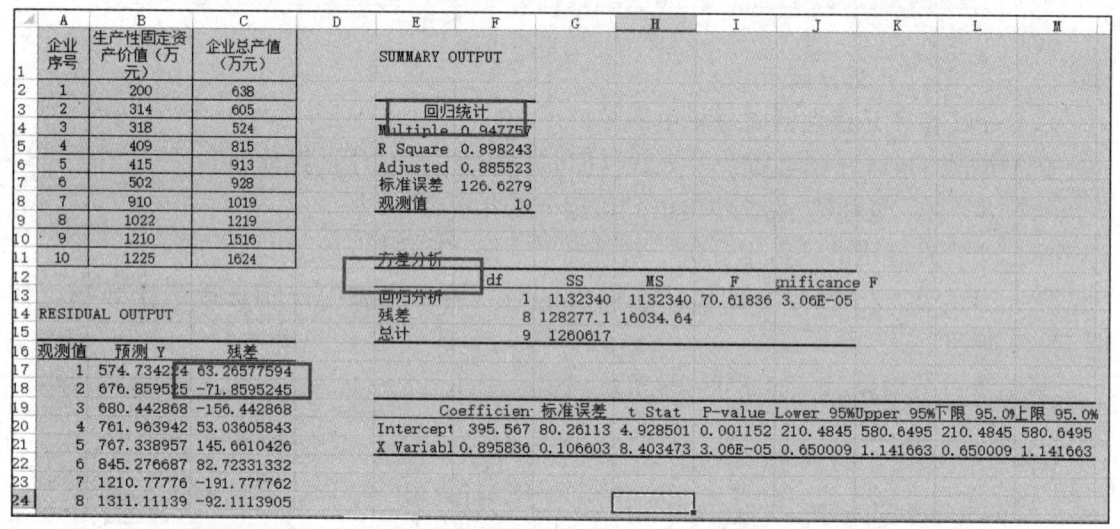

图 11-18　结果显示

本章小结

本章对时间序列预测法、移动平均预测法、回归分析预测法的原理及应用进行了介绍。时间序列预测法利用时间顺序加以排列，构成统计时间序列，向外延伸或外推，预计未来的变化趋势。平均预测法是以一定观察期内市场现象时间序列的平均数作为未来期的预测值的预测方法，包括算术平均法、移动平均法和几何平均法等。回归分析预测法是在相关关系测定的基础上，确定数学表达式，根据已知的变量来推测未来的变量。回归预测的类型包括一元线性回归预测、二元线性回归预测等。

关键术语

时间序列预测法　移动平均预测法　回归分析预测法

复习思考题

1. 简述时间序列预测法的特点和步骤。
2. 简述移动平均法的特点和步骤。
3. 写出相关系数计算公式并分析，要求注明符号的含义。
4. 写出一元线性回归方程和 a、b 的计算公式，解释 a、b 的含义。
5. 某企业 2004~2020 年销售资料如表 11-17 所示，用二次移动平均法预测 2021 年、2022 年的销售额。

表 11-17　某企业 2004~2020 年销售资料　　　　（单位：万元）

观察期（年份）（1）	销售额（2）	$M_t^{(1)}$ ($N=5$)（3）	$M_t^{(2)}$ ($N=5$)（4）
2004	55.0		
2005	62.0		
2006	70.0		
2007	74.0		
2008	74.0	67.0	
2009	80.0	72.0	
2010	83.0	76.2	
2011	80.0	78.2	
2012	81.0	79.6	74.6
2013	85.0	81.8	77.6
2014	70.0	79.8	79.1
2015	90.0	81.2	80.1
2016	92.0	83.6	81.2
2017	106.0	88.6	83.0
2018	100.0	91.6	85.0
2019	103.0	98.2	88.6
2020	104.0	101.0	92.6

6. 2012~2020 年某地化纤布销售资料如表 11-18 所示。用最小二乘法求直线趋势方程，预测 2021 年化纤布销售量。

表 11-18　某地化纤布销售资料　　　　（单位：亿米）

	年份								
	2012	2013	2014	2015	2016	2017	2018	2019	2020
销售量	7.3	6.2	8.7	9.0	8.8	7.5	9.9	10.6	8.4

7. 某五金交电批发企业 2012~2020 年的销售额如表 11-19 所示，利用曲线趋势法预测

2021 年的销售额。

表 11-19 某五金交电批发企业 2012~2020 年的销售额 （单位：万元）

观察期（年份）								
2012	2013	2014	2015	2016	2017	2018	2019	2020
销售额 520	550	530	510	570	700	690	720	740

8. 现有某地 12 个企业产量和生产费用资料，如表 11-20 所示。

表 11-20 某地 12 个企业产量和生产费用资料

企业编号	产量 x（千件）	生产费用 y（千元）	企业编号	产量 x（千件）	生产费用 y（千元）
1	40	130	7	84	165
2	42	150	8	100	170
3	50	155	9	116	167
4	55	140	10	125	180
5	65	150	11	130	175
6	78	154	12	140	185

（1）计算产量与生产费用之间的一元线性回归模型。
（2）做回归标准差检验。
（3）计算当产量为 150 千件时的生产费用。

实训项目

用 Excel 进行统计趋势预测分析的训练

【实训目标】

通过用 Excel 进行统计趋势预测分析的训练，指导学生认识市场定量预测的重要意义；学会运用 Excel 进行统计趋势预测。

【实训内容】

[实训 1]

某公司甲产品连续 6 年的实际销售量如表 11-21 所示。

表 11-21 某公司甲产品连续 6 年的实际销售量

年　份	实际销售量	年　份	实际销售量
第一年	22	第四年	30
第二年	24	第五年	26
第三年	28	第六年	32

请使用简单平均法预测第 7 年的销售量。

[实训 2]

某产品 2012~2020 年销售情况如表 11-22 所示。

表 11-22 某产品 2012~2020 年销售情况 （单位：万元）

	年 份								
	2012	2013	2014	2015	2016	2017	2018	2019	2020
商品销售额	44 186	50 979	58 139	67 029	77 024	86 780	97 063	108 465	120 524

试用直线趋势外推法预测该产品 2021 年和 2022 年的销售额。

[实训 3]

某企业在 2015 年 4~12 月的销售额如表 11-23 所示，试用移动平均法预测 2016 年 1 月份的销售额。如设 $N=3$（两次移动的 N 取值一致），分别求一次移动平均数 $M_t^{(1)}$ 和二次移动平均数 $M_t^{(2)}$，其结果列入表 11-23 中。

表 11-23 某企业 2015 年 4~12 月的销售额

月 份	销售额（万元）	$M_t^{(1)}(N=3)$	$M_t^{(2)}(N=3)$
4	550		
5	560		
6	650	586.67	
7	600	603.33	
8	625	625	605
9	650	625	617.78
10	700	658.33	636.11
11	725	691.67	658.33
12	650	691.67	680.56

[实训 4]

某地区 2009~2020 年职工工资总额与年商品销售总额如表 11-24 所示。

表 11-24 某地区 2009~2020 年职工工资总额与年商品销售总额 （单位：百万元）

	年 份											
	2009	2010	2012	2013	2014	2015	2016	2017	2018	2019	2020	
工资总额	61	75	94	107	146	174	211	244	298	349	380	
销售总额	19.5	22.5	24.9	25.2	29.1	34.5	41.1	46.2	53.1	61.5	66.9	

已知 2021 年职工工资总额比 2020 年增加 30%，试用回归分析预测法预测 2021 年的销售总额。

【实训组织】

人员安排：以上实训要求学生以 3~5 人为一组进行实训，小组组织讨论并分工操作，完成各个实训。

时间：实训为 2 个课时。

地点：机房。

【实训考核】

考核内容：实训报告的质量、个人的表现、团队合作能力三个方面。

考核方法：个人表现成绩主要从个人参与讨论的积极性、团队分工完成情况进行评定，成绩属于个人成绩。团队实训报告的质量和团队合作能力分别占团队成绩中的60%和40%。

案例分析

中国人工智能市场预测与展望数据

正如在本章导入案例中提到的，人工智能，即让机器去实现所有与人类智能有关的功能，做到像人一样看懂、听懂，并且会思考、会行动。现阶段，基于深度学习的人工智能技术路线成为主流，强调通过"感知＋理解＋决策"来实现合理地行动，基于大量先验知识做出相对合理的判断和决策。

中国人工智能市场将持续升温，市场规模将保持30%左右的增长速度。到2021年，人工智能市场规模将突破800亿元。伴随人工智能逐渐面向产品应用市场，人工智能硬件应用具有更高的增速，预计到2021年，人工智能硬件市场规模将近500亿元。在行业结构上，未来依旧会保持互联网为主导的，智慧金融、智能安防等领域共同稳步发展的人工智能市场发展。

一、中国人工智能市场规模及增长预测

预计未来三年中国人工智能市场规模仍将保持30%左右的增长速度，到2021年，中国人工智能市场规模将达到818.7亿元（见图11-19）。

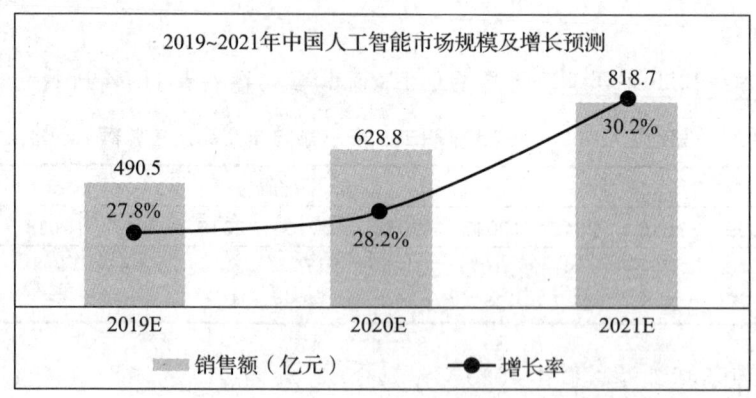

图11-19　中国人工智能市场规模及增长预测

二、中国人工智能市场产品结构预测

预计未来三年，人工智能市场中的智能硬件相比于软件仍将保持较高的占比。到2021年，智能硬件的市场规模将达到515.9亿元，占比为63.01%；智能软件的市场规模达到302.8亿元，占比为36.99%（见图11-20）。

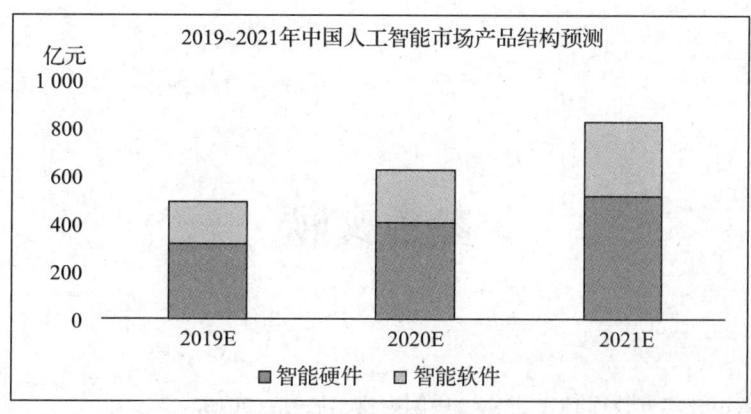

图 11-20 中国人工智能市场产品结构预测

三、中国人工智能市场行业结构预测

预计未来三年，人工智能市场行业结构分布基本保持不变，人工智能技术在互联网、金融和安防领域仍旧拥有较高的市场占比。预计到 2021 年，人工智能在互联网行业的市场规模达到 161.1 亿元，占比为 19.68%；在金融领域的市场应用规模达到 155.66 亿元，占比为 19.01%；在智能安防领域的市场规模达到 123.61 亿元，占比为 15.10%（见图 11-21）。

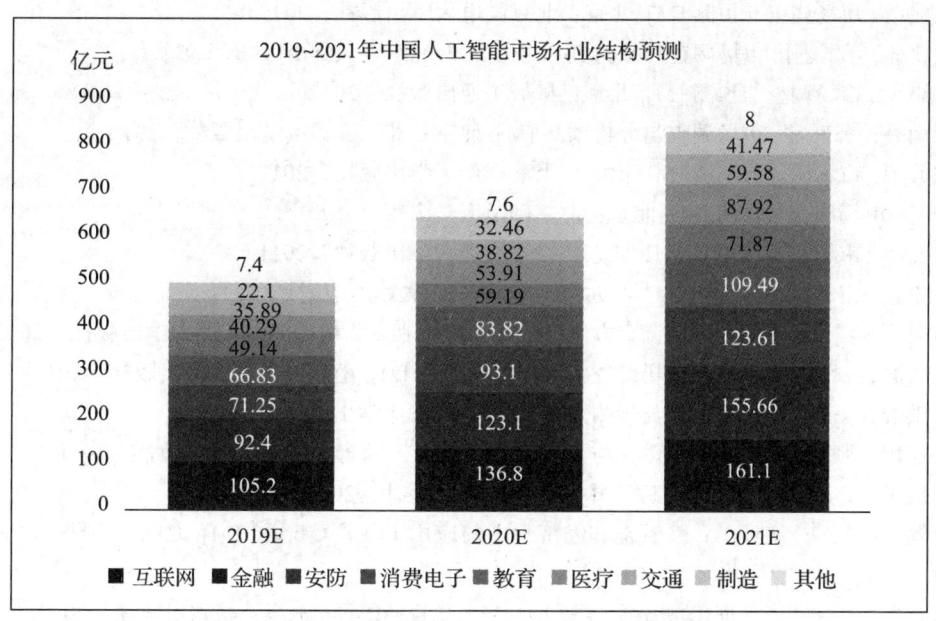

图 11-21 中国人工智能市场行业结构预测

资料来源：赛迪顾问，https://www.360kuai.com/。

思考题：

（1）根据案例浅谈中国人工智能市场发展情况。

（2）根据案例讨论各种定量预测的适用范围和条件。

参考文献

[1] 杨勇. 市场营销学实务教程 [M]. 北京：中国财富出版社，2018.
[2] 杨勇，王惠杰. 市场营销学 [M]. 北京：中国财富出版社，2015.
[3] 杨勇. 市场营销策划 [M]. 2版. 北京：北京大学出版社，2014.
[4] 杨勇. 市场调查与预测 [M]. 北京：机械工业出版社，2016.
[5] 杨静. 市场调研基础与实训 [M]. 北京：机械工业出版社，2013.
[6] 宋文光. 市场调查与分析 [M]. 北京：高等教育出版社，2016.
[7] 邓剑平. 市场调查与预测：理论、实务、案例、实训 [M]. 北京：高等教育出版社，2012.
[8] 楼红平，涂云海. 现代市场调查与预测 [M]. 北京：人民邮电出版社，2012.
[9] 覃常员. 市场调查与预测 [M]. 大连：大连理工大学出版社，2010.
[10] 王建增. 市场调查与预测 [M]. 北京：北京邮电大学出版社，2013.
[11] 袁武林，郑志刚. 市场调查与预测 [M]. 西安：西北工业大学出版社，2011.
[12] 邱小平. 市场调查与预测 [M]. 北京：机械工业出版社，2012.
[13] 张灿鹏，郭砚常. 市场调查与分析预测 [M]. 北京：北京交通大学出版社，2010.
[14] 闫秀荣. 市场调查与预测 [M]. 上海：上海财经大学出版社，2011.
[15] 余平. 市场调查与预测 [M]. 北京：北京师范大学出版社，2015.
[16] 赖文燕. 市场调查与预测 [M]. 北京：北京交通大学出版社，2011.
[17] 巩象忠. 市场调查与预测 [M]. 哈尔滨：哈尔滨工程大学出版社，2011.
[18] 简明，金勇进，姜妍. 市场调查方法与技术 [M]. 3版. 北京：中国人民大学出版社，2012.
[19] 王玉波，刘丽华，张俊. 市场调查与预测情境教程 [M]. 南京：南京大学出版社，2012.
[20] 罗洪群，王青华. 市场调查与预测 [M]. 北京：清华大学出版社，2011.
[21] 马连福，张慧敏. 现代市场调查与预测 [M]. 北京：首都经济贸易大学出版社，2011.
[22] 贾俊平. 统计学基础 [M]. 北京：中国人民大学出版社，2010.
[23] 凯勒，沃拉克. 统计学：在管理和经济学中的应用（原书第6版）[M]. 北京：中国人民大学出版社，2007.
[24] 科特勒，等. 营销管理（原书第14版）[M]. 王永贵，等译. 上海：格致出版社，2012.
[25] 伯恩斯，等. 营销调研运用Excel数据分析（原书第2版）[M]. 张喆，译. 北京：机械工业出版社，2009.
[26] 田兴兰. 社会调查方法 [M]. 北京：中国商业出版社，2003.
[27] 叶向，李亚平. 统计数据分析基础教程：基于SPSS20和Excel2010的调查数据分析 [M]. 2版. 北京：中国人民大学出版社，2015.
[28] 王月辉. 日本企业市场营销战略：了解你的对手 [M]. 北京：科学技术文献出版社，2005.

[29] 吕冬梅，等. 市场营销学 [M]. 上海：同济大学出版社，2015.

[30] 李晨耘. 市场营销学实用教程 [M]. 北京：中国农业大学出版社，2010.

[31] 李杰. 品牌审美与管理 [M]. 北京：机械工业出版社，2015.

[32] 杨洪涛，等. 市场营销：超越竞争，为顾客创造价值 [M]. 北京：机械工业出版社，2015.

[33] 阳翼. 数字营销 [M]. 2 版. 北京：中国人民大学出版社，2019.

[34] 刘晓东. 大数据微营销 [M]. 北京：中国财富出版社，2015.

[35] 冯宇，梁珍. 市场调查与预测 [M]. 长沙：湖南师范大学出版社，2019.

[36] 李治. 市场调查与预测 [M]. 天津：天津大学出版社，2019.

普通高等院校经济管理类应用型规划教材

课程名称	书号	书名、作者及出版时间	定价
商务策划管理	978-7-111-34375-2	商务策划原理与实践（强海涛）（2011年）	34
管理学	978-7-111-35694-3	现代管理学（蒋国平）（2011年）	34
管理沟通	978-7-111-35242-6	管理沟通（刘晖）（2011年）	27
管理沟通	978-7-111-47354-1	管理沟通（王凌峰）（2014年）	30
职业规划	978-7-111-42813-8	大学生体验式生涯管理（陆丹）（2013年）	35
职业规划	978-7-111-40191-9	大学生职业生涯规划与学业指导（王哲）（2012年）	35
心理健康教育	978-7-111-39606-2	现代大学生心理健康教育（王哲）（2012年）	29
概率论和数理统计	978-7-111-26974-8	应用概率统计（彭美云）（2009年）	27
概率论和数理统计	978-7-111-28975-3	应用概率统计学习指导与习题选解（彭美云）（2009年）	18
大学生礼仪	即将出版	商务礼仪实务教程（刘砺）（2015年）	30
国际贸易英文函电	978-7-111-35441-3	国际商务函电双语教程（董金铃）（2011年）	28
国际贸易实习	978-7-111-36269-2	国际贸易实习教程（宋新刚）（2011年）	28
国际贸易实务	978-7-111-37322-3	国际贸易实务（陈启虎）（2012年）	32
国际贸易实务	978-7-111-42495-6	国际贸易实务（孟海樱）（2013年）	35
国际贸易理论与实务	978-7-111-49351-8	国际贸易理论与实务（第2版）（孙勤）（2015年）	35
国际贸易理论与实务	978-7-111-33778-2	国际贸易理论与实务（吕靖烨）（2011年）	29
国际金融理论与实务	978-7-111-39168-5	国际金融理论与实务（缪玉林 朱旭强）（2012年）	32
会计学	978-7-111-31728-9	会计学（李立新）（2010年）	36
会计学	978-7-111-42996-8	基础会计学（张献英）（2013年）	35
金融学（货币银行学）	978-7-111-38159-4	金融学（陈伟鸿）（2012年）	35
金融学（货币银行学）	978-7-111-49566-6	金融学（第2版）（董金玲）（2015年）	35
金融学（货币银行学）	978-7-111-30153-0	金融学（精品课）（董金玲）（2010年）	30
个人理财	978-7-111-47911-6	个人理财（李燕）（2014年）	39
西方经济学学习指导	978-7-111-41637-1	西方经济学概论学习指南与习题册（刘平）（2013年）	22
西方经济学（微观）	978-7-111-48165-2	微观经济学（刘平）（2014年）	25
西方经济学（微观）	978-7-111-39441-9	微观经济学（王文寅）（2012年）	32
西方经济学（宏观）	978-7-111-43987-5	宏观经济学（葛敏）（2013年）	29
西方经济学（宏观）	978-7-111-43294-4	宏观经济学（刘平）（2013年）	25
西方经济学（宏观）	978-7-111-42949-4	宏观经济学（王文寅）（2013年）	35
西方经济学	978-7-111-40480-4	西方经济学概论（刘平）（2012年）	35
统计学	978-7-111-48630-5	统计学（第2版）（张兆丰）（2014年）	35
统计学	978-7-111-45966-8	统计学原理（宫春子）（2014年）	35
经济法	978-7-111-47546-0	经济法（第2版）（葛恒云）（2014年）	35
计量经济学	978-7-111-42076-7	计量经济学基础（张兆丰）（2013年）	35
财经应用文写作	978-7-111-42715-5	财经应用文写作（刘常宝）（2013年）	30
市场营销学（营销管理）	978-7-111-46806-6	市场营销学（李海廷）（2014年）	35
市场营销学（营销管理）	978-7-111-48755-5	市场营销学（肖志雄）（2015年）	35
公共关系学	978-7-111-39032-9	公共关系理论与实务（刘晖）（2012年）	25
公共关系学	978-7-111-47017-5	公共关系学（管玉梅）（2014年）	30
管理信息系统	978-7-111-42974-6	管理信息系统（李少颖）（2013年）	30
管理信息系统	978-7-111-38400-7	管理信息系统：理论与实训（袁红清）（2012年）	35